ハプスブルク帝国史研究

ハプスブルク帝国史研究

——中欧多民族国家の解体過程——

矢田俊隆著

岩波書店

目　次

目　次

目　次

序章　ハプスブルク帝国史論

はしがき

ハプスブルク帝国は、こんにちではもはや地上に存在しない幻の国であるが、かつてはヨーロッパを代表した一流国家であり、とりわけ近世初頭の最盛期には、西・中・東欧にまたがる膨大な地域を支配し、栄光にみちた輝かしい大帝国であった。しかしこの国は、領内に多数の異民族をかかえる複雑な国家であり、十九世紀以降多くの困難な問題に直面して、第一次世界大戦末期(一九一八年)、ついに解体した。わたしの主要な関心事は、ハプスブルク帝国の崩壊過程、すなわちこの国がなぜまたどのようにして解体したかという、とりわけ十九世紀以降の問題であり、本書もまたその解明を主要なテーマとするものである。しかしそのためには、あらかじめまず、ハプスブルク帝国がどのような国家であったか——それはいかにして成立し、発展したか、それはいかなる存在理由をもち、いかなる歴史的役割を果したか、この国の長期にわたる存続を可能にした条件は何か、またこの国は他のヨーロッパ諸強国とどのように異なり、どのような欠陥を含んでいたか、など——を一通りみておく必要がある。本論の展開に必要なかぎりで以上の諸点を考察し、若干の整理を加えようとするのが、序章の目的である。

1　ハプスブルク帝国の成立と発展

ハプスブルク帝国は史上稀にみるユニークな存在であるが、ここでは一応、ハプスブルク王家に支配された全領土の意味に使っておこう。ハプスブルク家は、十三世紀に、ドイツ最東部の領邦オーストリアの支配者となって以後、次第にその家領をふやし、十六世紀初頭のカール五世の時代には、ヨーロッパの領土と海外植民地をあわせる世界的君主となった。しかし十九世紀の立場から振り返るならば、ハプスブルク家がスペイン系とオーストリア系に分裂し、後者がベーメンとハンガリーを支配するに至った一五二六年に、後のハプスブルク帝国の輪郭はほぼ決定されたと考えることができる。その後若干の変化があったとはいえ、ハプスブルク家の所領は引続き広大な面積をしめた。今かりに「帝国」という概念を「単一の主権力の管理ないし支配下にある一群の諸民族、諸国家、諸人民から成る広大な領土」(1)を意味するものとすれば、ハプスブルク帝国がまさにこうした意味での帝国の名に値するものであったことは、明らかである。

しかしそれにもかかわらず、ハプスブルク家君主の統轄する各所領は、それぞれ個別の制度をもち、長い間全体を一貫する組織がなかったばかりか、これら諸領土の集合体は、特定のはっきりした名称さえもっていなかった。ただ十五世紀から、ハプスブルク家の全領土をおおうものとして「オーストリア家」の名称が用いられることがあったが、正式のものではなく、一五二六年以後約三〇〇年間、それらの領地は「ハプスブルク家の諸地方」ないし「神聖ローマ皇帝の諸地方」にすぎなかったのである。一八〇四年に、最後の神聖ローマ皇帝フランツ二世がみずからをオーストリア皇帝とよび、ここにはじめて、諸領地の集合体には「オーストリア帝国」という名称が与えられた。やがて一八六七年、それは「オーストリア・ハンガリー」二重帝国に改組されたが、ハンガリー以外の西部諸地域は最後まで正式の名前をもたず、(2)便宜上「オーストリア」とよばれたにすぎなかった。

このことは、ハプスブルク帝国のあいまいな性格とまとまりのなさを示すものであり、実際ハプスブルク家の諸地方は、地理的にも民族的にも一つに結びつけられていなかったのであって、ここに、他のヨーロッパ諸国と著しく異なる点があった。この国の複雑な性格を理解するためには、その長い歴史的発展のあとを概観し、その過程にみられる重要な諸問題を取りあげてみなくてはならない。

ハプスブルク家の歴史は、ほぼ次の六期に大別することができる。

㈠　発生以後、はじめてドイツ皇帝に選ばれ、オーストリアを領有するに至るまで（十世紀―一二八三年）
㈡　フェルディナント一世によるベーメン、ハンガリーの獲得まで（一二八三―一五二六年）
㈢　皇帝カール六世の死まで（一五二六―一七四〇年）
㈣　ウィーン会議まで（一七四〇―一八一四年）
㈤　アウスグライヒ（和協）の成立まで（一八一四―六七年）
㈥　第一次大戦末の帝国解体まで（一八六七―一九一八年）

ハプスブルク家は、西南ドイツのエルザスもしくは北スイスのアールガウ Aargau 出身の貴族で、十世紀にはすでに両地方にまたがる所領をもち、一〇二〇年ころアールガウに山城ハプスブルク（鷹の城の意）を築いたところから、その家名が生まれた。はじめは一小諸侯にすぎなかったが、次第にスイス各地に所領を拡げ、十三世紀には西南ドイツの富裕な領主となった。そのころドイツ（神聖ローマ帝国）では諸侯間の対立が激しく、皇帝の選挙が不可能になり、いわゆる「大空位時代」（一二五六―七三年）が出現したが、この混乱のあとをうけて、はじめてハプスブルク家からルドルフがドイツ皇帝に選ばれ、ルドルフ一世 Rudolf I（在位一二七三―九一年、以下同様）と称した。当時はオーストリア侯国も空位時代（一二四六―八二年）で、一時ベーメン王オタカル二世 Otakar II がこれを支配したが、ルドルフはオタカルを討って、その領有したオーストリア、シュタイエルマルク、ケルンテン、クラインを入手し、領邦君主としての発展の基礎をおいた。ハプスブルク家とオーストリアの長年にわたる一体関係は、この時から始まるのである。

ところで、ハプスブルク家が後の本拠地オーストリアを得たこととと、ドイツ皇帝の地位を占めたこととは、ハプスブルク帝国の性格に大きな特色を与えることになった。まず第一の点をみよう。中世ドイツでは、防衛上重要な国境地方に辺境特別区「マルク」がおかれたが、八世紀末カール大帝が現在のオーストリアの東北部に設けた「オストマルク」Ostmark は、東方異民族(スラヴ系諸族やアジア系のマジャール族など)の侵入を防ぐためにおかれたこのような基地であった。その後一時マジャール人の侵入をみたが、ドイツ国王オットー一世 Otto I (九三六―七三年)が九五五年にこれを破ったあと、ドイツ人がふたたび進出し、オットー二世 Otto II は九七六年オストマルクを再建し、バーベンベルク家のレオポルト一世 Leopold I を辺境伯に任命して、オストマルクの支配を委ねた。バーベンベルク家は以後二七〇年間一貫してこの地を支配したが、その間にオストマルクは着実な発展をとげて領邦となり、十世紀末から「エスターライヒ」Österreich(東の国、オーストリアのドイツ名)――ドイツ人居住圏の最東部にできた国――とよばれるようになった。ところが、十三世紀の前半バーベンベルク家最後の君主フリードリヒ二世 Friedrich II (一二三〇―四六年)の死後、オーストリアは混乱状態におちいって、バイエルン、ベーメン、ハンガリー三勢力の争奪の的となり、結局ベーメン王オタカル二世がオーストリアを領有し、進んで空位のドイツ王位を狙った。しかしドイツ諸侯はこれに反発して、危険の少ないスイスの小領主ハプスブルク家のルドルフをドイツ皇帝に選び、ルドルフはオタカルを帝国から追放し、オーストリア、シュタイエルマルク、クラインを自家領としたのである。(ケルンテンは、義弟のティロール伯に与えられた。)

オーストリアの領有によって、ハプスブルク家は、東方諸民族の西方進出に対する防壁の役割を果たす使命をおびることになり、以後東方と深いかかわりをもつようになった。このことが真に重大な意味をもつのは、十六世紀以後のことであるが、その可能性はすでにこの時点で与えられたといえる。のみならずハプスブルク帝国は、ドイツ人の東方植民の発展に影響されて、ドイツ人と東方諸民族(スラヴ諸族、マジャール人、ルーマニア人)の交流混住地域を翼下におさめることになり、ヨーロッパ史上最も極端な多民族国家となることを運命づけられたのである。メッテルニヒの「アジアはラントシュトラーセ〔ウィーンから東方に向かう道〕から始まる」という有名な言葉は、ハプスブルク帝国がヨーロッパに属しないという感情を表わしたもので、いささか極端にすぎるが、ハプスブルク帝国が東方の世界と深い関係をもったことは事実であり、そのためこの国が内部に東・西分裂の矛盾を含まねばならなくなる点は、注目に値する。

ルドルフ一世がスイスと西南ドイツの旧領に加えてオーストリア、シュタイエルマルク、クラインを合わせた結果、ハプスブルク家の所領はドイツの大諸侯に匹敵する規模のものになったが、その後ハプスブルク家はしばらく帝位から遠ざかり、ドイツ帝位は、この家のほかナッサウ家、ルクセンブルク家、バイエルン家などの間を転々とした。もちろん王権の有無はオーストリアの発展に本質的影響を与えるものではなく、ハプスブルク家は婚姻や相続などによって、自己の支配力を次第に拡大・強化し、十四世紀にはスイスの旧領を失ったとはいえ、ケルンテン、アドリア海沿岸地方、ティロールなどの領地を獲得し、ドイツ諸侯のうち最有力者の一つになった。オーストリアをはじめとするこれらの周辺地域は、ハプスブルク帝国の中核となる「世襲領」で、言語・文化の点ではドイツ的であった。一三五六年ルクセンブルク家のドイツ皇帝カール四世 Karl IV（一三四六―七八年）が金印勅書を発布して七選帝侯を定め、彼らに多大の特権を与えながらオーストリア侯を除外したとき、ハプスブルク家のルドルフ四世 Rudolf IV（一三五八―六五年）は皇帝特許状 Privilegium Majus を偽造して、選帝侯を上まわる権利を主張するほどの勢力になっていた。

次の十五世紀は、ハプスブルク家の帝位独占が始まった時期である。一四三八年オーストリア侯アルブレヒト五世 Albrecht V（一四〇四―三九年）がふたたび皇帝に選ばれて以後（皇帝としてはアルブレヒト二世）、一七四二―四五年の短期間を除いて一八〇六年の神聖ローマ帝国の終末まで、帝冠は引続きハプスブルク家に保有され、帝国とハプスブルク家とはほとんど同意義になった。このように、ハプスブルク家が事実上帝位を独占するに至ったことは、ハプスブルク帝国の発展に大きな影響を与える結果になった。この点をどう評価するかについては、種々の意見があるが、

その意義を過小評価してはならない。(3)

神聖ローマ帝国とは、九六二年のオットー一世の戴冠から十九世紀初頭まで続いたドイツ帝国の呼称であって、古代ローマ帝国の延長であるとともに、ローマ的理想の保持者であるキリスト教会との結合によって神聖であるという意味をもっている。神聖ローマ帝国の出現は、ローマ的な皇帝の名に結びつく世界支配者の理念がドイツの君主に与えられた点で、重大な意義をもち、ドイツ帝国は他の諸国よりも一段高いものと考えられたから、当時ドイツの国際的地位を高めたことは、疑いをいれない。

こうした事態の背後には、オットー一世のロマンティシズムとならんで、現実政策的意図がはたらいていた。当時ドイツでは、国内諸侯の自立的傾向が強かったので、彼はカトリック教会と結んで国内の統一をはかろうとし、この政策の帰結として皇帝加冠がおこったのであるが、彼はさらに、教会の最高権威者であるローマ教皇を支配する必要があると考え、自国の勢力圏をイタリアに拡張しようとした。オットーのイタリア経営は、その後引続くドイツ皇帝政策の端緒をなすものである。

しかし、ドイツ皇帝がキリスト教会を帝国統合の支柱とする政策を守りえたのは、約一世紀で、ザリエル朝のハインリヒ四世 Heinrich IV(一〇五六—一一〇六年)の時代には、ドイツの内部分裂がローマ教皇に反発の好機を与え、叙任権闘争がおこって、教会のドイツ帝国への従属は崩壊した。しかし、続くシュタウフェン朝の諸皇帝の時代に、封建制に適応した集権的国家体制が確立されるとともに、世界支配者としての皇帝理想が最高潮に達し、フリードリヒ一世 Friedrich I(一一五二—九〇年)、ハインリヒ六世 Heinrich VI(一一九〇—九七年)、フリードリヒ二世 Friedrich II(一二一五—五〇年)などは帝権による教権支配を回復しようとして、イタリア政策に没頭し、ローマ遠征に力を傾けた。しかしこれは、皇帝がドイツの国事を顧みずいたずらに精力を消耗するという結果を招き、ドイツ国内では諸侯の勢力が一段と強くなって、対立と紛争がたえず、ついに十三世紀中葉大空位時代を現出したのである。

ハプスブルク家のルドルフの帝位就任とともに、神聖ローマ皇帝の地位のもつ意味が大きく変わったことは、よく知られている。大空位時代後の諸王家交立期には、ドイツの封建的分裂が皇帝にイタリア経営を断念させたことはいうまでもないが、諸皇帝は、国家的立場に立つよりも、自己の所領を保持し自家の勢力を強化することに専心するようになり、これはドイツの分裂を固定化させるはたらきをした。この傾向は、一四三八年以後継続的に帝位を占めたハプスブルク家の時代には、いっそう徹底したものになり、ハプスブルク家自身空想的な世界支配にとらわれずに、自家の世襲領オーストリア一帯を固めることに専念したため、皇帝の権威はますます衰えた。中世後半のドイツはもはや一個の政治的単位とはいえず、皇帝権力の基礎はその領有する領土にあって、ドイツ全体の支配権にはなかった。

それにもかかわらず、ハプスブルク家のドイツ帝位継承は、その後のハプスブルク帝国の歴史に重大な影響を与えた。その第一は、この国が神聖ローマ帝国の普遍主義の遺産を永く背負わねばならなかったことであり、第二は、この国が以後ドイツ全体の問題と深くかかりあわねばならなくなったことである。第一の点からみよう。神聖ローマ帝国には、世界を一つの精神世界とみる教会的理念を反映して、世界を単一の政治社会と考える思想が含まれていた。それゆえ、皇帝の支配力の及ぶ現実的範囲はドイツとその周辺にすぎなかったのに、理念的には広いヨーロッパ世界に対する宗主権が信ぜられ、しかもこれは、ハプスブルク家が現実的な家領拡大政策を進める場合の一つの指針となった。なぜなら、この理念は、諸国王との封建的主従関係の締結によって実際に政治的効果をもつことができたし、中世の普遍的君主国理念の最後の所有者であったハプスブルク家がそれから受け継いだコスモポリタニズムは、現実には、家族の紐帯で結ばれた世界的王国を実現しようとする努力の背景となりえたからである。彼らがドイツを超えた地域にまで所領を求めたこと、ベルギーやイタリアにおけるハプスブルク家の所領が神聖ローマ帝国の遺産として重視されたことなどは、これを物語っている。ハプスブルク帝国が複雑な多民族国家に発展することができたのも、神聖ローマ帝国の影響によるハプスブルク王朝の超民族的性格をおいては、考えられない。しかしこれらのことは、ハプスブルク帝国にとって必ずしも幸いではなかった。なぜなら、普遍主義に由来する領土の分散は、ハプスブルク王家が自己の諸家領を西欧的な国民国家に変形しようとする際の大きな障害になったからである。またこの国がローマ・カトリック教の熱烈な支持者であったことも、帝位の継承と無関係ではなかったし、そのためハプスブルク家は、宗教改革に際してカトリック的反動に終始し、ドイツ新教諸侯の強い反抗を受けなければならなかった。さらにハプスブルク帝国は、近世にはいってからも、他のヨーロッパ諸国よりも一段優位に立とうとする気持を棄て去ることができず、それがフランスとの対立を必要以上に苛烈なものにしたことは、否定できない。

第二の点に移ろう。ハプスブルク家が神聖ローマ皇帝の称号をおびたことは、ドイツ全体を統轄する立場に立ったことを意味し、以後ハプスブルク帝国の歴史は、ドイツ全体の歴史と重なることになった。すでにドイツでは、皇帝の地位はほとんど政治的権力を伴わぬ名目的なものになっていたけれども、それがハプスブルク家の君主にドイツ諸侯中第一の地位を与えたことは、記憶されねばならない。そのためハプスブルク家は、ドイツ全体の問題と深くかかわることになり、やがて十八世紀以後、プロイセンとの間にドイツ統一をめぐる覇権の戦いを続けねばならなくなった。しかも、すでにドイツをはみ出す所領をかかえたハプスブルク政府は、ドイツ国民国家の一構成部分となるかそれともその外側に留まるべきかをみずから決定することができなかったために、十九世紀には、ハプスブルク家の行動はかえってドイツ国民国家の成立に対する障害になるとともに、他方ドイツ地域での覇権争奪戦は、オーストリアの国内発展のうえに消しがたい痕跡を残すことになるのである。要するに、神聖ローマ帝国に由来する普遍主義およびドイツとの深いかかわりあいは、ハプスブルク帝国の統合という観点からみるとき、この国にとって致命的な一面をもっていたのである。

以上の点を念頭におきながら、その後のハプスブルク家の歴史を辿ろう。すでにみたように、大空位時代後のドイツは統一国家の実を失い、諸侯連合国家に転換していたから、新時代の王権としては、自身の領邦を拡充し、その力で諸侯を制御することが、王位にいくらかでも実質的内容を与える唯一の道であった。ハプスブルク家はこの道を選び、歴代の君主は何よりもまず王朝権力 Hausmacht の増大に関心をもち、結婚・戦争・外交などによる取得を通じて、着実に領土を拡大しようとした。そして十四世紀には、ケルンテン、クライン、ティロール、イストリア、トリエストを加え、ドイツ諸侯の最有力者の一つになったことは、すでにみたとおりである。なおフリードリヒ三世 Friedrich III（一四四〇―九三年）は、一四五三年オーストリアを大公国に昇格させ、諸侯領よりも一段高い地位においた。

しかし、ハプスブルク家の家領拡大のうえで特に注目されるのは、マクシミリアン一世 Maximilian I（一四九三―一五一九年）である。十五世紀後半、彼のたくみな結婚政策が効を奏して、オーストリア大公は多くの封建君主の資格を兼ねるようになった。まず彼は、ドイツとフランスの間に位置して事実上一王国をなしていたブルグントの女相続人マリアとの結婚を通じて、一四七七年ブルグント自由伯領、ネーデルラント、ルクセンブルクなどを入手し、さらにその子フィリップ Philippe le Beau をスペイン王女ファナ Juana と結婚させることによって、スペインとその広大な新世界植民地をオーストリアに結びつける道を開き、フィリップの子のスペイン王カルロスがマクシミリアン一世の死後（一五一九年）ドイツ皇帝に選ばれたことによって、スペインとの併合が実現した。カルロス一世 Carlos I はドイツ皇帝としてカール五世 Karl V（一五一九―五六年）を名のったが、彼は旧来のハプスブルク家領とスペインおよびその新大陸植民地を併せる世界的支配者となり、ハプスブルク家は最大の領土を擁する黄金時代を迎えた。なおマクシミリアン一世は、一五一五年に孫のフェルディナントとマリアをヤゲロ家のベーメン王兼ハンガリー王の王女および王子と同時に結婚させ（二重結婚）、ベーメン、ハンガリーを入手する基礎をつくった。

ハプスブルク家は、自家が堂々たる王家としてヨーロッパに頭角を現わすことを目標に、家領拡大につとめてきたが、この政策はマクシミリアン一世のもとで、未曾有の栄光をもたらすに至った。彼が建築物や持物のうえに好んで彫りつけた AEIOU の五つの母音は、「この世はすべてオーストリアに従属する」（Austriae est imperare orbi universo. もしくは Alles Erdreich ist Österreich untertan.）という意味を現わしていた。(4)

しかし、ハプスブルク家の家領政策には、同時に一つの重大な困難が含まれていた。ハプスブルク家の伝統的な諸子分割相続制が、家領の統一的保持を少なからず妨げたからである。同家が長子相続制に転ずるのは、十七世紀前半のことであり、それまで、オーストリア、シュタイエルマルク、クライン、ケルンテン、ティロールなどアルプス周辺地域にある諸家領は、同族間でたえず所属が変動した。のみならず、分割相続はしばしば兄弟間の紛争をひきおこし、それを防ぐために兄弟の共同統治もいくたびか企てられたが、有効でなく、諸子分割制はハプスブルク家の大きな悩みの種となった。

世界的支配者となったカール五世も、この伝統に従って、一五二一年弟のフェルディナント一世 Ferdinand I（一五二一―六四年）にドイツの家領を譲ったので、ハプスブルク家はオーストリア系・スペイン系の二系統に分裂することになった。カール五世とその子孫はネーデルラント、スペイン、新大陸、イタリアの大部分を支配することになったが、このスペイン系ハプスブルク家は次のフェリペ二世 Felipe II（一五五六―九八年）のもとで全盛期を迎えたあと、ようやく衰えをみせはじめ、一七〇〇年カルロス二世 Carlos II（一六六五―一七〇〇年）の死とともに断絶した。以後ハプスブルク帝国とは、もっぱらオーストリア系をさすことになる。フェルディナント一世は、ドイツの家領に加えて一五二六年ベーメン、ハンガリーを併合し、その後さらにハプスブルク家は、ガリツィア、イタリア諸領を加えてゆくのである。

ハプスブルク家が二系統に分かれたのちも、両者は無関係になったわけではなく、とりわけオーストリアのハプスブルク家が著しくスペイン王室に依存し、それから多くのものを獲得し引き継いだことを、看過してはならない。その一つは、好戦的な反宗教改革の精神であり、オーストリアが十六世紀前半以後宗教改革に対するカトリック防衛の課題に直面したとき、重大な役割をはたすことになる。またバロック芸術およびスペイン宮廷儀式の継承も、オーストリアの文化的発展に大きな影響を及ぼした。(5)

（1） Webster's *New Third International Dictionary of the English Language*, 3rd ed., Springfield, Mass., 1965.

（2）「国会 Reichsrat に代表される諸王国および諸地方」という応急の命名法が採用されたにすぎない。

（3） この点で教えるところが多いのは、Robert A. Kann, "The Dynasty and the Imperial Idea", *Austrian History Yearbook*, vol. III, pt. 1, Houston, 1967 である。

(4) Hans Kohn, *The Habsburg Empire, 1804–1918*, New York, 1961, p. 11.

(5) しかしスペインの影響をうけたオーストリアのバロック文化は、バロック建築が示すように、堂々としており、表面は生命に充ちているが、内容は平板・貧弱で、誠実さと個性を欠いていたといわれる。テイラーは「ハプスブルク家はイエズス会員から忍耐、巧妙、興業的手腕《ショーマンシップ》を学んだが、誠実と創造性を学ぶことはできなかった」と述べている。A. J. P. Taylor, *The Habsburg Monarchy, 1809–1918*, London, 1948, p. 12.

2　十六―十七世紀の諸問題

オーストリア大公を引き継ぎ、カール五世からいっさいのドイツ領を譲りうけたフェルディナント一世は、一五二六年から二七年にかけて、さらにベーメン、ハンガリー、クロアティアの王を兼ねた。これは、スラヴ人やマジャール人が直接ハプスブルク家の支配下にはいったことを意味し、従来主にアルプスのドイツ人諸地方――いわゆる世襲領――を支配してきたハプスブルク帝国の民族的基盤に、重大な変化を与えた。しかもそれと関連しながら、ハプスブルク家は、十六世紀から十七世紀にかけて、二つの大きな問題に直面した。一つは、トルコ人に対する中欧の防衛であり、いま一つは、宗教改革に対するカトリック教会の防衛であって、さらにその間西方では、フランスとの争いに苦しまなくてはならなかった。

この時期のオーストリアの役割を理解するために、まず東方の一般的事情をみよう。ハプスブルク家と東方との関係は、ルドルフ一世のオーストリア領有にはじまるが、その関係がとりわけ深まったのは、一五二六年以後である。

この年ハプスブルク家の家領となったベーメンとハンガリーは、それに先立ってすでに輝かしい自国の歴史をもっていた。ベーメンには五世紀以来西スラヴ族の一分枝であるチェコ人が住み、九世紀には大メーレン王国の一部をなし、その崩壊後は、彼らが中心になってベーメン国を形成した。聖ヴァーツラフ一世 Václav I, Svatý（九二一―九二九年)がその始祖とされている。しかしベーメン国は最初から、東方に進出しようとするドイツの圧迫をうけて、その宗主権を認めさせられ、神聖ローマ帝国が成立すると、なかば自動的にその一部に組みこまれてしまった。その後ベーメンでは経済的発展が進んだ結果、十三世紀後半にはプルシェミスル家のオタカル二世(一二五三―七八年)があらたに王権を強化するとともに、対外的にも国力をのばして、一時はオーストリアを支配した。続くヴァーツラフ二世Václav II(一二七八―一三〇五年)は、一三〇〇年にポーランド王、翌年ハンガリー王を兼ね、ベーメン国は一時期、中・東欧民族の大合同国家となったのである。しかし一三〇六年、建国以来の民族王朝プルシェミスル家が絶え、王位はドイツ系のルクセンブルク家に移った。三代目のカレル一世Karel I(一三四六―七八年)は、神聖ローマ皇帝カール四世に選ばれた人物であるが、彼の時代には国内の行政がととのえられ、メーレンとシュレジエンがベーメン王の世襲領となった。のちに聖ヴァーツラフの諸地方とよばれるものは、かつてベーメン王国を成したベーメン、メーレン、シュレジエンを併せた地域をさすのである。

ハンガリーのマジャール人はフィン・ウゴル語系統の民族で、十世紀はじめに大メーレン国を征服し、イシュトヴァーン(シュテファン)István(九九七―一〇三八年)のもとでハンガリー王国を建設した。ラースロー一世László I(一〇七七―九五年)、カールマーンKálmán(一〇九五―一一一六年)の時代には国内の統一を完成し、対外的にも国力をのばして、十一世紀までに北のスロヴァキア、ついで東のトランシルヴァニアを領土とし、十二世紀はじめには南西のクロアティア王国にも宗主権を認めさせた。十三世紀前半蒙古軍の侵入をうけたあと、十四世紀初頭民族王朝アールパート朝が絶えたが、十四―十五世紀の間は、なお東ヨーロッパ随一の大国であった。

ところでベーメン、ハンガリーは、中世以来ドイツ人の東方植民が行なわれた地方で、これらの地域は相互間に、また植民運動の一中心であったオーストリアとの間に、不離の経済的関係をもっていたから、オーストリアがこれらの地方の一括支配を目ざしたのは、自然の成行きであった。そのうえ植民運動は、ドイツ人農民に土地を与えたばかりでなく、開発に伴って多くのドイツ系貴族・聖職者・市民が進出した。十四世紀初頭にハンガリー、ベーメンで民族王朝が断絶したあと，オーストリアは，これら諸国のドイツ的要素を足場に，急激な政治的進出を行なったのである。

こうした状況下に，一四五三年東ローマ帝国を滅ぼしたオスマン・トルコが，進んで東欧を征略し，中欧に進出する勢いをみせ，フランスと同盟を結んでドイツの後方を脅かしながら，東方正面からドイツ帝国に迫った。対トルコ防衛の最前線に立ったハンガリーは，はやくも国土の東半をトルコ軍に占領され，ベーメン王とハンガリー王を兼ねたヤゲロ朝最後の君主ルードヴィク Ludwik（ラヨシュ二世 Lajos II）は，一五二六年モハッチの戦いで敗死し，そのあとをうけて，オーストリア大公フェルディナント一世がベーメン，ハンガリー両王位についた。これは，一〇年前に行なわれたマクシミリアン一世の二人の孫の二重結婚に起因するもので，ルードヴィクに嗣子がなく，フェルディナントがその義弟にあたるところから，二つの王位を引き継ぐことになったのである。ハプスブルク家はこれによって，ベーメンとハンガリーの支配権確保という待望の目的を達成することができたが，同時にトルコ防衛のすべてを担当することになり，新しい重荷を背負いこんだともいえる。のみならず，この二国を維持し，オーストリアの支配体制のなかへ組みいれるためには，長い間の努力が必要であった。

ベーメン貴族はただちにフェルディナントを国王として承認したが，しかしハンガリーでは，多くの土着貴族マグナートが民族王サポヤイ János Szapolyai を擁立してハプスブルク家の君臨に反対し，トルコ軍に援助をもとめたため，トルコ軍はこの機会をとらえて一五二九年ウィーンを囲んだ。オーストリアはドイツ諸侯の援助を得てようやくウィーンの囲みをとき，トルコの占領地領有を承認する条件でこれと和し，ハンガリーの反乱貴族とは民族王の死後ハプスブルク家がハンガリーを領有することで一時をしのいだが，結局ハンガリーは，最北部と西部のハプスブルク・ハンガリー，中央部ドナウ川沿いのオスマン・ハンガリー，トルコ宗主権下のトランシルヴァニア侯国の三つに分割され，トルコはハンガリーの大部分を占領し，ブダペストに本拠を構えてなお反撃の姿勢を示した。この分裂と対峙の状態は約一五〇年間続いたが，その後十七世紀にはいってハプスブルク家は，ふたたびフランスとトルコの提携による東西からの挟撃をうけ，一六八三年トルコ軍は再度ウィーンを包囲した。しかしハプスブルク家の兵力はよく耐えてトルコ軍を撃退し、以後トルコ帝国はもはや主要な攻勢に出ることはできなかった。逆にサヴォイ公オイゲン Eugen von Savoyen の率いるハプスブルク軍がハンガリーを再征服し、トルコ軍をバルカンに追い返すことに成功した。その結果、一六九九年のカルロヴィッツの和約で、オーストリアはトルコ帝国からトランシルヴァニアを含むハンガリー全域、クロアティア、スラヴォニアを獲得し、その後の諸条約でさらにブコヴィナおよび東南部の若干の地を入手し、東・中欧に対するオーストリアの支配権が確立された。

ハプスブルク帝国がヨーロッパの歴史に大きく寄与した点の一つは、たしかに、オスマン・トルコの勢力が中欧に深く浸透するのを防いだことである。一五〇〇年近い異教徒との対峙は、ハプスブルク家にキリスト教の防衛者であることを自覚させ、この使命感が彼らに緊張と力を与えたために、ハプスブルク家はトルコ人の攻撃によく耐えることができた。しかしトルコとの対決は、別の意味でハプスブルク家に大きな影響を与えたことも、忘れられない。ハプスブルク家は家領政策に専念しながらも、なおドイツを一つの実質的な統一国家にしてこれを支配しようとする意図を失っていなかったが、トルコの侵入は、ハプスブルク家のこの計画を、水泡に帰せしめた。ハプスブルク家は東方に力を注がねばならなくなったばかりか、ドイツ諸侯の助けをかりてようやくウィーンの囲みを解くことができたからである。

ハプスブルク家が十六世紀から十七世紀にかけて直面した今一つの重要な問題は、宗教改革であり、それは、ハプスブルク家の支配する各地に新教と結んだ貴族勢力を抬頭させ、ハプスブルク家の支配体制を弱体化させる結果になった。なお、十六世紀からハプスブルク家とフランス王家との敵対関係が始まり、宗教改革から宗教戦争の時代を通じて、この対立は西ヨーロッパの国際政局を強く規制することになる。

「太陽の没することなき」広大な領土に君臨したドイツ皇帝カール五世は、まもなく宗教改革時代に遭遇し、ドイツ新教諸侯の反抗に苦しまねばならなかった。彼はルネサンスのヒューマニズムを呼吸した君主ではあったが、ルターの宗教改革運動の意義を理解せず、したがって、新教を盾に皇帝に反抗した諸侯勢力を圧服することはできなかった。ドイツ国内における皇帝＝旧教諸侯と新教諸侯＝諸都市との戦いは一五五五年まで続いたが、この間カール五世は、フランスとイタリア戦争を行ない、他方ウィーンに迫ったトルコ軍とも戦わなくてはならなかったので、国内ではしばしば新教側との妥協を余儀なくされ、ついに一五五五年アウグスブルクの宗教和議を結ばざるをえなかった。翌年彼は失意のうちに引退し、ドイツ皇帝の位を弟フェルディナント一世(皇帝として一五五六—六四年)に、スペイン王位をその子フェリペ二世に譲ったが、まさにこの年は、ハプスブルク家の創造性が枯渇し、偉大な王朝として存続するための同家の苦闘が始まった年でもあったのである。

カール五世からドイツの家領を引き継ぎ、さらにベーメン、ハンガリーを併せたフェルディナント一世も、新教徒と結んだ貴族勢力およびトルコの侵攻に悩まされ、スペイン王の援助でようやくその支配を保つ状態であった。とりわけ、あらたに得たベーメンとハンガリーは、民族的自負心の強いチェコ人とマジャール人の居住地域で、ドイツ系世襲領とは違う特殊事情が問題をいっそう困難にした。

すでにみたように、ベーメン、ハンガリーでは、十一世紀以来の植民運動の結果、ドイツ農民や教会がスラヴ系民族やマジャール人の間に定着し、また移住の際の指導者が小貴族となり、上級聖職者とともにドイツ系支配階級となって、ドイツとの強い政治的・文化的連帯性をつくりあげていた。また東方都市に移住したドイツ系市民も、各地域をドイツ的商業の一環としていた。このドイツ化の傾向がルクセンブルク家やハプスブルク家のようなドイツ系君主の出現を可能にしたのであったが、しかしドイツ的要素を足場にしたオーストリアの急激な政治的進出は、これら諸国の民族的反動をよびおこし、王権に対する土着貴族の対抗という形勢を生み出した。十五世紀前半ベーメンでは、このような対抗関係が信仰上の対立と結びついてフス戦争を生んだが、この闘争を通じてベーメン貴族バーニは強固に結集し、一四九八年には王の特許を得て、彼らの身分制議会を中核とする選挙王制国家を確立した。ハンガリーでも、民族王朝断絶後国王選挙が何度も繰り返される間に、土着貴族マグナートが権力を握るようになり、十六世紀には彼らを中心とする身分制的選挙王制が生まれた。そのため、フェルディナントが王位についたのちにも、ベーメン、ハンガリーには強い反ドイツ的感情があり、それが土着貴族の反ハプスブルク運動の底流になっていたのである。

もう一度宗教改革に目を移そう。ベーメンはすでにフス派の教会という形で民族的宗教をもっていたが、ルターの宗教改革が波及すると、チェコ人貴族のなかには新教に改宗するものが多かった。新教はさらに、ハンガリーのハプスブルク家支配地とトランシルヴァニアでも、ドイツ人の諸地方でも、勢いを得た。オーストリア大公フェルディナント一世は、政治的動揺を恐れて、住民の信仰問題には直接関与しない態度をとり、一五五六年皇帝になって全ドイツの問題に対処せざるをえなくなってからも、宥和政策をとり続けて、新旧両派の協調をはかった。次のマクシミリアン二世 Maximilian II(一五六四—七六年)も新教寛容政策をとったが、続くルドルフ二世 Rudolf II(一五七六—一六一二年)は一転して旧教励行政策をとり、スペインを根拠地とするイエズス会と協力して、新教徒弾圧をはじめ、一時九〇%近く新教化したドイツは、その三分の一をカトリック側に奪還されたといわれている。しかし新旧両派の軋轢はたえず、新教徒連合《ウニオン》(一六〇八年)と旧教徒連盟《リガ》(一六〇九年)の対立が生まれた。

オーストリアの家領では、ドイツ人の諸地方は十六世紀後半の反宗教改革によって旧教側に取りもどされ、新教はわずかにケルンテンの山間に生き残るだけになった。これに味をしめたルドルフ二世は、反宗教改革をハンガリー、ベーメンにも及ぼし、ハンガリーのハプスブルク占領地は容易に屈服したが、トルコ宗主権下の従属国トランシルヴァニアでは、カルヴィニズムがもちこたえていた。かように民族主義とからんだ抵抗が強く、多くの困難に遭遇したので、ルドルフも方針を改め、宗教紛争は一時小康状態となった。

しかし一六一七年、イエズス会の教育をうけた熱烈な旧教徒フェルディナント二世 Ferdinand II がベーメン王となるに及んで、公然たる衝突がおこり、三十年戦争の発端となった。ベーメンでは、貴族階級が自己の特権を守るためにカルヴィニズムをうけいれ、フスの名を引合いに出してチェコ民族を称賛していたが、ベーメン国会(地方議会)は新王フェルディナント(一六一九年、皇帝フェルディナント二世となる)を否認し、新教徒のファルツ選帝侯フリードリヒ五世 Friedrich V を国王に選び、ハプスブルク帝国は分解の危機に直面した。しかしフェルディナント二世(一六一九—三七年)は旧教徒連盟とスペインの援助をうけて、一六二〇年プラハに近い白山の戦いでベーメン軍を破った。この敗戦の結果は大きく、ベーメンの貴族勢力はその新教主義とともに一掃された。反乱参加者は一部は処刑、他は追放され、所有地の三分の二は持主が変わり、新しい皇帝派のドイツ系貴族がつくり出された。またベーメン王位はハプスブルク家の世襲となり、ベーメン地方議会は一六二七年の改訂領邦条令でその諸権利を失い、残されたのは課税協賛権だけになった。カトリックが唯一の宗教とされ、ドイツ語が公用語となり、チェコ語は農民の言葉としていやしめられることになったから、チェコ民族文化の発展にも大きな打撃が加えられた。

白山の戦いは、その後のハプスブルク帝国の性格を決定した重要な出来事であった。それまでベーメンとハンガリーは類似した半独立王国であったが、ベーメンはいまやドイツ系諸地方と同じく世襲領となり、一つの行政単位として存在するにすぎなくなり、チェコ民族の地位は低下した。こうしてフェルディナント二世は、ベーメンの宗教紛争を利用して絶対主義確立の第一歩をふみ出したのであるが、諸領地の土着貴族に対抗してハプスブルク家がよくその支配を保持しえたのは、スペイン・ハプスブルク家の援助とイエズス会との同盟によるものであり、特にイエズス会の反宗教改革運動の猛威は、決定的な意味をもっていた。しかも、ハプスブルク家が宗教改革に際してカトリック的反動に終始したことは、以後ハプスブルク帝国の保守的性格を運命づけることになったのである。

次に三十年戦争のもつ意味を、全体として考えてみよう。発端のベーメン戦争は皇帝と旧教側の一方的勝利に終わったが、ハプスブルク勢力の強大化と旧教勢力の復活を好まぬデンマーク、スウェーデン、フランスの介入によって、三十年戦争は長期にわたる国際戦争となった。宗教改革のドイツに及ぼした決定的な影響は、国土の分裂、領邦勢力のいっそうの強化であり、それは、古い理想にもとづく帝国再建の望みをまったく挫いてしまった。宗教的障壁に隔てられた各所領を古い理想で結合することは、もはや考えられず、その間に帝国内の各所領は、領邦として独自の成長をとげていたからである。(1)

三十年戦争終末のウェストファリア講和条約は、ドイツが神聖ローマ皇帝を通じて統一に達することはもはやありえないことを、具体的に表現していた。この条約は、ドイツにおける新・旧両教徒の同権、ドイツ諸侯のほとんど完全な独立国家主権、フランスのエルザス領有とスウェーデンのポンメルン領有を認めたもので、ドイツ帝国の実質的解体とフランスの東方進出をはっきり示していた。しかしその反面、ドイツ皇帝として無力化したハプスブルク家は、偉大な家領の支配者として、それ自身の力でヨーロッパの承認をうけることになり、オーストリアは色あせた神聖ローマ帝国の形骸から抜け出して、自由にかつ徹底的に家領政策を進めることができ、一領邦として絶対主義支配を完成させる方向に向かうことが可能になった。しかし、この道はけっして容易ではなかった。

すでにみたように、一六二〇年の白山の戦勝はハプスブルク家にとって絶対主義確立への第一歩であったが、しかし、すべての領地について同様のことが認められたわけではなかった。むしろ宗教問題の処理その他をめぐる事態の発展のうちに、諸領地間特にベーメンとハンガリーの間の差異が明白化してきたことは、本書の主題との関係でとりわけ重要である。そこで次に、ハンガリーの経過をみよう。

ハンガリーでも、ハプスブルク支配地では絶対主義化と反宗教改革がはじまり、多くの貴族はカトリックに復帰したが、オスマン占領地域はひどく荒廃し、またトランシルヴァニアはガーボル・ベトレン Gábor Bethlen を中心に、ハプスブルク家に対抗して政治・宗教の自由を保持した。しかし一六八三年のウィーン包囲を転回点として、ハプスブルク軍はハンガリーを再征服し、トルコ軍をバルカンに追い返した。そして、一六九九年カルロヴィッツの和約でトランシルヴァニアを含むハンガリー全土を手に入れたハプスブルク家は、ハンガリーの隷属化をはかろうとした。一六八七年皇帝レオポルト一世 Leopold I(一六五八—一七〇五年)は、プレスブルクのハンガリー議会にハプスブルク家のハンガリー王位世襲権を認めさせ、トランシルヴァニアには別個の行政組織を設け(一六九一年)、また南部ハンガリーをウィーン直轄の「軍事国境地域」にした。その他の地域は皇帝の家臣に与えられ、あるいは皇帝の領地として維持され、土着貴族にも重税が課され、宗教上の迫害も激化した。要するにレオポルト一世は、トルコの西欧侵入にとどめをさすとともに、ハンガリーの貴族勢力を破ってここにも絶対主義を樹立し、オーストリアの東・中欧支配の基盤を一段と強化しようとしたのである。

そこでハンガリーの土着貴族は、ベーメンと同じ運命におちいることを恐れ、トルコ人から解放されると、今度はハプスブルク家に対する解放戦争をおこした(一七〇三年)。ラーコーツィ・フェレンツ二世 Rákóczi Ferenc II に指導されたこの反乱は、国民の熱狂的支持を得て、たちまちハンガリーのほとんど全域を解放し、ラーコーツィはトランシルヴァニア侯とハンガリー王に選ばれ、ハンガリー議会は一七〇七年ハプスブルク家の廃位を決定した。しかし、ハプスブルク家は当時スペイン継承戦争に忙殺されて、ハンガリー貴族の抑圧に全力を注ぎえなかったために、白山の戦いの繰り返しはなく、他方ハンガリーの独立運動も外国から有効な支援が得られず、孤立したために、両者の間に妥協が成立して、一七一一年サトマールの和約が実現し、ラーコーツィは国外に追われた。その結果、ハンガリーはふたたびハプスブルク家の手に帰したが、そのかわりに新皇帝カール六世 Karl VI(一七一一—四〇年)は、ハンガリーの伝統的憲法と特権を認め、信教の自由を承認した。こうしてハンガリーは封建的な国会(地方議会)の独立した存在を維持し、地主貴族の権利を保存することになったが、なかでもコミタート comitat(県)はユニークな地方自治制度で、ジェントリーはこれによって彼らの特権を守ることができた。ハプスブルク家はハンガリーの自由を尊重するかぎりで王として受けいれられるという、将来のパターンがここに決定されたが、これは、ベーメンとは著しい対照をなしていた。

三十年戦争後、オーストリアは東西二正面に大きな敵をかかえていた。東方のオスマン・トルコとの対決はすでにみたが、西方の焦点は、ライン地方をねらうフランス、ルイ十四世の動きであった。オーストリア・ハプスブルク家とフランス・ブルボン家の争覇の局面は、すでに三十年戦争中にみられたが、ウェストファリア条約でエルザスを領有したフランス王は、ドイツ諸侯の一人という資格でドイツ問題に発言権をもち、ドイツ統一をはばんで小邦分立を温存する政策を打ち出すことになる。のみならずフランスは、オーストリア、スペイン両ハプスブルク家の合一を懸念し、ここにフランスと、皇帝権の再強化を恐れるドイツ諸侯国との提携が成立し、フランスのドイツ支配を容易にした。ルイ十四世の大規模な侵略戦争にともなう危機に際して、オーストリアはまず東方の脅威の排除に全力をつくし、東方問題を一段落させたあと、余裕をもって西方のフランスと対抗することになった。皇帝レオポルト一世と次のヨーゼフ一世 Joseph I(一七〇五―一一年)は、勢力均衡のために列強と結んでフランスの侵略企図をくじいたが、それはまず、ルイ十四世のファルツ侵略(一六八八―九八年)への対応にみられ、続いて代表的なスペイン継承戦争が出現する。一七〇〇年におけるスペイン・ハプスブルク家の断絶は、オーストリアとフランスの対立を中心にして長期にわたる継承戦争を生みだしたが、ヨーゼフ一世は勇将オイゲンの活躍でフランスを圧倒することができ、その結果、ルイ十四世の孫のスペイン王位が承認されたとはいえ、ラスタット条約(一七一四年)でオーストリアは、ネーデルラント(ベルギー)、イタリアのミラノ、ナポリ、サルディニアなどの旧スペイン領を獲得し、これによって宗教改革時代以来のスペインへの従属を脱却して、一躍全ヨーロッパ的強国の一つとなることができた。なおオーストリアは、一七二〇年にサヴォイとの間でサルディニアとシチリアを交換し、一七三五年スペイン系両シチリア王国の成立とともに、ナポリとシチリアを失ったが、その間にトスカナを得て、北イタリアに大きな勢力を振うようになった。

(1) ベーメンの克服に成功した皇帝フェルディナント二世には、古い野心の夢がよみがえり、彼はドイツを服従させようとする最後の試みを行なって、その軍隊はバルト海沿岸に達したが、フランスとスウェーデンの干渉はこれを挫折させた。Taylor, *op. cit.*, p. 13 f.

3　啓蒙的諸改革とその性格

以上、ハプスブルク帝国の歴史を十八世紀初頭まで一通りたどったあとで、この国の特殊な性格を若干整理してみよう。

ハプスブルク帝国の歴史は、ハプスブルク王家の発展を軸として展開された。この王家も、ヨーロッパの他の諸王家と同じように、幾多の政治単位を取得・吸収することによって自己の勢力を拡大していったが、ハプスブルク家の領土が他の王朝のそれと根本的に異なっていたのは、非常に多様な民族構成をもっていた点である。ハプスブルク家の本拠地はアルプス地方のドイツ系世襲領であり、一二八三年以後この地を支配したハプスブルク家の地位は、中世および近世初頭にかんするかぎり、他の王家の地位と異なってはいなかったが、その後家領が増大するにつれて、帝国の民族的基盤には重大な変化がおこったのである。それは、一五二六—二七年にベーメン、クロアティア、ハンガリーの諸王国が支配下にはいった時に始まったが、以後ハプスブルク帝国がトルコおよびフランスとの長い戦争をへて獲得した諸地方は、いずれも非ドイツ系のものであった。一六九九年カルロヴィッツの和約で再獲得されたトランシルヴァニアを含むハンガリー、クロアティア、スラヴォニア、さらにその後の諸条約で入手したブコヴィナおよび東南部の若干の土地、また一七一四年のラスタット条約で獲得されたベルギー、ミラノ、ナポリなどの旧スペイン領が、それである。他方一七四二年には、すぐれてドイツ的なシュレジエンをプロイセンに奪われ、そのかわりに、十八世紀末ポーランドの分割に参加して、ガリツィアを獲得した。以上の過程を通じて、ハプスブルク帝国は東・西ヨーロッパに領土をもつ大国になった反面、ドイツ系構成分子は全人口中の少数に引き下げられ、ますますドイツらしからぬ国になったのである。

ハプスブルク帝国の第二の特色は、近代的なナショナリズムが姿を現わしはじめた十八世紀中葉以前に、強力な中央集権政府をつくりえなかったことである。ハプスブルク帝国に属するさまざまな土地は、その歴史の大部分の間、ハプスブルク王家の所領であるという事実によって結合を保ったにすぎなかった。そこでは、一般に地方的制度が保存され、行政を中央集権化し地方貴族の政治権力を破壊しようとする試みは、彼らがハプスブルク家の支配に積極的に反抗する場合以外には、ほとんど行なわれなかった。ハプスブルク帝国とは、単なる諸家領の集合体、しかも、中心になる王家が各家領の地方議会とつながるという形での結びつきにほかならなかったのであって、そこには、フランスにみられたような全国三部会もしくは身分制議会の全体会議さえ、存在しなかったのである。一六一四年ハプスブルク帝国では、ティロールを除く全家領の代表者がリンツに集まり、身分制議会の中央委員会を提唱したが、これはトルコに対抗するよりもむしろハプスブルク家の支配に抵抗する意味を含んでいたから、ハプスブルク家はこのような人民側の主導権に反対し、下からの希望は実現をみなかった。(1) また、たとえ個々の地域で——白山の戦いのあとのベーメンのように——絶対主義への傾斜がみられたにしても、ハプスブルク家はなお諸領土を一つにまとめようとはしなかった。中央集権制をつくり出すことは、彼らの行政能力を超えるものでもあったのである。人種的ないし言語的に同質な国、十八世紀中葉以前に強力な中央集権政府をつくることに成功していた国では、支配する王家は、自国内のさまざまな社会的変化にゆっくり対応し順応してゆくことができたが、双方を欠いたハプスブルク家にとっては、このような調整は不可能に近く、ここにハプスブルク帝国の基本問題があったことは、以下の叙述で次第に明らかにされるであろう。

しかしハプスブルク家も、その間に国家的統合の努力をまったく行なわないわけではなかった。そこで次に、このような努力が集中した十八世紀を中心に、それがどのようなものであり、なぜ十分に成功しなかったかを、みなければならない。まず目につくのは、神聖ローマ皇帝の立場からの帝国改造計画である。ドイツの国家秩序は、オーストリアを含む各領邦の勢力拡大の犠牲になって失われたままであったから、これを改革して国家統一の実を与えようとする帝国改造計画は、いくたびか立案され、特にマクシミリアン一世は、失われた皇帝の中央権力を強化しようとする最後の努力を行なったが、結局失敗し、やがて三十年戦争は、古い理想にもとづく帝国再建の望みを完全に挫折させてしまった。

次に家領統合の努力をみよう。家領支配を統一するための基礎は、各地域の支配者である君主の地位の一元化でなければならないが、ハプスブルク家の伝統である諸子分割相続制が、その大きな阻害要因になっていた。ベーメン、ハンガリーの兼併によって家領統合の必要を痛感したフェルディナント一世は、一五二七年宮廷国家秩序令を発布して国政の中央化に取り組んだが、結局家領分割の伝統を破ることはできなかった。その後フェルディナント二世は、一六二一年に記した遺書で長子一括相続制を定めたが、なお十分ではなかった。

ハプスブルク家の家領統合のうえで最も重要な意味をもつのは、何といっても、皇帝カール六世 Karl VI(一七一一—四〇年)が一七一三年にハプスブルク帝国の法的憲章ともいうべき「国事詔書《プラグマティシェ・ザンクチオン》」Pragmatische Sanktion を制定したことである。これは、ハプスブルク家の諸領地の一体不可分を宣言し、長子相続の原則をうたったものであるが、カールは男の相続人をもたなかったために、女子相続権をも認め、万一男子なくして死んだ場合には、娘のマリア・テレジアに全領地を相続させることにした。これによってハプスブルク帝国は、たまたま同一の君主に支配される諸領地の集合体ではなくなり、はじめて明確な法的一体性を獲得したのである。

カール六世は、諸領地の身分制議会および指導的な諸外国との交渉を通じて、「国事詔書」の承認を確保しようとした。これは、ドイツ系諸領地とベーメンでは容易であったが、ハンガリーの身分制議会は、承認と引きかえに、自国の権利、自由、免税などの再確認をもとめた。こうして「国事詔書」は、一つの基本的矛盾を含むことになった。それはハプスブルク家にとっては、帝国の単一性の法的基礎であったが、ハンガリー人にとっては、彼らの諸特権、すなわちハンガリーの自立性の、それゆえ帝国の不統一の法的基礎を意味したからである。

オーストリア・ハプスブルク家の男系は、一七四〇年カール六世の死とともに消滅した。娘のマリア・テレジア Maria Theresia(一七四〇—八〇年)は一七三六年にロートリンゲン家のフランツ(のちのトスカナ大公)と結婚していた——これによってハプスブルク・ロートリンゲン家が成立し、以後この家系がオーストリアを支配し、神聖ローマ皇帝の地位を世襲することになる——が、一七四〇年父のあとを継いでオーストリア大公、ベーメン王およびハンガリー王になった。しかし「国事詔書」もマリア・テレジアに平和的継承を許さず、彼女の相続をめぐってオーストリア継承戦争(一七四〇—四八年)が勃発し、ハプスブルク帝国を重大な危機におとしいれた。すなわち、ハプスブルク家外のバイエルン選挙侯カールが皇帝に選ばれ(カール七世 Karl VII)、プロイセン王フリードリヒ二世 Friedrich

IIがシュレジエンを占領し、フランス軍がベーメンに侵入してプラハを占領したのである。しかしマリア・テレジアはよく耐えて戦争を終息させ、結局重要な工業地帯シュレジエンをプロイセンに奪われはしたが、その夫トスカナ大公フランツ一世 Franz I(一七四五―六五年)の帝位が承認され、マリア・テレジア自身の相続も、アーヘンの和約(一七四八年)で認められた。

十八世紀にはいると、ハプスブルク家は、前世紀とはまったく違った新しい諸問題に直面することになった。まず第一に、東方ではトルコにかわってロシアの脅威が現われ、第二に、かつての有力な後援者であったスペインは、いまやブルボン分家の支配下にあって、フランスと同盟していた。第三に、ドイツではプロイセンのホーエンツォレルン家が急速な上昇をとげて、オーストリアと指導的地位を争うようになり、マリア・テレジアはついにシュレジエン回復の目的を果たしえなかった。そして最後に、フランス革命が新しい民衆の力を解放し、伝統的なハプスブルク家の支配そのものを脅かした。このような状況のもとで、ハプスブルク帝国も、新時代に適応し新しい国家に変貌するための努力をはらわねばならなくなった。これがマリア・テレジアとヨーゼフ二世の「啓蒙主義的改革」であって、内容的には、絶対主義確立への歩みであるとともに、中央支配強化のための努力であった。これらの改革を総合的に詳しく検討することは、本章の任務を越えるが、(2) しかしここでも、必要なかぎりで立ちいることを避けるわけにはゆかない。なぜなら、マリア・テレジアとヨーゼフ二世の改革、それに続くレオポルト二世とフランツ二世の統治の正確な評価こそ、十九世紀のハプスブルク帝国の民族問題を理解するうえの、不可欠の前提をなすものだからである。すでにみたように、西欧では、ナショナリズムが大きな力になる前に一つの強固な中央集権国家が現実に存在していたが、ハプスブルク家の諸領地では、集権化をめざす最初の試みと近代的ナショナリズム思想の到来とが時間的に一致した点に、他にみられない特色があった。そこでわれわれの考察も、これら二つのものの相互関係に向けられるのは当然であり、しかも、改革が行政的ないし制度的な面でどのような成果をあげたかということのほかに、それが精神的な意味で帝国の統合的要因となりえたかどうかについても、注意を払わなければならない。

カール六世はハプスブルク家の諸領地を一つの法的単位にはしたけれども、マリア・テレジアが即位したとき、なお実際には諸領地がすべてであって、中央はとるに足らぬものであり、「帝国」とは宮廷と軍隊にすぎなかったとさえいわれている。ハプスブルク家が支配下にある諸地方の権利や特権を尊重した伝統は強く、ベーメンさえそれ自身の政庁 Hofkanzlei をもち、ベーメン貴族は、その構成が実質的に変わった一六二〇年以後も、なお彼らの権利をある程度保持していた。マリア・テレジアは、こうした諸領地のよせ集めにすぎないハプスブルク帝国を単一の近代国家らしい方向にもってゆくために、必要な官僚制度を導入しようとしたのである。

彼女の主要な業績は、異質的な土地と民族を含むオーストリアに統一的な行政組織を確立しようとした点にあり、そのために、中央政庁の改革と地方政治への直結がはかられた。中央集権化への第一歩を意味する行政改革は、一七四二年の内閣 Gemeine Haus-, Hof- und Staatskanzlei の設立とともに始まったが、それは慎重な計画にもとづいたものではなく、「喪失したシュレジエンの地におけるプロイセン行政の成功に影響されて、実験的な試みというやり方で」(3) 戦時中に導入されたものであった。内閣は、オーストリア政庁 Hofkanzlei のうち、外交と皇帝家の事務を担当した部門を独立させたもので、所管の分割という点で重要な意味をもっている。その後アーヘンの講和（一七四八年）までにいくつかの改革が行なわれ、さらに一七四九年には管理庁 Directorium in publicis et cameralibus がウィーンに設立された。これは、オーストリアとベーメンの政庁を一つに統合したもので、ベーメンとオーストリア諸地域の間に区別を立てず、行政上・財政上の中央官庁としての機能をはたすことになった。同じ四九年には、中央行政の改革に対応して、領邦に、王領地を含めて行政と財政を管轄する政庁 Repräsentation und Kammer がおかれ、さらに領邦内の地方行政については、地方機関として管区官 Kreisamt がベーメンとオーストリアに配置され、当該管区内の都市と農村を管轄下におき、その長官 Kreishauptmann は君主によって任命され、地方行政における国家権力の代表者となった。こうして君主は、いまや地方貴族の手をへることなしに、直接臣民を把握することが可能になり、地方の有力者は実際的な力を失うことになった。貴族の政治的特権と民族的対立が結びついて容易に一元的統治の行なわれなかったこの国が、ともかくも近代的国家体制を整えるにいたったのは、マリア・テレジアの努力に負うところが大きい。なお彼女の改革期に、司法的機能と行政的機能の広範な分離が実行されたことも、注目に値する。

しかし、マリア・テレジアは、「哲学からではなく生活自体から決定的な刺激を得た」[4]君主であって、自己の行動について長期的展望を行なうことはなかった。彼女は多分に実用主義者であって、その政策には一貫した論理がなく、その行動には多くの矛盾が含まれていた。最大の矛盾は、彼女がベーメンに対してきびしい態度をとりながら、ハンガリーを慎重に扱い、旧来の封建的諸制度をそのまま残したことである。もっとも彼女も、ハンガリーと他の諸領地との間の紐帯を強化する意図をもっていたことは[5]、ハンガリーにかんする彼女の布告、特に経済的なそれから十分察知される。マリア・テレジアは、漸次的侵食によってハンガリーの特権的地位を弱めるつもりであり、七年戦争後はハンガリーの地方議会を召集せず、ハンガリー宮廷を別個に保存することもなく、ハンガリーの大貴族はウィーンの宮廷に引きよせられて、コスモポリタンな性格を身につけることになった。またハンガリーは経済的には、オーストリアの重商主義的植民地として扱われ、他のハプスブルク諸領地からハンガリーに輸入される品物に重税がかけられる一方、この税収入を維持するために、ハンガリーが他のどこかから輸入したり、自身で品物を製造したりすることは、妨げられた[6]。しかしそれにしても、ハンガリーがマリア・テレジアの諸改革を免れ、皇帝の代理人に抑制されずに、自己の独立の政庁と自主的な行政を保存したことは、重要である。マリア・テレジアは近代的なオーストリア国家の創設者ではあったが、彼女の諸改革をハンガリーの国境で停止させたことによって、二重主義の創設者でもあったのである。これはハンガリー人の感情をなだめはしたが、他の地域にある種の嫉妬をよびおこし、政治的自覚をもった人々主として貴族を、領土的な線に沿って分裂させることになった[7]。

同様の矛盾は、ほかにもみられる。マリア・テレジアは「王であり続けようとするなら、貧者にも富者にも平等に正義を与えなくてはならない」ことを悟り、多くの点でこの方針に従って行動した[8]。彼女は租税改革、社会改革とともに土地台帳の再編制を行なったが、これは、貴族農民の保有地と君主農民の保有地とを——当時の用語でいえば、貴族の dominical 土地と君主の rustical 土地とを——はっきり区分して、すべての土地を登録したものであり、農民の地位の改善に資したばかりでなく、漸次的な農民解放の可能性を予示したものでもあった。土地貴族はこれらの措置に不満をもったが、マリア・テレジアは他方また貴族の機嫌をとり、彼らを宮廷貴族化することによって、彼らの忠誠を保持した。

マリア・テレジアの治世の二つの主要な改革期(一七四二—五六年、一七六四—七六年)に始められた諸政策全体について、次のような一般的特徴づけを行なうことが可能であろう。彼女は、ハプスブルク家の支配する諸領地を強化しようとする意図をはっきりもっていた。彼女はまた、強大な中央権力の必要を認識し、当時の社会的・経済的な諸問題にも気づいていた。しかし彼女は、影響するところの大きい苦しい決定を下すに足るほど強くもなく、決然としてもいなかった。彼女は、何人をも反抗させずに、自分が絶対に必要と認める事柄と調和する形で、自己の王国を変えてゆこうとした。彼女の中央集権化は、イデオロギー的基礎を欠いた純粋な行政的措置にとどまり、諸民族ないし諸社会層に新制度への愛着をもたせるための努力は、まったく払われなかった。マリア・テレジアによって始められた集権化は、結局断片的な試みであって、幾多の矛盾を含み、相互間に嫉妬を生み、その結果社会的なまた民族的な力の分裂をもたらし、十九世紀にはいると、それは打ちかちがたいほどの障害になるのである。(9)

中央集権化を実現するためには、全体を支配するハプスブルク家は、いかに困難でも、「全体国家」Gesamtstaat の意味を明確にし、さまざまな構成部分を「全体国家」——新しく発展しつつある国家組織——のなかに適合させようと試みるべきであったし、当時の情勢は、このような努力にとっては、比較的好都合であったようにみえる。当時、国内の諸社会層——貴族、ミドルクラス(都市の市民)、農民——の間に一致がなくまとまりが欠けていたことは、(10)新中央集権国家につながる共通の利益を彼らに与えるうえで、政府に有利な機会を提供したであろう。なぜなら、新中央集権国家は、政治的自覚をもった活動的な諸構成分子の間をつなぐ連鎖として役立ちえたはずであり、「国事詔書」が諸領地で別々に承認されながら、すべてを拘束する新しい法的、国制的状況をつくり出しえたことは、この可能性を示しているようにみえる。当時ハプスブルク家が、「全体国家」をつくり出す性向と可能性をもっていたことはたしかである。強い歴史的伝統をもつこの王家は、超民族的王朝とみられており、全住民の王冠に対する共通の等しい忠誠をよりどころにして、事柄を妥協的に処理することができた。ハプスブルク家は、帝国内の唯一の調整的要因であり、おこりうべき民族的、文化的衝突を解決する力をなお失ってはいなかったから、「皇帝への忠誠」をふまえそれをさらに発展させる形で、帝国内に住む諸民族集団を結合する集中点として役立つ「帝国観念」を具体化しうるはずであった。

その際ハプスブルク家にとって最も重要な要素は、貴族であった。少なくともマリア・テレジアの最初の改革期には、実際物の数にはいる唯一の社会層は貴族であり、その助けなしには、国家は機能しえなかった。彼らは大部分の行政官、文官、軍隊の指導者を供給していたからである。ところでこの貴族は、君主に好意を抱き、多くの点でコスモポリタンであり、マリア・テレジアの治世の間に次第に民族性を失ってゆきつつあったから、もし新しい行政上の上部組織が彼らの「国制的」感情に注意を払い、彼らに特権と地位の存続を保証するならば、彼らは新組織にも忠誠であり続けたであろうし、彼らの価値感を前提にすれば、おそらく経済的改革をさえも受けいれたことであろう。(11) 彼らは愛国者ではあったが、まだナショナリストではなかったし、彼らの地方的愛国心は、彼らのハプスブルク家に対する忠誠、彼らの自尊心、西欧的モデルにしたがって均一化を増しつつある彼らの文化などの助けをかりて、全体国家的愛国心に変えられることは、不可能ではなかったであろう。この目標に到達するためには、諸改革の結果についての理解、総合的な計画、それを実行するための適切な方法が必要であったが、しかしそれらはすべて欠けていた。マリア・テレジアの諸改革は彼女の王国を中央集権化すなわち「全体国家」の方向に動かしはしたが、彼女およびその助言者たちは、彼らの導入した変化の含むさまざまな意味を十分理解することができなかった。彼女の改革は彼女を啓蒙君主のカテゴリーにいれるにしても、彼女の態度はアンシャン・レジームのそれであった、といわれる所以である。(12) 彼女の如才なさをもってしても、彼女は諸領地に適当な近づき方をしたとはいえないし、さまざまな社会層の人々の扱い方も十分ではなかった。その結果、貴族は各地域でそれぞれに地方的愛国心をかき立てられ、さまざまな不平を抱くようになり、反対派の中心になった。彼らは、集権化された国家にはなんの興味もなく、諸改革が彼らの地方的特権、経済的・政治的優位を危険にさらしつつあるという理由で、これに反抗し、その際最も効果的な武器をナショナリズムに見出したのである。

一方農民は、マリア・テレジアとその子ヨーゼフ二世が彼らの負担を軽減したことを悟り、一七八四、一七九〇年の蜂起の際にも、王家の忠誠な臣民として貴族と戦ったのであった[13]。しかし農民はなお完全に自由ではなかったし、政府が自己の支持者である農民を動員できるような機関も、農民が政府に請願を送ることのできるような通路機関も、なんら存在しなかったのである。

次に、ヨーゼフ二世の改革をみよう。彼は啓蒙主義の熱烈な信奉者で、すでに母の生前、領内のイエズス会を解散させ、国有化したその土地財産で自営農民を創設したりしたが、改革は思うにまかせず、母の慎重さと妥協的態度をいらいらしながら見守っていた。一七八〇年に母が亡くなり、親政時代にはいると、彼は自己の理想に向かって邁進し、中央集権化された平等主義の国家を実現する仕事に取りかかった。彼の中央集権化は一つの計画性をもち、母のそれよりもはるかに意識的なものであったが、現実的という点では母に劣り、また気転を欠いていた。

ヨーゼフ二世の改革の特徴は、何よりもまず、諸地域の歴史的伝統を無視して、ウィーン政府による徹底した一元的支配を実現しようとした点にある。マリア・テレジアの改革が除外したハンガリーやネーデルラントも、ヨーゼフの改革には当然含まれた。彼はハンガリー王冠を戴くことを拒否し、ハンガリーの諸特権の承認を拒み、ハンガリー地方議会の召集を拒絶した。コミタートは廃止され、ハンガリーはドイツ人官僚の支配下におかれ、行政一元化のための公用語として、ドイツ語の流通が強制された。ヨーゼフは、彼の帝国がドイツ的な一元国家であるべきことについて、何の疑念ももたなかった。

ヨーゼフの改革の第二の特徴は、その平等主義的性格である。一七八〇年までに、貴族はすでに集権化に反対する明白な態度を発展させており、これを悟ってヨーゼフ二世は、貧困化した貴族を含む下層階級の間に支持者をもとめ、[14]「封建貴族とはほとんど関係をもたず、彼らの政治的・経済的利害を故意に無視した」[15]。その点で、彼の農業改革は特に注目に値する。オーストリアにはプロイセンのように広大な直轄領がなく、直轄農民でさえ大部分が貴族に対して私的な賦役を負っていたから、改革への道はけわしかったが、地租を確保するためには、賦役の軽減をめざす農民保護政策に力をいれることは、ぜひとも必要であった。ヨーゼフははやくも一七八一年に農奴制の廃止を宣言し、貴族の隷属下にあった農民までも一挙に解放して国家の保護下におき、しかも租税や地代は金納で、農民の全収入の三〇％に抑えるという、画期的な改革を行なった。農奴制の廃止は啓蒙専制君主の共通のスローガンであったが、ヨーゼフ二世は、土地との関係を弱めることなしに農奴を解放したほとんど唯一の人物で、農民追放 Bauernlegen を不可能にし、貴族が君主の rustical 土地を取得することを永久に禁止し、「君主の農民」rusticalist の大部分に確実な保有権を与えた[16]。彼の主要な動機は、税金をほとんど——ハンガリーではまったく——払わぬ貴族の土地の増加を防ぐことであったが、結果的には小農階級を保存することになった。ハプスブルク帝国は依然専制政治の国ではあったが、社会的にはプロイセンよりも西ドイツ諸国よりも、革命下のフランスにいっそう近くなった。十九世紀にはいって専制政治が動揺しはじめると、フランスの政治思想はドイツよりもハプスブルク帝国においていっそう敏速な反応をみいだすことになるが[17]、これは、ハプスブルク帝国の知的指導者たちが、フランスの急進派と同じく自由農民のうちにその根をもっていたからである。

ヨーゼフの対教会政策も徹底したものであった。彼は一七八一年に寛容令を出して信教の自由を認めたばかりでなく、ハプスブルク家とローマ教会の関係を断ち、七〇〇以上の修道院を解散してその土地を没収し、カトリック教会の特権的地位を奪って、これをきびしい国家統制のもとにおいた。新教徒やユダヤ人も法的無資格から解放され、世俗的思想が活気づく可能性を与えられた。その結果、ベーメンでは新教の残り火が復活し、またユダヤ人の解放は、皇帝に最も忠誠なオーストリア人を生み出すことになった。

ヨーゼフ二世の改革は啓蒙思想の驚くべき成果であり、帝国の組織力を立証するものであったが、その政策遂行はあまりにも急激であり、かつ人々の心に深く根づいた旧来の伝統を無視したため、十分な効果をあげえなかった。根本的な弱点は、彼が孤立していたことであった。彼の政治は「人民によらぬ人民のための統治」であり、彼が徹底した官僚主義を言語・文化の画一的統制にまで発展させ、官庁や学校で共通語としてドイツ語を強制するにいたったとき、帝国の諸領土には、特権を侵害された貴族の強い抵抗がおこり、農民や市民までがヨーゼフの敵にまわることになった。ベルギーでは、教会に対する圧迫への反感から、全住民をまきこむ反乱がおこり、ハンガリーでも伝統的権利の侵害と急激なドイツ化に対する不満から、強い抵抗が反乱に発展した。

ここでもう一度、「全体国家」理念の育成ないしナショナリズムとの関係といった観点から、ヨーゼフ二世の改革をみなければならない。彼は、彼に反対した諸勢力や地方的愛国心の力を正しく評価していなかった。そればかりか、彼自身啓蒙思想の強い影響をうけながら、この思想のもたらした変化の意味がわからなかった。彼はナショナリズムを含む西欧思想がどの程度まで浸透し、彼の諸領地の臣民の思考と価値観をどのように変化させていたかを、また、工業化の始まりが彼の領地のさまざまな部分でどの程度まで新しい力をつくり出していたかを、よく理解していなかった。同時代に生きたヘルダーは、ヨーゼフが全領地を一つの王国に統合しようとし、人々の進歩のためにはたらいたことを認めながら、その皇帝が、彼の帝国のさまざまな人々の間で人気を集めることができなかったことに、驚きを表明している。[18] フリードリヒ・シュレーゲルも、改革を行なった皇帝が「世論を獲得しえなかったこと」[19]を強調し、「帝国の別々の部分がすべて……結合されたことは、……疑いもなく偉大なそして最も望ましい祝福であった」ことを認めながら、しかし「望ましかったのは、外的な行政形態における単なる機械的画一ではなかったし、単なる物質的融合でもなかった」[20]と述べている。ヨーゼフの集権化は、一体化さるべき人民の希望や感情と無関係に企てられ、それゆえ失敗しなければならなかったという批判は、彼の改革にかんする最近の評価のなかにも、数多くみられる。[21]

ヨーゼフ二世は、彼が達成しようとした事柄について、母よりもはるかに明確な見解をもっていたが、新政策がかくれた抵抗力を目ざめさせ、長い間眠っていた力を生き返らせる可能性に、気づかなかった。[22] しかし実際には、事態はそのように発展し、こうした状況下でナショナリズムが登場した。ナショナリズムは、新しい民族的要求を促進するためにも使われうるが、旧来の制度や権利を防衛し保持するためにも役立つことができた。事実、ヨーゼフの改革に対する貴族の抵抗は、ナショナリズムと結びつき、ハンガリーでは、伝統的権利の防衛が自由主義の外観をとりさえした。ベーメンでも、ハプスブルク家によって移入された貴族たちが、改革に対する彼らの敵意をベーメン的愛国心の表示のうちにかくし、長い間農民の言葉にすぎなかったチェコ語にも関心を示すようになり、王宮の控えの間で、これみよがしににわか仕込みのチェコ語の会話をとりかわした。[23] 要するに、マリア・テレジアとヨーゼフ二世による中央支配強化の努力は、真の意味の「全体国家」の創出には成功しなかったのである。

(1) Taylor, *op. cit.*, p. 12.

(2) 十八世紀のオーストリアの改革にかんする邦語の研究としては、進藤牧郎『ドイツ近代成立史』、同「オーストリア啓蒙専制主義」(岩波講座『世界歴史』一七)、丹後杏一「ハプスブルク帝国における啓蒙的絶対主義の政治構造」(『有明工専紀要』一三)、田熊文雄「十八世紀オーストリアにおける国制改革」(『西洋史学』九九)などがある。

(3) Erich Zöllner, *Geschichte Österreichs*, Wien, 1961, S. 313.

(4) Emil Franzel, *Der Donauraum im Zeitalter des Nationalitätenprinzips*, Bern, 1958, S. 31.

(5) Zöllner, *op. cit.*, S. 314; Robert A. Kann, *The Multinational Empire, 1848–1918*, New York, 1950, vol. I, p. 12; Oscar Jászi, *The Dissolution of the Habsburg Monarchy*, Chicago, 1961, p. 63; Franzel, *op. cit.*, S. 32-36.

(6) この制度はしかし、ハンガリーの上流貴族には適合した。ハンガリーの貧困化は、彼らの特権的地位を維持するための小さな代償だったからである。しかしその結果、他の世襲的諸領地における進歩に比して、ハンガリーは政治的にも社会的にも、ますます一つの例外的存在となってゆくのである。

(7) Peter F. Sugar, "The Rise of Nationalism in the Habsburg Empire", *Austrian History Yearbook*, vol. III, pt. 1, p. 98.

(8)　Jászi, *op. cit.*, p. 63.

(9)　十九世紀におけるこの問題については、次の諸研究に教えられるところが多い。Fran Zwitter, "Les nationalités et les classes sociales", in *Les problèmes nationaux dans la monarchie des Habsbourg*, Bergrade, 1960, pp. 19-23; Péter Hanák, "Probleme der Krise des Dualismus am Ende des 19. Jahrhunderts", in *Studien zur Geschichte der Österreichisch-Ungarischen Monarchie*, Budapest, 1961, S. 337-382; Hugo Hantsch, *Die Geschichte Österreichs*, Graz, 1962, Bd. II, Kap. IV; Jászi, *op. cit.*, pts. 4, 5; S. Harrison Thomson, *Czechoslovakia in European History*, 2nd ed., Princeton, 1953, pp. 216-237.

(10)　ここで、当時ハプスブルク帝国を構成した諸階層とそれらの相互関係、および王朝との関係を一瞥しておこう。一六二〇年以後マリア・テレジアに至る時期の間に、オーストリアを支えかつそれを具現したのは、各領邦の地方貴族であり、彼らは人種の如何を問わず自分をオーストリア人と考えていた。特にベーメンでは、白山の戦いのあとハプスブルク家によってつくり出された関係で、大貴族は地方的感情から切り離されており、ハンガリーでも、多くのマグナートの大所有地は、その国がトルコ人の手から奪還されラーコーツィの反乱が鎮定された時に、ハプスブルク家から下賜されたものであった。ハプスブルク家の大貴族は、閉ざされたサークル内で生活し、結婚し、宮廷のコスモポリタンな言葉――はじめはフランス語かイタリア語、のちにはドイツ語――を使った。彼らは高級士官や外交官、わずかながら国家の大臣を供給し、封建的法廷で裁判を行ない、帝国の行政を担っていた。王家は貴族に農民の収奪を許し、その代わりに貴族の支持を得ていたのである。

次に都市の市民をみよう。当時ハプスブルク帝国の都市はすべてドイツ的性格をもっていた。各地域の歴史的都市はさまざまな事情で――プラハはハプスブルク家の手で、ブダペストはトルコ人によって――その歴史を中断されており、存続したのは、ハプスブルク家によって計画的に配置され、または進取的な商人によって徐々に発展させられた交易所であって、言葉や文化はすべてドイツ的であった。プラハ、ブダペスト、ザクレブ、ブルノ、ブラティスラヴァは、プラーク、オーフェン、アグラム、ブリュン、プレスブルクなどのドイツ名をもち、プラハやブダペストは大部分の住民がドイツ人であり、ブダペストでは一八二〇年代にも新聞はドイツ語のものが二つあっただけで、市会の事務は一八八〇年代までドイツ語で処理された。それ以下の小都市は、もっとあとまでドイツ的であった。しかし、都市のドイツ的性格とは、人種とは無関係で、ドイツ人とは一つの階級的な名称であり、本質的には商人を意味し、さらに都市の特殊な職業人――作家、教師、法律家、書記などに拡張され、都市に移った諸民族の進取的な農民の子供たちも、ドイツ人のやり方を学び、ドイツ語を話した。都市の商人にとっては、地方貴族の特権的自由は無意味であったから、両者は当然対立した。都市は「ドイツ文化の孤島」であると同時に「皇帝への忠誠の孤島」でもあったのである。Taylor, *op. cit.*, p. 24 f.

(11) 貴族がこのような選択を行なった具体的な例がいろいろあげられている。たとえば、ヨーゼフ二世が、自分はハンガリーと他の諸領地との間の関税障壁を撤廃するとともにさまざまな地方的関税——これはマジャール人の古くからの要求であった——を廃止することを望んでいると公表したとき、マジャール人貴族は、彼らの伝統的な政治的権利が回復されるのでなければ、この処置を考慮することはできないと述べている。Ignácz Acsády, *A magyar birodalom története*, Budapest, 1904, vol. II, p. 546; Eric Molnár, Ervin Pamlényi and György Székely (eds.), *Magyarország története*. Budapest, 1964, vol. I, p. 390 f.

なお、ヨーゼフ二世の農業制度は、逆説的に大貴族に恩恵を与えたことも、考慮に値する。農民の保有権確保は小貴族に打撃を与えたが、大所有地はすでにつくりあげられており、それらは、小貴族を犠牲にして増大していった。Taylor, *op. cit.*, p. 18.

(12) Sugar, *op. cit.*, p. 100.

(13) Henrik Marczali, *Az 1790–91-iki országgyülés*, Budapest, 1907, vol. II, pp. 161–164; Sugar, *op. cit.*, p. 99.

(14) 当時、伝統的集団の間にさまざまの分裂が現われていたことも、注目する必要がある。貧困化した貴族と富裕な貴族、監督と下級聖職者の間の分裂、ハンガリー貴族内でのマグナートとジェントリーの対立、マジャール人貴族とクロアティア人貴族の間の、またトランシルヴァニアの貴族とハンガリー貴族の間の分裂、さらに農奴と自由農民の間の対立など、各方面に見られるが、それらはまだ十分に解明されていない。貴族については Franzel, *op. cit.*, S. 28 参照。

(15) Thomson, *op. cit.*, p. 126.

(16) 貧農はやはり彼らの保有地を売って土地を離れたけれども、彼らはそれを富農にしか売ることができなかったから、所有権は一つの階級の内部で移動したにとどまり、それゆえハプスブルク領内にはどこにも農民共同体が、それとともに農民の「ネーション」が生き残ったのである。Taylor, *op. cit.*, p. 18.

(17) Taylor, *op. cit.*

(18) Bernhard Suphan (hrsg.), *Herders Sämtliche Werke*, Berlin, 1877–1913, Bd. XVIII, S. 58.

(19) Friedrich Schlegel, *A Course of Lectures of Modern History*, London, 1894, p. 306.

(20) *Ibid.*, p. 307.
(21) Sugar, *op. cit.*, p. 103.
(22) Thomson, *op. cit.*, p. 191.
(23) Franzel, *op. cit.*, S. 46; Thomson, *op. cit.*, p. 195.

4　中央集権化とナショナリズム

ここでわれわれは、ハプスブルク帝国における中央集権化の傾向とナショナリズムの関係について、さらに立ちいった検討を加えなければならない。ハプスブルク帝国はなぜ、諸民族を統合する理想としての「オーストリア思想」ないし「帝国観念」をつくり出すことができなかったのであろうか。他方またナショナリズムは、一般にそう考えられているように、もっぱら帝国を分解させる役割をはたしたにすぎなかったのであろうか。以上の二点を中心に、十八世紀末から十九世紀初頭にかけての重要な時期を考察するのが、本節の課題である。

パトリオティズム(愛郷心ないし愛国心)と異なって、ナショナリズムは比較的新しい社会現象であり、それは西欧と北米のイギリス植民地で十八世紀に発展し、フランス革命とナポレオン戦争の間に十分な成熟に達したものであった。ナショナリズムは、各個人がその主要な忠誠を自己の属する民族ないし民族国家に捧げることを要求するとともに、この要求の正当さのイデオロギー的理由づけを求めるものである。ナショナリズムが愛郷心と異なる主要な点は、忠誠の焦点が故郷 patria から国家に移るとともに、この移行を「合理的に」正当化する必要がおこったことにあるといわねばならない。ハプスブルク家の諸領地においては、このようなナショナリズムははじめから一つの重要な力として存在していたのではなく、次第にしかし着実にその力を増し、ついに超民族的なハプスブルク帝国の枠組に適応することが不可能なほどになったのである。他方またオーストリアは、すでにみたように、十八世紀にはいってから次第に中央集権化の方向に向かっており、一つの近代国家になる見込みをもっていた。カール六世のもとで諸家領間に法的な同君連合が達成され、マリア・テレジアの努力は事実上一つの連合体をつくり出し、ヨーゼフ二世はそれを正式の単一国家に変えようとした。そして彼の死後、高度に集権化された「全体国家」Gesamtstaat の観念と、「民族国家」Nationalstaat より正確には「諸民族国家」Nationalitätenstaat の観念とが衝突することになったのである。忠誠のためのイデオロギー的・理論的な正当化を要求するナショナリズムは、多分に人為的に養成された集団感情であるといえる。人間はつねにある特殊なグループに自然に引きつけられ、それへの忠誠を表わすものであるが、(1) このような特殊グループは「ネーション」ではなく、いわんや非人格的な行政組織全体を表現する国家でもなく、その個人にとって魅力的な身近なグループなのであって、国家に対する忠誠は、観念や理想の助けをかりた宣伝ないし教育によってのみ達成されるのである。

多民族的全体国家オーストリアにおいては、一種のインターナショナリズムである「全体ナショナリズム」Gesamt-nationalismus が、同様の役割をはたしえたであろう。十八世紀のオーストリアは、旧来の社会・政治制度が形式的にも内容的にももはやそのままでは存続できない重大な転換期にさしかかっていた。その際「全体ナショナリズム」の観念を導入することは、旧来の諸制度からの革命的な離脱を意味したけれども、それは、旧来の愛郷心ないし「自然的」忠誠を領内諸民族それぞれのナショナリズムに変形することより以上に困難であったとは考えられない。なぜなら、後者もまた旧来の諸制度からの革命的な離脱を意味したからである。

しかし、ハプスブルク帝国がすでに数世紀にわたって存続していた以上、この帝国を全体としてまとめてきたなんらかの心理的要因があったことは、否定できない。オーストリアの歴史の大部分を通じて、またその領土と住民の大部分のものにとって存在した帝国観念とは、時には神聖ローマ帝国とのつながりもしくはそれとの同一視を意味し、あるいは、日の没することなき大帝国というカール五世的観念への追憶を意味し、あるいは、東方からの移動的攻撃者に対するヨーロッパの堡塁であると同時に東と西の仲介者でもあるオーストリア、(2) といった意識と関係し、そして最後に、五世紀以上に及ぶハプスブルク王家との深いつながりを現わしていた。しかしその多くはすでに現実性を失っており、当時なお有効であったのは、他のいかなる帝国の場合よりもいっそう緊密な、ハプスブルク家との結びつきだけであった。ハプスブルク家の支配下に集められた諸領地においては、王朝がまさに結合それ自体を現わし、それゆえ帝国観念の本質的な部分をなしていたのである。

ハプスブルク帝国諸民族の共有物は、「皇帝への忠誠」Kaisertreue であった。それは、ハプスブルク家の政治家たちによって、諸民族に公分母として提供された唯一のものであり、それなりに十分効果を発揮していた。特に軍隊の士官および官僚の王朝的愛国心は意識的に養われ、彼らを頼りになる国家の公僕たらしめた。さらに、遠い首都ウィーンで壮麗な宮殿に生活する君主のイメージは、無学なしかし想像力に富んだ農民の目を眩惑し、彼らの間に皇帝に対する敬愛の念をよびおこしていた。このような「皇帝への忠誠」こそ、基本的には第一次世界大戦の末期まで帝国をまとめて保持するはたらきをしたものである。しかし、この観念はけっしてダイナミックなものではなかったし、啓蒙主義、フランス革命、それとほぼ同時におこった重大な経済的変化とそれに続く民主化の進行といった時代には、もはや不満足な概念であり、新情勢のもとでは、旧体制《アンシャン・レジーム》がうまく処理しえなかった諸問題のために、新しい解決策が提示されねばならなかった。ところが、必要な柔軟性と想像力を欠いたオーストリアの支配的サークルは、旧体制の基礎をなした「皇帝への忠誠」を相変わらずひたすら強調し続けたために、西欧に発展した新しいダイナミックなナショナリズムの概念が、諸民族のエリートたちに近代社会建設の基礎として採用され、うまく適応していったのである。そしてこのナショナリズムは、一八四八年までに、ハプスブルク領内諸民族の間で、最も保守的な思想家でさえ考慮に入れざるをえないほど強い力になっていた。けれども、ナショナリズムが帝国内に姿を現わした比較的早い十八世紀後半の時期には、事情はそれほど簡単ではなかった。次に、その点をみよう。

ハプスブルク家の諸領地でナショナリズムが政府に反対する人々の重要な論拠になったことは、すでに指摘したが、その際次の二点に注意を払う必要がある。一つは、このようなナショナリズムの発端は何かという問題であり、いま一つは、ナショナリズムは真に帝国の中央集権化と両立しえないものであったかどうか、という問題である。イデオロギーとしてのナショナリズムは、西欧からハプスブルク帝国にはいってきたものである。その際、ナショナリズムを含む啓蒙思想の伝達者として重要な役割をはたしたのは、ドイツ——若干の個人および諸大学——であり、フランスからの直接の影響も認められる。とすれば、たとえマリア・テレジアとヨーゼフ二世が彼らの帝国の再編制を企てなかったにしても、西欧で発展しつつあった新思想がハプスブルク家の諸領地に達して、種々の影響を及ぼしたであろうことは、十分推測されるところであり、この事実は、ナショナリズムが集権化に対する単なる反発ではなかったことを示しているようにみえる。ハプスブルク諸領地のナショナリズムが西欧的モデルの模倣であったとすれば、それはむしろ、当時出現しつつあった中央集権国家ないし「全体国家」を強め一体化する力として、役立つことができたであろう。なぜなら、これこそ西欧におけるナショナリズムの役割だったからである。しかし、ハプスブルク帝国の諸民族の場合には、ナショナリズム観念の受容に際して、次のような特殊事情がはたらいていた。

諸民族のなかの政治的自覚をもった有力者たちは、一般にラテン語の natio という言葉を熟知しており、このことは、彼らがナショナリズム概念に一つの特殊な解釈を与えることを容易にした。封建的な憲法や特権、また彼らがウィーンの改革的傾向に対する自己防衛のよりどころにしようとした文書類は、いずれも nation に認められたものであったから、nation の名において支配者に反対することは、非人格的な「領邦《ラント》」の権利や、支配者が構成を変えることのできる身分制議会の権利を守るために戦うよりも、はるかに大きな意味をもっていた。それゆえナショナリズムという新概念は、変化に反抗する人々からみれば、従来の武器よりもいっそう有効なものと思われたのである。このような、改革反対者たちの戦術的な武器の取りかえのうちに、ハプスブルク帝国におけるナショナリズムの始源をみいだすことができる。したがってナショナリズムは、だれがいかなる目的でそれを使用するかによって異なる形をとることになり、多様な地方的ナショナリズムが発展したが、それらは、改革への反対という点で一致していただけで、西欧のナショナリズムと共通する点はほとんどなかった。西欧のナショナリズムが進歩的な力であったのに反して、これらのナショナリズムはすべて保守的であり、またそれらはウィーンに反対するための道具にすぎず、集権化への反抗を基礎づける一般的原則ではなかったのである。

このようにして登場したナショナリズムは、なお真のイデオロギーを表現してはいなかったから、民族的差異はそれほど鋭く強調されていなかった。たとえば、ハプスブルク領内のカトリック教徒であるドイツ人は、一七四〇年以来彼らの敵になった新教徒のプロイセン人に対してよりも、ハンガリー人、クロアティア人、イタリア人との間により大きな親近感をもっていた。(3)とすれば、これらのドイツ人は、ハプスブルク帝国に必要な「全体ナショナリズム」に対して精神的準備ができていたといえるであろう。同じ感情は、一八四五年のフリードリヒ・ダイム伯の「われわれはスラヴ人でもチェコ人でもドイツ人でもなく、ベーメン人であるにすぎない(4)」という言葉にも表現されているし、彼の仲間のチェコ人がこの解釈を嫌わなかったことは、ヨーゼフ・ドブロフスキーの書物からうかがわれる。(5)一八四八年にパラツキーによって定式化されたオーストリア・スラヴ主義の感情も、同じことを示している。このように考えた人々は、彼らのベーメン主義を拡張してさらに大きな「全体ナショナリズム」に没入させようとする誘いにも、反抗を示さなかったであろう。しかしこのことは実際にはおこらず、一八四八年後は、ベーメン主義はチェコ人とドイツ人のはげしいナショナリズムの前に屈してしまった。

ハンガリーとクロアティアの場合は、事情が違ってはいたが、そこでもナショナリズムは民族的差異を強調してはいなかったし、「全体ナショナリズム」の可能性はなお残されていた。しかもそれが現実化されなかった点は、類似している。ハンガリーには古くから「聖イシュトヴァーン王冠の土地」の理論があり、ハンガリー人はその権利のために戦ってきたのであったが、これをナショナルな基盤に転換するには、困難が伴った。そこでハンガリー貴族は、natio を「政治的国民」に等しいものと考えたが、「政治的国民」とは、地租を免除された地主、県会《コミタート》に出席し、地方議会の選挙に参加する人々を意味し、一つの階級的な言葉であった。彼らこそ、「一千年に達するハンガリー」の擁護者である、と考えられていたのである。この解釈はクロアティア人貴族の支持を得たが、マジャール人の大多数を除外してしまった。しかしこのような貴族的ナショナリズムは、ウィーンの中央政府に活動の余地を与えることになった。すなわち政府は、マジャール人貴族によって除け者にされた人々の忠誠を狙うことができたし、ヨーゼフ二世は実際にそれを試みたのであった。とはいえ、貴族によって定式化されたマジャール・ナショナリズムも、ハンガリーの圧倒的多数の人々の心をつかまえようとした政府の試みも、一つの理想を指し示す意味深い指標——「帝国思想」を欠いた実際的な解決でしかなかったし、このような指標なしには、ハプスブルク帝国を真に一つにまとめることは不可能であった。(6)

ハンガリー内のクロアティア人貴族は、彼らがハンガリーの「政治的国民《ネーシヨン》」に属するかそれともクロアティア民族に属するかを自由に決定できる状態にあったが、当時は、貴族であるという気持の方が、クロアティア人であるという感情よりも強かった。一方クロアティアには、ウィーン直轄の軍事国境地域(7)があり、そこに住むクロアティア人は、「皇帝に対する忠誠」の強い実感をもっていた。これは、有効な「帝国思想」の助けをかりるならば、容易に「全体ナショナリズム」の一構成要素に変形されたであろう。ウィーンでも少数の人々はこの可能性を漠然と理解していたが、それのもつ潜勢力が十分に利用されることはなかった。

他の大部分の民族の間では、ナショナリズム運動はさらにあとの時期まで出現しなかった。このような事情のもとでは、ナショナリズムはなお限られたせまいものであり、大衆にはそれと提携する理由も利益もなかったし、またそれは、支持者たちによってさえ、理想やゴールとはほとんど考えられていなかったから、こうした閉鎖的ナショナリズムを、大衆の忠誠を得たと思われるいっそう幅の広い「共属」の概念と、すなわち真のオーストリア的愛国心と取りかえることは、なお可能であっただろう。ヨーゼフ二世が逝去したとき、ハプスブルク家の諸領地は反乱寸前にあったが、後継者のレオポルト二世がこうした状態を整理し、地固めしようとしたとき、大衆の忠誠はなお損われていなかったし、しかもそれは、分立主義的なナショナリズム運動によってよりもむしろ政府によってつかまえられたことを、歴史の経過は示している。

ヨーゼフ二世が一七九〇年に亡くなったとき、弟レオポルト二世 Leopold II(一七九〇—九二年)があとを継いで皇帝となり、オーストリア諸領地の支配者となった。彼については、保守的な皇帝との評価が広がっているが、そこにはかなりの誤解があるようにみえる。たしかに彼は、ヨーゼフ二世の改革がよびおこした国内の大きな不満に驚き、兄の改革の多くをとりやめた。即位のわずか一週間後に賦役は復活され、貢納制もマリア・テレジアの時代に戻り、農奴制廃止令も廃され、ハンガリーにおけるドイツ語の公用語指定も撤回された。しかしヨーゼフの改革のうち、寛容令と体僕制(=人身的隷属関係)廃止はなお有効であったし、フランス革命に対する反動的風潮のなかですべてが取消されたというのは、不正確である。

レオポルト二世は兄ヨーゼフに比べてはるかに慎重であり、兄ほど理論のとりこになってはいなかったが、彼もまた啓蒙思想の持主で、皇帝就任前のトスカナ大公時代には、国内改革に成果をあげていた。レオポルト二世の皇帝時代に、中央官僚群が、ヨーゼフの伝統をついで自由主義的政策に努力する一方、ヨーゼフの言論統制を緩和し世論の形成につとめたことも、忘れられない。なるほどレオポルトは、混乱のあと王国内に法と秩序を再建するためには、諸地域の身分制議会その他支配的勢力と折り合わなくてはならなかった。パーマー教授は、一七九〇年のハンガリー戴冠式における宣誓の言葉などをよりどころにしつつ、レオポルト二世の業績は「貴族政治、もろもろの身分制議会や国家の権利、伝統的な憲法や組織体に復帰することによって、ハプスブルク帝国を結合させたことである」と述べているが、(8) これは正しい。しかし、彼もまた母や兄と同じように、中央集権化された統一国家の樹立を望んでいた。彼はベーメンの王冠をいただく覚悟はあったが、一六二七年の改訂領邦条令を改めたり、ベーメン政庁を復活したりする気はなかった。彼の譲歩が実際に行なわれたのは、即位直前に反乱のあったハンガリーにおいてであった。地方議会の召集が約束され、(9) ハンガリーの自立的特権が新しく正式に認められ、特にコミタートの自治的行政が完全に回復したことは、決定的な譲歩といえる。地方的な事柄はすべて皇帝の統制を離れ、コミタートは地主をやさしく扱い、貴族主義的なハンガリーを存続させることになったからである。

しかし、同時にまた次の点にも注目する必要がある。レオポルトがハンガリー国王戴冠式の宣誓のなかで「神の教会、高位聖職者、男爵、マグナート、貴族、自由都市、そして王国内の全住民を、負担の免除《イミュニティー》、自由、権利、法律、特権、またみごとな、試験ずみの慣習のうちに留めおく」(10)ことを誓ったのは、真実であるが、しかしこの決まり文句が、実際には中央集権主義の勝利と貴族的なハンガリー・ナショナリズムの敗北を示すものであったことを、有名なマルツァリ Marczali の研究(11)は明らかにしている。ハンガリー貴族はさらに多くのことを要求していたのであり、レオポルト二世が一一の騎兵連隊をハンガリーに移動させたとき、ようやくそこまで後退したのであった(12)。

さらに重要なのは、治安が回復されたのちにレオポルトが諸領地を支配しようとしたやり方である(13)。彼は時代の性格をよく理解していた。このことを示す彼の言葉を、次にいくつかかかげよう。

「わたしは信ずる、世襲的主権者は、単なる国民の代表的役人にすぎないことを」(一七八九年の覚え書(14))。

「一つの国が憲法をもつとき、ひとは最も幸福であるようにみえる。……国民はそれに愛着をもつ。そしてそれを、それ自身の安寧と幸福に向けることは、ずっとやさしい。国民の安寧と幸福こそ、あらゆる政府がそのために設けられた唯一の目的なのだ」(一七八九年六月四日の妹あての手紙(15))。

「社会と政府の唯一の目的は、個人の福祉である。(国家の基本法を)守らない君主は、それによって彼の地位を失う。……そしてそれゆえに、だれも彼に従う義務はない。執行権は君主に与えられるが、立法権は人民とその代表者に与えられる」(一七九〇年一月二十五日の妹あての手紙(16))。

これらの言葉は、彼が幅の広い立憲的な言葉で人民の権利を定義し、人民と協力する用意があったことを物語っている。彼はフランス革命の勃発を歓迎したが、それは、フランスの刷新を期待し、新フランスが、ヨーロッパの全君主が好むと好まぬとにかかわらず従わなくてはならないモデルになるであろうと考えたからであった。彼は、フランスの諸事件から大した影響をうけずに(17)、国内の再建に専念した。彼は、母とちがってはっきりした改革のプログラムをもち、兄とちがって彼の権力を人民と分けあうことをいとわなかった。わずか二年の治世の間に、レオポルトが、マジャール人貴族とヴォイヴォディナのセルビア人といった、たがいに対立する人々の双方から驚くべき好評をえたことは、注目に値する。シュガー教授によれば[18]、彼は賢明にも、すべての人々および社会集団が彼と協力するであろうような仕方で彼の諸領地を再建するための基礎を準備したのであった。彼が即位当時のハプスブルク家に対する一般の敵意を人気に変えることができた速度をみれば、各地のナショナリズムが集権化に反対しながらもなおそれほど頑強ではなかったこと、ウィーンの立場からみてそれらをいっそう建設的なチャネルにみちびくことがなお可能であったことは、容易に推測される。

レオポルト二世は不運にも統治二年で早世し、その子フランツ二世 Franz II（一七九二―一八〇六年、オーストリア皇帝フランツ一世としては一八〇四―三五年）があとをついだ。国内問題にかんするかぎり、フランツ二世は、父の即位当時よりもはるかに恵まれた事情のもとで即位した。しかし彼は、父から残された帝国の諸問題の処理について、父が成功を収めた政策と戦術を放棄することを決意した。その原因としては、いくつかのものがあげられている。第一は、新帝が視野のせまい、臆病で慎重な性格の持主だったことである。たしかに彼は狭量で、きわめて保守的であり、想像力に欠けていた。第二は、国際情勢の変化である。彼が即位した年にフランス革命は君主制を放棄し、驚くべき転換を行なって、初期の支持者たちの多くに幻滅を感じさせた。同年にはまた、革命フランスと旧いヨーロッパとの間の長期にわたる戦争が始まり、ハプスブルク家のオーストリアは、旧いヨーロッパを防衛するうえで指導的役割を演ずることになった。第三に一七九四―九五年には、領内にジャコバン派の陰謀事件がおこって、皇帝の反動化を促進した[19]。

とりわけ対フランス戦争が、ハプスブルク帝国内部の諸問題を曇らせたことは、否定できない。この戦争は一七九二年に始まって、時々中断されながら一八一四年まで続き、ハプスブルク帝国に一連の不幸をもたらした。改革はジャコバン主義と同一視されるようになり、ハプスブルク家はしばしば戦争に敗れ、イタリアとラインラントから追い出され、ウィーンは二度フランス軍に占領された。そして一八〇六年、ナポレオンの保護下にライン同盟がつくられ、ドイツが完全に再編制されるに至って、フランツ二世は神聖ローマ帝国の消滅を宣言せざるをえなくなった。彼はハプスブルク家の帝位を保存せんがために、それに先立って一八〇四年世襲的なオーストリア皇帝を名乗り(オーストリア皇帝としてはフランツ一世)、フランスへの抗戦を続けたが、成功しなかった。一八〇九年の戦いが破滅的な敗北に終わったあと、あらたに登場したメッテルニヒ Metternich の努力で、オーストリア皇女マリー・ルイズ Marie Louise がナポレオンの皇后となり、フランスとの間には一時融和が成立した。ここでも、結婚政策というハプスブルク家伝来の武器が役立ったのである。しかしまもなくオーストリアは再度対フランス同盟に加わり、ナポレオン打倒の一翼を担うことになるが、最後の解放戦争も民衆の熱狂によってかちとられたものではなく、きびしく訓練された農民の軍隊と、同盟諸国との協力によってかち得られたものであった。

かように、フランス革命とナポレオン戦争の進展のなかで、オーストリアの啓蒙的専制主義は破産し、フランツ二世のもとで「オーストリア帝国」に再編されたハプスブルク国家は、国内的には貴族を基盤にして上からの道を推し進め、国際的には旧ヨーロッパの防衛を担当する、反動的な国家権力に転化した。新フランス勢力に対してフランツ一世の使用した武器は、忍耐と強情、職業的軍隊と同盟政策といった旧式のものであった。十八世紀に啓蒙的改革を行なったハプスブルク家は、いまや保守主義の闘士となり、自家の擁護はヨーロッパの安定という一般的利害のうちに溶けこんで、ヨーロッパを革命から守る使命を帯びることになったのである。

しかし、こうした一面がフランツの時代のすべてではなかった。「全体国家」ないし「全体ナショナリズム」の創出という観点に立てば、レオポルト二世のもとで発展しはじめた諸傾向は、なお、皇帝の指導下にさまざまな人々の緊密な協力関係をつくり出すのに好都合な形ではたらき続けていた。これは、ある意味では驚くべきことであった。中央集権の最も強力な反対者であったハンガリー貴族は、一七九七年にはフランス革命と戦うための義勇兵連隊を募集しはじめ、一八〇九年までに一三万六一七七人の徴募に成功した。彼らは、ナポレオンがハンガリー領内で講和(一八〇五年のプレスブルクの講和)を命じたときにも、彼らの国境で講和(一八〇九年のシェーンブルンの講和)を命じた

ときにも、相変わらず彼らの君主に忠誠であった。(20)

しかしこのような事情は、ナポレオンが退場しウィーン会議が開かれるまでの間に、変化していた。この微妙な変化は、一方ではメッテルニヒ登場後のフランツ体制によって、他方ではフランスの新思想がさらに強く流れこんだ影響によって生じたものであり、ハンガリーの反ハプスブルク的ナショナリズムは、やがて一八二五―二七年のいわゆる「改革議会」で、はっきり姿を現わすことになるのである。

以上の経過をみれば、一七九〇年から一八〇九年ないし一八一二年に至る時期には、ハプスブルク家の支配下にあるすべての民族の祖国として役立つ「全体国家」への信頼は、なお皆無ではなかったし、レオポルト二世のような人物であったなら、対フランス戦争、国内のさまざまな社会集団や職業集団の意見の相違、ハプスブルク諸領地で発展しつつあったナショナリズムの基本的に保守的な傾向などの諸要因をよりどころにして、諸領地を真の統一国家にまとめることができたかもしれない。しかしフランツ二世はこうした課題をなしとげることができなかったし、好都合な機会は利用されずに過ぎ去ってしまった。そして一八二〇年以後は、各民族のナショナリズムが新しい形で発展しはじめ、一八四八年の革命までに、もはや取り返しのつかない事態をつくりだしていたのである。


以上の考察を要約しつつ、若干の私見を述べよう。中央集権化とナショナリズムは、十八世紀ハプスブルク家の諸領地にほぼ同時に現われた二つの力であったが、両者はいずれも旧来の諸制度、伝統、習慣にとっては有害なものであり、したがって両者は、自分たちの既得の権利から離れることを好まぬ人々と戦う場合に、それらの人々への対抗武器として、結びつけて使われることが可能なはずであった。しかし実際には、ナショナリズムの価値をいち早く認めたのは、中央集権的改革の推進者たちよりもむしろ改革の反対者たちであり、したがってナショナリズムは、後者によって、反対のための根拠として利用されることになった。そのためナショナリズムは、まず最初は反動的な形をとり、有力ではあるが数の少ない貴族に限られ、比較的弱い力であったといえる。この初期ナショナリズムの弱さは、レオポルト二世の短い治世の間に、君主に対する敵意が君主との協力を望む気持に容易に変わっていった事実から、知ることができる。こうして一七九二―一八一二(あるいは一八一五)年の時期には、帝国のレベルで中央集権とナショナリズムの力を結びつけることはなお可能であったが、しかしこの有利な機会はけっして活用されず、「皇帝の忠誠」以上の新しい「全体ナショナリズム」をつくり出すことはできなかった。そのため帝国のさまざまな地域では、ナショナリズムの再解釈に道が開かれることになり、一八一五年にはすでに、「全体ナショナリズム」にもとづく新しい「全体国家」の出現は不可能になっていた。ウィーン体制下の時期に姿を現わした新たなナショナリズムも、けっして一様ではなかったが、ともあれそれは、諸地域を一つの全体国家に結合することを、一八四八年前にはきわめて困難に、それ以後はほとんど絶望的にしたのである。

いずれにしても、ハプスブルク帝国におけるナショナリズムの発展をみる場合、決定的な時期は、従来指摘されているよりももっと早い年代にあったといわねばならないし、また、ナショナリズムが超民族的な原則にもとづくより大きな全体国家と必ずしも調和しえなくはなかったこと、ナショナリズムと中央集権との間にはつねにさけがたい衝突があるとは限らぬことなども、忘れてはならない点である。[21]

(1) Carlton J. H. Hayes, *The Historical Evolution of Modern Nationalism*, 2 nd ed., New York, 1949, p. 1.

(2) オーストリアは、ドイツとヨーロッパが会合し、すべてのヨーロッパ文明が入り混ってたがいに刺激を与えあう場所であるとともに、西方のラテン・ゲルマン的世界と東方のビザンティンおよびスラヴ世界の間の調停者であり媒介者であるといったオーストリアの存在理由は、一部の人々の間ではかなり強かったが、一八四八年以後のナショナリズムの発達によっておおいかくされた。Kohn, *The Habsburg Empire*, p. 49 f.

(3) Kohn, *The Idea of Nationalism. A Study in its Origins and Background*, 2 nd ed., New York, 1961, p. 348.

(4) Franzel, *op. cit.*, S. 67.

(5) Josef Dobrovský, *Über die Ergebenheiten und Anhänglichkeiten der slawischen Völker des Erzhaus Österreich*, 1791. Sugar, *op. cit.*, p. 105 参照。

(6) Franzel, *op. cit.*, S. 2.

(7) 軍事国境地域については，後章「ハプスブルク帝国の軍隊と民族問題」参照。

(8) Robert R. Palmer, *The Age of the Democratic Revolution. A History of Europe and America 1760–1800*, Princeton, 1954–64, vol. I, p. 397.

(9) しかし彼は，三年に一回地方議会を召集するという約束を真面目に考えてはいなかったし，彼の後継者はこの約束を一八二五年まで無視した。Taylor, *op. cit.*, p. 20.

(10) Palmer, *op. cit.*, p. 514.

(11) Marczali, *Az 1790–91-iki országgyülés*, vol. II, pp. 7–69.

(12) Palmer, *op. cit.*, p. 394; Peter F. Suger, "The Influence of the Enlightenment and the French Revolution in Eighteenth Century Hungary", *Journal of Central European Affairs*, vol. XVIII, No. 4, January, 1958, p. 347.

(13) レオポルト二世の時代については，次の諸研究が有益である。Denis Silagi, *Jacobiner in der Habsburger-Monarchie. Ein Beitrag zur Geschichte des aufgeklärten Absolutismus in Österreich*, Wien, 1962; Robert J. Kerner, *Bohemia in the Eighteenth Century. A Study in Political, Economic and Social History with Special Reference to the Reign of Leopold II, 1790–1792*, New York, 1932; Ernst Wangermann, *From Joseph II to the Jacobin Trials*, London, 1959. しかし最も充実したすぐれた研究は，Adam Wandruszka, *Leopold II, Erzherzog von Österreich, Grossherzog von Toskana, König von Ungarn und Böhmen, Römischer Kaiser*, 2 Bde., Wien, 1963–65 である。

(14) A. Wolf und H. V. Zwiedeneck-Südenforst, Österreich unter Maria Theresia, Josef II und Leopold II, (Onckens *Allgemeine Geschichte*, IX) 1740–1790, S. 416.

(15) Kohn, *The Habsburg Empire*, p. 13.

(16) *Ibid.*

(17) Zöllner, *Geschichte Österreichs*, S. 329.

(18) Sugar, "The Rise of Nationalism in the Habsburg Empire", p. 109.

(19) ジャコバン派の陰謀については，前掲の Silagi および Wangermann の書物参照。しかしこの問題についての最も行届いた研究は，Kálmán Benda, *A magyar Jakobinusok iratai*, 3 vols., Budapest, 1952–57 であるといわれている。

(20) Sugar, *op. cit.*, p. 110.

(21) 本節の考察は、Sugar, "The Rise of Nationalism in the Habsburg Empire" に負うところが多い。

5 十九世紀の展望

次に、ウィーン会議以降の時期について、ハプスブルク帝国とナショナリズムの関係を中心に、若干の問題点を指摘しておきたい。

まず、ウィーン会議直後の時点におけるハプスブルク帝国の諸民族の状況を一瞥しよう。当時帝国を構成したのは、ドイツ人、マジャール人、スロヴェニア人、クロアティア人、セルビア人、イタリア人、チェコ人、スロヴァキア人、ルテニア人(ウクライナ人)、ポーランド人、ルーマニア人の一一の民族であり、それらの地理的分布は次のとおりであった。まずドイツ人は、ハプスブルク家古来の世襲領、すなわちドナウ川沿いのオーストリアと北東アルプス地域に密集して住んでおり、次にマジャール人は、ドイツ人の東方、ドナウ川とティサ川流域のハンガリー大平原を中心に生活していた。ドイツ人とマジャール人の南には、南スラヴ民族が住み、西部のスロヴェニア人、中部のクロアティア人、東部のセルビア人の三つに分れていた。イタリア人は北伊のロンバルディアとヴェネツィアに住み、アドリア海沿岸の諸都市では、スロヴェニア人、クロアティア人と混住していた。ドイツ人とマジャール人の北には、他のスラヴ系諸民族が、西から東へチェコ人、スロヴァキア人、ルテニア人の順に住み、カルパティア山脈の北のガリツィア地方には、同じくスラヴ族のポーランド人とルテニア人が住んでいた。その東隣りのブコヴィナ州には、ルーマニア人とルテニア人とドイツ人が混住していた。ハンガリーの東部トランシルヴァニアには、ルーマニア人、マジャール人、ドイツ人の移住者が住んでいた。ドイツ人の移住者は、帝国内の至るところに少数グループとして見出されたが、そのうち最も大きくかつ密集した集団は、北西部のベーメンとメーレン、とりわけズデーテン山脈の斜面に、チェコ人と並んで生活していた。

ところで、帝国内のこれら諸民族は、次のような種々の相違をもっていた。彼らのうち、単独で全人口の過半数を占めるものはなかったが、ドイツ人とマジャール人は合わせて人口の約半分にあたり、社会的・政治的にはっきりと優位を占めていた。それに次ぐのがチェコ人、ポーランド人、クロアティア人、イタリア人で、最下層に、主として農民であるセルビア人、スロヴェニア人、スロヴァキア人、ルーマニア人、ルテニア人が位置していた。それらのうち、チェコ人、スロヴァキア人、スロヴェニア人、クロアティア人、マジャール人は、ハプスブルク帝国の内部にだけ存在したが、これと対照的に、ドイツ人、イタリア人、ポーランド人、セルビア人、ルーマニア人、ルテニア人は、帝国外の同民族のより大きな集団に隣接して生活していた。ナショナリズムの時代である十九世紀に、人種的・言語的に同じ集団に属するという自覚をもつ人々は、歴史的ないし政治的な境界をこえて統一的結束を打ち立てようとする希望を強めるに至り、この傾向は、ハプスブルク帝国を解体させるおそれのある遠心的勢力をつくり出した。とりわけ、外部に同一民族の独立国家がすでに存在する場合には、帝国内の同族グループはそれを頼りにすることができた。たとえば、十九世紀末のユーゴスラヴ運動の高まりとともに、セルビア人はもとより、クロアティア人、スロヴェニア人も独立国セルビアに引かれていった。それゆえハプスブルク政府は、国内の民族運動に対処するほかに、国境外の諸民族が自国民にさしのべる誘いの手にも、意を用いなければならなかったのである。

ハプスブルク帝国の住民は、その歴史的背景に従って、マジャール人、チェコ人、ポーランド人のように、かつてみずからの輝かしい国家を形成した記憶をもつ「歴史的民族」と、スロヴァキア人、スロヴェニア人、ルーマニア人などのように、なんら復活すべき歴史的権利をもたず、民族自決の自然権にもとづいて要求を行なうほかない「非歴史的民族」とに分かれていた。前者は、自分たちの歴史的国家を歴史的国境の内部に再度実現することを望んでいたが、そのうち特に重要なものは、聖イシュトヴァーン王冠の地域(ハンガリー王国)と聖ヴァーツラフ王冠の地域(ベーメン王国)であった。しかしこれらの歴史的領土は、人種的境界線とは必ずしも一致しなかったから、歴史的民族の要求と非歴史的民族の要求とはしばしば衝突し、ここから生ずる困難が、ハプスブルク帝国を苦しめることになる。

社会構造の相違も重要であった。十九世紀初頭には、若干の民族は、セルビア人、スロヴェニア人、スロヴァキア人、ルーマニア人、ルテニア人のように、大部分農民から成り、社会的にも経済的にも力をもたなかったが、あるものは、マジャール人、ポーランド人、ドイツ人、イタリア人のように、多くの富裕な土地貴族やミドルクラスをもっていた。こうした社会構造の差は、多くの場合、民族間の争いをいっそう激しくし、若干の地域では、強力な貴族階級をもつ民族集団が、他の民族の農民を支配する傾向もみられた。ガリツィアでポーランド人貴族がルテニア人農民を支配したのは、その好例である。なお十九世紀後半以後は、社会的流動性《モビリティ》と移動の自由が与えられた結果、発達のおくれた民族の農民大衆が都市に流入して、都市の民族的性格を変化させ、民族間の争いをいっそう複雑なものにした。多くの場合、民族意識の成長と社会的解放の希望とは歩調を共にしたし、この過程を促進したのは、十九世紀の産業革命と都市化の現象にほかならなかったのである。

宗教的差異も注目に値する。ハプスブルク帝国住民の約八〇％はローマ・カトリック教徒であり、それにはハプスブルク家の宗教的拘束力が及んでいた。しかし、プロテスタントの伝統が残っていたチェコ人とマジャール人は、クロアティア人、スロヴェニア人などのローマ・カトリック民族よりも精神的独立という点ではまさっていたし、またプロテスタント民族もローマ・カトリック民族も、セルビア人、ルーマニア人、ルテニア人などのギリシア正教徒民族よりはくつろいでいた。後者にとっては、ハプスブルク帝国は精々相いれない便宜的道具でしかなかった。（なおユダヤ人はブコヴィナとガリツィアで最も多く、回教徒は、一九〇八年にオーストリア・ハンガリーの支配下にはいったボスニア・ヘルツェゴヴィナだけに住んでいた。）

十九世紀初頭のハプスブルク帝国は、このようにきわめて複雑な多民族国家であった。そこで次に、ハプスブルク政府とこれら諸民族のナショナリズムの関係に目を向けなければならない。ハプスブルク王家は、十八世紀の中央集権化の試みが失敗したのち、ふたたび旧来の王朝政策にたよることになり、そこにはもはや、領内の諸民族を一つの全体国家に統合しうる共通の理想や感情はみられなかった。ナポレオン戦争の終了後、皇帝フランツ一世は、王朝の光栄をそのまま保存することこそ、平和の時代における最高の課題であると考え、変化を嫌い、人民の主導権を好まず、政治のなかに新生命が動き出すことをいやがった。こうしてナポレオン没落後の数十年間は、ハプスブルク帝国の中心部では停滞の時代であったが、しかし領内諸民族にとってはそうではなく、彼らが自己の希望と野心をもちはじめた時期であり、これは、ハプスブルク帝国の歴史における新局面を意味した。そしてハプスブルク家の支配力は、高まる自由主義とナショナリズムの運動によって、内外ともに動揺をみせはじめるのである。

フランツ一世の時代に諸民族の生活を変化させ、先立つ時期に知られなかった諸要求を彼らのなかによびさました要因としては、次の三つが考えられる。第一は、立憲主義とナショナリズム思想の復活である。ウィーン体制の当初一時影をひそめたこれらの思想は、一八二〇年代にはいって西・南欧でふたたび表面に現われ、一八三〇年のフランス七月革命後最初のピークに達したが、それは中欧にも徐々に浸透しはじめ、きびしい隔離や検閲の政策もこれを止めることはできなかった。第二の力は、啓蒙的改革期のハプスブルク家の教育政策に端を発したもので、これらの政策は、農民の読み書きの能力を高め、各地の地方語を発達させる結果になったのである。第三の、そしておそらく最大の要因は、後進諸民族の間に、民俗的伝統や民謡を強調するドイツ・ロマン主義の影響が強く及んだことである。ヘルダー(一七四四―一八〇三年)は、民族の最も貴重な財産は、庶民によって語られる母国語であり、人間の精神は、外国語や普遍的な言葉によってではなく、母国語を通じてのみ真に発展をとげうるという、魅力的な見解を提示し、これにはげまされて、ラテン語、フランス語、もしくはドイツ語の教育をうけた後進小民族の知識階級は、彼らの注意を農民の言葉に向け、これを礼賛しはじめたのである。

マジャール人を除いて、他の諸民族は当時なお政治的要求をかかげてはいなかった。彼らのナショナリズムは文化的覚醒として出発した。それは政治家や行政官に指導されたものではなく、歴史家や政論家や詩人の指導下にあり、これらの人々の最初の仕事は、文語をつくり出し、教育ある人々の間に民族意識を拡めることであった。このような文化的覚醒の顕著な例はチェコ人であるが、同じ傾向は、南スラヴ族のスロヴェニア人とクロアティア人の間でもみられた。

しかし、諸民族のナショナリズムをこの線だけで追うことはできない。メッテルニヒ時代およびその後におけるナショナリズムの発展は、諸民族の歴史的事情や社会構造に応じてさまざまな姿をみせた。いまここでそれらの詳細に立ちいる必要はないが、とりあえず次のいくつかのカテゴリーに分類して、考えてみることにしよう。

〔一〕貴族的ナショナリズム――これを代表するのは、マジャール人のナショナリズムである。ハンガリーは貴族の数が多く、シュガー教授[1]は、一七九一年にトランシルヴァニアを含む全人口の一三・三%に達したと述べている。ヨーゼフ二世の改革に反抗して、ナショナリズムをよりどころに自己の権利を防衛したのがこのグループであったことは、すでにみたとおりである。しかし、その際彼らが natio を「政治的国民」に等しいものと考えたことからも知られるように、十九世紀はじめまでのハンガリーは、むしろ超民族的な貴族社会であったが、その後十九世紀初頭の言語的ナショナリズムの影響下に、次第にマジャール民族国家に変形されていった。とりわけ、中・小地主貴族であるジェントリーの代表者がマジャール語の文化的発展を促し、ラテン語にかえてマジャール語を公用語とすることを要求し、それとともに、スロヴァキア人、セルビア人、ルテニア人、ルーマニア人など国内の非マジャール系諸民族に対する抑圧が強められた。その過程で大貴族マグナートとジェントリーの間にはある種の対立がおこり、後者のナショナリズムは一時自由主義的な姿をとったが、一八四八年の革命後両者の間には妥協が成立した。マジャール民族国家に変形されたハンガリーを支配したのは、結局相変わらずマジャール人貴族であり、彼らの封建的ナショナリズムの精神は一九一八年まで生き残った。そのうえハンガリーでは、ミドルクラスは極端に少数であったうえに主として非マジャール人であり、みずから指導的地位を得ることはできなかったから、強力な貴族グループに協力せざるをえず、一八四八年以後は明白なミドルクラスのマジャール化現象がおこった。要するにマジャール主義は貴族および上流階級と緊密に結びつけられ、農民はそれから除外され、いかなる形のデモクラシーもこの「ネーション」を損なってはならなかった。このようなタイプのナショナリズムがおよそ「全体国家」と調和しえないものであったことは、明らかである。

マジャール主義に似たいま一つのナショナリズムは、ポーランド人のそれであった。そこにも、歴史的伝統、誇り高い、憲法で防備された多数の貴族、弱体な、しばしば異邦人であるミドルクラス、貴族中心の経済、素朴で政治的自覚の乏しい農民など、類似の事情が存在したからである。なおクロアティア人も、小貴族と歴史的過去をもった関係から、貴族的な外見を保持していたが、マジャール人とはかなり趣を異にしていた。(2)

〔二〕ミドルクラス的ナショナリズム――チェコ人の諸州(ベーメン、メーレン、シュレジエン)では、貴族は白山の戦いののち異国的要素となっており、真の意味でチェコ民族の指導者にはなれなかった。ベーメンは全スラヴ人居住地の最西端にあり、ドイツ人が多数住んでいたこともあって、西欧の文化や新思想が比較的容易に浸透し、チェコ人は、帝国内の他のいかなる非ドイツ民族よりも西欧的であった。さらに十八世紀の初期からベーメンで主要な工業の中心地が発展しはじめたために、富裕なミドルクラスが生み出された。ベーメンのミドルクラスは、最初はドイツ人が多かったが、チェコ人も次第に数を増し、チェコ民族の文化的・政治的再生の指導者たちは、大部分ミドルクラスの出身であった。チェコ人は、はなやかな知的生活と発展しつつある資本主義的工業をもって、ミドルクラス民族となり、従属諸民族のうち群を抜いた存在となった。そしてこのミドルクラスが、比較的進んだ農民およびようやく姿を現わしてきた労働者階級を指導することができたのである。またイタリア人の諸地方でも、ミドルクラスが有力であり、ナショナリズムは西欧のそれとほとんど同じ線に沿って発展した。これらは、ミドルクラス的ナショナリズムとして分類することができる。

〔三〕農民的ナショナリズム――その他の諸民族(ドイツ人を除くルーマニア人、スロヴァキア人、セルビア人、ルテニア人など)のところでは、指導者としての貴族もミドルクラスも欠けていたために、ナショナリズムの発展はいっそう緩慢であった。彼らも一八四八年までには自分たちを独自の民族であると考えるようになっていたが、歴史的権利をもたない彼らの間には、一種の平等主義的精神が現われていた。このようなナショナリズムは、農民ナショナリズムないし平等主義的ナショナリズムとよぶことができよう。

ここで、ハプスブルク帝国の農民大衆が自己の存在を主張し政治に入りこんでいった経過を、全体として概観しておこう。チェコ民族の農民はミドルクラスという指導者をもち、ハンガリーでは、農民出身の知識人に——スロヴァキア人やルーマニア人出身のものにも——マジャール化の道が残されているという例外はあったが、次のような民族運動のパターンは、ハプスブルク帝国内部の多様性をこえて、幅広い妥当性をもつといってよい。

農民が自己を主張してゆく過程は、三つの段階をたどった。第一は、十九世紀の前半に始まって一八四八年に頂点に達した局面であり、そこでは農民大衆の動きはほとんどなく、彼らの間から芽生えた新しい知識人が活動したにとどまった。初期の民族運動は著作家——主として詩人と歴史家——たちによってつくり出され、指導されたが、彼らは富裕な農民の子供で、マリア・テレジアとヨーゼフ二世がもたらした農業制度の所産であり、彼ら自身の民族性、父祖伝来の農民の民族性を明確に打ち出さなくてはならなかったのである。一八四八年に歴史の舞台に登場した諸民族は、著作家たちがつくり出したイマジネーションのなかの存在であり、指導者たちはいつ、だれとともに戦うべきか、またいつ妥協すべきかを知らず、政治が力の衝突であることを理解せず、大衆は舞台裏のかすんだ存在にすぎなかった。

しかし十九世紀後半には、大衆はもはやこのような控え目な役割には満足しなかった。一八四八年後、都市はたえず成長を続け、賦役の廃止は農民を土地への束縛から解放し、農村の伝統的な生活様式は、革命思想の普及や合理主義のインパクトによって崩されていった。その結果、農民の洪水が都市に殺到して、従来ほとんどドイツ人の活動舞台であった都市は、農村の民族性を身につけはじめた。このような都市の発達は、産業主義と不可分の関係にあったから、そこから生じた階級的対立は、民族的対立の形態をとることになった。民主的諸要求が民族的な形で提示されたことこそ、まさにハプスブルク帝国のユニークな特色であった。このような民族運動の第二の局面は、なお都市中心ではあったが、その規模はいっそう広大になり、大衆の激情がよびさまされ、知的な指導者たちはもはやそれを制することはできず、諸民族は富と権力のために戦いはじめたのである。

二十世紀にはいって、第三の局面が続いた。工業制度が生み出した大衆の読み書きの能力は、やがて農村にも拡がり、農民ナショナリズムをつくり出した。都市の発達とともに、ナショナリズムはその源泉に遡ったのである。この農民ナショナリズムも階級的対立を反映しており、大貴族および都市の生活をきらった。ハプスブルク帝国における最終期の民族的指導者が主に聖職者たちであったことは、注目に値する。

〔四〕ドイツ人――最も複雑な立場にあったのは、ドイツ人であった。彼らには、貴族も、ミドルクラスも、比較的進んだ農民も、着実に成長しつつある労働者階級も、言葉のうえの有利さも、高いレベルの教育も、いっさいの公職につく道も、すべてが備わっていた。しかし彼らの間には、次の二つの理由から大きな混乱が生じた。第一に、彼らは実際には必ずしも全面的に支配的地位にあったわけではなく、他の諸民族同様、しばしば政府の行動に不満を抱いていた。ドイツ人のミドルクラスは宮廷における大貴族の勢力に腹を立て、王家の金遣いの荒い混乱した財政に不平をもち、みずからの政治的発言権を可能にする自由主義的な帝国を欲した。しかしそれにもかかわらず、彼らは他の諸民族からは支配的勢力とみられ、統治グループと同一視されたのである。第二に、彼らは自分たちがドイツ人であるかオーストリア人であるかをはっきり決することができなかった。彼らは自身を他の諸民族よりすぐれていると感じたが、この感情は、特にオーストリア的ではないドイツ文化にもとづくものであった。彼らはまたドイツ人としてある程度政府と行を共にしたが、この政府はドイツ的政府ではなくて、オーストリアの政府であった。こうした事情のもとで、彼らは特別なナショナリズムを発展させることができず、なんらかの統一的目標に向かって進むことは、他の諸民族よりもはるかに困難であった。

このように、諸民族の社会的・経済的・伝統的・文化的要素の相違に応じて、ナショナリズムもまたまことに多様な姿をとった。それらの詳細については、本論で検討されるであろう。

ここでいま一度、前節で取り扱った問題に立ち返らなければならない。十九世紀前半以後の時期には、全体ナショナリズムをつくり出しハプスブルク帝国を新しい国家に変貌させる可能性は、もはや完全に失われていたのであろうか。これについてハンス・コーンは、内部の諸民族を多少とも満足させるような仕方でハプスブルク帝国を改造しうる可能性はなお存在したし、このような改造は、十八世紀の王朝国家をナショナリズムの成長と同調させ、超民族的統合体への道を示したであろうと述べている。(3)

しかし、ナショナリズムの時代における「全体国家」観念ないし「オーストリア思想」は、もはやストレートな単一国家ではなく、諸民族の自治を原則とする連邦国家を構想するものでなければならなかった。すなわち、諸民族が平等の立場で生活し、それぞれの民族文化を自主的に発展させるが、民族的安全、平和の維持、経済的発展に対する共通の関心にもとづいて緊密に協力するといった形の君主制連邦でなければならなかった。そして、このような時を得た改造のための機会は、一八四八年、アンシャン・レジーム国家の枠組を破壊しそうにみえた革命の直後にやってきた。(4)一八四九年の春クレムジール国民議会で作成された憲法草案は、まさしく「平等」と「連邦主義」にもとづいて新しいオーストリアを樹立しようとしたものであり、(5)チェコの民族的指導者パラツキーがこれを支持したことは、周知のとおりである。彼は、汎ゲルマン主義と汎ロシア主義に対する防衛のとりでとして、オーストリア連邦が望ましいことを確信した。しかし、この貴重な機会はこれまた見送られ、単なるエピソードに終わってしまった。

その後一八六〇年代にハプスブルク家が立憲主義に顔を向けたことは、統合への一つの前進でありえたが、一八六七年のアウスグライヒでオーストリア・ハンガリー二重帝国が成立し、なお王朝への忠誠を残していたスラヴ系諸民族やルーマニア人の熱望は無視され、連邦主義はマジャール人の協力を得るための犠牲に供された。その結果、マジャール人貴族の寡頭政治がハンガリーのみならず二重帝国全体を通じて優位を占めるようになったのである。要するにアウスグライヒは、連邦主義に対する打撃であったばかりでなく、平等とデモクラシーに対する打撃ともなり、しかも王朝は、最後までこのアウスグライヒから逃れることができなかった。その後もなお種々の帝国改革プランが提示されたとはいえ、結局いずれも成功しなかった。(6)

これらのプランが失敗に終わった理由としては、帝国の支配的サークルの保守主義の力が強かったこと、一八四八年以後領内諸民族のナショナリズムが次第に激化し、それはもはや民主的運動の一部をなさず、むしろ新しい「権力」ないし「現実政治《レアルポリティーク》」の手段に依存するようになり、(7)事態を徹底的に悪化させたこと、特に十九世紀後半以後ドイツ人とマジャール人のナショナリズムが異常化したことなどがあげられるが、同時にそれは、さまざまな民族グループを、低いレベルでは彼らの民族的利益によって、高いレベルでは超民族的な教説によって組織しうるいかなる道も見出されなかったことを、意味している。(8)

その際われわれは、とりわけハプスブルク家の態度のうちに重要な問題点をみないわけにはゆかない。十九世紀後半から二十世紀初頭にかけて帝国の統一を身をもって代表したフランツ・ヨーゼフ帝 Franz Josef I(一八四八―一九一六年)もまた、帝国の保存を唯一の目標とし、王朝的なきずなが一国民の基礎であると信じていた伝統的君主であった。彼は根気強く人民の幸福のために働いたが、何が人民の幸福であるかを判断したのは彼であった。こうした統治は十八世紀にはよき統治でありえたにしても、諸民族覚醒の時代である十九世紀後半には、完全な思想の欠如と想像力の貧困を示す以外の何物でもなかった。

ドイツの歴史家クロップは「オーストリア国家」の観念ないし歴史を住民の側がどう理解しているかに、オーストリア当局がほとんど関心をもたなかったことを嘆いて、「共通の目的に対するいっさいの感情がここでは失われている」と述べている。(9)十八世紀風の保守的な帝国の体質は、諸民族の政治生活から遠く離れたものになり、近代的な社会運動、文化運動の主流の外側に閉ざされた社会を形成し、新興の諸階級に近づくことを控えた。そのためにそれは、民衆と接触することがますます困難になり、民衆は彼ら自身の大望に心を奪われ、ナショナリズムの扇動に屈したのであった。

ただし、十九世紀後半以後のハプスブルク帝国の発展も、時代の動向とまったく歩調を乱したわけではなかった。この時期のハプスブルク帝国は、工業の拡大、都市のミドルクラスの社会的上昇、初期の労働者組織と労働立法など、同時代のヨーロッパの一般的局面の一部を分担し、また輝かしい文化活動のさかんな時期でもあったが、しかしこれらの諸事実は、他のヨーロッパ諸国に比して、ほとんどハプスブルク帝国の地位を改善しなかった。また、ナショナリズムの急速な発展に直面して、ハプスブルク政府にも若干の変化が現われ、時代へのある種の順応が示されたことは、事実である。すなわち、複雑な多民族的状況に適したタイプの政府の発見をめざして、種々の立憲的実験が行なわれ、一八六七年以後は議会政治が展開された。さらにオーストリアでは、一九〇七年に普通選挙権が導入され、若干の州では補修的立法が実施されて、ドイツ人優位の中央集権的行政に一種の中和物が与えられるなど、民族問題解決のためにいくつかの断片的な試みがなされたが、それも弥縫策の域を出ず、結局において、ハプスブルク帝国の存在は時代の精神と一致することができなかった。ハプスブルク家は、諸民族をいかにして一つの国民にまとめるか、諸地方をいかにして一つの帝国に統合するかという難問を、最後まで解決することができなかったのである。

ハプスブルク王朝は、それ自身の歴史的遺産から逃れることができなかった。それは、反宗教改革の伝統を放棄することができなかったし、貴族に対抗して農民と同盟することもできなかった。王朝の権力、マジャール人とドイツ人の特権は、それぞれの仕方でデモクラシーを拒否し、ハプスブルク家はデモクラシーが自身にはね返ることを恐れて、マジャール人とドイツ人に対してデモクラシーを用いることを敢てしなかった。ここにハプスブルク帝国の悲劇の根源があったといえよう。

しかしその反面、ハプスブルク帝国はしばしば国内危機に見舞われながらも、とにかく第一次大戦末期まで存在することができたが、その理由は何であろうか。この国家を全体として結びつけた要因として、普通歴史家は王朝、官僚制度、軍隊、教会その他をあげている。たしかにハプスブルク王朝は、一九一八年の帝国滅亡まで住民の大部分を自己のまわりにひきつけた象徴的存在であり、また官僚政治は立派な行政を提供し、軍隊はすべての民族がともに勤務した場所であり、王朝に対する忠誠も軍隊と高級官僚において最もつよく看取された。人口の約八〇%の信仰を擁するローマ・カトリック教会も、明らかに帝国の一つの支柱であった。

しかし軍隊と官僚は、十九世紀における社会的発展の結果、次第にミドルクラス的構成をつよめ、またナショナリズムの影響をうけて、超民族的な王朝への忠誠を次第に失っていった。宗教も、十九世紀の経過のうちに、人心をしっかりつかまえることが困難になり、ナショナリズムの高揚期には、カトリック教会はもはや以前ほど強力な接合剤とはならなかった。同じカトリック教徒でありながら、ドイツ人とスロヴェニア人、マジャール人とスロヴァキア人、イタリア人とクロアティア人がはげしい衝突をひきおこしたことは、これを示している。こうして十九世紀末には、大衆の王朝に対する忠誠が、多民族国家における唯一の求心的・情緒的な力として残存した。この忠誠は、住民の大部分の間では二十世紀まで継続し、第一次世界大戦がようやくその魔力を破壊したのであった。帝国の統合を支えた唯一の要因が「皇帝への忠誠」であった事実こそ、この国の最大の弱点であったといわねばならない。

ハプスブルク帝国の存続に寄与したいま一つのものは、国際的条件であった。ハプスブルク帝国は、それがヨーロッパの勢力均衡維持のうえで果たす役割への期待から、大部分の列強から一つのヨーロッパ的必要物とみなされ、彼らの好意を得ることができた。しかし第一次大戦は、帝国のこの有利な国際政治的条件をも破壊してしまったのである。

最後に、ハプスブルク家が君臨した諸地方は、経済資源のうえから相補う関係にあり、軍事的防衛の見地からも一体化する方が有利であったから、二十世紀になってもなおハプスブルク王朝は諸民族の野心や反抗を一応おおいかくすことができたし、対立する諸民族の大部分も王朝を打倒しようとはせず、それを自分の側にひきつけようとした。彼らはほとんど最後近くまで、帝国から離れるよりも、むしろ帝国内で不平のための解決をもとめたのである。しかし第一次大戦がこの国の自主性の喪失とドイツ帝国への従属を暴露したとき、もはやハプスブルク家は諸民族をうまくあやつることはできず、一挙に崩壊しなければならなかったのである。

（1） Sugar, *op. cit.*, p. 112.

（2） ハンガリーの従属国であるクロアティアにも、小貴族は存在した。この貴族も民族的性格をもたなかった。というより、そのナショナリズムもまた階級的特権の防衛に奉仕したのであった。ハンガリー貴族とクロアティア貴族の間にはなんら敵対関係はなく、ヨーゼフ二世への反対闘争の際にも、クロアティア貴族はハンガリー貴族と協力した。十九世紀にはいってからも、クロアティア貴族はハンガリーとの親密な連合を自己の最も安全な進路と考えたのである。しかし、マジャール語がラテン語にかわってクロアティア人貴族にも要求されるに至って、彼らは民族的利害と階級的利害の衝突を感ずるようになり、従来の進路を変えはじめた。マジャール人のナショナリズムがクロアティア人貴族をハプスブルク家の手中におしやったのである。そのほか、クロアティア人とマジャール人貴族の間には、二つの相違点があった。第一に、クロアティア人のマグナートはいなかった。クロアティアの大地主はハンガリー人のマグナートであり、彼らはクロアティアの特権には無関心であったから、クロアティア人貴族は帝国との衝突をあえてすることはできなかった。第二に、ハンガリーの小貴族は彼らの県《コミタート》に遠く離れて生活し、王への勤務にはいったものはほとんどいなかったから、王朝とは打算的な取引をしたにすぎず、ハプスブルク家の王をしばしば敵視する傾向さえあったが、クロアティアは辺境の王国として、トルコ人に対する闘争において活発な役割を果たしていた。クロアティアの小貴族は軍務の伝統をもち、代々ハプスブルク家の軍隊にかなりの連隊将校を送っており、王朝に対する忠誠心をもっていた。しかもクロアティア貴族は機敏さを欠き、政治性の点で劣っていたから、仲間のハンガリー人の小貴族にも、また彼らの王朝にも、容易にだまされる運命をもっていた。Taylor, *op. cit.*, p. 27 f.

（3） Hans Kohn, "The Viability of the Habsburg Monarchy", *Slavic Review*, 1963, p. 37.

（4） スイス人は一八四八年の機会をとらえて、深い裂け目に架橋する「スイス観念」をつくり出した。彼らは、フランス革命に由来する「平等」およびアメリカ合衆国のモデルにならった「連邦主義」の二原理を進んで適用することによって、それに成功したのである。以後スイスは連邦的民主制を成し、そこでは、連邦的行政が人種的・言語的ないし宗教的集団のいずれにも特別の重点をおかず、その結果、民族的対立感情がはげしく表面化することはなかったのである。Kohn, *op. cit.*, p. 38 参照。

（5） Thomson, *op. cit.*, p. 210.

（6）一八四八年の革命期およびその後の時期に、ハプスブルク帝国の存続を保証しその諸領地を一つの真の国家にしようとするさまざまなプランが、多くの人々によって提出された。これらの改革プランのあるものは、帝国を構成するもろもろの歴史的領土にかつての重要性を回復することによって、帝国を再生しようとし、あるものは、人種的原則にもとづく連邦国家を主張し、またあるものは、個人的主権にもとづく制度をつくり出そうとするなど、多様であったが、帝国の存続を得策とする点で一致しており、また、もはやストレートな単一国家でなく、諸民族その他の自治を原則とする連邦国家を打ち出している点が共通している。Sugar, "The Rise of Nationalism in the Habsburg Empire", p. 91 f. ヤーシ、カンその他の学者たちも、ハプスブルク帝国の病気は、それを人種的な線に沿った、もしくは個人的な主権にもとづく民主的連邦に再編制することによって、癒されることができたであろう、と確信している。Oscar Jászi, *The Dissolution of the Habsburg Monarchy*; Kann, *The Multinational Empire* 参照。しかしシュガー教授は、帝国内諸民族のナショナリズムが非常に多様であったことを考えれば、それらがはたして相互に両立できたか、また一つの調和的な連邦の適当な構成要素となりえたかどうかは、大きな問題である、と述べている。Sugar, "The Nature of the Non-Germanic Societies under Habsburg Rule", *Slavic Review*, 1963 は、この見解を論証しようとした興味深い論文である。

（7）Hans Kohn, "Nationalism and Internationalism in the Nineteenth and Twentieth Centuries", *Repports du XIIe Congrès International des Sciences Historiques*, 1965, vol. I, p. 206.

（8）Kann, *The Multinational Empire*, vol. II, p. 294.

（9）Kohn, *The Habsburg Empire*, p. 50.

結　語

最後に、以上の考察全体をふまえて、ハプスブルク帝国の崩壊を大局からながめ、若干の所見を述べて、序章を終わることにしたい。

十八世紀後半以後の東・中欧史の根本問題は、古い特権的な封建社会から、全住民を社会・政治生活に積極的に関与させるところの近代工業社会に変化してゆく歴史の大きな流れに、ハプスブルク帝国がうまく適応しえたかどうかにあった、といえるであろう。この地域における近代的ネーションの発達、いっそう正確にいえば近代的民族社会の発達は、こうした世界的規模での社会的変化の過程の一部にほかならなかった。以前特権身分に属しなかった中・下社会層の人々を社会的に解放し、彼らを近代的民族社会に統合するという作業は、現在に至るまで世界の各地にみられる、必然的な、逆転できない歴史的動向であるように思われる。

しかしながら、発達をとげてゆく近代的民族社会は、必ずしも既存の国家に敵対したわけではなかった。あらゆる人種グループないし中世の natio がただちに近代的民族社会に発展したわけではなく、西欧では、異質的ないくつかの人種グループや政治的領土が王朝の手で一つの国民国家に統合された例は、少なくない。これらの西欧国民国家は、資本主義の早期拡大とともに、とりわけ十六・十七・十八世紀の社会革命とともに、ミドルクラスのちには全住民を徐々に近代的ネーションに統合してゆく強力な紐帯を、うまく発展させることができたのである。

雑多な民族集団をいかにして一つの政治的存在に統合するかという課題は、ハプスブルク帝国にとって死活的意味をもっていた。ハプスブルク家が西欧国民国家のそれに似た内的紐帯をつくり出しえなかった理由は、数多いが、まず注目する必要があるのは、ハプスブルク家が他のヨーロッパ諸国より一段高い地位にあろうとする伝統的要求を放棄して、自己の家領を西欧的な国民国家に変形しようとしなかったこと、いいかえれば、あまりにも永く神聖ローマ帝国の遺産を背負っていたことである。一八六六年以前には、ハプスブルク王朝の政治的関心は、必ずしも、一九一八年の崩壊時に自己の帝国を実際に形づくっていた地域に、集中していたわけではなかった。なるほど、地理的隣接や経済的利害や軍事的防衛の必要は、ハプスブルク家のドイツ系世襲領と東方ベーメン、ハンガリーとの関係を深くしていったが、しかし、オーストリアが大国であろうとする努力と効果は、むしろ西との関係でみられた。

まず、オーストリアの大国への飛躍は、マクシミリアン一世とカール五世の時代に西方でおこった。また、カール六世がラスタット条約で、ネーデルラント(ベルギー)、ナポリ、ミラノ、サルディニアなどの旧スペイン領を確保したことは、オーストリアが大国的地位を確立するうえで、実質的な助けになった。マリア・テレジアとヨーゼフ二世も、広範囲にわたる領地のうち、ドイツ領すなわち西方部分の保持に主要な関心をもっていた。西ガリツィア（一七九五年）とブコヴィナ（一七七五年）の獲得は、シュレジエン喪失の代用物と考えられたし、ヨーゼフ二世が晩年（一七八七年）に損害の大きなトルコ戦争に加わったのは、ベルギーとバイエルンの交換の失敗による威信の失墜を取り戻そうとする努力であったといわれている。ベルギーは、戦略的理由からハプスブルク家が喜んで放棄した唯一の西方領土であったが、ウィーン会議では、これを失った代償として、北・中部イタリアで広大な地域を与えられた。これは、ハプスブルク家の政策の主要目標が、依然西方における地位の強化にあったことを示している。二世紀以上にわたる対トルコ戦争も、ハプスブルク家は主に西欧キリスト教的共同体の受託者としてこれを担当したのであった。

ハプスブルク家の歴史は、大国になるために広範囲にわたる領地を十分活用しようとした歴史であったが、帝国の統一性という見地に立てば、それは多くの問題をはらみ、地理的なまとまりを失わせた。特にハプスブルク家の西方指向性は、領土を分裂させ、全国的統合を困難にしたのである。またハプスブルク王家がドイツ問題に深くかかわりあったことは、それ以上に致命的であり、ドイツ地域での覇権争奪戦は、オーストリアの国内的発展のうえにいつまでも消えぬ痕跡を残す結果となった。

ハプスブルク帝国が十八世紀的な意味での近代的オーストリア国民社会（オーストリア全体国家）に発展する可能性は、なかったわけではなく、一七九二―一八一五年の時期は、この国が有効な改革を行ないうる最後の機会であったが、この有利な時は失われ、一八四八年ないし一八六六―六七年までに、このような改革の可能性はもはや完全に乏しくなっていた。ハプスブルク帝国が崩壊した主要な原因は、ナショナリズムそのものではなく、この国が近代資本主義社会のダイナミックな発展と調和する「それ自身の国民概念」をつくり出すことができなかった点にあるといわねばならない。

十九世紀にはいって、オーストリア政策の基本方針は、「皇帝への忠誠」を唯一のよりどころにして、どうにも放置できなくなるまで何物をも変更しないこと、あらゆる問題を真に解決しようと試みることなく一時的弥縫策を講ずることになってしまった。それは、ターフェの言葉をかりれば、fortwursteln（だらだらとやっていること）であった。これは、十九世紀の近代社会のダイナミックな諸概念とは著しく異なる、静的な保守的政策であった。しかし近代社会の発展は、とりわけ、以前特権をもたなかった大衆が社会的に前進し近代社会に統合されてゆく過程は、おくらせたり緩めたりすることはできても、完全に回避することを許さぬ事柄であった。その結果、この変えがたい社会的進化の過程は、ハプスブルク帝国のためになるどころか、損傷を与えずにはおかぬ衝突をよびおこし、それゆえそれは、統合的な力であるよりもはるかにつよく分解的な力であることが判明したのである。こうしてオーストリアの政策は、十九世紀を通じてさまざまな近代的民族運動の発展と衝突することになった。イタリア人、ドイツ人、セルビア人、ルーマニア人の民族主義運動の本来の中心は、帝国の外部にあったから、これらの民族運動は、ハプスブルク帝国の保全を脅かしたばかりでなく、帝国の存立そのものを脅かした。さらに、ハプスブルク帝国の民族問題を多民族の連邦という方向で解決しようとしたいっさいの努力に致命的な打撃を与えたのは、ハンガリー問題であった。それは、当初はハンガリー国民国家の形成を意味したが、十九世紀になると、きびしいマジャール民族国家の形成を意味するようになったからである。

ハプスブルク帝国の崩壊は、帝国が近代社会についてそれ自身の概念をつくり出すことができなかったことの、論理的帰結にほかならなかった。一つの帝国の内部でいくつかの近代社会が発展してゆく場合には、この発展を人種的・文化的段階に停止させて、政治的な民族国家のプログラム――それが完全な独立国家の実現を目ざすものであろうとなかろうと――の公的表示を妨げることは、不可能であった。

ハプスブルク帝国がそれ自身の「ネーション」概念を発展させなかったことは、その内部にいくつかの近代的民族社会が形成されるためには、まことに好都合な条件であった。しかしこのような事情は、一八六七年のアウスグライヒ後には、帝国の西半部オーストリアにのみ存在したのであって、東半部では、ハンガリー政府が諸民族にきびしい民族国家政策を押しつけようとしていた。このことは、一八〇〇年と一九〇〇年におけるチェコ人の地位やポーランド人の民族文化の発展を、同じ時期のハンガリー内の従属諸民族の実情と比較してみれば、明らかである。帝国西半部における幾多の近代的民族社会の発展は、積極的なダイナミックな政策が欠けていたために可能になったのであり、このようなオーストリアの政策は、なんらかの政治的概念を表現したというよりは、むしろ一種のあきらめの気持を反映していたのである。

こうした事情のもとでは、ハプスブルク帝国の官僚と軍隊が最後まで皇帝に忠誠であった事実や、ドナウ中流域における帝国の領土が経済的もしくは地政学的に統一のための好機会を提供したという事実も、超民族的全体国家を樹立するための十分な条件とはなりえなかった。原料の交換を通じて、また工業と農業の間にバランスを打ち立てることによって諸政治単位の経済的必要を相互に補うことは、ドナウ地域の人々にとって有意義ではあったが、経済問題は結局副次的要因にすぎず、それだけで長期にわたる政治的結合の存続を可能にすることはできなかった。永続的な政治的結合は伝統を必要とし、王朝はこのような伝統の一要因ではあったが、しかしこの王朝は、ドナウ地域の諸民族の利害共同体を真に有機的なものにすることができなかった。ハプスブルク家はその保守主義のゆえに、新思想や大衆運動に不信の念を抱き続け、諸民族を動かし、新しい忠誠の基礎を与えるような「オーストリア観念」をつくり出すための努力を払わなかった。彼らはまた、三つの主要な民族——マジャール人、ドイツ人、ポーランド人——の尊大な本能を、全民族の平等に立脚した連邦の発展を許すに足る程度に抑制することを好まなかった。十九世紀後半にも——ハンガリーでは一九一八年の後までも——なお生き残っていた貴族主義的基礎のうえでは、このような諸民族の平等は不可能であった。ハプスブルク家が王朝的絶対主義の精神をもち続けるかぎり、帝国の随所で教育と経済的進歩によるミドルクラスの上昇があり、工業労働者の発展がみられても、それらは、ハプスブルク帝国との間の矛盾をいっそう強めるものでしかなかったのである。

第一部　衰退期のハプスブルク帝国

第一章　ハプスブルク帝国とメッテルニヒ

1　問題の提起

ウィーン体制は、多くの場合メッテルニヒ Klemens Wenzel Lothar von Metternich（一七七三―一八五九年）に即して考察されてきた。彼がウィーン会議の主宰者であり、ウィーン体制維持の中心人物であったことを思えば、もっともなことである。(1) ところでウィーン体制ないしメッテルニヒについては、早くから一つの評価が打ち立てられている。それは、この体制が「正統主義」と大国中心の「勢力均衡」を二つの基本原理とする復古的なものであり、フランス革命とナポレオンに刺激されてヨーロッパ各地に抬頭した自由主義や国民主義に真向から対立し、それらを抑圧しようとする反動的なものであった、とする見解であり、一八一五年以後のウィーン体制の歴史は、きびしい弾圧にもめげず自由主義や国民主義の運動がのび続け、ついにこの反動的な国際政治体制を爆破した歴史として捉えられる。この評価は、巨視的にみればもとより正しい。しかし一歩立ちいってみれば、多くの問題点があることに気づかざるをえない。たとえば、ウィーン体制の二大原則とされる正統主義と勢力均衡とは、たがいにどのような関係に立ったのであろうか。また、メッテルニヒが革命の自国への波及を恐れてヨーロッパ各地の自由主義・国民主義を弾圧したという説明は、はたして事実に合致しているであろうか。

近来欧米の学界では、メッテルニヒについての新評価が生まれている。それは、彼の政策の反動性を強調した旧来の学風に対して、十九世紀の国際的体制を確立し平和と秩序をもたらした人物として、彼を称賛するものである。メッテルニヒの画期的な伝記を書いたスルビーク(2)はこうした立場に立ち、メッテルニヒの人物や政治的手腕を、自由主義的な先入見をはなれて考察している。たしかにメッテルニヒにかんする書物の多くは、十九世紀後半以後のナショナリズムの高まりのなかで書かれたために、彼にきびしい批判を加えすぎているきらいがないではない。メッテルニヒの主宰したウィーン会議やその結果つくり出されたウィーン体制を、ヨーロッパ秩序の再建という視点から取り上げる研究は、注目に値する。しかしこの点を一方的に強調するならば、これまた誤解を招く恐れがあろう。では、どのようなアプローチが必要であろうか。(3)

従来のメッテルニヒ研究の多くは、彼を一般ヨーロッパ的文脈のなかで捉え、彼の保守的な思想や原則からウィーン体制の現実をストレートに説明しがちであった。なるほどメッテルニヒは、伝統的ヨーロッパの一体性をつよく自覚した政治家であり、(4)それゆえ三〇年余の長期にわたってヨーロッパ国際政治の中心たりえたのであるが、それにもかかわらず彼は、現実にはオーストリアの外相であって、彼の政策は自国の国益と不可分の関係にあったことをみのがしてはならない。(5)これは重要な視点であるにもかかわらず、従来わが国ではほとんど顧みられないか、少なくとも不十分であったように思われる。本稿はこうした空白を埋めようとする一つの試みであり、メッテルニヒがオーストリアの利害をどのように汲みあげながらヨーロッパの国際政治にコミットしたかに目を向けつつ、ウィーン体制を見直してみたいと思う。それは従来の見方を否定しようとするのではなく、これまで不分明であった点に光をあて、さらに理解を深めようとするものであって、伝統的なメッテルニヒ像をいくらかでも補正できれば、幸いである。

以上の方針に基づいて、本稿ではまず第一に、ウィーン体制の基底となったメッテルニヒの政治思想の特徴を明らかにしようとする。しかし彼の政策や行動には、彼自身の現状認識ないしオーストリアの利害が大きく関係したから、第二に、オーストリアがウィーン会議当時どのような国際的地位にあったか、メッテルニヒがこの会議で何を得ようとし、実際に何を得たかをみなければならない。つづいて第三に、この時点でオーストリアが国内にどのような問題をかかえ、メッテルニヒがそれをどう受けとめたかを、問わねばならない。第四に、以上の諸点をふまえながら、一八一五年から四八年にいたる流動的な経過のなかで、メッテルニヒがウィーン会議の成果を維持するために国際的な次元でどう対処したかを跡づけ、彼の外交政策にみられる若干の特色を指摘したい。そして最後に、彼がウィーン体制の維持に全力をつくしながらもついに果たしきれなかった理由を、彼の原則ないし現状認識と客観的状況とのあいだのズレに即して考えてみたいと思う。

(1) 欧米の学者が「ウィーン体制」に「メッテルニヒ・システム」という言葉をあてていること自体、両者の深い関係を物語っている。たとえば、H. Hantsch, *Die Geschichte Österreichs*, Bd. II, Wien, 1962^3, S. 286 ff.; Barbara Jelavich, *The Habsburg Empire in European Affairs, 1814–1918*, Chicago, 1969, p. 21 ff.; A. H. Kissinger, *A World Restored: Metternich, Castlereagh and the Problems of Peace, 1812–22*, Boston, 1957, p. 324.

(2) Heinrich Ritter von Srbik, *Metternich: der Staatsmann und der Mensch*, 3 Bde., München, 1925, 1954.

(3) メッテルニヒ研究の動向については、次のものが参考になる。Paul W. Schroeder, "Metternich Studies since 1925", *The Journal of Modern History*, XXXIII, Chicago, 1961, p. 237 ff.; Robert A. Kann, "Metternich: A Reappraisal of His Impact on International Relations", *The Journal of Modern History*, XXXII, 1960, p. 333 ff.; A.C. Breycha-Vauthier, "More Sources on Metternich", *Austrian History Yearbook*, vol. I, Houston, 1965, p. 38 ff.

(4) 「すでに久しい以前から、わたしにとってヨーロッパは祖国に等しいものになっている」。Srbik, *op. cit.*, Bd. I, 1925, S. 320.

(5) こうした観点からの考察として、Enno E. Kraehe, "Foreign Policy and the Nationality Problem in the Habsburg Monarchy, 1800–1867", *Austrian History Yearbook*, vol. III, pt. 3, 1967, p. 3 ff. は、示唆するところが多い。

2　メッテルニヒの基本理念

本項のテーマは、ウィーン体制の基底をなしたメッテルニヒの思想の基本構成を明らかにすることである。メッテルニヒの思想や理念は、彼がライン貴族の出身であったこと、その古きよき青年時代の印象、また彼が外交官として当面しなければならなかった諸課題などから、理解されねばならない。特にナポレオン時代の深刻な体験、ナポレオンを克服してヨーロッパを再建するという切実な課題こそ、メッテルニヒの政治的思考の中心的要素であった。彼によれば、ナポレオンは革命の体現者であり、みずからを普遍的使命の担い手と考え、この使命を政治的権力組織を通じて実現しようとした独裁者であった(1)。それゆえ、ナポレオンが破砕した世界、有機的に生成した「自然の秩序」の世界を取りもどすことが、何よりも大切であった。これはヨーロッパの一般的利害であり、一種の運命共同体であるヨーロッパは、個々の国家の勝手気儘な行動を排除する。各国家はこのような共同体の構成員として、たがいに協調しなければならず、「同権」と「互恵主義」で結ばれたヨーロッパ国家世界は、それを脅かすいっさいの妨害から自己を防衛する必要があり、全員の協力はこの妨害の克服を容易にするはずである。われわれはここに、「干渉の原則」の内的な理由づけをみることができる。

しかし、もし諸国家がそれ自身のなかで秩序づけられ、均衡を保っていなければ、このような一般的平和秩序はありえない。彼によれば、あらゆる秩序の基礎は権威であり、強力な権威によって維持され確保された秩序の有益な結果が、真の自由である。「わたしにとって、自由という言葉は……事実上終極的価値をもつものであり、出発点を示す言葉は、秩序である。自由の観念は、秩序の観念に基づきうるにすぎない(2)」。それゆえ「秩序―権威―自由」というのが価値の正しい序列であり、権威のない自由を望むものは、平和と文化の恐るべき敵であるアナーキーを望むものである。

メッテルニヒの国家世界は、歴史的に生成した諸国家から成る一大家族であり、その秩序の支柱は君主であり、貴族であった。歴史的に基礎づけられた原理によらない権威、無目的であてにならない大衆の主権によりかかろうとする権威は――立憲君主制すらも――、彼からみれば、みずからの存在の基礎を掘りくずすものであった(3)。「正統主義」はそれ自身絶対的な価値ではないが、秩序と安定のための一つの強固な柱であり、「王座と下層階級の中間」にある貴族も、不可欠の存在であった。社会の自然的秩序から出発する彼は、国家をも秩序維持の一手段としかみることができず、国家と人民の関係は、国民的ないし民主的な要求と結びつくことによって、きわめて危険な局面を開くものと思われた。彼は「ネーション」に国家を構成する権利を認めず、「国民精神」も、人民主権と深所で結びついた、恐るべき革命の沈澱物と考えられた。

しかしメッテルニヒは単純な反動政治家ではなく、そこには保守的な国家政策と進歩的な文化政策とが結合していた。彼は時にみずからを改革者とよび、実際にもオーストリアの統治組織の改革に熱意をもっていた。彼が保守的という言葉で理解したものは、非生産的な死せる固執ではなく(4)、不断の発展の継続であった。「存続は活動的な諸条件に基づくものであり、成行きにまかすことは、存続の危険な敵である(5)」。しかし、政治的・社会的な身体は、植物のように内的な諸力から静かに成長する有機体であって、秩序の破壊をめざす運動は、断固退けられねばならない。彼は、上昇しつつあるブルジョアジーが統治の共同責任をもとめようとする運動の積極的価値を理解できなかった。彼によれば、人民は自己の物質的福祉が顧慮されることを願うにすぎず、満腹し、自己の福祉が確保され拡大される可能性をもてば、満足するものである(6)。したがって「人民の突進」とは、少数の熱狂的な革命家によって人為的にたきつけられたもの、騒擾をつくり出すことによって繁栄する発展を妨げようとする不穏分子の育成するものと考えられた。それゆえ彼は、経済・通商・交通など文明の新形態には便宜を与えたが、精神的所産には不信の念を示し、政治的文学を完全に拒否した。自由主義の危険は、デモクラシーへの道を準備し、さらに社会主義や急進主義に、すなわち秩序の破壊にみちびく点にあり、フランス革命の経過はまさにこのことを実証したものであった。そこで彼は、統治権の強化と自由主義の抑圧によって、ヨーロッパが没落への道を歩むことを妨げねばならなかったのである。

革命に終始反感をいだいたメッテルニヒにとって、政治的変化とは、アナーキーの時代と秩序の時代が交互に到来する、回帰的な歴史のサイクルの一部にほかならなかった。「進歩に対する政治的・社会的要求という現象全体は、事物の永遠のサイクルのなかでは、原則に支配される旧い制度の回復にいたる一時的現象にすぎない(7)」。アナーキーの時代を生きてきた彼は、いまやヨーロッパの社会的保守主義の使徒であることを、自己の運命と感じたのである。

ではメッテルニヒは、自国オーストリアをどのように捉えたのであろうか。彼によれば、ヨーロッパの心臓部がオーストリアであり、この国はあらゆる現状維持勢力の盾とならねばならない。当時オーストリアは複雑な多民族国家であり、多様性のうちにいかにして一体性を維持するかという大問題をかかえていたが、この点にかんするメッテルニヒの思考は興味深い。領内諸地域の民族的・文化的・地理的な相違はあまりにも顕著であったから、彼はそれらに中央集権的な画一性を課そうとは考えず、行政上の自治を与えられた組織体相互間の均衡を維持し、各組織体のなかでそれぞれの気質や特殊な伝統の有益な側面を育成しようとした(8)。全国家の単一性についていえば、統一的な憲法や全体的な代表機関を認めえない彼にとって、それは王冠のうちに与えられる単一性、共通の国家目的のために諸民族の協力を確保する単一性でしかありえなかった。自治をふまえた諸地域の歴史的特殊性と民族的特色の保持が、単一不可分の王冠において意にかなった完成をみいだす、という彼の思想は、一種の連邦国家の構想であったといえよう。

こうして彼は、行政の完全な中央集権化を拒否したけれども、各地域の地方議会に立法権を与えるつもりはなかった。それは、時代の根本悪とみえた人民主権の承認への第一歩にほかならなかったからである。彼は諸地方の歴史的な権利を理解したけれども、徐々に要求されはじめた民族的権利については、理解をもつことができなかった。

ところで以上のような性格の連邦は、オーストリアの政治的人格を表現すると同時に、ヨーロッパ協調のための強固な基礎を与えるはずであった。歴史的な諸地域の連邦であるオーストリア、主権をもつドイツ諸国の連邦である中欧、同一の生活原理に基づいて樹立されるヨーロッパ列強の同盟、このような「連邦の原理」が、メッテルニヒの政治思想の中心に位置したのである。

要するに、メッテルニヒの根本理念は「均衡」equilibrium であり、それは、国内における強力な秩序と国際間の精巧な勢力均衡の両面を包括するものであって、彼がヨーロッパの協調を必要と考えた理由も、ここにあった。伝統的なヨーロッパの一体性がつよく自覚された根底には、革命への反感、自由主義・国民主義とのつよい対決の姿勢があり、そこから伝統的支配権の擁護が生まれ、正統主義と集団安全保障の集約として「君主の同盟」の思想が生まれた。

こうしてまずオーストリアに、ついでドイツ連邦に、最後にヨーロッパに「秩序」と「均衡」を一貫して維持することが、メッテルニヒの理想的目標だったのである。

以上の分析から明らかなように、彼の思考はきわめて合理的ないし科学的であり、そこには、正統性や神権の観念に対する熱狂はすこしもみられない。彼はロマン主義者ではなく、むしろ十八世紀的な合理主義者の名に値する。しかしその反面、彼がフランス革命の解き放った力の重大性を看取しながら(9)、その積極的意義を理解しえなかったことも、著しい特色をなしている。一言でいえば、彼の思想の基本的特質は「啓蒙主義的思考様式による啓蒙主義的思想内容の否定(10)」だったのである。

メッテルニヒのこのような理念と原則が、ウィーン体制の基底を形成し、彼の政策をみちびく力となったことは、いうまでもない。しかし、現実はただちにこの理念型にみあったわけではなかったから、彼の理念と原則は具体化される過程で肉づけされたり、歪曲や修正を受けたりしなければならなかった。特に、メッテルニヒにおいて二重うつしになっていたヨーロッパの利害とオーストリアの利害が実際上ずれる場合には、彼の政策は自国の利害にみちびかれざるをえなかった。そこで次に、メッテルニヒの理念と原則の適用にあたって、オーストリアの特殊な立場がどう関連したかに、目を移さねばならない。

（1）　メッテルニヒには、その反面ナポレオンを「革命を支配するもの」とみる基本判断があり、可能なかぎりフランスに帝政を残そうとしたのは、こうした判断に基づくといわれている。たしかに一八一五年以前の時期のメッテルニヒは、革命のコントロールの点では、むしろナポレオンに依存していた面が多い。しかしウィーン体制の理念的基礎としてメッテルニヒを捉える場合には、彼の「ナポレオンは大革命の化身」(*Aus Metternich's nachgelassenen Papiern*〔*N. P.* と略記〕, 8 Bde., Wien, 1880-84, VII, S. 638〔以下、ローマ数字で巻、アラビア数字でページを示す〕)という側面に力点をおかねばならない。「革命の胚種は……特にボナパルトの軍事的独裁政権のもとで発展したのである」(*N. P.*, III, S. 408)。

（2）　*N. P.*, VII, S. 636 f.

（3）　*N. P.*, VII, S. 625.

（4） *N. P.*, III, S. 415.
（5） H. Hantsch, *Die Geschichte Österreichs*, Bd. II, S. 289.
（6） *N. P.*, III, S. 388, 411.
（7） H. F. Schwarz (ed.), *Metternich: Coachman of Europe — Statesman or Evil Genius*, Boston, 1962, p. 18 f.
（8） それゆえ彼は、帝国内諸民族をゲルマン化することには反対であった。*N. P.*, VII, S. 209 参照。
（9） *N. P.*, I, S. 13 f.
（10） 坂本義和「ウィーン体制の精神構造」『政治思想における西欧と日本』上巻、東京大学出版会、一九六一年、一五二ページ。

3　ウィーン会議とハプスブルク帝国

まず、ウィーン会議前後のオーストリアをみよう。フランス革命からナポレオン戦争にいたる二〇数年の動乱期は、ハプスブルク帝国にとっては度重なる敗戦の歴史であり、国勢の著しい衰退を招いた。ナポレオンが没落したとき、オーストリアは多くの領土を失っており、財政は絶望的状態にあり、長期にわたる荒廃から立ち直るために、まず平和を必要とした。それゆえウィーン会議では、戦争と革命の再発を防止する保証をもとめるとともに、国際的均衡の一員としての地位を回復することが、この国の第一の課題であった。

オーストリアの外交政策を分析するうえに有益な方法は、ウィーンを中心にいくつかの同心円を描いて、王国の存続にそれぞれ異なる重要性をもついくつかの地帯を区画してみることである。(1) 第一地帯は帝国の中核部で、ベーメン、ハンガリー(トランシルヴァニアとクロアティアを除く)、内部オーストリア諸州がこれに属する。この地帯のかなたに広がる第二地帯は、王国にとって不可欠とはいえぬが、戦略的・経済的にきわめて重要であるために、できるかぎり獲得しなければならぬところであり、ブレンネル峠を含むティロール・フォラールルベルク地方、ザルツブルクからイン川地区をへてパッサウにいたる複合体、クラクフを含むガリツィア、軍事的国境をもつクロアティアがこれに属する。第三地帯は前者の入口にあたり、併合、王家による結合、同盟などによって、オーストリアが絶対に優位をしめなくてはならない地域であって、バイエルン、西ガリツィア、ダルマティア、ロンバルディア、ヴェネツィアが含まれていた。第四地帯はウィーンからはいっそう遠いが、オーストリアの間接的な支配が望ましく、他の大国が地歩を固めることは許せない地域であって、イタリア、ドイツ、ポーランド、トルコ領バルカンがこれに属した。以上の四つをこえた世界を、第五地帯と総称する。

ウィーン会議で、第一、第二地帯に対するオーストリアの権利は、一般に承認された。それらの多くは旧領地で、戦争中の諸条約に回復が明記されていたからであり、具体的にはティロールとガリツィアとザルツブルク地方が戻った。第三地帯ではヴェネツィア、ロンバルディア、ダルマティア、イリリア地方を入手し、バイエルンとは同盟を結んだが、西ガリツィアは回復できなかった。

ウィーン会議でのメッテルニヒの主要な努力は、第四地帯に関係した。(2) まずオーストリアは、イタリア半島で支配的地位を確保することができた。南部の両シチリア王国に復位したブルボン家のフェルディナント一世は、オーストリアと同盟を結び、その同意なしには改革を行なわぬこと、憲法を認めないことを約束した。またトスカーナ、モデナはハプスブルク家の一族である旧君主の手に戻り、ローマ法王に帰った教会国家も、オーストリアと密接な関係に立った。ただメッテルニヒの望んだイタリア同盟は実現しなかったが、以上の諸関係および自領ロンバルディア・ヴェネツィアの強力な軍事的・戦略的地位を通じて、オーストリアの半島統御は保証されたかにみえたのである。ドイツの再組織についても、オーストリアは自己の利害にかなった解決を確保することができた。そこには、三九の主権国家から成るゆるい連合としてドイツ連邦が結成され、オーストリアはフランクフルト連邦議会議長の地位を保持することによって、ドイツ諸邦のあいだに指導権をうち立てることができたのである。

バルカンの問題はウィーン会議では論議されなかったが、列強がそれとなく支持したトルコ帝国の保全と中立は、オーストリアの利害と一致した。しかしポーランドにかんする決定は、好ましくはなかった。ウィーン会議でロシアのアレクサンドル一世 Александр I（在位一八〇一―二五年）は、旧ワルシャワ大公国をポーランド王国として再興することを提案した。この国は立憲自治国となるはずであったが、ツァーリが王位を兼ねる以上ロシアの併合に等しいものであり、特にオーストリアには重圧であったから、メッテルニヒはイギリス、フランスとともにつよく反対し、その結果ついにポーランド王国は三分の二に縮小され、オーストリアはガリツィアのポーランド領を取り戻し、戦略的に重要なクラクフを自由市として中立化させることに成功した。それにしてもポーランド王国の領土がオーストリアの北辺にのしかかることになり、アレクサンドルをドイツの諸問題に干渉しうる地位に残したばかりか、ツァーリはポーランド議会をヨーロッパの自由主義者にはたらきかける手がかりとして利用することもでき、こうしてオーストリアは、今後つねにロシアの圧力を意識せざるをえなくなり、しばしばこれとの妥協を強いられるのである。(3)

第五地帯で注目されるのは、オーストリアが一つのまとまった領土単位を形成するために、中心部から離れたハプスブルク家の所領をすべて放棄したことで、それらのうちには、ベルギーおよび南西ドイツのさまざまな土地が含まれていた。ベルギーはオランダ王国に併合され、ライン中流両岸地方はプロイセンが獲得したが、これには、フランスの侵入に対する強固な堡塁をうち立てる意図も含まれていた。

こうしてオーストリアは強国としての地位の回復に一応成功したが、他方諸国家間の「均衡」は、はたしてメッテルニヒの希望どおりに実現されたであろうか。一八〇九年の外相就任以来メッテルニヒの頭を占めたのは、ロシア・フランス両国間の力の均衡を維持することであった。一八一三年にも彼は、露・普連合とナポレオンのあいだに立って仲介をはかり、それがナポレオンに拒否されて、オーストリアが反ナポレオン連合に参加したのちにも、メッテルニヒはフランスの過度の弱化を望まなかった。それゆえ、ナポレオンが没落したとき彼が何よりも恐れたのは、ロシアの進出という形でヨーロッパの均衡が乱されることであり、代償の原則に基づくウィーン会議の領土分配は、できるかぎり平等な力関係の維持をめざしたものであった。その結果メッテルニヒは、ポーランドとザクセンの処理をめぐる激しい対立の末、ロシアが明白な優位によって大陸の均衡をくつがえす危険を、一応回避することができたのである。

こうして一八一五年六月に成立したウィーン講和条約は、ほぼメッテルニヒの望んだものに近かった。彼はハプスブルク帝国を解体と破産の瀬戸際から旧にもどし、イギリスの支持を得て、(4) 自国を大陸の勢力均衡の支点たらしめることに成功した。各地では「正統な」君主が、革命に由来する支配者にとってかわった。さらにオーストリアの所領は強化され、その勢力はドイツ連邦を通じて北方に、またハプスブルク家とイタリア諸国とのきずなを通じて南方にものびた。メッテルニヒからみるとき、この状態はオーストリアにも全ヨーロッパにも好ましいものであった。それゆえ、その後のメッテルニヒの主要な努力は、一八一五年のヨーロッパの地図とウィーン条約を守ることに捧げられたが、その過程で彼の理念と政策とはどのような関係に立ったであろうか。

(1) Enno E. Kraehe, "Foreign Policy and the Nationality Problem in the Habsburg Monarchy, 1800–1867", *op. cit.*, p. 15.

(2) ウィーン会議におけるオーストリアの立場については、H. Hantsch, *Die Geschichte Österreichs*, Bd. II, S. 275–285; Barbara Jelavich, *The Habsburg Empire in European Affairs, 1814–1918*, pp. 13–20 参照。

(3) Emil Lauber, *Metternichs Kampf um die europäische Mitte*, Wien, 1939 はこの点を強調し、ザクセンとポーランドについての妥協の成立も、オーストリアの勝利を意味しなかったとみている。

(4) イギリスのカスルリーも、大陸における勢力均衡の保持を望み、ウィーン体制の成立に重要な役割を果たした。一八一五年の四国同盟結成のイニシアティヴをとったのは、むしろ彼であった。Jelavich, *op. cit.*, p. 27.

4　メッテルニヒの国内政策

ウィーン会議後数年間は、なおナポレオン戦争の体験がヨーロッパの指導的政治家たちの胸にやきついていたので、メッテルニヒの政治理念は列強の見解と一致し、彼らは協力を続け、オーストリアとの関係も良好であった。しかしウィーン体制がたえず危険にさらされていたことも事実であり、特にハプスブルク帝国は、その地理的位置と国家の体質のゆえに、多くの問題に直面しなければならなかった。当時中欧は北から南まで幾多の小政治単位に分かれ、ハプスブルク帝国自体複雑な多民族国家であった。そして両翼の二大国フランスとロシアは、十九世紀を通じてヨーロッパの中心部に伸びようとし、ドイツ内では、プロイセンが支配権を得ようとつとめていた。他方中・南欧の各地では、立憲的自由主義やナショナリズムの新しい力が自己主張をはじめようとしていた。このような状況のなかで、メッテルニヒがウィーン体制を維持するためにはらった努力を、既述の五地帯について順次みてゆくことにする。

まずハプスブルク帝国の内部――ほぼ第一、第二、第三地帯にあたる――から出発しよう。この国が他の列強と根本的に異なっていた点は、真の民族的基礎を欠いていたこと、中央政府が領内諸地域の個別的統治要求を打ち砕きえなかったこと、の二つにしぼられる。この国の歴史は、ハプスブルク王家が婚姻・戦争・外交などの手段で弱小政治単位を吸収しつつ次第に勢力を拡大していった過程であり、十八世紀末には、今日のオーストリアに該当する中心部のほか、ベーメン、クロアティア、ハンガリー、ルーマニアの西部、ポーランドのガリツィア地方その他を含む大国になっていたが、これらの土地は、ハプスブルク家の所領であることによって結合を保ったにすぎず、住民も複雑で、一一の民族集団から成っていた。その複雑な民族問題は十九世紀の進行とともに次第に表面化し、ハプスブルク帝国を救いがたい困難におとしいれるが、しかしなおナポレオン戦争の終わりまでは、領内諸民族のあいだには、意識的なナショナリズムはまだほとんど起こっていなかったので、ハプスブルク家の君主たちは、王朝に対する住民の忠誠、官僚制度、全民族から成る軍隊、人口の八〇％を信徒とするカトリック教会などをよりどころにして、諸領土の統合を維持しえたのである。

それにしても、複雑な体質のハプスブルク帝国にとって、全体国家の実をあげることは容易ではなく、かつてみずからの国家を形成した誇らしい記憶をもつ領内の「歴史的民族」は、彼らの歴史的国境の内部に「歴史的王国」を再度実現することを望んでいた。全体国家の理念にとって特に大きな障害はハンガリーで、この国はマリア・テレジアの時代にはウィーンの宮廷に好意を示したが、ヨーゼフ二世の改革はマジャール人貴族を敵にまわし、彼らは旧来の憲法を固守しようとするハンガリー分立主義の擁護者となっていた。[1] しかもナポレオンは、ハンガリーをオーストリアから切り離してハプスブルク王国を解体させることを真剣に考えた時期(一八〇九年)さえあり、メッテルニヒが当時フランスとの親善をはかり、同盟さえもいとわなかった理由の一つは、ナポレオンのこうした企てを防止するにあった。[2] 以後ハンガリーは、危機の時代にはつねにウィーンの政策指導上の制限的要素となるのであるが、それでもなおしばらくは、マジャール人貴族の要求をある程度みたすことによって、ハンガリーと宥和しその忠誠を保持することは、不可能ではなかった。

ハンガリー問題との関連で、一つの重要な点を指摘しておこう。一八〇九年にハンガリーの脱落に伴う帝国解体の恐怖が拡がったとき、ウィーンの宮廷では、この困難の原因はハンガリー自体にあるよりも、オーストリアの敗北を利用しようとする外部の強国の陰謀であると考えられた。[3] この考え方はその後定着し、唯一の真の危険は国外からの悪意ある干渉であって、それがなければ王国は内部を完全に好調に保つことができる、というテーゼが、引続き帝国の最後まで、ハプスブルク家の君主や大臣のあいだで一種のドグマ化してゆくのであり、[4] 革命への対処の仕方も、もえやすい材料を取除くのではなく、外部からの刺激の防止に専念するという、特徴的な形をとるのである。[5]

ウィーン体制出発当時のメッテルニヒの国内政策の方針を、次にまとめて検討しよう。ナポレオンが没落して平和と安定の時代が到来したとき、ハプスブルク王国はヨーゼフ二世以来の国家の一体性をもっぱら王朝中心に維持しようとしたが、メッテルニヒは必ずしもこの路線をとろうとはせず、この点で皇帝のフランツ一世 Franz I (在位、神聖ローマ皇帝としてはフランツ二世一七九二―一八〇六年、オーストリア皇帝一八〇四―三五年)とは著しい対照をなしていた。メッテルニヒは一般の政治家ほど楽天的ではなく、王国内にもえやすい材料があることに早くも気づいていたために、唯一の賢明な対処の道は、各地域の事情に応じてそれぞれ別個に、地方の名望家を宥和し、民衆の感情に合致した態度を取ることであると確信していた。この見地から彼は、ロンバルディアとヴェネツィアを、またイリリアとダルマティアを合せて、それぞれに王国の地位を与えることを主張した。[6] しかも彼は、帝国の諸単位を平等に扱ってたがいに均衡を保たせることが望ましいと考え、特にイリリア・ダルマティア王国がハンガリーを抑制することを期待した。こうして各地方がたがいに隔離されれば、ウィーンに対する依存度が強くなり、結局絶対主義が強化されると考えたのである。

このような方式は、外相としての彼にも好都合であった。政府は、国境外の隣接地域で行なわれる外交を補強するために、国境地方をあやつることができるはずであった。ドイツ系諸州はハンガリーとそれほど強く結ばれていない方が、ドイツ連邦内でいっそう効果的な役割を果たしうるはずであり、広範な自治行政を与えられたロンバルディア・ヴェネツィア王国は、オーストリアの卓越性を示すことによってイタリア人の注目をひくべき場所であり、オーストリアとイタリア半島をつなぐ鎖となるべきものであった。またイリリア・ダルマティア王国は、バルカンで同じ役割を果たすとともに、ロシアの勢力に対抗しうるものと考えられた。

しかしメッテルニヒの提案は、皇帝の反対のために十分な成功をみなかった。彼のプログラムのある部分は採用されたが、一般には行政上の便宜と中央集権主義に基づく統合的要求が、「別々にしかし平等に」という考え方に優先した。イリリア王国はつくられたが、ダルマティアを含まず、その上一八二二年にはクロアティアが切り離されて、またもやハンガリーに従属させられた。ロンバルディア・ヴェネツィア王国に広範な自治行政を樹立しようとしたメッテルニヒの努力も、フランツ帝に承認されなかった。ミラノに派遣された総督にはほとんど独自の権限がなく、皇帝は「ロンバルディア・ヴェネツィア王」の称号を用いることを好まなかった。王国のドイツ系地域とドイツ連邦との結びつきは、一八一六年早くも試練にかけられた。この年若干のドイツ諸邦は、収穫の不足を補うために、ハンガリーからの穀物輸送をもとめる救済計画をドイツ連邦議会に提案したが[7]、オーストリアはライタ川に沿った国内関税障壁の変更を好まず、計画の受けいれを拒否したのである。こうしてメッテルニヒの理念は、国内行政の要求に従属させられる結果になったが、国内問題に対する外相の影響力には限界があり、また彼は自己の外相としての本務がそれによって重大な妨害を受けたとは考えなかったので、職を賭しても自己の主張を貫こうとはしなかった。

メッテルニヒが内政において現実に果たした役割は、反革命の立場から世論をコントロールすることであったが、その際彼が、惰性、伝統、開明的行政、検閲、警察をこの順序でたよりにしたことは、興味深い[8]。彼は一般に、自発的な革命が国内に起こって、それが王国の安定に重大な脅威となることは、ありえないと考えていた。「われわれの国、あるいはむしろわれわれの国々は、政治的な争いによって打ち倒された帝国の灰から生ずる利益のたいていのものを、革命なしに享受しているから、もっとも平和な国なのである[9]」。かりに革命が起こっても、諸民族をたがいに対抗させることが可能であるから、「それは山火事を意味しないであろう[10]」。一八四六年のガリツィア革命に際して、ルテニア人をポーランド人に対抗させたメッテルニヒの対処の仕方は、まさにこれであった。メッテルニヒの革命に対する楽観的認識は、没落の時点まで変わらなかった。

ともあれ、一八一五年から三〇年代にかけてハプスブルク帝国内部が比較的静穏にすぎたのは、なお領内諸民族のあいだに本格的な近代民族意識が目ざめていなかったためであり、それゆえメッテルニヒよりもさらに近視的な宮廷の対応すらも、有効でありえたのである。ただハンガリーのマジャール人貴族はかなり手ごわかったが、それも外的危機に際してのある種の譲歩によって、なお宥和し続けることができたのである。

(1) George Barany, "The Awaking of Magyar Nationalism before 1848", *Austrian History Yearbook*, vol. II, 1965, pp. 26-28. しかしこの頑固なハンガリーの分立主義も、近代的なナショナリズムに根ざすものではなく、封建的な地方的感情に由来していたのであって、プレスブルクの議会は、マジャール人をではなく、歴史的なハンガリー王国を代表する態度をとり、一八〇七年にはマジャール語を公用語にしようとする動議を否決さえしている。Enno E. Kraehe, "Foreign Policy and the Nationality Problem in the Habsburg Monarchy, 1800-1867", *op. cit.*, p. 9.

(2) Enno E. Kraehe, *Metternich's German Policy*, vol. I, Princeton, 1963, p. 140.

(3) Kraehe, "Foreign Policy", *op. cit.*, p. 12.

(4) H. Hantsch, *Die Nationalitätenfrage im alten Österreich*, Wien, 1963 参照。

(5) そこで、他国の政治家——アレクサンドル一世、パーマストン、ルイ・ナポレオン、ビスマルク、イズヴォルスキーなど

——にマッチ遊びをしないように嘆願するという対応が生まれるのである。Kraehe, "Foreign Policy", *op. cit.*, p. 12.

(6) Arthur G. Haas, *Metternich, Reorganization and Nationality 1813–1818*, Wiesbaden, 1963, pp. 17–47.

(7) Kraehe, "Foreign Policy", *op. cit.*, p. 14.

(8) *Ibid.*, p. 16 f.

(9) Guillaume de Bertier, *Metternich and his Times*, London, 1962, p. 167.

(10) *Ibid.*, p. 161; Kraehe, "Foreign Policy", *op. cit.*, p. 16.

5 第四地帯への対応

次に第四地帯に目を移そう。ここには革命の脅威が現実に存在したが、メッテルニヒの対応にはどのような特色がみられたであろうか。

メッテルニヒの原則が最初の挑戦を受けたのは、ドイツであった。彼はここで立憲政治の導入に反対したばかりでなく、ドイツ人がそもそも統一的支配に適していないと考えていた。あまりにも長く小政治単位に結びつけられてきたために、彼らは依然分立主義に支配されているというメッテルニヒの信念は、当時はたしかに妥当性をもっていた。ドイツの初期の革命運動は主として抑圧的体制への反対であって、国民的統一の問題はなおあいまいであった。一方、ドイツ連邦というルーズな形の組織化は、中小諸国の独立を守り、彼らのあいだの政治的均衡を維持したので、バイエルン、ハノーヴァー、バーデン、ヴュルテンベルク、両ヘッセンなどから支持され、オーストリアの指導力は一般に容認された。

ハプスブルク帝国が遭遇した最大の困難は、プロイセンの競合であった。ウィーン会議でラインラントを領有したプロイセンは、フランスに対するドイツ地域の主要な防衛者たる地位を得た。しかもこの国は、イェナの敗戦後国民的再生の時期を経過したうえ、国王フリードリヒ・ヴィルヘルム三世 Friedrich Wilhelm III（在位一七九七—一八四〇年）は自由主義にある種の関心をもち、一八一五年には憲法を約束していた。さらに彼は一八一二年以後アレクサンドル一世と提携し、ハプスブルク家の政策を妨げる気配を示していた。しかし、プロイセンに一つの役割を期待したメッテルニヒは、ベルリンとの衝突を望まず、プロイセン王をロシアから引き離すとともに、政治的改革の危険を悟らせようとした。

一八一七年から一九年にかけてワルトブルク祭やコッツェブー暗殺事件が起こると、メッテルニヒはプロイセン王を説得して、ドイツの革命運動に対する一般的抑圧政策に協力させ、一九年九月カールスバートにドイツ諸邦の代表会議を開いて弾圧のプランを議決させ、ついでドイツ連邦議会にこれを可決させ、十一月のウィーン会議で布告の規定をさらに強化した。こうしてメッテルニヒはドイツの革命勢力を制御する手段を得たが、その際注目されるのは、彼が革命家グループの行動に関心を向けるよりも、ドイツ君主のあいだにみられる自由主義的改革への共感にはるかに強い関心をよせたことであって、彼は反逆のかすかな兆候を利用して、これらの君主、特にプロイセン王の改革への傾向を抑制したのであった(1)。それとともに、メッテルニヒの一連の措置は、ロシアのドイツに対する干渉の危険を念頭においたものであり、カールスバートとウィーンの決議は、ドイツの監視をドイツ連邦すなわちオーストリアとプロイセンの手に収めたものにほかならなかった。この時期のメッテルニヒの最大の関心事は、ロシア進出の脅威であり、これへの対抗があらゆる政策の基底にあったことは、明らかである。

メッテルニヒ体制はまもなくイタリアでも挑戦を受けたが、これへの対応はドイツの場合ほど容易ではなく、またはるかに広範な国際的影響をもたらした点に特徴があった。イタリアの革命運動に火をつけたものは、一八二〇年一月のスペイン反乱で、これは君主制ヨーロッパの秩序をはじめて攪乱したものであったから、アレクサンドル一世はただちに干渉を望んだが、メッテルニヒの反応は逆であった。ドイツで干渉を主張した彼がスペインでそれに反対したのは、干渉に続く占領が政治的支配を意味するという配慮から、フランスないしロシア軍のスペイン進出を望まなかったためであり、彼の政策が原則の単純な適用でなかった例を示している。

一八二〇年七月これに刺激された反乱がナポリで勝利をしめたとき、メッテルニヒの反応はちがっていた。自由主義政権がイタリア南部で支配を続けるならば、オーストリアが半島に支配力を保持することは不可能と思われたために、メッテルニヒは革命鎮圧にオーストリア軍の派遣を考えたが、この干渉は自国の単独行動であることが望ましかった。しかしフランスとロシアがヨーロッパ的性格をもつ共同干渉を主張したために、メッテルニヒはロシアの意向に従って、ヨーロッパ会議の考えを受けいれざるをえなかった。けれども一八二〇年のトロッパウ会議までにアレクサンドルは右旋回して、パリの中央委員会の指導する革命的陰謀の存在を信ずるにいたっていたので、メッテルニヒはこのツァーリの恐怖を利用して自己の反立憲政策を支持させる一方、トロッパウ議定書にアレクサンドルの干渉の原則を受けいれた。ここでメッテルニヒが列強の一般的干渉権を是認する態度に出たのは、ナポリ革命への単独干渉についてロシアの同意を得るためには、それが唯一の道と思われたからであった(2)。つづく一八二一年のライバッハ会議で、予期されたようにオーストリアは両シチリア王国への干渉委任を受け、メッテルニヒ外交は勝利をおさめた。そしてナポリ革命も、同じころ起こったピエモンテの反乱も、オーストリア軍の援助で鎮圧されたのである。

なお残ったスペイン問題については、メッテルニヒは態度を変えず、反乱を強く非難しながらも、フランス軍がマドリードにはいることを好まなかった。一方アレクサンドルはヨーロッパ軍による干渉を主張し、みずから大軍を派遣する準備を整えたが、これは列強にアピールせず、ついにロシアもフランスへの単独委任の提案を受け入れ、一八二三年スペイン王はフランス軍の助けをかりて、権威を回復した。

以上の過程でわれわれは、メッテルニヒの対応について幾多の特色をみいだすことができる。彼はイタリアの反動的で無能な君主に低い評価を与え、不人気な悪条件を一掃するよう警告を発しながらも、結局は革命鎮圧のために彼らに協力するほかなかった。しかしドイツとイタリアにおけるメッテルニヒの革命抑圧政策は、正統主義の擁護とか、民族主義運動が「山火事」のようにオーストリアに押しよせるかもしれぬという病的な恐怖とかに促されたものではなく、ウィーン体制の同盟関係が眼前で破砕されるのを黙視しえない考慮と、これらの地域における自国の優位という国益的配慮とに促されたものであったことは、注目に値する。[3]

次にポーランドとバルカンをみよう。この両地域でメッテルニヒのなしえたところは少なく、彼の選んだ道は現状維持にとどまったが、外国に支持される革命とこの革命に対する外国の干渉という二重の危険に直面しながら、彼がむしろ自生的な革命の進行を放置する傾向を示したことは、興味深い。それは、この革命が外交上の紛糾のはじまる以前に燃えつきるか、または中立的な独立国の成立にいたることを期待してのことであった。

一八三〇年十一月ロシア領ポーランドに起こった革命は、普・墺両国にも影響を及ぼした。プロイセンはポーゼンのもつ戦略的重要性から、革命の鎮圧に重大な関心をもち、オーストリアもガリツィアを譲る気はなく、また革命の自国へのはねかえりを恐れていたが、ポーランドの反乱はドイツの諸君主にまた別の考慮を強いた。ロシア支配に対するポーランドの闘争は中欧に大きな反響をよび、ドイツの自由主義者がこれを支持したばかりでなく、ハプスブルク帝国では保守的なサークル(ガリツィアのポーランド人貴族)も共感を示した。さらにオーストリアにとって、強大な隣国が傷つけられるのをみるのは、不愉快ではなかった。そこで一八三〇年から翌年にかけて、オーストリアはポーランド国境に軍隊を配置し、国境を閉ざして厳正中立を守った。ロシアを助けなかったのは、ポーランド自治王国の消滅を恐れたためであり、他方ポーランド人の側からオーストリアのカール大公を王にいただく可能性について打診したとき、メッテルニヒはこれにも耳をかさなかった。[4] 彼はポーランドの独立にはあながち反対ではなかったが、ポーランドに協力すれば、ロシアの不快を買うばかりか、これとの戦争さえ必要になることを知っていたので、積極的態度を取らずに形勢を観望したのである。結局ロシアは反乱の鎮圧に成功し、ポーランド人から自治権の多くを奪ったが、この事件はツァーリを保守的システムにいっそう近づけ、その点でメッテルニヒに幸いした。

次にバルカンに移ろう。ウィーン会議後のメッテルニヒには、東欧における勢力均衡のために、トルコ帝国の現状を推持することが必要であった。やがてトルコ領内の民族運動が進行しはじめると、メッテルニヒの主要な関心は、ロシアがこの状況を利用してバルカンへの勢力拡大をはかるのをいかにして防ぐかに注がれ、この点で英・仏両国と一致した。(5)

一八二一年三月モルダヴィアに反乱が起こると、メッテルニヒは正統政府に対する革命であることをツァーリに説き、反乱はトルコ軍の手でまもなく潰滅した。しかし同時にギリシア本土に起こった解放運動は、全ヨーロッパのつよい関心を集めたばかりでなく、ギリシア人に対するトルコの暴力的報復が、ギリシア正教徒の保護者をもって任ずるツァーリを刺激した。露・土間の開戦を恐れたメッテルニヒは、一八二一年イギリスのカスルリーとハノーヴァーで会見し、ギリシア人の勝利も望まなければ、ロシアの一方的干渉も望まず、トルコに節制をもとめることに意見が一致し、これによって直接の危機は回避された。つづいて一八二四年、ツァーリが自治権をもつ三つのギリシア小公国の樹立を提案したとき、ロシアの衛星国化を恐れたメッテルニヒが、そのかわりに独立国ギリシアの形成を示唆したことは、注目される。

一八二二年ギリシアの革命政府が独立を宣言した時点で、大きな変化が起こった。この年八月メッテルニヒの協力者カスルリーが自殺をとげたあと、新外相カニングは方針を変え、ギリシアの反軍を交戦国として承認した。一方トルコはエジプト軍の援助を得て、一八二五年ギリシア本土に進んだ。同年、アレクサンドルにかわったニコライ一世Николай I(在位一八二五—五五年)は、活発な新政策をはじめ、西方の列強と協力してギリシア問題を解決しようとし、一八二七年露・英・仏三国間にロンドン条約が結ばれたが、普・墺両国は外に留まり、以後メッテルニヒは孤立した。この年三国の連合艦隊がナヴァリノ湾でトルコ艦隊を打ちやぶったのち、南進をめざすニコライ一世はトルコに宣戦し、一八二九年アドリアノープルの和約を結んで、ドナウ両公国およびドナウ河畔における自国の地位を強化した。ロシア政府がトルコの存続を自国の利益とみたために、トルコ帝国の重大な減退にはいたらなかったが、オーストリア政府は、自国の参加も同意もなしに行なわれたバルカンの変化を見守ることを余儀なくされ、独立国ギリシアの設立にも関与しなかった。

一八三三年ロシアは、エジプト軍に脅かされたトルコを助けた代償として、トルコとのあいだにウンキャル・スケレッシ条約を結び、トルコ問題に決定的な発言権を得たが、同時にニコライ一世は、ポーランド反乱への対応のためにウィーンおよびベルリンと協力する必要があった。そこでロシアは、この年九月オーストリアとミュンヘングレーツの協定を結んで、トルコ帝国の存続を保証し、この国が解体の危機に瀕する場合には、両国が協議することを約束した。この協定は、東方問題における重要な役割をふたたびオーストリアに与えたものとして、注目される。

一八三九年エジプトに復讐戦をしかけたサルタンが敗れて、再度トルコ倒壊の危険が生じたとき、オーストリアはトルコを守るために露・英・普と共同したが、フランスがエジプトを支持したために、一時戦争勃発の恐れがあった。しかしルイ・フィリップが平和策に転じたため、一八四〇年講和が結ばれ、トルコは占領されたシリアを取り戻した。翌年オーストリアはフランスを含む列強とともに海峡協定に署名し、両海峡は国際管理のもとにおかれ、ロシアはウンキャル・スケレッシ条約の失効を認めた。近東における危機の二〇年は、メッテルニヒが容認できる決定の形で終わりを告げたのである。

以上の経過のなかから、メッテルニヒの対応の特徴を考えてみよう。ポーランドと同じくバルカンでも、彼はギリシア人の反乱に放任政策を取ったが、彼の主要な関心は、友好的緩衝国トルコを破壊させる恐れのある露・土間の戦争を防止することであった。(6) 一八二五年に彼が一大独立国ギリシアを提案したことは、多くの学者からハッタリにすぎないとみられているが、(7) 彼の政策全体との関連からみて、必ずしもそうとは思われない。独立国ギリシアがバイエルンの王子オットーのもとに実現したとき、メッテルニヒはこれを承認し、その後しばしば、もし万一トルコ帝国が崩壊するなら、オーストリアはロシアへの対抗勢力として大ギリシアを後援しなければなるまいと語っている。(8) ウンキャル・スケレッシ条約でトルコ問題に大きな発言権を得たロシアが、この「病人」を救うことに利益を感ずるようになったため、この万一の場合は起こらず、(9) またロシアがポーランドの安定を必要としたところから、オーストリアにふたたび接近したことは、すでにみたとおりである。要するにポーランドやギリシアの民族革命は、悪しき伝染病の病源という意味でまずメッテルニヒを悩ましたものではなかった。それらは起こらぬにこしたことはなかったけれども、彼がもっとも恐れたのは、王国内の不穏であるよりも、オーストリアの安全にとって重大な地域にロシアの勢力が伸びることだったのである。

（1） Barbara Jelavich, *The Habsburg Empire in European Affairs, 1814–1918*, p. 30.
（2） Paul W. Schroeder, *Metternich's Diplomacy at its Zenith*, Austin, 1962, pp. 60–104.
（3） Enno E. Kraehe, "Foreign Policy and the Nationality Problem in the Habsburg Monarchy, 1800–1867", *op. cit.*, p. 18.
（4） J. A. Betley, *Belgium and Poland in International Relations, 1830–1831*, The Hague, 1960, p. 99.
（5） しかしまたオーストリアは、英・仏両国の地中海の利害を守るために自国の軍隊がロシアと戦うことを強いられてはならず、それゆえバルカンの危機にあたって、つねに不愉快な二者択一に直面したのである。
（6） Schroeder, *op. cit.*, pp. 164–195.
（7） たとえば Heinrich Ritter von Srbik, *Metternich: der Staatsmann und der Mensch*, Bd. II, 1925, S. 627.
（8） Friedrich Engel-Janosi, *Geschichte auf dem Ballhausplatz*, Graz, 1963, S. 44 f.
（9） Barbara Jelavich, *A Century of Russian Foreign Policy, 1814–1914*, Philadelphia, 1964, pp. 84–86.

6　メッテルニヒと七月革命

次に第五地帯をみよう。ここにはオーストリアの死活の利害はなかったから、ここでの事態は、より重大な地域への敵の侵入の可能性を強める度合に応じて、判断されねばならなかった。たとえば遠いスペインに起こった一八二〇年の革命は、それを鎮圧するためのロシア軍の進出ほど危険ではなかったから、メッテルニヒは最初列強によるいっせいの干渉に反対したのであり、同様にフランスによる単独干渉も歓迎すべきものではなかったが、フランスとロシアの共同行動ほど危険ではなかったから、一八二三年のフランス軍のマドリード進出を黙認したのである。(1)

こうした観点から、一八三〇年の諸事件に対するメッテルニヒの対応をみよう。ブルボン家のシャルル十世を倒したフランスの七月革命は、ウィーン会議後最大の革命の勝利であり、正統主義の完全な侵害であったから、これにならった革命が各地に起こる可能性があったが、さらに重要なのは、新政府自体の武力によって革命が拡大されるかもしれぬという新次元が示されたことである。これはメッテルニヒにとって容易ならぬ事態であり、彼のきびしい態度が予測されるが、実際はそうではなく、彼の対応にははなはだ現実的な考慮がみられる。メッテルニヒは八月、ロシア外相ネッセルローデとカールスバートで会見し、新政府を承認し、フランスが対外的な攻撃に出ないかぎりフランスの事件に干渉しないことに、意見の一致をみた。(2) 実際にもフランスからの懸念は予想外に少なく、ルイ・フィリップはベルギーの革命を利用してこの地を併合しようとはせず、またイタリアを革命化しようともしなかった。

パリの革命に続いてオランダに反対するベルギー人の蜂起が起こったとき、ニコライ一世はまた熱心に行動しようとしたが、メッテルニヒはイタリアの事態を危惧して、オーストリア軍を低地方《ネーデルランド》に送ることを望まず、結局両者は、ネーデルランド王国をオランダとベルギーに二分し、国王を双方の君主に留めることによって、革命の要求をかなえつつ、正統主義をも維持しようとした。しかし、ベルギーの運命にいっそう切実な関心をもつ英・仏両国の意向が決定的で、この基礎の上に列強間の一致が成り、ザクセン・コーブルク公レオポルトをいただく独立国ベルギーが生まれた。ウィーン体制に亀裂をいれたベルギーの独立は、オーストリアにとって好ましくはなかったが、それにもかかわらずメッテルニヒはこれを黙認し、ライン防衛のためにドイツ連邦軍を動員しようとしたプロイセンを抑えた。(3) これは彼が、低地方の運命を、フランスの進出がないかぎり自国の利害に影響のないものと考えていた証拠である。

次にイタリアをみよう。一八三一年フランスの事件に刺激されてパルマ、モデナ、教会国家に反乱が起こったとき、メッテルニヒは再度オーストリア軍を動かそうとしたが、一〇年前とちがってフランスの立場は強まっており、イタリア諸国に力を及ぼすことも不可能ではなかった。事実オーストリア軍が行動を起こしたとき、フランスは対抗上アンコナに軍隊を上陸させ、一時これを占領したが、一般的な戦争には発展しなかった。(4) 即位後まもないルイ・フィリップは戦争を敢てする力がなく、結局イタリアの革命運動支持を拒否したのである。そのかぎりでメッテルニヒはフランスの革命を黙認したのであり、ここに第五地帯に対する彼の対応のパターンをみることができる。

いずれにしても、自国にとって死活の意味をもたない地域では、メッテルニヒは進んで他の列強をあやつったり、単なる危険の可能性に基づいて行動したりすることなく、具体的な危険が起こるまで待つという慎重な態度がみられ、革命に非難をあびせるという間接的行動にとどまっていたことが、特徴的である。革命に対する彼の激しい非難は、しばしば原則の表明と受け取られているが、実際には宣伝的意義をもったにすぎず、要するに第五地帯での彼の政策は、直接行動にいたらぬ勧告や宣伝の域をこえなかったのである。

第四地帯への対応は明らかにこれとはちがっていた。すでにみたように、イタリアでは彼は、オーストリア軍の手で各地の革命を弾圧し、秩序を回復した。このときドイツでもブラウンシュヴァイク、ハノーヴァー、ヘッセン・カッセル、ザクセンに革命運動が起こり、自由主義者の熱狂は一八三二年五月のハンバッハ祭となったが、メッテルニヒは以前のように、ドイツ連邦議会を通じて制限的方策を強行することによって、これらの動きに対抗した。三四年に一群の革命家がフランクフルト市を奪取しようとしたのち、さらに抑制は強められ、この暴動の失敗とともにドイツ諸国は正常に帰ったが、引続きメッテルニヒは、諸君主が自発的に自由主義的改革を導入することを阻むために、全力をつくした。

（1） Paul W. Schroeder, *Metternich's Diplomacy at its Zenith*, pp. 25–30, 229–236.

（2） J. A. Betley, *Belgium and Poland in International Relations, 1830–1831*, p. 22; Barbara Jelavich, *A Century of Russian Foreign Policy, 1814–1914*, p. 93.

（3） Gustav Huber, *Kriegsgefahr über Europa (1830–1832) im Urteil der Zeit und hundert Jahre später*, Berlin, 1936, S. 99–103.

（4） Heinrich Ritter von Srbik, *Metternich: der Staatsmann und der Mensch*, Bd. III, 1954, S. 141 f.

7　没落への道

次に、七月革命後の一般的情勢のなかでメッテルニヒが取った態度を、まとめてみておこう。ハプスブルク帝国は一八三〇―三一年の革命期を、一見たくみに切りぬけたようにみえた。それればかりかこの時期の諸革命は、東方の三国をいっそう緊密な関係にみちびく結果になった。オーストリアはドイツとイタリアで現状を維持するために、ロシアの支持を必要とし、ツァーリはポーランドについてオーストリアの助力を必要としたため、一八三三年両国間にミュンヘングレーツの協定が結ばれ、プロイセンもその一部に加盟した。一八四六年のオーストリアのクラクフ併合は、このような雰囲気のなかで、ロシアのすすめとプロイセンの同意を得て実現した。これはウィーン条約に違反したから、英・仏の抗議をよんだが、保守的な三国の提携の強さを示すものとして注目される。次に、従来危険な競争相手であったフランスも、ルイ・フィリップが次第に反動化して、正統君主としての格づけをはじめるとともに、オーストリアの秩序維持の努力を評価するにいたり、一八四七年までにギゾー政府は、両国間の協商を実現しようと努めるほどになっていた。

しかしこのような外見だけで判断することは、もとより誤りである。一八三〇年直後の諸革命に際して、メッテルニヒが旧来の方式で行なった散文的な抑圧は、人々の不満を一段と悪化させ、革命家たちはこの教訓をかみしめて、活動を国際的に統合しようとする気運を生み、パリのポーランド人亡命者、スイスのドイツ人亡命者、イタリアのマッツィーニ信奉者、ハンガリーのコッシュート信奉者たちは、しばしば接触してハプスブルク帝国の改編計画をねり(1)、メッテルニヒの政策の前提を次第に掘りくずしていった。

のみならずオーストリアは、この時期の諸革命に直面して、あらゆる方面で同時に有効に行動することの困難を悟らねばならなかった。しかしそれでもなお自国内には、マジャール人との口論という特殊な例外を除けば、大した紛争がなかったために、ウィーンの宮廷もメッテルニヒも、現実的な唯一の危険は悪意ある他国の扇動によるものだという旧来の仮説を変更するにはいたらなかった。この間のメッテルニヒの態度で注目されるのは、各国政府に革命を生むような誤った処置をとらぬよう、さかんに警告を発していることである。(2)

メッテルニヒの在職した最後の一〇年間は平穏にすぎたが、しかし彼はヨーロッパの問題について以前の影響力を失うとともに、自国政府内でもその地位は弱められていった。国内では一八三五年にフランツ帝が逝去したのち、メッテルニヒはライバルのコロヴラート Franz Kolowrat とたえず衝突した。一方ヨーロッパでは、パーマストン在職中(一八三〇—五一年)はイギリスとの関係は親密でなく、また保守的列強のあいだでは、むしろニコライ一世がその精力的な指導によって、旧秩序の主要な代弁者となっていた。ドイツでも状況が変わっていた。一八三〇年代までにプロイセンは、関税同盟という形で大部分のドイツ諸邦を自国に結びつけていたが、この同盟はドイツ経済の現実的要求をみたし、プロイセンに経済上の指導的地位を与えた。メッテルニヒは関税同盟の重要性に気づき、これに加わりたい気持をもっていたが、帝国内の農業的利害が関税引下げを認めなかったために、実現しなかった。(3) また一八四〇年に即位したプロイセンのフリードリヒ・ヴィルヘルム四世は、メッテルニヒにとって前王よりも扱いにくい人物であった。イタリアでは一八四六年自由主義的なピウス九世が法王となり、教会国家に行政改革を導入した。また一八三一年にピエモンテ王となったカルロ・アルベルトは、将来の国民運動のリーダーとみられるようになっていた。自由主義・国民主義運動も力をのばし続け、マッツィーニの青年イタリア党は地下運動を効果的に組織していた。オーストリア政府はこれを妨げることが困難であったばかりか、オーストリアの排除をひそかに望む英・仏両国の態度をも考慮しなければならなかった。

ハプスブルク帝国は国内でも民族問題の圧力をこうむりはじめた。(4) メッテルニヒは、各部分がユニークな性格と制度を保持する連邦的統治形式を最適のものと考えていたが、現実は次第に彼の思考の枠をのりこえはじめた。特にマジャール人は、イタリア人やドイツ人に似た民族的覚醒の時期を経過しつつあった。十九世紀初頭までのハンガリーは一つの超民族的な貴族社会であったが、ジェントリーを中心とする進歩的勢力の代表者たちが次第にマジャール文化を発展させ、一八四〇年にはラテン語に代えてマジャール語を公用語にする法律が議会を通過し、非マジャール系諸民族への抑圧もはじまった。同時に新興の諸階級は、若干の社会的改革を導入することによって、新しい民族国家の基盤を拡げようとした。急進的ナショナリズムの代表者コッシュート Lajos Kossuth は、一八四七年の議会選挙で決定的な勝利を得、ハプスブルク王国に対するマジャール人の権利を主張するとともに、貴族の特権を攻撃し、いわゆる「聖イシュトヴァーン」王冠の全地域をハンガリー政府が統御することを、つよく要求した。スラヴ系諸民族の文化的再生も、三月前期の大きな特徴をなしていた。ロマン主義やヘルダーに由来する歴史や諸民族の起源への関心の高まりは、知識階級のあいだの民族意識の覚醒を刺激した。この傾向はチェコ人に特に顕著であったが、クロアティア人、セルビア人、スロヴェニア人、スロヴァキア人にも影響を及ぼした。彼らはなお政治的要求を掲げてはいなかったが、このような文化的自覚から政治的意識への距離は、ほんの一歩にすぎなかった。メッテルニヒの最後の時期には、背後でこのように大きな変化が起こっていたが、それらのもつ重要性はメッテルニヒにはそれほど深く意識されず、彼は依然として旧来の考え方をもち続けていた。

一八三〇年代以来のヨーロッパの平穏は、一八四八年に粉砕された。反乱はまずイタリアにはじまって、パリに拡がり、二月下旬ルイ・フィリップが王位を追われ、革命政府が成立した。しかしこれらのニュースを受け取ったときのメッテルニヒの気持は、従前とほとんど変わっていなかった。ギゾーの失脚は歓迎すべきことではなく、また外国の諸革命はオーストリアにある程度影響を及ぼす恐れはあったにしても、すでに各国政府にくりかえし警告を発してきたメッテルニヒにとって、革命の勃発はまさに自己の予測の正しさを立証したものにほかならなかった。そして、フランスの新政府がルイ・フィリップと絶縁したにとどまり、現存の条約体系を拒否しないかぎりは、メッテルニヒはなお安泰であると感じていた(5)。

しかし、事態の進展はメッテルニヒの意識と現実のあいだのズレを露呈させずにはおかなかった。三月十三日には足元のウィーンに暴動が起こって、メッテルニヒはついにその地位を追われ、ハプスブルク帝国は反乱に洗い流されたが、この年の中欧の諸革命は、過去数十年間オーストリアの政策の基礎になってきたものを、実際にくつがえした。まず第一に、これらの革命はフランス側からの意図的な破壊活動によって起こされたものではなく、まったくフランス革命の自発的模倣という形で拡がっていった。第二に革命は、メッテルニヒが起こりえないと考えていた山火事のように、ハプスブルク帝国のなかへ、さらにそのいたるところへ燃え拡がっていった。しかもこうした事態は、オーストリアがなんらかの対外的失敗をおかした結果起こったわけではなかった。たとえば、マジャール人が一八二五年に延引していた議会の召集をかちとったのは、近東の危機に援護されてのことであったが[6]、一八四八年には彼らは、パリの諸事件に刺激されただけで革命的要求を提出した。また一八二一年と三一年のピエモンテ、モデナ、パルマの反乱は、ロンバルディア・ヴェネツィアを攪乱することはなかったのに、四八年三月のミラノの市街戦は、ウィーンの反乱に促されたものであった。メッテルニヒの時代を通じてなお処理しうる国内的事件にとどまっていた民族問題は、いまや危機の源泉となり、王国の弱体ぶりを暴露したのである。

この年の民族運動は二つの点で新局面を開いた。若干の民族がはじめて明確な政治的要求を掲げ、それを進めるための能力を発揮したこと、またいくつかの民族が国境をこえた親和力を示したこと、がこれである。すなわち、ロンバルディア・ヴェネツィアはイタリアの統一に加わろうとし、ドイツ系諸地方には国外のドイツ人と結びつこうとする運動が起こり、チェコ人はドイツの一部であることを拒否し、汎スラヴ主義が登場し、ハンガリーには独立運動が起こり、他方クロアティア人はハンガリーの独立運動に反対した。またポーランド人は、ガリツィアでの活動は抑えられたが、イタリアとハンガリーでハプスブルク家に対する戦いに加わった[7]。一八四八年までに、現状に反対する勢力は、暫時メッテルニヒ・システムを引き倒すほどに成長していたのである。

(1) Enno E. Kraehe, "Foreign Policy and the Nationality Problem in the Habsburg Monarchy, 1800–1867", *op. cit.*, p. 21.

(2) メッテルニヒは、無能で無力な支配層に対しては、時には革命的勢力に対して以上にきびしい批判を加え、激しい怒りや侮蔑をいだいたことさえあり、それが個人的な警告となってあらわれたのである。それにもかかわらず、彼は自分の信じない君主や貴族をも、全体として「原則的に」擁護せざるをえず、この点は一貫して変わらなかった。坂本義和、前掲「ウィーン体制の精神構造」一五三ページ、参照。

(3) Barbara Jelavich, *The Habsburg Empire in European Affairs, 1814–1918*, p. 52.

(4) Hans Kohn, *The Habsburg Empire, 1804–1918*, Princeton, 1961, pp. 25–29 参照。

(5) A. J. P. Taylor, *The Struggle for Mastery in Europe, 1848–1918*, Oxford, 1954, p. 5.

(6) Anton Springer, *Geschichte Österreichs seit dem Wiener Frieden 1809*, 2 Bde., Leipzig, 1963, Bd. I, S. 334.

(7) Piotr S. Wandycz, "The Poles in the Habsburg Monarchy", *Austrian History Yearbook*, vol. III, pt. 2, pp. 271–273.

むすび

最後に総括的考察を行なって、結論にかえよう。メッテルニヒは、一八一五年以後ヨーロッパに打ち立てられた反動と抑圧のシンボルとして非難されたが、彼の「原則」は一つの理念型にすぎなかったから、実際の政策は、それに基づきながらも、さまざまな肉づけや修正を必要とした。すなわちその政策は「原則」の機械的な適用ではなく、自国の利害やヨーロッパの現状認識によって補正されねばならなかった。彼はヨーロッパ国家世界におけるハプスブルク帝国の地位についてきわめて現実的な見解をいだき、二大強国ロシアとフランスの野心に脅かされ、また一般的な革命運動に脅かされた状況のなかで、自国の存続にもっとも適した方針を採用しようとした。まず第一に、自己を秩序の擁護者と考えた彼は、東・中欧の保守的な政治体制を保持する点で共通の利害をもつロシア・プロイセン両国と同盟することによって、ウィーン会議でつくられた有利な現状を維持することに成功し、さらにこの協力関係を通じてドイツにおけるプロイセンの、またバルカンにおけるロシアの行動を抑制することができた。第二に彼は、国内の政治的イデオロギーと外交政策の密接な関連をよく理解し、自国に関係の深いドイツとイタリアでハプスブルク帝国の優位を維持するために、これらの地域の諸君主の革命に対する恐怖を利用することができた。彼自身も革命を恐れてはいたが、現実問題として自国に革命が波及するとは考えていなかったから、「革命の恐怖」はもっぱら外交政策上の手段として利用されたのである。「正統主義」と「勢力均衡」が競合し矛盾する場合には、メッテルニヒの政策決定にあたってはほとんどつねに後者が優先したが、その背後には、自国の革命の可能性についての楽観的な見解と、ロシアの進出に対する特につよい恐怖が潜んでいた。第三に彼の外交政策のもっとも顕著な特色は、オーストリアの存立にとってのヨーロッパ諸地域の重要性の相違によって、各地域への対応の仕方がいろいろと異なった点である。自国の直接・間接の支配下にある地域の変化を防止するためには、彼は必要なイニシアティヴをとり、君主会議の決議を活用し、軍隊の使用をもいとわなかったが、それを越えた地域では、多くの場合傍観的態度をとったのである。(1)

こうしてメッテルニヒは、三〇年余の長期にわたってウィーン体制を曲がりなりにも維持しえたが、しかし彼の政策の成功はある前提の上にはじめて可能であったし、また彼には最初からある種の限界がつきまとっていた。それはまず彼の思想自体のうちに内在していた。ウィーン体制の「正統主義」と「勢力均衡」は秩序の再建に重要な役割を果たしたとはいえ、それは未来への新しいヴィジョンに導かれた原理ではなく、伝統的支配権の再確認に基づいていた。そしてまたこのようなヴィジョンの貧しさは、彼の政策を裏づけた現状認識ともつながっていた。彼は新しい社会的勢力の政治的要求や民族的権利の主張の積極的意味を理解することができず、これを無秩序と混乱につながるもの、しかも旧来の方法で抑制しうるものと考え、これらの要素を組みこんだ新時代の統治機構を構想することができなかった。これこそ彼の致命的な欠陥であり、それゆえ彼の政策の前提がくずれ、彼の理解をこえた新次元の現実が展開しはじめたとき、彼自身の政治的生命もまた終わらざるをえなかった。メッテルニヒの予測能力は的確であり、彼の外交政策も精巧ではあったが、ヴィジョンの欠如と創造力の貧困のために、その処方は貧しく、結局彼は、一八四八年の強風の打撃に耐ええなかったのである。

(1) これにはオーストリアの弱体さも大きく関係していた。抜群の海軍力と経済力をもつイギリスは、一国で大陸の勢力均衡を媒介する役割を果たすことができたが、資本主義の発達がおくれ、アンシャン・レジームと異民族支配の重複によってヨーロッパの危機を集中的に表現していたオーストリアは、バランサーの役割を果たすためにもイギリスの関与の程度に依存しなければならず、大陸内ではそもそも消極的・受動的役割以上のものを負えない立場にあったのである。坂本義和、前掲「ウィーン体制の精神構造」一六七ページ、参照。

第二章　一八四八年革命とオーストリア・スラヴ主義

は じ め に

一八四八—四九年のドイツ・オーストリアの三月革命は、挫折した市民革命として知られており、その失敗に終わった原因としては、革命の主体をなした市民階級の裏切りや、(1) ドイツ諸邦の分立主義が、従来主要なものとしてあげられてきた。しかるに最近の諸研究において、この革命におけるナショナリズムの契機が特に重要視されていることは、まことに興味深いものがある。もちろんこれまでもこの側面がまったく無視されていたわけではなく、ドイツの市民階級は当時ただでさえ成熟していなかったのに、自由主義の達成という目標のほかに、国民的統一の達成といういま一つの大きな課題を担わねばならなかったために、その過重にあえいで、双方とも中途半端に終わらねばならなかったとは、すでにしばしば指摘されているところである。(2) しかし最近特に注目されているのは、第一に、ドイツの民族運動とドイツをかこむ東・中ヨーロッパの民族運動との間の複雑な対立の問題であり、第二は、ハプスブルク領内諸民族の自治・独立運動相互間の複雑な関係である。たしかに、ドイツ民族主義と東・中欧民族主義の衝突が、国際情勢の不利と相まってドイツ人側に自民族中心の利己的態度(ショーヴィニズム)を起こさせ、これがひいて保守的勢力の回復に寄与する結果となったことは、明らかであり、またハプスブルク領内諸民族の民族運動が相互に統一を欠き、むしろ嫉視・反目しあったために、かえって反革命勢力に利用される結果になったことも、否定できない事実である。

これらの諸点は、当時の民族問題の複雑な性格をよく示すものであって、民族運動を本来進歩的なものと考え、それが強大な反動勢力によって不幸にもおし潰されたと見る見解が単純にすぎることはもちろんであり、むしろ、当時の民族意識が手放しに明るい将来性を約束するものでなく、かえって多分に偏狭なあるいは不透明なものであったことこそ、何よりも重要な点であるといわねばならない。そこでわれわれは、一八四八年の東・中欧ナショナリズム自体の性格や構造についてあらためて立入った考察を行なう必要にせまられるのであるが、この点にかんする研究は、わが国ではまだほとんど行なわれていない状態である。欧米諸国でも最近その研究が次第に進んできたとはいいながら、(3)なお不十分な点も多く、統一した結論の出されていない場合が少なくない。それゆえわれわれにとっては、これら諸研究の成果を自身の立場で批判的に摂取し、正確・妥当な結論をうち出すことこそ、今後の重要な課題でなくてはならない。

ところで、その際まず注意する必要があるのは、次の点である。東・中ヨーロッパの民族運動には、その後進性に由来する階級関係の混乱、階級問題と民族問題との複雑な交錯が見られ、またそれぞれの民族的・文化的伝統も大きく作用していることが、著しい特徴をなしているのであるから、われわれは、ハプスブルク領内の民族意識の対立や、ドイツ国民主義におけるショーヴィニズムの傾向を、(4)民族ブルジョアジーの未成熟とかブルジョア民族主義の限界といった観点から説明しさるのではなしに、まずそれらの実体をできるだけ詳細にあとづけ、その構造を内在論理的に究明することが大切であり、その上で民族意識と階級の問題を考えてみるのが、当然の順序であろうと思う。そしてこのようなナショナリズムの内的構造の全体的把握は、結局多くの部分的・実証的な研究の堆積のうえにはじめて可能であることは、いうまでもない。ここではまずその一つとして、一八四八年春のいわゆる「パラツキー書簡」をとりあげ、その内容の要点を検討し、当時のスラヴ民族主義について若干考察を加えてみたいと思う。

(1) 従来、この革命においてブルジョアジーの反抗が挫折し、保守勢力との妥協に終わった理由は、彼らが背後にプロレタリアートの脅威を感じたからであるといわれてきたが、このような見解は当時のドイツのプロレタリアートをあまりにも近代的に理解しすぎているという批判が、最近強く行なわれている。これについては、当時のドイツの小市民やプロレタリアートにかんする社会史的分析がなお不十分なので、決定的な断定を下すことはできないが、差し当たっては、Stadelmann, *Soziale und politische Geschichte der Revolution von 1848*, 1948 や広実源太郎氏の研究が参考になる。しかしわたしはこの点については、ドイツ・ブルジョアジーの特殊ドイツ的な考え方の伝統（穏健自由主義）と、フランス・ブルジョアジーの恐怖の感染という心理的要因を重視すべきであると考える。

（2） 国民的統一の課題がドイツ自由主義自体にも特異な性格を賦与し、いわゆる国民的自由主義 Nationalliberalismus を生み出したことは、よく知られている。

（3） この問題にふれた研究で、わたしの参照しえたものを、次にかかげておく。H. R. v. Srbik, *Deutsche Einheit*, Bd. 1, 1935; L. Namier, *1848: The Revolution of the Intellectuals*, 1944; A. J. P. Taylor, *The Course of German History*, 1946; A. J. P. Taylor, *The Habsburg Monarchy, 1809–1918*, 1948; K. Kreibich, *Die Deutschen und die böhmische Revolution 1848*, 1952; I. I. Udalzow, *Aufzeichnungen über die Geschichte des nationalen und politischen Kampfes in Böhmen im Jahre 1848*, 1953; H. Hantsch, *Die Geschichte Österreichs*, 1962; H. Hantsch, *Die Nationalitätenfrage im alten Österreich*, 1953; H. Kohn, *Pan-Slavism*, 1953; K. S. Pinson, *Modern Germany*, 1954; H. Rothfels u. W. Markert, *Deutscher Osten und slawischer Westen*, 1955; G. Franz, *Liberalismus*, 1955; R. A. Kann, *The Habsburg Empire*, 1957; R. J. Rath, *The Viennese Revolution of 1848*, 1957. なお *The Slavonic and East European Review* や *Harvard Slavic Studies* のなかにも、重要な論文が数多く入っている。邦語のものでは、林健太郎「マルクス・エンゲルスと民族問題」『思想』三三五号、一九五二年、がある。

（4） この問題については、拙著『近代中欧の自由と民族』一九六六年、第四章第二節、参照。

1 「パラッキー書簡」

一八四八年のドイツ革命は、最初から国民的統一運動の一面をもっていたが、ウィーン・ベルリンの騒乱に先立つ三月五日に、早くも西南ドイツの自由主義者の有志五一名がハイデルベルクに集まって、統一問題について協議を進めた。そして革命の印象のなおなまなましい三月三十日から四月三日にかけて、ドイツ各地の著名な自由主義者五一一名をあつめて、フランクフルトに予備議会が開かれ、普通選挙にもとづく全ドイツ国民議会の召集を決議し、その召集準備にあたるため五〇人委員会が設けられた。予備議会には二名のオーストリア代表が出席しており、彼らは五〇人委員会にも加わっていたが、やがて開かれるはずのドイツ国民議会には、オーストリアに一九〇の議席が割り当てられていたので、五〇人委員会にただ二人のオーストリア人しかいないのは、均衡を失するものと考えられ、委員会は自己の権威を高めるために、さらに六人のオーストリア人を加えることにし、これを選び出して招待状を送ったが、そのなかに、チェコの歴史家であり民族運動の指導者であったパラツキー František Palacký がいたのである。そしてパラツキーは、四月十一日付の回答のなかでフランクフルトの招待を拒否したが、この書簡(1)は近代ドイツ史上最も重要な文献の一つであり、チェコ民族主義の核心を披瀝したものとして、有名である。しかしわが国ではまだ紹介されたことがないので、以下にその全文を訳出し、次いでその内容を検討したいと思う。

五〇人委員会あて
ゾイロン Soiron 委員長気付

諸君、

四月六日付のお手紙がたった今わたしの手元に着きましたが、そのなかで諸君は、できるだけ早くドイツ議会を召集することを主要な目的としておられる諸君の討議に参加するよう、わたしをフランクフルトにお招き下さるという名誉を、わたしにお与え下さいました。ドイツ国の最も著名な方々がわたしの考えに依然信頼をおいていて下さることの十分なそして確実な証拠を、このお手紙のなかに見出しましたことは、わたしにとって愉快な驚きでした。なぜなら諸君は、《ドイツの愛国者たち》の議会にわたしをお招き下さったことによって、わたしがドイツ民族の敵であるような態度を示したという、くりかえしわたしに浴びせかけられてきた不当な非難から、御自身でわたしを放免して下さったのですから。すぐれた貴会のこの問題にかんする際立った御親切と公正な態度とを、心からなる感謝の気持をもって認めながら、それだけいっそうわたしは、はっきりした自信をもって、率直に、腹蔵なくお答えしなくてはならないと考えております。

諸君、わたしは自分自身諸君のお招きを受けいれるわけにいきませんし、わたしの代わりにだれか他の『信頼するにたる愛国者』をお送りすることもできません。その理由をできるだけ簡単に諸君にお伝えすることを、お許し下さい。

諸君の会議の目的は、在来の君主間の連邦の代わりにドイツ民族の連邦をうち立て、ドイツ民族を真の統一に導き、その民族的感情を強め、こうしてドイツ国の力を内外に伸ばそうとするにあります。わたしは会議の基礎になっているこのような努力や感情に敬意を表するものではありますが、敬意を表するというまさにその理由のために、わたしはどのような仕方でもこの会議に参加することはできません。わたしはドイツ人ではありません。――少なくとも自分がドイツ人であると感じてはおりません。――そして諸君はたしかに、たんなる賛同者として、自分の意見も意志ももたない『イエスマン』として諸君の仲間に入れるために、わたしを招きたがっておられるのではないだろうと思います。なぜならその場合には、わたしはフランクフルトで、自分の本当の感情を抑えていつわりの顔付をしていなくてはならないか、あるいは、もしいよいよという時になれば、反対のために声をはりあげなくてはならないでしょうから。第一にわたしは、率直すぎる位にしか物が言えぬたちですし、第二にわたしは、それほど恥しらずでも無情でもありません。ですからわたしは、自国だけでなく隣国においても喜ばしいもの、望ましいものとわたしの考えております一致と調和を、敵対的な調子で突然妨害するようなまねはできません。

わたしはスラヴ族につながる一チェコ人であり、乏しいながらも全力をあげて終始わが民族のために献身してきました。チェコ民族はなるほど小さな民族ではありますが、しかし太古以来固有の民族性をもったひとり立ちの民族でした。その支配者たちは古い時代からドイツの君主たちの連邦に加入してきましたが、しかしチェコ民族は自分がドイツ民族に属するとは決して考えませんでしたし、またどんな時代にも他の民族からドイツ民族の一部と考えられたことはありませんでした。チェコ人の土地と、最初は神聖ローマ(ドイツ)帝国との、次にドイツ連邦との連合はすべて、つねにたんなる王朝的な結合だったのでありまして、チェコ民族もチェコの身分制議会もこれについてはほとんど何も知りたいと思わず、またこれに注意を払うこともありませんでした。これは、ドイツのあらゆる歴史家にもわたし自身にも同じようによく知られている事実です。そしてもしだれかがなおこれを疑おうとするようでしたら、わたしは適当な時機にこの間の事情をすっかり明らかにし、はっきりさせたいと考えております。ベーメンの王冠が一時ドイツ帝国にたいして封建的な関係にあった(しかしチェコの政論家たちはつねにこの主張を否定してきました）ということが、たとえ十分真実であると認められるにしましても、国内の事柄にかんするかぎり、現実的な歴史家ならだれでも、ベーメンの政府と国土のかつての主権と独立を疑うことは、起こりえません。ドイツの皇帝たちが、自己の皇帝としての威厳にもとづいてチェコ民族と交渉したことはまったくなかったこと、ドイツ皇帝はベーメンにおいてまたチェコ人にたいして、立法権、司法権ないし行政権を握ったことは決してなかったこと、ドイツ皇帝はこの国から軍隊を募集したり、なんらかの税金を徴収したりする権利をもったことはかつてなかったこと、ベーメンはその王領の地とともに、一〇を数えるドイツ国家のいずれかに属するものと考えられたことは決してなかったこと、帝国最高裁判所に属する権利はベーメンには決して適用されなかったこと等々を、したがってチェコ人の土地とドイツ帝国との連続的な関係は、民族と民族の間の連合ではなく、支配者と支配者の間の連合であると考えられたし、またそう考えられなくてはならないということを、世間の人々はすべてよく知っております。しかしながら、もしだれかが、これまで存在してきたこのような君主間の連合を越えて、チェコ民族はいまやドイツ民族と一体になるべきだと要求するならば、これは少なくとも一つの新しい――なんら歴史的・法的な根拠のない――要求であり、わたし個人としましては、そうするようにというはっきりした信頼できる委任をうけるまでは、このような要求に応じてもよいとは考えません。

わたしが諸君の討議に参加することを妨げます第二の理由は、諸君が公けに声明しておられる目的や意図についてわたしの知りえたかぎりのことからお察ししますと、諸君の最終の望みと目的は、独立国としてのオーストリアを衰えさせ、そればかりかその存続を永久に不可能ならしめるにあるという事実であります。――ところがこの帝国の保全と強化は、わがチェコ民族にとってだけでなく、ヨーロッパ全体にとっても、そればかりか人間性と文明そのものにとっても重大な事柄であり、またそうでなくてはならないのです。この点についても、以下簡単に説明させていただきたいと思います。

諸君、わがヨーロッパ大陸の東部全体を保有しているのがどんな強国であるかは、諸君御承知の通りであります。諸君御承知のように、この国はすでに果てしない広がりに達していながら、一〇年ごとに、西ヨーロッパの国々のはるかに及びもつかないほどの勢いで、ひとりでにぐんぐん大きくなり、拡がっていきます。実際どのような攻撃を行なってもこの国の中心に達することは困難でありますために、この国は近隣諸国にとって一つの脅威となっていますし、またすでに長い間そうでありました。そしてまたこの国は、北への開けた通路をもちながら、それにもかかわらず、自然の本能に導かれてつねにその国境を南の方に拡げようと努め、今後もその努力を続けるでありましょう。諸君も御承知のように、この国がこの方向にむかって一歩前進するたびに、それは加速度的に一つの世界王国 universal monarchy を生み出し、樹立する恐れがありますが、世界王国というものはすなわち無限の、言語に絶する害悪でありまして、この際限のない不幸をわたしは、自分自身心からのスラヴ人であるにもかかわらず、たとえこの王国がみずからをスラヴ人の王国であると宣言するにしましても、人間性の見地から深く悲しまないわけにはゆきません。ロシアの多くの人々はわたしをロシア人の敵とよび、またそう考えていますが、彼らは、ドイツ人のなかでわたしをドイツ人の敵と考えている人たちと同じように、わたしを誤解しています。声高く公言したいのですが、わたしはロシア人の敵ではなく、反対にわたしは、あの偉大なロシア民族がその自然の国境内で文明の進路に沿って一歩一歩前進するのを、喜びと同情の念をもって見守るものであります。しかしわたしは、自民族をはげしく愛しながらも、つねに民族的な利益よりも人間性や学問の利益の方に一段と大きな敬意を表するものであります。そしてこの理由で、わたしは何人にもまして、ロシア世界王国のあらわな可能性にみずから断固として反対し、敵対するものであります。――その王国がロシア王国であるからではなく、世界王国であるがために。

諸君御承知の通り、ヨーロッパの東南部には、ロシア帝国の国境に沿って、起源、言語、歴史、風習の非常にちがった多くの民族――スラヴ人、ワラキア人、マジャール人、ドイツ人がこれで、トルコ人、アルバニア人はいうまでもありません――が住んでいますが、これらの民族はいずれも、自分だけで東方の優勢な隣国にいつでもうまく反抗ができるほど、強くはありません。彼らは、一つの緊密なしっかりした紐帯が彼らすべてを一緒に結びつける場合にのみ、そうすることができるでありましょう。このなくてはならない諸民族の連合の生命の動脈は、ドナウ川であります。この連合が有効であり、またいつまでも有効でありうるためには、このような連合の力の焦点は、決してこの川から遠く離されてはなりません。たしかにもしオーストリア国がながい間存在しなかったとしたら、われわれはヨーロッパのため、そしてまた人間性のために、できるだけ早くそれをつくり出そうと努力することを余儀なくされたでありましょう。

しかしながら、自然と歴史によって、あらゆる可能なタイプのアジア的要素にたいするヨーロッパの防波堤であり守護者であるように予定されておりますこの国を、なぜわれわれは危機に際して頼りなく思い、また前進する嵐に面してほとんど無分別であると考えてきたのでしょうか。それは、長い間この国を悩ましてきました不幸な盲目状態のなかで、オーストリアが自己の存在の真の法的、道徳的基礎を久しく認識することができず、それを否定してきたからであります。すなわち、オーストリアの王権のもとにあるあらゆる民族、あらゆる宗教は、完全な権利の平等を享受し、同様の尊敬をうけるべきであるという基本法則を、認めえなかったからであります。民族の権利はまことに自然の権利であります。地上のいかなる民族も、近隣の民族に自分のための犠牲になれと要求する権利はなく、またいかなる民族も、近隣民族のために自分を否定したり、犠牲にしたりする義務はありません。自然は、支配する民族も隷属する民族も知りません。もし若干の異なる民族を一つの政治的実体に結びあわすきずなが、しっかりしたものであり永続的なものでありえますならば、いかなる民族も、自分の一番大事にしているもののいくらかが、この連合によって失われはしまいかという不安をいだくはずはありません。反対に各民族は、近隣の国々によって行なわれるかもしれない平等の原則の侵害にたいする防御物を、中央権力のうちに見出すという、たしかな希望をもつに違いありません。そのときあらゆる民族は、中央権力が上にのべた防御をうまく行なうことができるように、この中央権力を強化するため最善をつくすことでありましょう。わたしは、この基本的な正義の原則が、沈没するおそれのある船にとってのこの神聖な錨 sacra ancora が、オーストリア帝国において公然と誠意をこめて宣言され、皆の一致した意見であらゆる方面に力強く実行されますならば、今でもおそすぎることはないと確信しております。とはいえ、あらゆる瞬間は貴重であります。これについては、後生ですから、もう一刻もおくれないようにしたいものです。メッテルニヒは、たんに彼が自由の最大の敵であっただけでなく、オーストリアのあらゆるスラヴ族の最もひどい、最も断固たる敵であったために、没落したのです。

ベーメンの国境のかなたにわたしのまなざしを向けますとき、自然的・歴史的な種々の理由から、平和と自由とわが民族のもろもろの権利を安全にまもるのに適し、またそのように予定されております中心をそこにもとめるために、わたしの目は、フランクフルトにではなくウィーンに向かわざるをえないのです。しかし諸君、すでに述べましたように、チェコの国土——しかもチェコの国土だけではありません——を救う力があるとわたしが期待をかけておりますあの中心を、諸君はひそかに没落させようと努力しておられるばかりか、完全に破壊しようとさえ努めておられるように、現在のわたしには思われるのです。それとも諸君は、共同の首長であるフランクフルトから独立したそれ自身の軍隊を、オーストリアがその世襲領内で保持することを禁じられても、オーストリア国家は存続することができるとお考えですか。諸君は、オーストリア皇帝ないしそのあとを継ぐなんらかの主権者に、諸君の委員会から発せられる最も重要な法律をすべて受けいれる義務を課し、こうしてオーストリア帝国議会および連合王国の州議会を実質も力もないたんなる影と化してしまっても、オーストリアの君主は自己の地位を保つことができるとお考えですか。さらに、もしもハンガリーがそれ自身の本能に従ってオーストリア国との関係をたつか、あるいは、ほとんど同じことですが、自分自身のなかへ引っこんでしまうとしたら、自己の国境内で民族の平等を認めようとしないようなハンガリーは、将来それ自身を自由に強く維持することができるでしょうか。正しいものだけが、真に自由であり強くあるのです。ドナウ河畔のスラヴ人や、ワラキア人や、あるいはポーランド人さえもが、ひとは人間でありうる以前にまずマジャール人でなくてはならぬと宣言するような国と、自発的に連合するといったことは、まったく問題になりません。いわんや強制的な連合などは、論ずるまでもないことです。ヨーロッパが救われなくてはならないのなら、ウィーンは一地方都市の役割に落ちこんではなりません。もしも、諸君のフランクフルトを自分たちの首都としてもちたいと願う人々がウィーンにいますならば、われわれはただこう叫ぶことができるだけです。主よ、彼らをお許し下さい。彼らは自分たちが何を願っているかを知らないのですから、と。

最後に、わたしが諸君の討議に参加することをお断りしなければならない第三の理由があります。わたしは、諸君が真に死活にかかわる外科手術——というのは、たとえ一時的な形態にすぎないまでも、ドイツ共和国を宣言する、という意味なのですが——を決意されないかぎり、人民の意志にもとづく新たな政治組織をドイツ国にあたえるためにこれまでなされてきた一切の企ては、目的を達することのできぬものであり、将来にとって不安定なものであると考えております。半ば主権をもつ君主たちと主権をもつ人民との間に権力を分配しようとしてこれまで企てられてきました図面計画はすべて、わたしにファランステール(フランスの社会主義者フーリエの考えた共産村——筆者)の理論を思い起こさせます。この理論というのは、同様に、関係者たちは算術上の数字のように行動し、その理論によって彼らに割り当てられた以外の適用をもとめようとはしない、という基本法則にもとづいております。わたしの意見が理由のないものであり、わたしの確信が間違っているということは、ありえないことではありません。——しかしわたしは本当にこうした確信を抱いております。そして、今日の嵐のなかで助けをもたずに滅びることを望まないかぎり、この羅針盤をかたときもわたしの手から離すことはないでしょう。ドイツ国のなかに共和国を樹立することにかんしては、——これはまったくわたしの権限の外にある事柄ですから、わたしはこれについて自分の意見をのべたいという気持さえもありません。けれどもわたしは、オーストリア帝国の国境の内部では、共和国の考えを、先頭に立ってはっきりと強く拒否しなくてはなりません。オーストリア帝国がさまざまな、あるものはかなり大きく、あるものは小さな共和国に分割された状態を考えても御覧なさい。——世界的なロシア王国にとって、なんという好都合な基盤ではありませんか。

最後に、この幾分長くはありますがまことに漠然とした意見を要約しますために、わたしは自分の確信を次のように簡潔に述べなければなりません。すなわち、オーストリアが(そしてそれとともにベーメンが)、民族的な方針でドイツと一体になるべきだと主張する人々は、オーストリアが自殺すべきだということを要求しているのでありまして、——これは道徳的にも政治的にも意味のないことであります。これに反して、ドイツ国がオーストリア帝国に属すべきだと要求するのは、すなわち、上に述べた諸条件のもとにドイツはオーストリア国と合体すべきであると要求するのは、はるかに当をえたことでありましょう。けれども、こうしたことはドイツ人の民族的な感情や意見に合致していませんから、——オーストリア・ドイツ両帝国が対等に並んで組織をつくり、両国間に現存している紐帯を永久的な攻守同盟に変える以外に道はありません。それからまた、一つの共通な関税同盟をつくることも、双方にとって好都合でありましょう。わたしはいつでも、オーストリア帝国の独立と保全と勢力の拡大を危くすることがないかぎり、あらゆる活動に喜んで援助の手をさしのべるつもりでおります。

諸君、わたしの心からなる敬意と愛情の表現をお受取り下さい。

フランティシェク・パラツキー

一八四八年四月十一日　プラハにて

(1) F. Palacký, *Psani do Frankfurta*, *Radhost*, III.(Praha: B. Tempský, 1873)pp. 10–17. *Radhost* は、チェコの言語、文学、美学、歴史、政治にかんする比較的短い論文を集めたもので、三巻からなっている。独訳は、Palacký, *Gedenkblätter*, 1874, S. 149–155. 英訳は、"Letter sent by František Palacký to Frankfurt", in *The Slavonic and East European Review*, vol. XXVI(April, 1948), pp. 303–308. 本訳文は、主としてこの英訳によった。

2　オーストリア・スラヴ主義の性格

さて、この「パラツキー書簡」においてまず注目されるのは、パラツキーがはじめて、自分はスラヴ民族に属するチェコ人であるから、民族的なドイツ統一問題を論ずるフランクフルトの会議に参加することはできないとはっきり宣言し、チェコ民族の生存権を告知したことであって、これが近代的民族意識につながるものであることは、いうまでもない。同時にまたこれは「東ヨーロッパを通じて見られるドイツ人の指導権に挑戦したもの」(1)でもあり、その意味で「ドイツ人とチェコ人の関係における転回点」(2)をなすものであったといってよい。たしかに一八四八年は、東・中ヨーロッパにおけるナショナリズム生誕の年であり、民族問題のうちにこの年の革命の基調を見ようとする態度は、決して誤りではない。

しかしそれと関連して第二に重要なことは、パラツキーは決して独立したチェコ民族国家を要求したのではなく、またスラヴ的連帯感ないしスラヴ・ナショナリズムに徹したのでもなく、ロシア世界帝国の考えはきびしく退けられ、かえってオーストリア皇帝を、ツァーリないしドイツの支配にたいするスラヴ民族の擁護者に見立てている点である。ハプスブルク帝国は東西にたいして――オーストリアをドイツ帝国の一部にしようとするドイツ国民主義と、オーストリア領内のスラヴ民族をツァーリの指導下に置こうとするロシアの汎スラヴ主義的世界支配の双方にたいして――どこまでも自己の独立を保持しなくてはならない。「ヨーロッパのために、ウィーンは一地方都市の役割に落ちこんではならない」とか「もしオーストリア帝国がすでに長い間存在していなかったとしたら、われわれはヨーロッパのために、また人間性のためにも、できるだけ早くそれをつくり出そうと努力しなければならなかったであろう」といった言葉は、はなはだ強い響きをもっている。

しかし第三に、このことは従来のハプスブルク帝国をただちにそのまま肯定することではない。ハプスブルク帝国は「その主権のもとにあるあらゆる民族、宗派の完全な同権の原則を、自己の存立の法的・道徳的基礎」としなくてはならない。そしてその政治的原理は、パラツキーによれば、「画一化的な中央集権的支配」にたいする対極としてつくられるべき連邦 Föderation である。(3) オーストリア領内の諸民族、とくに従来しいたげられてきたスラヴ族は、自由な発展のためのあらゆる権利をハプスブルク帝国の内部でその保護のもとに保持し、行使しようと望むべきであって、このようにハプスブルク治下のオーストリアを平等な諸民族の連邦に改造することによってこそ、この国を防塞として強化することもできるのである。このような立場は、普通オーストリア・スラヴ主義 Austroslawismus の名でよばれている。以上の点から明らかなように、パラツキーにおいては、近代的な民族意識とならんで、あるいはそれとからみあって、なお前代の超民族的・王朝的国家がとりあげられ、民族国家以前の連邦的な解決への道が指し示されているのであるが、これはもとよりチェコ人の置かれた国際的地位も関係しているが、一つには、一八四八年当時支配的であった民族意識がなお十九世紀後半以後のそれほど激しいものでなく、そこではむしろ自由主義の要求が民族主義を上まわっていたことを示しているというべきである。

しかもその自由主義が決して急進的なものでなかったことは、パラツキーが共和制を退けていることからも明瞭であり、要するに彼のオーストリア・スラヴ主義は、チェコの穏健自由派のイデオロギーであったといって差支えない。それゆえまたパラツキーは、フランクフルトに代表される膨張的なドイツに対抗しながらも、ドイツ人を不倶戴天の敵とは考えなかった。彼のドイツ人にたいする態度はまことに慎重であり、書簡のなかでも「オーストリア帝国の独立と保全と発展を危くすることがないかぎり、あらゆる方策によろこんで協力する用意がある」と述べ、ドイツとオーストリアが並んで同じ権利をもつ憲法をこのような方策に数え、またこれまでのドイツ連邦に代わるものとして、両国間に攻守同盟をつくることを提言している。さらに彼は、オーストリア帝国の文部大臣に就任することをもとめられたとき、ドイツ人の憤懣をよぶことを恐れて、五月八日この任命を拒否しているが、(4) これらはいずれも注目に値するものといわねばならない。

要するに、パラツキーがロシア的でもドイツ的でもない第三の解決策としてとりあげたオーストリア・スラヴ主義の、このような不徹底なまぬるい性格は、ハプスブルク家の支配下にある弱小民族の悲哀の現実を表現するものにほかならなかったといえよう。すなわちスラヴ諸民族は、弱体すぎて独力で獲得できない自由を、王朝が自分たちに与えてくれるように求めたのであり、その意味ではたしかに、オーストリア・スラヴ主義は「一意専心自民族への奉仕者でありながら、しかもその力に信頼をおくことのできない一人物によってつくられた臆病のプログラム」(5)であったというテイラーの表現は正しいし、「チェコ人は、ドイツ人の魔手を逃れるために、彼らの旧来の敵ハプスブルク家の手をつかまえ、オーストリア・スラヴ主義――主としてスラヴ的基礎の上に再建されたオーストリア――のプログラムとイデオロギーを発展させはじめた」(6)というネイミアの言葉も、そのかぎりで正当である。

ところでこの、パラツキーによってはじめて明確な表現を与えられたオーストリア・スラヴ主義は、当時の現実のなかでどのような意味をもちえたであろうか。(7) それは革命運動の進展の過程でどのように受けとられ、またそれ自体どのような運命をたどらねばならなかったであろうか。

（1） Taylor, *German History*, p. 78.

（2） "1848", in *The Slavonic and East European Review*, vol. XXVI, No. 67, 1948, p. 301.

（3） この考えは、彼の *Über die Veränderungen der böhmischen Landesverfassung vom Jahre 1846* という Denkschrift のなかで、いっそうはっきりと述べられている。Vgl. Hantsch, *Nationalitätenfrage*, S. 43.

（4） Taylor, *Habsburg Monarchy*, p. 68.

（5） *Ibid.*, p. 67.

（6） Namier, *1848*, p. 92.

（7） オーストリア・スラヴ主義を、いっそう広い歴史的連関のなかで、ベーメン内部の複雑な民族関係や社会的階級関係にまで立ち入って詳しく考察することは、他の機会に譲ることにし、ここでは一応の見通しを与えるにとどめねばならない。

3　チェコ人の民族運動とドイツ人

まず第一に、一八四八年のチェコの民族運動は、大体においてオーストリア・スラヴ主義の線に沿って進んだといって差支えない。運動の発端をなした三月十一日のプラハの集会には、チェコ人とドイツ人がともに参加して、市民的自由と賦役の廃止をもとめ、学校と行政官庁におけるチェコ語とドイツ語の平等を要求し、三月二十日には、これにもとづく請願を代表団がウィーンに持参したが、これはむしろ民族主義以前の地域的愛国心と自由主義的傾向とが結びついたものであって、「ベーメン王国の領土的愛国心の最後の表現」(1)とよばれるに値するものであった。ついで三月二十九日には、チェコ人によって二回目の会合がプラハに開かれ、ベーメン、メーレン、シュレジエンを一体化して、単一の議会とそれに責任をもつ独立の中央政府をおいて、共通の行政を行なうことを要求したが(2)、しかし彼らは、いったん独立の内閣が与えられたうえは、帝国共通の諸事件を処理するためのオーストリア議会をうけいれる気持をもっていた(3)。四月八日オーストリア皇帝はこれらの要求の大部分をみとめたが、やがてウィーン革命の進展とともに、皇帝が五月中旬インスブルックに逃亡するや、ベーメン人は、皇帝がプラハに居を移すならば、完全な行動の自由を保障するであろうと宣言した(4)。ついで五月二十九日、プラハ駐在のオーストリア長官レオ・トゥーン Leo Thun は、皇帝の意に反するウィーンからの命令には一切従わぬと述べて、チェコ人とドイツ人の穏健派からなる仮政府をつくり、ベーメンはついにオーストリアからの自治権獲得に成功した。そして六月早々には、パラツキーの司会のもとにプラハでスラヴ民族会議が開かれたが(5)、これも本質的には、フランクフルトのドイツ国民議会およびマジャール人のハンガリー議会に対抗して、オーストリア領内のスラヴ諸民族を糾合しようとしたものであった。このようにベーメンの運動は、決して皇帝の支配を完全に排除しようとするものではなく、自治と立憲的改革を要望し、オーストリア帝国を民族平等の上にたつ連邦に改組すべきことを求めたにすぎなかったのである(6)。

ところでこのようなチェコの民族運動は、ドイツ人の眼にははたしてどのように映じたであろうか。それには、フランクフルトのドイツ人とオーストリア・ドイツ人の双方について見る必要がある。

まずドイツ内部から見よう。ドイツの国民主義者たちは統一ドイツの基盤として神聖ローマ帝国の遺産を要求し、そのなかに含まれるベーメンは当然新しいドイツ国民国家の一部になるものと考えていた。この地方にはドイツ人とチェコ人とが混住していたが、多数民族であるチェコ人は農民が多く、社会の下層におかれ、少数民族であるドイツ人に支配されていた。教養あるドイツの自由主義者たちは、チェコの農民のことなど眼中になく、前民族主義的な歴史的国境を近代の民族主義的な要求と同一視したのであったが、その背後には、ベーメンの獲得が彼らにとって勢力の拡大ないし威信を約束するものであったという事情がひそんでいた。四月十一日のパラツキー書簡は、ドイツ人が長い間経済的・文化的な優位を保持してきた東ヨーロッパの広範な場所を放棄することをもとめ、住民の多数が真にドイツ人である地方だけを国民的なドイツとして受けいれるように要求したものであったから、この回答に接してドイツの国民主義者たちは異常な衝撃をうけ、驚異を感じたが、しかし結局においてこの回答は、ほとんどすべてのドイツ国民主義者の嘲笑をこうむった。民族的な国境をうけいれることは、実際にはドイツ連邦の国境以下のものを受けいれることを意味したが、すでに中欧の顕著な工業地域の一つであったベーメンを失えば、ドイツは尊敬すべき民族国家であるかもしれぬが、結局一つの貧弱な環をもつにすぎなくなり、ベーメンを所有するか否かは、まさにドイツがヨーロッパの大国になるか否かを決する鍵と思われたのである。

しかしこのような利己的・物質的な考慮のほかに、偉大な文化運動の宣教師をもって自任していたドイツ人は、東ヨーロッパで退くことは、文明の価値にたいする裏切りであると考えた。ドイツの自由主義者にとっては、工業化と都市の発達こそ政治的自由の必要な前提であると思われ、しかもベーメンの工業化はドイツ人の力によるところが大きかったので、彼らは、パラツキーの綱領やスラヴ民族会議のうちに、封建的秩序を保存しようとする反動的な農民運動の性格を見たにすぎなかった。彼らにとって、ベーメンにたいするチェコ人の要求は、論理的基礎を欠くばかり

か、ドイツ国民主義の最高の野心を脅かすものにほかならなかったのである。(7)

こうして衝撃と驚異は次第に嘲笑から憎悪にかわり、フランクフルトの自由主義者たちは、プラハにおけるハプスブルク家の勝利を願うに至った。そして六月十二日のプラハの反乱が、ヴィンディシュグレーツ Windischgrätz 将軍の指揮するオーストリア軍隊の手で鎮圧されたとき、実はこれがドイツ国民主義の敗北への第一歩であったにもかかわらず、チェコ人にたいする憎悪と恐怖に目のくらんでいたドイツ自由主義者たちは、将軍の勝利を歓迎した。彼らは、ハプスブルク家の権力がドイツ国民主義によってとらえられたものと信じ、この勝利によって、ハンガリー以外のオーストリア領にドイツ的性格が確立されたと考えたのである。(8) そして、マジャール人の支配するハンガリーと、オーストリアの残りの部分が統合される大ドイツとは、共通の反スラヴ政策において一致をみるに違いないと確信したが、この確信がどのような運命を辿ったかは、歴史の進行が示す通りである。

次にオーストリア・ドイツ人も、チェコ人の分離主義的傾向を非難する点では、大体フランクフルトのドイツ人と同じ考えをもっていた。三月事変の結果新たに自由をえたオーストリア・ドイツ人は、やはり、歴史的な神聖ローマ帝国の全地域をふくむドイツ帝国を将来のために心に描いており、したがって彼らは、パラツキーが五〇人委員会への出席を拒否し、チェコ人の自治とドイツ人との完全な同権を要求したのを見て、大きな反感をよびさまされた。やがてフランクフルト国民議会の選挙がベーメンで告知されるや、チェコの民族主義者たちは、フランクフルトへの議員派遣はベーメンにたいするドイツ主権の合法性を認めることにほかならぬと考え、それを妨げるために全力をあげた結果、ベーメンの六二の選挙区のうち実際に選挙が行なわれたのは二〇にすぎず、そこでも有権者のごく少数が投票したにすぎなかった。(9) これはウィーンのドイツ人の大きな憤激をよんだが、五月のはじめパラツキーがウィーン内閣の文相に任命されようとするに至って、さらにはげしい抗議の声があがった。五月末プラハに新政府がつくられたとき、ウィーン内閣はその憲法違反を強く主張し、ウィーンのドイツ人の間からは、チェコ人が宮廷と結んでドイツ人を破壊する陰謀を企てているという噂さえ現われた。

オーストリア・ドイツ人のスラヴ民族にたいする態度は、専制ロシアにたいする強い恐怖とも関係していた。ウィーンの自由派は、もしドイツ人の王国支配がスラヴ族のヘゲモニーにとって代わられるならば、ロシアがハプスブルク帝国の諸問題に大きな影響力をもつのは必至であるという不安につきまとわれた。そこで彼らは、チェコ人がロシア人の援助のもとに、汎スラヴ主義運動のリーダーとしてオーストリア帝国をスラヴ化し、ドイツ民族を蹂躙しようとしていると非難し、スラヴ民族会議にもはげしい敵意を示したのであった。しかもその結果、強力な統一ドイツの形成のみが、スラヴ族の優勢と支配から彼らを救う道であると確信するに至ったのである。(10) 六月のプラハにおける急進派の反乱も、ウィーンではなんの同情もよばず、ヴィンディシュグレーツ将軍の処置は一般に正当であると考えられた。(11) ベーメンのドイツ人は、将軍が自分たちのためにプラハを砲撃してくれたものと信じ、将軍にたいして感謝の意を表明した。このようなドイツ人の一連の態度が、いかに事実の正しい認識を欠くものであったかは、周知の通りである。

(1) Kohn, *Pan-Slavism*, p. 64.

(2) Rath, *op. cit.*, p. 145.

これはプラハのチェコ人が、メーレンとシュレジエン(聖ヴァーツラフの諸地方、かつてのベーメン王国領)を併せようとする意図を示したものであったが、これらの地方をプラハの支配下におくことは、力によらずには不可能であった。しかしチェコ人にはこの力が欠けていたので、彼らは聖ヴァーツラフの国境を手に入れるためにオーストリア皇帝の力をかりようとしたのであった。当時皇帝の政府は無力化していたとはいえ、この要求は、譲歩すべくあまりに過大だったので、四月八日の皇帝の返答は、公用語としてチェコ語とドイツ語の平等を認め、プラハに責任政府をつくることを約束したが、ベーメン、メーレン、シュレジエンの連合は、来るべき帝国議会によって考慮さるべき問題として残した。このチェコ人の態度のうちには、たしかに民族主義の混乱が見られる。十九世紀自由主義の基本的信条の一つは、あらゆる民族の自由と自決であったにもかかわらず、一八四八年にはしばしば、歴史的国境を近代の民族主義的要求と同一視して、自己の拡張欲をみたそうとする傾向が現われた。後述のフランクフルト国民議会の態度も、同様である。この問題については、差し当たり、示唆にとむ論文として、H. Rothfels, "Das erste Scheitern des Nationalstaats in Ost-Mittel-Europa 1848/49", in *Deutscher*

Osten und Slawischer Westen をあげておこう。

(3) Taylor, *Habsburg Monarchy*, p. 66.

(4) Rath, *op. cit.*, p. 258.

(5) スラヴ民族会議については、一二〇ページ以下の補説、参照。

(6) ただし、これはチェコの穏健派の態度であって、急進派はこれにあきたらず、やがて六月の暴動を起こすのである。

(7) フランクフルト国民議会を見ると、六月十四日の会議で、Höfken 議員は「ベーメンは自然、歴史、文化、法律、正義の諸理由によってドイツととけがたく結びついた、ドイツ本来の土地である」と述べ、また E. M. Arndt は、帝国のほんの一小部分がみずから独立した民族であると宣言するのを、常に認めるのはよくない、と警告し、「もしわれわれがどんな小さな個体にも平等な生活権を与えるなら、われわれはどこにいることになるのか」と語っている。Pinson, *op. cit.*, p. 98.

(8) Taylor, *German History*, p. 79.

(9) Rath, *op. cit.*, p. 148.

(10) Rath, *op. cit.*, p. 260.

もちろんしかし、オーストリア・ドイツ人はこの革命の全期間にわたって、彼らのドイツ主義と超民族的なハプスブルク帝国との間で容易に自己の態度を決することができなかったのであって、これはドイツ統一問題を考えるうえの重要テーマをなすものである (Vgl. Srbik, *Deutsche Einheit*, Bd. 1)。しかし大ドイツ主義が優勢であった時期には、たしかにスラヴ民族にたいする対立意識が背後に強くあったことは、否定できない。

(11) Rath, *op. cit.*, p. 262.

一八四八年の夏、ウィーンではすでに鋭い社会的分裂が現われていたので、プラハの事件にたいする態度も、細かな点でいろいろと違いがあったが、ここでは立ち入らない。

4　オーストリア・スラヴ主義の挫折

ところでオーストリア宮廷は、チェコの民族運動にどのような態度をとったであろうか。既述のように、三月二十日と二十九日の再度にわたってベーメンからの請願がウィーンにもたらされたが、皇帝は四月八日、要求事項の多くに承認をあたえた。このような宮廷の好意的態度は、たしかに三月事変の圧力によるものであり、ウィーンの騒擾に悩まされていた皇帝が、周囲の情勢におされてやむなく行なった譲歩と見るべきものであるが、その際とくに注目する必要があるのは、宮廷とウィーン革命派の間の不和が大きくなるにつれて、チェコ人にたいする宮廷の好意が増大してゆくことである。五月二十七日ウィーンに急進的な公安委員会が設立されて政府を圧迫し、事実上政権を握るに至ると、既述のように、ベーメンのオーストリア長官レオ・トゥーンはウィーン政府から命令を受けることを拒み、プラハにチェコ人とドイツ人の穏健派からなる仮政府を立てた。ウィーン政府はこのようなベーメンの分離主義を非難したが、インスブルックの宮廷はベーメンの代表団を歓迎し、帝国の憲法制定議会が開かれる以前にベーメン議会が開かれることに同意した。(1) このように、革命の初期においてオーストリア宮廷がチェコ人の運動を歓迎し、むしろ奨励する態度をとったことは、否定できない事実である。

しかしもとよりこれは、皇帝がチェコ人のオーストリア・スラヴ主義に心から共鳴したことを意味したのではなかった。皇帝は「理想的使命に没頭できる善意の教授」(2)ではなかったから、マジャール人およびドイツ人に反目させるための要素として、従属するスラヴ諸民族を歓迎したにすぎず、彼らの究極の運命を気にかけ、彼らに協力しようと真面目に考えたことは、かつてなかった。(3) それゆえ宮廷は、四月八日にもベーメンの過大な要求に留保をつけることを忘れなかったし、チェコ人の運動が自己の好みにとってあまりにも民主的になりすぎるならば、これを抑えるのは当然であった。要するに王朝は、スラヴ人が王朝のために何物かを提供しうるかぎりにおいて、彼らに好意の手をさしのべたにすぎず、一方スラヴ族も、もし彼ら自身相当の力をもちうるならば、彼らは王朝への支持を離れて自身のために自由を要求するはずであった。ここにオーストリア・スラヴ主義の過渡的・中間的な性格の原因があり、弱小民族の現実を反映するこのような矛盾のゆえに、オーストリア・スラヴ主義は、やがて事態の推移、力関係の変化にともなって、自己崩壊をとげねばならぬ運命にあったのである。最後にその経過を一瞥しなければならない。

一八四八年六月二日プラハに開かれたスラヴ民族会議は、元来オーストリア・スラヴ主義に由来するものであり、会議でもこの立場が支配し、指導者の多くはオーストリア帝国に忠実な穏健自由主義者であったが、これにあきたらぬ急進的な学生と労働者は、それに先立つウィーン革命の成功にならって、一気に政権を握ろうとし、六月十二日の聖霊降臨祭に突如プラハで暴動を起こした。この暴動はスラヴ民族会議を背景にして、それに刺激されて起こったことは否定できないが、これに指導されたものではなく、会議の代表で急進派グループに同情をもったものは、数人にすぎなかったといわれている。(4) しかしそれにもかかわらず、スラヴ民族会議の一切のプランは、この暴動によって終わりを告げた。ヴィンディシュグレーツ将軍の勝利は、ベーメン自治のプログラムをうち砕き、ベーメン議会のための選挙は延期され、宮廷の態度も一変して、インスブルックに派遣された代表団は、今度の旅行が無益であったことを思い知らされて帰途につかねばならなかった。しかしチェコ人の多数をしめる穏健派は、プラハ急進派の敗北を歓迎し、以後彼らはいっそうオーストリア・スラヴ主義に希望をかけたが、もはやそのプログラムの成功をプラハに求めることが不可能となった以上、それをウィーンの中央議会に求めるほかはなく、チェコ人の指導者たちは、さきにボイコットしようとした帝国憲法制定議会への出席を熱望するに至った。当時王朝はなおプラハ以外の所で勝利を重ねるほど強力ではなかったので、予定通り七月二十二日、自由主義的な憲法制定議会がウィーンに開かれ、十一月以後はクレムジールに移って、翌年三月まで審議を続けた。(5) パラツキーはこの議会の中心人物として活躍し、憲法草案の起草に従事した。そこでつくりあげられた草案は、自由主義的・連邦主義的な、なおオーストリア・スラヴ主義の名残りをとどめるものであったが、これは、四八年十一月のウィーンの反革命を経てすでに勢力を回復していたオーストリア政府と皇帝にとってとうてい認めえないものであったから、四九年三月政府は武力で強制的に議会を解散したうえ、保守的で極度に中央集権的な欽定憲法を発布し、ここにオーストリア・スラヴ主義は、完全にその息の根をとめられたのである。

これが、弱小スラヴ民族の悲願をこめた一八四八年のオーストリア・スラヴ主義の結末であったが、しかし同時にまたこの過程は、スラヴ民族主義が、やがて十九世紀後半、みずからの力にたよる勇敢な近代的民族運動に飛躍・発展するための不可避の試練であり、陣痛の苦しみでもあったといえるのではなかろうか。

（1）もしこの議会が開かれていたら、ベーメンはウィーンの議会に代表を送ることを拒み、ハンガリー同様、対等の資格でウィーンの議会と交渉したことと思われる。Taylor, *Habsburg Monarchy*, p. 68.

（2）*Ibid.*

（3）宮廷は、同じ見地から、スラヴ民族会議をも許したばかりかこれを歓迎した。詳しくは補説参照。

（4）Kohn, *op. cit.*, p. 74.

（5）クレムジールの憲法審議は、多くの重要な問題を含んでいるが、本稿との関係では Hantsch, *Nationalitätenfrage*, S. 43–48 が参考になる。Hantsch によれば、クレムジールの人々は、民族語を使う学校と地方政府をもてば、民族的な希望は満たされるであろうと考えていたのであって、自身の運命をみずから決定しようとする強い民族主義的意図をもってはいなかった。また、異なった諸民族が一つの共通な政府をうち立てるためにいかに協力できるか、という問題を解決しようとは、少しも試みることなく、ただ、異なる諸民族がハプスブルク家の統治のもとにいかにしたら平和に生活できるか、という問題に従事しただけであった。これがオーストリア・スラヴ主義の線をはずれるものでなかったことは、いうまでもない。

補説　プラハのスラヴ民族会議

ところで、一八四八年のオーストリア・スラヴ主義は、以上の観点から取りあげられただけでは、なお不十分である。それとともに、のちにスラヴ諸民族を分離・対立させるに至った困難な諸問題が、すでにそのなかにはっきりと顔をのぞかせている点にも、注目しなければならない。本補説では、一八四八年プラハに開かれたスラヴ民族会議の考察を通じて、この点を明らかにしたいと思う。最初にこの会議の歴史的背景をみよう。

スラヴ民族は大きな人口を擁してヨーロッパの東部一帯にひろく居住していたが、多くの種族に分かれ、長い間歴史の前面から遠ざかっていた。しかしフランス革命とナポレオン戦争の影響をうけ、さらにそれに続くロマン主義の風潮のうちに、ようやくスラヴ諸族の間にも民族意識が高まり、同時にまた彼ら相互間のスラヴ的連帯感情もめばえてきた。スラヴ民族の遠い過去に目が向けられるとともに、十九世紀前半はやくも言語学者、詩人・作家、歴史家などの間には、スラヴ諸族の起源の同一、言語の共通性の自覚が生まれ、やがてスラヴ諸族間の連合・協力に発展するきざしを見せていたが、これを政治的なものに転化させたのは、一八四八年であった。パリの二月革命の影響がライン川の東にひろまって、ドイツ・オーストリアに三月革命が起こると、ハプスブルク帝国領内のスラヴ諸族――ポーランド人、チェコ人、スロヴェニア人、スロヴァキア人、セルビア人――は各地からウィーンに代表を送り、皇帝と政府に請願を行なった。彼らはいずれもそれぞれ特殊な目的をもってウィーンに来たのであったが、偶然あって語りあっているうちに、共通なスラヴ問題にも話がおよび、その間からスラヴ民族会議の思想がきざしてきたと思われる。しかしこれを成長させたのは、ドイツ人およびマジャール人からの圧迫であった。ポーランド人の多数住んでいたポーゼンは二つに分割され、その大きい部分はドイツに併合されることになった。またチェコ人とスロヴェニア人はフランクフルト国民議会に議員を送るように求められたが、これに従うことは、彼らの土地にたいするドイツの主権の合法性を認めることにほかならなかった。一方マジャール人は、革命で打撃をうけたウィーン政府の黙認のもとに、スロヴァキア人、クロアティア人、セルビア人にたいする権威をうち立てていった。そこでこの時機に、スラヴ諸族が政治的活動の面で協力し、ドイツ国民議会とハンガリー議会にたいする有効な対抗物をつくりあげるべきであると考えられたのである。こうして四月の終わりに、スラヴ民族会議の思想ははっきりと形づくられ、スロヴァキア人のシュトゥール Štúr、ポーゼンのマラチェフスキ Maraczewski、クロアティアのククリエヴィッチ Kukuljevićらがこれを実際に提議した。これに刺激されて、四月三十日チェコ人の作家たちがプラハに集まり、チェコ民族主義運動の指導者パラツキーとシャファジーク Šafařík の指導を仰ぐことをきめ、以後会議開催の準備は主としてチェコ人にゆだねられた。

ここでわれわれは、パラツキーの考え方を見ておく必要がある。すでにみたように、四月十一日のフランクフルトへの返書で、まず彼は、自分はスラヴ族のチェコ人であるから、ドイツの国民的な事件に参加することはできないと宣言した。しかし彼は独立したチェコ民族国家を要求したのでもなかった。むしろパラツキーは、フランクフルトによって代表される膨張的なドイツ、尊大なマジャール民族主義、ロシアの世界支配の危険に対抗するために、ハプスブルク家治下のオーストリアを平等な諸民族の連邦に改造することによって、この国を防塞として強化すべきであると考え、この任務は、オーストリア領内のスラヴ人が引き受けるべきものであるとみた。このような、オーストリア皇帝をスラヴ民族の擁護者に見立てるオーストリア・スラヴ主義が、当時の指導的思想であり、これがやがてスラヴ民族会議をも大きく規定したことは、注目に値する。

さてこのパラツキーとその仲間の人々は、フランクフルトのドイツ国民議会にたいする反対気運を組織化したいと考えており、またオーストリア帝国を救うための実際的手段について相談する必要を感じていたので、会議開催のイニシアティヴをとったが、準備の過程には、さまざまな困難が存していた。その最大のものは、会議にだれを招くか、すなわちスラヴ人一般の会議にするか、オーストリア・スラヴ人の会議にするかという問題で、いろいろ悩んだ結果、最後に妥協案として、会議はオーストリアのスラヴ人に限るが、しかし他のスラヴ族も客員として歓迎するということに決定した。そしていよいよ六月二日から、プラハのベーメン博物館を会場にして、スラヴ諸民族の会議が開かれたのである。

各地のスラヴ族の代表三四〇人がこれに出席したが、圧倒的多数をしめたのは、オーストリア・スラヴ人であった。しかしプロイセン領ポーランド(ポーゼン)からも二、三の代表がきており、また二人のロシア人がいたが、その一人は有名なバクーニン Bakunin であった。(人種別の内訳は、チェコ人とスロヴァキア人二三七名、南スラヴ族の代表四二名、ポーランド人とルテニア人五九名、ロシア人わずか二名。)これを見ても、この会議がオーストリア領内のスラヴ系諸民族を糾合しようとしたものであり、帝制ロシアにほとんど期待がかけられていなかったことが知られるのである。議長にはパラツキーが選ばれ、その司会のもとに議事が進められた。

さて会議は、次の四つの問題を論ずることになった。㈠オーストリアにおけるスラヴ人の重要性と彼らの相互関係。㈡彼らとスラヴ人以外のオーストリア人との関係。㈢彼らとオーストリア人でないスラヴ人との関係。㈣最後に、彼らとスラヴ人以外のヨーロッパ人との関係。このようにそのプログラムは、オーストリア・スラヴ的基礎のうえに立ちながら、幅をひろげて一般スラヴ的な、またヨーロッパ的な視野をもふくんでいた。あるいは、この会議はオーストリア・スラヴ主義とスラヴ・ナショナリズムの混合物で、漠然としたスラヴ的連帯感に支えられていたといってもよいであろう。ともあれ、このスラヴ諸族最初の集まりには、大きな期待がかけられ、プラハの町には新しいスラヴの三色旗が至る所にかかげられ、Slava の叫びが Heil または Vivat にとって代わった。開会式にも熱狂的な挨拶が行なわれ、たとえば、ラテン、ゲルマンと並ぶ人類の第三の主要な分枝としてスラヴ族をうち立てようとする希望や、自由と啓蒙をひろめるスラヴ人の使命が、力強くかつ美しい言葉で強調されたが、しかしこの修辞的な段階は急速にすぎ去り、翌日から会議は、その進行のうえで、さまざまな困難に直面しなければならなかった。

まず、各代表にはスラヴ語で会議を進めるだけの力がなく、非難の的になっていたドイツ語が、共通語として使用されねばならなかった。次に、代表たちは具体的な問題を論ずるために三つの部会に分かれ、第一部会にはチェコ人とスロヴァキア人、第二部会にはポーランド人とルテニア人、第三部会にはハプスブルク領内の南スラヴ人（スロヴェニア人、クロアティア人、セルビア人、ダルマティア人）の代表が参加したが、各種族相互間の利害の対立がはげしく現われてきた。ガリツィアのルテニア人は、ポーランド人からうけている抑圧に反抗するための援助を会議にもとめ、ポーランド人の野心について警告を発した。一方ガリツィアのポーランド人は、会議がルテニア人に有利な決定を下すことのないよう監視するために、この会議に出席したのであった。南スラヴ族はマジャール人を主要な敵と考えていたが、ポーランド人はむしろハンガリー人の革命に共感をもっていた。またチェコ人、スロヴァキア人、スロヴェニア人はオーストリア領外にはいないという自分たちの民族的状況と、会議の目的とに従って、問題をオーストリアだけに限定しようとしたが、セルビア人とクロアティア人はトルコ帝国内の同胞にも関心をもち、さらにポーランド人は、歴史的な旧国境線の回復を願い、あらゆるスラヴ人の敵ツァーリにたいして、会議が強い態度をとることを望んだ。このような事態から明らかなように、スラヴ民族は少なくとも他の民族との政治的同権を主張しうるという点以外には、当時彼らを結ぶ共通の地盤は存しなかったのであり、したがって、漠然とした希望の範囲内でしか一致が達成されなかったのは、当然である。会議は六月十二日まで続き、この日ようやく三つの宣言ができあがった。これはポーゼンのポーランド人代表リベルト Libelt の示唆によるものであったが、内容的には上述のことを表現しているのである。

ところでオーストリア宮廷は、この会議を許したばかりでなく、むしろこれを歓迎した。なぜなら、ドイツ連邦内における自己の優位をあくまでも願っていたオーストリア王室にとって、この会議は、オーストリアの主権を犠牲にしてドイツに合体しようとする動きと、急進的・共和主義的傾向との双方にたいして、有効な対抗勢力と思われたし、またマジャール人およびドイツ人とスラヴ人とをたがいに反目させるうえからも、スラヴ民族会議を好都合な要素と考えたからである。

さて、会議のつくった三つの文書の第一は、『ヨーロッパ諸民族への声明』であり、その内容は次のとおりである。

プラハに開かれているスラヴ民族会議は、ヨーロッパにおいてもスラヴ民族自身の間でも、まったく新しい出来事である。われわれの名前が歴史に現われて以来はじめて、偉大なスラヴ民族の個々の構成員であるわれわれは、ふたたび同胞としてたがいに知りあい、われわれの諸問題を平和的に協議するために、遠く隔たった諸地方から多数集まったのである。われわれは、八〇〇万の人々に話されているわれわれの美しい言葉を通じて了解しあったばかりでなく、心情の一致や精神的才能の同質を通じても了解しあうことができた。そして、われわれの討議のすべてを導いた真実と公明とは、われわれが何を欲し、またこの討議に際してどのような原則に導かれたかを、神と世界の前にも表明するよう、われわれに決意させたのである。

かつて光栄に充ち強力であったヨーロッパの勝者、ローマ的・ゲルマン的諸民族は、一千年以上も前から、武力で自己の国家的独立を確保してきたばかりでなく、自己の支配欲を充たすための手段もよく知っていた。主として他にまさる強さの権利をもとにした彼らの政治は、上層階級にだけ自由を与えたにすぎず、貴族たちは特権の助けをかりて統治し、大衆にはただ義務を課しただけであった。やっと最近になって、神の息吹のように突然あらゆる地方にひろまった世論の強い力によって、封建制度のあらゆる鎖を断ちきり、消滅することのない永遠の人権をふたたび至る所で個人の手に返すことに、成功したのである。

これに反してスラヴ人は、支配欲や征服欲を現わすことがほとんどなかった。古来彼らはそれだけいっそう熱心に自由を愛し、またその独立へのあこがれが、一段高い中央権力の形成をつねに妨げてきたにもかかわらず、スラヴの各民族は次々に従属状態に陥っていったのである。

当然のことながら世界の人々に以前から非難されている政策の結果として、われわれのすぐれた同胞、あの英雄的なポーランド民族も、ついにその国家を奪われた。こうして、あの大きなスラヴ人の世界全体が、永久に奴隷状態に陥ってしまったように思われた。しかもこの奴隷状態に唯々諾々と従っている人たちは、スラヴ人の世界に自由のための能力があることさえも認めようとしなかったのである。しかしこうした馬鹿らしい考えも、このはげしい革命の時代にすべてのものの心に声高く話しかける神の言葉のなかで、ついに姿を消してゆく。聖霊がついに勝利をえたのだ。古くからの呪いの魔術はもはや力を失っており、粗野な暴力が奸智や術策と手をにぎって築きまもってきた千年にわたる建物は、われわれの目の前で破壊されつつある。広野をこえて吹きよせる新しい生命の息吹が、新しい世界を創造しつつある。自由な言葉、自由な行為がついに真実になったのだ。そこでまた、長い間抑圧されてきたスラヴ人もふたたびその頭をもたげ、暴力を駆逐し、強く声をはりあげて自己のふるい遺産である自由を要求する。スラヴ人はその数がきわめて多く、意志の力はさらに強く、また今日スラヴ諸種族は、同胞としての団結を新たにして一段と強化されたのである。それにもかかわらずスラヴ人は、支配も征服も望まないというその本性および祖先伝来の原則を、依然として忠実にまもっている。しかしこのスラヴ人も、自分自身のためにまた他のすべてのもののために、自由を要求するものであり、例外なく一般に自由が人間の神聖な権利であると認められることを要求する。それゆえわれわれスラヴ人は、これらの要求を踏みにじるたんなる暴力の支配をすべて拒否し、嫌悪し、あらゆる特権ならびに身分による政治的差別をすべて拒否する。われわれはまた、法律の前ですべてのものが例外なく平等であることを、またすべてのものが同じ権利と義務をもつことを、要求する。何百万人もの間にたった一人だけ抑圧されたものがいても、そこにはなお真の自由は存在しないのである。そうだ、国家のなかに生活しているものの自由と平等と友愛こそ、一千年前にそうであったように、今日においてもまた、われわれの標榜するところなのだ。

しかしわれわれは、国家のなかの個人のためにだけ、声をはりあげ、要求を出しているのではない。いろんな精神的才能をもっている一つの民族は、自然の権利をもつ一個人と同じように、われわれにとって神聖なものである。歴史が若干の民族に、他の民族にくらべていっそう完全な人間的発展を認めたにしても、それ以外の民族の発展能力がけっして制限されてはいないことを、歴史はやはりつねに示している。元来高貴な民族も卑しい民族も知らぬ自然は、どんな民族にも他の民族を支配する使命を授けたことはなかったし、また他の民族の特殊な目的のための手段としてその民族に奉仕するように命じたこともなかった。最も高貴な人間性をめざしてのすべてのものの同権は、神の掟であり、いかなる民族も、罰せられずにこの掟をふみこえることはできない。今日このような掟が、文化的に最も高い地位をしめる諸民族のところで、なおてんで認められず、当然であるかのように禁止されるならば、それはやはり罪悪である。これらの諸民族は、個人にたいしてはすでにみずから進んで放棄したこと、すなわち職権や監督を、個々の民族にたいしては相変わらず敢て行なっており、自由の名のもとに自己に支配権を与え、自由と支配権とを区別することができないのである。だから自由なイギリス人は、アイルランド人がまったく自分と同等であると認めることを好まないし、だからドイツ人は、ドイツの政治的偉業をうちたてるに当たって、若干のスラヴ族が万一協力することを拒む場合には、それらのスラヴ族を暴力で脅かすし、だからマジャール人は、ハンガリーで国民性をめざす唯一の権利をもつのは自分だけだと僭称してはばからない。われわれスラヴ人はあらゆるこの種の要求を絶対に認めるわけにはゆかない。そしてこの種の要求が自由を不当に覆いかくせばかくすほど、ますます強くこれを拒否するものである。われわれはどこまでもわれわれの本性に忠実に従い、過去に加えられた不正にたいしてなんら復讐の希望をいだくものではない。そしてもし近隣諸民族が、各国民の政治的権力やその偉大さに関係なくあらゆる国民の完全な同権を認め、実際にそれをまもってゆくことをわれわれとともにいとわないならば、われわれはこのような近隣諸民族のすべてに、同胞の手をさしのべるものである。同様にまた、もし列強が好きなように手に入れたり、取りかえたり、分配したりすることのできる国土や民族や捕獲物を、それらの民族の由来や言語や風習や素質を顧慮することなしに、また彼らの自然的条件やそれぞれの国家がもつ独自の性格を顧慮することなしに取扱うことを敢てするならば、われわれはそのような政策と闘い、かつこれを憎むものである。粗野な武力がまったくそれだけで敗者の運命を決定したのだが、敗者は多くの場合まだ一度も闘ったことさえなかったし、また敗者からは、たいていの場合暴力支配の強化のために兵士と金が、さらにせいぜい暴力行使者にたいする愛想が、要求されたにすぎなかったのである。

今日の有力な精神的傾向は新しい政治形態を要求していること、そして国家は、新しい国境のなかにとはいわぬまでも、少なくとも変化した基礎の上に、新たに建設されねばならぬということを確信して、われわれは、われわれの大多数がその国制的支配下に生活しているオーストリア皇帝に、彼の帝国を同じ権利をもつ諸国民からなる一つの連邦に――これらの要求が少なくとも単一君主国においてと同じ程度に顧慮されるような連邦に――つくりかえてくれるよう提議したのである。

われわれはこのような連邦のうちに、われわれ自身のための救いを認めるばかりでなく、自由や文化や人間性一般をも認めるものであり、われわれは、ヨーロッパがこの連邦の実現に力をかして下さることを期待している。われわれはどんなことがあっても、ドイツ民族とハンガリー民族がすでに享受していると同じ権利の完全な承認を、できるかぎりの手段をつくして、オーストリア領内のわれわれスラヴ民族のために獲得しようと決心している。その際われわれは、真に自由な心の持主ならだれでも立派な権利であると考えるはずの力強い支持を、当てにしている。

われわれスラヴ民族の敵たちは、政治的汎スラヴ主義の妖怪を引き合いに出して、ヨーロッパの人々を驚かすことに成功している。なぜなら、政治的汎スラヴ主義とは、自由や文化や人間性のために獲得されたすべてのものを、至る所で破滅をもって脅かすといわれているからである。いまやしかしわれわれは、それだけでこの妖怪をはらうに足り、また自由や文化や人間性のために十分役に立つ呪文の言葉を知っており、この言葉をわれわれは、諸民族のまえに、また良心の苛責に悩まされているわれわれ自身のまえに、隠しておこうとは思わない。それは「公平」Gerechtigkeit という言葉である。スラヴ民族一般にたいする公平でもあり、そのうちのとくに抑圧された種族にたいする公平でもある。ドイツ人は、自分が他の諸民族の上に位し、他の諸国民の特性を公平に尊重し評価する傾向のあることを、自慢している。われわれは、スラヴ人の問題になっても、ドイツ人が自分の嘘を指摘されることのないように希望し、かつこれを要求する。われわれは、陰険な暴力で自己の国家を奪われた不幸な同胞、ポーランド人のために、われわれの声を力強くはりあげるものである。われわれは諸国政府の内閣政策の上にのしかかっているこの以前からの原罪と呪いをいまこそ償うように、諸国政府によびかけるとともに、その際全ヨーロッパが同情をよせて下さることを期待している。われわれはまた、とくに今日ポーゼンで行なわれようとしているような、一つの州の勝手気儘な分割にたいしても、抗議するものである。われわれは、プロイセンおよびザクセンの政府が、ラウジッツ州、ポーゼン州、東・西プロイセン州でこれまで計画的に行なってきたスラヴ人の国民性剝奪を以後中止することを、期待している。われわれはハンガリー内閣に向かっては、ハンガリー内のスラヴ諸種族とくにセルビア人、クロアティア人、スロヴァキア人およびルテニア人にたいして、非人間的・暴力的な手段を用いることをただちにやめるよう要求し、かつこれら諸種族に帰属する国民的な権利が即座に十分保障されることを求めるものである。そして最後にわれわれは、トルコ領内のわがスラヴ人同胞が彼らの国民性を力強くおし進め、自然な仕方でそれを発展させるのを、トルコの無情な政策がもうこれ以後ずっと妨げることのないように希望する。だからわれわれは、これらの無価値な行為にたいしておごそかに抵抗するとき、自由のありがたい働きを信頼してそうしているのである。自由は、これまで支配を行なってきた諸民族に一段と公平な態度をとらせるものであり、不正と尊大は、それを蒙らねばならぬものに恥辱をあたえるのではなく、そうした態度をとるものの方に恥辱をもたらすのだということを、それら諸民族に理解させるからである。

なるほどわれわれは、最も年若いものとしてヨーロッパの政治の舞台に登場しているが、しかし最もひ弱なものだというわけではけっしてなく、われわれは、あらゆる国際問題を協議するために、全ヨーロッパ民族会議の召集を提案しようと思う。そしてわれわれは、自由な諸民族の方が有給の外交官たちよりもいっそう容易に協定に達することができると、かたく信じている。またしても各宮廷の反動的な政策に導かれて、諸民族が怨恨と憎悪に刺激され、たがいに滅ぼしあうような破目におちいらないうちに、この提案が顧みられることを切望してやまない![1]

あらゆる民族の自由と平等と友愛の名において!

(一八四八年六月十二日の会議で配布されたもの)

この声明は主としてポーランド人の手になるものであるが、まず、スラヴ民族がこのように各地から集まって自分たちの問題を友好的に協議するのは、かつてなかったことであると前置きしたのち、八〇〇万同胞に話されている「われわれの美しい言葉」にふれ、ついで、ヨーロッパの勝者ローマ的・ゲルマン的諸民族の政治は、強さの権利にもとづく貴族支配にすぎなかったこと、ところがやっと最近になって世論の力で封建制度の鎖をたち、永遠の人権を個人の手に返すことができたことを述べている。ついでスラヴ民族の平和的・民主的傾向を絶賛し、それにもかかわらず彼らが次々に従属状態に陥ったことを指摘する。このスラヴ人もいまや頭をもたげて自由を求めること、そして民族の権利も個人の権利と同様に神聖であることが主張される。

ついで後段では具体的な問題に入り、まずオーストリアを平等な諸民族の自由な連邦として再建することを要求する。次にポーランドの分割に強く抗議し、ポーゼン州の新たな分割に抗議し、プロイセンおよびザクセンの政府に、ラウジッツ州、ポーゼン、東・西プロイセンで行なわれているスラヴ人の国民性剝奪をやめるよう要求し、ハンガリー政府にスラヴ族にたいするひどい態度をやめるように望み、また漠然とした言葉で、トルコ領内スラヴ族の状態の改善を求めている。そして最後に、「自由な諸民族は有給の外交官よりもはるかに容易に協定に達するであろうという確信をもって」、重要な国際問題を論ずるために、一般的なヨーロッパ諸民族の会議を提唱し、「ヨーロッパ諸民族の自由・平等・友愛の名において」という文句で、全体を結んでいる。

この声明を読んで第一に感ぜられることは、個人の自由や民族の権利をうたった前段の原則論が、革命的な、また非常に力強い印象をあたえるのに比して、後段の具体的要求がはなはだ貧弱であり、不徹底であって、たんに漠然とした希望がくどくど述べられているにすぎないということである。政治的にはやはりオーストリア・スラヴ主義が支配し、したがってこの声明は、皇帝の支配を完全に排除しようとする急進的性格のものではなく、帝国内諸民族の自治と立憲的改革を要望するにとどまり、スラヴ民族とドイツ民族との共存に満足するものだったのである。またオーストリア以外のスラヴ人の問題もとりあげられ、ドイツ人とマジャール人にはひどい言葉が向けられているが、ロシア人のポーランド人およびルテニア人にたいする抑圧については直接ふれられていないし、またポーランド人とルテニア人の間の衝突のことも述べられていない。また国際問題を論ずるためにヨーロッパ諸民族会議を要求しながら、一人の有給外交官もいなかったスラヴ民族会議自体は、ガリツィアのルテニア人問題の解決についてついに一致した結論に達することができず、またチェコ人とポーランド人の間にすでに衝突がはじまっていたテッシェン公爵領の処分についても、一致を見ることができなかった。要するにこの会議は、諸民族の考え方や利害の相違のために、それほど明確なプランを打ち出すに至らなかったのである。

第二の『オーストリア皇帝への請願』は、第一のものが革命的な原則をうたっているのに比していっそう保守的な提言であり、帝国内のスラヴ諸地方および諸民族のさまざまな要求をくわしく述べ、とくにドイツとのどのような連合にたいしても抗議している。第三の『スラヴ諸民族への宣言』は、オーストリア領内のスラヴ諸族が、彼らの民族的な権利と土地を確保するとともに、彼らの憲法上の自由とオーストリア帝国の完全な独立をまもることのできるような、一つのスラヴ連合をつくることを決議し、連合に参加する諸民族の中央会議をつくって、これを継続的な制度とし、毎年それぞれの地方の首都で順番に開くことを述べている。そしてさらに進んだ協力の計画をねることになっていた。

これら三つの宣言を採択するために、六月十四日に最後の会合が開かれるはずであったが、六月十二日突然プラハに急進的な学生と労働者の暴動が起こった。この暴動は、スラヴ民族会議を背景にし、それに刺激されたものではあったが、これに指導されたものではなく、むしろこれにあきたらず、一挙に事を決しようとして立上がったものであり、それに先立つヴィーン革命の成功にならって、ベーメン共和国を宣言する目的で、プラハの政権を握ろうとしたものであった。事実スラヴ会議の指導者の多くは、オーストリア帝国に忠実な穏健自由主義者であり、暴動を指導した急進派グループに同情をもった代表は、数人にすぎなかったといわれている。そしてこの蜂起は無準備であったうえに、一般の支持をうけることも少なく、わずか四日たらずで、ヴィンディシュグレーツ将軍のひきいるオーストリア軍隊の手で鎮圧された。この鎮圧が中部ヨーロッパにおける反革命への転回点になったことは、周知の通りである。ところで一たび騒擾が起こると、スラヴ民族会議の代表の多くは、厳重な護衛つきで市から退去を命ぜられ、会議は中絶したままふたたび開かれることなく終わってしまった。こうして三つの宣言も烏有に帰し、具体的な成果は結局何一つ生まれなかったのである。

しかしながら、一八四八年が中部ヨーロッパにおけるナショナリズム時代の始点であったことは明らかであり、このスラヴ民族会議がともかくもはじめてスラヴ人の生存意欲をヨーロッパ諸国民にはっきりと示し、従来半ば忘れ去られていたスラヴ諸民族にたいする注意を喚起したことは、大きな意義をもつものといわねばならない。一八四八年は、オーストリア・スラヴ人にとって結局敗北の年に終わったが、彼らの民族的自覚は存続し、この年の混乱が生んだ二つの成果、農民解放と帝国の行政・経済生活面における近代化によって、次第に強められていった。しかしながら、この過程は必ずしも幸いであったとはいいがたく、スラヴ諸民族の間にいろいろと複雑な対立関係を生み出した。このような、その後一世紀の間にスラヴ諸民族を分離させた困難な諸問題が、すでに一八四八年のスラヴ民族会議においてはっきりと現われており、いろいろと論ぜられていることは、忘れてはならぬ点である。(2)

(1)　Udalzow, *Aufzeichnungen über die Geschichte des nationalen und politischen Kampfes in Böhmen im Jahre 1848*, 1953, S. 223–226.

(2)　なおクレムジールの議会には、ハンガリーのスラヴ人は代表されていなかったが、そこでは、ベーメンのチェコ人は、プラハにおいてより以上に指導的なスラヴ人グループであった。しかしここでも、彼らのプランは、保守的なルテニア人、革命的なポーランド人の反対をうけ、また、ベーメン人の支配から自分たちの州の伝統を保護したいと考えたメーレンおよびシュレジエン出身のチェコ人からさえも、反対をうけた。Peter F. Sugar, "The Nature of the Non-germanic Societies under Habsburg Rule", *Slavic Review*, 1963, p. 10.

第三章　十九世紀後半以後の民族問題

はしがき

一八一五年から一九一四年にいたる一世紀間は、主としてイギリス・フランス・プロイセン（一八七一年以後はドイツ）・ロシア・ハプスブルク帝国の五大国家が、ヨーロッパの諸事件を支配した時期であった。これらの諸国はそれぞれユニークな生活の型をもち、それぞれの長短を備えていたから、内政と外交における成功の度合はさまざまであったが、しかし最初の四国は、この期間を通じて大いにその領土を増し、力と威信を伸ばした点で、共通性をもっていた。ところがハプスブルク帝国は、反対に下降の道をたどり、国際政局における支配力もたえず減退し、ついに政治的解体に立ちいたったのである。経済的進歩の点では、この国は周囲の諸国にさして劣ったわけではなく、むしろドナウ川に集中する諸地域の連合という強味をもっていた。また国内の政治的発展も、緩慢ではあったが、近隣諸国と歩調を合わせていた。したがってハプスブルク帝国の基本的な弱点は、国家それ自体の特殊な性格、その地理的位置、当時一般に受け入れられつつあった政治的パターンを自国の特殊な体質にうまく適応させえなかった点に、求められねばならない。

十九世紀のハプスブルク帝国は、二つの点で他の諸大国と根本的にちがっていた。まず第一にこの国は、一一の民族から成る多民族国家であり、しかも第二に、その中央政府は領内諸地域の個別的な統治要求を打ち破ることができなかった。この点は、他の四国が十九世紀の終わりまでに国内の統合・強化をはたした民族国家であったのと、好個の対照をなしている。[1] この複雑な多民族構成をもったハプスブルク帝国は、一八四八年から一九一四年にいたるナショナリズムの高揚期に、自国の国情に適した政治形態を発見するために幾多の立憲的実験を試みたけれども、ついに十分な解決を見出すことができなかった。しかも当時ヨーロッパ大陸の両翼にはフランス・ロシアの二大国があって、ヨーロッパの中心部に――前者はイタリアとライン地方に、後者はポーランドとバルカンに――力を伸ばそうとしていたから、ハプスブルク帝国はこの傾向と戦わねばならず、またドイツ地域内では、そこに覇権を打ち立てようとするプロイセンの不断の挑戦に直面しなければならなかった。これらの困難は、主としてハプスブルク帝国の地理的位置に由来するものであり、しかもロシア・プロイセン・フランスは、ハプスブルク帝国を脅かすために、民族的武器を使用することができたのである。

以上の諸点を念頭において、一八一五―一九一八年のハプスブルク帝国の歴史を、一応次の三期に区分することができよう。一八四八年までの第一期には、帝国はなお中欧に強固な地位を維持することができた。ハプスブルク政府はその軍隊を使用し、またその支配下の諸地域の変化を防ぐために必要なイニシアティヴや決議を使って、ウィーン会議の成果を保持しえたのである。以後一八六七年(ないし一八七〇年)にいたる第二期は、イタリアとドイツの民族運動が勝利をおさめ、帝国内では旧体制が動揺し、一八六七年のアウスグライヒによってマジャール人が支配的地位を得た点に、特色がある。以後一九一八年にいたる第三期は、帝国の力が次第に衰え、深刻な民族紛争に悩まされつつ解体への道を歩む過程であり、特にその後半には、バルカンをめぐる国際的危機の渦中に巻き込まれた。本稿で取り扱う時期は、第二期と第三期の過半を含み、ハプスブルク帝国衰亡史の最も重要な部分をなしている。以下順を追うて考察を進めよう。[2]

(1)　これらの諸国――特にロシア――も多数の異民族をかかえてはいたが、しかし明らかに一つの支配的民族集団の所有物というべきものであり、一定の文化の型と言葉をもち、国内の政治的諸部分と中央政府との対抗関係は効果的に打ち破られており、中央集権的な行政形態が採用されていた。Barbara Jelavich, *The Habsburg Empire in European Affairs, 1814–1918,*

Chicago, 1969, p. 4.

（2） 十九世紀から二十世紀初頭にかけてのハプスブルク帝国にかんする研究は、すでに一つの歴史をもっている。第一次世界大戦後の二〇年間は、「この帝国は諸民族の牢獄であって、崩壊はもともと不可避であった」という見方が強調され、旧帝国領内諸民族のナショナリズムを原動力にして、主にそれら諸民族についての歴史研究や歴史叙述が生み出された。これらの民族的な歴史学の作業は、ハプスブルク帝国の歴史を豊かにするうえで貴重な貢献を行なったが、同時に、主観的偏見を伴っていたことも否定できない。しかし、一九四六年以後はじめてハプスブルク帝国の民族問題は偏見なく取り扱われるようになり、ハプスブルク帝国全体ないし「中欧」という観念が強く打ち出され、こうした視点から個々の民族を見直す傾向が強くなってきた。また最近の傾向としては、フランスその他で社会経済史的視角から民族問題への鋭いアプローチがなされはじめたこと、イタリアやオーストリアでは依然として自民族中心の関心が研究に強く反映していること、西ドイツではナショナリズム一般の研究の一端としてハプスブルク帝国の民族問題が取り上げられていること、などがあげられ、ハンガリーでは資本主義の発生や農奴解放の問題が脚光をあびている。しかし特に注目されるのは、アメリカ合衆国における最近のハプスブルク帝国史研究が、数においても、テーマの幅と広さにおいても、群をぬいていることである。以上の点については、矢田俊隆「『十九世紀のハプスブルク帝国における民族問題』に関する国際研究会議」『史学雑誌』七六編三号、一九六七年、同「アメリカ合衆国におけるハプスブルク帝国史研究の近況」『スラヴ研究』十一号、一九六七年、同「西ヨーロッパにおけるハプスブルク帝国史研究の近況」『スラヴ研究』十六号、一九七二年、参照。ここでは、この時期のハプスブルク帝国史にかんする一般的著作のうち、重要なもの、特に新しいものを若干あげるにとどめる。Oscar Jászi, *The Dissolution of the Habsburg Monarchy*, Chicago, 1929; A. J. P. Taylor, *The Habsburg Monarchy, 1815–1918*, London, 1941; Robert A. Kann, *The Multinational Empire: Nationalism and National Reform in the Habsburg Monarchy, 1848–1918*, 2 vols., New York, 1950; Arthur J. May, *The Hapsburg Monarchy, 1867–1914*, Cambridge, Mass., 1951; Hans Kohn, *The Habsburg Empire, 1804–1918*, New York, 1961；Hugo Hantsch, *Die Geschichte Österreichs*, 3. Aufl., Bd. II, Wien, 1962; E. Zöllner, *Geschichte Österreichs*, Wien, 1964; C. A. Macartney, *The Habsburg Empire, 1790–1918*, London, 1968.

1　絶対主義の再建と動揺

十九世紀前半のオーストリアは中欧の大国で、ウィーン会議をへて国際的地位を高め、ドイツの内部では、ドイツ連邦の盟主としてヘゲモニーを握っていた。しかしこの国は単一の民族国家ではなく、中心的なドイツ民族のほかに、ハンガリーのマジャール人、ベーメンを中心とするスラヴ族のチェコ人、ヴェネツィア・ロンバルディア地方のイタリア人をはじめ、南部にはスラヴ族のセルビア人・クロアティア人・スロヴェニア人、北部には同じくスラヴ族のスロヴァキア人・ポーランド人・ルテニア人、東端のハンガリー領内にはラテン族のルーマニア人が含まれ、これら諸民族の上にハプスブルク王家が君臨して、専制的支配を行なっていた。それゆえ、これら諸民族が民族意識に目ざめたあかつきに、ハプスブルク家の集権的支配に抵抗することは、さけがたい運命であったし、また自由主義の発展にともなって、絶対君主制への反発と民主化の要求が高まることも、目にみえていた。

一八四八年の革命は、オーストリアにおける立憲政治のための運動および領内諸民族の自主化のための闘争にとって、画期的な出発点をなしている。この年の三月以降、オーストリアは首都ウィーンの暴動をはじめ、ハンガリー・ベーメン・北イタリアなどでいっせいに諸民族の蜂起をうけて、まさに倒壊の危機に瀕した。しかし旧来の支配層が機をみて反撃に移るに及んで、形勢は革命側に次第に不利となり、保守派は依然強力であった軍隊の力をかりて、各地の革命運動を個別的に撃破し、同時にウィーンの革命勢力を圧殺することに成功した。独立を宣言して最後まで抗戦したのはハンガリーであったが、オーストリア政府は一八四九年の夏ロシア軍の援助をえてこれを鎮定し、反革命に最後の仕上げを行なった。こうしてオーストリアは、ふたたび専制的な民族抑圧国家としての地位を固めることができたのである。(1)

次に、復活したオーストリア帝国の性格をみよう。一八四八年の春以来動揺を続けてきたオーストリア帝権は、十一月はじめのウィーン反乱の鎮定とともにふたたび安定し、メッテルニヒの後継者をもって任ずる保守派のシュヴァルツェンベルク Felix Schwarzenberg(一八〇〇—五二年)が政府を組織し、十二月には皇帝フェルディナント一世が退位して、甥にあたる十八歳のフランツ・ヨーゼフ一世 Franz Josef I(在位、オーストリア皇帝一八四八—一九一六年、ハンガリー国王一八六七—一九一六年)が即位し、先帝が国民に与えた約束にとらわれずに、弾圧政策を進めることになった。七月ウィーンに開かれ、十一月以後クレムジールに余命を保った憲法制定国民議会は、憲法草案の起草に従事し、やがて一応の結論に達したが、それによれば、帝国議会は人民院 Volkskammer と連邦院 Länderkammer から成り、前者の議員は直接選挙で選ばれ、後者の議員は地方議会から派遣されるものとされた。また各州行政のうえでは、総督は地方議会に対して責任をもち、各民族間の問題を裁くために、民族仲裁裁判所が設けられることになった。

しかし、このような自由主義的・連邦主義的な憲法草案は政府の認めえないものであったから、シュヴァルツェンベルクは一八四九年三月七日武力で議会を解散したうえ、保守的で極度に中央集権的な欽定憲法を発布した。これは二院制の議会を設けはしたが、下院の選挙権は制限され、上院は地方議会代表と貴族から成るというもので、帝権の優越をはっきり規定し、またオーストリアが単一不可分の君主国であることを宣言していた。しかもこの憲法さえ一八五一年末には廃止されて、オーストリアは完全に革命前の絶対主義国家に復帰したのである。ハンガリーも独立戦争失敗後はオーストリアの単なる一属領と化して、民族的自由はまったく奪われ、セルビア・クロアティア・トランシルヴァニアはハンガリーから離されてそれぞれ帝国の一州となり、ウィーン政府の派遣するドイツ人総督の統治をうけ、地方議会の権限は極度に縮小され、官庁や学校ではふたたびドイツ語が用いられた。(2)

一八四八年の革命はドイツ統一問題をめぐってオーストリアとプロイセンの対立をあらわにしたが、反動が勝利を得たのち、オーストリアはハプスブルク家の指導下に強力な中欧帝国を建設しようとし、自国の優位を保障する革命前のドイツ連邦議会の再建を望んだ。これに対してプロイセンは、統一運動をたくみに利用してドイツに対する支配権を得ようとし、一八四九年から五〇年にかけて、みずからの指導下にオーストリアを除く中小諸邦の間にいっそう緊密なドイツ連合をつくろうとしたが、シュヴァルツェンベルクは強く反対し、ロシアの協力を得てプロイセンを圧迫し、一八五〇年十一月旧連邦議会への復帰を承諾させた。しかし翌年のドレスデン諸邦会議で、シュヴァルツェンベルクがハプスブルク帝国全土をドイツ連邦の中へ引き入れて、連邦内での自国の地位を強化しようとした時には、ドイツ諸侯から一致した反対をうけ、ロシアもこの反対を支持したために、成功をみなかった。

シュヴァルツェンベルクは再建された新絶対主義政府の首席たるにふさわしい精力的な人物であったが、一八五二年四月突然死亡し、その後は皇帝がみずから首相の役割を演じはじめた。しかし彼が主要な関心をいだいたのは外交と軍務であり、他の政治部門は大臣たちに託し、その提案に従った。内政を担当したバッハ Alexander Bach(一八一三―九三年)は、シュヴァルツェンベルク内閣の最有力閣僚だった人物で、その統治はバッハ体制とよばれている。彼は革命前よりもいっそう近代的で能率的な絶対主義をめざし、旧来の特権や自治を廃止し、いくつかの行政改革を行ない、オーストリア帝国を、ドイツ人官僚の手でよく管理された中央集権国家にしようとした。そこでは革命中に廃止された農奴制はもはや復活されず、産業近代化反対の方針は放棄されたので、五〇年代以後産業革命が本格的に進行し、鉄道の建設、工場制工業の発展はめざましいものがあった。(3) しかしそれにもかかわらず、自由主義的な制度を欠いたバッハ体制は、一八四八年の革命で立憲的自由の希望をよびおこされた諸民族の目には、政治的権利の否定のようにみえ、特に一八五七年まで戒厳令下におかれたハンガリーには、最大の敵意が存在した。また大きな軍備のために生じた不安定な財政のために、ドイツ人のミドルクラスからも嫌われたのである。

なお、この時期のオーストリア政治の保守性を示しているのは、一八五五年八月ローマ法王庁との間に結ばれた政教条約《コンコルダート》であって、これによって教育はすべて聖職者の支配下に戻され、カトリック教会には高度の特権的地位が与えられたが、これは明らかに教会貴族の勝利を意味した。

ところでこのような絶対主義体制は、外交政策の失敗によって重大な試練にかけられることになった。(4) 五〇年代のオーストリアに大きな不利をもたらした最初の事件は、クリミア戦争であった。一八五三年におこった東方の危機は、トルコ領バルカンに南下しようとするロシアと、トルコを助けてロシアの南進を阻止しようとするイギリス・フランス両国との間のクリミア戦争に発展したが、このときオーストリアはまことに困難な立場におかれ、しかもその拙劣な外交が、この国の将来の国際的地位に重大な悪影響を及ぼすことになった。ロシアはまずオーストリアを自国に引きつけようとしたが、オーストリア外相ブオル-シャウエンシュタイン Buol-Schauenstein(一七九七―一八六五年)は、将来の危険を考慮して、ロシアに行動の自由を与えることを拒否したばかりか、ともにトルコ領を分割しようというロシアの提案にも、耳を傾けなかった。フランツ・ヨーゼフは戦争の間中立を維持したが、それは次第に反露的な態度に変わり、一八五四年十二月、イギリス・フランス両国と同盟条約を結ぶにいたった。こうしたオーストリアの政策は当然ニコライ一世を怒らせ、オーストリア・ロシア両国間には永続的な裂け目がはいったのである。

しかもオーストリアは、西欧側の友誼と信頼をかちえることもできなかった。ナポレオン三世がオーストリアに同盟を提唱したとき、フランツ・ヨーゼフは最初これを拒否し、やがてイギリス・フランスと同盟を結んだのちもただちに戦争に参加することなく、同盟の力を利用してドナウ両公国に対する野心をとげようとしたために、イギリス・フランス両国の感情を害した。パーマストンのイギリス政府は、イタリアおよびハンガリーの民族主義者に対する同情からも、オーストリアを信用せず、ナポレオン三世も、イタリア独立運動への同情の気持をフランツ・ヨーゼフへのあらたな不信と結びつけはじめた。一方オーストリアを恨んだロシアは、イギリス・フランス・オーストリアの連合を裂くことに専心し、ヨーロッパの地図を塗りかえようとするナポレオン三世の計画にも、慎重にではあったが、好意を示した。こうしてオーストリアは、完全な孤立状態に取り残されたのである。

オーストリアの政策は皇帝の動揺した態度に由来するものであって、彼はいずれか一方と提携することができず、クリミア戦争中双方の間の調停者として行動したのであったが、最後に「以前の敵が調停者を嫌う点で一致している」状態を招いてしまった。(5) 世紀中葉の重大なヨーロッパの危機にあたって、フランツ・ヨーゼフの政策の中途半端な迷いが、オーストリアを窮地に陥れたのである。なおこの戦争中武装中立がとられたために、莫大な出費をもたらして帝国の財政を圧迫し、重税が国民の不満をよんだ。シュヴァルツェンベルクの回復した指導的大国としてのオーストリアの地位は、こうして一〇年たたぬうちに失われてしまった。

続いてハプスブルク帝国に救いがたい打撃を与えたのは、一八五九年のイタリア独立戦争であった。一八五二年にサルディニア首相となり、以後七年間この国を指導したカヴールは、ロンバルディア・ヴェネツィアの奪回にはオーストリアとの戦争が不可避であると考え、ナポレオン三世の援助をえるために全力を注ぎ、クリミア戦争にもフランス側に加わった。そして一八五八年の夏、ナポレオン三世とカヴールは、イタリアからオーストリアを追い出すために、プロンビエールの秘密条約を結んだのである。しかもオーストリアは、外交のまずさからサルディニアに待望された開戦理由を与え、みずからは攻撃者の立場に立たされた。翌年四月に始まった戦争でも、オーストリア軍は積極的に前進してサルディニア軍を破る機会を失い、フランス軍に北イタリア到着の時を与え、六月のマジェンタ・ソルフェリノの会戦にも敗北した。そのあとフランツ・ヨーゼフはナポレオンとヴィラフランカで休戦し、ロンバルディアをフランス経由でサルディニアに譲らねばならなくなった。そればかりか、サルディニアはイタリア内部の民族的興奮に乗じて、二年足らずでイタリア統一王国をつくりあげた。こうしてハプスブルク帝国は、ヴェネツィアの領有を除いて、イタリア半島に対する支配権のほとんどすべてを失ったのである。

（1）一八四八年の革命の際のハプスブルク帝国内の民族運動については、本書第一部第二章および拙著『近代中欧の自由と民族』一一一ページ以下、参照。
（2）Julius Miskolczy, *Ungarn in der Habsburger-Monarchie*, Wien, 1959, S. 90 ff. がこの時期のハンガリーを見るうえで、多くの重要な示唆を与える。
（3）一八四八年の革命以後のハプスブルク帝国の経済的発展については、Heinrich Benedikt, *Die wirtschaftliche Entwicklung in der Franz-Joseph Zeit*, Wien, 1958 参照。
（4）Barbara Jelavich, *The Habsburg Empire in European Affairs, 1814–1918*, pp. 69–79.
（5）H. Kohn, *The Habsburg Empire, 1804–1918*, p. 40.

2　立憲主義への譲歩とドイツからの敗退

一八五九年の対イタリア戦争は、オーストリアの絶対主義体制の信用を大きく傷つけた。この戦争でオーストリアはロンバルディアを失い、国際間に孤立したばかりでなく、その財政は悲惨な状態におちいり、さらに軍事力自体の重大な欠陥が暴露された。すなわち、兵站部の腐敗の事実が指摘され、またハンガリー人やイタリア人部隊のあてにならぬことが判明した。オーストリアの軍隊は、一八四八年の革命の際に支配層の信頼を博して以後改革が忘れられたために、対イタリア戦争で弱体ぶりを示す結果になったのである。そのうえイタリア人の統一運動は、オーストリア領内の諸民族、特にハンガリーのマジャール人に刺激を与え、彼らの間から民族の自治を望む声が高くあがった。こうして、従来の教会的・官僚的な中央集権政治をそのまま維持することはもはや不可能になり、一大改革を断行する必要にせまられたが、それはクリミア戦争後のロシアを思わせるものがあった。

そこでフランツ・ヨーゼフは、内相のバッハを解任するとともに、一八六〇年三月五日勅書を発して「強化された帝国議会」の召集を布告した。その議会は皇族、僧俗貴族、高級文武官、民間の有力者、地方議会の推薦者から成り、いずれも皇帝の任命によるもので、さして新味はなかったが、ともあれ政府が時勢の必要にせまられて従前の専制政治を改めるにいたったことを、示していた。五月から九月にかけて開かれたこの議会では、各地の貴族議員が連合して官僚的中央集権政治に反対し、領内各地域の歴史的自治権を主張するとともに、貴族の封建的特権の回復を要望した。特にハンガリー人は、一八四八年の憲法を回復し、聖イシュトヴァーンの王冠のもとにハンガリー王国を復興して、これをオーストリアと対等の地位におくことを、窮極の目標にしていた。しかし議員のなかには、このような連邦主義に反対して、代議制議会の開設を望みながらも、中央集権的統制によってオーストリアを統一的立憲帝国にすることを主張するものもあり、双方の間に激論が続いたが、採決の結果、連邦主義者が多数(三四対一六)をしめた。

そこで皇帝は多数派の主張を考慮して、一八六〇年十月二十日「十月勅書」Oktoberdiplomとよばれる憲法を正式に発布した。それによれば、帝国議会は全帝国に共通の政務を議する機関で、新税の徴収と公債の募集には協賛権が与えられるが、立法と予算については審議権だけで決定権はなく、また全帝国にかかわらぬ問題はすべて地方議会の議定に委ねられ、さらに帝国議会議員のうち地方議会選出者の数が増加された。なおハンガリー王国以外の帝国西半部にかんする事項は、ハンガリー議員を除く小帝国議会で別個に討議されることになったから、ハンガリーは自領内の問題については、オーストリア・ドイツ人の影響をうけずに、ハンガリー議会で独立に議決する余地を与えられたわけである。さらにこの勅書はハンガリーに旧来の憲法を許可し、マジャール語の公務使用を許し、マジャール人官吏の専用を認めていた。これは「二重主義の最初の予告」ともいうべきものであり、したがってこの勅書は、連邦主義一般への譲歩というよりも、主としてハンガリーの地方議会に対する譲歩という面が強かった(1)。

ところでこの憲法はどのような反応をもたらしたであろうか。それは貴族の統制下にある地方議会を復活し、それらの議会は、中央の帝国議会に留保されたわずかの事項を除いて、あらゆる立法について勧告することができ、しかも帝国議会は主として地方議会から選出されることになったので、この憲法はオーストリアの封建的勢力のみならず、ハンガリーのマジャール人貴族にも満足を与えた。しかしそれは、一八四八年の憲法に対するハンガリーの要求を満足させてはいなかったし、課税協賛権や徴兵議決権が帝国議会に委ねられて、ハンガリーの完全な自治権が認められていなかったために、ハンガリーの自由主義者はこれを喜ばず、ペストでは反対の騒ぎがおこるほどであった。同様に十月勅書は、その連邦的・貴族主義的性格をいやがるドイツ人自由派からも拒否され、また地方議会の選挙権が大地主に有利に定められていたために、一般民衆——市民や農民——の不満も大きかった。

ところでウィーンの政治家は、これに続いてどのような措置をとったであろうか。一八六〇年十二月あらたに内相となったシュメアリング Anton von Schmerling(一八〇五—九三年)は、一八六一年二月二十六日、いわゆる「二月憲法」Februarpatentを公布した。これは表面上は十月勅書の注釈であったが、これに根本的改訂を加えて、事実上逆転したものであった。すなわちこの憲法は、ふたたび全帝国の統一を強化し、オーストリア・ドイツ人の中央集権的立場を擁護したものであった。帝国議会は二院制となって年々召集され、貴族院は皇族、僧俗貴族、国家・教会・学芸にかんする功労者などの勅選議員から成り、衆議院は各地方議会選出の議員から構成され、「小帝国議会」の召集も依然可能ではあったが、地方議会の権限は一般に縮小され、全帝国の代表機関としての帝国議会に主力が移された。

地方議会の選挙区と選挙権はともにドイツ人のミドルクラスに有利なように整えられ、たとえばベーメンでは、ドイツ人地方では都市代表は平均一万票、農村代表は四万票、チェコ人地方では都市代表が一万二〇〇〇票、農村代表が四万六〇〇〇票に相当するように仕組まれていた。また帝国議会下院の議員数も、ハンガリーその他はすこぶる不利な状態におかれていた(全員三四三名中、オーストリア二〇三名、ハンガリー八五名、クロアツィア九名、トランシルヴァニア二六名、ヴェネツィア二〇名)。このような制度(これを選挙幾何学 Electoral Geometry という)によって、ドイツ人は政治的優位をしめることができたのである。(2)

ところで、オーストリア国内におけるこのようなドイツ的中央集権への前進は、国外のドイツ統一をめぐるプロイセンとの競争に呼応していたことを、みのがしてはならない。シュメアリングは、ドイツ連邦全体に対するオーストリアの地位を高めるために、統一的集権政治の方向に傾いていたが、二月憲法はまさにこの傾向に合致したものであった。しかしこの点はのちにふれることにして、まず二月憲法の国内的反響をみなくてはならない。

ドイツ人の優位をともない、ハプスブルク帝国の単一的性格を強調した二月憲法は、オーストリア・ドイツ人、特にその自由派の支持をうけたが、同時に他の諸民族のはげしい反対をまきおこした。まずハンガリーのマジャール人は、当初から新憲法に公然と反対し、一八六一年四月に開かれたハンガリー地方議会は、帝国議会への代表選出を拒否し、フランツ・ヨーゼフ帝に抗議の建白書を提出したのち、八月に解散させられた。そのほかクロアティア人、ベーメンのチェコ人、ガリツィアのポーランド人とルテニア人、南ティロールとヴェネツィアのイタリア人なども、それぞれの民族的自治権を要求して、ウィーンの統一政策に反対した。

新憲法が公布されてから三ヵ月目の一八六一年五月に、ウィーンの帝国議会が開かれたが、ハンガリーをはじめクロアティア・トランシルヴァニア・ヴェネツィアなどは代表を送らず、この議会はさながら「小帝国議会」にほかならなかった。そこではドイツ人自由派が優勢であったが、分立主義的なスラヴ人代表はたちまちこれと衝突し、チェコ人とポーランド人は席をけって退去した。続いて一八六三年チェコ人は完全に中央議会から離れ、根本的な改革が行なわれないかぎり帝国議会へは代表を派遣しないと声明し、よりよき選挙法のための闘争をはじめた。ハプスブルク帝国の癌ともいうべき民族問題は、二月憲法によってますます悪化したのである。

この時期のオーストリアは、国内に民族問題の処理、立憲政治の導入という困難な課題をかかげながら、国外ではドイツ統一の主導権をめぐって、プロイセンと深刻な競争を行なわねばならなかった。(3) すでにみたように、シュメアリングはイタリア戦争で失ったものを償うためにドイツに勢力を張ろうとし、ハプスブルク帝国の統一を確保しながら、オーストリアをドイツ統一運動の先頭におこうとした。一方プロイセンもまたドイツ連邦を改造してみずからドイツの覇権を握ろうとしていたので、ここに両者の衝突がおこったのである。オーストリアのフランツ・ヨーゼフとプロイセンの新王ヴィルヘルム一世は、ともに保守的・伝統主義的な君主であったが、プロイセンにはすぐれた政治家ビスマルクがおり、彼はナショナリズムとミドルクラスの支持という近代的武器を利用する術を心得ていた。これに反してフランツ・ヨーゼフは、ビスマルクのようなすぐれた忠告者をもたず、凡庸な側近に取り巻かれて、またしてもためらいがちな政策を繰り返した。ただ、武断政治にふみきったプロイセンに対して、十月勅書と二月憲法の実績をもつオーストリアは、ドイツの自由主義者から幾分の希望をかけられたが、しかしドイツ統一の問題は、すでに二強国間の覇権の争いにしぼられていた。

一八六四年、オーストリアはシュレスヴィヒ・ホルシュタイン両公国の問題をめぐってデンマークとの戦争に引き込まれ、十月のウィーン講和で両公国はプロイセンとオーストリアに譲渡されたが、こんどは両公国の処理をめぐって、プロイセン・オーストリア両国間に衝突の危機がせまった。このときフランツ・ヨーゼフは、二月憲法発布後の政治的不安定の中でハンガリーを制しえないシュメアリングに嫌気がさして、一八六五年七月彼を解任し、あらたにベルクレディ Richard Belcredi（一八二三―一九〇二年）内閣を任命した。この内閣はふたたび貴族的保守主義にもどり、帝国議会は解散され、二月憲法は一時停止され、地方議会はもう一度大地主に有利につくられたが、ベルクレディもやはり、ハンガリーと話をつけることはできなかった。

このような状況のなかで一八六六年六月に始まった普墺戦争は、ドイツ覇権争奪の決定戦にほかならなかった。しかも戦前のオーストリア外交は拙劣で、ナポレオン三世の支持もイタリアの支持もえられず、他方ビスマルクはイタリアと同盟を結び、フランスの中立を確保し、またハプスブルク帝国をゆるがす武器として、マジャール人やチェコ人の民族主義を利用する準備をしていた。戦場でも、オーストリア軍は軍制改革をへたプロイセン軍の敵ではなく、開戦後まもない七月三日に、東部ベーメンのケーニヒグレーツで徹底的に撃破された。その結果、八月二十三日のプラハの講和で、オーストリアはドイツ問題への関与から締め出され、一八一五年につくられたドイツ連邦は解体され、プロイセンはあらたにみずからを盟主とする北ドイツ連邦をつくった。そのうえオーストリアは、ヴェネツィアをフランス経由でイタリアに譲らねばならなかった。こうして、過去数世紀にわたるハプスブルク家のドイツとイタリアにおける支配的な役割は、終わりを告げたのである。

（1） C. A. Macartney, *The Habsburg Empire, 1790–1918*, p. 506 ff. マカートニーはブダペストに長く生活した関係で、特にハンガリーの叙述がすぐれている。

（2） *Ibid.*, p. 512 ff.

（3） ドイツ統一運動の見方がプロイセン側とオーストリア側でちがっていることはいうまでもない。わが国では、これまでこの問題は主としてプロイセンの立場から研究されてきたが、オーストリア側からみることも大切である。その点で特に重要な著作は、次の二書、特に後者である。Heinrich Friedjung, *Kampf um die Vorherrschaft in Deutschland*, 2 Bde., Berlin, 1927; H. R. von Srbik, *Deutsche Einheit*, 4 Bde., München, 1935.

3 アウスグライヒの成立

一八六六年という年は、中欧の歴史における運命的な年であった。ドイツにとっては、この年は、中小諸邦に対するプロイセン支配の確立と、統一の方向の確定を意味し、しかもそれが、民主的な議会手続によってではなく、プロイセン軍隊の勝利とビスマルクの巧みな外交的手腕によって達成された点に特徴があった。またハプスブルク帝国にとっては、過去六〇〇年近く顕著な役割をはたしてきたドイツからの追放と、イタリアにおける支配権の喪失を意味するとともに、この国が歴史上比類のないオーストリア・ハンガリー二重帝国に変形した年でもあった。ここでは最後の点、すなわちアウスグライヒの成立事情を考察しなければならない(1)。

一八四八年後オーストリアが政治の不安定を続け、一歩一歩国勢の衰退を来たした原因としては、国政を指導するに足るすぐれた宰相がいなかったこと、外交が多方面に分かれ複雑であったうえに、対応の仕方がまずく失敗を重ねたこと、さらに基本的には、商工ミドルクラスの発達がおくれて教会と貴族の勢力が依然として強かったことなど、幾多の点を指摘することができるが、最大の困難は、なんといっても民族問題の存在であった。

一八六一年の二月憲法がドイツ人以外の諸民族の激しい反抗を招いたことはすでにみたが、その際注目されるのは、ハンガリー人とスラヴ人とがすこしも折り合わなかったことである。たとえばチェコ人の指導者リーゲル František Ladislav Rieger(一八一八―一九〇三年)はハンガリーの運動に呼応しようとしたが、その有力者デアーク Ferenc Deák(一八〇三―七六年)はチェコ人を相手にしなかった。ウィーンの宮廷が二月憲法後の分裂状態を収拾するための方途としては、スラヴ人と妥協するか、マジャール人と握手するかの二つがあったが、元来ハプスブルク帝国はスラヴ民族に対するゲルマン民族の闘争と征服の機関としての一面をもっていたから、前者には困難が多く、結局ハンガリーといかにして妥協するかが、かねての問題になっていたのである。ハンガリー人は過去の光栄ある歴史を回想して民族的独立を強く望み、二月憲法には当初から強く反対していたが、しかし当時のマジャール人指導者のデアークやアンドラーシ Gyula Andrássy(一八二三—九〇年)は、四八年革命当時のコッシュートとはちがって、ハンガリーがハプスブルク帝国と結合してのみ存続し繁栄しうるという実感をもち、共通のゆるい枠組みの中でハンガリーの歴史的個性を保持しなければならないと確信していた。デアークが一八六五年四月十六日の『ペスティ・ナプロー』*Pesti Napló* 紙にのせた論文は、この趣旨を述べたものであった。この提案は当時はなお力をもちえなかったが、ハプスブルク家が不幸な外交と敗戦によってドイツとイタリアでの地位を失ったのち、有力になり、新しい協定の基礎となったのである。

一方オーストリアでは、一八六一年当時、ドイツ人自由派はその大ドイツ主義的立場から、オーストリアが全ドイツの指導者となるためには北ドイツ新教徒の同情をえる必要があり、また国内の旧教的弊風を改める必要があると考えて、カトリック教会に対する「文化闘争」を行なったが、皇帝はこれを喜ばず、二月憲法後の混乱に際していきおいカトリック的なハンガリー貴族にたよる気持をもつようになり、ハンガリーへの接近をはかりはじめた。そして一八六五年この憲法が勅令で停止されたことによって、帝室とマジャール人との妥協の道が開けたのである。

普墺戦争の結果、ドイツ連邦から除外されたことによって、オーストリア国内のドイツ民族優越の基礎は失われ、大ドイツ思想と結びついたオーストリア・ドイツ人の中央集権論も敗退しなければならなくなった。こうしてハンガリーとの交渉が再開されたが、ハンガリー側のデアークとアンドラーシは、帝国の他のすべての民族を抑えるために、ドイツ人とマジャール人の提携を希望した。オーストリア側にはなお若干の異論もあったが、フランツ・ヨーゼフ帝は一八六六年十月、さきのザクセン首相ボイスト Friedrich Ferdinand von Beust(一八〇九—八六年)を招いて外相に任命し、彼の活躍によって問題は急速に解決されることになった。敗戦後のオーストリアの分解を防ぎ、ケーニヒグレーツの復讐をはたすための道は、ハンガリーへの譲歩による「二重制度」以外にはないというのが、ボイストの考えであり、こうしてボイストとアンドラーシの間に交渉が重ねられた結果、ついに根本方針にかんする双方の意見が一致し、協定が成立した。この和協(アウスグライヒ Ausgleich)は、皇帝とマジャール人貴族の間のそれであって、ハプスブルク帝国の他の諸部分およびハンガリー内の非マジャール系諸民族は、なんの意見も求められなかった。

この協定の結果、ハンガリーはその歴史的国境の内部で、独自の憲法・議会および政府をもつ独立の王国となり、内政にかんするかぎり完全な自治権をもつことになった。ただしハンガリー国王はオーストリア皇帝が兼ねることになった。こうしてハプスブルク帝国はオーストリア・ハンガリー二重帝国となったが、軍事・外交・財政の点では、両国はなお実質的な結合をもち、これらの政務はハンガリーとオーストリアとを代表する共通の閣僚によって処理され、彼らは、「代理委員会」Delegation とよばれる一種の共通議会に責任を負うことになった。この代理委員会は、おのおの六〇名ずつの二つの委員会から成り、一つはオーストリア議会、他の一つはハンガリー議会から選出され、ウィーンとブダペストで交互に召集され、それぞれドイツ語とマジャール語で審議を行なうことになった。こうした機構も、オーストリアとハンガリーが同等の資格をもつことを表わしていた。なお通商・租税・通貨・鉄道にかんする問題は、共通の財政大臣の手を離れ、両国が独立国の立場で相互間に協定を結ぶことになり、これらの協定は一〇年ごとに更新されることになったが、この更新をめぐって両国の利害が種々対立し、幾多の困難を生ずることは、のちにみるとおりである。

アウスグライヒは、一八六七年三月ハンガリー議会がそれを承認したことによって効力を発揮し、六月には、フランツ・ヨーゼフのハンガリー王位に即く戴冠式がブダペストで行なわれた。これによってハプスブルク帝国の西部と東部とは、内政的にまったく独立した二つの国家になったから、その後の歴史はそれぞれ別個に考察されねばならない。しかしそれに先立って、アウスグライヒのもつ歴史的意義について簡単にふれておきたい。まず第一に注目されるのは、東・中欧全体の民族運動に及ぼしたアウスグライヒの影響であるが、これにはドイツやイタリアの問題も併せて考慮されねばならない。アウスグライヒの目標は、オーストリアのドイツ人貴族とハンガリーのマジャール人貴族が帝国の各半分でそれぞれ支配的な地位に立ちながら、手を握り、他の諸民族、特にスラヴ系諸民族を抑圧するにあったから、両国の関係は以後親密の度を増し、歴代のハンガリー内閣は、二十世紀初頭の短期間を除いて、ほぼオーストリアとの協調を維持した。しかしその反面、アウスグライヒは領内の他の諸民族をまったく度外視したために、彼らの不満は大きく、彼らを二重帝国の決定的な反対者の地位に追いやることになった。(2) すでにイタリアおよびドイツにおける統一国家の創出は、東・中欧を通じて革命的な民族主義者の希望を奮い立たせていたが、さらにハプスブルク帝国内においてドイツ人の優越が動揺し、マジャール人の権利が認められたことは、領内諸民族に同じ希望を起こさせずにはいなかった。そして、自由な統一を各民族的区分の内部で達成しようとする考えは、当然連邦的政体への強い要望を生み、二重王国の統制に大きな困難をもたらす結果になった。アウスグライヒ後のハプスブルク帝国の歴史は、二重主義 Dualismus か連邦主義 Föderalismus かをめぐる争いに充たされているのである。

一八六七年のアウスグライヒは、ヨーロッパの国際政治全体からみた場合にも、大きな意義をもっていた。普墺戦争の敗北によって、従来多方面に注意を分けられていたオーストリアの対外政策が単純化されるとともに、ハプスブルク帝国は将来の発展を東南バルカン半島方面に求めるほかなくなったが、その時点でオーストリア・ドイツ人がスラヴ人を除外してマジャール人と握手したことは、ドイツ民族の将来の東方進出運動に貴重な礎石がおかれたことを意味し、汎ゲルマン主義運動の攻勢の端を開いたものとして注目される。

(1) アウスグライヒにかんする古典的な著作は Louis Eisenmann, *Le Compromis Austro-Hongrois de 1867*, Paris, 1904 であり、その後多くの研究がなされている。しかしオーストリア側とハンガリー側では、アウスグライヒの評価はちがっている。この点の学説史的展望として Péter Hanák, "Hungary in the Austro-Hungarian Monarchy: Preponderancy or Dependence?", *Austrian History Yearbook*, vol. III, pt. 1, Houston, 1967, pp. 260–302 がすぐれている。なお、第二部第三章参照。

(2) アウスグライヒの意義とその影響については、H. Hantsch, *Die Geschichte Österreichs*, Bd. II, S. 293 ff.; H. Hantsch, *Die Nationalitätenfrage im alten Österreich*, Wien, 1953, S. 50 ff. 参照。

4　アウスグライヒ以後のハンガリー

アウスグライヒによって、ハプスブルク帝国の西部(オーストリア)と東部(ハンガリー)は内政的に独立した二つの国家になったから、その後の経過はそれぞれについてみなければならない。まずハンガリーから始めよう。

アウスグライヒによって、オーストリア・ハンガリー両国間の多年にわたる紛争は一応落着したが、ハンガリーはなおその後も、オーストリア同様、国内に困難な民族問題をかかえていた。ハンガリーにはマジャール人のほか、東部トランシルヴァニアのルーマニア人、南西部ドナウ川とアドリア海の間のクロアティア人・セルビア人、北部のスロヴァキア人・ルテニア人などがあって、いずれもその民族的自立を回復しまた外国の同種民族と合併しようとして、マジャール人に反対し、ハンガリーの国家的統制から離れることを望んでいた。そこでこれら諸民族に対するマジャール人の対応が、重要な問題点となるのである。

ハンガリー王国の中心はいうまでもなくマジャール人であり、彼らは一八六七年のハンガリー総人口約一三五〇万のうちわずか六〇〇万にすぎなかったが、他の諸民族に対して絶対の優位を保持するために、言語の問題を中心に、強い圧迫を加え続けた。クロアティア人を除いて、スロヴァキア人・ルーマニア人・セルビア人などの諸民族はなお文化の程度が低かったので、強圧を加えるのには好都合であった。一八六八年に制定された「民族法」は、マジャール語を唯一の国定語としながらも、ハンガリー王国の存続と両立しうるような民族的要求を満たそうとし、小・中学校における諸民族語の権利と、低いレベルの行政面での民族語の使用を認めていたが、その実施に当たっては、制定の際の比較的自由な精神は見失われてしまった。当時ハンガリーの最も有力な政党は、マジャール人地主貴族を主要な基盤とする自由党で、偏狭な民族的・階級的利害を代表して、非マジャール系諸民族にきびしい集権的抑圧を加えたのである。ただクロアティア人だけは、一八六八年五月ハンガリーと和協を結んで一種の二重制を行ない、彼らの住むクロアティア・スラヴォニア州は内政上の自治を与えられ、独自の議会と政府をもち、クロアティア語を公用したが、対外的にはハンガリーと一体をなし、また地方政府の首長バヌス Banus にはハンガリーの好ましいと考える人物が任命され、議会と衝突してもその地位を保つことができるようになっていたので、クロアティア人は依然不満をもち、さらに大きな自主を望んでいた。(1)

ところでマジャール人優位の政策は、非マジャール系諸民族の絶滅をめざす人種政策ではなく、彼らの同化をめざすものであったから、彼らが自己の民族性と母国語を放棄する場合には、受け入れられて体制の価値配分にあずかることもできたが、さもないかぎりきびしく抑圧されたのである。(2) 従属民族に対する態度では、より急進的な独立党も自由党と一致していた。

ハンガリーの従属諸民族は、後述するように行政への参加から締め出されたばかりか、教育面でも権利の侵害をうけた。たとえば、北西部には約二〇〇万人のスロヴァキア人が住んでいたが、彼らの教育と文学を促進した文化組織「スロヴェンスカー・マティツァ」Slovenská Matica は一八七五年に解散させられ、またスロヴァキア語を教える小学校は、一八七五年には一八〇五校あったが、一九〇五年にはわずか二四一校に減り、しかもスロヴァキア語の教師は、マジャール人当局によって慎重に選ばれ、厳重な監督をうけた。十九世紀末、ハンガリー国内にスロヴァキア語の新聞はただ一つしかなかった。しかしこのような抑圧政策にもかかわらず、非マジャール系諸民族の民族意識は、当時の一般的なナショナリズムの風潮の中で、次第に成長をとげていった。たとえば、トランシルヴァニアのルーマニア人は抑圧された貧しい農民であったが、知識階級に動かされてマジャール化反対の運動をおこし、トランシルヴァニア全域の自主を要求した。一八九二年彼らは皇帝に上書してマジャール人からの分離をはかったが、分離派の勢力は年を追うて増大し、同時に東方の独立王国ルーマニアの支持をあてにした。これに対してルーマニアの首都ブカレストには「全ルーマニア人の文化的統一のための同盟」がつくられて、ハンガリー領内のルーマニア人の教育と民族感情を促進した。しかしルーマニア政府は概して慎重な態度をとっていた。要するに、従属諸民族の民族的・文化的自覚は高まっても、彼らの政治的・法的地位はすこしも高まらなかったのである。

次にハンガリーの政治構造をみよう。端的にいえば、それは、マジャール人上流階級の独占的な寡頭専制支配であった。ハンガリー議会は、有力な地主貴族から成る元老院と、複雑・特殊な選挙法による下院とに分かれ、下院の選挙権は財産・教育・職業にもとづくはなはだ制限されたもので(一八七四年の選挙法では、有権者約八〇万人)、総人口の過半数をしめる非マジャール系諸民族のみならず、マジャール人の下層階級、とりわけ封建的後進性を象徴する貧困な全農民を除外していた。一九〇〇年にも、一三〇〇万人の農民中一〇〇〇万人はまったく土地がなく、土地所有者のわずか〇・二%以下が一〇〇〇エーカー以上の土地をもち、それが全地域の約三分の一に及ぶ有様であった。異民族についてみれば、下院議員約四〇〇名中、非マジャール系議員はわずか一〇名内外にすぎず、スロヴァキア人とルーマニア人は、事実上選挙および官吏の地位から除外されていた。要するにハンガリー王国の政治権力の所有者は大地主貴族と大ブルジョアであって、勤労大衆は選挙から締め出され、スラヴ人とルーマニア人はそれぞれの民族的発展をきびしく阻止されていたのである。もし農民と都市労働者の勢力が抑圧された諸民族の勢力と結合すれば、ハンガリーは民主主義革命の絶好の基盤となりえたはずであるが、これら諸勢力の弱体と分裂のために、寡頭的な支配層は中世以来の等族的な議会をたくみに利用し、第一次世界大戦まで、彼らの権力を無傷のままに維持しえたのである。

次にオーストリアとの関係をみよう。アウスグライヒの結果オーストリア・ドイツ人とマジャール人との握手は固くなり、さらに一八七九年にはアンドラーシが独墺同盟を結んで、ハンガリーの精神的ゲルマン化は一段と進んだ。オーストリアとハンガリーはそれぞれ領内異民族を抑制し、特にスラヴ民族およびこれを後援するロシアに対抗するうえで、利害が一致したために、またハンガリーの穀物とオーストリアの工業製品とが有無相通じて、両国間に密接な経済関係が存続したために、両国間の政治的・軍事的統一は維持され、一八六七年のアウスグライヒは一九一八年までほぼ円滑に運用された。しかしそれは完全に満足すべき状態にあったわけではなく、複雑な二重制度の実行にあたって、両国間にはしばしば衝突がおこらざるをえず、しかもそれは、時とともに深刻化していった。

アウスグライヒの立役者の一人であったデアークが一八七六年に亡くなったのちも、カールマーン・ティサ Kálmán Tisza(首相在職一八七五―九〇年)およびその子イシュトヴァーン・ティサ István Tisza(首相在職一九〇三―〇五、一三―一七年)の指導下にある自由党は、依然オーストリアとの和協を維持しながら、ハンガリーの自主性を確保しようとしていた。これに対して、フェレンツ・コッシュート Ferenc Kossuth(一八四一―一九一四年)の指導下にある独立党は、オーストリアとの共通事項をなくして皇帝による個人結合だけを認めようとしたが、その主張は、ナショナリズムの発展のなかで次第に強い影響を自由党に与え、そのため自由党も、一〇年ごとの協定の更新をますますハンガリーに有利に修正して、ハプスブルク帝国におけるハンガリーの大きな発言権を確保しようとした。自由党はこの国の最も有力な政党で、アウスグライヒ以後ほとんどつねに政権を握り、主として封建的地主と大企業に立脚していたが、一方独立党は小地主と中農・大農を基盤としており、両者の間にそれほど大きな相違はなかった。

一八九〇年にカールマーン・ティサが首相の座を去ったことは、この国の社会的風潮の変化と合致していた。旧世代はハンガリー自身のために強大な二重王国の必要を認めていたが、代わって前面に現われた新世代は、過大なナショナリズムと自信過剰に充たされて、ハンガリーには独立する力があり、従属諸民族の上に自国の帝国的使命を拡大する力があると信じていた。

ハンガリーの民族的自信は、アウスグライヒ以後の国内の大きな進歩につちかわれたものであった。ブダとペストは一八七三年の統合後代表的な近代都市に変貌し、工業力や鉄道も次第に発達しつつあり、文学や音楽の発展もめざましく、特にバルトークやコダーイの民俗音楽にもとづいた仕事は、注目に値する。一八九〇年代から二十世紀初頭にかけて相次いだ国民的祝典も、マジャール民族主義の感情を刺激した。一八九四年、亡命先で亡くなった老コッシュートがハンガリーに埋葬され、二年後にはマジャール人のハンガリー征服一〇〇〇年祭が、また一八九八年には一八四八年革命の五〇周年が、さらに一九〇二年にはコッシュートの生誕一〇〇年祭が行なわれた。ハンガリーの完全な独立化への要望の高まりは、こうした背景に照らして見られなくてはならない。この要望は次の二点に集中した。その第一は、オーストリアとの関税同盟や貨幣連合をやめて、経済上の完全な独立を確保することであり、第二点は、マジャール語を指揮語とする独立したハンガリー軍の創設であった(3)。

ハンガリーが農業国でありオーストリアが工業化していたことは、両者の結合を促す反面、利害のくいちがいを生ずることにもなった。関税問題はその一つで、一八八二年に成立した関税率はマジャール人農業家を著しく保護したために、オーストリアのドイツ系住民は大きな迷惑をこうむり、農産物の関税にはげしく反対した。そのため一八八七年の改正にはオーストリア工業の保護も考慮されたが、石油関税についてはハンガリーが大きな便宜を得、また一八九一年の新関税通商条約でも、ハンガリー農業家の利害は十分に守られた。一八九八年の協定では、オーストリア・ハンガリー銀行の管理について両国が同権の地位に立つことになり、オーストリア側はこの譲歩によって、共通政府財政のハンガリー分担額を引き上げようとしたが、従来の三一％を三四％に変更しえたにすぎず、翌年関税通商同盟の更新が議せられると、ハンガリーは最後までねばって、穀物・家畜関税についての要求を貫徹した。これらの経過を通じて、オーストリアが二重制度を維持するために大きな代償を支払わねばならなかったこと、またハンガリーが二重王国の内部で、人口数や経済力をはるかに越えた大きな役割を演じたことが知られるのである。

次に二十世紀早々コッシュートの率いる独立党が、共通軍隊に対する反対を唱えて登場し、マジャール語によるハンガリー軍の指揮を要求した。この事件の詳細はここでは省略するが、取りあえず次の二点を指摘しておきたい。第一は、ハンガリーの民族主義政策が少数支配集団の希望を表わしたものにすぎず、人口の過半数をしめる他の諸民族からは支持されなかったし、マジャール人の大衆からも支持されなかったことである。彼らは、土地改革に、あるいは一般にこの国の後進的な社会経済状態と戦うことに、より大きな関心をもっていた。彼らの反対はもとより無力であったが、重要なのはフランツ・ヨーゼフ帝の反対であって、ハプスブルク帝国が大国であることの必要を確信していた皇帝は、これを損う試みに強く反対した。彼は一九〇三年の法令でオーストリア・ハンガリー軍の一体性を維持する決意を示し、一九〇五年の選挙で独立党を中心とする急進派の連合が勝利を得ると、議会によらない内閣を任命した。しかも第二に注目すべき点は、このとき皇帝が議会の反対を排除して、勅令によって普通選挙法を導入しようとしたことである。ハンガリーにおける選挙権の民主化は、他の諸民族に対するマジャール人の優位と、マジャール人地主貴族の下層階級に対する優位を終わらせることは明白であったから、議会の反対派は軟化して、オーストリアとのつながりを断ち軍隊をマジャール化しようとする要求を放棄せざるをえず、またオーストリアとの経済協力を受け入れる態度に転じ、事態は皇帝の思い通りにはこんだ。皇帝はそれ以上ハンガリー貴族に挑戦するつもりはなかったから、普通選挙権の支持をやめ、選挙法改正の実施はにぎりつぶされた。ハンガリーでは一九一八年以前には、民族問題・社会問題を現実的に解決しうる条件はなんら存在しなかったが、民族的不公平と社会的不平等とが結びついていたために、国王はマジャール民族主義派を抑制するために、普通選挙権の導入をおどしの道具に使うことができたのである。

以上の諸事実からハンガリーの状態を総括すれば、次のようになるであろう。ハンガリーは強固な政治的実体という点でオーストリアにまさっていたが、要するにそれは、マジャール人上流階級の専制にほかならず、それを可能にしたものは、時代おくれの選挙制度に支えられた旧式な議会構造と、王国内の非マジャール系諸民族の間に維持された半植民的体制とであった。ナショナリズムの時流に押されて、ハンガリー独立党は二重制度そのものに反感をもち、オーストリアからの独立を強く主張するにいたったが、それははなはだ非現実的な態度であった。もしも独立のハンガリー関税制度がつくられ、共通のオーストリア・ハンガリー国民銀行の代わりに独立のハンガリー国民銀行をつくることになれば、ハンガリーの経済と財政に深刻な影響の及ぶことは明白であったが、過激なマジャール民族主義派はこの点になんの考慮も払わなかった。しかしその反面ハンガリーには、オーストリアとの提携に根本的利益を見出す自由主義派——アンドラーシからティサにいたる——の勢力も決して小さくはなく、彼らは独立党に強く影響されながらも、アウスグライヒの確保をめざしていた。しかし彼らも、非マジャール系諸民族、特に南スラヴ人に対する傲慢な態度の強化という点では、独立党と異ならず、これによってマジャール人支配階級は、クロアティア人との間の割れ目を広くし、ついに後者をセルビア人の手中に追いやるのである。

(1) クロアティア人の問題については、Charles Jelavich, "The Croatian Problem in the Habsburg Empire in the Nineteenth Century", *Austrian History Yearbook*, vol. III, pt. 2, pp. 82-115 がよくまとまっている。

(2) ハンガリーのマジャール化については、Arthur J. May, *The Hapsburg Monarchy, 1867-1914*, p. 378 f., 443 f.; R. A. Kann, *The Multinational Empire*, vol. I, p. 133 ff. 参照。

(3) J. Miskolczy, *Ungarn in der Habsburger-Monarchie*, S. 151 ff.

5　オーストリアの内部事情 (1)

次にハプスブルク帝国の西半、オーストリアの事情をみなければならない。一八六七年のアウスグライヒはオーストリアの帝室・宮廷派とマジャール人貴族との握手にとどまり、民主的な代議制憲法を求める国民の要望にはなんら答えていなかった。しかし普墺戦争の敗北は、教権的専制政治に対する疑惑を一般に与えていたし、また一八四八年の革命以来オーストリアも遅まきながら産業革命の時代にはいって、上下オーストリア・ベーメン・シュレジエン地方の工業は次第に活況を呈していたから、憲法を停止したまま、マジャール人との妥協で事をすますわけにはゆかなかった。

こうしてオーストリアでは、二月憲法の小帝国議会が一八六七年五月に召集されたが、ウィーンの衆議院には緊張感がみなぎり、二月憲法の訂正に問題を限ろうとした政府の意向をこえて、基本法制定の方向に進み、結局この議会の多数を構成したドイツ人自由派は、アウスグライヒを認める代わりに若干の譲歩を与えられ、十二月三十一日、「十二月憲法」Dezembergesetze とよばれる新憲法が発布された。この憲法は、ハンガリーよりもはるかに自由な国家としての基礎をおいたもので、第一次世界大戦末に帝国が崩壊するまで、約半世紀間行なわれた。それは内閣の議会に対する責任の原則を認め、司法権の独立を保障し、大審院 Reichsgericht を設けて個人の諸権利を保護し、信仰と教育の自由を保障した。しかし議会は皇族・貴族・聖職者・勅選議員から成る貴族院 Herrenhaus と、制限・間接選挙による衆議院 Abgeordnetenhaus から成るという不徹底なもので、下院選挙法の改正はやかましい問題になったが、実現にいたらず、それは依然直接選挙によらず、各地方議会がその地方に割り当てられた数だけの議員を選出するという旧来の制度が維持された。皇帝はなお大権を行使し、法律を許可し、絶対の停止権をもち、帝国議会と地方議会を開き、停会を命じ、解散させるなど、広大な力をもっていた。しかしそれにしても、とにかくオーストリアは一八六七年の末までに君主的絶対主義の時代を終わり、近代的立憲政治への第一歩をふみ出したということができる。(1)

一八六七年の末に、皇帝は最初のブルジョア内閣とよばれるカルロス・アウエルスペルク Carlos Auersperg(一八一四—九〇年)内閣を任命した。これは帝国議会のドイツ人自由派から成り、商工市民階級の勝利を意味したが、同時に、議会政治という新しい形をとったドイツ人の支配と中央集権主義の復活でもあった。この内閣は、前時代の保守的・教会的方針を退け、幾多の自由主義的改革——陪審裁判の拡大、民事婚の復活、初等教育の世俗化と義務化、一般兵役制の制定、政教協約廃棄の準備など——を行なったが、民族問題の解決にはほとんど注意を向けなかったので、この問題は新しい形で登場することになった。

オーストリアの最大の難問は民族問題であり、そこにはドイツ人のほかにポーランド人・ルテニア人・チェコ人・南スラヴ人・イタリア人などがあって、それぞれ民族的自治の拡大を望んでいたが、一八六七年のアウスグライヒは彼ら——特にスラヴ系諸民族——をまったく度外視するものであったから、彼らを二重帝国の反対者の地位に追いやる結果になった。以後第一次世界大戦にいたる時期のオーストリアは、ドイツ・スラヴ両民族の激突時代であり、あらたにおこった民主主義運動や社会運動も、この問題と深い関係をもっていた。

十二月憲法発布後オーストリアを支配したのはドイツ人自由派で、彼らは国家の中央集権体制を維持し、異民族に対するドイツ人の優位を保ちながら、国内の自由主義化を進めようとした。(2) これは領内スラヴ人の不満を高め、はげしい民族闘争をよびおこしたが、その際中心的な動きを示したのはチェコ人であり、ドイツ・チェコ両民族の主要な戦場は、帝国北部のベーメンであった。十九世紀後半のオーストリア民族問題の本質は、産業革命の進展とともに被支配民族の間にも徐々に中間的市民層が現われ、彼らを中心とする民族的反抗が、国内各地のドイツ人の支配的地位を脅かしはじめた点にあり、とりわけチェコ人の運動の原動力は、彼らのめざましい経済的発展にあった。すこし前までベーメンの工業資本家はほとんどすべてドイツ人であり、チェコ人は労働者にすぎなかったために、ドイツ人は優秀民族であり、チェコ人は低級民族であると考えられていた。ところが一八四八年以来ベーメン・北部シュレジエン地方には、土地資源を活用した新工業がおこり、チェコ人の有力なミドルクラスが抬頭して、従来この地の政治・経済・文化を支配してきたドイツ人資本家に挑戦したのである。民族闘争の主役が急速に成長しつつあったチェコ人のミドルクラスであった点に、貴族が主役であったハンガリーやガリツィアとベーメンとの大きな違いがあった。

チェコ人はすでにアウスグライヒの交渉の進行中これに強く反対していたが、旧来の選挙制度の維持と十二月憲法の結果生じたドイツ人自由派の支配に憤激して、さらに反抗を強め、チェコ人議員は帝国議会をボイコットし、一八六八年八月二十三日宣言を発して、ベーメンのチェコ人に平等な民族的権利を与え、選挙法を改正するよう要求し、さらに聖ヴァーツラフ王冠の土地——ベーメン・メーレン・シュレジエン——を併せた独立王国の再建を主張した。

一八七〇年の普仏戦争をへてビスマルクによるドイツ帝国がつくられ、ハプスブルク家のドイツ復帰の希望が葬り去られたのち、民族運動は一段と激化したが、他面この事態は、オーストリア政府の態度に新生面を開く結果にもなった。一八六七年のハンガリーとの和協は、将来おこりうるプロイセンとの闘争に備えてハプスブルク帝国を強化しようとする期待に根ざしていたから、プロイセンへの復讐が放棄されたことは、指導的なスラヴ民族であるチェコ人との妥協を可能にする条件をもたらした。そこでフランツ・ヨーゼフ帝は、一八七一年二月ドイツ人の聖職貴族ホーエンヴァルト Karl Siegmund Hohenwart (一八二四—一九〇〇年) を首班とする新内閣を任命し、この内閣の政策指導者シェフレ Albert Schäffle（一八三一―一九〇〇年）は、ハプスブルク帝国を平等な諸民族の連邦に改造するとともに、ミドルクラスのものと思われる民族的激情を弱めるために、選挙権を拡大し、広範な社会改革を導入しようとした。この内閣はチェコ人の指導者と具体的な交渉にはいり、皇帝も一八七一年九月十二日、ベーメン王国の権利を認め、プラハで戴冠式をあげると言明した。これは画期的な計画であったが、ドイツ人とマジャール人ははげしく反対し、特にアンドラーシはハンガリーの優位が失われることを恐れて強い圧力をかけたので、七一年十月三十日ホーエンヴァルト内閣は解任され、チェコ人との和協計画は挫折してしまった。(3)

それに続くアドルフ・アウエルスペルク Adolf Auersperg（一八二一―八五年）内閣は、これまたドイツ人自由派から成る「ブルジョア内閣」であったが、この時期に注目されるのは選挙法の改善である。一八七三年四月二日の法律で、帝国議会議員は地方議会からではなく直接選挙で選ばれることになり、議席数も増加されたが、財産資格と階級的な部門別選挙はなお維持され、有権者は各地方ごとに四部門――大土地所有者・商工業会議所・都市・町村落――別に投票する仕組みであり、特に第四部門では、有権者は議員選挙人を選出しうるにすぎなかった。チェコ人議員は依然不満をもち、帝国議会をボイコットしたが、ドイツ人自由派に支配される議会は、この国の工業化の進展に幸いされて、威信を保つことができた。しかし一八七三年経済恐慌がこの国をおそい、腐敗の事実が多数摘発されるに及んで、ドイツ人自由派の支配は動揺をきたし、一八七九年二月ついに皇帝はアウエルスペルク内閣を罷免した。

そのあとベーメン貴族ターフェ Eduard Taaffe（一八三三―九五年）が首相に登用されたが、ドイツ人自由派が勢力を失ったのは、経済恐慌に対する責任のほかに、そのドイツ人偏重政策が人望を失ったためでもあったから、ターフェ内閣は保守派・教会派に支持されると同時に、スラヴ民族の好意をも必要とした。(4) 彼は妥協の名人といわれ、「あらゆる民族を均衡のとれたおだやかな不満の状態におく」政策をとって、一四年間比較的平穏にオーストリアを統治することに成功した。(5)

一八八〇年四月、ターフェ内閣はチェコ人の要求をいれて、ベーメン・メーレン両州に言語令を発し、教育のうえで、また政府と市民の行政的接触のうえで、ドイツ語とチェコ語に同じ権利を認め、チェコ人は帝国議会に復帰した。さらに一八八二年には、選挙資格が直接税一〇グルデンの納入者から五グルデンの納入者に引き下げられ、選挙区画も改正されて、チェコ人に有利になった。一八八〇年の言語令は、各官庁と裁判所がチェコ人に対してはチェコ語で交渉すべきことを定めた妥協的なもので、ドイツ語はなお公用語として尊重される建前をとってはいたが、チェコ語がはじめて半公用語化したことによって、チェコ人の官公吏就任の道が開かれ、従来ベーメンの地方官僚を独占していたドイツ人にとっては大きな打撃であった。ターフェ時代にチェコ人は経済的にも文化的にも著しい進歩をとげた。一八六八年にはこの国の最も重要なシュコダ兵器工場がピルゼンにつくられ、またチェコ最初の大銀行が設けられて、商工業の発展を促した。さらに一八八二年にはチェコ大学が設けられ、翌年には私的な寄付金によるチェコ国民劇場が建設され、ベーメンは二重王国のなかで最も進んだ州になっていた。その間に高等教育をうけたチェコ人のミドルクラスが急速に成長し、経済生活・政治生活の上で指導的地位をしめようとしていた。

一方、チェコ人の進出によって次第に勢力を失いはじめたドイツ人の間には、民族的な自覚が高まり、しかも、オーストリア国家を措いてドイツ人だけの利益を先にしようとするドイツ民族至上主義が発展しはじめた。オーストリアのドイツ人は伝統的にハプスブルク王国の最も忠実な支持者であり、この状態は大体において一九一八年の王国滅亡まで続くが、しかし一八六六年にオーストリアがドイツから締め出され、強力な新ドイツ帝国が建設された結果、多くのオーストリア・ドイツ人の間には二重の忠誠の気持が生まれ、ビスマルクが敬慕された英雄となり、彼とその帝国はハプスブルク帝国のドイツ人にとって大きな魅力となりはじめた。ビスマルクはしかし、オーストリア・ドイツ人の運命には大した関心がなく、強力なハプスブルク王国の存続がドイツとヨーロッパの平和に必要であるという現実的な考えから、オーストリア・ドイツ人がハプスブルク王国に忠誠であることを望んでいた。(6) それにもかかわらず、スラヴ人の抬頭によって打撃をうけ、皇帝と政府からも冷たく扱われたオーストリア・ドイツ人の間では、民族主義の急進化がおこって、一部のものはドイツ帝国との合体を望み、ハプスブルク家にドイツ的民族感情が欠けていることを責めて、これに反抗した。一八八二年につくられた彼らの「リンツ綱領」[7]は、ガリツィアとダルマティアには自治を与え、オーストリアの残部はドイツ帝国に支持されたもっぱらドイツ的な性格のものになるべきことを、提案していた。このような汎ゲルマン主義運動の指導者はシェーネラー Georg von Schönerer(一八四二―一九二一年)で、彼はハプスブルク王国のみならずスラヴ人とローマ・カトリック教にも強く反対し、さらにユダヤ人がオーストリアの経済・文化生活を支配していることを非難して、これにはげしい敵意をもやした。シェーネラーの人種的な反ユダヤ主義は、多くの点でヒトラーのそれに先鞭をつけたものである。[8] シェーネラー派はベーメンのほか、ドイツ人とスロヴェニア人の争っていたシュタイエルマルクでもかなりの勢力をもち、大学生や高校教師に多く支持された。なお、ドイツ人の民族主義運動の間からは、ベーメンをドイツ人地域とチェコ人地域とに分けようとする、民族的分割の要望さえ現われてきた。

その反動として、チェコ人の側にも急進主義が発達し、ベーメンではリーゲルの率いる老年チェコ党は急進的な青年チェコ党のために背後に押しやられ、後者は、全ベーメンをチェコ人の領土にする国家の権利を復活させようとした。[9] ターフェはこうした急進的政党の抬頭に直面して、帝国議会の穏健な民族的指導者に妥協を求めるほかなく、一八九〇年、二つ以上の民族の混住する州を人種的・言語的な線に沿っていくつかの行政地区に分けることによって、問題の新しい解決をはかろうとした。しかしその解決策は、青年チェコ党とドイツ民族主義派の双方に拒否され、一八九一年の帝国議会選挙では、チェコ人とドイツ人の穏健派はともに完敗した。

そこでターフェは、大衆が民族主義的要求よりも経済的改革の方を好むであろうと考え、普通選挙権を導入することによって、ミドルクラス政党の反対を打ち破ろうと決心した。ターフェの時期は大衆政党の設立時代であって、このようなものとしてキリスト教社会党と社会民主党をあげることができる。前者は、ウィーンの法律家ルエーガー Karl Lueger(一八四四―一九一〇年)がウィーンおよびアルプス地方の下層ミドルクラス(小営業者や教権主義の農民)に属するドイツ人を組織してつくったもので、その綱領は、カトリック教会とハプスブルク王国に対する熱烈な忠誠と、資本主義のとりでとみられたユダヤ人に対する強い反対を含んでいた。ルエーガーは一八九七年以後一九一〇年までウィーン市長を続けて、多くの貴重な改革を行なったが、扇動的な雄弁を通じて反ユダヤ主義の精神を強めた点では、シェーネラーと一致していた。オーストリア社会民主党は一八八八年ヴィクトル・アードラー Viktor Adler（一八五二—一九一八年）の指導下に設立され、マルクス主義にもとづいて工業労働者の生活条件の改善に主要な関心をもっていた。こうした状況の中で、一八九三年十月フランツ・ヨーゼフは、旧来の部門別選挙制を維持しながらも、事実上、税金を払い読み書きのできる二十四歳以上の全成年男子に投票権を与えるという法案の提出を認めたが、これによって約一七〇万の有権者が一挙に三倍にふえることが見込まれたので、特権的な政党や民族——ドイツ人自由派、聖職権支持の大地主、ポーランド人など——は連合して強く反対し、皇帝も議会連合の圧力を恐れてこの法案の取り下げを提唱し、十一月十日ターフェは辞職した。

ターフェ内閣の退陣後、議会はチェコ人とドイツ人の間のはげしい衝突のために正常な運営を妨げられ、二つの短命内閣が続いたが、一八九五年十月二日皇帝はポーランド貴族のバデニー Kasimir Badeni（一八四六—一九〇九年）を首相に任命した。当時すでに普通選挙権に対する要求は回避しえない状態にあったので、バデニーは一八九六年六月十四日選挙法の改正を行ない、主として有産階級を代表する旧来の四選挙部門のほかに、あらたに二十四歳以上の全男子が投票権をもつ第五部門を設け、七二名の議員を追加したが、新選挙法による一八九七年の選挙では、ベーメンで青年チェコ党が圧勝した。バデニーはチェコ人の協力なしには多数派を見出しえなかったために、同年四月五日新言語令を発布し、ベーメンとメーレンでは、すべての官庁と裁判所はそこに問い合わせてきた言語で答えねばならぬこと、この地方のすべての官吏は二ヵ国語の知識をもたねばならぬことを規定した。これは行政事務のうえでドイツ語とチェコ語の完全な平等を実現しようとするものであったが、ドイツ人はチェコ語を下等な言葉としてその学習を拒否していたので、バデニーの言語令は実際にはチェコ人に有利であり、チェコ人が官公吏を独占する可能性を含んでいた。そこでドイツ人は激昂して、猛烈な反対運動をおこし、ドイツ人議員はこの法案を葬るために、はげしい議事進行妨害を行なった。政府は議事進行をはかるために議院規則の改正を提案したが、これは議会の自由を破壊するものとして非難され、議場の混乱はもとより、オーストリア全土に騒ぎがおこり、つぎつぎに大衆集会や街頭デモが行なわれ、ドイツ民族主義派のほか、社会民主党やキリスト教社会党もこれに合流した。(10) こうした混乱を前にして、皇帝は一八九七年十一月二十八日、ついにバデニーを解任せざるをえず、一八九九年秋には言語令も正式に撤回された。そこでドイツ人の興奮は静まったが、チェコ人の不満は大きく、こんどは彼らがはげしい議事進行妨害を行なう騒ぎとなった。バデニーの解決案は、スラヴ民族の地位を向上させ、帝国を諸民族の協調する連邦に改造するという健全で合理的な方針にもとづいていたが、その実施を保守派の支持のみに求めて、大衆の支持を拒んだために、大きな困難に逢着したのである。

バデニーの言語令事件は、オーストリア帝国の危機的様相を内外に暴露し、民族的党派の間に建設的な討議を行なうための共通の地盤がまったくみられぬことを明らかにしたが、同時にそれは、オーストリア議会政治の運命にも重大な影響を及ぼした。一九〇〇年首相になったケルバー Ernst Koerber(一八五〇—一九一九年)は、帝国議会にまとまった多数派を見出すことが困難になったところから、政府に緊急命令を発布する権限を与える憲法第十四条を根拠にして、必要な立法を緊急命令で行なうことにし、以後その頻度は次第に増加していった。その結果、オーストリアの政治は、帝国官僚の恣意的支配に委ねられたのである。一九〇六年皇帝は完全な普通選挙制を導入し、二十四歳以上の一定地に一年以上居住したものにあまねく選挙権を与えることによって、政治的危機の打開を試みたが、これも皇帝の期待に反して、ハプスブルク帝国の強化と民族闘争の緩和には役立たず、各民族のおくれた人民層を政治に引き入れたことによって、民族闘争を日常生活の部面まで拡大する結果になってしまった。こうしてハプスブルク帝国は、激化する民族闘争のうちに、いたずらに自己のエネルギーを消耗し、第一次世界大戦を迎えるのである。

オーストリア諸民族間の対立は、本来超民族的ないし国際的であるはずのオーストリア社会民主党の内部にも浸透して、最初一体であったこの党は、九〇年代の後半から民族的な分派の連合体に変形した。これに衝撃をうけて、カール・レンナー Karl Renner（一八七〇—一九五〇年）やオットー・バウアー Otto Bauer（一八八二—一九三八年）のような党の指導的人物は、オーストリア領内諸民族の自治——特に文化的自治——を強調し、ハプスブルク帝国を各民族単位の自治組織から成る民主的連邦国家に改組しようとする新理論を発展させたが、これも複雑な民族問題をよく調整することができず、実際上の成果は乏しかった。[11]

（1）　オーストリアの国制については、Ernst C. Hellbling, *Österreichische Verfassungs- und Verwaltungsgeschichte*, Wien, 1956 が便利である。

（2）　Karl Eder, *Der Liberalismus in Altösterreich*, Wien, 1955, S. 164 ff.

（3）　一八七一年のチェコ人との「和協」の交渉の経過とその失敗の原因については、A. J. P. Taylor, *The Habsburg Monarchy, 1815–1918*, pp. 176–181 が要を得ている。

（4）　カトリック保守派は、いっさいの民主的改革と民衆運動を恐れ、ドイツ民族の伝統的支配権を維持する意志をもちながらも、民族を超越したハプスブルク世界国家の思想をかたく抱いていた。

（5）　William A. Jenks, *Austria under the Iron Ring, 1879–1893*, Charlottesville, 1965 は、ターフェ時代にかんする最新の研究として、すぐれている。

（6）　B. B. Hayes, "Bismarck on Austrian Parliamentarism, 1867–1890", *Austrian History Yearbook*, vol. II, 1966, pp. 55–88.

（7）　H. Hantsch, *Die Geschichte Österreichs*, Bd. II, S. 421.

（8）　William A. Jenks, *Vienna and the Young Hitler*, New York, 1950;　村瀬興雄『ヒトラー——ナチズムの誕生』誠文堂新光社、一九六二年、参照。

（9）　老年チェコ党と青年チェコ党とは、ベーメンを統一的な自治単位として保持し、その中でチェコ人が満足できる地位を得ようとする点では共通していたが、前者はベーメン貴族を中心とする保守的な運動で、中央集権主義に反対して、古いベーメン王国の制度の復活を望んだとはいえ、ハプスブルク王朝には忠実で、帝室をバックにして自分たちの特権的地位を保とうとし、そのためにはドイツ人の貴族とも協同した。これに対して後者は、チェコ人の知識階級とミドルクラスを基礎にした反貴族的な党であり、チェコ社会の民主化を主張し、チェコ地方にハンガリーと同様の独自の政権を立て、ハプスブルク帝国を民主的な諸民族の連邦国家に改造しようとした。詳しくは第二部第一章参照。

(10) Paul Molisch, *Geschichte der deutschnationalen Bewegung in Österreich*, Jena, 1926, S. 189 ff.

(11) オーストリア社会民主党の民族理論については、第二部第二章および Hans Mommsen, *Die Sozialdemokratie und die Nationalitätenfrage im habsburgischen Vielvölkerstaat*, Bd. I, Wien, 1963 参照。

6 オーストリアの内部事情 (2)

前項ではドイツ人とチェコ人の関係を中心に考察したが、本項ではそれ以外の地域の事情をまとめてみておきたい。まずガリツィアから始めよう。(1)

カルパティア山脈の北のガリツィアでは、カトリック教を奉ずるポーランド人貴族(シュラフタ階級)と、ギリシア正教を奉ずるルテニア人(ウクライナ人)農民とがはげしく対立し、人口の過半数をしめるポーランド人(一九〇〇年で約四二五万人)は、経済的な富、社会的威信、教育文化程度などで、人口の四〇%強にあたるルテニア人をはるかに凌駕していた。ポーランド人はハプスブルク帝国内にとどまらず、大部分はロシアとプロイセンに住んでいたが、他方ルテニア人も大部分はガリツィア外に――大多数はロシアに、一部はオーストリアのブコヴィナ州とハンガリー領内に――住んでいた。ガリツィアはオーストリアの他地方にくらべると社会的・経済的に後進地域であって、ポーランド人貴族はハンガリーのマジャール人貴族に似た地位をしめており、事実彼らはマジャール人に共感をもっていた。十九世紀前半には、ポーランド人の支配に憎悪をいだくルテニア人農民は、帝国政府に忠実であり、オーストリア政府はこの関係を利用して、ルテニア人をポーランド人にけしかける政策を取っていたが、一八四六年の農民戦争ののち、ポーランド人貴族はポーランド農民とルテニア民族による攻撃から自己の封建的特権を守るために、ハプスブルク王朝の支持を求めるにいたり、アウスグライヒ後も、ルテニア人を犠牲にして、ウィーンとうまく妥協しようとする傾向を示した。一八六六年末ガリツィア総督となったポーランド人貴族のゴルホフスキ Agenor Goluchowski (一八一二―七五年)は、レンベルクのガリツィア議会の構成を変えて、ルテニア人地域の代表を減らし、逆にポーランド人都市の代表を増やした。その結果、ポーランド人貴族の力が加わり、一八六八年九月、ガリツィア議会はハンガリー同様の独立的地位をウィーンに要求した。帝国政府はこれに答えて、ガリツィア官庁の内務用語をすべてポーランド語とすることに同意し、広範な行政上の自治権をガリツィアに与えたので、ポーランドの資産階級は一応満足し、以後彼らはオーストリア政府を支持することになった。十九世紀末から二十世紀にかけて、ゴルホフスキ親子(2)のように、帝国全体の政治のうえで大きな役割を演じたポーランド人貴族も少なくなかった。

ガリツィアのポーランド人はまた、ロシアやプロイセンで拒否されていた自由な文化的発展の便宜をもっていた。クラクフのポーランド人大学はヨーロッパ最古(一三六四年創立)の大学の一つであったし、レンベルクにもポーランド人の工学研究所と第二の大学があり、一八七一年以後ポーランド語が教授語になっていた。ガリツィアのポーランド人もポーランド王国復興の希望をすててはいなかったが、旧王国が三強国に分割されていたことが希望の実現を困難にしていたし、しかもオーストリアがガリツィアを懐柔したために、この地のポーランド人は平静を保っていたのである。

ルテニア人に目を移せば、一八六七年以後オーストリアには比較的自由な制度が行なわれたために、彼らの民族的権利はハンガリーの非マジャール系諸民族の場合のように無視されることはなかった。しかしなんといってもルテニア人は被抑圧民族であり、社会的地位も劣悪であったから、ポーランド人の優勢に反対し、教育と信教の自由を要求した。また彼らの間には、ロシアとの連合に救いを見出そうとする強い流れがあり、彼らは東部ガリツィアのロシアへの併合を企てるようになっていった。一八九八年には西部ガリツィア一帯にルテニア農民の反乱がおこり、一九〇一年には、ポーランド人の圧迫に憤慨したルテニア人大学生六〇〇名がレンベルク大学を去るという事件がおこっている。

次に、南スラヴ人の民族運動は第一次世界大戦の直接の原因となった重要なものであるが、この地域では特に、南スラヴ人とイタリア人の関係、および南スラヴ人の中のクロアティア人とセルビア人の関係が注目に値する。ロンバルディア・ヴェネツィアが失われたのちには、ハプスブルク帝国内のイタリア人は約七〇万人の少数にすぎず、その大部分は南ティロールとアドリア海沿岸地方、特に海港トリエストとフィウメに集中していた。彼らは国境のかなたのイタリア王国に心をよせ、それとの合併を望むものが多く、トリエストと南ティロールではハプスブルク家の支配に対する反対運動が行なわれ、テロリズムに訴える熱狂者も現われた。一八八二年にフランツ・ヨーゼフ夫妻がオーストリア帰属五〇〇年の祝典にトリエストを訪れたとき、オーバーダンク Gulielmo Oberdank が二人を暗殺しようとしたのは、その例である。しかし、ハプスブルク王国のイタリア系住民は抑圧された少数民族ではなく、経済的に裕福であったから、王朝に愛着を示す場合もなくはなかった。またイタリア政府も、三国同盟の関係から、少なくとも一九〇八年まではハプスブルク政府に協力的な態度を示した。

ティロール以外の所では、ハプスブルク帝国内のイタリア人は南スラヴ人(スロヴェニア人とクロアティア人)と混住していた。彼らは南スラヴ人に比べて、都市以外では数のうえで劣っていたが、経済的・社会的にははるかにすぐれていた。しかし、農村人口の都市流入と民主化の発展に伴って、両民族間の関係は南スラヴ人に有利に移りはじめ、イストリア半島に住むイタリア人の本国帰属運動は、第一次世界大戦ころになると、南スラヴ人との間に深刻な対立を生み出すにいたるのである。この地方は、オーストリアがアドリア海に発展しようとする所であったから、オーストリア政府はスラヴ人の移住を奨励し、イタリア人と移住民の争いに際しては、イタリア人を抑圧する態度をとった。

南スラヴ人の民族問題をみる場合に忘れられないのは、セルビア王国の存在である。セルビア人がハンガリー領内に、また一八七八年にオーストリア・ハンガリー帝国に占領されたボスニア・ヘルツェゴヴィナ二州に居住するとともに、国境のかなたにすでに一つの独立国をつくっていて、それが南スラヴ人の統合をめざしたという事実は、まことに重要である。ナポレオン戦争の末期にトルコから自治を獲得したセルビア人の小公国は、その後次第に領土を拡張し、一八七八年のベルリン会議で完全な主権を認められた。その君主ミラン・オブレノヴィッチ Milan Obrenović とその子アレクサンダル Aleksandar は親オーストリア政策をとったが、一八八一年に創設された急進党はこれに反対し、一九〇三年アレクサンダルが暗殺されてオブレノヴィッチ家が倒れると、カラジョルジェヴィッチ家のペタル Petar I, Karađorđević 一世が王位に即き、親露家で急進党の指導者でもあったパシッチ Nikola Pašić(一八四五—一九二六年)がその外相となった。これによってセルビアの政策はまったく一変した。パシッチは、トルコのみならずオーストリア・ハンガリーの犠牲においてセルビアを拡大し、他の南スラヴ人に対するセルビア人の優位を確立しようとしたのである。ハンガリー南部のセルビア人もこれに呼応して、マジャール化に反対し、セルビア王国との合同運動を行なうにいたった。

しかし、全南スラヴ人を正教徒セルビア人の指導下に統合しようとする傾向は、多くのクロアティア人の反対をこうむった。セルビアとクロアティアの対立は歴史的なもので、セルビアはギリシア正教を国教とする農業国であり、クロアティアはカトリック教を奉じ、ある程度近代的な商工業の影響下にあったから、北部の民主主義的・文化的な気風とセルビアの家長主義的・軍国的傾向とは、根本的に相容れなかったのである。[4] クロアティア人のあるものは、ハプスブルク王国内にみずからの指導する南スラヴ人連合をつくることを夢見ていた。とりわけ、スタルチェヴィッチ Ante Starčević(一八二三—九六年)のもとに形成されたクロアティア権利《ライト》党[5]は、クロアティア・スロヴェニア・ダルマティアの連合を計画して、これを南スラヴ人統一のための出発点にしようとし、さらに進んで、大クロアティアに統合された南スラヴ人にオーストリア、ハンガリーと同等の地位を与える三重主義の線で、ハプスブルク帝国を再編成することを望んでいた。

こうして二十世紀のはじめには、南スラヴ問題解決のための方策として、大クロアティア主義と大セルビア主義とが対抗したが、ハンガリーの支配者は両者の対立を利用しようとし、一八八三年から二〇年間クロアティアの政府首長であったクーエン＝ヘーデルヴァーリ Khuen-Héderváry(一八四九—一九一八年)は、クロアティア人に反対して、少数民族であるセルビア人とギリシア正教とを支持した。しかし南スラヴ人は、クロアティア民族主義とセルビア民族主義のいずれに傾くにしても、一八六七年のアウスグライヒによって打ち立てられた現状には不満であったから、セルビア人とクロアティア人の連合戦線が成立して、反ハプスブルク主義に転換する可能性もないわけではなかった。(6)要するに南スラヴ諸民族の運動目標は、なお混迷した状態にあったのである。

(1) ポーランド人については、Piotr S. Wandycz, "The Poles in the Habsburg Monarchy", *Austrian History Yearbook*, vol. III, pt. 2, pp. 261–286、ルテニア人については、Ivan L. Rudnytsky, "The Ukrainians in Galicia under Austrian Rule", *Austrian History Yearbook*, vol. III, pt. 2, pp. 394–429 が、最近の研究の方向を知るうえに有益である。

(2) 親も子も同名。父(一八一二—七五年)は六〇年代はじめにウィーン内閣の内相、六六年からガリツィア総督。子(一八四八—一九二一年)は、一八九五—一九〇六年の間オーストリア・ハンガリー帝国外相。

(3) 南スラヴ人のうち、セルビア人については、Wayne S. Vucinich, "The Serbs in Austria-Hungary", *Austrian History Yearbook*, vol. III, pt. 2, pp. 3–47 参照。

(4) クロアティア人は一部はオーストリア領内(主としてダルマティア)に、また一部はハンガリー領内のクロアティア・スラヴォニアに、——ボスニア・ヘルツェゴヴィナにも——住んでいた。有名なカトリック司教シュトロスマイヤー Strossmayer(一八一五—一九〇五年)は、一八六七年クロアティアの首都ザグレブに、ユーゴスラヴ・アカデミーを設立し、一八七四年にはザグレブに大学が設けられ、これら二つの機関はクロアティアの文化的復興を刺激したが、それらはいずれも、ウィーンないし西欧に顔を向けていた。

(5) Croatian Party of the Right の「ライト」という言葉は、保守的ないし反動的な傾向を意味したのではなく、クロアティア人の権利と、それが正当であるという主張を意味していた。H. Kohn, *The Habsburg Empire, 1804–1918*, p. 68.

(6) ハンガリーの鋭いマジャール化政策がセルビア人とクロアティア人の連立戦線を成立させ、さらにそれを反ハプスブルク主義に転換させる事情については、H. Hantsch, *Die Geschichte Österreichs*, Bd. II, S. 510 ff. 参照。

むすび

最後に若干の付言を行なって、むすびとしたい。

以上の考察によって、ハプスブルク帝国の基本問題が民族問題であったことは、明らかになったと思う。たしかに領内諸民族の自主化運動は、この国の歴史をきわめて特殊なものにし、議会政治の発展をもはなはだ歪んだものにしてしまった。またその途中で、この困難な問題を解決するためにさまざまな論議が行なわれ、(1) さらに数々の実験的な試みもなされたが、いずれも十分な成果をあげることはできなかった。このことは、問題の困難さをいっそう明白に示しているように思われる。

しかしそれにもかかわらず、第一次世界大戦前の時期において、ハプスブルク帝国のもろもろの民族運動の指導者たちがこの国家の解体や破壊を決して望んでいなかったことは、注目されねばならない。ハンガリーはオーストリアに対する自己主張を続けながらも、ロシアを恐れてむしろオーストリアとの和協を利益と考えていたし、同時に、領内のスラヴ系諸民族の進出に対する防衛意識が、アウスグライヒの保持をささえていた。そのスラヴ諸民族をみても、あの激しい闘争を行なったチェコ民族主義者でさえ、ハプスブルク帝国内におけるチェコ民族の発展と、自治的で民主的な諸民族による連邦の実現が、その目標であり、一般の人民も、議会における民族闘争を支持することと並行して、諸民族間の和解による平和な発展を希望していた。この点で、一九〇五年にチェコ人とドイツ人が共に住んだメーレン州で、さらに一九一〇年には、ルテニア人・ルーマニア人・ドイツ人・ポーランド人・マジャール人の五民族が共存したブコヴィナ州で、同意による和解が成立して、地方議会の正常かつ平穏な進行を可能にし、関係するすべての民族に満足な解決をもたらしたことは、興味深いものがある。ハプスブルク帝国に好意的とはいえないイギリスの歴史家テイラーも、これについて次のように述べている。一九一四年までは「ベーメン以外のオーストリアのすべての州で、人々は地方的な解決を見出していたか、あるいは見出しつつあった。そして、イタリア人と少数のドイツ人を除くオーストリアの全民族は、当時考えることのできた他のどんな方策よりも、ハプスブルク王国の方を好んだ」[2]。しかもベーメンにおいてさえ、「チェコ人とドイツ人は、王国から譲歩を引き出すためにたがいに争っていたのであって、いずれの側のどの政党も、オーストリア・ハンガリー国の崩壊を真剣に望んではいなかった」[3]。この状況が変わったのは、ハプスブルク王国がヨーロッパの国際的な権力政治の渦中に巻き込まれたのち(特に一九〇八年のボスニア・ヘルツェゴヴィナの危機以後)のことであり、王国自身の国内の緊張状態とその不適切な外交政策が、この渦巻きをいっそう悪化させたのであった。

（1） こうした思想の系譜のなかで、チェコの偉大な指導者パラツキーの影響は、特に注目される。Joseph F. Zacek, *Palacký, The Historian as Scholar and Nationalist*, Mouton, 1970 参照。

（2） A. J. P. Taylor, *The Habsburg Monarchy, 1815–1918*, p. 242.

（3） *Ibid.*, p. 269.

第四章　第一次世界大戦とオーストリア・ハンガリー帝国の崩壊

はじめに

第一次世界大戦の結果、ヨーロッパでは三つの帝政が崩壊した。そのうちドイツとロシアでは、国家の輪郭はほとんどそのまま残ったが、オーストリア・ハンガリーは全体としての国家そのものが解体し、幾多の小国家に分裂してしまった。それは、この国がきわめて複雑な多民族国家であったためであり、崩壊の最大の原因もこの点に求められねばならない。そこでまず、この国の特殊な国家組織と民族構成を一瞥する必要がある。

オーストリアのハプスブルク家は皇帝への忠誠を強調し、武力を背景に世襲的な王朝政策を追求して、広大なドナウ沿岸地域を統治してきたが、この政策が効果をおさめてきたのには理由があった。ハプスブルク帝国が君臨した諸地方は、経済資源のうえから相補う関係にあり、軍事的防衛の見地からも一体化する方が有利だったのである。

しかしながら、事実上少数のドイツ人が多数の異民族を専制的に支配するこの国の体制は、十九世紀に入って諸民族のあいだに民族意識が芽生えるとともに、動揺をきたし、一八四八年の革命以後衰退の一路をたどりはじめた。ハプスブルク家がすでに領内諸民族の民族主義を全面的に抑ええない以上、それらと妥協することによって生き延びるほかはなかった。そこでオーストリアの支配層はマジャール人貴族に妥協の手を差し伸べ、一八六七年ハンガリー王国の建設を許し、これをオーストリアと対等の地位に引き上げ、オーストリア・ハンガリー二重王国を形成した（図1参照）。これがアウスグライヒ Ausgleich（和協）で、以後オーストリア・ハンガリー両国の関係は親密の度を増した

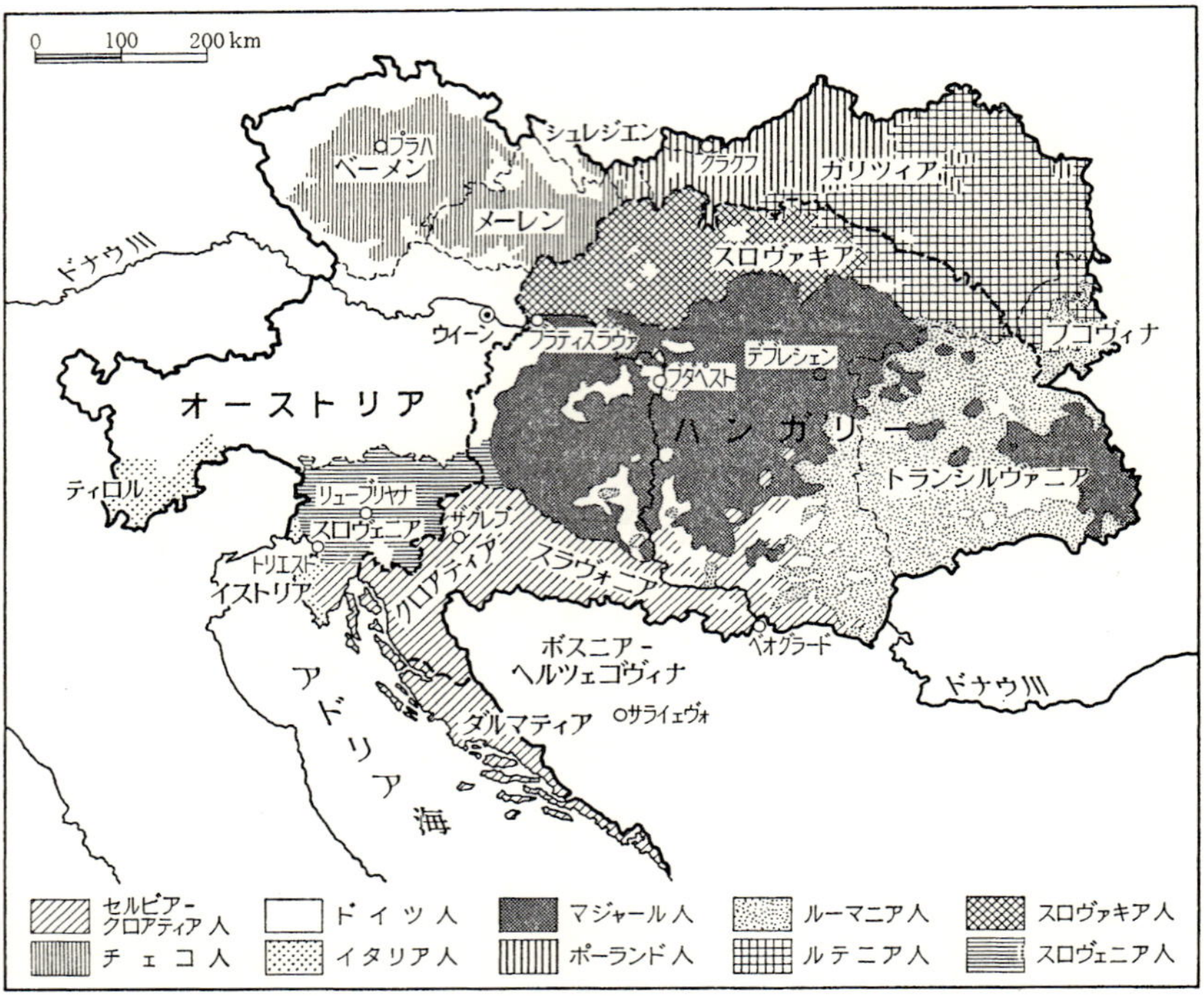

図 I-4-1 オーストリア・ハンガリー(1867年)

"Austria-Hungary 1867", from *The Habsburg Empire in European Affairs, 1814–1918,* by Barbara Jelavich, published by Holt, Rinehart and Winston, Inc., Chicago, 1969, p. 7.

が(1)、依然被支配者の地位にとどまったスラヴ系諸民族の不満はいっそう高まり、反抗を強めていった。

ところで、ハンガリーとオーストリアでは若干事情が違っていた。ハンガリーでは、特権的地位を得たマジャール人が他の諸民族(ルーマニア人・南スラヴ人・スロヴァキア人)にきびしい抑圧的態度で臨み、議会は非民主的で、マジャール人貴族に独占されていた。オーストリアでも政治の支配権はドイツ系住民の手にあったが、ここでは従属諸民族も若干の政治的発言権を与えられ、一九〇七年には普通選挙制が施行された。しかし政府と従属諸民族のあいだには、依然紛争が絶えなかった。民族運動の先頭に立ったのはチェコ人で、民族資本の飛躍的な発達が、彼らの政治闘争を急速に成長させた。

ガリツィア州にはポーランド人の貴族とルテニア人の貧農の対立があり、そのためポーランド人貴族はむしろハプスブルク家と提携する気配を示し、王国の維持に重要な役割を演じたが、彼らも独立の希望をもっていたから、事情次第ではウィーンに反抗した。帝国南部のクロアティア人・スロヴェニア人などの南スラヴ族のあいだでは、諸民族の連合体としての帝国をいかに再編成するかに関心が寄せられ、クロアティア人をハンガリーと同等の地位に高めて三重帝国をつくる構想を支持するものが多かったが、東方のセルビア国と一体化して南スラヴ人の国家をつくろうとする運動もあった。南ティロール（トレンティノ）・トリエスト港・イストリア半島などにはかなりのイタリア人が住み、イタリアはこれら「未回収のイタリア」の自国への併合を望んでいたが、イストリアやその背後の地域には南スラヴ人が住んでいたので、問題は複雑であった。

ハプスブルク帝国の民族問題が困難を加えてゆくなかで、王朝としてはアウスグライヒ路線に依存するほかはなく、これを強化する目的から一八七九年独墺同盟が締結された。一八四八年から一九一六年まで帝位にあったフランツ・ヨーゼフ一世 Franz Josef I（在位オーストリア皇帝一八四八—一九一六年、ハンガリー国王一八六七—一九一六年）がたのみにしたのは、二重主義の憲法と独墺同盟であった。

オーストリア・ハンガリー帝国の支配体制は、二十世紀に入ると一段と深刻な危機に直面した。特に注目されるのは、国境外にある民族国家が帝国内の同系統民族の合体を要求しはじめたことで、その急先鋒は、ロシアの汎スラヴ主義を背景にしたセルビアであった。一九〇八年オーストリア・ハンガリーが先手を打って、セルビア人の多いボスニア・ヘルツェゴヴィナを併合したことは、セルビアに大きな衝撃を与え、数々の秘密結社が組織されて反墺運動を始めた。こうした事態を前にして、オーストリア側でも一部の人々はハプスブルク帝国の危機を認め、クロアティア人の地位を高めて三重帝国をつくろうとする動きが見られ、皇太子フランツ・フェルディナント Franz Ferdinand はその中心人物であったが、宮廷の全面的支持を得られなかった。

しかし一九一四年前には、領内諸民族のなかで真に帝国の解体を唱えていたものは、ごく少数であった。当時の民族闘争は感情的対立といった面が強く、ハプスブルク帝国の枠内で自民族の地位の向上をはかろうとする傾向が大勢を占めていた。発達の遅れた小民族が完全に独立して、列強のあいだに自己の存立を維持することがいかに困難であるかは、民族運動の指導者自身がよく知っていた。(2)

それゆえ、民族問題を帝国の崩壊と結びつけてどう評価するかについては、諸家の意見は必ずしも一致していない。欧米の学界には、帝国の死滅を長期にわたる有機的分解の所産と見る立場(ヤーシやテイラー)と、崩壊を主として第一次大戦の結果と見る立場(メイやゼーマン)があり、最近では後者が有力であるが、そこでも、戦争中のどの契機を重視するかについて、見解の相違が見られる。(3) ここでは、さまざまな契機を大戦の具体的経過のうちに位置づけながら、全体としての崩壊過程を明らかにしたい。

(1) しかし両国の利害は常に一致したわけではなく、コッシュート Ferenc Kossuth(一八四一—一九一四年)の率いる独立党は、ハンガリーの完全な経済的・軍事的独立を要求した。詳しくは、第二部三、四章参照。

(2) チェコのマサリク、クラマーシュ、ベネシュなども、この段階ではなおハプスブルク帝国の崩壊を望んではいなかった。Hugo Hantsch, *Die Nationalitätenfrage im alten Österreich*, Wien, 1953, S. 66 f.

(3) ハプスブルク帝国の崩壊にかんする歴史叙述は、関係者の回想録に始まるが、勝者側(ドモフスキ、マサリクなど)には勝ち誇った気持が、敗者側(ツェルニン、コンラート・フォン・ヘッツェンドルフ、ランマッシュなど)には悲しみの気持が過度に表われている。両大戦間の民族主義学派の歴史家たちは、この歪みを受け継ぎ、第一次大戦勃発当時ハプスブルク王国はすでに民族闘争によってその基礎を根本的に揺がされた腐敗した存在であった、としている。他方オーストリアとハンガリーの自由主義的・社会主義的歴史家たち(ビーブル Viktor Bibl、ヤーシ Oskar Jászi、バウアー Otto Bauer)も、帝国滅亡の強い衝撃から、崩壊を一八六六年に始まる長い過程と考え、「瀕死体」であった帝国の解体の不可避を指摘した。なお両大戦間のチェコの歴史叙述は、戦争中の亡命者の活動に注意を集中し、帝国内部の政治事情を看過する傾向が強かった。第二次大戦後共産圏のマルクス主義史家は、民族革命と社会革命を区別して前者の役割を軽視し、ハプスブルク帝国滅亡の主因はロシアの十一月革命とその影響であるとするが、ここには、一部の例外を除いて、歴史研究と政治的主張の混同が見られる。英米には十九世紀から二十世紀初頭にかけてのハプスブルク帝国にかんする一般的研究は数多い(A. J. P. Taylor, *The Habsburg Monarchy, 1809–1918*, London, 1948; Robert A. Kann, *The Multinational Empire: Nationalism and National Reform in the Habsburg Monarchy, 1848–1918*, New York, 1950; A. J. May, *The Hapsburg Monarchy, 1867–1914*, Cambridge, Mass., 1951 など)が、帝国の生死に決定的な意味をもつ第一次大戦の四年間は、長いあいだ特別の注意を引かなかった。しかし最近この時期についても、メイとゼーマンの立派な研究が現われ(A. J. May, *The Passing of the Hapsburg Monarchy, 1914–1918*, Philadelphia, 1966; Z. A. B. Zeman, *The Break-up of the Habsburg Empire, 1914–1918: A Study in National and Social Revolution*, London, 1961)、特に後者は、民族主義学派とマルクス主義学派の誤謬を正し、多くの新史料を使い、幾多の貴重なアプローチを試みている。

1　開戦と戦争前半期の問題点

一　政治指導者の非現実的思考

本稿の主題は、第一次大戦後半期におけるハプスブルク帝国の崩壊過程を明らかにすることである。一九一五年の終わりころまで、戦争は純軍事的な事柄と考えられていたが、このころに至って政策が戦略をおおい、決定権が将軍から国民の手に移り、どの国でも新内閣がつくられ、また新路線がとられるようになった。これは、戦争の重大化を示すものであり、各国は妥協か徹底的抗戦かという共通の基本問題に直面したのである。一九一六年の冬から一七年夏にかけての諸事件——ドイツのベートマン-ホルヴェークの失脚、イギリスのロイド・ジョージの政権掌握、ロシアの三月(ロシア暦二月)革命、フランス兵士の反乱など——の背景は、これであった。オーストリア・ハンガリーでも、一九一六年秋のフランツ・ヨーゼフ帝の死に続く一連の変化の背後には、同じ問題が伏在しており、戦争の前後を分かつ重要な転機をなしている。それゆえ、崩壊過程の検討をこの時期から始めることは、理由のあることであるが、しかしこの国には、他の交戦国と違った特殊事情があり、それが崩壊と不可分につながっているので、最初に、開戦から戦争前半にかけての要点を押えておく必要がある。[1]

まず、開戦の際の帝国政府指導者の態度から検討を始めよう。一九一四年六月二十八日にオーストリア・ハンガリー皇太子フェルディナント夫妻がサライェヴォで暗殺されたとき、帝国外相ベルヒトールト L. Berchtold(在職一九一二—一五年)はセルビアに対して終始強硬な態度をとり、七月二十三日にはきびしい最後通牒をつきつけ、二十八日ついに宣戦したが、外相のこうした態度はどのような意図に根差していたのであろうか。

今日の研究が示すところによれば、オーストリア・ハンガリーの戦争目的は限られたものであった。[2] 当時ベルヒトールトをはじめ政策決定者の多くは、領土的拡張を狙ったのではなく、王国の安定を脅かすセルビアに一大打撃を加えて弱体化し、全バルカンにおける王国の勢力強化を期待したのであった。要するにセルビアへの宣戦は、独立の大国としてのハプスブルク帝国の地位と名声を維持し再確認するために意図されたといってよい。

けれども、帝国内の諸問題は当時すでに深刻化していたので、戦争はたとえ勝利に終っても、それらの問題を解決するどころか、かえっていっそう紛糾させるかもしれぬという疑問が、冷静な頭脳には当然おこるはずであった。七月七日、二重帝国の合同会議がウィーンの外務省で開かれたとき、ハンガリー首相ティサ István Tisza(在職一九〇三—〇五、一三—一七年)は武力発動に強く反対し、やがてベルヒトールトの説得にあって開戦を承認するに至ったときにも、多数のセルビア人を併呑する結果にならないことの保証を求めたが、[3] これは、戦争が果たしてハプスブルク帝国の安定と改善に役立つかどうかという疑問を投げかけたものといってよい。

しかし、オーストリアの政策決定者の多くは、この問いを真剣に受けとめなかった。ほとんど受諾不可能に近い最後通牒をつきつけられたセルビアがロシアにすがることは明白であり、ロシアを敵に廻すとなれば、ハプスブルク帝国はどうしても同盟国ドイツの援助をあてにしなければならなかった。ベルヒトールトもこのことはわかっていたので、舞台裏でドイツに問い合わせ、ドイツ皇帝から無条件支持の約束を得ていた。ハンチュ教授は、もしドイツの支持がなかったら、オーストリア・ハンガリー政府があれほど強硬な態度に出たかどうかは疑わしく、おそらく大戦は

避けられたであろう、と推測している。(4)

しかし、だからといって開戦の責任をドイツのみに帰することは、誤りである。セルビアが最後通牒のほとんどすべての要求を実際上受け入れたのちには、オーストリア・ハンガリーは開戦に至らずして名誉と威信を維持しえたはずであった。しかもなお開戦に導いた重要な契機は、政治指導者たちの古めかしい空想的・非現実的な考え方であり、みずからの行動の客観的結果を意識しえない見通しのあまさであって、これがドイツの援護によって増幅され、極端な威信政策を生み出したといえよう。

ところで、ドイツの支持を得て開戦したことは、ハプスブルク帝国に大きな不幸をもたらした。当時この国は軍事力でも工業資源の点でもドイツに劣っていたので、戦争遂行上ドイツに大きく依存せざるをえず、このことは、政策と軍事指導のうえで自己決定の自由を失うことを意味した。賢明な政治家ならば、開戦直前すでにこのことを考慮しえたはずであったが、ハプスブルク帝国の指導者たちはこの明をもたず、それが帝国の崩壊に大きくつながるのである。それだけではなかった。ハプスブルク帝国はイギリスやフランスと戦う理由をもたなかったが、ドイツとの結合のために、直接関係のない世界政策的対立のさなかに引き込まれた。当時西方の強国にとって主要な目標は、ドイツの覇権への道を阻止することであったが、独墺同盟のゆえに、彼らの目には、中欧両国が共同のブロックをなしているように映じた。こうして、七月二十八日にオーストリア・ハンガリーの南部国境で始まった局地戦は、ドイツの介入を契機にロシア、フランス、イギリスを巻き込み、一週間後には大ヨーロッパ戦争に発展していた。このことはハプスブルク帝国に過重な負担を与え、帝国崩壊の基本的な一因となった。逆説的にいえば、独墺同盟こそハプスブルク帝国の命取りになったのである。

（1）　カン教授は、ハプスブルク帝国の崩壊過程における「決定的な転回点は、戦争の勃発それ自体である」と語っている。R. A. Kann, *The Habsburg Empire: A Study in Integration and Disintegration*, New York, 1957, p. 154.

（2）　H. Hantsch, *Die Geschichte Österreichs*, Bd. II, Wien, 1962, S. 520.

(3) *Protokolle des gemeinsamen Ministerrates der österreichisch-ungarischen Monarchie (1914–1918)*, Budapest, 1966, S. 141 ff.
(4) H. Hantsch, *Leopold Graf Berchtold: Grandseigneur und Staatsmann*, Graz, 1963.

二　ドイツの優位と圧力

フリッツ・フィッシャーの著書『世界帝国への進撃』[1](一九六一年)の出現以後、ハプスブルク帝国崩壊の要因の一つをドイツとの関係に見る見方が、急速に力をもつようになった。ここでもこの見解を考慮しながら、初期の戦況をスケッチするなかで、ドイツへの従属が深まってゆく過程を追ってゆきたい。

開戦当初ドイツは西部戦線に兵力を集中したので、オーストリア・ハンガリー軍は単独でロシア軍に立ち向かわねばならなかった。しかしオーストリア軍の装備はわるく、雑多な民族から構成されて統一ある行動がとれなかったために、いちはやくガリツィアに侵入したロシア軍に破られ、多くの死傷者と捕虜を出してカルパティア山脈まで後退せざるをえず、ガリツィアの大部分をロシア軍の手に委ねる結果になった。一方オーストリア・ハンガリー軍は一九一四年八月以降三回にわたってセルビア攻撃を行なったが、これまた「真の戦闘力をもった」[2]セルビア軍の反撃にあって敗退し、かえってセルビア軍のハンガリー侵入を招いた。開戦後半年間のこのような不振は、国民の士気に重大な悪影響を及ぼすとともに、帝国とドイツの関係を一変させた。西部戦線でのドイツの戦略的失敗は大きかったが、ドイツ軍はともかくも数々の勝利をおさめて敵国深く進入していたし、さらにロシア軍を東プロイセンから追い出すことに成功していたから、独・墺両国軍隊の優劣の差は明白であった。もし最初から共同の作戦計画が立っていたら、オーストリア軍の敗北は避けられたかもしれないし、ドイツの参謀はかねてこれを望んでいたが、自国の威信を重んずるオーストリアはこれに反対してきたのであった。いまや統一指揮権の樹立は不可欠となったが、それは当然オーストリアの従属という形で行なわれた。

ドイツ軍の関与は大きな成果をあげた。西部戦線が陣地戦と化したのち東方に廻されたドイツ軍の助けを借りて、一九一五年五月オーストリア・ハンガリー軍はゴルリツェでロシア軍を破り、ガリツィアは解放された。続いて八月から九月にかけて独墺軍はロシア領ポーランドの占領に成功し、さらにこの年の十月からセルビア攻略が始まり、年末までに全セルビアが占領されたが、この勝利も、ドイツ軍と新たに参戦したブルガリア軍の協力によるところが大きかった。そのあいだに、一九一五年五月イタリアが連合国側に立って参戦した。オーストリア・ハンガリーは新戦線に一部の兵力しか投じえなかったが、イソンゾ河畔と南ティロールで果敢に戦い、イタリア軍の攻撃をとめることに成功し、一九一六年には攻勢をとることさえできた。しかしそれを維持する力はなく、前線を固めるためには、もう一度ドイツの軍隊とドイツの指揮が必要であった。

同じ一六年六月、東方ではブルシーロフ将軍のロシア部隊が突然攻撃を開始し、ガリツィアのオーストリア軍は再びカルパティア山脈まで退却しなければならなかった。やがてヒンデンブルクの救援で失地は回復されたが、オーストリア軍は五〇万近い犠牲を出し、東部戦線は事実上ドイツの最高指揮権のもとに置かれた。ブルシーロフ攻撃によって心理的圧力を加えられたルーマニアは、八月連合国側に立って参戦したが、その軍隊はまもなく欠陥を暴露し、十二月五日には首都ブカレストがマッケンゼン軍の強襲によって陥落した。ルーマニア打倒の栄誉も、こうしてドイツ軍の手に帰した。一年後の一七年十月、オーストリア軍はイソンゾ前線のカポレットでイタリア軍の強襲突破に成功し、アドリア海沿岸から長駆ヴェネツィアを衝く勢いを示したが、この輝かしい勝利も、ドイツの第十四軍団の応援によって得られたものであった。ハプスブルク帝国は、ロシアからもセルビアからもイタリアからさえも、ドイツの力で守られたのである。

第一次大戦中のオーストリア・ハンガリーの政治史は、このような背景に照らして考察されねばならない。オーストリア・ハンガリー軍の劣勢が判明するにつれて、ドイツはハプスブルク帝国の政治的発言に耳をかさなくなったのである。

ウィーンとベルリンのあいだの軋轢は、戦争目的と講和の問題をめぐって早くから現われていた。一九一四年にウィーンの政治指導者たちは、ヨーロッパの政治地図が変更される場合、自国の力と安全の見地から、セルビア、モンテネグロ、アルバニアの支配を望むと同時に、ドイツの野心がリトアニア、クールラント、ベルギー領コンゴに制限されることを願い、さらにドイツが英仏との講和を不可能にするような要求を掲げぬことを望んでいた(3)。しかしドイツ人は、ウィーンの意向に左右されなかった。フリッツ・フィッシャーの研究が示すように、ドイツ政府は戦争の全期間を通じて、東西両方面にわたって併合主義的な戦争目的のプログラムを一貫して保持していた。

一九一五年一月ベルヒトールトがイタリア問題で辞職したあと、代わって外相の地位についたブリアーン István Burián(在職一九一五—一六年、一八年)が、一六年四月にベルリンを訪問したとき、オーストリアはドイツの戦後プランについて初めて一般的観念をもつことができたが、それは、同盟国側の手に帰したポーランド全域の処理について、重要な問題を含んでいた。自国内のポーランド人はハプスブルク王朝の主要な支持者であったから、オーストリア政府はこれに深い関心を払い、ロシア領ポーランドをガリツィアに統合してハプスブルク帝国内の第三部門をつくるという「オーストリア・ポーランド的解決」を望んでいた。しかしドイツ政府は、これを認めるための条件として、次のものを挙げた。まずドイツは、東方に対する戦略的地位を改善するために、「ポーランド国境の細長い土地」Polish frontier strip を併合し、さらに全ポーランドの経済的支配を要求する。しかもハプスブルク帝国のオーストリア部でドイツ人が支配的地位を保持し、全帝国がドイツに密接に結びつけられなくてはならない。そのために独墺同盟は、オーストリア・ハンガリー軍の編制についてドイツが発言権をもつような永続的組織に変えられねばならない。最後に両帝国は、ドイツが指導的役割を演ずるような一つの関税同盟を形成すべきである(4)。

ドイツの指導下に中欧の全体的組織化をはかろうとするこの提案は、同盟国に協力を申し出たというより、実質的にはドイツの衛星国となることを求めたものであったから、さすがのオーストリアも憤慨してこれを退け、あくまでも純粋な「オーストリア・ポーランド的解決」を主張した。こうしてベルリンとウィーンは応酬を重ねたが、戦争に必要な人的資源としてポーランド兵を獲得するために、ポーランドに独立の形式を与えることに落ち着き、一九一六年十一月、両国皇帝は共同で、戦後にポーランド王国をつくる用意があることを宣言した。しかしポーランド人の義勇軍は生まれず、将来のポーランド国の性格については、両国政府のあいだになんら意見の一致がなかった。

ブルシーロフ攻撃の際のオーストリア・ハンガリー軍の敗退は、ドイツの政策をさらに変化させた。ロシアに対する防衛をハプスブルク帝国に託することは不可能であり、ドイツがポーランドの支配権を握らねばならぬという議論がおこり、一九一七年五月、オーストリアはルーマニアに進出の見込みを与えられる代わりに、ポーランドを譲らねばならなくなった。しかしルーマニアの穀物と石油の魅力が判明するに至って、この年の暮にルーマニアにかんする決定は保留され、いま一度「オーストリア・ポーランド的解決」が提起されたが、それにはドイツの要求がおびただしく詰め込まれ、オーストリア大公をポーランド王位につける以外に何の実質も伴わない「候補者的解決」に似たものになっていた。

以上の考察の結果を、一応次のようにまとめることができよう。オーストリア・ハンガリーはドイツの力で救われたが、その結果この国の政治的・軍事的指導はドイツ軍に引き取られ、ハプスブルク家はヨーロッパの支配をかちとろうとするドイツの補助者にすぎなくなってしまった。一九一四年から翌年にかけてイタリアの参戦に先立って行なわれた取引の際にも、オーストリア・ハンガリーの立場は軽視され、ドイツはオーストリアの領土をイタリアに提供することによって、その中立を確保しようとした。(5) このような状況について、イギリスの歴史家テイラーは、「ヴィルヘルム二世の王朝的センチメンタリズムが、ドイツ人がハプスブルク家を絶滅することをはばんでいたにすぎない。実際フランツ・ヨーゼフ帝は、ザクセンやバイエルンの王以上の独立をもってはいなかった」と極言している。(6) ドイツに抱えこまれた関係が、戦争の後半ハプスブルク帝国にもたらす困難については、のちに見るであろう。

（1）　F. Fischer, *Griff nach der Weltmacht*, Düsseldorf, 1961.

（2）　A. J. P. Taylor, *The Habsburg Monarchy, 1809–1918*, p. 233.

（3）　H. Holborn, "The final Disintegration of the Habsburg Monarchy", *Austrian History Yearbook*, vol. III, pt. 3, Hous-

ton, 1967, p. 192.
(4) *Ibid.*, p. 193.
(5) B. Jelavich, *The Habsburg Empire in European Affairs, 1814-1918*, Chicago, 1969, p. 166.
(6) Taylor, *op. cit.*, p. 234.

2 新事態の発生

一 民族運動の展開

次に戦争後半期の考察に移ろう。軍事的状況は、一九一六年には中欧両国に有利なように見えた。一五年の夏、独墺軍はロシア領ポーランドを、同年末にはセルビアとモンテネグロを占領した。一六年にはイタリア戦線でオーストリア軍は攻勢をとり、ルーマニアも独墺軍に占領された。他方、中欧両国の土地は敵の占領下にはなかった。

しかしこれらの外面的勝利に反して、王国内の諸困難は著しく増大していた。一九一六年から一七年の初めにかけて、王国内には、重大な転換を示す三つの出来事がおこった。第一に、一六年六月三日には、クラマーシュ Karel Kramář を含む数人のチェコ指導者が、ウィーンの軍事裁判所で、反逆罪のかどで死刑の宣告を受けた。第二に、十月二十一日には、オーストリア首相シュテュルク Karl von Stürgkh(在職一九一一―一六年)が、社会民主党の平和主義者フリードリヒ・アードラーに暗殺された。第三に、一ヵ月後の十一月二十一日には、八十六歳の老帝フランツ・ヨーゼフがウィーンのシェーンブルン宮で逝去した。以下それぞれのもつ意味を考えてみよう。

第一の事件は、民族問題の不吉な兆候を示したものとして注目される。周知のように、第一次大戦の勃発は各国で愛国主義を燃え立たせた。オーストリア・ハンガリーでも軍隊の動員は何の障害もなく行なわれ、民衆も至るところで戦争を支持したが、しかし他国の場合とはやや事情が違っていた。ドイツでは、戦争はスラヴ人に対する戦いであると説かれたが、ハプスブルク帝国では、民族的な合言葉を使うことは不可能であり、祖国と皇帝の防衛が引き合いに出された。しかしこの動機は、すべての民族に一律に有効ではありえなかった。ドイツ人・マジャール人が祖国のために勇敢に戦う意志を示したのは、当然であるが、スラヴ人の気持は複雑であった。ロシアの専制政治に強い反感を抱いていたポーランド人は、他に率先して戦争支持を宣言したけれども、オーストリア軍のチェコ兵のなかには、スラヴ的な全体感情から戦争に懐疑的となり、開戦当初のガリツィア戦以来、ロシア側に投降するものが続出した。しかもロシア皇帝は、一九一四年九月ガリツィア進撃の際に、ベーメン王国を復興させるという声明を発したために、クラマーシュはじめ親露的なチェコ人たちは、一四年から翌年にかけてロシア軍の到着を待望した。けれども、ロシア軍の敗退とともにこの話は終わり、チェコ人の夢は破れた。チェコの急進的な民族主義者も、最初はある種の受動的抵抗で満足していたのである。南スラヴ族のスロヴェニア人も、スラヴ人として開戦に若干不満を抱いていたが、イタリアの参戦はかれらを政府に協力的たらしめた。クロアティア人は、セルビアに対する旧来の敵意から勇敢な態度を変えず、(1)イタリアの参戦はさらにかれらの愛国的熱狂を高めた。こうして戦争の初期には、たいていのスラヴ人は王国に依然忠誠であり、諸民族の協同が見られた。オーストリアのシュテュルク政府が国会 Reichsrat を召集せずに統治したことも、国内の平穏を維持するうえに有効であった。

しかしながら、戦争の進行は事情を少しずつ変えていった。一九一五年から一六年にかけての一見有利な戦況のうちに、マジャール人とオーストリア・ドイツ人はドイツ帝国の勝利を確信して、自分たちを次第に強くハプスブルク帝国の支配民族であると考えるようになった。たとえば一九一五年の復活祭に、社会民主党を除くオーストリア・ドイツ人の全政党は一致して宣言を出し、(2)オーストリアのドイツ民族的性格を強調して、諸民族をドイツ的中央集権の支配下に置こうとした。しかもその間にハプスブルク王国はドイツ帝国への依存を次第に強めていたので、スラヴ人のあいだには、自民族の将来についての深い懸念がきざしはじめた。ドイツが軍事的に優勢であり、オーストリア・ハンガリーで絶対主義的支配が行なわれていたあいだは、スラヴ人はこの恐怖を表明することができなかったが、一六年から一七年にかけて、民族問題は切迫した様相を示してきた。

とりわけ顕著な動きを見せはじめたのはチェコ人で、戦前連邦主義を唱えハプスブルク帝国の存続を望んでいた彼らは、いまや帝国の独立が失われはじめたのを見て、ハプスブルク家に挑戦し、権利のための自己主張を始めた。一九一六年の秋、チェコ人の主要な政党は、それまでの分裂を克服して国民同盟 National Union をつくり、議会での協力を申し合わせた。またプラハには国民委員会 National Committee が形成された。南スラヴ人のあいだにも同様の傾向が現われ、チェコ人と南スラヴ人のあいだの共同活動も見られるようになった。クラマーシュ裁判は、秘密の集会や陰謀の形をとるようになったチェコ民族の抵抗運動の存在を、世界に示したものであった。

（1）一九四ページ、注(2)参照。

（2）A. J. P. Taylor, *The Habsburg Monarchy, 1809–1918*, p. 234.

二　国内事情の悪化

次にシュテュルク首相の暗殺は、すでに戦争の重圧が国民生活を強く締めつけ、国民がそれにかんする政府の責任を問いただそうとしたことを示しており、「禍をはらんだ時代の暗黒からやってきたもの」(1)にほかならなかった。開戦当初の予想に反した戦争の長期化は、ハプスブルク帝国を、はるかにその力を越えた試練にあわせた。軍隊の損失は一九一六年までに恐るべき額に達しながら、必要とした勝利を自身の力で獲得することができず、しかもチェコ兵とルテニア兵の多くが敵側に投降して、軍隊のモラルを動揺させていた。一方、食糧の供給は次第に困難になり、一六年夏の穀物の収穫が平年の半分にとどまったせいもあって、一般国民は意気銷沈し、平和を望む声が高くなった。ハプスブルク帝国には、ドイツと違って、敵の全勢力の徹底的な打倒を求める大規模な国民運動は存在しなかった。

そのうえ王国の統治組織が国民を圧迫していた。オーストリアの国会は一四年三月に解散されたまま召集されず、凡庸な官僚シュテュルクを首班とする政府が全権を握って統治していたが、この国の官僚的絶対主義は(2)、戦時生産と食糧供給という基本問題を処理してゆくうえに、重大な難点を含んでいた。オーストリアには高度に集中された行政組織が欠けており、それが、戦時下の力と資源の有効な集中を困難にしていた。こうして窮境に追いやられた国民のあいだから、さまざまな民族的・社会的不満が高まりはじめたのは、当然である。

ハプスブルク帝国の二重構造も、戦争遂行の大きな障害になっていた。アウスグライヒ以後、帝国の指導権はオーストリアのドイツ人とハンガリーのマジャール人に二分されたが、マジャール人は戦争によってナショナリズムをかきたてられ、全帝国の共通な運営のために十分な協力を払わなかった。食糧生産地であるハンガリーは、みずからの豊かな生活を主張して、オーストリアにわずかの穀物しか与えず、しかもそれと抱き合わせにしばしばオーストリアの政治的譲歩を要求した。ハンガリーのこうした態度は、オーストリア住民に極端な食糧不足をもたらし、両者の関係を悪化させずにはおかなかった。

(1)　H. Hantsch, *Die Geschichte Österreichs*, Bd. II, S. 529.

(2)　オーストリア・ハンガリーでは、戦争中国家の政策決定に当たって軍人の果たした役割は、ドイツの場合よりも少なかった。それは、オーストリア軍が十分な成果をあげえなかったことによるが、参謀総長コンラート・フォン・ヘッツェンドルフの、思いつきだけで批判力を欠いた性格とも関係していた。H. Holborn, "The final Disintegration of the Habsburg Monarchy", *op. cit.*, p. 196.

三　君主の交替

ハプスブルク帝国の象徴的存在であったフランツ・ヨーゼフ帝の死は、帝国の将来に大きな影響を及ぼした。彼はアウスグライヒと独墺同盟という伝統的な二つの柱をよりどころにし、国民の彼に寄せる尊敬を背景にしながら、ある程度王朝への反対分子を抑えることに成功し、ハプスブルク帝国の大国としての地位をかろうじて維持してきた人物であったから、その死とともになだれ現象が始まったのは、当然である。

あとを受けて即位したのは、老帝の甥の息子にあたる若年のカール一世 Karl I(一八八七―一九二二年、在位一九一六―一八年)であった。彼は戦時向きの強い性格ではなかったが、感受性に富み、人間的な暖かさをもっていたので、国民の窮状に心を動かされ、講和を望む声に耳を傾け、平和の君主、民衆の皇帝として統治することを望んだ。一方における敗北の懸念と他方における勝利の講和への不安が、彼に矛盾した気持を抱かせたが、特に勝利の結果自国がドイツの完全な従属国になるかもしれぬという危惧が、彼を不愉快にした。何物にも依存しない超民族帝国の思想をもったカールにとって、唯一の取るべき道は、すみやかに講和を達成し、領内諸民族間の和解を実現することであった。カールの即位の直後、一六年十二月にはブリアーンに代わってあらたにツェルニン Ottokar Czernin(在職一九一六―一八年)が外相に就任し、一七年一月にはハンガリー首相ティサが新帝の方針に反対して辞任し、最高軍司令官コンラート・フォン・ヘッツェンドルフもほぼ同時に引退し、ハプスブルク帝国の戦時行政は面目を一新した。しかし、果断さを欠いた未経験な新帝にとって、この時点でその意図を実現することは、果たして可能であっただろうか。

3 新帝カールの政策

一 講和問題

まず講和問題を見よう。一九一六年の末にはドイツ当局者のあいだにもようやく焦燥の色が現われ、宰相ベートマン-ホルヴェークは有利な講和の機会をうかがっていた。当時すでに危機的な状況に陥っていたハプスブルク帝国は、西方の連合国との講和交渉を強く望み、この年十月、外相ブリアーンは老帝の了解を得たうえで、具体的な平和提起をドイツ政府に勧めていた。新帝カールと新外相ツェルニンは、ドイツが東方で大きな収穫を得るならば、西方でその貪欲な戦争目的を捨てることはありうると考え、ベルギーの復旧とアルザス・ロレーヌの返還をフランスに提案するようドイツに示唆したが、ドイツの最高統帥部は戦争目的を限定することに反対であり、一九一六年十二月十二日中欧側がはじめて公式に行なった和平提起は、漠然としたものになってしまった。連合国側は、誠意を欠くものとして、直ちにこれを拒絶した。続いて十二月二十一日には、アメリカ合衆国大統領ウィルソンも全交戦国に永久平和の基礎を築くことを提議したが、連合国側は翌年一月十日、ドイツから完全な復旧と賠償の保証を得なければ講和には応じがたいとして、ウィルソンの仲介をことわった。

これらの講和提起の失敗はオーストリアの人心を落胆させ、講和を達成するために、正規の外交以外の有効な方法をさぐろうとする気持が生まれた。この時点でカールは、フランス側に立って戦っていた義兄のブルボン・パルマ公シクストゥス Sixtus を通じて、敵の諸政府と直接接触しようとし、シクストゥスは一九一七年のはじめに、ウィーン南方の古城とパリのあいだを潜行往復して、講和の仲介を行なった。このときカールはシクストゥスに一通の書簡を渡し、「アルザス・ロレーヌに対するフランスの正当な返還要求を支持する」意向を述べて、フランス大統領への伝達を依頼した。この希望はフランスをへてイギリスにも伝えられたが、オーストリアの領土を狙うイタリアの処置について意見がわかれ、秘密交渉はなんら効を奏することなく、六月五日終わりを告げた。

ところでこの交渉は、単独講和への希望を表わしたものか、全面講和への道を開くはずのものだったかについて、議論がなされている。ハンチュ教授は、東方戦線がドイツの統一指揮下に入っていた状況のなかで、カールが単独講和による戦線離脱を望んだとは考えられない、同盟国の一方が他方の了解なしに講和の瀬ぶみを行なうことは、しばしば見られる、と述べている。しかしホルボーン教授は、カールはのちには単独講和の可能性をも排除しなかったようにに見える、と推測し、コーン教授は、カールは単独講和の動きに巻き込まれて、結局自分の立場を苦しくした、と語っている。(1)

この交渉を失敗させた主因は、イタリアの強硬な態度であった。イタリアはトリエストとトレンティノを得ずにはいかなる講和も結ぶ気はなかったし、すでに一九一五年四月のロンドン秘密協定で、これらの地域について連合国側の確約を得ていた。それゆえイタリアを説得するためには、オーストリア側の大幅な譲歩が必要であったが、シクストゥスの非公式会談の際には、オーストリアはイタリアに何物も提供しなかった。その後トレンティノは譲られたが、トリエストは除外されていた。これは、オーストリア政府が状況の読みを誤った一例といわねばならない。(2)

一方ドイツは依然勝利の幻想に執着し、最小限の譲歩さえも行なうつもりはなかった。一九一七年四月の合衆国の参戦にもかかわらず、同年夏にはバラ色の楽観論が支配していた。この年の一月開始された無制限潜水艦戦は、敵に予想以上の損失を与え、イギリスは冬までに屈服すると思われた。これは実現しなかったが、ロシアの十一月(ロシア暦十月)革命によって東部戦線の事態が好転し、西方における最終的勝利の希望さえ見えはじめた。そこでは、敗北の容認に等しいアルザス・ロレーヌの放棄が退けられたことは当然であり、ガリツィアを含む全ポーランドをドイツに譲って西方の譲歩をかちとろうとするオーストリアの提案も、(3)拒否されてしまった。ハプスブルク帝国は生き残るためにぜひとも講和を必要としたのに、外面上の事態の好転がこれを妨げたのである。

カールとツェルニンはなお幾つかの試みを行なった。フランスとのあいだにはその後も和平の交渉が続けられたが、常にイタリア問題が手に負えぬことが判明した。一九一七年の夏、ストックホルムの社会主義者大会に出席するオーストリア社会民主党員に旅券を与えたのも、(4)ドイツ中央党のエルツベルガーを説いて「妥協講和」の呼びかけを画策したのも、(5)ツェルニンの苦悶の現われであったが、無制限潜水艦戦の予告期限の切れたこの年の秋には、もはや連合諸国との全面講和の望みはなかった。カール帝の善意はついに実らなかったのである。

(1) H. Hantsch, *Die Geschichte Österreichs*, Bd. II, S. 530–531; H. Holborn, "The final Disintegration of the Habsburg Monarchy", *op. cit.*, p. 198; Hans Kohn, *The Habsburg Empire, 1804–1918*, New Jersey, 1961, p. 100.
(2) A. J. May, *The Passing of the Hapsburg Monarchy, 1914–1918*, pp. 486–492.
(3) Holborn, *op. cit.*, p. 199.
(4) May, *op. cit.*, p. 514.

（5） *Ibid.*, p. 500.

二　国内再編成の試み

次にカール帝の意図した国内再建の試みを見よう。カールは超民族帝国の思想から、ハンガリーの特権的地位に変更を加える必要を認め、ハンガリー憲法に対する宣誓を避けるために、ブダペストでの国王戴冠式を延期しようとしたが、食糧供給を止めるというティサの威嚇にあって、屈せざるをえなかった。カールはまたハンガリーに普通選挙権を導入する計画を打ち出して、マジャール人貴族の独善を抑えようとした。普通選挙が実施されれば、彼らを中心とする議会の多数派は瓦解し、スラヴ人・ルーマニア人・労働者・小市民などの雑多なグループが進出することは必至であり、ウィーン政府は議会を意のままに操縦できるはずであった。ハンガリー首相ティサはカールの強要にあってその地位を去ったが、マジャール人貴族は連合してハプスブルク王家の試みに対抗し、国制改革の問題は結局あいまいにされてしまった。(1) ウィーンおよびオーストリア工業地帯の食糧不足は、王朝とその官僚をマジャール人の好意にすがる無力な懇願者たらしめ、カールの意図はついに実らなかったのである。

オーストリアの内部でも、カールは民族的不満をなだめるために幾つかの試みを行なった。まず彼は、国家に対する反逆罪で死刑を宣告されたチェコの指導者たちに、大赦を与えた。次に、国会の再開が決定され、一九一七年五月三十日に召集された。開戦以来政府が一切の批判をこばみ、議会の召集に断固反対してきたことは、国民の大きな不満をよび、ついにシュテュルク首相の暗殺を生んだ。いまや社会民主党がこの絶対主義支配を敵視したばかりでなく、市民的政党や上院までも、立憲的体制の復活を唱えていた。

そのあいだに国外ではもろもろの大事件がおこって、帝国内部に深刻な影響を与えていた。一九一七年春のロシア三月革命の報道は、領内住民の民族的・社会的不満をあおり、四月のアメリカ合衆国の参戦は、デモクラシーと民族権拡大の要求をいっそう高めた。オーストリア国会が再開されたとき、領内諸民族のうちにおこっていた態度の変化は、議員の発言を通じて直ちに現われた。(2) 五月から六月にかけての国会で、チェコ人・南スラヴ人・ルテニア人などのスラヴ系諸民族は、ハプスブルク帝国を「自由で同権の諸民族国家からなる連邦」に改造することを要求した。これはすでに革命的状況の近接を示していたが、諸民族の代表は、なおハプスブルク帝国の枠内で自身の希望を述べるにとどまっていた。当時王国の解体を望んだのは、二人のチェコ進歩党員にすぎず、しかも彼らは、同郷人を含むたいていの議員から非現実的な狂信者と見られるほどに孤立していた。国会の論議は、海外で進められていたチェコ人や南スラヴ人の亡命家たちの急進的な思想や活動とは、なおかなりの食い違いを見せていた。

それにもかかわらず国会での宣言には、既存の国家形態に対する根本的反対が含まれていた。チェコ人の議員は、チェコ人が多数を占めるベーメン、メーレンとハンガリー領のスロヴァキアとを併合して一つの民主的な政治単位をつくることを要求し、南スラヴ人も、スロヴェニア人・クロアティア人・セルビア人の住む王国内の全領土を、ハンガリー領も含めて、すべての外国支配から自由な、民主的原理に基づく一つの独立国家に統合することを望んだ。これらの要求は、オーストリア内部の改革にとどまらず、従来の二重主義への痛烈な攻撃を意味した。また東部ガリツィアのルテニア人は、ポーランド人の支配からの独立を叫び、ガリツィアの民族的分割、ないしは、ハプスブルク家の主権下に一大ウクライナ国家を建設する希望を述べた。こうしてスラヴ人は、ハプスブルク帝国全体の国制問題を議会活動の中心に置いたのである。

もしこの時点で政府が帝国の連邦化を認めていたならば、帝国の崩壊を食いとめることができたかもしれない。しかし、それにはあまりにも大きな反対勢力があった。スラヴ系議員の要求はドイツ人、特にベーメン・メーレンに住むドイツ人の利害に反したので、ドイツ国民同盟 Deutscher Nationalverband およびキリスト教社会党の側から激しい反対がおこった。それはまたハンガリー王国の領土保全を侵すものであったから、マジャール人が手ごわい反抗の気勢を示すことは必至であった。ポーランド人はガリツィアの独占を回復するとともに、ロシアからウクライナ地方を奪取することを望み、オーストリアを単一国家として保存する点では、ドイツ人と一致した。それゆえ、もしスラヴ系諸民族の要求にそった解決がはかられたならば、王朝は大部分のドイツ人やポーランド人の忠誠を失い、ハンガリー人は一年早く帝国から分離する結果になったかもしれない。

しかし、クラム-マルティニッツ Heinrich Clam-Martinic(在職一九一六年十二月―一七年六月)を首班とするオーストリア政府は、いかなる改革も拒否すると答えて完全な無策ぶりを示し、中央政府の権威をいっそう失墜させた。カールが講和への道づけに失敗したことも、彼が確信をもって国制上の改革に着手することを不可能にしていた。カールはわずかに、レートリヒ Joseph Redlich 教授の意見に基づいて「諸民族の内閣」を提案し、王朝の存続に心を向けさせようとしたが、チェコ人と南スラヴ人にはすでにその気がなく、ドイツとハンガリーも難色を示したために、実現しなかった。次にカールは、官僚ザイドラー Ernst Seidler の意見にしたがって「文化的自治」の賦与を提唱したが、当時意味をもった唯一の「自治」は、ドイツのヨーロッパ支配のための戦いから逃れることでしかなかった。(3)

こうしてカールの努力は、内外の困難な事情のもとで絶望的となり、一九一七年の夏までにことごとく失敗に終わった。政府に戦争を終わらせる能力がなく、住民の物質的困窮を改善する力もないことが、はっきり露呈され、事態はますます悪化していった。ハプスブルク王家にとって、もはやなすすべはなかったのである。

(1) A. J. May, *The Passing of the Hapsburg Monarchy, 1914–1918*, pp. 682–690.
(2) *Ibid.*, pp. 641–645; H. Hantsch, *Die Geschichte Österreichs*, Bd. II, S. 532 ff.
(3) A. J. P. Taylor, *The Habsburg Monarchy, 1809–1918*, p. 244.

4　亡命政治家の活動

次に、ハプスブルク帝国の崩壊に重大な役割を果たした海外亡命者による独立運動を見なければならない。ここでもまず注目されるのはチェコ民族の運動であり、その代表者はマサリク Tomáš G. Masaryk(一八五〇―一九三七年)であった。プラハのチェコ大学教授であり、オーストリア国会議員であった彼は、最初はハプスブルク王国の連邦化を望んでいたが、開戦早々ハプスブルク王国の自立性が失われたのを見て、王国の破壊とチェコ民族国家の独立を考えるようになった。しかも彼は、ロシアの関心がセルビアを中心とする正教徒スラヴ族に限られていることを看破して、従来の親露主義や汎スラヴ主義の清算を唱え、西方の連合諸国に頼る決意を固めた。一九一四年十二月マサリクはオーストリアを脱出し、ローマからスイス・フランス・イギリスにわたって、連合諸国の後援を求め、一六年二月には、独立運動の中央組織としてパリにチェコスロヴァキア国民会議 Czechoslovak National Council を創設した。その指導者はベネシュ Eduard Beneš(一八八四―一九四八年)とシュテファーニク Milan R. Štefánik であった。

マサリクは、彼の国家が「ヨーロッパの必要物」であることを証明するために、デモクラシー(法の支配と人権)の思想を説き、さらに現実主義者であった彼は、チェコ民族の独立だけに目標を限らず、ベーメンについて語った。ベーメンには三〇〇万のドイツ人が含まれていたが、戦略と経済の見地から、ベーメンの一体性が新独立国家には必要であると考えられたのである。彼はまた、メーレン出身とはいえ半ばスロヴァキア人であったから、二〇〇万のスロヴァキア人の将来を考えて、ハンガリー国境に挑戦し、チェコスロヴァキア民族の創出を提唱した。しかし、当時スロヴァキアの指導者たちは、なおハンガリー領内での文化的自治しか考えていなかった。尊大なマジャール人のかげに生活していたスロヴァキア人は、ハンガリー国境の消失を想像することができず、そのうえ工業も大学ももたない彼らは、チェコ人とのあいだに一致がなかったからである。(1)

南スラヴ人の統一的独立運動は、チェコの場合ほど容易ではなかった。連合国の一つであるイタリアが、勝利の場合に南スラヴ人の居住地域の一部を要求していたという困難のほかに、クロアティア人とセルビア人とが将来の統一南スラヴ国の形態について意見の一致をみなかったからである。南スラヴ人の亡命政治家のなかで最大の役割を果たしたのは、クロアティア人の指導者トルムビッチ Ante Trumbić であった。彼は戦争の前夜にオーストリアを脱出して、一九一五年五月ロンドンに南スラヴ委員会 South Slav Committee を創立した。これは、セルビア人・クロアティア人・スロヴェニア人から成る独立南スラヴ国の組織的な宣伝に努めたが、各民族が平等な資格で連合すべきだとする「南スラヴ的理念」に導かれていた。これに対してセルビア人は、自己中心の中央集権的な諸民族の統合、すなわち大セルビアの実現を望んでいたので、ハプスブルク家に対立するとともに、「南スラヴ的理念」に導かれる統一国家の建設には敵意を抱いていた。(2) ところが一九一六年にセルビア全土が独墺軍に占領され、セルビア政府も亡命するに至って、新気運が生まれた。一七年の夏トルムビッチは、アドリア海沿岸のコルフ島で亡命中のセルビア首相パシッチ Nikola Pašić (在職〔五度目〕一九一二—一八年)と重要協議を行ない、セルビアの王室カラジョルジェヴィッチ家 Karađorđević dynasty のもとに、セルビア人・クロアティア人・スロヴェニア人が協力して統一王国を建設することに一応意見の一致をみた。(しかしその後も南スラヴ委員会は民主的分立主義に傾き、セルビアは専制的集権主義への努力を怠らなかったので、将来に多くの困難を残す結果になった。)

一方イタリアは、カポレットで独墺軍に敗れたために、戦略的観点から南スラヴ人と和解し、被抑圧民族の指導者のようなポーズをとり、一九一八年四月八日にはローマでオーストリア・ハンガリー被抑圧諸民族会議が開かれ、トルムビッチはチェコ代表ベネシュ、ポーランド代表ドモフスキ Roman Dmowski らと反墺共同戦線を張るにいたった。ポーランド民族運動の指導者たち(ドモフスキやパデレフスキ Ignacy Jan Paderewski)も手分けして欧米連合諸国のあいだを説きまわり、運動を効果的に進めていたが、いまや諸民族の独立運動のあいだに協力関係が生まれたのである。

しかし、これらの亡命指導者たちが本国の民族運動に及ぼした影響は、一九一八年前には取るに足らぬものであり、特に南スラヴ人の場合は皆無に等しかった。亡命者は組織的な追随者をもたないインテリであったし、本国の政治家たちの多くは、なお王朝に忠誠であるか、少なくとも時期尚早な反対運動をすることには慎重であった。南スラヴ人のあいだでは、クロアティア人の地位を引き上げてハプスブルク帝国を三重帝国にしようとする動きが、なお多数の信奉者をもっていた。それゆえ亡命指導者たちの活動の主要な成果は、むしろその民族的言い分を西方連合国のあいだに知らせ、かれらの同情を喚起した点にあった。そこで次に、連合国側の態度を見なくてはならない。

(1) A. J. P. Taylor, *The Habsburg Monarchy, 1809–1918*, pp. 239–240.

(2) セルビアとクロアティアの対立は歴史的なもので、セルビアはギリシア正教を国教とする農業国であり、クロアティアはローマ・カトリック教を奉じ、ある程度近代的商工業の影響下にあった。それゆえ北部の民主主義的・文化的な気風と、セルビアの家長主義的・軍国的傾向とは、相容れなかったのである。

5 連合諸国の態度

ハプスブルク帝国の破壊は、当初連合諸国のプログラムに入っていなかった。彼らは主としてドイツの軍事的敗北に関心をもち、勢力均衡の観点からドナウ帝国の存在を必要と考えていた。もっとも、ハプスブルク帝国から領土を割取するつもりはあったが、それはむしろ、帝国の存在そのものの承認を前提にしていた。一九一七年一月十日、ウィルソンの講和調停に対する回答のなかで、連合諸国はその戦争目的のうちに「民族性の尊重」特に「イタリア人、スラヴ人、ルーマニア人、チェコスロヴァキア人の外国支配からの解放」をあげ、ウィルソンも最終声明書のなかで民族自決への関心を示し、また自由ポーランドの回復を心に描いていた。これらは、ハプスブルク帝国の民族問題を国際化した点で重要な意味をもっているが、なお、ハプスブルク帝国内でドイツ人とマジャール人の支配的地位を奪うという改造を意図したものと思われる。(1)

運命的な一九一八年の最初にも、連合国側はなお、諸民族の解放をハプスブルク帝国の保全と両立しうるものと考えていた。イギリス首相ロイド・ジョージは一月五日の演説のなかで、諸民族の民主的自治を基礎にするオーストリア・ハンガリー王国の存続を公式に認め、ウィルソン大統領は一月八日有名な十四ヵ条の第十条で「オーストリア・ハンガリーの諸民族は、自治的発展のもっとも自由な機会を与えらるべきである」と述べたが、これはカール帝の連邦的再編成の意図と一致しえないものではなかったし、当時連合諸国が単独講和を望み、舞台裏でその交渉を進めていたことは事実である。(2)「イタリア国境の再調整」を要求した第九条、「独立ポーランド国の建設」を規定した第十三条も、王国に打ち勝ちがたい困難をもたらすものとは思われなかった。連合国側のこのようなプログラムは、それゆえむしろ、諸民族の指導者たちをろうばいさせたのである。(3)

しかしまもなく、決定的な変化を促す事態がおこった。一九一八年三月、ブレスト＝リトフスク講和の成立によってロシアは完全に戦列を離れ、連合諸国は、大兵力を結集しうる敵と西部戦線で対決しなければならなくなった。これは連合国側にとって開戦以来最大の危機であり、この時点でハプスブルク帝国の分解は、ドイツを没落させるために必要な、むしろ主要な手段と考えられるようになった。従来西方の連合諸国は、数々の秘密協定の存在のために、具体的な戦争目的を政治的武器として使うことを避け、「デモクラシーのための戦争」や「民族自決」に宣伝を集中してきたが、このような理念的宣伝は戦争に直接有効に寄与したとはいえなかった。いまや危機的状況に直面して、連合諸国は政治的宣伝に具体的な戦争目的を掲げる必要に迫られ、ハプスブルク帝国の解体が打ち出されたのである。

連合諸国のこのような転換の背後には、ハプスブルク帝国との単独講和に対する関心と可能性の減退という事情があり、他方チェコ人や南スラヴ人の亡命政治家たちの努力が次第に効を奏し、彼らの独立運動に対して連合諸国が理解と同情を深めつつあるという事実があった。一九一七年五月ロシアを訪れたマサリクは、十一月革命に遭遇し、シベリア、アメリカ経由でヨーロッパに帰らねばならなくなった。この機会に彼は、チェコスロヴァキア民族国家論を主張してウィルソンの心をとらえたばかりでなく、スロヴァキア人とルテニア人移住者の支持を得ることができた。当時ハンガリー国内のスロヴァキア人とルテニア人は、なおはっきりとマサリクを支持するに至らず、これがマサリクの弱味になっていた。しかし新世界への移住者たちは、アングロ・サクソン人のあいだで、本国では経験したことのないチェコ人との共通感情をもっており、さらに、富裕なアメリカ市民になっていた彼らは、ボリシェヴィキに反対の態度をとったマサリクに特別の好意を寄せた。こうしてマサリクは、連合諸国を動かすための統一的なチェコスロヴァキア人運動をつくりだすことに成功した。

連合諸国にスラヴ民族の独立運動の重要性を認めさせた点では、国民軍団の成立も大きな力があった。オーストリア軍に編入されたボスニア・ヘルツェゴヴィナのセルビア兵は、ガリツィア戦線でこぞってロシア軍に投降し、「第一セルビア師団」を編制した。同じく相次いでロシア側に投降したチェコ兵も、マサリクらの尽力で「ドルジナ」Družina(従者たちの意)軍団にまとめられた。これらの反墺的行動は連合諸国の注目をひかずにはおかなかったが、ロシアのチェコスロヴァキア軍団がボリシェヴィキ革命後もその影響を受けず、かえってこれと戦うに至ったとき、連合諸国はハプスブルク帝国に代わる反ボリシェヴィキ的要素をここに見出して、深い感銘を受けた。一九一八年六月四日、連合諸国はついにチェコスロヴァキア人の軍団を交戦力かつ同盟国として認め、六月三十日にはフランスが、続いて八月十四日にはイギリスが、パリのチェコスロヴァキア国民会議を承認すると宣言した。これは、独立チェコスロヴァキア国の設立とハプスブルク帝国の清算を公式に打ち出したものであり、九月三日にはアメリカ合衆国も、マサリクと国民会議を事実上のチェコスロヴァキア政府として承認した。

他方、一九一八年四月ローマに開かれたオーストリア被抑圧諸民族会議には、フランス・イタリアの代表が列席し、イギリスも援助を与えた。それ以後南スラヴ人の運動も連合諸国によって黙認され、力づけられた。こうしてチェコスロヴァキアははやくも合法的に存在し、ユーゴスラヴィアもそれに近く、帝国の正式崩壊以前に、すでにハプスブルク家に代わるものが出現していたのである。

(1) Z. A. B. Zeman, *The Break-up of the Habsburg Empire, 1914–1918*, pp. 112–113; A. J. May, *The Passing of the Hapsburg Monarchy, 1914–1918*, p. 540.

(2) May, *op. cit.*, pp. 586–588; Victor S. Mamatey, *The United States and East Central Europe, 1914–1918*, Princeton, 1957, pp. 219, 227–232.

(3) Mamatey, *op. cit.*, pp. 214–216.

6　内外情勢の変化

ここでいま一度一九一七年末の時点にかえって、ハプスブルク帝国内外の事情を見なければならない。オーストリア・ハンガリーの食糧事情は一九一七年のあいだに一段と悪化し、早期講和の見込みもまったくなかったが、ロシアの十一月革命は一つの希望をもたらした。新たに成立したソヴェト政権が各国に即時休戦と平和交渉の開始を呼びかけたとき、連合国側は耳をかさなかったが、中欧諸国は当然この機会をつかまえ、十二月二十三日ブレスト‐リトフスクで講和会議が開かれた。その際ドイツは、ソヴェト政府の提案した無併合・無賠償・民族自決の三原則を拒否し、屈辱的な条件をつきつけたために、交渉は一時決裂したが、ドイツが全面的進撃に転じたので、ついにソヴェトは即時講和に踏み切って交渉を再開し、三月三日平和条約が調印された。

オーストリア・ハンガリーは外相ツェルニンが代表として交渉に参加したが、その地位はきわめて弱く、ドイツの衛星国に近い立場で行動するほかはなかった。テイラーは「ドイツ人が交渉を中断すると彼も中断し、ドイツ人が再開すると彼も再開し、ドイツ人が署名すると彼も署名した」(1)と皮肉っている。当時ハプスブルク帝国には、破局の到来をかろうじて食いとめるために、食糧を見出す必要が至上命令としてあり、講和条約は領内の原料と食糧の絶望的状態を緩和するのに役立つであろうと期待されていた。ツェルニンはロシアの小麦を入手するために、ウクライナ民族国家をつくるというドイツの政策を受け入れ、東部ガリツィアのフォルム Cholm 地方を新国家に含めることに同意した。そしてこの国は、期待された通りソヴェト・ロシアから離れて、一九一八年二月九日中欧諸国とのあいだに単独講和を結んだ。ついで三月三日ロシアとのあいだに、少しおくれて五月七日にはブカレストの講和会議でルーマニアとのあいだに、平和条約が調印された。

ブカレスト条約調印の直後に、ドイツは将来の独墺両国の関係を確定することを求めたが、この交渉に当たって、オーストリアの地位は極度に不安定であった。ハプスブルク帝国の物理的消耗自体が重大なハンディキャップであったうえに、いわゆるシクストゥス事件がカール帝の立場をいっそうわるくしていた。一九一八年四月フランス大統領クレマンソーは、ツェルニン外相の不注意な発言[2]に対抗して連合国側の戦意を高揚するために、カール帝のシクストゥスにあてた手紙を公表し、カールがドイツを裏切って単独講和の取り引きをしようとしたと宣伝した。この事件は連合国側に存在していた親ハプスブルクの感情を消滅させ、カールは同盟国ドイツからも、不誠実の嫌疑をまともに受けねばならなかった。その結果カールは、一八年五月スパのドイツ司令部に嘆願者として赴き、意に反する戦争意志を表明せざるをえなかった。それとともにオーストリア側は、長期にわたる緊密な政治同盟の締結、軍事同盟の形成、共通の市場を目ざす経済連合の創設に同意し、五月十二日両国首脳のあいだで調印が行なわれた[3]。しかし、このとき皇帝に随行した新外相ブリアーンのねばり強い交渉によって、協定全体は、両国がポーランド問題について了解に達したのちにはじめて終局的なものになるという留保がつけられた。

そこで、いま一度ポーランド問題を見よう。一八年五月のブカレスト講和後、ドイツ政府内ではオーストリア・ポーランド的解決への反対が強くなり、ポーランドをドイツの要塞とし、ウクライナとロシアへの通過国にしようとする希望が高まった結果、以前の協定はもはや適当とは考えられない旨の通告が、オーストリア側に伝えられた。オーストリアの政治家たちは、ドイツの過大な要求から見て、ポーランドは自国にとってもはやそれほど有用ではないと感じていたが、さりとてブリアーン外相は、ドイツの命令で簡単にポーランドから一掃されることを好まなかった。それは、オーストリアの従属的地位をあまりにも明白にする恐れがあったし、とりわけブリアーンは、この処理がハプスブルク帝国の統合に及ぼすインパクトを重視した。一八年二月フォルム地方が新興ウクライナ国に譲渡されたことは、ガリツィアのポーランド人の激しい怒りをよんでいたので、ブリアーンは、オーストリア・ポーランド的解決によってポーランド人の好感情を回復し、彼らがチェコ人や南スラヴ人とともに帝国の崩壊を促進することを防ごうとしたのである。

そこでブリアーンはあくまでもオーストリア・ポーランド的解決のために戦い、九月中旬にも独墺両国はポーランド問題について合意に達せず、五月十二日の協定はストップしたままであった。西部戦線のドイツ軍の大攻撃が失敗したために、ドイツ側も強い態度をとることができず、結局ポーランド問題については、最後まで両国政府間の不毛な交渉が続いた。以上の経過は、オーストリアがドイツにしばられて自己の望む道を歩みえなかったことを示すと同時に、独墺両国ともに民族問題を処理する力がなかったことを物語っており、これが帝国の諸民族に強い印象を与えたことは、否定できない。

次に、一九一八年前半のハプスブルク帝国の内情に目を移そう。この年を迎えたとき、軍事力・経済力の消耗は極度に達し、住民の大部分は飢餓に瀕していた。ロシア社会主義革命の勝利はこの国にも大きな刺激を与え、革命的雰囲気が高まってきた。当時開催中のブレスト会談では、ドイツ側の強引な要求を前にロシア代表が会議を脱退しそうな兆候を見せていたが、これは、ドイツ帝国主義がウィーン政府にけしかけられて講和の機会を破壊しようとしているとの印象を一般大衆に与えていた。このような状況のなかで、一九一八年一月十四日以後、ウィーンをはじめオーストリア国内の広範な地域にストライキがおこり、十八日にはハンガリーのブダペストにも及んだ。これらの運動は、食糧難に苦しみ、講和交渉に対する政府の誠意に疑念をもった大衆の、自主的な抗議行動であったが、強い政治的目的をもつ場合もあった。ベーメンのチェコ労働者はわずか一日のデモ、ストを行なっただけであったが、政治的リーダーに統率されて、民族的自由を要求した。民族的独立は不可避的に、ウィーン政権とつながりのある既得権益の喪失を含んだけれども、当時チェコでは、ブルジョアも労働者もこれを望んでいた。ウィーンの政府がすでに大衆の増大する不幸を阻止する力を失っていたために、ブルジョアはむしろ、社会秩序を維持するための保証を民族運動に求めざるをえなかったのである。(4)

一月のストライキは軍隊の手で収拾されたが、その軍隊がまた革命的気分に誘われていった。二月一日カッタロ湾におこった第五艦隊の暴動は、将来の危機を示す赤信号であった。三月以後ロシアから送還されたオーストリアの戦争捕虜のうち、かなり多数はボリシェヴィキ思想の影響を受けており、権威に対する尊敬の念を失っていた。彼らの多くは脱走し、群をなしていなかを放浪し、食物を請い求め、農場や商店から掠奪を行なった。五月中旬以後、部隊の暴動は相次いでおこり、陸軍大臣は、イタリアの最前線に送るための信頼できる七個師団を、そのまま国内に保持しなければならぬほどであった。(5)

ロシアで十一月革命直後に布告された「諸民族の権利の宣言」は、ハプスブルク帝国内諸地域の民族運動にも大きな影響を与えた。一九一八年の最初の三ヵ月間に、チェコ人・クロアティア人・スロヴェニア人のあいだでは、帝国内での改革を目ざす人々に代わって、帝国の全面的倒壊の主張者が指導権を握りはじめた。彼らの発言は時とともに大胆になり、南スラヴ人相互間に、またチェコ人とスロヴァキア人のあいだに友好的接近が進められ、海外亡命者の民族的組織とも接触が強められていった。

（1） A. J. P. Taylor, *The Habsburg Monarchy, 1809–1918*, p. 244.

（2） ツェルニンは公式の場で、かつての講和の瀬ぶみが実を結ばなかったのは、フランス首相がアルザス・ロレーヌの返還に固執したためである、と述べて、クレマンソーを刺激した。彼はシクストゥス書簡の内容についてよく知らなかったと思われる。A. J. May, *The Passing of the Hapsburg Monarchy, 1914–1918*, pp. 630–636; H. Hantsch, *Die Geschichte Österreichs*, Bd. II, S. 536–537.

（3） さらに「武装同盟の指令」とよばれる文書が、両国参謀長の手で調印された。Z. A. B. Zeman, *The Break-up of the Habsburg Empire, 1914–1918*, pp. 160–162

（4） Taylor, *op. cit.*, p. 245; H. Holborn, "The final Disintegration of the Habsburg Monarchy", *op. cit.*, p. 203.

（5） Holborn, *op. cit.*

7　崩壊への道

一九一八年三月から七月にかけて、ドイツ軍は全力を集中して西部戦線に最後の大攻撃を行なったが、結局失敗に終わり、もはや勝利をもって戦争を終えることは不可能になった。続いてブルガリア戦線も連合国軍の激しい反撃を受けて崩壊し、九月二十七日ブルガリアは連合国側に休戦を請うて戦線を離脱し、南東部全体が敵の手に委ねられた。これらの事情は、ハプスブルク帝国の生き残る可能性を完全に破壊してしまった。

そのあいだに、領内諸民族の分離運動は急速に進んでいった。プラハのチェコ「国民委員会」はすでに独立政府のような行動をとっており、十月六日には南スラヴ人もクロアティアの首都ザグレブに「ユーゴスラヴ国民委員会」を形成して、同様の権威を要求した。また十月七日にはワルシャワで、独・墺・露領ポーランドを包括する自由な独立ポーランドが布告された。オーストリアの中央政府にはこれらの分解現象を防止する力はなく、ウィーンの国会は、各民族国家の議員たちが事実上の解体を宣言する場所になってしまった。これに応じてドイツ人の諸政党も、社会民主党を先頭に、民族国家的な自決権を要求し、社会民主党左派の指導者オットー・バウアーは、すでにオーストリア全体国家の理念を放棄していた。(1)

一方ハンガリーの指導的政治家たちは、わずかの例外を除いて、旧来の国家理念を頑強に固守したばかりか、ハプスブルク帝国全般の崩壊のうちから、彼らが長らく求めてきた経済的独立や自己の軍隊に対する司令権を獲得しようと考えた。彼らには、自民族の国家的利害を超える高い視点が欠け、ブルガリアが崩壊したのち、ハンガリー軍をイタリア戦線から引き揚げてしまった。たしかに「はいつくばった帝国に最後のとどめを刺したのは、ハンガリー政府だった」(2)のである。

一九一八年十月十六日、オーストリア政府は「朕の忠良な国民に与える」と題するカール帝の宣言を発布した。これは、王国内諸民族の要求を最大限に認めることによって崩壊を食いとめようとする最後の努力であり、ドイツ・チェコ・南スラヴ・ルテニアの各民族にそれぞれ自己の居住地域で自治国家をつくらせ、連邦制によって全王国の統一を保持しようとするものであった。(3)これら諸民族は自決の原則に基づいて、各民族の国会議員から成る国民会議

Nationalrat を通じて自己の利害を主張すべきであり、それらの協力のうえに、オーストリアは「自由な諸民族の連合」として甦るはずであった。しかしこの土壇場の努力は、あまりにも遅すぎた。政府にはもはやこの宣言を有効にするだけの権威がなく、しかもこの改造案は、ハンガリーの王冠に属する諸地方の保全を侵害しないという一節を含んでいたから、諸民族の分離＝独立運動を抑制することは、とうてい不可能であった。政府の措置はむしろ、無力と絶望のしるしとして受け取られた。

一方オーストリア・ハンガリー政府は、十月四日、ウィルソンの十四ヵ条を受け入れ、王国の将来の形態の決定をウィルソンに任せた。それは、ウィルソンがこの申入れを受諾し、王朝を承認するであろうという期待に立っていたが、十月十八日ウィルソンは返書のなかで、もはや自治を和平の基礎として受け入れることはできないとして、申入れを拒絶し、ハプスブルク帝国の将来の在り方を決定するものは、自分ではなくて諸民族自身であると述べ、連合諸国にとって王国政府がもはや存在しないことを明示した。十月十九日、パリのチェコスロヴァキア国民会議は正式にチェコスロヴァキア国の独立を宣言し、同日プラハのチェコ国民委員会はウィーンとの交渉を一切拒否した。十月二十一日にはオーストリア国会のドイツ系議員が、下オーストリア州の議事堂に集まって、ドイツ系オーストリア国の独立を宣言し、臨時国民議会 Provisorische Nationalversammlung を構成した。キリスト教社会党とドイツ国民党はなお王国に固執したが、社会民主党は民主的共和制とドイツへの合併を主張した。またハンガリーでは、十月二十四日進歩的貴族のミハーイ・カーロイ Mihály Károlyi が、完全な主権をもつ左翼系の国民会議 Nationalrat を組織した。

このような民族国家への解体に直面して、全体国家の政府はもはやフィクション以上のものではなかった。十月二十五日、ランマッシュ Heinrich Lammasch(在職一九一八年)を首班とするオーストリア王国最後の内閣がつくられたが、国内の混乱を前にして、連合国との休戦以外に取るべき道はなく、新外相ジュラ・アンドラーシ Gyula Andrássy は十月二十八日ドイツとの同盟関係を離脱して、アメリカ合衆国に単独講和と即時休戦を申し出た。十月十八日ワシントンで、マサリクによりチェコスロヴァキア国の独立が宣言された。このワシントン宣言にもとづき、同月二十八日、プラハのチェコ国民委員会はチェコスロヴァキア共和国の独立を宣言し、翌日ザグレブの州議会は、スロヴェニア人・クロアティア人・セルビア人から成る独立国家の設立を決議し、それぞれオーストリア当局から何の抵抗も受けずに施政権を接収した。三十日にはスロヴァキア人もスロヴァキア国民会議を開き、ハンガリーから分離し、チェコ人と結合して単一国家を形成することを宣言した。

ハンガリーでは、十月末社会民主党や左翼的市民が中心になってブダペストに民衆の蜂起がおこり、三十一日にはカーロイが首相に任命され、同日前首相ティサが暗殺された。これは、戦局の悪化とともに国民のあいだに広まった反戦気運が、戦争指導者に対する敵意から、さらに従来の体制に対する批判にまで成長したことを示していた。そして十一月一日、ハンガリーはオーストリアとの連帯を絶ったが、この時点にもなおマジャール人は、従属民族スロヴァキア人とルーマニア人に対する支配権の保持を望んでいた。

ウィーンでも、十月三十日社会民主党の呼びかけに応じて、多数の兵士をまじえた民衆デモが大々的に行なわれ、共和制の採用を要求した。この日ドイツ系オーストリアの臨時国民議会は、暫定憲法を採択し、執行機関として国家会議 Staatsrat を組織し、社会民主党のカール・レンナー Karl Renner が首相に(在職一九一八―二〇年)、ヴィクトル・アードラー Viktor Adler が外相に任ぜられた。こうして十月末までに帝国の全住民はそれぞれの民族国家を樹立し、ドナウ諸民族の歴史的一体性とハプスブルク帝国の政治組織は、最終的に破壊されたのである。

旧王国の軍隊はなおイタリア戦線にとどまっていたが、十月二十四日、連合国軍はまさに解体しようとしていることの軍隊に攻撃を始めた。十一月三日、ハプスブルク帝国の最高司令部は、すでに存在しなくなっていた帝国の名において交渉を行ない、イタリア軍とまず休戦条約を結び、翌四日には全連合国に無条件降伏を行なった。しかし条約発効前の十一月四日、イタリア軍はヴィットリオ・ヴェネト Vittrio Veneto で無抵抗な軍隊に攻撃を加えて大勝利を得、敗れた兵士たちはそれぞれの故国へ無秩序にちらばっていった。そのあいだにドイツ軍もまた降伏し、十一月九日ドイツは共和国になった。オーストリア国内でも、連日民衆デモが続き、無政府状態と恐怖政治の危険があったが、臨時政府は有給の民衆軍を募集して、国内秩序の回復に努め、最悪の事態を防ぐことに成功した。オーストリア革命は、バリケード戦をへることなく、各党代表による民主的方法によって実現されたのである。(4)

ハプスブルク帝国の最後の遺物は、皇帝とランマッシュの政府であったが、カール帝は十一月十一日、ドイツ系オーストリアの「国事への一切の関与」を放棄するとともに、旧王国政府を正式に解任して、シェーンブルン宮を去り、ついで十三日にはハンガリーに対する自己の支配権をも放棄し、ハプスブルク帝国は完全に終わりを告げた。そしてドイツ系オーストリア国の臨時国民議会は、十二日その国家を民主共和国とすることを宣言し、十六日にはハンガリーも、独立の民主共和国であることを宣言した。ハプスブルク王室一家は、四ヵ月ののちオーストリアを退出して、スイスに亡命した。

(1) 第一次大戦中のオーストリア社会民主党については、第二部第二章、戸田三三冬「オーストリア革命の諸前提をめぐって」『史艸』五号、一九六四年、参照。

(2) H. Hantsch, *Die Geschichte Österreichs*, Bd. II, S. 539.

(3) なおこの宣言は、ポーランドのオーストリア地域が独立ポーランド国と合併すること、トリエストが住民の希望にしたがって特殊な状態をもつことを認めていた。V. S. Mamatey, *The United States and East Central Europe, 1914–1918*, pp. 328–329.

(4) W. Goldinger, *Geschichte der Republik Österreich*, Wien, 1962, S. 25–34.

むすび

最後に、二、三の問題点を指摘しておこう。

帝国の滅亡については、それが連合諸国政府の決定によって、最終的にはサン・ジェルマン講和会議の決定によってもたらされたものであるという見解が、早くから存在している。たしかに、連合諸国およびそれとつながる亡命政治家の果たした役割は大きかったが、その際、王国内の急進主義者と政治的亡命者のあいだの協力が、戦争の最後の数ヵ月間に特に強くなっていった事実を忘れてはならず、一九一九年の講和会議開催前に帝国が実際に解体していたことは、すでに見た通りである。帝国の滅亡は、深刻化していた国内の諸問題が戦争の四年間に決定的なものになり、内部からの革命的爆発と外からの圧力とが結びついておこったものであって、何よりもまず、政治的変革を通じての旧体制批判という意味をもっていた。ハプスブルク帝国は、諸民族の連合であったばかりでなく、ヨーロッパの至るところで攻撃を受けた旧式な政治・社会組織を代表していた。一九一七年から一八年にかけて、露・独・墺の保守的な君主制はともに倒れ、各国の新しい政治指導者たちは、根本的に違った体制の樹立を求めた。旧ハプスブルク領域内で、最後の敗北ののちに、帝国の再建を望ましいと考えた活動的な指導者はほとんどいなかった。帝国崩壊の歴史的意義は、民族的な自由な政治的理想の勝利という点にまず求められねばならない。

しかしそれと同時に、連合諸国の政策、特に一九一八年の彼らの政治的宣伝戦が、帝国崩壊後の新国家の形成を容易にし、また東欧諸民族の全地域からボリシェヴィズムを排除するうえに重要な役割を果たしたことを、忘れてはならない。もっとも連合諸国は、講和の実現に当たって、新継承諸国が独立後どのような問題をはらむか、また戦後の国際秩序のなかでうまく安定しうるか否かを、全体的見地から十分認識したうえで決断する余裕はなく、単なる戦略的見地から行きがかり的にハプスブルク帝国の解体に踏み切ったのであって、この軽率さが、ヴェルサイユ体制下で多くの困難を生む結果になったのである。理論的には民族自決に基づいた講和の決定も、諸民族をきれいに分ける境界を引きえなかったために、ハプスブルク帝国から領土を受けたすべての国家は、少数民族の集団を抱えこむことになり、そこでは、旧王国で見られたと同じ民族的衝突が、時にはいっそう鋭い形で続いた。東・中欧諸民族相互間の基本的な諸問題は、変化した政治組織によってもなんら解決されなかった。

ハプスブルク帝国の解体は、国際的にも一つの矛盾を現わしていた。従来この帝国は、単独で生存できない弱小諸民族の「故国」として意味づけられ、ヨーロッパ各国は帝国の存続を、勢力均衡を維持するうえの必要物と考えていた。そこには、もし帝国が崩壊すれば、ドナウ地域さらにバルカン地域はいずれかの強国の管理下に入り、この国家はそこを基点に全大陸の支配に進むことができるという不安が、まつわっていた。戦後幾つかの新国家をつくった際に、西方の連合諸国、とくにフランスは、それらの小国が協力して強大な隣国に対抗できると考えていた。しかし現実には、ハプスブルク帝国の解体は、まさに十九世紀のヨーロッパ政治家たちが恐れていた国際情勢を生み出したのである。

このことは、諸民族の側から見たときいっそう重大であった。ハプスブルク帝国はドナウ地域の広大な政治的・経済的統一体をなし、その富は、ベーメンとメーレンの商工業の顕著な発展、農業と工業の調和的な配分、経済の広域性と均衡性、海上貿易への関与などに依存していた。領内諸民族は、外国支配の桎梏のもとに呻吟すると信じていたけれども、彼らのほとんどが帝国の支配から利益を得ていたことは事実であり、一たび独立をかちえたのち、直ちにその弱小性・無力性が暴露され、何物かに依存せざるをえない結果を招いた。チャーチルはこれについて、「独立の獲得は、旧帝国を形成したすべての民族と地方に苦悩をもたらし、……これら諸民族のいずれも……生まれ変ったドイツとロシアの圧迫に当面して、自分自身を維持する力をもたなかった」と述べ、「オーストリア・ハンガリー帝国の完全な解体は、悲劇であった」[1]と断じている。現在のわれわれに必要なのは、ハプスブルク帝国の治下で解決されなかった諸問題が、第二次大戦後に出現した東欧共産圏の社会主義体制下で、どのような仕方で、またどの程度まで解決されているか、といった視点でなければならない。

（1） W. Churchill, *The Second World War*, London, 1948 ; H. Hantsch, *Die Geschichte Österreichs*, Bd. 2, S. 543–544.

第二部　オーストリア・ハンガリー二重帝国の構造と特質

第一章　帝国の統合と分解をめぐるドイツ人の立場

はしがき

最近欧米の学界では、十九世紀から二十世紀にかけてのハプスブルク帝国史に対する関心が高まっているが、その背後には、中欧の多民族国家の解体が第二次世界大戦の原因の一つであったという反省があり、また、ヨーロッパ統合の問題と関連して、超民族的な組織の可能性と限界について貴重な示唆を得ようとする期待が潜んでいるようにみえる。このような問題意識に立つとき、研究者の目が主として、ハプスブルク帝国はなぜ崩壊したか、それを強化しようとした試みはなぜ失敗に終わったたか、という理由ないし原因の側面に向けられるのは、自然なことである。

ところで、ハプスブルク帝国崩壊の原因については、従来から二つの見方が存在する。その一つは、民族問題を重視し、この問題の解決の困難さが帝国の崩壊を不可避にした、とするものである。それによれば、オーストリア・ハンガリー帝国はドイツ人とマジャール人による専制的支配の国であり、「諸民族の牢獄」だったのであって、これに対抗する諸民族の民族主義運動が同帝国の滅亡を準備したのであり、瀕死体であった帝国の解体は必至であった、と説かれる。この見解は、帝国崩壊後生まれた継承諸国家で両大戦間の時期に現われたもので、自己のかつての民族運動を正当化しようとする意図が含まれていたことは、否定できない。たしかに、旧帝国領内諸民族のナショナリズムこそ、これら諸民族についての歴史研究や歴史叙述を生み出す原動力となったものであるし、このようなナショナルな歴史学の作業がハプスブルク帝国全体の歴史を豊かにしたことは、明らかである。しかし、そこにはやはり、ハプスブルク王朝の打倒を目ざした勢力の側からの一方的、主観的な叙述という性格が、つきまとっていた。

これに対して、第二の見方は、領内諸民族の対立と抗争は必ずしもハプスブルク帝国の破壊を目ざしたものではなく、諸民族が帝国内で平和的に共存する可能性は閉ざされていなかった点を指摘し、崩壊の主因をこの国の外交政策にもとめようとするものである。この見方には、前者に比べていっそう冷静かつ客観的に事態をながめようとする意図がみられ、第二次大戦後の、特に最近の新しい傾向ということができる。そこにもさまざまなニュアンスの差はあるが、ここでは一つの代表としてハンス・コーンの見解(1)を取りあげ、本論への導入にしたいと思う。

コーンによれば、一九一八年の崩壊には多くの原因があるが、主要な原因は、国内諸民族の衝突ではなかった。なぜなら、彼らはハプスブルク家のくびきを投げ捨てたのちたがいに親しく共存しえたのではなく、民族間の衝突は継承諸国家においてむしろいっそう激化さえしたのであって、解決されなかった民族問題をドナウ帝国崩壊の根本的原因として強調することは、誤りである。その主因は、帝国の誤った強国政策であり、これは、オーストリア王家がヨーロッパの指導的勢力の一つであった過去の遺産を、それがもはや適しない時代にまで引き継いだものであった。十九世紀における諸民族の民族的覚醒ののちには、ハプスブルク帝国のような多民族国家は、ヨーロッパ列強の権力争いを離れて中立を守り、国内の改革に専念すべきであった。ところが、オーストリアの政治指導者は不幸にもこの政策の必要を理解せず、一八五〇年代のイタリア戦争、六〇年代のドイツ統一をめぐる争覇戦と次々に失敗を重ねた。しかし、帝国を将来の困難な方向に導いたただ一人の政治家をあげるとすれば、それは、一八七一年から七九年まで外相をつとめたアンドラーシ Andrássy Gyula である。彼は親独的、反露的、反スラヴ的な政策を追求し、ベルリン会議で自国のためにボスニア・ヘルツェゴヴィナ二州の占領権を獲得したが、この不必要なバルカンへの膨張は、ビスマルクによるアルザス・ロレーヌ併合にも似た重大な結果を招くことになった。さらにアンドラーシがドイツと結んだ独墺同盟は、スラヴ人をひどく怒らせ、オーストリア・ハンガリー帝国を汎ゲルマン的野望と汎スラヴ的野望との主要な戦場と化し、局地戦でありえた第一次大戦を大ヨーロッパ戦争に拡大したのも、まさにこの独墺同盟であった。帝国の解体をもたらしたものが第一次大戦であり、この戦争がそれに先立つ外交政策の失敗の帰結であったとすれば、破局の種をその体内にもちこんだ独墺同盟の締結とボ・ヘ二州の占領こそ、帝国崩壊の最も根本的な原因であったといわねばならない。

このようなコーンの見解は、たしかに注目すべき点を含んでいる。両大戦間の継承諸国の歴史家たちが旧帝国に敵意をもち、国内の民族問題にしばしば過大なアクセントをつけたことは認めねばならないし、一九一四年以前に諸民族の大多数が反ハプスブルクではなかったこと、少なくとも一九〇七年までは彼らが多少とも平和的に共存しうる可能性があったことは、最近では一般に承認されている。しかし同時に、ハプスブルク帝国が諸民族の完全に好ましい連合でなかったことも、事実である。しかるにコーンにおいては、外交政策の失敗がハプスブルク帝国崩壊の主因であると指摘されるだけで、民族問題をそれとの関連でどのように位置づけるかという重要な問題は放置されたままであり、それでは、不十分であり片手落ちであるといわざるをえない。ハプスブルク帝国のかかえた複雑な諸問題の中心に民族問題がそそり立つ以上、この国の民族問題の実態と本質を明らかにし、それがこの国の崩壊とどのようにかかわったかを解明する作業は、なんといっても不可欠である。本稿では、最近の欧米の諸研究をふまえながらこの点について立ち入った考察を行ない、若干の私見を述べてみたいと思う。しかし、ハプスブルク帝国の民族問題は複雑であり多面的であるから、ここでは一応対象を限定し、アウスグライヒ成立(一八六七年)後の帝国の西半部オーストリアにおいて、支配的民族といわれたドイツ人が実際にどのような立場にあり、帝国の統合と分解に対してどのような役割を果したかを中心に検討し、その他の側面——たとえばハンガリーのマジャール人とオーストリアのドイツ人との関係など——の考察は、他の機会に譲ることにする。とはいえ、帝国の統合を助けもしくはそこなった点についてのドイツ民族の役割を分析することによって、この国の民族問題の基本的性格がかなりの程度明らかにされるのではなかろうか。

以上の方針に基づいて、本稿ではまず第一に、ドイツ人が他の諸民族に比較してどのような特殊な地位を占めたかを、ドイツ人の「資産」Besitzstand に焦点をおいて、できるかぎり実証的に——いわば社会学的に——考察し、それが帝国の統合と分解のうえで果たした役割を明らかにしようとする。[2] 第二には、この結論をふまえながら、普墺戦争(一八六六年)後ドイツからしめ出されたオーストリアのドイツ人が、近代的ナショナリズムの渦中で直面した「忠誠」の分裂の問題を中心にすえ、その展開を具体的な政治状況のなかで動的に追究してみたい。そこでは、ドイツ民族とチェコ民族の対立が国内民主化の過程でどのような形をとって発展したか、ドイツ人の「資産」がその際どんな意味をもったか、民族闘争が大衆社会の出現とどのように関連したか、等の諸点が、あらためて問い直されるであろう。このような性質の問題の考察には、研究者の民族的、政治的信念や人生観が影響を及ぼしやすく、一義的な解答をもとめることは困難であるが、その点日本人は幸いにも比較的公正な立場に立ちうる条件をもっており、ここでもできるかぎり客観的に検討を進めたいと思う。

(1) Hans Kohn, "Was the Collapse Inevitable?", *Austrian History Yearbook*, vol. III, pt. 3, 1967, pp. 250–263; "The Viability of the Habsburg Monarchy", *Slavic Review*, 1963, pp. 37–42.

(2) このような観点で問題を取りあげたものとしては、Whiteside や Zöllner のものがあり、特に前者は注目に値する。本稿もこれらの研究に負うところが多い。Andrew W. Whiteside, *Austrian National Socialism before 1918*, The Hague, 1962; "The Germans as an Integrative Force in Imperial Austria: the Dilemma of Dominance", *Austrian History Yearbook*, vol. III, pt. 1, 1967, pp. 157–200; Erich Zöllner, "The Germans as an Integrating and Disintegrating Force", *Austrian History Yearbook*, vol. III, pt. 1, pp. 201–233.

1　ドイツ人の「資産」

本章の課題は、ドイツ人の「資産」と考えられるものの内容を、他の諸民族のそれと比較しながら考察し、帝国内におけるドイツ人の特殊な地位を浮かび上がらせることである。ドイツ人の資産とは、彼らの人口数、その居住地域の地理的な位置と大きさ、諸民族の間で彼らの占めた歴史的・社会的地位、議会・裁判所・行政官庁・軍隊・教会などでドイツ人の占有したポストの数とレベル、上級学校や大学に学んだものの数、ドイツ語の保持した法的・政治的地位、ドイツ人が得ていた経済的な富の程度、学問・文学・音楽・美術などに従事したドイツ人の名声などに依存している。

しかしその際、あらかじめ次の二点に注意する必要がある。まず第一に、オーストリアの諸州では住民が民族的に混在していたために、政治的な諸問題におけるドイツ人の役割について一般的な命題を立てることは、困難である。すなわち、一七の州のほとんどすべてにおいて、ドイツ人は全住民のさまざまな割合を構成しており、その人口数と富ないし政治力との関係を支配する一般的な法則は、存在しなかったのである。このように、ドイツ人の他民族に対する関係が各州でちがっていたばかりでなく、第二に、ドイツ人自身もまたさまざまなグループに分かれており、そのおのおのが同一の経済的・社会的・政治的展望をもっていたわけではなかった。たとえば、ベーメン・下オーストリア・ティロールの地主は、農業の方法、所有地の大きさ、政治的イデオロギーなどの点で相異なっており、また、ベーメンのドイツ語を話す貴族には、ドイツ人びいきとチェコ人びいきの両翼があり、高位の貴族 Hochadel と小貴族 Kleinadel とを含んでいた。農民は、下オーストリアの実質的に地主ともいうべきものから、シュタイエルマルクの山地の極度に貧しい山羊農民 Ziegenbauer や鉱山農民 Bergbauer にわたる多層な階級であった。工業に従う労働者は、熟練職人、座業職人 Sitzgeselle、工場労働者に分かれ、その経済的地位はさまざまであった。ブルジョアジーは、ウィーンの大金融業者、ズデーテン地方の工場主、高級官僚、高級士官から、村の郵便集配人や食料雑貨商人に及んでいた。ドイツ人社会のこれらの構成要素は、各地方でそれぞれ異なる独自の伝統をもっていた(1)。それゆえ、ドイツ民族全体を一つの有機的な単位とみなして、その役割を評価することは、困難である。デアークはこの点について「ドイツ民族はなるほどハプスブルク帝国の支配的な社会層の多数を形成したが、しかし彼らがその特権的地位から得た利益は、彼ら自身の民族の下層階級のあずからぬところであった。オーストリアのドイツ人が一般に比較的高い生活水準を享受したのは、彼らの地理的位置および産業によるものであって、全体としてのドイツ人が王国内で占めた支配的地位によるものではなかった。階級的特権と民族的特権の間の差異について、はっきり知らなければならない(2)」と述べている。これは傾聴すべき言葉であり、われわれも以上の諸点を念頭におきながら、ドイツ人の「資産」の具体的分析にはいりたいと思う。

まず人口を取りあげよう。オーストリア・ハンガリー帝国が終わりを告げたとき、この国全域には約一二〇〇万のドイツ人があり、総人口五一〇〇万の二三・五％にあたっていた。一八六七年にハプスブルクの帝国が二つに分かれたのち、ドイツ人の大部分は西半のオーストリア側に住み(一九一〇年で約九九五万)、全住民二八〇〇万の約三五・六％をなしていた。オーストリアにはそのほかに六四三・六万のチェコ人(全人口の二三％)、四九六・八万のポーランド人(一七・八％)、三五一・九万のルテニア人(ウクライナ人)(一二・六％)、一二五・三万のスロヴェニア人(四・五％)、七八・三万のセルビア・クロアティア人(二・八％)、七六・八万のイタリア人(二・七％)、二七・五万のルーマニア人(一％)が含まれていた(3)。この統計から知られるのは、ドイツ人は少数民族ではなかったが、過半数を占めてはいなかった、という注目すべき事実である(4)。それゆえオーストリア帝国におけるドイツ人の地位は、一般の民族国家における支配民族のそれとは、明らかに異なっていた。一般の民族国家は、時に異民族をかかえている場合にも、明らかに一つの支配的民族集団の所有物というべき性格をもち、多数民族の数と地位は不断に成長するのが普通であるが、オーストリアにおいてドイツ人が過半数に達しなかったという事実は、やがてスラヴ人その他の領内異民族が民族の自由と平等という問題を提起したとき、「優位」の問題を複雑化せずにはおかなかったのである。それに加えてオーストリア国内のドイツ人の奇妙な分布が、幾多の困難や矛盾の源泉になった。ドイツ人の最も強力な集団は、上・下オーストリア、シュタイエルマルク、ケルンテン、フォラールベルク、ザルツブルクなどのハプスブルク家の旧来の世襲領、すなわちドナウ川沿いのオーストリアと北東アルプス地域に住んでおり、これらの土地では、事態が正常な進行を続けるかぎり、彼らの民族的存在は確実であると考えられたが、問題はそれ以外の混住地域にあり、とりわけ旧ベーメン

表 II-1-1　オーストリア諸州の人口数と民族比

州　名	人口数	民族比
下オーストリア(ウィーンを含む)	3,532,000	ドイツ人 95.1　チェコ人 3.75
上オーストリア	853,000	ドイツ人 99.7
ザルツブルク	215,000	ドイツ人 99.7
シュタイエルマルク	1,444,000	ドイツ人 70.5　スロヴェニア人 29.4
ケルンテン	396,000	ドイツ人 78.6　スロヴェニア人 21.2
クライン	526,000	ドイツ人 5.3　スロヴェニア人 94.4
沿海地方		
トリエスト	230,000	ドイツ人 6.2　スロヴェニア人 29.8 セルビア・クロアティア人 1.2　イタリア人 62.3
ゲルツおよびグラディスカ	261,000	ドイツ人 1.8　スロヴェニア人 61.9　イタリア人 36
イストリア	404,000	ドイツ人 3.3　スロヴェニア人 14.3 セルビア・クロアティア人 43.5　イタリア人 38.2
ティロール	947,000	ドイツ人 57.31　イタリア人およびラディニア人 42
フォラールベルク	145,000	ドイツ人 95.4　イタリア人 4.4
ベーメン	6,770,000	ドイツ人 36.8　チェコ人 63.2
メーレン	2,622,000	ドイツ人 27.6　チェコ人 71.8　ポーランド人 0.6
シュレジエン	757,000	ドイツ人 43.9　チェコ人 24.3　ポーランド人 31.7
ガリツィア	8,026,000	ドイツ人 1.1　ポーランド人 58.6　ルテニア人 40.2
ブコヴィナ	800,000	ドイツ人 21.4　ポーランド人 4.6　ルテニア人 38.4 ルーマニア人 34.4　マジャール人 1.3
ダルマティア	646,000	ドイツ人 0.5　セルビア・クロアティア人 96.2　イタリア人 2.8

R. A. Kann, *The Multinational Empire: Nationalism and National Reform in the Habsburg Monarchy, 1848-1919*, 1964, vol. II, p 301 f.

王冠の土地(ベーメン、メーレン、シュレジエン)は、複雑な問題をはらんでいた。この地に住むドイツ人は、商工業で重要な地位を保ち、知的生活で重要な役割を果たしてはいたが、少数民族であったために、自身の民族性を極端に意識し、一方のチェコ人もまた同様であった。ズデーテン地方を中心とする両者のはげしい民族闘争については、後節で詳しく取り上げることにする。オーストリアを構成する諸州の人口と民族比の数字は、別表のとおりであるが、これは、オーストリアにおける民族的統合の問題のむずかしさを、よく示している。では、このようなものとしてのドイツ人は、他の諸民族に比べてどのようなすぐれた「資産」をもっていたであろうか。

まず第一にあげなければならないのは、ドイツ語の役割である。ドイツ語はこの国の最も重要な言葉で、日常生活においても公的使用においても、他のいかなる言葉よりもはるかに高度に必要とされ、受けいれられていた。それはオーストリアの最高裁判所 Oberster Gerichtshof、行政裁判所 Verwaltungsgerichtshof、議会の両院およびオーストリアとハンガリーに共通の陸海軍の唯一の言葉であり、またウィーンにあるオーストリアの一一の省の言葉であり、共通政府の三つの省の主要な言葉であり、さらに諸省と地方の役人との間の普通の場合の連絡語(「内務語」)であった。役人が地方の人々と直接交渉する際には(すなわち「外務」には)、地方の言葉が使われてきたけれども、諸州でも、ドイツ語は他の言葉よりもいっそう広範な権限を与えられていた。次にその実情をみよう。

まず下・上オーストリア、ザルツブルク、フォラールベルクの四州では、ドイツ語が唯一の州公用語 Landessprache で、すべての官庁ではドイツ語が使われた。シュタイエルマルクとケルンテンでは、ドイツ語は正式の州公用語であり、法律で landesüblich(州内のいたるところで役人と人民の間の直接の交渉の際に使ってよいもの)と認められたが、大部分の住民がスロヴェニア語を話す地域では、スロヴェニア語も landesüblich と認められていた。クラインでは、ドイツ語とスロヴェニア語がともに州公用語であり、州の全域で landesüblich であると認められ、州議会でも双方がともに使われた。しかし内務語は、スロヴェニア人内部の事柄にかんする場合のほかは、ドイツ語であった。沿海地方の三地域では、スロヴェニア語、イタリア語——イストリアではクロアティア語が加わる——とともに、ドイツ語も州公用語であり、landesüblich の規定は各県でちがっていた。州議会の討議はイタリア語で行なわれていたが、内務語は原則としてドイツ語であった。ティロールでは、ドイツ語とイタリア語が州公用語であり、ドイツ語は州の全域で landesüblich であったが、イタリア語はそれが話される地域でのみ landesüblich であった。内務語は、原則としてドイツ語であったが、実際には、イタリア人地域ではしばしばイタリア語が使われた。ベーメンでは、ドイツ語とチェコ語は完全に同等な州公用語であり、一九一〇年までに、両者はともにすべての法廷を含む州の全域で landesüblich であると認められた。実際には、ドイツ人地域では法廷はなおチェコ語の使用を許さなかったが、ドイツ語はチェコ人地域で使われてもよいと主張した。法廷以外の役人は、二つの言葉のいずれかで人民と交渉した。内務語は、一八九七—九八年の短期間を除いてドイツ語であり、州議会はドイツ語とチェコ語の双方を使ったが、学校や農業にかんする重要な委員会は、一九一〇年までに、民族的な単一語を使う二つの部門に分かれていた。メーレンでも規定はこれに似ていたが、ただドイツ人の法廷でもチェコ語が認められ、一般に二つの言葉の使用により弾力性があった。シュレジエンではドイツ語が州公用語であり、全域で landesüblich であったが、ポーランド語とチェコ語は、それぞれの地域でのみ landesüblich であると認められた。ドイツ語は内務語であるとともに、州議会の言葉でもあった。ガリツィアでは人口のわずか一％がドイツ人であるにすぎなかったが、ドイツ語は理論的にはポーランド語、ルテニア語とともに州公用語の一つであったし、州の西端部では landesüblich と認められていた。ガリツィア内部の事柄にかんする内務語は、ポーランド語であったが、中央政府との連絡や軍事上の事柄には、一般にドイツ語が使われた。州議会ではポーランド語が使われたが、ルテニア語も大目にみられた。ブコヴィナでは州公用語はドイツ語、ルーマニア語、ルテニア語で、州議会でも三つがすべて使われた。ただダルマティアだけでは、ドイツ語は州公用語ではなく、landesüblich としても認められなかったが、そこでもドイツ語は、役人がウィーンと連絡する際に、また軍事上の事柄で、普通に使用した言葉であった。(5)

こうしてドイツ語は、中央政府の公用語として首位を占めたばかりではなく、四つの州では唯一の公用語であり、ダルマティアを除く他のすべての州でも——ただし沿海地方とガリツィアでは、その使用は非常に限られてはいたが——公用語の一つであり、また大部分の役人の自国語でもあった。十九世紀末に近づくと、他の言葉もしだいに優勢になりつつはあったが、ドイツ語は学校に強い足場をもち、貿易と商業を支配し、軍隊の指揮語であり、首都ウィーンの人々によって話され、王家のメンバーがたがいの交際に使う言葉でもあった。要するにオーストリアにおけるドイツ語の重要性は、実際には、全国でまた個々の州で生活していたドイツ人の数的比率の示す以上のものであったが、それはまさに、幾世紀にもわたる伝統の結果として、ドイツ語が行政事務、実業、学問、芸術その他においてきわめて有効であり、必要であったことを物語っている。

しかしながら、近代的ナショナリズムがオーストリア住民の間に浸透するにつれて、さまざまな言葉の占める地位とそれに比例した諸民族の大きさが、当該民族の政治的特権のシンボルとなった。いいかえれば、ドイツ人以外の諸民族は、彼らの民族語の法的地位によって、民族的自由の効果を測定したのである。ドイツ語が行政面で上述のような特権的地位を占めたことを考えれば、一八六七年以後の立憲主義時代にはいってから、言語をめぐるはげしい争いがオーストリア国民の政治的エネルギーの大半を吸収したことは、容易に理解されるところである。

次にドイツ人の経済的富、社会的威信、政治上の力、職業上・文化上の利点などを取りあげよう。これらはたがいに関連しあって、ドイツ人が全体としてどのような状態にあったかを明らかにするであろう。オーストリア国内のさまざまな人種グループの「民族的な富」についてはっきり測定することは、むずかしいが、土地および産業における資本や生産設備の所有状態、税金総額のなかで当該民族の支払った額の占める割合などを、一応の基準にすることができよう。結論を先にいえば、ドイツ人の社会が他のいかなる民族の社会よりもかなりの程度に富裕であったことは、疑う余地がない。

ウィーンはドイツ人の都市であったが、大銀行・大保険会社・最大級の工業会社などの大部分、株式取引所、さらにオーストリア工業家連盟 Bund österreichischer Industrieller や雇用者組合中央機関 Zentralorganisation

Arbeitgeberverbände（比較的小さな生産者の組織）といった重要なカルテルや事業会社の連合は、この首都にあった。国内で工業が最も集中していたベーメンのズデーテン地方では、住民の九〇％以上がドイツ人であった。下オーストリア、シュタイエルマルクの重工業、ティロール、フォラールベルクの繊維工業も、ドイツ人の手に握られていた。ベーメンとガリツィアの工業施設の多くは、ロスチャイルド家のようなドイツ語を話す資本家の所有物であった。工業で富を得たスラヴ人がドイツ人の社会に同化される——たとえばピルゼンのシュコダ家 Škodas——伝統は、ナショナリズムの発達に伴ってしだいに他民族への移行が困難になり、有利でもなくなったために、一八九〇年以後変化の傾向をみせはじめたが、チェコ人の実業団体が抬頭し、資本主義の発達がさまざまな人種・地域間の経済的差異を減少させたとはいいながら、それがドイツ人の大きな富を修正した割合は、ごくわずかであった。

次に賃金に目を向ければ、ドイツ人が人口の八〇％以上を占めた地方では、賃金はほとんどつねに、スラヴ人が人口の八〇％以上をしめた地方で同種の仕事に支払われた賃金よりも、高かった。また税金については、第一次大戦に先立つ数十年間に、ドイツ人は全人口の三分の一をしめたにすぎなかったのに、オーストリアの直接税総額の三分の二を支払ったと算定されており(6)（一人当たりでは、ドイツ人はイタリア人につぐ高額を払っていた）、このことは、帝国の存立それ自体が財政的にドイツ人に依存したことを、意味している。

ドイツ人の経済的優位の一つの理由は、ヤーシの指摘するように、「資本主義がますます顕著にユダヤ人的色彩をおびた」点にあった。(7)ガリツィアを除くほとんど全域で、オーストリアのユダヤ人はドイツ人の文化的社会にはいりこみ、強いドイツ人びいきの感情をもち、大体においてドイツ民族に属するものとみられていたのである。

ドイツ人の経済的・政治的・社会的地位は、彼らが従事した職業を他の民族集団のそれと比較することによって、測定することができる。低い職業とみられた農業に従事したものは、ドイツ人の三四％にすぎなかったが、チェコ人は四三％、ポーランド人は六六％、スロヴェニア人は七五％、ルテニア人は九三％に達し、他の非ドイツ系民族集団も、同様に高いパーセントを示していた。工場や手工業、商業、交通の分野では、ドイツ人の五二％が働いていたが、チェコ人は四八%、非ドイツ系諸民族の平均値は、ようやく二〇%に達したところであった。尊敬すべき職業と考えられた文官勤務をみると、ドイツ人は一六%以上がこれに従事したが、ポーランド人は一四%、チェコ人は一一%であり、その他の民族集団の比率ははるかに低かった。(8) ドイツ人は他の民族よりもはるかに都会化されており、知的職業、ホワイトカラー、工業関係の仕事にたずさわったものの割合は、他の民族を上まわっていた。

これと関連して、初等学校より上の学校に学ぶものの比率を民族別にみておこう。一九一四年の時点でも、あらゆる種類の上級学校で、ドイツ人の就学者数は他のいかなる民族集団のそれをもはるかに越えていた。ギムナジウム生徒の三八%はドイツ人であり、実科中学校 Realschule と師範学校では四五%以上、職業訓練学校では四七%、実務学校——タイプ・速記・簿記などを教える——では六五%がドイツ人であった。すなわち、高等学習機関にかよっていたドイツ人は、他のすべての民族出身の学生総数にわずか一〇〇〇名及ばぬだけの多数にのぼったのである。

次に、尊敬すべき職業と考えられた官庁の職員について、さらに詳しくみよう。カール・フーゲルマンによれば、一九一四年に、共通政府の三省を含む中央の一四省の役人約六三〇〇人のうち、四七〇〇人(八〇%)はドイツ人であり、マジャール人と仕事を分担した省でも、高級官僚の五六%はドイツ人であった。(9) 中央政府は、全常勤職員の民族的構成と、大部分の業務に使われた言葉にかんするかぎり、オーストリア帝国の存続期間中、一貫してドイツ人的であり続けたのである。

諸州の行政と司法も、すでにみたように、完全にドイツ人的であるか、もしくは、人口構成の数的比率から正当と考えられる以上に、ドイツ人的な性格をもっていた。ドイツ人は、官界にはいるための歴史的・社会的な必要条件を、他の諸民族に比べてはるかに高度に備えていたからである。オーストリア全体にわたって、ドイツ人の地区長 Bezirkshauptleute、町長、町会議員、司法官、行政官の数を算定することは困難であるが、ドイツ人が全人口中にしめた割合よりもはるかに広範にこれらのポストをうめていたことは、想像にかたくない。ただガリツィア、ベーメン、メーレンのような若干の州では、州レベルでも帝国レベルでも、ドイツ人は行政面で実際の人口比率よりも少なく代表されていた。(ベーメン、メーレン二州では、一九〇〇年までにこのように変わったのである。) たとえばベーメンでは、ドイツ人は州の行政ポストの一〇%を保持したにすぎなかったが、厳密な人口比率をもとにすれば、州の官庁では四二一名多く、また帝国レベルのポストでは四八一七名も多く権利を与えられるはずであった。(10) ベーメンとメーレンの行政面でドイツ人が少なく代表された事実は、二〇年にわたるチェコ人とドイツ人の間のはげしい闘争の結果として生じたものであり、一九一八年のチェコの独立宣言まで双方の間の論争の源泉になったものである。なお一七州の知事 Statthalter は、ほとんどつねにドイツ語を日常話す貴族であって、彼らは、その政治的見解のいかんにかかわらず、ドイツ人の社会にある種の威信を与えていた。

軍隊に目を移すと、一般の兵士は非ドイツ兵の割合もかなり多かったが、第一次大戦の終わりまで、現役の士官団は主としてドイツ人で、将校階級の七八%が彼らによって充たされていた。さらに、ドイツ語が戦闘の指揮語として、また連隊本部、高等司令部、参謀本部の言葉として使われたことからみても、軍隊のドイツ的性格は明らかである。他の民族の言葉は、士官たちが非公式にドイツ人以外の兵士に話しかける場合に、使われたにすぎなかった。

しかし、文官勤務と軍隊におけるドイツ人の優位とは、全員がドイツ語を話したという意味であって、彼らがドイツ民族主義に傾倒していたわけではなかった。クラインヴェヒターは、オーストリアの役人を、「ドイツ語を完全に自由に駆使するが、たまたまドイツ人であるとはいっても、いかなる種類の民族意識ももたない」人間として、描いている。(11) 大部分の士官や兵士にとっても、ドイツ民族とは人種的、文化的な現象であって、政治的体制とは無関係であり、政治的には彼らはオーストリアの臣民であって、ドイツ人であると否とは、彼らの皇帝に対する忠誠を左右するものではなかった。それにもかかわらず、ドイツ人の優位特に文官勤務における彼らの優位は、やがて他の諸民族から、大きな問題として非難の目でみられるようになるのである。

次にローマ・カトリックの聖職者をみよう。オーストリアの住民の八五%はカトリック教区民であり、聖職者の間に民族的な区別をつけることは、ローマ法王庁から一般にきびしく禁じられていたが、しかし一九一八年に先立つ一世紀間に、大司教、司教、大修道院長の職は、大部分ドイツ人によって占められていた。またベネディクト修道会、シトー修道会、アウグスティノ修道会に属する聖職者は、はっきりそれと知られるドイツ的な文化伝道を、故意に続けていた。教会が特定の民族と一体化することに強く反対したイエズス会さえも、フェルトキルヒ Feldkirch とカルクスブルク Kalksburg にある彼らの学校のドイツ語カリキュラムを通じて、上層階級の間にドイツ文化を宣伝した。その後一九三〇年後半にオーストリア共和国の政界に登場するシュシュニック Kurt von Schuschnigg とザイス-インクヴァルト Arthur von Seyss-Inquart は、ともにフェルトキルヒの出身であるが、彼らにカトリック的普遍主義とオーストリア的愛国主義とドイツ民族主義の混合がみられることは、イエズス会の授業もドイツ民族主義を押えなかったことを、暗示している。[12]

最後に学芸の方面をみよう。帝国内の文学、劇、音楽、美術、科学、哲学などの分野で活躍した主要な人物は、ドイツ人ないしドイツ語を日常使った人々であった。ドイツ語で刊行された新聞や書物の数は、他の言葉によるものの総計よりも多かった。ウィーンから放射される総合的なオーストリア文化をささえた言葉は、ドイツ語だったのである。メンガー、フィリッポヴィッチ、ベーム-バウェルク、シュンペーターなどのウィーン経済学派、マッハ、フッサールなどの哲学者、フロイト、アードラーなどの精神分析学の先駆者、世界的に有名なウィーン医学派の医師たち、フリートユング、レートリヒなどのオーストリアの著名な歴史家は、いずれもドイツ語で考え、ドイツ語で表現した。ドイツ文化が他の諸民族に及ぼした影響は、言葉の問題と密接につながっていたのである。

（1） オーストリアの社会構成についての分析は、数多くないが、Otto Most, "Die berufliche und soziale Gliederung der Bevölkerung Österreichs", *Schmollers Jahrbücher*, Bd. XXIX (1905), S. 209–241; Whiteside, "German Dilemma", *op. cit.*, p. 167 参照。

（2） Istvan Deak, "Comments", *Austrian History Yearbook*, vol. III, pt. 1, p. 303.

（3） Robert A. Kann, *The Multinational Empire: Nationalism and National Reform in the Habsburg Monarchy, 1848–1918*, New York, 1964, vol. II, p. 302.

（4）十七世紀以来、ハプスブルク家は、ドイツ語を話す人々が住んでいた多くの領土——Elsaß, Lausitz, Schlesien の主要部分、Breisgau から Schwaben の Burgau に至るドナウ川沿岸の地など——を失う反面、非ドイツ的であったいくつかの土地——Lombardy, Venetia, Dalmatia, Istoria の Venetia 部、Galicia, Bukowina, Bosnia-Herzegovina など——を手にいれた。その結果、ハプスブルク領のドイツ人の住む部分はかなり弱められ、一方非ドイツ人の地域はさらに増大したのである。Zöllner, *op. cit.*, p. 207 f.

（5）Alfred von Fischel, *Das österreichische Sprachenrecht*, Brün, 1912², Bd. I, S. xcii-xciii; Whiteside, *op. cit.*, p. 161 f.

（6）Walter Schneefuss, *Demokratie im alten Österreich*, Klagenfurt, 1949, S. 167 f.; Whiteside, *op. cit.*, p. 163.

（7）Oscar Jászi, *The Dissolution of the Habsburg Monarchy*, Chicago, 1961, p. 173.

（8）Hugo Hantsch, *Die Nationalitäenfrage im alten Österreich*, Wien, 1953, S. 30 f.; Whiteside, *Austrian National Socialism*, p. 26.

（9）K. G. Hugelmann (hrsg.), *Das Nationalitätenrecht des alten Österreichs*, Wien, 1934, S. 280; Kann, *op. cit.*, p. 313.

（10）Hugelmann, *op. cit.*, S. 418.

（11）Friedrich F. G. Kleinwächter, *Der Untergang der Österreichisch-Ungarischen Monarchie*, Leipzig, 1920, S. 107–118.

（12）Whiteside, "German Dilemma", *op. cit.*, p. 166.

2　「資産」の統合的作用

以上の考察を通じて、われわれは、ドイツ人がオーストリア帝国の諸民族の間の指導的集団であったことをかなり具体的に知ることができたが、その際注目する必要があるのは、彼らの指導的地位は伝統にもとづくものであって、彼らの民族主義的要求の反映ではなかった、ということである。ドイツ人はハプスブルク帝国をつくり出し、これを維持し発展させてきた民族であったために、この国の政治的・経済的・文化的諸制度の大部分が彼らのものだったのであって、ドイツ人の「資産」とは、彼らのこのような歴史的役割の反映にほかならなかった。もちろんわれわれは、十五―十七世紀の外国の侵入によってスラヴ人やマジャール人の国家と文化が崩壊したという事情をも忘れてはならないが、しかし、東欧における政治的・経済的真空を充たすための人的・物的資源をもっていたのは、ドイツ人であって、他のいずれかの民族が帝国をつくり保持するという仕事をドイツ人にかわって遂行しえたとは、考えられない。この意味で、帝国自体がまさにドイツ人の作品にほかならなかったのである。

われわれはまずこの点から、ドイツ人が帝国の統合に本質的に寄与したことを認めざるをえない。オーストリアでは王朝自体がドイツ系であったうえに、官僚、軍隊、資本家階級、教会、指導的な著作家、芸術家、学者たちは、最後の五〇年間にも、文化的・人種的になお主としてドイツ的であり、これらの諸要素がいっしょになって帝国内の有力な求心的勢力を成し、帝国に統合的機能を賦与していたのである。ここでは、特に顕著な役割をはたしたと思われるものを拾い出して、その意味を考えてみたい。

まず第一にあぐべきものは、ドイツ人官僚のはたした政治的・文化的な役割である。十八世紀から十九世紀にかけて、封建的勢力が抑制され、国家の機能が追加されてゆくにつれて、役人の数がふえ、官僚政治が成立したが、特に重要なのはウィーン中央政庁の官僚機構で、その意義と総人員数は、十九世紀中葉にかけて着実に増大していった。そして、ここにつとめる大部分の役人の言葉はドイツ語であったから、すでにみたとおり、ドイツ人はおのずから他の諸民族よりも優位に立ったのである。十九世紀中葉以後、内務省と司法省の役人の大多数はミドルクラス出身であり、重要な地位はなおしばしば貴族に占められたとはいえ、最も有力な役人は、仕立屋の息子のキュベック Kübeck や農家の出のバッハ Bach のように、ミドルクラスの出身者であった。

帝国のドイツ人官僚は、一般に廉直で精力的にはたらき、合理的・能率的・中央集権的な行政をとなえて、啓蒙主義運動の反封建的・反教権的原則を支持し、この過程で「ドイツ語」が文化的価値につながるという印象をつくりあげてゆき、その反面他の言葉は、当面反動的な地方貴族以外に支持の源泉をもちえず、衰退のけはいさえ見えはじめたのである。この点で特に重要なものは、一八五〇年代のバッハのもとでの新絶対主義体制である。彼は、一八四八年以前の王政復古期よりもいっそう近代的・能率的な絶対主義の実現をめざし、旧来の地方的特権や自治を廃止し、いくつかの行政改革を行ない、ハプスブルク帝国を、ドイツ人官僚の手でうまく管理された中央集権国家にしようとした。バッハ体制のドイツ化的中央集権政策は特にハンガリー貴族のはげしい反対を生み、アウスグライヒにつながるのであるが、しかしそれは非常に効果的で、ヤーシは「もしさらに時間を与えられたなら、バッハ体制は、ドイツ人行政職員の統治のもとに、全帝国を統一することに成功したであろう(1)」と述べている。アウスグライヒ後、ドイツ人の民族主義的傾向がしだいにミドルクラスに浸透していったときにも、ドイツ人の役人たちは大オーストリア思想を抱きつづけた。彼らが全体国家の最も強力な柱の一つを構成し、重要な統合的要素の一つであったことは、否定することができない。

第二に注目されるのは、資本主義の発展である。ドイツ人が最も活動的な役割をはたした経済の交錯は、さまざまな民族間の接触を増した点で、これまた重要な統合的機能を営んだ。工業の発達は、経済の地域的・州的な障壁を打ち破り、空前の生産物の交換をもたらし、原料・工場・市場を結びつけるための鉄道が敷設され、ウィーンには中央金融市場が設けられ(2)、オーストリア帝国を大きく変貌させた。ドイツの企業家・技師・技術家たちが、非ドイツ人地域で工業化を進めるうえにパイオニア的役割をはたしたことも、みのがしがたい(3)。しかもドイツ人社会の開放的性格は、何人がこれに加入することをも容易かつ自然にし、それ自身に普遍的・進歩的な性格を与えたので、知的な野心家たちはドイツ人の社会に引きよせられ、その結果、ドイツ文化は帝国の大部分の人々の間に浸透し、大きな影響を及ぼしたのである。ホワイトサイドが、「資本主義はドイツ語の政治的卓越を補強し、ドイツ文化の総合的効果を強めた(4)」と述べているのは、適切である。

第三に、これと関連して、ユダヤ人の役割をみる必要がある。すでに述べたように、ユダヤ人の間には強いドイツ人びいきの感情があったが、このような彼らの態度は、一八四八年の革命運動の寛大な、ユダヤ人解放に好意的な雰囲気、およびそれと結びついたイデオロギーに由来するところが大きかった。こうしてユダヤ人は、ドイツ人の方に顔を向けて活発にこれと同化し、資本主義の発達とともに、オーストリア社会の重要な一員として登場したが、彼らは、ドイツ語を話し、超民族的な見通しをもち、全体国家に忠誠であったことなどのほかに、科学・文学・ジャーナリズム・金融などの方面で卓越した手腕を発揮したために、ドイツ文化の総合的機能をささえる強い力になったのである。彼らはその居住する各地で、ドイツ語——ドイツ・ユダヤ的方言の形ではあったが——とドイツ文化を確立した。このようなユダヤ人のドイツ的性格は、帝国の最後の数十年間に減少していったとはいえ、彼らの家族のなかでは、普通最後までドイツ語が使われていた。[5]

最後にまとめをつけよう。以上の考察によって、ドイツ人の「資産」が彼らの優位をもたらし、それと同時に帝国の統合に大きく寄与したことは、ほぼ明らかになった。オーストリアの政治的・経済的・文化的諸制度におけるドイツ人の支配的な役割は、公然とではなかったにしても、彼らに帝国内での特別な地位を与え、ドイツ人は、どの民族ももたないような帝国との関係を保持した。諸制度がドイツ人的性格をもっていたために、ドイツ人にはますます多くそれらの制度に参加しうる機会が与えられ、こうして彼らは、多数の行政官、軍人、司教、資本家、作家などを供給したのである。彼らは排他的な社会をつくりはしなかったが、その社会は文化的にはっきりとドイツ的な色彩をおびていたので、ドイツ人は、自分たちがオーストリアの「国家の民」Staatsvolk であり、ドイツ語が「国家の言葉」Staatssprache であると自負するようになった。特にドイツ人の官僚は、自分たちこそ国家を代表し、構成さえしているという信念をもち、それが彼らの職業倫理の大部分をつくりあげていた。[6] ドイツ人自身が、みずからを帝国内の本質的な統合的要素であると考え、ドイツ人の優位を帝国にとって不可欠のものとみていたことは、注目に値する事柄である。

しかし、このようなドイツ人の「資産」は、はたしていつまでも彼らの優位と帝国の統合を保証する要因であり続けたであろうか。

（1） Jászi, *op. cit.*, p. 163.

(2) Whiteside, *Austrian National Socialism*, p. 25. また Kann, *The Habsburg Empire. A Study in Integration and Disintegration*, New York, 1957, p. 95 参照。

(3) Heinrich Benedikt, "Die Anfänge der Industrie in Mähren", *Der Donauraum*, Bd. II, 1957. また Benedikt, *Die wirtschaftliche Entwicklung der Franz-Joseph-Zeit*, Wien, 1958 参照。

(4) Whiteside, "German Dilemma", *op. cit.*, p. 168.

(5) Paul Molisch, *Geschichte der deutschnationalen Bewegung in Österreich von ihren Anfängen bis zum Zerfall der Monarchie*, Jena, 1926, S. 1–120 参照。

(6) Zöllner, *op. cit.*, p. 219 f.

3 「資産」の分解的作用 (1)

ドイツ人の支配が帝国統合の力であったことを論じただけでは、複雑な問題の全貌を明らかにしたとはいえない。そこでわれわれは次に、ドイツ人の優位が究極にはまた遠心的な諸力を刺激した点に、ヤーシの言葉をかりれば、「社会的なもろもろの力が、弁証法的な過程によって、それ自身に対する反作用をつくり出した」[1]点に、目を向ける必要がある。

まず第一に、ハプスブルク家の君主的絶対主義は、地方の反対をよびおこし、それは長く衰えていた言語的文化の再生にみちびき、やがて近代的な政治的ナショナリズムを養う結果になった。統合的な諸制度は、中央の指導を地方の権威と取りかえ、非能率的な地方的多様性に対しても不寛容であったために、地方の防衛的な諸方策を刺激したのである。その方策のあるものは、明らかに封建貴族を基盤とする反動的なものであったが、またあるものは、人権の原則やキリスト教的な社会道徳を引き合いに出す革新的なものであった。中央政府の諸官庁におけるドイツ人役人の膨大な数も、他民族の政治的代表者たちの反対をよびおこす結果になり、ドイツ人官僚は人気のあるものとはならなかった。官僚と、それ以外の指導的地位にあった士官団や高位聖職者グループとの関係が、友誼的なものでなく、たがいに冷い目でながめあったことも、(2)統合を阻止する一つの要因となった。要するに、重要な統合的要素をなしていたドイツ人官僚は、同時に分解的な力としても機能しうるものだったのである。

第二に、資本主義もまたナショナリズムその他の分解的な力を刺激したが、これは二つの方面に分けて考えることができよう。

(1) すでにみたように、オーストリアのブルジョアジーは最初主としてドイツ人的性格をもっていたが、産業革命の進展とともに、他の被支配民族の間にも徐々に中間的市民層が現われ、彼らを中心とする民族的反抗が、国内各地のドイツ人の支配的地位を脅かしはじめた。ドイツ人の企業家や技師が非ドイツ人地域の工業化を進めるうえでパイオニア的役割をはたしたことは、一方でドイツ人の地位をしだいに強めていったが、他方また困難の原因ともなったのである。(3)十九世紀後半以後の帝国内諸民族の民族運動のうち、最も注目されるのはチェコ人のそれであるが、ここでも、民族運動の原動力はそのめざましい経済的発展にあった。ベーメンを舞台とする両民族の対立は、決定的な重要性をもっているので、ドイツ人の「資産」がチェコ人の抬頭によって削られ、動揺してゆく過程を、やや立ちいって考察することにしよう。(4)

チェコ人は、一九一〇年に人口六四三・六万で、ハプスブルク帝国全人口の一二・六%にすぎなかったが、オーストリアでは二三%にあたり、ドイツ人に次いで強大な人種グループをなし、ベーメン、メーレン、シュレジエンの三州に生活していた。ところで、十九世紀の間にこれらのチェコ人の土地にみられた注目すべき変化は、三州内のチェコ人とドイツ人の比率がチェコ人に有利に変わったことと、チェコ人住民が北部ベーメン、メーレンおよびシュレジエンの工業中心地に移住したことである。(5)第一の点からみれば、チェコ人とドイツ人の住民の比率は、ベーメンでは一八四六年の六〇対四〇から一九一〇年の六三対三七に、メーレンでは七〇対三〇から七二対二八に、シュレジエンでは二〇対四八から二四対四四に(他はポーランド人)変わった。しかし一八八〇年以後は、ベーメンでは、両民族住民の増加の割合は、ほぼ同じであった。次にベーメン、メーレン、シュレジエン内でのチェコ人の移住をみると、富裕な農業地帯での人口増加は自然増の平均値に近かったから、この移住は明らかに、貧しいいなかの地域から工業の中心地へ労働者が流出したことを示している。特にチェコ人が北部ベーメンの工業地帯(ズデーテン地方)に移住したことは、それ以前まったくドイツ人地域であったものの性格を変えはじめ、こうした民族的性格の変化によって、この地は、二十世紀初頭のチェコ人とドイツ人の対立の主要な焦点となったのである。

次に、チェコ人の文化的・政治的生活の中心であったプラハの人口構成を吟味しよう。プラハの人口は、郊外を合わせて、一八四三年の一二万五〇〇〇人から一九一〇年の六一万七〇〇〇人に増加したが、これは主として移住によるもので、チェコ人の多数がプラハに移住したことによって、この都市のドイツ人は相対的に重要さを減ずるようになった。(6) 一八八〇年には、日常語をドイツ語とするプラハの住民は四万二〇〇〇人で、全人口の一四%にあたっていたが、一九一〇年には三万七〇〇〇人で、わずか六%にすぎなかった。プラハでチェコ人の数が強化された理由としては、他地方からのドイツ人の転入が少なく、この市のドイツ人家族の出生率が低かったこともあるが、普通二国語を併用していたユダヤ人が、自己をドイツ人とみなす以上にチェコ人とみなす傾向があったことを、見のがしてはならない。一八八〇年には自己の日常語(=民族性)をチェコ語として登録したのは、プラハ在住ユダヤ人のごく一部にすぎなかったが、一八九〇年には二六%、一九〇〇年には五六%にふえていた。この年には、ベーメンのユダヤ人総数九万人のうち五万人が、自己の民族性をチェコ人であると述べていた。自己をチェコ人として登録するユダヤ人がふえたことは、チェコ人の民族的環境が経済的・社会的・文化的に強い魅力をもっていたことを、証明するものといえよう。(7)(メーレンでは事情が異なり、自己の民族性をチェコ人としたユダヤ人は、一七%にすぎなかった。)

次に、チェコ人の土地におこった経済生活上の変化が民族的構造に及ぼした影響を、みなくてはならない。ヤロスラフ・プルシュの指摘によれば、(8) 工業面での産業革命はここではすでに十九世紀の初頭に始まっており、その最大の発展期は一八三〇年から四〇年にかけてであり、一八四八年から一八六〇年代末にかけてはその最後の時期にあたるという。その間革命の年一八四八年に、荘園の賦役労働を廃止して行政権を領主から取りあげる法律が制定され、封建制度が最終的に崩壊したことは、資本主義の原則にもとづく新しい社会制度への道を開いた。こうして一八六〇年代の末までに、農業関係の仕事に従事するものの数は、労働人口の約半分(五二%)に低下しており、三〇%は工業関係の仕事に、残りは商業、輸送その他の職業に従事していた。すなわち十九世紀の中ごろすぎまでに、工業は農業に匹敵するか、事実上はいっそう重要な役割をはたしていた、ということができよう。

ところで、ロンバルディアとヴェネツィアが失われたのちには、チェコ人の土地が帝国の最も重要な工業の中心であった。その伝統的な産業は織物の製造で、特にベーメン、メーレン、シュレジエンの北部に集中していたが、大部分はドイツ人産業資本家の手にあり、一八九〇年以前には、チェコ人はなお重要な役割を演じはじめていなかった。一八四一年には、ベーメンでつくられた織物の価格は全工業生産の五一%に達し、一八五〇年代から六〇年代にかけてのブーム期に、さらに多くの織物工場が建てられた。しかし一八七三年の危機ののち、織物工業は著しく衰え、全工業生産にしめる割合は、一八八〇年には四三%に低下し、第一次大戦に先立つ時期に衰退し続けた。一八八〇年には工業労働者の四一%が織物工業に雇われていたのに、一九一〇年には二一%にすぎなくなっていたことは、織物工業がチェコの工業生産のなかで重要性を減じつつあったことを、示している。

この地のいま一つの重要な経済部門は、西部および北部ベーメンの伝統的なガラス器および陶磁器工業で、十九世紀の中ごろに最大の繁栄に達し、続く数十年間に多くの困難に打ち勝っていった。この工業も大部分ドイツ人の居住地に集中しており、織物工業とならんで、ベーメンのドイツ人ブルジョアジーの投資が最も重点的に行なわれた部門であった。しかし十九世紀末以後これら二つの産業の重要性が減少したために、ベーメンのドイツ人の経済力、社会的地位、政治的勢力は衰退を招く結果になったのである。

次に強力な工業部門は、食品工業で、一八八〇年にはベーメンの工業生産総価格の三三%をしめ、メーレンでも同様の重要性をもっていたが、それは主としてチェコ人の居住地域に集中していた。産業革命の初期には、さまざまな貴族の家族やドイツ人の製造業者が重要な役割を演じたが、十九世紀の後半になると、食品工業はしだいに多くチェコ人に支配されるようになっていった。食品工業の生産性の向上は、チェコ人の農業の繁栄と密接な関係をもっていた。

ベーメンとメーレンで農業が繁栄したのは、一八二〇年代から一八八〇年代にかけての時期であった。当時は穀物の輸送が荷馬車で行なわれたために、これら二つの地方は、その地理的位置のゆえに農業生産物の大幅な輸入から守られ、農産物価格が主として地方的条件によって決定される特殊な市場に発展した。またここでは、住民の約半分が農業以外の仕事で生活していたために、農作の困難な山地までも耕され、集約的な農作が行なわれた。このような事情は土地賃借料の地方的分化を増大させ、重要な市場の近くに位置した、生産率の高い土地の所有者に繁栄をもたらしたが、これらの有利な条件を備えていたのは、特にベーメン中部とメーレン中南部であって、そこにはチェコ人の農場主が住んでいたために、これらの地域は、チェコ人資本の原始的蓄積にとって最も重要な源泉となった。チェコ人の政治的リーダーの最初の世代に属する人々の多く――リーゲル František Ladislav Rieger、トロヤン Alois Pravoslav Trojan、ペルネル Jan Perner、シュトローバッハ Antonín Strobach など――が、穀物商業の繁栄から利益を得た製粉業者の子供であったことは、偶然ではない。しかし、蒸気船と鉄道の急速な発展によってもたらされた輸送の改善は、穀物価格を下落させる結果になり、一八八〇年代にこの地域の農業の繁栄を終わらせた。(9)

これと並行して、一八六〇年代には甜菜 sugar-beet のにわか景気がおこって、穀物生産の繁栄をかげらしはじめた。この一〇年間に、甜菜の栽培面積は一〇倍にふえ、一八七三年に短期間後退したのち、チェコ人の甜菜生産は非常な大規模になり、一八八〇年ころには、全ヨーロッパの生産高の四分の一に達した。織物工業がベーメンにおけるドイツ人の資本蓄積の源泉であったと同じ程度に、砂糖工業は、チェコ人の資本蓄積の重要な源泉となったのである。プラハにおけるチェコ人の機械工業の起源は、砂糖精製所の急速な整備と関係をもっていた。プラハの工場は、この設備をつくり出し、またビール製造所、蒸留酒(ウィスキー・ジンなど)製造所、その他の部門の食品工業の要望に応ずるとともに、工具や農業機械を生産する工業の需要にも応じたのである。機械工業は、チェコ人のその後の歴史のうえで、非常な重要性を獲得するのである。

一八六〇年代の立憲期にはいって人々の広範囲な公的活動が可能になったとき、ベーメンの地区中心地の大部分には、信用銀行が設けられ、さらに一八六五年には、チェコ人の上層ミドルクラスをかかえる富裕な郡庁所在地から勧業銀行 Živnostenská banka の設立が提唱され、一八六九年に活動を開始した。このチェコ人最初の重要な銀行は、地区信用銀行に資金を供給するために設けられたもので、(10) 最初の一〇年間は砂糖工業と密接な関係があったが、一八七三年の危機を切り抜けたのちは、チェコ人の実業界全体の発展と密接な関係を保ち、一八九〇年代以後はもはや農業および信用銀行と深いつながりをもたなかった。しかし、富裕な農場主が信用銀行にあずけた金は、相変わらず都市の商工業活動のために利用された。

十九世紀の九〇年代以後の時期に、チェコ人の土地の経済生活にみられた顕著な特徴は、石炭・鉄・はがね・機械生産の増大であった。一九一〇年までに緻密な電気のネットワークも出現していたが、それは、チェコ人の電気技術工業の初期の発展と関係をもっていた。自動車の生産も比較的早くはじまり、一九一一年には二〇六七台の自動車と三八一三台のオートバイが生産されていた。このようにチェコ人の諸地域の工業化の速度がしだいに増大したために、チェコ人住民とドイツ人住民との間の経済的発展の差は、第一次大戦前の数十年間にしだいに減少してゆくとともに、(11) これらの土地の住民の社会構造と、なお著しく農業的な地域に住んでいた他の諸民族の社会構造の間には、顕著な差異が現われたのである。

以上チェコ人の経済的発展を一通りながめたあとで、もう一度当面の問題に立ち帰ろう。すこし前までベーメンの工業資本家はほとんどすべてドイツ人であり、チェコ人は単なる労働者にすぎなかったために、ドイツ人は優秀民族であり、チェコ人は低級民族であると考えられていたが、一八四八年以来、ベーメン、メーレン、北部シュレジエンなどには土地資源を活用した新工業がおこり、チェコ人の有力なブルジョアジーが抬頭して、従来その地の政治・経済・文化を支配していたドイツ人資本家に、挑戦したのである。のみならず、産業革命の結果チェコ人の人口が急激に増大して、ドイツ人をしのぐに至り、彼らの発言権はしだいに大きくなった。このような形勢のうちに、一八六〇年代には、従来分かれていたチェコ人の諸党派がドイツ人の支配とたたかうために団結するけはいをみせ、これはズデーテン地方のドイツ人を刺激して、以後両民族間のはげしい対立をもたらす導火線となったのである。

(1) Jászi, *op. cit.*, p. 173.
(2) Zöllner, *op. cit.*, p. 220.
(3) Zöllner, *op. cit.*, p. 223.
(4) 以下の叙述は Jan Havránek, "The Development of Czech Nationalism", *Austrian History Yearbook*, vol. III, pt. 2, 1967, pp. 223–260 に負うところが多い。
(5) Jaroslav Purš(ed.), Atlas československých dějin, Prague, 1965, *Map*, No. 36.
(6) Havránek, "Social Classes, Nationality Ratios and Demographic Trends in Prague 1880–1900", *Historica*, vol. III, 1966, pp. 175–208.
(7) 十九世紀の中ごろチェコ人がプラハで優勢になったあと、ズデーテン・ドイツ人はもはやベーメンの土地に真の中心をもたず、彼らの多くはウィーンに行き、そこでかなりのものは政府、教育、その他知的な職業で地位を得た。この事実は、ズデーテン・ドイツ人の間に中央集権主義的傾向が優勢であったことを説明するのに、役立つであろう。Zöllner, *op. cit.*, p. 205.
(8) Jaroslav Purš, "The Industrial Revolution in the Czech Lands", *Historica*, vol. II, 1960, p. 194.
(9) Havránek, "Die ökonomische und politische Lage der Bauernschaft in den böhmischen Ländern in der letzten Jahrzehnten des 19. Jahrhunderts", *Jahrbuch für Wirtschaftsgeschichte*, Bd. II, 1966, S. 96–136.
(10) 信用銀行はその後まもなくメーレンにも設けられたが、メーレンのチェコ人管理下の信用銀行は、ベーメンのそれよりもずっと弱体であった。メーレンの大部分の市や町で経済生活と政治生活の指導的地位をしめていたのは、ドイツ語を語り、またドイツ人に好意的な少数の人々であった。Havránek, "Czech Nationalism", *op. cit.*, p. 231.
(11) それにもかかわらず、一九一〇年にはチェコ人労働者の四四％はなお農業関係の仕事に従事しており、わずか三一％が工業に、九％が商業と輸送に携わっていたが、一方ドイツ人の間では、農業上の仕事に従事していたのはわずか三〇％で、四二％が工業、一二％が商業と輸送の方面で働いていた。（これは、チェコ人の土地だけを対象にした数字である。）このように、ベーメン、メーレン、シュレジエンのチェコ人とドイツ人の経済的・社会的条件には、なおかなり大きな差があったのである。

4　「資産」の分解的作用 (2)

(2) 資本主義が結局遠心的効果をもたらした点は、いま一つの方面から考察されねばならない。それは、資本主義のもたらした不正や害悪に対する社会的抗議が、多くの場合、ドイツ人の優越およびそれに伴うスラヴ人の民族的自由の抑圧に対する告発と、容易にとけこんだことである。ヤーシはこの点について、資本主義の性格それ自体が、帝国内の「自由貿易の悲劇」および「大不動産病」morbus latifundii と結びついて、大衆のなかにはげしい経済的不満をつくり出し、この不満が、民族的分離主義やイレデンティズム（国境外の同種民族と合体しようという要求）の主要な推進力の一つになった、と述べている。(1) マルクス主義やキリスト教社会主義のような国際的性格をもった反資本主義運動も、資本主義は社会的な問題であって民族的な問題ではないという論理で労働者や手工業の職人を説得することは、オーストリアでは非常に困難であることが、明らかになった。(2) オットー・バウアー Otto Bauer も、マルクス主義の不労増額説 unearned increment を援用して、主としてドイツ人の所有する工業ないしドイツ人地域にある工業は、資本家が労働者を搾取すると同様に、原料生産者であるスラヴ人の富を食い物にしたものである、と述べ、資本主義がスラヴ人とドイツ人の間の対立の一原因であったことを、的確に指摘している。(3) なお、オーストリアの諸政党が統合と分解の問題との関連ではたした役割については、後節でさらに詳しく検討されるであろう。

これとの関連で、ドイツ人のナショナリズムに言及する必要がある。既述のように、帝国の存立は財政的にドイツ人に依存するところが大きかったが、ドイツ人の富が学校や公共土木事業など全国的な目的をもつ仕事を促進したかどうかは、簡単にはいえない。むしろ、一九〇〇年にケルバー内閣が公共土木事業の大計画をはじめるまでは、そうではなかったと、ホワイトサイドは推定している。[4] それ以前の時期には、政府が税金をこのような目的に使うことを提案したとき、ドイツ人の民族主義者たちは、他民族の文化を発展させるためにドイツ人の財産を使うことは民族的抑圧になるという理由で、しばしばこれに抗議した。さまざまな州や地域で工業化のテンポが不均等だったこと、またこの過程での諸民族の分担が不同であったことから、税収入をどのように使い、選挙権の決定に経済力をどの程度考慮するかについて、多くの衝突が生じた。

資本主義に対する反対のなかには、反ユダヤ主義的な特徴が強くみられたことも、看過できない。急進的民族主義者やキリスト教社会主義者は、自由企業の社会に及ぼす破壊的影響を指摘しながら、資本主義経営におけるユダヤ人の卓越した役割を強調した。キリスト教社会主義の指導的理論家フォーゲルザング Vogelsang は、ユダヤ人を、現代生活のあらゆる非難すべきもののうちの最もひたむきな犯罪者であると攻撃し、ゲオルク・フォン・シェーネラー Georg von Schönerer や汎ドイツ主義者たちもユダヤ人をはげしくののしり、オットー・シュタインヴェンダー Otto Steinwender のような民族的急進派の多くも、同様の言葉でユダヤ人を非難している。

こうして十九世紀の末近くなると、ドイツ語を語りドイツ人の方を向いていたユダヤ人は、両面の戦いに巻きこまれるようになった。ドイツ人の民族主義者たちは、ユダヤ人がそうする権利がないのにドイツ人を気取って、外国人とともに大学に押しかけると非難し、彼らの国際的要素が実際には頼りにならないとなじり、ドイツ人は排他的な民族集団をつくって、ユダヤ人を強制的に他民族の方を向かせる必要があると力説した。一方スラヴ人の土地でも、資本主義への反対は反ユダヤ的性格をおび、非ドイツ系諸民族は一般にユダヤ人に腹を立てていたが、ユダヤ人の多くがドイツ人びいきの態度をとっている点に、ユダヤ人を拒否するいま一つの理由を見いだしたのである。[5]

ユダヤ人は、資本主義的企業とドイツ民族への同化とオーストリア的愛国心とを効果的に総合した顕著な例であり、ドイツ人の文化と経済の統合的な力を象徴していたから、ドイツ人の民族主義者やキリスト教社会党の反ユダヤ主義者がユダヤ人に攻撃を加えたことは、オーストリア・ドイツ人全体の最も有効な統合力の一つをそこなう結果になった。のみならず、反ユダヤ主義は、資本主義とユダヤ人とを同一視することによって、資本主義の統合的機能をも阻害したのである。またドイツ語による文学・芸術・科学の分野でユダヤ人が卓越した能力を示したことは、工業や金融の場合と同じく文化的領域でも、反ユダヤ主義と反ドイツ主義とを結びつける結果になった。ヤーシのいうように、(6)「ドイツ人化したユダヤ人のあるものは、帝国の政治的・文化的諸制度におけるドイツ人の指導的地位の護衛者として、きわめて派手なまた頑迷な行動をとり、それによって被抑圧諸民族の帝国に対する憤激を増し、帝国の遠心的な諸力を増大させたのである」。オーストリアのドイツ人化したユダヤ人は、十九世紀のハプスブルク帝国の民族問題を取り扱う際に、強調されすぎてはいけないが、看過されてはならない要素をなしている。

最後に、統合的要素であるはずのドイツ語ないしドイツ文化が、事態の発展のうちに示した逆作用について、ふれなければならない。

長年の伝統によってドイツ語の使用が余りにも便利であり、またこの言葉が帝国内で決定的な優位をしめしたことは、ドイツ人に国内の他民族の言葉を学ぶことを閑却させ、そのかわりにむしろ他の普遍的な言葉を学ぶ気持をおこさせた。しかしやがてチェコ人の地位が向上して、彼らがベーメンとメーレン二州で、行政事務のうえでドイツ語とチェコ語の完全な平等を要求し、チェコ語の重要性が一段と高まったとき、上述のようなドイツ人の態度は、国家勤務の地位でドイツ人に不利益をもたらす可能性を含んでおり、言語問題が民族闘争の決定的な争点になったことは、周知のとおりである。(7)結局ドイツ人も、進んでチェコ語を学ぶ気持をおこさなくてはならなかったのである。

ウィーンは余りにもドイツ人的であるために、非ドイツ人の民族的個性を失わせる、という苦情がしばしばおこったが、しかしウィーンの文化的影響はけっして単なる同化的な作用ではなく、諸民族の文化史のなかで重要な地位をしめた人々——コピタル Kopitar、カラジッチ Karadžić、マサリク Masaryk など——にとっても、大きな刺激的意味をもっていた。ウィーンの街は、その大学、工科大学、科学アカデミー、美術館、および優雅なミドルクラス的な社会生活によって、帝国内の大部分の民族文化の発展にとっても、一つの重要な中心だったのである。(8) この首都には一種のコスモポリタンな雰囲気がただよい、そのためにドイツ人の民族主義者たちは——若きヒトラーに至るまで——、むしろウィーンを非ドイツ人的であると感じたことも、注目されねばならない。

要するに、ドイツ人が幾世代もの間享受してきた文化的優位は、他の諸民族がドイツ人の文化にしだいに接近する文化を発展させ、とりわけチェコ人がドイツ人の優位に等しい地位を得るにつれて、十九世紀の間にその姿を消しはじめたのである。

（1）Jászi, *op. cit.*, pp. 176, 185–212, 220–239 参照。

（2）本書第二部第二章第一節二九七ページ以下、参照。また Hans Mommsen, *Die Sozialdemokratie und die Nationalitätenfrage im habsburgischen Vielvölkerstaat*, Bd. I, Wien, 1963 は、この問題について鋭い分析を示している。さらに Whiteside, *Austrian National Socialism*, pp. 37–122 参照。

（3）Otto Bauer, *Die Nationalitätenfrage und die österreichische Sozialdemokratie*, Wien, 1907, S. 322–360.

（4）Whiteside, "German Dilemma", p. 171. それだけに、ケルバーがドイツ人の資力を帝国の目的のために使ったことは、スラヴ人の遠心的傾向を弱めるという直接的効果をあげたといわれている。

（5）Alfred Diamant, *Austrian Catholic and Social Question*, Princeton, 1960, pp. 29–69.

（6）Jászi, pp. 175–179.

（7）バデニーの言語令問題については、Berthold Sutter, *Die Badenischen Sprachenverordnungen von 1897*, 2 Bde. Wien, 1960–65 が詳細な考察を行なっている。

（8）Zöllner, "Die kulturelle Ausstrahlung Wiens", vol. V of the *Repports du XIIe Congrès International des Sciences Historiques*, 1965 参照。

5 「資産」をめぐる総括的考察

最後に、以上の一連の考察をまとめながら、私見を述べてみたい。オーストリア帝国の文化的総合物は、絶対主義的強制、資本主義的搾取およびドイツ人のナショナリズムと結びついたために、民族的観念が一般に広く浸透するにつれて、絶対主義および資本主義に対する反対とドイツ人の優位に対する反対とは、同意語になり、ドイツ語の統一的支配力もいつしかそこなわれ、ドイツ語は、非ドイツ系諸民族の目には、抑圧の一形態のようにうつりはじめた。こうして、官僚、軍隊、聖職者、資本家階級、文筆階級のドイツ人的性格は、あらゆる方面からの――まずマジャール、ポーランド、ベーメンの貴族の、次にブルジョアジーの、さらに農民と手工業労働者の、最後に工業労働者の――攻撃目標となり、その抗議の量は、一八六七年以後の立憲主義時代にはいってしだいに増大し、これが、ドイツ人と非ドイツ人の間の争いの主要な原因になったのである。

それゆえ、ドイツ人の優越が帝国の統合的な力であったか分解的な力であったかという問いに対して、単純な答えを与えることはできない。ドイツ人の優越を示した諸制度は、たしかに帝国のすぐれて求心的な力ではあったが、結局それは、帝国の統合に失敗した。ドイツ人の「資産」は、ドイツ人以外の諸民族には、ドイツ人の優位すなわち民族的不平等の具体的表現であるようにみえたが、他方ドイツ人にとっては、帝国の統合およびドイツ人の民族的自由の中核にほかならなかった。それゆえ、ナショナリズム以前の時代に源を発した混然とした遺産は、ドイツ人の優越の基礎であり、帝国統合のための力であると同時に、帝国政府のにない手であるドイツ人の弱みの源泉でもあり、ドイツ人は、まさしくジレンマにみちた立場に立たされたのである。

オーストリアの民族闘争は、一見言語の争いという形をとって展開されたが、チェコ人の指導者の多くは――クラマーシュ Kramář やマサリクを含めて――民族問題を単なる言語の問題とはみないで、社会的・経済的な不平等の問題とみていた。チェコ・ドイツ両民族の利害対立の焦点になったのは、何よりもまず行政上の地位であったから、どの言葉を公用語にするかという問題が大きな重要性を獲得したのであって、言語をめぐる口論の背後には、広大な地域の管理という深刻な問題が潜んでおり、そこで諸民族の、またそれを代表する諸政党のエネルギーが、公用語をめぐる国制問題の周囲に集中したのである。

これをみても明らかなように、ハプスブルク帝国の西半オーストリアにおける民族闘争は、主として財産ないし教養ある階級(「有産階級」ないしミドルクラスとよばれるグループ)内部の衝突であったが(1)、一八六七年から一九一四年に至る時期に、この社会集団の民族的構成は根本的に変わった。一八六七年には、ドイツ民族はこの階層の内部で支配的地位をしめていたが、一九一四年までに、彼らの勢力は著しく減退した。一八六七年以前には、オーストリアでは、ブルジョア化とは一般にドイツ文化の採用に等しかったが、以後この点は変化し、ドイツ人のブルジョア階級はもはや増大するスラヴ人のミドルクラスを吸収することができず、スラヴ人もドイツ人への同化を経済的成功とは考えなくなった。多数のスラヴ人の実業家、知的職業人、知識階級がにわかに現われ、彼らはしばしば農民出身だった関係もあって、ドイツ文化を広範に受けいれることができず、また受けいれようともしなかった。ナショナリズムの流行に幸いされて、これらのスラヴ人特にチェコ人は、ドイツ社会への同化を欠いたにもかかわらず、むしろそれを欠いたために、彼らの職業に成功するようになった。オーストリアのスラヴ人地域では、ジャーナリスト、聖職者、法律家、政治家、医師、技師、工場主などになるためには、チェコ人等々のままでいることがほとんど必須条件になり、彼らがドイツ人社会に同化することは、社会的な排斥をうける結果になった。急速に成長しつつあった財産・教養のある階級のメンバーは、民族的な利益集団に分裂してよりよい地位を得ようとし、自己の職業的野心をみたすために、対立する民族集団のメンバーをその職業から排除しようとしはじめた。しかもオーストリアのスラヴ地域ないし混住地域では、教育あるスラヴ人の数が徐々にドイツ人を上まわるけはいを示しはじめた事実からみて、スラヴ人の究極の勝利を防ぐことは困難であり、一八六七年以後のドイツ人の民族政策は、防衛的な性格をもたざるをえなかったのである。

しかし、ドイツ人が帝国の統合と分解にいかに関与したかを正確に捉えるためには、ドイツ人の「資産」とその変動についての社会学的な分析だけではなお不十分であって、以上の考察の結論をふまえながら、いっそう具体的に、困難な立場におかれたドイツ人が、そのような状況のなかでどのような道を歩もうとしたか、国内のスラヴ人(主としてチェコ人)の要求にどのように対応しようとしたかを、さらに詳しく政治史的に検討しなければならない。ナショナリズムの時代におけるオーストリア・ドイツ人の防衛的な民族政策とは、いったいどのようなものでありえたであろうか。

(1) Louis Eisenmann, *Le Compromis Austro-Hongrois de 1867*, Paris 1904, p. 510 は、適切にも「民族問題とは……ミドルクラスの問題である」と表現している。

6 「忠誠」の分裂

多民族国家オーストリアにおけるドイツ民族の役割を検討するうえに、いま一つの注目すべき点は、普墺戦争後ドイツからしめ出されたオーストリアのドイツ人が直面した「忠誠」の分裂の問題、逆にいえば、彼らがドイツ民族への忠誠とオーストリア国家への愛国心とをどのように結びつけようとしたかという問題であり、以下の諸節では、この問題に焦点をおいて考察を進めることにする。

「ドイツ人の民族性」が人種的・文化的な概念にとどまっていた間は、それは、オーストリア・ドイツ人に忠誠の分裂という問題を提起することはなかった。そこでは、民族性と国籍とは必ずしも一致する必要はなく、政治的にオーストリア人であることは、ドイツ民族性の否定にはならなかった。しかしながら、近代的ナショナリズムの発展は、ハプスブルク帝国内のスラヴ人・マジャール人・イタリア人・ルーマニア人に重大な問題をなげかけるとともに、オーストリアのドイツ人にも同じ問題をなげかけずにはおかなかった。人権（人民主権と個人の自由）原理の実際的適用ともいうべき近代的・政治的ナショナリズムは、民族の統一と独立を志向するものであったから、ハプスブルク帝国内に新しい種類の政治的忠誠をつくり出したが、それは、帝国領土の多民族的なよせ集めと矛盾し、帝国政府の王朝的性格とも矛盾した。ドイツ人もまた、ひとたび人民主権の教義を採用するや、伝統的なハプスブルク帝国の支配形態に疑念をいだかざるをえなかったのである。

しかしながら、ウィーンのハプスブルク皇帝を頭にいただいてドイツ民族国家をつくる機会が存在した間は、これらの忠誠間の衝突はなお停止されていた。一八四八年の革命の際にも、オーストリア・ドイツ人は皇帝に対してよりもむしろ絶対主義に対して反抗したのであって、王朝的な目標とドイツ人の民族的な目標とはなお一致していた。それ以後一八六六年の普墺戦争の時まで、オーストリア・ドイツ人の民族主義的な政治目標は、ドイツ連邦の諸国と非ドイツ系民族の領土の最小限を含むドイツ人の民族国家をつくることであり、彼らによって論じられた主要なテーマの一つは、ハプスブルク家の領土がどれだけ大ドイツに合体さるべきであるか、またそれはどのような国制的規定のもとに行なわるべきであるか、という問題であった。そして、このような王朝的目標とオーストリア・ドイツ人の民族的目標との一致は、ドイツ統一をめぐる覇権争奪のピークともいうべき普墺戦争において、完全な表現を見いだしたのである。

しかしこの年は、中欧の歴史における一大転換点であった。プロイセンの勝利はオーストリアのドイツ人をドイツの他の部分から切り離し、以後彼らは、オーストリア国外のドイツ民族との合体を妨げられ、ハプスブルク帝国内の多くの民族の一つとして存在せざるをえなくなった。それまでオーストリア・ドイツ人は、ドイツ統一をプロイセン帝国への編入という見地から考えたことはなく、普墺戦争の間にも、自由主義的なナショナリズムの宿敵として知られていたビスマルクは、オーストリアではまったく人気がなかった。しかし新ドイツ帝国は、不完全ながらも久しく待望されたドイツ人の祖国として役立ち、オーストリアのドイツ人は、外国のなかの未回収地ともいうべき地位におしやられてしまった。一八七一年に達成された民族的統一は、多くのオーストリア・ドイツ人には、うつろな、実質のないもののようにみえたが、しかし、自分たちを含む統一されたドイツ民族がもはや望みえなくなったとき、オーストリア国家に対する彼らの関係は、複雑な緊張に充たされたのである。当時グリルパルツァーがプロイセン人に語った次の言葉は、まことに特徴的である。「君たちは一つの帝国を生み出したと信じているが、しかし君たちは一つの民族を破壊したのだ。……わたしはドイツ人に生まれたが、いまなおドイツ人なのだろうか(1)」。

こうして普墺戦争の結果は、オーストリアのドイツ人に、自己の政治的運命についての再考を強いずにはおかなかった。その後のオーストリアの歴史は、オットー・バウアーが語ったように、「われわれのオーストリア的性格とドイツ的性格との間の衝突(2)」に強く影響された。では、一八六六年から一九一八年にいたるハプスブルク帝国の最後の時期に、オーストリア・ドイツ人は、ドイツ民族としてみずから果たすべき義務と、オーストリア国民としての自己の義務とを、どのように結びつけようとしたのであろうか。

彼らのこの問題に対する態度は、だいたい次の三つに分けて考えることができる。第一は、古い、人種的・文化的な民族観念をなおもち続けていた人々であって、そこでは、依然王朝的・宗教的な忠誠が、帝国の生活における彼らの役割をはっきり指し示していた。しかし、民族を最高価値とするドイツ人にとっては、自己の政治的運命についての再考は、いっそう困難な問題を含んでいた。まず、ドイツ人民族主義者の圧倒的多数は、強国としてのハプスブルク帝国の地位をしっかり維持しようとした。彼らが考えた強力な帝国とは、ハプスブルク家の啓蒙専制君主たちによってつくりあげられた、ドイツ人の偉大な行政的・軍事的諸制度が保存されるような中央集権国家であり、それゆえ彼らは、これらの諸制度をそこない、ドイツ文化の開明的な影響力を抑制するような貴族の身分的運動と、しだいに拡大しつつある諸民族の民族主義運動とに反対した。彼らは、愛国的オーストリア人としての義務を感ずると同時に、彼らの民族的な権利と業績を反映するような地位を帝国内に保持しなければならぬと考えていた。

オーストリア人としての愛国心とドイツ人としての民族的忠誠とは、ある場合には――官僚・軍隊・高等教育・文化のドイツ的性格を維持するといった問題では――都合よく重なるようにみえたが、そこには次のような根本問題が潜んでいた。それは、全人口のわずか三分の一にすぎないドイツ人が、絶対主義にたよることなくオーストリア国家のドイツ人的性格を維持するにはどうしたらよいか、という問題であり、また、民族中心的なナショナリズムと、帝国の将来に不可欠の長期的な内的統合とをどのように調和させるか、という問題であった。ハプスブルク王国の民族問題の特殊性は、この国が家長的国家から立憲的国家に、さらにある程度民主的国家に移行しつつあった時に、それが頂点に達した、という時間的一致にあっただけに、この問題の解決はきわめて困難であり、それへの対処の仕方をめぐって内部に微妙な分裂が生じたことは、のちにみるとおりである。ともあれ一九一八年の崩壊まで、ドイツ人の多数がオーストリアの愛国者であると同時によきドイツ人であろうと試みたことは、事実であり、両者を和解させようとした彼らの努力の跡を回顧することは、本稿の主題の解明にとって不可欠の作業である。

しかしドイツ人民族主義者の少数は、オーストリアのドイツ人が他のドイツから切り離された状態を永久的なものとして受けいれることを拒み、ドイツ人全体の統一を達成しようとするかたい決意をいだいた。民族的統一をすべての上位においた彼らは、もしドイツ人の統一がベルリンの力によらずには達成できないとすれば、オーストリア国家を破壊して、そのドイツ人諸州を「プロイセン・ドイツ帝国」に併合すべきであると考えた。この極端なドイツ民族主義の信奉者たちは、プロイセンのヘゲモニーを擁護したところから、まず小ドイツ派 Kleindeutsche とよばれ、一時はドイツ民族派 Deutschnationale として知られ、やがて全ドイツ派ないし汎ドイツ派 Alldeutsche とよばれた。

以上の基本的な見通しをふまえながら、次にわれわれは、一八六六年以後のオーストリア・ドイツ人の立場と役割をいっそう具体的に追究しなければならない。

(1)　Jászi, *The Dissolution of the Habsburg Monarchy*, p. 106.

(2)　Whiteside, "German Dilemma", *op. cit.*, p. 159.

7　民主化と民族問題

一八六七年のアウスグライヒ（オーストリア・ハンガリー二重帝国の成立）は、オーストリアにおけるその後の民族的統合の問題にとって、基本的な意味をもっている。(1) アウスグライヒは、皇帝とハンガリー人との間の妥協がドイツ人の支配するオーストリア国会 Reichsrat を通じておしつけられたものであったが、国会が結局これを承認したことは、当時のドイツ人の気持を推測させるに足るものである。当時ドイツ人の富裕な上層ブルジョアジーは「自由派」として知られ、「憲法党」Verfassungspartei がこれを代表していたが、皇帝は、二重国家の西半部オーストリアの政治を彼らが担当すべきであると考えていた。ドイツ人自由派はたしかに、帝国の安全と偉大さを保証するのに必要な政治的・行政的・財政的な力をもっており、彼らが中央集権国家維持のかたい決意を示したことは、皇帝を満足させた。一方スラヴ人は、アウスグライヒが噂にのぼりはじめた当初から、これに強く反対した。たとえばチェコのパラツキー Palacký は、ハプスブルク帝国をマジャール人の国家とドイツ人の国家に二分することは、最も望ましくない形の汎スラヴ主義を生み出すことになろうと警告した。(2) 彼をふくむスラヴ人の民族的指導者たちは、スラヴ系諸民族がそれぞれ自治を達成できるような全帝国の連邦化のみが、彼らを帝国に依存させ、帝国の忠誠な支持者に変えるであろうと主張した。このようなスラヴ人に、ドイツ人自由派はどのように対処したのであろうか。

まず、アウスグライヒの見返りとして与えられたオーストリアの立憲政治を手がかりに、ドイツ人自由派の立場を考えてみよう。一八六七年十二月に国会で制定された一連の基本法は、近代西欧的な意味での憲法をオーストリアにはじめて樹立したものであった。皇帝はなお若干の重要な大権を留保したけれども、以後この憲法に拘束され、自己の権力を二院制の議会と分けあわねばならなくなった。言論・出版・集会の自由、陪審裁判といった基本的市民権も、法律によって明文化された。ドイツ人自由派はこれに満足し、憲法党とよばれたのである。

その際民族問題との関係で特に注目されるのは、国会の構成が身分的・財産的な差別制度に立脚していたことである。国会は貴族院 Herrenhaus と衆議院 Abgeordnetenhaus から成り、衆議院議員は有権者が直接選ぶのではなく、各地方議会 Landtag がその地方(州)に割当てられた人数だけの議員を選出することになっていたから、地方議会が衆議院の性格を規定した。地方議会の構成は地方ごとに異なっていたが、貴族と富豪とドイツ人にのみ有利で、普通、大土地所有者・商工業会議所・都市・町村落の四部門に分かれて、議員を選出した。(3) しかも有権者は直接税一〇グルデン以上の納入者に限られており、国民の大多数は選挙権をもたなかった。このような衆議院のほかに貴族院――皇族・名門貴族の家長・高僧・勅任議員からなる――があって、衆議院と平等の権限をもっていた。

さて、アウスグライヒののちオーストリアを支配したのは、ドイツ人自由派を中心とする勢力であったが、オーストリア自由主義は一八四八年革命の前後に開花し、五〇年代の新絶対主義に対抗する一部の貴族・富裕な市民・工業家および官僚の間に成長して、産業革命とともに勝利をとげたものである。ドイツ人自由派は、反封建主義・反聖職者主義をかかげてみずからをドイツ人左派とよび、人種的・地方的な連邦主義を退けて国家の中央集権体制を維持し、ドイツ人の優位を保ちながら国内の自由主義化を進めようとした。(4)

ところで彼らの自由主義は、まさに古典的な自由放任主義であり、富こそ政治的責任の主要な基準であり、経済的競争における勝利は、それを受けるに値するものの手に帰するというのが、彼らの主張であった。彼らはたしかに反動的ではなく、主観的には真に自由を意図しており、自由放任主義の国家はやがてすべての個人に最大限の機会を与えるであろうし、それはドイツ人の優位を守るばかりでなく、少数民族の権利をも守るであろうという信念をもっていた。(5) それに呼応するかのように、憲法第十九条には、「自己の民族性を保存し養うという、平等で絶対的な権利を」すべての市民に保障することが、明記されていた。

しかしこのことは、ドイツ人自由派が実際に他民族に対して寛大であったことを意味しなかった。ドイツ人自由派は、抑圧的干渉から解放されただけでは、スラヴ人が自己の文化水準をドイツ人のそれまでに引き上げることはありえないと確信していたのであり、ドイツ人は数の上では二対一でスラヴ人に劣っていたけれども、彼らの富が、「合理的に」構成された議会の支配を彼らに保証すると考えていた。要するに上層ブルジョアジーを代表するドイツ人自由派は、国家の中央集権体制を維持し、貧しいスラヴ人に投票させせない制限選挙制によって、ドイツ人の支配的地位を保持しようとしたのである。それに続く四〇年間を通じて、ドイツ人自由派が財産権を守る点で頑強であり、普通選挙権の効用について懐疑的であり、オーストリア国会を富裕な人々の代表機関にしたいと願ったことは、よく知られている。(6) 一八六七年の憲法はドイツ人の優越という世襲財産を反映するものであったために、彼らは憲法党となったのであったが、オーストリアのかかえる困難な問題が彼らのこうした政策によって解決されえない状態にあったことは、いうまでもない。

これに対して、憲法はドイツ人上層ブルジョアを中心とする狭いグループの利害を促進するための方策にすぎないという非難が、スラヴ人およびドイツ人の陣営内からあがりはじめた。ドイツ人自由派の支配は一八七三年の経済恐慌までは全盛を誇ったが、それ以後動揺して、内部に反自由主義分子を増大させるとともに、ベーメンにおけるチェコ人の抬頭をもたらした。とりわけ、同年の財政的破綻およびそれとともに暴露されたドイツ人資本家の間のもろもろのスキャンダルは、幾百万の農民・手工業者・工業労働者・小実業家たちの注意を制度の不正に集中させ、一八八〇年ころまでに彼らは、自由主義的なドイツ人資本家の支配の基礎になっていた選挙制の特権廃止を要求する気持を、強めていた。

こうした事態を背景にして、憲法党の内部では右翼自由主義多数派(温和自由派)と急進的な民主的左翼との間に深い分裂が発展したが、それは、市民的・民族的平等についての意見の相違によるものであった。急進派は、他の西欧諸国の場合と同じように、まず成年男子普通選挙権を要求し、自由派と絶縁して大衆のところへおりてゆく必要があると主張した。しかしながら、民族的自由と個人的自由の間の矛盾が問題になると、急進派も自由派も同じジレンマにとらえられた。すなわち、普通選挙権のもとでは、多数をしめるスラヴ人がドイツ人に彼らの支配をおしつける危険のあることを悟るとともに、民主急進派もまた、強い恐怖におそわれたのである。スラヴ人の支配は、彼らにとって、王朝的絶対主義よりもいっそうわるい民族的圧制を意味した。そこで可能な道と思われたのは、オーストリアが明白な非ドイツ人諸州を脱ぎすてて、民主的なドイツ人国家に自己を改造することであったが、しかし、どの州が新しいオーストリア国に包含さるべきかを決定する段になると、ベーメン・メーレン・ケルンテン・シュタイエルマルク・クライン・ティロール諸州の民族的自由について、ドイツ人はチェコ人・南スラヴ人・イタリア人と正面衝突せざるをえなかった。(7) これらの諸州には二ないし三の民族が含まれていたが、それらの州はドイツ民族主義者にとっては不可欠のものであり、そのドイツ的性格は議論を許さぬものであった。民族主義の原則を、諸民族が混住する現実と調和させることは、オーストリアのドイツ人左派にとって切実な問題であると同時に、他の西欧諸国にみられぬ深刻な困難をはらんでいたのである。

一八七九年二月、ドイツ人自由派を基礎にしたアウエルスペルク内閣はついに罷免され、同年の下院選挙でもドイツ人自由派は敗北した。このような没落の直接の原因は、彼らがボスニア・ヘルツェゴヴィナ二州の占領に反対して、皇帝の不興を買ったことであったが、その背後には、反資本主義・ドイツ人支配への反感・聖職者主義・デモクラシー拡大の要求など、この派に対するさまざまな反感が基調にあったことは、明らかである。その結果、教会とスラヴ人に立脚する保守的なターフェ内閣(「鉄の環」の支配)が発足し、ドイツ人自由派の支配する時期は、すぎ去った。そして一八九〇年までに、ドイツ人の間の民族的運動の指導権も、財産にしばられた温和自由派から、急進派にはっきりと引き継がれていた。

その間に注目されるのは、一八八二年九月に出されたドイツ人急進派の有名なリンツ綱領である。(8) これは、オーストリアを、大多数がドイツ人である民主的な民族国家に改造することを意図した改革の宣言であって、それに続く年代に、帝国の統合と民族的自由とをいかにして実現するかという問題について、ドイツ人の「民主的な」民族主義者のあらゆる理論づけの基礎になったものである。綱領は、当時のオーストリアにおける各種の改革要求を統合したもので、急進派はそれを、「民族的ではあるが、しかしまた厳密にオーストリア的なプログラム」とよび、民族的・市民的自由と経済的救済の双方を実現しうるプランと考えていた。しかしスラヴ人にとっては、それはドイツ人による抑圧の別の形式にほかならず、しかもデモクラシーの外観をもっていただけに、いっそう憎むべきものと思われた。ドイツ人急進派は、ベーメンとメーレンのチェコ人に、ドイツ人として自由を見いだすか、さもなければドイツ人の国家の在留外人であることに我慢するか、そのいずれかを要求するという、重大な決意を示していたからである。

このようにみてくると、ドイツ人自由派と急進派の間の違いは、スラヴ人にかんするかぎり基本的なものではなかったといわざるをえない。たしかに自由派の方がいっそう非民主的であり、貧しいスラヴ人に投票させないことによってドイツ人の優越を維持しようとしたが、急進派もスラヴ人の人民主権の哲学を理解したとはいいながら、ドイツ人のオーストリア国におけるスラヴ人の権利を認めず、民族の混住する諸州では、無情な集権的民族主義者だったのである。

以上、ドイツ人の立場や見方を自由派と急進派の二つに大きく分けてみてきたが、ドイツ人の民族性とオーストリア的愛国心とをどう結びつけるかという問題はまことに微妙で、ドイツ人自身の間にいろいろな不一致がありえたから、国会のドイツ人は当然多くの党派や分派を形成した。はやくも一八六七年に、自由党一一八人の国会議員は、一部はイデオロギー的な、一部は個人的・地域的な差異にもとづいて、自由派クラブ Klub der Liberalen、左派クラブ Klub der Linken、中央左派 Linkes Zentrum、ドイツ人自治論者 Deutsche Autonomisten、ウィーン郊外民主派 Vorstadt Demokraten など、いくつかのクラブをつくっている。(9)

その後、一八七九年に成立したターフェ内閣は、シュトレマイヤー法相の言語令(ベーメン・メーレン両州で、教育のうえで、また政府と市民の行政的接触のうえで、ドイツ語とチェコ語に同じ権利を認めたもの)の発布(一八八〇年)、チェコ大学の設立(一八八二年)その他、スラヴ人に好意的ないくつかの政策を実行したが、これも、国会におけるドイツ人諸分派を合同させるには至らず、一八七九—八一年にも、ドイツ人左派は幾多のクラブ——自由派クラブ Klub der Liberalen、連合進歩党クラブ Klub der Vereinigten Fortschrittspartei、シュタイエルマルク進歩党 Steierische Fortschrittspartei、ウィーン民主派 Wiener Demokraten、汎ドイツ的なドイツ民族同盟 Deutschnationaler Verband、コロニニ・クラブ Coroniniklub など——に分かれていた。これは問題のむずかしさを示すものであるが、一八八一年にドイツ民族陣営の諸分派は、三つの主要なグループに合同した。自由主義的な連合左派 Vereinigte Linke、オーストリア・ドイツ人クラブ Deutsch-österreichischer Klub、急進的なドイツ人クラブ Deutscher Klub がこれで、一八八二年に形成されたシェーネラーのごく小さな汎ドイツ派が、それに加わった。続いて一八八七年には、シュタインヴェンダーをいただく急進派の一団が、急進派中の行動的な少数者を指導して、ドイツ民族連合 Deutschnationale Vereinigung を形成し、また一八八八年には、汎ドイツ派を除くすべてのドイツ人グループが、連合ドイツ人左派 Vereinigte deutsche Linke とよばれるゆるい連合をつくった。そしてこのドイツ民族連合が、結局オーストリアにおけるドイツ人の指導的な民族主義政党となったのである。

ここで、ドイツ民族連合とシェーネラーの汎ドイツ派の関係をみておきたい。シェーネラー派のドイツ民族主義は前節の第三のカテゴリーに当たるもので、人種差別論と反ユダヤ主義をかかげ、ユダヤ人は大部分の社会問題に責任があるとして、これにはげしい敵意をもやし、またハプスブルク帝国にドイツ人的民族感情が欠けていることを責めて、これに反対し、真の祖国としてドイツ帝国をたよりにし、ビスマルクを崇拝した。(10) 他方ドイツ民族連合は、活動的なナショナリズムをオーストリアへの忠誠および立法への建設的参加と結びつけようとし、シェーネラーの革命的・反逆的なやり方は拙劣であり違法であると慨嘆し、適度の要求と妥協的な政策こそドイツ人にとって最大の防衛であると考えた。しかしそこには不徹底なジレンマがあったから、シェーネラーが彼らをドイツ民族への背反者として冷酷にこきおろすと、彼らの多くは、自分も同じく立派なドイツ人であることを証明するために、シェーネラーの粗雑な人種差別論をまねて、彼のビスマルクおよびドイツ民族崇拝に加わった。シェーネラーの悪名高い Chinese Bill(一八八七年)——ロシアの亡命ユダヤ人がオーストリアに移住することを禁じようとするもの——は、彼らにとっての苦しい試練であったが、彼らの大部分は、最後には自己の名誉のために反対投票を行なった。(11) しかしシェーネラー派はしだいに力を加え、急進派支持の選挙民のなかには、たいていの場合、少数ながらも頑強なシェーネラー支持者があって、しばしば穏健な党指導者を脅かした。しかしドイツ民族連合およびその後身のドイツ国民党 Deutsche Nationalpartei(一八九一年)ないしドイツ人民党 Deutsche Volkspartei(一八九五年)は、チェコ人の平等化の要求にも譲歩をみせ、国会を機能する機関にしておくための努力を続けた。

なお、急進民主派も、ユダヤ主義を自由放任の資本主義と関係させ、人道主義的な理由でこれに反対したが、しかし彼らは、ユダヤ人が外国人であるか仲間のドイツ人であるかを容易に決定することができなかった。ユダヤ人がドイツ人であるかどうか、もしそうでないならば彼らにどう対処したらよいか、という問題は、一九一八年まで急進派を分裂させ続けた争点であった。彼らのシェーネラーに対する二面的関係は、オーストリア・ドイツ人の急進主義のなかに、民族的・政治的・経済的なドイツ人の特権を守るか、それとも民主的平等化を進めるかという問題について、矛盾した二つの感情があったことを示している。

以上、ドイツ人の民族的諸党派の態度を一通りながめてきたが、シェーネラー派を除いて、それらはいずれも、ドイツ民族への忠誠とオーストリア国家への忠誠とをなんらかの形で結びつけることによって自己の道を見いだそうとする努力であったといえるが、そこには根本的なジレンマが含まれていたために、彼らの態度には、つねに不徹底なあいまいさと、したがってまた不安定さが伴っていた。それゆえ、ひとたび重大な危機に直面した場合、ただちに混乱と動揺にまきこまれる可能性を内蔵していたのである。

(1) アウスグライヒにかんする研究は数多いが、最近のものでは、*Der österreichisch-ungarische Ausgleich von 1867. Vorgeschichte und Wirkungen*, Wien, 1967 が注目される。本稿もこれに負うところが多い。

(2) Jászi, *The Dissolution of the Habsburg Monarchy*, p. 108. スラヴ人の態度については、Hans Kohn, *Pan-Slavism. Its History and Ideology*, Notre Dame, Ind., 1953 が、明解な説明を与えている。

（3）　たとえば，ベーメン地方議会議員は大土地所有者七〇，商工業会議所（商業・工業・手工業の公共的代表機関）一五，都市七二，町村落七九，ほかに部門別によらず候補者個人に対する投票によるもの五であった。選挙制度とその変遷については，Ernst C. Hellbling, *Österreichische Verfassungs- und Verwaltungsgeschichte*, Wien, 1956, S. 374 ff. 参照。

（4）　Karl Eder, *Der Liberalismus in Altösterreich*, Wien, 1955, S. 105–190.

（5）　ドイツ人自由派の一人 August Weeber は，自由党はドイツ人の政党ではない，とさえ語り，われわれは「たいていはドイツ人であり，われわれの民族性を高く評価する。しかし，われわれだけが民族的政党なのではない。もしわれわれがスラヴ人の議員に反対するならば，それは，彼らがわれわれの政治的反対派に加わったからである」と断言している（一八七九年十二月十三日の発言）。Whiteside, "German Dilemma", *op. cit.*, p. 178.

（6）　たとえば自由派の教育大臣 Leopold von Hasner は，デモクラシーを「粗暴な数の支配」とさえよんでいる。Leopold von Hasner, *Denkwürdigkeiten*, Wien, 1892, S. 68; Whiteside, *op. cit.*, p. 179.

（7）　これらの諸州の民族構成については，前掲の付表参照。

（8）　リンツ綱領については，Hugo Hantsch, *Geschichte Österreichs*, Bd. II, S. 421 参照。

（9）　Whiteside, *op. cit.*, p. 181 f.

（10）　ドイツ人にオーストリア的愛国心を棄てさせたものは，ドイツ人のナショナリズムだけでなく，元気よく伸びてゆくドイツ帝国にくらべて，ハプスブルク帝国は動きがのろく，非能率的で，近代的でないという感情でもあった，とハンス・コーンは述べ，汎ゲルマン主義は主としてオーストリア・ドイツ人の間にその起源をもっていた，と指摘している。Hans Kohn, *The Viability of the Habsburg Monarchy*, p. 39.

（11）　Whiteside, *op. cit.*, p. 185.

8　民族的対立の激化

次に，オーストリア・ドイツ人とチェコ人の民族運動の関係を，主題とかかわるかぎりで一べつしておく必要がある。

アウスグライヒ後のチェコ人の民族運動で特に注目されるのは、その推進力が老年チェコ党から青年チェコ党に移行したことである。一八四八年の革命以後チェコの民族運動を指導してきた老年チェコ党は、ベーメン貴族を中心とする保守的な運動で、中央集権主義に反対して旧ベーメン王国の復活を望んだとはいえ、ハプスブルク王朝には忠実で、帝室をバックにして自己の特権的地位を保とうとし、そのためにはドイツ人の貴族とも協同することをいとわなかった。これに対して青年チェコ党は、チェコ人の知識階級とミドルクラス——資本家と小市民——を基礎にした反貴族的なグループであり、社会主義的ではなかったが、チェコ社会の民主化を主張し、チェコ人の地方にハンガリーと同様の独自の政権を打ち立て、ハプスブルク帝国を諸民族の連邦国家に改造しようとした。前者から後者への重点の移動は、チェコの社会・経済の顕著な発展を反映するものであった。

この移行は、ターフェ内閣の末期におこった。ドイツ人自由派を主要な敵とみていたチェコ人の大部分は、最初は、ターフェ内閣と協力した老年チェコ党を支持していたが、一八八〇年代の間にチェコ人の土地の経済構造やチェコ民族の社会構造にさまざまな変化がおこって、それが、ターフェの「鉄の環」に参加していた老年チェコ党の力をいつしかそこない、チェコの政治生活に深い影響を及ぼしたのである。ターフェ内閣は、貴族的伝統、自由主義的原則および官僚的権威主義の合体ともいうべきもので、諸民族の上層階級を代表する民族運動との間にはいくらかの和解策を見いだすことができ、いろいろと部分的改革の試みを行なったが、大衆が政治的に活発化した新時代の要求には、十分適応することができなかった。

一八八〇年代にはさまざまな社会階級の人々がそれ自身の組織をつくりはじめたが、八九年の地方選挙にベーメンの田園部で老年チェコ党候補者の敗北を促進したのは、まず伝統ある農場主たちの政治行動であった。チェコの農業家たちは、一八八〇年代の中ごろ、甜菜生産の重大な危機と穀物価格のはげしい低下におそわれ、老年チェコ党が彼らに実質的援助をもたらすだけの政治力がなかったことに、強い不満を表明した。このとき青年チェコ党は、老年チェコ党に対抗して活発な選挙運動を展開し、ハンガリーに対する関税前線の樹立を主張して、農場主たちの組織の支持を獲得した。こうして一八八九年の選挙では、青年チェコ党ないし彼らを支持した農場主グループの代表が、ベーメンのほとんどすべての甜菜および穀物生産地域で、地方議会に選出されたのである。(1) しかし青年チェコ党は、次の十年間にはもはや農場主運動の支持を失ってしまった。十九世紀の終わりまでに、チェコ人社会は高度に階層化が進んだので、さまざまな階級や社会的グループを代表する多党制の発展は、避けられなかったのである。

ターフェは一八九〇年に、二つ以上の言葉が話されている州を言語的・人種的な線に沿っていくつかの行政的地区に分けることによって、民族問題を解決しようとしたが、このプランはチェコ人の少数者をドイツ人政治家の支配下に残すことになると思われたために、不満をよび、そしてこのターフェの努力を失敗させるのに決定的な役割をはたしたのは、チェコ人の世論の力であった。老年チェコ党はターフェへの協力をいとわなかったが、急進的な青年チェコ党によって背後におしやられ、青年チェコ党は一八九一年の選挙に勝利を収めたのち、都市のブルジョアジーの多数、特に工業資本家の支持をうけて、政治的指導権を手中におさめたのである。

このような背景のうえに、ベーメンではドイツ人とチェコ人の間の民族闘争がはげしく燃えあがったが、その際チェコ人を最も刺激したのは、彼らのこうむっている差別待遇であった。(2) 彼らはすでに高度の文化的・経済的進歩をとげていただけに、ドイツ人との間の格差は胸にこたえた。ドイツ語は軍隊と国家勤務における公用語であり、銀行および大産業会社の多数における業務用語であった。チェコ人の若い知識階級にとって、立身出世の見込みはドイツ人の同輩よりも少なく、ベーメンの文官勤務においても、チェコ人の多くは平役人であったのに、プラハでもブリュンでも、重要な地位の大部分は貴族かドイツ人の手中にあった。このような明白な不平等いいかえればドイツ人の優位が、チェコの知識人やブルジョアジーを怒らせたのである。プラハの小市民も、自己の社会的地位の不安定についての不満や、経済的競争についての恐怖を、民族主義的なスローガンで表現した。こうして、平等化と結びついた普通選挙権への要求は、もはや回避できない緊急の問題となってきた。

ベーメンの民族闘争を激化させたいま一つの原因は、国境地域におけるドイツ人民族主義の増大である。そこでは、ドイツ人住民は汎ドイツ主義を高唱して、ますますベルリンへの傾斜を強めつつあり、これが反作用としてチェコ人を刺激したのである。チェコ人は、読み書きのできない人々の割合が王国中最も低い民族で——一九〇〇年に成年人口のわずか三%——、チェコ人の強い民族主義的感情は、劇場・雑誌・新聞・多数のクラブなど各種の広範な文化活動を通じて拡められ、はげまされた。一八九一年に、ベーメンではチェコ人の民族主義的なベーメン博覧会が開かれ、九二年には、挑発的なソコル Sokol(「はやぶさ」の意味、ドイツ体育協会 Turnerschaft の例にならったチェコ人の同様な組織の名前)のデモがおこった。九〇年代にはいってから、ドイツ・チェコ両民族の間のいざこざはしだいに拡大し、それは経済的なボイコットや物理的暴力を伴い、その結果、知事がかなり長期にわたって一時市民権を停止しなければならないような事態さえおこっている。このような雰囲気のなかでは、シュタインヴェンダーのような温和なドイツ民族党の指導者さえも、ドイツ人の権利の擁護をやめるつもりはないと、選挙区民に保証せざるをえなかった。しかし、とりわけ注目されるのは、民族闘争の影響が社会民主党やキリスト教社会党にも及んだことである。

十九世紀末、オーストリアには、社会民主党 Sozialdemokratische Partei(一八八八—八九年)、キリスト教社会党 Christlichsoziale Partei(一八九〇年)、カトリック人民党 Katholische Volkspartei(一八九五年)という、非民族的な陣営の政治組織が成立した。それらは、イデオロギー的ないし宗教的な政党であって民族的政党でないことをみずから強調したが、しかしそれらの党の政策も、ドイツ人の特権とスラヴ人の不平等の問題の影響を免れるわけにはいかなかった。

まず社会民主党をみよう。オーストリア社会民主党は一八八八年末ヴィクトル・アードラー Viktor Adler の指導下に設立された大衆政党で、マルクス主義にもとづいて、工業労働者の生活条件の改善に主要な関心をそそいだ。この国の社会主義運動は一八七〇年代に出発し、指導者の大部分はドイツ人で、ユダヤ人も多かったが、最初の世代の人々は国際主義的観念に支配され、領内諸民族の労働者階級は、当面の必要から帝国の支配階級に対抗して同盟を結び、長い間民族的対立はあらわれなかった。しかしオーストリアは、現実には多民族国家であって、共通の文化的基盤がなく、そのうえ随所にみられる民族の混住が、運動に特殊な困難を与えていた。その意味で、この国の社会主義運動にははじめから民族的対立の重荷が負わされていたのであって、大衆が重要な役割を演じはじめると、民族主義的傾向がしだいに強くなり、社会民主党は、日常の政治問題に深くまきこまれるにつれて、民族問題をさけることは困難になってきたのである。

とりわけ、チェコの社会主義者とオーストリア社会民主党との関係は、緊張を加えてきた。青年チェコ党の抬頭に伴うチェコ民族運動の急進化は、労働者にも影響を及ぼし、彼らの一部は、民族資本家に負けないために、独自の民族運動を展開する必要があると考えるにいたった。ウィーンの党指導者たちは、チェコ・ドイツ両民族の労働者は雇用者からよりよい条件をかちとるための共同闘争に従事しているのであって、民族性は無関係であると述べ、労資間の「真の」経済的分裂を「無意味な」民族的分裂ととりかえることはばかげている、と説明したが、党内のドイツ人およびチェコ人大衆はこの説明を拒否し、特にチェコ人は、ウィーンの指令をうけることを好まなかった。このような状況のもとで、オーストリア社会民主党は自己の内部に民族的な区分を認めざるをえなくなり、一八九七年の第六回党大会で、人種的原則に従って形成された六つの——ドイツ人・チェコ人・ポーランド人・ルテニア人・南スラヴ人・イタリア人の——別々の政党の連合体となって、民族主義のジレンマに対処した。そして二年後のブリュン党大会では、王国を民族的に同質な諸地域——そこでも避けられない少数民族は、特別の保障によって保護される——の民主的連邦に再編成する構想をふくむ綱領を議決し、チェコ人の代表はこの政策を支持した。こうしてオーストリア社会民主党は、自己のうちに民族的分裂の可能性をはらみつつ、民族闘争の激化する現実を前にいかにして社会主義の理想を実現するかという、きわめて困難な課題に直面したのである(3)。

オーストリア社会民主党の指導者たちは、国内の民族的対立を緩和し、各民族の融和と発展をはかるために、幾多の興味深い民族理論を生み出したが、特に注目されるのは、カール・レンナー Karl Renner とオットー・バウアー Otto Bauer のものである。レンナーは穏健な社会主義者であり、バウアーは現存の憲法およびハプスブルク政策についていっそうきびしい批判者であったが、両者はともに、各民族の文化的自治の必要を強調し、民族問題解決の基礎に個人の原理をおき、この原理にもとづいて各民族単位の自治組織をつくり、帝国をこれらの民族組織から成る民主的な連邦国家に組織しようとし、超民族国家としてのオーストリアを政治的統一体として存続させようとした。ここで特に目につくのは、彼らが、効果的な社会主義運動のためには、別々の民族国家に分かれるよりも、ハプスブルク帝国全体の枠組をそのまま保存することが必要であると力説している点である。彼らの理論は、オーストリアの為政者にはほとんど影響を与えず、社会主義陣営のなかでも少数知識人の論題となったにすぎず、実際上の成果には乏しかったが、ナショナリズムの諸原因の分析として重要であるばかりでなく、マルクス主義的社会主義者の間にも、ブルジョア急進派の間にみられたと同じような、帝国の統一と民族的自由との緊張関係が存在したことを示すものとして、まことに重要である。(4)

次にキリスト教社会党をみよう。この政党はキリスト教をかかげ、万人にとってすべてであるという政策を打ち出したが、この党を組織したカール・ルエーガー Karl Lueger の最大の功績は、貧しく不幸な広範な大衆を政治的に動員し、自由主義・大資本・ユダヤ人金融資本への反対をスローガンとして、戦闘的な運動を展開し、これらのものの支配に対する大衆の反感を、社会主義の方向にではなくキリスト教的保守陣営へ誘導することに成功した点である。(5)党の組織にも柔軟性があり、思想も民主的であったから、人民の内部に深く浸透することができたのである。

しかしこの政党も、ある意味でドイツ人の民族的政党であった。ルエーガー以下の指導者の大部分は、ドイツ人であったばかりでなく、以前は有名な急進的民族主義者だった人々であり、初期のドイツ主義がカトリック普遍主義にとってかわられたというよりも、むしろそれによって上張りされたのであった。党員の多数もドイツ人で、ルエーガーは古い急進主義者や汎ゲルマン主義者に訴えることによって、九〇年代の初期にウィーンで権勢をかちえたのである。しかし彼は、シェーネラー派のドイツ民族主義には反対で、多民族国家としてのオーストリア帝国の存在を肯定し、その枠内でドイツ主義の強化をはかる考えであり、ウィーンの宮廷では、皇帝・教会・軍隊・帝国にたいする忠誠を強調して、好意をかち得た。民族闘争の激化に直面してこの党のおかれた立場は微妙であったが、一八九一年、幾千ものチェコ人職人が流入して経済上の競争がおこり、ウィーンの職人が腹を立てたとき、ルエーガーが「われわれもまた民族主義者であり、民族主義の水にわれわれの酒を混ぜようとするものである」と宣言したのは、特徴的であり[(6)]、彼もまた、ドイツ人の権利の擁護をやめるつもりはないことを、選挙民に保証しなければならなかった。キリスト教社会党が帝国の民族的・社会的・宗教的統合にどの程度寄与したかは、簡単に決しがたい問題である。

カトリック人民党は、特にティロールで優勢なカトリック保守派であった。カトリック保守派は、あらゆる民主的改革と民衆運動を恐れ、ドイツ民族主義運動には参加せずに、民族を超越した王朝思想、ハプスブルク世界国家の思想をもち続けたが、ドイツ民族の伝統的支配権を維持する意志はもっていたから、最後に——カトリック人民党は九〇年代末期に、全体としてのカトリック保守派も一九〇七年六月に——キリスト教社会党と合同して、多少ともドイツ人的な一つの政党を形成することができたのである。

（1）Havránek, *Die ökonomische und politische Lage der Bauernschaft in den böhmischen Ländern in den letzten Jahrzehnten des 19. Jahrhunderts*, S. 128–131.
（2）Havránek, "The Development of Czech nationalism", *op. cit.*, p. 255.
（3）オーストリア社会民主党と民族問題の関係については，次章参照。また Mommsen, *Die Sozialdemokratie und die Nationalitätenfrage im habsburgischen Vielvölkerstaat*, S. 168–196, 267–279.
（4）Kann, *Das Nationalitätenproblem der Habsburger Monarchie*, Bd. II, S. 157–173 参照。
（5）ルエーガーについては，Heinrich Schnee, *Karl Lueger. Leben und Wirken eines grossen Sozial- und Kommunalpolitikers*, Berlin, 1960 がすぐれている。
（6）Whiteside, "German Dilemma", *op. cit.*, p. 168.

9　不安定な均衡

前節でみたように、一八八〇年代から九〇年代のはじめにかけて、ドイツ人とチェコ人の双方にはげしい民族主義的感情が高まり、両者の衝突は各方面に深刻な影響を及ぼした。しかしそれにもかかわらず、両民族の争いがなお決定的な対決にまで立ち至らなかったことは、注目に値する事柄である。本節では、その理由をまとめて考えることにしたい。

ドイツ人の側でまず第一に注目されるのは、一八七九年十月七日の独墺同盟の調印であり、これがドイツ人に、彼らの民族的忠誠と帝国への忠誠とを和解させることを強要したのである。ビスマルクは、強力なハプスブルク帝国の存続がドイツ帝国とヨーロッパの平和のために必要であるという現実的考慮から、オーストリア・ドイツ人がどこまでもハプスブルク帝国に忠誠であることを望んだために、[1]独墺同盟成立後オーストリア・ドイツ人は、ドイツ帝国が自己の安全のために依存しているハプスブルク帝国の安定を危険にさらす程度にまで、オーストリアの内政を動揺させ、根本的な国家の改造を行なうことは、できなくなった。すなわち、この同盟の成立は、オーストリア・ドイツ人の政治行動に大きなたがをはめた点で、重大な意味をもっているのである。オーストリア・ドイツ人が彼らに敵対的なターフェ内閣に向きあった時点で、この事件がおこったことは、一つの皮肉であった。ドイツ人の急進派と自由派は、ターフェ政府の親スラヴ政策に反旗をひるがえしながらも、実際にはともに節度を守り、スラヴ人とある程度妥協するにいたったが、その動機は、ドイツ帝国との同盟のために、ハプスブルク帝国の軍事力を弱めるような過激な政策はさけねばならぬという認識だったのである。民族闘争が一段と激化した一八九〇年代にはいってからも、九一年から九七年三月に解散させられるまでの国会の第十一会期の間、汎ドイツ派以外のドイツ人政党はいずれも、チェコ人に対する全面的勝利を望んではいなかったし、非妥協的なあるいは不可能な要求の提出を価値あることと考えてはいなかった。しかも汎ドイツ派は、中心人物であるシェーネラーが一八八八年新ウィーン日報襲撃事件で議会から追放されて、まったく無力化していたのである。(2)

一方チェコ人も、オーストリア・ドイツ人との決定的な対決をさけるための十分な理由をもっていた。彼らはドイツ人にはげしく抵抗したとはいえ、民族的保護をもとめて本気でロシアないしフランスにたよることはできなかったし、ドイツとロシアの双方が強国であり続けるかぎり、独立は問題外であった。とりわけ、チェコ人を三方から取り囲んでいる国家主義的なドイツ帝国よりは、立憲王国オーストリアの方が、チェコ人の指導者たちにはなお受けいれられるものであった。また青年チェコ党の指導者の大部分は、現実的な政治家であって、特にカイツル Josef Kaizl およびクラマーシュ Karel Kramář に勧められて、臨機応変主義《オポチュニズム》と現実主義《リアリズム》の政策に目を向けていた。当時チェコ人のブルジョアジーは、偉大な経済的進歩をとげた結果、王国全体の経済生活に巻きこまれるようになっていたが、なお大部分が農業地帯である帝国の工業地帯という有利な条件をもち、帝国内でよりよい経済的将来を期待することができた。それゆえ、チェコの主要なブルジョア政党の指導者はすべて、原則的に王国の存続を擁護し、王国の行政面でいっそう有力な地位を得ることに、全力を傾けた。こうして、ナショナリズムの遠心的な力は、なおしばらくはそのまま停止されそうにみえたのである。(3)

そのうえ、なお封建的遺制の強かったオーストリアでは、民主化を促進するために青年チェコ党とドイツ人の民主派が結びつく可能性も、ないわけではなかった。チェコ人とドイツ人の民族主義的急進派およびキリスト教社会党・社会民主党などの大衆的政党は、さらに進んだ民主的立法を実現するために、議会を機能する存在にしておきたいと望んでおり、そのためには、基本的なコンセンサスを破壊するところまで少数党を追いつめてはならなかった。もし万一このコンセンサスが破壊されるならば、不可避的に憲法第十四条にもとづく勅令による絶対主義に復帰することは、目にみえていた。そこで、大衆的諸政党の国会議員を支配していた職業的政治家たちは、地方の選挙区民に対する遊説演説でははげしい言葉をはきながら、実際にははるかに妥協の発見に専念したのであって、一八九〇年までに、いわゆる議会政治の「オーストリア的観念」が形成された。それは、反対派との華麗な修辞的やりとりと、辛抱強い内々の交渉とを均等に混ぜ合わせてつくられたものであった。

こうしてドイツ・チェコ両民族の対立は、ビスマルクによってはめられた枠と、両民族指導者の現実主義的感覚にささえられて、かろうじて均衡を維持していたが、しかし、民族中心的なナショナリズムと帝国の長期的な内的統合とをどう調和させるかという問題についてのドイツ人諸派の態度は、はなはだあいまいであり、不徹底であった。それゆえ、この不安定な均衡はとうていいつまでも継続するわけにはゆかなかった。次にわれわれは、この均衡を破壊し事態を絶望的なものにした一つの決定的な時点に目を向け、その立ちいった検討を通じて、問題の本質を明らかにしなければならない。

(1) ビスマルクのオーストリア帝国に対する態度は、立ちいった研究を必要とするテーマであるが、ここでは次のものをあげておく。B. B. Hayes, "Bismarck on Austrian Parliamentarism, 1867–1890", *Austrian History Yearbook*, vol. II, 1966, pp. 55–88.

(2) Whiteside, *op. cit.*, p. 189. 新ウィーン日報襲撃事件とは、次のようなものである。一八八八年三月八日ドイツ皇帝ヴィルヘルム一世は死にひんし、ドイツ民族主義者たちは悲嘆にくれていた。午後十時ころ『新ウィーン日報』の号外が出て、カイザーの死去を報じた。ところが真夜中に第二の号外が出て、第一の号外は誤りであり、カイザーはなお生きていることが判明した。ジャーナリストはこんなトリックを使って一もうけしようとした、と考えたシェーネラーは、二七人の仲間をつれて『新ウィーン日報』編集部に襲撃をかけ、大乱闘が始まって、かなりの資産がそこなわれた。新聞社はただちに告訴し、裁判の結果、シェーネラーは議会から追放され、五年間選挙権と被選挙権を奪われ、四ヵ月の禁固に処せられたのである。

(3) Zöllner は、「帝国の西半部のなかの民族闘争は、つねにある制限内に保たれていた。それは相変わらず、存在の問題ではなくて、地位の問題であった」と述べている。"The Germans as Integrating and Disintegrating Force", *op. cit.*, p. 233.

10　一八九七年の政治的危機(1)

ここにいう一八九七年の政治的危機とは、バデニーの言語令発布にともなうオーストリア国内の混乱をさす。本稿では、この劇的な諸事件を詳しく叙述する必要はないが、説明の便宜上一応その輪郭をながめたうえで、主題に即して立ち入った考察を進めることにしたい。

立憲政治の時代にはいってから、言語問題は急速にオーストリアの公生活の最も重要なテーマになってきたが、一八八〇年ターフェ内閣のもとで、ベーメンとメーレンの両州について、最初の包括的な規定が発布された。一八六七年の憲法第十九条は「あらゆる landesüblich な言葉の平等」を定めていたが、ある地方でどの言葉が landesüblich であるかを決定する権限は、政府の手に残されていた。チェコ人の支持を必要としたターフェ政府は、これまで以上に、この条項をチェコ人に好都合に解釈したのである。この年の四月十九日に発布された言語令は、ターフェ内閣の法相の名前をとって、シュトレマイヤー Stremayr 法令ともよばれている。この法令は、ベーメン・メーレン両州の官庁と裁判所では、役人は人民から話しかけられた言葉で——ドイツ語とチェコ語のうち、当事者の要求するどちらかの言葉で——答えなければならないことを定めたものであった。ただ、官庁と裁判所の内務用語は依然ドイツ語とされていたが、ともあれこの法令は、ドイツ語とチェコ語の双方が両州の慣習語であるとともに州の言葉でもあるというチェコ人の要求を認めたものであり、実際文官勤務の役人は、これまで以上に多くチェコ語を使う必要がおこったのであって、その意味で、この法令のもつ意義は大きかった。チェコ語がはじめて半公用語化されたことによって、チェコ人の官公吏就任の道が開かれ、それまでのようにドイツ人が両地方の官公吏を独占することは、不可能になったのである。

さらにターフェ政府は、一八八二年、わずかながら選挙権を拡張した。その結果、選挙資格が一〇グルデン納入者から五グルデン納入者に引き下げられ、選挙区画も改正されて、チェコ人に有利になった。こうして、一八八〇年代のはじめから一八九七年にかけては、チェコ民族主義の力強い興隆の時期にあたり、そしてこの民族主義の上昇は、帝国内のチェコ民族の地位を強化するのに役立ったのである。

他方、これと並んでドイツ人の間にも民族的自覚が高まり、国会では、オーストリア全国にわたってドイツ語を政府当局の公用語と認めることによって言語問題を終局的に解決しようとする企てがあり、またベーメンを民族的に分割しようとする要求が根気強く出されたが、いずれもスラヴ人の反対にあって拒否された。すなわち、外務公用語にかんして非ドイツ系諸民族の要求を若干考慮しながらも、ドイツ語を公式の国家語として導入しようとするヴルムブラント Wurmbrandt の動議は、一八八四年に、同じ内容のシャールシュミット Scharschmidt の動議は、一八八六年に、スラヴ人議員に妨げられ、ベーメンを行政的に分割しようとする、ドイツ人自由派の指導者ヘルプスト Herbst による提案も、一八八六年に拒否されたのである。当時のスラヴ人(この時はポーランド人を含んでいた)の反対論を代表したのは、ポーランド人議員マデイスキ Stanislaus von Madeyski の意見であった。彼によれば、民族国家の原則と民族的自由の原則とは、オーストリアでは両立しえない。民族的国家語の原則は、一つの共通なドイツ人という国家国民の存在を前提にするが、実際にはオーストリアはいくつかの民族から成り、それゆえ一つの国家語が存在することは不可能である、というのである。(1) なおシュトレマイヤーの法令は、一八八六年、裁判手続についてわずかばかりチェコ人に有利に変更され、チェコ語は、州高等法院にかぎって、内務にも用いられることになった。

チェコ人の民族主義の高まりは、政党活動のうえにはっきりとあらわれた。一八八九年のベーメン地方議会の選挙で、青年チェコ党ははじめて老年チェコ党と保守派の連合を凌駕し、一八九一年の国会選挙では、彼らは老年チェコ党の三倍以上の議席を確保し、後者の政治的死滅を決定的なものにした。なお同じ時期に、ドイツ人の間でも急進派が自由派にとってかわったことが、注目される。ターフェ首相の重大な失敗の一つは、この明白な政治的変化を認めなかった点にあった。一八九〇年にターフェは、言語上の妥協をさらに一歩進めるための会議を開いて、ドイツ人とチェコ人を同席させることに成功した。しかもこの会議の経過と到達点は、期待以上に満足なものにみえた。そこでは、教育委員会と農業諮問委員会の民族的分割について合意が成立し、少数民族の子供が最小限四〇名に達したら、その民族の小学校にはいる権利を与えられることも、取り決められた。裁判区の民族的区分も、ベーメン地方議会における民族部門の編成も、同意をみた。この協定は、チェコ人商業会議所の設置や、農業委員会でチェコ人に多数を与えることなど、特定の諸点でチェコ人の要求をみたしていたが、ベーメン州の行政を民族的に分割しようとするドイツ人の希望を満たす方向にも一歩を進めており、たしかに「真の妥協」をあらわしていた。(2)

しかしそこには、一つの基本的な欠陥が含まれていた。ターフェは困難をさけるために、有力になってきた青年チェコ党を招かずに、ドイツ人と衰退しつつある老年チェコ党との間だけで、交渉を取りきめようとしたのである。そこで青年チェコ党は、この協定に縛られずに、ベーメンの民族的分割にはげしく反対し、一方急進的ドイツ人のナショナリズムも、この妥協の挫折を望んだ。各政党は相手方の約束違反を非難し、けっきょくこの妥協は、地方議会を通過することができなかった。その結果、チェコ民族主義者たちの不満が高まり、一八九三年に、政府は一八四八年の革命時以来はじめて、プラハに戒厳令をしくことを余儀なくされたのである。(3)

以上の経過から明らかなように、問題をドイツ人の側からみれば、すでに一八八〇年のターフェ言語令以来、自民族の支配的地位を維持しつつ全帝国の統一と発展をはかることは困難になってきたが、こうした状況のもとでは、彼らにとってオーストリア帝国の組織に無条件の愛着をいだき続けることはむずかしくなり、帝国の利益よりもオーストリア・ドイツ人だけの利益を先に考える傾向が強くなることは、さけがたかった。

一八九七年の政治的危機は、(4)このような背景のうえに出現したものである。ターフェ内閣が一八九三年十一月に退陣したあと、二つの短命内閣が続いたが、一八九五年十月二日、皇帝はポーランド貴族のバデニー Kasimir Badeni を首相に任命し、バデニーはポーランド保守派を主軸とし、各民族の保守派＝連邦派を結びつけ、ドイツ人の保守・教会派の支持をえた内閣を組織した。当時すでに普通選挙権の要求は回避しえない状態にあったので、バデニーは一八九六年五月七日皇帝の承認を得て、選挙法改正を行ない、青年チェコ党もこれについては内閣を支持した。この改革は、主として有産階級を代表する旧来の四選挙部門のほかに、あらたに二十四歳以上の全男子が投票権をもつ第五部門を設け、七二名の議員を追加し、定員四二五人中七二人だけは、職業・身分代表制によらず、普通選挙によって選ばれるようにした。また職業・身分代表制議員の選出に際しても、有権者の直接国税納入額を五グルデンから四グルデンに引下げたのである。

一八九七年三月、新選挙法による選挙が行なわれ、月末に新国会が召集されると、そこでは急進派と民族主義派が未曾有の数を占め、特に青年チェコ党は六二名の当選者を出したが、その反面、地主・保守派およびドイツ人自由派は少数で、老年チェコ党は姿を消していた。バデニー内閣は温和なスラヴ人びいきの内閣であったが、このようなチェコ民族主義の急激な発展には、驚かされた。しかもバデニーは、アウスグライヒにもとづくハンガリーとの一〇年毎の経済協定の更新を可決するのに必要な多数を得ることができなかったので、国家的見地から青年チェコ党の支持を求めざるをえなくなり、その代償として、言語問題でさらに進んだ譲歩を行なわねばならなくなった。

一八九七年四月五日、バデニーはベーメン州を対象として有名な言語令を発布し、四月二十五日にはメーレン州にも適用されることになったが、その要点は次のとおりである。まずこの法令は、(一)両州の官庁と裁判所は、そこにもちこまれるすべての用件について、問いあわせてきた言語で返答しなければならないほかに、公文書への記入その他も——ベーメン・メーレンの官公吏相互間および彼らとウィーンの間で連絡しあう場合にも——同じ原則によることを定めた。このようなチェコ語の権利拡大は、内務・大蔵・商業・農業・法務各省の統制下にある行政分野に限られていたけれども、とにかくベーメン・メーレン両州にチェコ語がはじめてドイツ語と同等の地位にある「内務公用語」として導入されたことは、特筆に値する。次に言語令は、(二)ベーメンとメーレンの行政上の不可分割性をほのめかし、いかなる形の民族的分割をもきびしく拒否していた。その結果チェコ語とドイツ語は、ベーメンとメーレンのあらゆる部分で同等の地位にある言葉と考えられたのである。さらに言語令は、(三)両州の官吏は一九〇一年七月一日までに

——すなわち四年の間に——二つの国語を話し書くことができるようにマスターしておく必要があること、それ以後は、チェコ語の試験にもパスしていなければ、政府のもとの地位をしめることはできないこと、この期限以前にも、二つの言葉を知るものを優先的に採用すること、を定めていた。要するにバデニーの言語令は、すべての文官勤務において、チェコ人をドイツ人と同等に扱うものであった。

ところで、以上のようなバデニー言語令の規定は、基本的にはけっして不当なものではなかった。この解決案は、スラヴ民族の地位を向上させ、帝国を諸民族の要望する連邦に改造するという健全な思想に立脚しており、このような各地方ごとの解決策をつみ重ねてゆけば、全オーストリアにわたる包括的な言語令の発布も、可能になったかもしれない。しかしドイツ民族の側からみるとき、そこには重大な多くの問題が含まれていた。彼らが強く主張した民族的分割案は、拒否されていた。二国語での勤務になれば、チェコ人もドイツ語を知らなくては官公吏になれないが、教育あるチェコ人の大部分はドイツ語を知っていたのに反して、ドイツ人はほとんどチェコ語を知らなかったから、けっきょくチェコ人が得をする結果になり、そのうえこの地方には、チェコ人がドイツ人の二倍もいたので、数のうえでもドイツ人が非常な不利になることは、目にみえていた。またベーメン・メーレンの例は、引続きスロヴェニア人、クロアティア人、ルテニア人などの居住地にも波及するおそれがあり、これは、ドイツ人中心の中央集権主義にとっては、耐えがたいことであった。もしバデニーの言語令が実施されたなら、ドイツ人の官吏としての就職は絶望的に縮小されるであろうし、すでに就職している官吏の将来も危くなることは、不可避と思われた。そこで、ドイツ人の官吏および官吏になることを望んでいた多くの人々は、最悪の恐怖におそわれたのである。

それゆえ、この言語令はドイツ人の強い不満をよび、彼らは激昂して猛烈な反対運動をおこした。当時国会では、ドイツ人議員は諸党派合わせて四二五名中一八六名という少数で、スラヴ人の連合にはとうていかなわず、投票によってこの法令の撤回を首相に強いることは、不可能であった。そこでドイツ人諸党派は、議会での討議や投票を妨げ、はてしなく議事妨害を続けることによって(5)、また議場でのグロテスクな暴力行為によって、首相に圧力をかけ、言語令を廃棄させようとしたのである。同時に、ベーメンのドイツ人地域をはじめ、オーストリアの各所で、大衆集会やはげしい街頭デモがおこった。こうした混乱のために、四月以来十一月まで――六月二日から九月二十二日までの停会をはさんで――国会の議事はいっこうに進まず、最も緊急を要する立法作業だけでも続けようとする政府の努力は、ことごとく失敗した。

困却したバデニーは、ついに非常手段として、国会の院内議事規則を改正して妨害を排除しようとした。下院議長は、彼自身の判断で、議事を妨害する議員を三日間の登院停止処分に付することができ、また下院自身は、妨害者にたいして三〇日間の登院停止を命ずることができる。その際もし万一その議員が命令を守らず、議場を立去ることをこばむ場合には、議長は警官の力を借りてこの議員を議場から退去させる権限を与えられる、というのが、新規則の内容であった。これが悪法であることは明瞭であったから――それは、議会内の言論制限を強行して、議会における多数派の暴力支配を可能にするものであった――、はげしい反対がおこったが、この議事規則の変更は、十一月二十五日、大混乱のうちに、スラヴ人と保守派の手で、手続そのものの違法性をのこしながら、可決された。

これに続くオーストリア帝国内の混乱は、かつてないものであった。ドイツ民族主義者、ドイツ人自由派から、それまである程度のあいまいさを残していたキリスト教社会党、社会民主党を加えた全党派が、反対に立ちあがり、ドイツ人議員とチェコ人・ポーランド人議員との間に乱闘がおこり、警官が議院内によびいれられて、反抗する議員たちを力ずくで排除した。一方、首都ウィーンおよび他のドイツ人諸都市の街頭では、大規模な大衆デモがおこり、知識階級特に民族主義的なドイツ人大学生に指導されて、ものすごく拡がっていった。労働者もバデニー政権の反議会主義的な行動にはげしく抗議し、騒ぎをおこした群衆と警察ないし軍隊との間には流血の衝突がおこって、ドイツ人居住地帯ではまさに内乱の到来を思わせるような状態になった。(6) そこで皇帝は十一月二十八日、やむなくバデニーを罷免して、ドイツ人諸党派をなだめねばならなかった。その結果、ドイツ人の激昂はしだいに静まったが、こんどはチェコ人が議院内の議事妨害と大衆的反抗に立ちあがった。(7) これは、ドイツ人のそれほどはげしくはなかったけれども、はるかに永続的な性格をもち、実際上ハプスブルク帝国の終末時まで続いたといってよい。

以上が、一八九七年の政治的危機の輪郭である。次にわれわれは、この事件におけるドイツ人側の反応を、当面の主題との関連で、さらに詳しく立ちいって分析し、検討しなければならない。

(1) Richard Charmatz, *Österreichs innere Geschichte von 1848 bis 1907*, Leipzig, 1911-12, II, S. 37 ff., 42.

(2) Kann, *Multinational Empire*, I, p. 201 f.

(3) チェコ民族運動の攻勢は続き、ベーメンのドイツ人居住地にさえ、チェコ人の体育協会 Turnverein や合唱協会 Gesangverein が民族運動の一環として結成されたばかりでなく、チェコ人議員たちは、オーストリア国会ではげしい反政府活動を展開した。

(4) 以下の叙述は、Kann, *Multinational Empire*, I, pp. 200-205; Hantsch, *Geschichte Österreichs*, II, S. 429 ff.; Paul Molisch, *Geschichte der deutschnationalen Bewegung in Österreich*, Jena, 1926, S. 189 ff.; Berthold Sutter, *Die Badenischen Sprachenverordnungen von 1897*, 2 Bde., 1960-1965; 村瀬興雄『ヒトラー』八〇ページ以下によるところが多い。Sutter のものは、この問題についての最も包括的かつ詳細な、すぐれた研究である。

(5) この時期の議事妨害について、Kann は、汎ドイツ派と自由派を中心とするもので、まだキリスト教社会党や社会民主党は加わっていなかったと述べているが (*Multinational Empire*, I, p. 203)、これは必ずしも正確ではない。たしかに社会民主党は、言語令自身については中立的態度をとって、ドイツ人諸党派と対立していたが、しかし議事妨害には無縁ではなかった。この点は、次節で詳しく検討することにする。

(6) 修正議事規則の可決に続いておこった諸事件について、やや詳しく記しておこう。十一月二十六日の下院は、修羅場のような様相を呈した。まず社会民主党議員が議長席を占領したが、急遽よびこまれた警官によって追い出され、続いてドイツ民族主義者たちが猛烈な抗議を強行したが、彼らもまた警官の手で暴力的に連れ出された。一方議会の外部では、大学生たちがバデニー反対を叫びながら議会を包囲し、市庁舎や内務省に向かってデモをかけた。二十七日にはさらに騒ぎが拡大し、翌二十八日の日曜日には、暴動を恐れて出動した兵隊がウィーン全市に充満し、市内は兵営のような観を呈したといわれる。このような状況のなかで、市長のルエーガーは皇帝に謁見して、いまや首都の治安は保ちがたいと進言し、ついに皇帝は、大規模な流血をさけるために、やむなくバデニーを罷免したのである。

(7) バデニーの罷免に言語令そのものの運命をみてとったチェコ人は、たちまち不穏の形勢を示した。しかもドイツ人大学生たちが、憤懣やる方ないチェコ人の雑踏するプラハの繁華街を、ブルシェンシャフトの正装をして隊伍を組んで濶歩したことは、この形勢に火をつけた。チェコ人はドイツ人学生の挑戦的な英雄気取りを正面から受けて立ち、プラハの街はたちまち争乱の巷と化し、ドイツ人の商店までもチェコ人の大規模な襲撃をうけた。十二月二日には即決裁判が強行されて、騒乱は一時鎮定されたが、翌年早々この非常措置が廃棄されると、チェコ人のドイツ人にたいする襲撃はたちまち再開され、とりわけ、シェーネラー派の多いドイツ人大学生たちの挑戦的態度は、目のかたきにされた。プラハの警察は、ドイツ人大学生が示威的にブルシェンシャフトの徽章を着用することを禁止しなければならなくなったが、これにたいしては全国の多くの大学が反対に立ち、各大学の評議会が抗議を行ない、辞職と講義の中止をもって反抗したばかりか、全国の学生団体もプラハ大学のドイツ人学生を支持して政府に反対し、多くの大学が一時閉鎖されねばならなかった。ベーメンの問題は、こうして全帝国の問題に発展したのである。

11 一八九七年の政治的危機(2)

一八九七年のバデニーの言語令をめぐるドイツ人の興奮と反抗は、「ゲルマン人的熱狂」furor teutonicus とよばれているが、その歴史的意義は、すでに形成されていた「議会政治のオーストリア的観念」の伝統を打ち破るうえで何物にもまさるはたらきをした点に、求められなくてはならない。しかし、前章でみたような異常な経過は、はたして不可避だったのであろうか。いったいなぜ、バデニーの言語令はあのような深刻な事態をまきおこしたのであろうか。その原因として、ここでは特に次の四つの点に注目したいと思う。第一は、バデニーの基本的態度や対処の仕方にかんするものである。第二は、ドイツ人諸政党のリーダーシップと組織にかなりの欠陥があったことであり、第三は、シェーネラーおよび彼のひきいる汎ドイツ派の極端主義をとなえる小集団が、これらの欠陥を利用して思いもかけない成功を収めたことである。しかし第四の、最も根本的な原因としては、なんといっても、ドイツ人の「資産」

防衛の意識をあげなければならず、それが事態の進展の過程で幾多の刺激をうけながら、あのような民族的熱狂にまで高められたのであった。以下これらの諸点について考察を進めよう。

すでにみたように、バデニーの言語令はそれ自身けっして不合理なものではなく、現在からみれば、むしろ妥当なものであった。スルビークによれば、当時の多くのドイツ人も、この言語令の基本思想を、チェコ人の地位を向上させ彼らをより大きな平等に近づけようとするワン・ステップであり、漠然と反対することのできぬものとして、すでにずっと前から容認していたという(1)。この法令の発布される直前、有力なドイツ人指導者たちはいずれも、政府およびチェコ人との交渉は可能であるとともに必要であると考えており、オーストリアの政治において普通そうであったように、この問題についても双方ともに受けいれることのできる妥協がつくり出されることを、疑わなかった。事実バデニーとチェコ人、ドイツ人との間に種々の交渉がもたれたことは、ズッターの詳細な研究が示すとおりである(2)。問題になるのは、その際のバデニーの態度であり、そこに十分な慎重さが欠けていたことは、否定できない。

バデニー言語令にたいする重要な反対の一つは、このような重大な規定は単なる法令として発布すべきではなく、議会の承認を必要とする包括的な言語法の形で発布すべきであった、とする批判である。しかし、この法令は二州だけに関係するものであったから、バデニーは技術的には現行法の範囲内で行動することが可能であった。けれども、行政事務のうえでドイツ語とチェコ語の完全な平等を実現しようとするこの言語令は、なんといってもドイツ人の中央集権主義の行政手続とは両立しないものであったから、発布に先立って、意図の十分な説明がなくてはならなかったであろう。もしバデニーが、ドイツ人の中央集権的システムはオーストリア帝国の保存と両立しないことを説き、包括的な解決が不可能であるために地方的解決にたよるほかなかったことを忍耐づよく主張していたならば、それは強い論拠になり、かなりの説得力をもつことができたであろう。それとならんでいま一つ注目する必要があるのは、バデニーが言語令の実施を——青年チェコ党以外は——保守派の支持のみにたよって、大衆の支持を無視する気持をもっていた点であり、これが一種の楽天的な自信となって、彼の行動を慎重さの欠けるものにしたことは、容易に推測される。バデニーはたしかに、精力的で器用な自信家ではあったが、軽薄なところがあり、また十分な情報を得ていなかった。しかもその時点で、彼はドイツ人たちとの接触をとつぜん中断し、青年チェコ党と結託して言語令を発布したのである。そこでドイツ人たちは茫然とした。バデニーの政策自体よりも、彼がその政策を実行に移したやり方のほうが、シュタインヴェンダーのような穏健なドイツ人たちには、痛切な侮辱であった。バデニーのやり方は、首相との交渉と協力こそ最良の結果をもたらすであろうという彼らの信頼と期待を、いたく傷つけたからである。言語令の発布とともに、諸州からウィーンのドイツ人議員のところへたて続けに電報がよせられたが、それらは、チェコ人にたいするいかなる譲歩をもこばむ、非難にみちたものであった(3)。

大政党の指導者たちは、ショックをうけてひるみ、とりあえず落着きを保とうとしたが、このときただちに立ちあがったのは、シェーネラー派であった。全面的勝利こそ、この派のすべての存在理由であったから、そこにはなんの疑いも躊躇もなかった。シェーネラーは九年間政治生活から追放されていたあと、一八九七年の国会選挙にズデーテン地方から出馬して当選したが、この地方はチェコ人とドイツ人の衝突の中心地であっただけに、ドイツ民族主義の力が最も強く、この時の汎ドイツ派(シェーネラー派)議員五人のうち、四人までがこの地方から選出されていた。シェーネラーは有力な協働者カール・ヘルマン・ヴォルフ Karl Hermann Wolf とともに、言語令反対運動の先頭に立ち、尖鋭な政府攻撃を行なった。

彼は相つぐ演説のなかで、大きな不幸が自分たちを呑みこもうとしていると述べて、ドイツ人の恐怖心をかき立てるとともに、こうしてつくり出されたパニック・ムードを利用して、ドイツ人穏健派の指導者たちの落着いていようとする決意を切りくずそうとした。そしてドイツ人政党の指導者たちは、まさにシェーネラーの望んだとおりの方向に動いていった。この間の事情を、以下各政党についてたどってみよう。

他のどの政党よりも非難をうけやすかった自由派は、四月十四日、まっ先に、自分たちは言語令が撤回されるまであらゆる立法を妨害するであろう、と宣言した。シュタインヴェンダー、ホフマン-ヴェレンホーフ Hofmann-

Wellenhof その他ドイツ人民党 Deutsche Volkspartei（すなわち急進派）の穏健な指導者たちは、ベーメンおよびシュタイエルマルクの地方党組織からの圧力に屈して、二週間後議事妨害政策に加わった。この党に投票した人々は、党がその主要な目標——民族的行動主義、反聖職者主義、普通選挙権、社会的改革など——のどれか一つに全力をそそぐことを望んでいたから、彼らのなかには、この党を見すててシェーネラー、ルエーガーないし社会民主党に走る危険がないわけではなかった。この党の現実主義的指導者たちは、すでにこのような危険に直面していたために、他の諸政党および一般民衆が言語令にどのように反応するかを注意深くながめていたが、ついにこの国の「ムードに従って」、議事妨害への参加を決意したのである。(4)

しばしば決断に迷いためらっているようにみえた急進派の指導者たちが、言語令について態度を決定したことは、他の諸政党にも強い影響を及ぼす結果になった。キリスト教社会党も病的興奮の高まりを免れるわけにはゆかなかった。党員の多くは、ルエーガーやパッタイ Pattai のように、カトリック教徒ないし民主主義者であると同じく「よきドイツ人」であり、また、自己の選挙区民の大部分がドイツ人であることをよく知っていた。

しかし、他方、この党の保守的・聖職者的な一派は、偏狭なナショナリズムに巻きこまれることを好まなかった。もしこの傾向に巻きこまれるならば、スラヴ人の大衆をひきつけようとする彼らの努力はむだになり、ようやく得られはじめた皇帝の信頼も、キリスト教社会党は真の「帝国党」であるという宮廷内の定着した評判も、こわれてしまうおそれがあったからである。ルエーガーを含む党指導者の大部分も、立憲的統治を好ましいものと考えており、全面的な議事妨害は法令と絶対主義による支配に向かう第一歩であるとみて、これには反対であった。彼らは、シェーネラーのあとに続くかバデニーを支持するかの選択の前に立たされることをきらった。

しかし、中立的な立場があるようにはみえなかった。そのうえ、すでにみたように、ウィーンおよび下オーストリア州のキリスト教社会党員の多くは、もとの急進派であった。そのころ、カトリック人民党指導者のヨーゼフ・デパウリ Josef Depauli がルエーガーに、カトリック諸学校のための基金をより多く手に入れることと引きかえに、そろって首相を支持しようという提案を行なった。しかしルエーガーがこの提案に同意するためには、ウィーンや下オーストリア地方のたいせつな投票者のグループを失うことを覚悟しなければならなかった。さらに、ルエーガーがバデニー政府内のドイツ人聖職者その他の保守的分子と協力することになれば、彼は、普通選挙権や徹底した社会立法にたいする要求をひかえざるをえないし、そうすれば、しだいに増大しつつあった労働者階級の彼にたいする支持は、社会主義者のほうに、またおそらくはシェーネラーのほうに、転ずるおそれがあったのである。(5) 言語令にたいするドイツ人の反応の大きさは、五月の中ごろまでにはっきりしたものになっていた。急進派はすでに議事妨害を実行しつつあったし、ルエーガーも、キリスト教社会党がドイツ人の諸政党と運命を共にしなければならないという決意を、固めていた。(6)

このような事態の進展が、こんどは、アルプス諸州のカトリック人民党の地方組織を危険な立場においた。もし彼らがバデニーを支持し続けるならば、彼らを後援していた投票者たちは、これまた彼らを見すてて、他の諸政党のいずれかに走るかもしれなかった。その結果、ザルツブルクおよび上オーストリア州のカトリック人民党議員の大部分は、民族的陣営への参加を唱えはじめた。こうして、極端主義にたいする抑制は、至るところでくずれていったのである。(7)

社会民主党の人々も、一般的なドイツ人の議事妨害運動に加わるか、それとも、彼らが保守的独裁者としていみ嫌っていたバデニーを事実上支持するか、の選択をさけることは不可能であることを、知るようになった。五月の第三週に、ヴィクトル・アードラーその他ウィーンの社会民主党指導者たちは、ドイツ人の議事妨害の仲間に加わることを決意した。彼らの動機については不明確な点があり、いつまでも論議をよぶことと思われるが、しかし彼らがそうしたことの理由として示した点は、はなはだ民主的なものであった。すなわち、ある政治腐敗の問題で下院議長が議会手続の規則を高圧的に破ったというのが、その理由であり、彼らが首相に反対したのは、首相が独裁者だったからであって、言語令のためではなかった、というのである。(8) しかし、次の事情は考慮にいれる必要があろう。社会民主党は、バデニーの言語令をめぐる争乱に際しては、最初中立の態度をとり、議事妨害にも関係しなかったが、ドイツ人諸州における民族主義的激動の高まりに直面して、このような自覚の態度は社会民主党の政治的勢力を由々しく弱めるおそれがあることを感じたのである。そして前述の議長の議事規則侵害は、まさに社会民主党をこの窮状から救いだす役割をはたしたのである。(9)

最後に五月末になって、世界主義的な貴族のつくる本来非民族的なドイツ人政党の立憲地主党までも、バデニーを見すてて、議事妨害に加わった。これは、国会内のすべての議事日程を完全にストップさせたので、ついに首相は六月二日、議会を九月まで停会にした。議会の第十二会期中に、首相は、ただ一つ取るにたらぬ法案を二〇票あまりの僅差で通過させることができたにとどまり、重要な多くの規定をふくむ予算案やハンガリーとのアウスグライヒは、未決定のまま残されてしまった。しかもいっそうわるいことに、議会の停止によって法令による支配への道が開かれたのである。

混乱は、九月二十三日に国会が再開されたあとも続き、やがて十一月二十五日、バデニーは議事規則の変更を行ない、これを契機に混乱が頂点に達して、ついにバデニーが首相を罷免されたことは、前節でみたとおりである。

以上の考察をふまえて、問題の本質に目を向けよう。この事件がおこるまで、カトリック聖職者や社会主義者の陣営は、自己のオーストリア的愛国心を誇り、自分たちが民族主義的熱狂を免れていることを誇っていた。ルエーガー、フェルガニ Vergani、シュタインヴェンダー、ペルナーシュトルファー Pernerstorfer その他多くの人々は、シェーネラーの思想のうちにいくらかの利点をみながらも、自己の利益のために、もしくは良識ないしオーストリア的愛国心のために、シェーネラーの革命的傾向を退けていたが、いまや彼らはシェーネラーと協力し、これと同じ程度の無謀さと無責任ぶりを発揮したのである。最初ドイツ人の議会指導者の大部分は、なおバデニーと交渉することを望んでいた。彼らは、ドイツ人の「資産」の保持を望むと同じように、オーストリア国家を維持することをも望んでおり、言語令が基本的に正当であることを認めるに足る賢明さをもっていた。それゆえ、シェーネラーが全面的な議事妨害政策の唯一の主唱者であったが、けっきょくしかし、議会のドイツ人指導者たちはこの政策に同意したのである。とはいえ、オーストリア・ドイツ人の多数が、自分たちの伝統的特権を守るための代価として、立憲政治の完全なまひ状態を快く受けいれる気持をほんとうにもっていたかどうかは、疑問であるし、彼らがコンセンサスの思想を、さらには王朝と国家にたいする尊敬の念をも、意識的に拒否したかどうかは、これまた疑わしい。ドイツ人の諸政党を議事妨害の点で一致させるにいたった有力な動機は、なんといっても、大衆に拒否され見すてられはしないかという恐怖心であった。ドイツ人民党に票を投じたミドルクラスの人々は、正確にいえば「大衆」ではなかったが、彼らはつねに世論の重要な構成要素とみられていた。工場労働者や農民や敬虔なカトリック教徒は、一般に民族主義的熱狂には敵意をいだくか無関心であるかいずれかであったが、このたびは、民族的熱狂に同調し、社会民主党、キリスト教社会党、聖職者党に属する多くの人々が、党の指導者たちに警報を発し彼らの決定に影響を及ぼすために、圧力をかけたのであった。十一月下旬には、市民的自由の緊急停止や軍隊の干渉を必要とするほどの抗議や暴動がおこっているが、これらはごく少数の人々によって組織されたかもしれないけれども、暴力行為に加わったものは数多く、ごく内輪にみつもって、住民の三分の一が「ゲルマン人的熱狂」の影響をこうむったといわれている。(10) とすれば、それはたしかに一つの大衆現象とよびうるものであり、われわれはここに、ナショナリズムのエモーショナルな、潮のように押し流す非合理的性格をみなければならない。首相の没落をひきおこしたものも、群衆の激情であって、議会における多数の欠如ではなかった。

シェーネラーの成功の原因もこの点と深くつながっていた。国会の内外で猛威をふるった「ゲルマン人的熱狂」の最も顕著な直接の結果は、シェーネラーが民族的英雄として未曾有の人気者に祭りあげられたことであり、それは、彼が九年間政治的な日蔭を歩いたのちこの年の春国会にもどったときには、夢みることもできなかったようなものであった。たしかに、彼がデモ行進や大衆集会を進んで組織し、扇動的な演説を行なって、ドイツ人聴衆を高度の興奮にまで高めた役割は、大きかった。(11)それゆえ、「適度と寛容を好ましいものと考えていた多数派のすべての行動を、極端主義者の一小グループが封鎖することに成功した」(12)という評価も、あながち不当とはいえないし、シェーネラーに反対した人々が侮辱的な非難をなすりつけられたことも、事実である。しかし、それは単純な政治的恫喝のケースとはちがっていた。「われわれは、妥協の可能性を排除するような反オーストリア的・反王朝的政策を欲しない」(13)というカール・フォン・グラープマイヤー Karl von Grabmayer の主張に代表される幾多の声が、空しくかき消されていったのには、それだけの理由があった。この点で、シェーネラーの信奉者であったエドゥアルト・ピヒル Eduard Pichl が、シェーネラーの言葉を引用して、シェーネラーが国民に「ハプスブルク国家の手先の警官が人民の代表者たちを圧倒し、家畜を追う肉屋のように人民の代表者たちを彼らの会場から追い出した」と宣言したとき、彼はその瞬間に、すべてのドイツ人――穏健な人々、極端主義者、民族主義者、社会主義者、カトリック教徒、自由主義者、民主主義者、貴族――に代わって弁じたのである、と述べているのは、(14)無視できない発言である。ドイツ人全体をあのように熱狂させた最も深い原因は、要するに、バデニー言語令がドイツ人の「資産」の侵害につながるという不安と恐怖であった。この言語令がひとたびベーメン・メーレン両州に実施されるならば、やがて全帝国に拡大されることは必至であり、こうしてスロヴェニア人、クロアティア人、ルテニア人などにも民族的平等が認められることになれば、ドイツ人の支配権が消滅するばかりでなく、帝国そのものが崩壊の危機に瀕する、という不安こそ、汎ドイツ派のみならずほとんどすべてのドイツ人諸党派に連合戦線をはらせ、バデニーに抵抗させた根本の動機であった、といえよう。元来オーストリアの民族闘争は、主として財産と教養のあるミドルクラス内部の衝突であったが、文官勤務に雇用されていたドイツ人のミドルクラスはその数が多く、またこの地位は人々の憧れのまとであったために、大衆を含めたドイツ民族全体が大きな刺激をうけたのである。支配民族としてのドイツ人の地位と官公吏の職業を確保できるか否かの問題であったからこそ、反バデニー闘争は、ウィーンの市民をかくも熱狂させ、全ドイツ人をかくもわき立たせたのであった。街頭の反対デモの中心に立ったのは、言語令によって直接脅威をうけたドイツ人大学生であり、[15]シェーネラーを熱狂的に支持したのも彼らであったが、工場労働者、職人、徒弟、農民までも、ミドルクラスの民族主義者や大学生とともに抗議活動に加わったことは、注目に値する。[16]

シェーネラーの新しい人気は、みずからを民主主義者と考えていた政治的指導者の大部分を含めて、「ドイツ人左派」全体が、結局のところ、特権を平均化するよりもそれを保持することのほうがいっそうたいせつであると考えたことを、示している。以前は、特権にたいする告発がドイツ人の急進派や民主派の間に一般的な激情をよびおこしたのであったが、一八九七年の諸事件の結果、こんどは特権の擁護が、彼らの間に同じような一般的激情をよびおこしたのである。不吉なことに、民主的な議員たちこそ最も非妥協的だったといわれている。いまや大部分のドイツ人の目には、憲法で認められた自由主義の普遍的価値は、ドイツ人自身の自由と福利を減少させる手段として、異民族特にチェコ人に役立っているようにみえ、チェコ人が進歩や近代性の本質として引合いに出した諸原則は、支配権をかちえようとする不実な敵の策謀のように思われた。きたるべき争いにおいては、ドイツ人の民族政策は万人の自由を保障することではなくて、勝敗のかかっている民族戦のなかで自分自身を守ることでなくてはならないというのが、そこから生じた当然の結論であり、こうして、オーストリアにおける民族共存の条件にかんするいっさいの生産的な議論は、不可能になったのである。

「ゲルマン人的熱狂」の長期にわたる最も重要な結果は、民族的衝突は和解できぬものであり、敵対者の一方を完全に破壊すること以外にはいかなる解決策もありえないという信念――いわゆる極端主義――が、ドイツ人とスラヴ人双方の大衆の間に増大していったことである。極端主義者にとっては、交渉や妥協やコンセンサスは、偽装された降服の形態にほかならないから、政治上の争いはつねに全面的勝利か無条件降伏に終わらねばならず、政治の唯一の道は、暴力によることになる。チェコ人とドイツ人の闘争は和解できないものという信念が拡がるにつけて、オーストリア国家という思想は力を失い、双方の側で、極端主義の政治がコンセンサスの政治にとってかわった。相争う民族的党派の間には、建設的に協同すべき共通の地盤がまったくなくなった。これは、チェコ人にはやがてチェコ民族国家の創設に道を開くことになったし、ドイツ人には、一世代ののちに、シェーネラーの反民主的・革命的な汎ゲルマン主義綱領の勝利――ヒトラーの制覇――をもたらす結果になった。和解できない衝突の論理に従えば、ドイツ人は彼らの周囲の諸民族を「ドイツ化」するか「奴隷化」するか、絶滅するほかはなかったのである。

最後に、バデニーの言語令改革がなぜ失敗に終わり、またなぜあのような深刻な事態に発展したかの原因と、さらにこの事件のもつ意味について、若干の補足的説明を加えながら、まとめをつけておきたい。

バデニーの失敗の原因については、すでにふれたように、この改革を行なおうとしたバデニー政権およびバデニー自身の人柄を、考慮にいれなくてはならない。バデニー言語令が、原則的には健全であり、実際には限られた意味しか含んでいなかったのに、ほとんど革命的な状況をつくり出し、けっきょく失敗に終わった、重大な原因の一つは、バデニーが連邦主義的傾向をもちながらも、保守的な政治家であり、一般に右派の支持をえて民族的和解の政策を追究しようとした点にあった、といえよう。バデニー内閣の主要な支柱は、ポーランド人の保守的貴族シュラフタ Szlachta であり、ドイツ人の聖職者的・保守的右派を含むすべての民族の連邦主義的保守派が、これを補強していた。バデニーの行なった選挙法改正は限られたもので、財産資格によらない第五部門で選ばれたのは、全議席の約六分の一にすぎなかったから、バデニー政府は、青年チェコ党の支持をえることによって、なお議会における多数を維持することができた。しかし、右派とは、要するに既得利益をもつ比較的せまい社会層を代表するにすぎなかったから、これにたよって改革を進めようとしたことには問題があり、一方、バデニー政府に反対したドイツ人議員たちは、最も収入の低い社会層をふくむ広範な投票者によって選ばれた人々であり、これを度外視して真に前向きの改革を達成することは、できない相談であった[17]。

オーストリア政治の保守的な体質は、バデニー自身にもしみついていた。ポーランド貴族のバデニーは、正規の議会手続によるつらい作業に耐えぬくよりも、むしろ上からの改革を導入しようとする基本的性向をもっており、その結果、彼の議会の扱い方はまことに高圧的で、これが破滅を招く重大な原因になったのである。言語令発布後の混乱に直面しても、彼は、ドイツ人の盲目的な激しい反対に腹を立てるばかりで、なんら積極的な打開策にのり出そうとはしなかった。十一月の議事規則の改悪が事態を完全にこじらせた点についても、バデニー自身の責任はまことに重大である。[18]

かようにバデニーの側に幾多の欠陥や誤りがあったとしても、議会側の問題は、これにおとらず重要である。民族的な議事妨害は、国会が全体的な国家の利害と民族的利害とを区別しえなかったことを示しており、民族問題にかんする不一致のために、議会は国家の生死にかかわる経済的・社会的な諸問題について合意に達しようとする気をなくし、多くの場合、論議に入ろうとする気持さえもたなかった。バデニー言語令の内容がいかに合理的であっても、多数決を議事妨害にかえるような、民主主義のルールをわきまえない未熟な議会によっては、けっして承認されなかったであろう。バデニーの失脚は、オーストリアの議会主義が国内の民族闘争にかきむしられて民族問題を解決しえなかったという、まことに深刻な事態を示している。バデニー危機をめぐる混乱の根本的な原因は、なんといってもドイツ人側の異常な民族感情であり、それは「資産」階級の枠をこえて、エモーショナルな力で大衆を包み、ドイツ人諸政党の指導者たちの態度決定を強いたのであったが、しかもこの民族的熱狂は、究極においてドイツ人の「地位」の防衛と不可分に結びついていたのである。

要するに、一八九七年のバデニーの危機は、オーストリア帝国の病根の深さをまざまざと示すとともに、それをさらに増幅したことによって、チェコ人とドイツ人の関係のその後の進路にとって、またオーストリアの議会生活一般のその後の進路にとっても、致命的なものになった。「この瞬間からハプスブルク帝国は崩壊するように運命づけられた」[19]というレートリヒの言葉は、けっして誇張とはいえないのである。

（1） Whiteside, "German Dilemma", *op. cit.*, p. 191.
（2） Sutter, *op. cit.*, I, S. 168 ff.
（3） Sutter, *op. cit.*, S. 245 f.

(4) Sutter, *op. cit.*, S. 245–247, 259 f.

(5) Sutter, *op. cit.*, S. 247–249; Mommsen, *op. cit.*, I, S. 275–277.

(6) ルエーガーは、春以来の言語令反対運動にたいしては、矛盾した態度をとっていた。ウィーン市民ははげしい反バデニー運動を展開しており、キリスト教社会党は、ドイツ人の権利を削減するバデニーの政策に、するどい反対を表明していた。ルエーガー自身もバデニーには強い個人的反感をいだいていたが、しかし、ベーメン・メーレンのチェコ人の権利を伸ばす必要も認めていたので、党をおさえて過激な行動をとらせず、皇帝に事件の仲裁を請ういっぽう、自分では反政府的な演説を極力ひかえていた。しかし下院議長による不法な議事規則の変更にたいしては、反対運動に立ちあがらざるをえなくなったのである。村瀬興雄、前掲書、八三—八四ページ、参照。

(7) Sutter, *op. cit.*, II, S. 11 f.

(8) バデニーがガリツィア総督のころ選挙を悪用したというので、当時資格審査委員会 Legitimationsausschuß で、この選挙の不法性をめぐって審理が行なわれていた。ポーランド人の社会民主党議員ダシンスキ Daszinski は、この委員会の審理の公開をもとめる動機を提出したが、議長のカトライン博士 Dr. Kathrein は、議事妨害を行なう諸政党に対抗して議事日程を進めるために、明らかに議事規則に背反して、この動議の表決を拒んだのである。Mommsen, *op. cit.*, I, S. 275.

(9) Mommsen, *op. cit.*, I, S. 275–277.

(10) Whiteside, "German Dilemma", *op. cit.*, p. 195.

(11) 彼の演説は、ビスマルクやホーエンツォレルン家の人々や古代ゲルマン民族の偉大さのシンボル(ヘルマン王や主神オーディン)に言及することによって扇動的効果を高める、魅力的なものであったといわれる。彼の協働者カール・ヘルマン・ヴォルフも、「未回収のドイツ」Germania irredenta をスローガンにして、情熱的な演説を行なった。Whiteside, *Austrian National Socialism*, p. 60.

(12) Whiteside, "German Dilemma", *op. cit.*, p. 194 f.

(13) Hantsch, *Geschichte Österreichs*, II, S. 465.

(14) Whiteside, "German Dilemma", *op. cit.*, p. 194.

(15) 全国のドイツ人大学の評議会や学生団体がつよい反抗的態度を示したことは、すでに述べた(前節、注(7)参照)が、大学教授も約七〇名が、言語令廃止のための請願に署名している。Whiteside, *Austrian National Socialism*, p. 59.

(16) *Ibid.*

(17) 帝国の第一階級すなわち最上級の社会層は、一般に民族闘争に関与しなかった。これに属する貴族、高位聖職者、大富豪の資本家、将軍、最高官僚などは、民族的扇動を超えている皇帝に彼らの地位と生計を負うていたから、オーストリア国内の彼らより身分の低い階級の利害(＝民族的利害)を支持することによっては、失うことしかありえなかったのである。オーストリアの民族闘争は、彼らより一段下の、諸民族の財産と教養ある階級の内部の不調和によるものであり、政治的・経済的・宗教的扇動の大部分は、こうした「有産階級」——かなりの財産・教養・政治力のある人々——のなかでおこったのである。

それゆえ上述の「第一階級」の立場は、スラヴ系諸民族の連邦化の要求と表面的には衝突しなかったし、時にはスラヴ民族主義者と手を握って保守的な政権を支えることもあったが、本質的に前近代的な性格をもっていたから、このような勢力を支柱にして、オーストリア帝国の困難な問題を「近代的に」あるいは「前向きに」解決することは、とうてい不可能だったのである。Deak, *op. cit.*, p. 304 参照。

(18) Kann, *Multinational Empire*, I, p. 203 f. 参照。

(19) Josef Redlich, *Kaiser Franz Josef von Österreich*, Berlin, 1928, S. 398.

12 バデニー危機の影響

本節では、バデニー失脚後の言語令の運命、および、帝国崩壊にいたるまでのドイツ人・チェコ人双方の態度について、問題点をあげておきたい。

バデニーの辞職後、キリスト教社会党をふくむ全ドイツ人議員は参集して、言語令の完全な撤廃のために闘うことを誓いあった。バデニーの後継者ガウチュ Paul Freiherr von Gautsch やその後継首相たちは、バデニーの言語令を緩和し限定した形で実施しようとしたが、ドイツ民族主義派の反撃やドイツ帝国からの勧告にあって実施できず、ついに一八九九年十月十四日、バデニーの言語令は完全に廃棄されて、ターフェの言語令の段階に逆戻りした。(1) 皇帝フランツ・ヨーゼフは、ドイツ民族とドイツ帝国からの圧力に抗してまでスラヴ民族を優遇する姿勢はとれなかったから、以後しだいにドイツ民族との結合を深める方向に進んだ。一九〇〇年一月十八日新たに首相となったケルバー Ernst von Koerber も、調停的な言語令によるドイツ・チェコ両民族の和解につとめたが、両民族居住地の分割統治に傾いたために、チェコ民族主義者の攻撃をうけ、また地方分権主義をとったために、ドイツ民族主義者の反対をうけて、失敗した。(2) 一九〇七年にはオーストリアに普通選挙権が導入されたが、それによって生まれた議会にも奇跡を期待することはできず、一九〇九年、ビーネルト－シュメアリング Richard Freiherr von Bienerth-Schmerling 内閣が、ケルバーの政策をさらに緩和した形でふたたび実施しようとして、これまた失敗した。(3) ドイツ帝国との結合を強化しつつあったオーストリアで、特に民族間の対立が深刻化しつつあった時期に、諸民族の自由な連邦への道を進むことは、至難の業であった。

ところで、一八九七年以後一九一八年の帝国崩壊に至るまでのオーストリア・ドイツ人の姿勢やその民族政策は、どのようなものであっただろうか。一口にいえば、バデニー事件後のドイツ民族の政治的雰囲気は、この大きな危機のあとがきとでもいうべきもので、新しい政策や出来事も、指導者や大衆の態度を大きく変化させることはなかった。一九〇九年まで、予算はほとんどすべて緊急法令で定められた。一九〇〇年以後、オーストリアの諸政党はもはや、いずれかの分野で名をあげた人々に指導される、利害の似通った目ざめた市民の集合体といったものではなく、職業政治家に操作される大衆組織になってしまった。そこでは、真面目な討議や道理をつくした説得にかわって、恐怖や憎悪やメシア的希望を途方もなく扇情的に強調する計画的な宣伝が、登場した。一九〇七年の普通選挙権導入後も、新しい民主国会の指導者たちは、安定した多数を制することができず、憲法第十四条にもとづいて暫定的に制定された法令を追認する必要がある場合、かろうじてそれに足りる多数を支配しえたにすぎなかった。しかもこの多数は、歴代の首相が贈賄にひとしい勧誘によってつくり出した、変動する連合だったのである。これは法令による支配にほかならず、その結果この国は、民主的な議会と非民主的な——普通は議会の多数の信任をえていない——内閣をもつことがしばしばおこった。一九〇七年以後の首相たち——ベック Max Wladimir Beck、ビーネルト、シュテュルク Karl von Stürgkh——は、指導的な国会議員を内閣に引きいれることによって二つの統治方法を調和させようとしたが、しかしこの特殊なやり方は、民主的選挙権の名にかくれて中央集権的絶対主義を続けるための仮面《マスク》にひとしかったのである。

二十世紀にはいって、ドイツ人の農民と労働者の政党——ドイツ農民党 Deutsche Agrarpartei(一九〇五年)とドイツ労働者党 Deutsche Arbeiterpartei(一九〇四年)——が新しくつくられたが、これらの政党は、従来からの諸政党以上に、せまい民族的利害の擁護に専念した。一九〇七年の普選導入以後、社会民主党とキリスト教社会党は議会の二大政党となり、両者合わせて選挙民のほぼ三分の一をその手中におさめたが、これらイデオロギー政党の勢力増大も、実際には、民族問題のはげしさを減じたわけではなかった。社会民主党はチェコ人部門とドイツ人部門に分裂して、ますますはげしく相争い、自身の下層部にブルジョア的な民族主義精神が拡がるのを防止することはできなかった。またキリスト教社会党は、そのドイツ人構成員の影響をうけて、穏健で、民主的で、愛国的な、しかし本質的にはドイツ人的な政党になった。一九一一年に、ドイツ人諸政党の大部分は、議会内で一つの民族的連合(民族連合 Nationalverband)を形成したが、二〇年前と同じく、組織とリーダーシップの欠陥のために、効果的な積極活動を行なうことができなかった。

ドイツ人がスラヴ人と交渉できる時代は、すでにすぎ去り、オーストリア的愛国心と民族的節度だけでは、もはやどうにもならなかった。このような状況のもとで、ドイツ人の政党はいずれも、現に行なわれている絶対主義体制を廃して、完全な議会責任制に変えたいとは思わなかった。一九〇七年から一九一八年にいたる時期に、民族と帝国、絶対主義と民族主義的志向の間の衝突を解決しようとする積極的なドイツ人の民族政策は、なんら存在しなかった。一九一六年の復活祭綱領 Osterbegehrsschaft のなかで、ドイツ人の指導者たちは、万人の正当な民族的自由を「擁護」しながらも、帝国のドイツ人的性格を保持しようとする決意を再確認した。第一次大戦中、中欧の同盟国側が東部戦線で数々の勝利をおさめたとき、ドイツ帝国で領土拡張論が高まったのとは対比的に、オーストリア・ドイツ人の間には、防衛的な、ほとんど敗北主義的ともいえる態度が生まれた。この国でも、若干の軍人や外交官や王家の要人たちは、宏大な膨張計画を夢見たかもしれないが、ドイツ人の民族的な政治指導者たちは、帝国がますますスラヴ人的な国家になることを予想して、もっぱら恐怖心に充たされたのであった。戦争の終結はオーストリア・ドイツ人に未曾有の不幸をもたらしたけれども、民族的指導者たちには、それはほとんど一つの救いのように思われた。彼らの大多数は、ドイツとの合併 Anschluss を心のたよりにしていたからである。

次に、バデニーの危機後のチェコ人の態度をみておこう。

チェコ人がハプスブルク帝国の統合的な力であったか分解的な力であったかという問題を考えるとき、まず第一に念頭に浮ぶのは、一八四八年革命当時のパラツキーのオーストリア・スラヴ主義であり、それは、すべてのスラヴ民族が結びつけられる一つの可能な単位として、オーストリア帝国が有効であることを主張するものであった(4)。しかしこの思想の背後には、オーストリアがその国境内の諸民族に各自の国を建てることを許し、各民族がそこでは同じ権利を享受しうる方向に発展するであろうという、チェコ人の希望が横たわっていた。しかしチェコ人の政治的指導者たちがわけあったこの希望は、一八五〇年代の新絶対主義の時期にかなり減少させられ、一八六七年のアウスグライヒによって大きく挫かれてしまった。とはいえ、アウスグライヒの直後に立憲化されたオーストリアは、チェコ人の指導者たちにはなお受けいれられるものであり、多くの政治家や実業家たちは、なお王国内でチェコのブルジョアジーに好ましい経済的将来がやってくることを期待し、チェコのすべての有力なブルジョア政党の指導者たちは、原則的には王国の存続を支持し、王国の行政においていっそう有力な地位を得ようとつとめていた。そのかぎりでチェコ民族主義者は、王国から譲歩を引き出すために戦っていたのであり、ハプスブルク帝国内におけるチェコ民族の自治的発展と、諸民族による民主的な連邦の実現が、依然その目標であった。ただ、この点における王国の進歩が緩慢であったために、彼らの民族主義運動がしだいに激化したのである。

バデニーの危機のもつ意味は、こうした背景のうえに考えられなくてはならない。一八九七年の改革は失敗し、合理的な言語令を正規の立法手続によって実施することはできなかった。しかもこの事件をめぐる混乱は、オーストリア帝国の不安定さをまざまざと示し、議会が政治的・社会的な大問題を解決する能力のないことを暴露した。これをみてチェコ人は、多くの困難に苦しむ王国が、近代の民主的・連邦的な政治形態に自己を適応させる能力があるかどうかに、大きな疑問を感じ、大多数のものは、諸民族の平等にもとづく改革がもはや不可能であることを感じた。そこで彼らは、やむなしとして、民族自決に目を向けはじめたのである。

チェコ人の民族主義運動は、もろもろの異質的な社会的・政治的グループから成り、したがってまたそこには多くの異なるイデオロギーがあって、民族主義的指導者の扇動的なスローガン、偏狭な小市民的ショーヴィニズムから、民族的自由のための闘争をデモクラシーのための闘争の重要な一面とみなす民主派の思想にまで及んでいた。ここではそれらに立ち入る余裕はないが、ただ、特殊な立場にあった社会主義者の動向について、いちべつしておきたい。

チェコの社会主義者は、最初一般的な社会主義信条に忠実で、社会主義的原則と民族主義的信念との間にはっきりした区別をつけ、チェコの党組織は、ウィーンの党中央本部の組織したすべての政治行動に、活発に参加した。一八九七年のバデニー言語令をめぐる騒ぎの間にも、チェコ社会主義者たちは反民族主義的な態度を取り、ベーメン・メーレン・シュレジエンのドイツ人居住地帯にたいするチェコ民族主義者の過大な要求を拒否して、大きな問題をひきおこしている。しかしこの危機の際には、民族主義がドイツ人・チェコ人双方の大衆の間で非常に強かったので、国際的な気持をもっていた社会民主党員も、それを阻止するために効果的なはたらきをすることができなかった。チェコ民族主義の攻勢は世紀の転換以来いっそう強まり、労働者階級の間にもますます広がっていった。労働者はその数が多く、都市に集中し、高度の組織をもっていたために、チェコ人の社会で重要な役割をはたし、ソコル運動のメンバー一二万人のうち、二八%は労働者であったという(5)。それとともにチェコ社会主義者の態度にも変化がおこり、一九〇六年、彼らは従来の民族的党組織をもとにしてチェコスロヴァキア社会民主党を組織し、一九一〇年には完全にオーストリアの党から分離したのである。

チェコ人を帝国から離れさせたいま一つの動因は、ドイツ帝国のオーストリアに及ぼす影響力がしだいに強くなって、ドイツに支配される「中欧」が出現するかもしれぬという恐怖がつのったことであり、これはチェコ人を汎スラヴ主義の方向に傾かせた。第一次大戦に先立つ一〇年間にバルカンにおこった諸事件は、チェコ人の親スラヴ的共感をしだいに強めていったが、なかでも一九〇八年のオーストリアによるボスニア・ヘルツェゴヴィナ二州の併合は、チェコ人の間に急進的な民族主義ムードを一段と育てていった。この軽率な行動の結果はまことに重大であって、マサリクも、自分は長い間「われわれのオーストリア支持の態度決定に有利な論拠を集めてきた」が、併合後の王国の実情を知り、「オーストリアとその王朝」をいっそうよく認識するようになったとき、「反対派の陣営においこまれた」と述べている(6)。

その後も、チェコ人のミドルクラス出身議員の多くは、オーストリア国会で、軍備のためのクレジットに賛成しているし、第一次大戦直前の時期のチェコ社会民主党の諸会議の議事録のなかには、「オーストリア・ハンガリーはチェコ人のために必要である」といった言葉が見いだされる。しかしこのような表面上の王国にたいする忠誠の下で、チェコ人はすでに彼ら自身の民族的な生活をもっていたのであって、大部分の知識人特に学生たちにとって、王国にたいする否定的な態度は、ごく普通のことであった。彼らの否定主義《ネガティヴィズム》は、公然たる反抗を通じてよりも(7)、むしろ王国の象徴や制度にたいする皮肉な態度を通じて、あるいは単純に、それらを無視したという事実によって、表現された。

こうして第一次大戦の前夜には、チェコ人と王国との関係は概して外面的な浅薄なものであった。チェコ人は自身を「オーストリア人」ないし「ハプスブルク王家の臣民」とはみないで、チェコ人であると考えていた。彼らの内心の忠誠はチェコ民族にたいする忠誠であり、第一次大戦中王国の最後の危機にあたって彼らの行動を決定したのは、この「真の」忠誠だったのである。要するにチェコ人は、一八九七年の危機を第一の、一九〇八年のボ・ヘ両州の併合を第二の重大な転機として、帝国内の分解的要素となり、このようなものとして彼らは、第一次大戦という決定的な年代の間に、オーストリア・ハンガリー王国を弱め、その瓦解をもたらすうえで、重要な役割を果したのであった。

(1) ガウチュはバデニーの言語令を修正し、一八九八年の新法令で、地域的な言語政策をはじめた。それはチェコ人地域・民族混住地域・ドイツ人地域に別々の規定を与え、バデニー法令の効力を原則としてチェコ人地域と混住地域に限った。彼はまた、一般的な言語上の必要条件を、特別な政府のポストの必要に関係づけることによって、ベーメンとメーレンの官公吏の二国語修得にかんするバデニーの指令を修正した。ガウチュの言語令は、実際にはバデニーの法令をほんのわずか変更したにすぎなかったが、民族的衝突の潮流がふたたびドイツ人に有利な方向に向かいつつあることを明示していた。翌一八九九年に、ドイツ人の民族的攻勢をあらわす聖霊降臨祭綱領が発せられると、新しいクラーリ Manfred Clary-Aldringen は愛想よくこの要求に応じて、バデニーの言語令を撤回し、ターフェの言語令を復活させたのである。

(2) 有能なケルバー首相は、一九〇〇年と一九〇三年に、ふたたび民族的妥協の試みを開始した。彼は三種類の言語地域——ドイツ人地域・チェコ人地域・混住地域——の組織をつくり出した。すなわち、ベーメンとメーレンは、民族的に同質な、広範な自治を与えられたいくつかの管区 Kreis に分割され、ドイツ人の管区ではもっぱらドイツ語が、チェコ人の管区ではもっぱらチェコ語が、内務公用語になるはずであった。これは、「民族的な勢力範囲の分離こそ、相並ぶ二つの民族間の平和な生活の唯一の形態である」という考え方にもとづくもので、ドイツ人の要求とチェコ人の要求の間の不安定な均衡を維持しようとするケルバーの提案は、それ自身たしかに健全であった。しかしこの提案は一種の対症療法的なものにとどまり、当時の基本的な真の争点——連邦化か中央集権主義か、帝国の再編成か分解か、という——を無視していたから、成功するチャンスをもたず、けっきょくケルバーの提案は双方に拒否され、ドイツ人は民族的分割の原則にしがみつき、チェコ人はベーメン地方の不可分割性の原則を固守した。

(3) 一九〇九年のビーネルト提案は、第一次大戦に先立つ時期にこの問題について出された最後の政府案である。ケルバー内閣とビーネルト内閣の間の時期(一九〇七年)に、オーストリアに普選権が導入された。これはオーストリアの立憲史上画期的なもので、民族問題にたいするいっそう幅の広い、先見の明のあるアプローチが生まれるであろうという希望が高まり、一九〇七年民主的基礎のうえに選ばれた新議会からは、民族的和解の奇跡が期待された。しかし、民族的緊張の広がりつつある雰囲気のなかで、アウスグライヒの重荷と独墺同盟の不断の束縛をかかえた議会は、オーストリアの民族的和解という大問題と取り組むのになんらよりよい立場には立たなかった。一般平等選挙権は、帝国の連邦的再編成の一部として導入される場合にのみ役立つことができたであろうが、その点は依然顧みられぬままであった。こうして、単にケルバーの思想の修正にすぎなかったビーネルト提案は、けっきょくケルバー案と同じ運命をたどることになったが、普選権導入後だっただけに、この提案拒否は人々を大きく失望させたのである。

(4) 本書、第一部第二章一一〇ページ以下、参照。
(5) Havránek, "Czech nationalism", *op. cit.*, p. 259.
(6) Havránek, *op. cit.*, p. 258.
(7) たとえば、一九一二年にセルビアの前線に輸送された部隊でおこったチェコ人の局部的反抗は、オーストリアの政策にたいする彼らの拒否的態度や、労働者階級の青年たちの強い反軍国主義的態度を表現したものとして注目される。Havránek, *op. cit.*, p. 259.

むすび

最後に総括的考察を行なって、結論にかえよう。

一八六七年から一九一八年に至る時期のハプスブルク帝国におけるドイツ人の役割を、統合的な力であったか分解的な力であったかという観点から評価しようとするとき、明快な一義的判断を下すことは困難である。しかし、以上の考察の結果を一応次のようにまとめることは、可能である。近代的ナショナリズムの発展に先立つ時代については、事情は簡単である。一九一八年の崩壊まで王国を結合させた政治的・経済的諸制度の大部分は、ドイツ人のものであったし、歴史的にみて、それ以外のものではありえなかった。これら諸制度のうえでドイツ人が優位をしめたことによって、立憲期にはいってからも、オーストリア国家には終始一貫してはっきりとドイツ人的特色が賦与されていた。

しかし、だからといって、多くのドイツ人政論家が述べているように、オーストリア帝国はドイツ人の帝国であり、ドイツ人の国家としてのみ存続することができた、というわけにはゆかないし、求心的な諸制度を通じて帝国を統合した功績がはたしてドイツ人に帰せられるかどうかは、疑問である。これらの諸制度が反対をよびおこしはじめたとき、(1) 非ドイツ系諸民族は皇帝の官僚とドイツ人とをはっきり区別せず、絶対主義とドイツ人の抑圧とは同意語になったのである。しかしその反面、多くのスラヴ系民族主義者の語るように、ドイツ人は彼らの民族的特権の保存を自己本位に主張することによって、帝国を破壊しつつあった、と断定することもできない。

近代的ナショナリズムが政治的忠誠の有力な契機になりはじめるとともに、オーストリアにおけるあらゆる民族——ドイツ民族をも含めて——の帝国にたいする忠誠は、条件付のものになった。これは、多民族国家に固有の、特徴的な現象であった。オーストリア・ドイツ人にとって、ドイツ帝国との合体は一つの考えられる道ではあったが、当時の時点では、なお彼らの大部分にとって完全に望ましい見通しとはいえなかったし、しかもこの道は、現実にはドイツ帝国の拒否するところであった。他方スラヴ人たちも、なお、彼らに開かれていた他のいくつかの道を選びたいとは思わなかった。そこで、実際上すべての民族は、自己の利害をしっかりふまえながら、オーストリア国家を保存するために、ある点まで他の諸民族に譲歩することをいとわなかったのである。

しかし、その際ドイツ人の立場は、他の「従属」諸民族の立場よりもいっそう困難であった。従属諸民族にとっては、彼らの民族的自由と彼らの民族的「資産」との間にはなんの衝突もなかった。民族的自由と正義を求めるスラヴ人の連邦主義的なプログラムは、なんの犠牲も含まなかったし、指導者たちが彼ら自身の民衆から反逆者として拒否される危険もなかった。しかし、ドイツ人とりわけその民主派にとっては、人民主権とか民族の自由・平等といった原則を採用することは、事実上、多数をしめるスラヴ人の支配に服することになりかねなかった。ドイツ人の自由主義的指導者たちは、彼らの自由主義理論をスラヴ人その他の従属民族に適用すれば、反逆者としてドイツ人から非難されたし、それを適用しなければ、スラヴ人から抑圧者として非難された。ドイツ人の歴史的・政治的・経済的・社会的な「資産」は彼らにとって重大なものであったから、平等とは、耐えがたい自己犠牲を意味することになったのである。ドイツ人は、オーストリアを自民族の国家として保存するに足るほど強力ではなかったが、さりとてまた、オーストリアが自民族に無関係な国家になることを許すつもりもなかった。彼らは皇帝の権威を打ち倒すことはできなかったし、それを望みもしなかった。このようなジレンマにおかれた彼らは、けっきょく本質的に消極的・防衛的な役割しか果たすことができなかったのである。(2)

自民族中心の政治的ナショナリズムには不吉なきざしが含まれていたとはいえ、議会のドイツ民族主義政党の指導者たちは、一八九七年まではつねに争いを切りぬけることができたし、スラヴ人の平等の拡大に向かう漸進的変化をうけいれることもできた。彼らは自己の選挙区民向けの演説では過激な言葉をはいても、それは多分に修辞的なもので、本心は口先ほどではなかった。しかし、バデニーの危機によってよびおこされた興奮のために、このオーストリア特有の問題処理方式は、つぶれてしまった。チェコ人もドイツ人もともに相手の犠牲になったと信じ、彼らの憤激から生まれた狂信的ナショナリズムは、もはやけっして完全には鎮まらなかった。それとともに、議会政治とそれをささえる最小限度のコンセンサスとは、信用を失ってしまった。バデニー事件の結果、オーストリアの歴史の進路は一変し、それ以後ドイツ民族主義派の指導者たちは、王国を統合させようとはつとめなかった。その意味で、一八九七年という年は、オーストリア史における決定的な時点であり、運命的な転換点であったといわねばならない。

さまざまな民族が平和裡に共同生活をいとなむことができるかどうか、という問題は、現在もなお依然未解決の大きな難問であり、種々の民族集団との関連で、人々は道徳と権力、理想と現実、コンセンサスと暴力、自由と権威といった切実な問題と取り組んでいる。その際、最も富裕な民族、伝統的に優位をしめてきた民族は、民族的自由を、いっそう広範囲な国家・地域共同体・世界共同体などの諸要求と結びつける道を見いだすうえで、特別の困難をもっている。「恵まれていない」民族にとっては、民族的自由とは「より多くのもの」の入手を意味するが、富裕で有力な民族にとっては、彼らが現にもっているものの保持を意味する場合が多いからである。こうした明白な民族的利害の衝突を和解させることは難事であるが、その際、誇りとか不安とかいった非合理的な力が、この困難をいっそう増大させる。「平等にたいする要求」が恵まれていない諸民族の間におこさせると同じ一般的な興奮を、優勢な諸民族の間では「特権の防衛」がおこさせるのである。ハプスブルク帝国内の民族闘争は、この重要な問題点をすでにはっきり示している点で、われわれに特別の魅力を与えるものであり、このテーマを研究することの現代的意味も、またここに求められるであろう。

(1) この過程で、ドイツ人の教養ある階級の重要部分が、近視眼的な、愚かな行動をとったことも、みのがしがたい。オーストリア・ドイツ人が資本主義的企業、ドイツ民族への同化、オーストリア的愛国心の効果的な総合ともいうべきユダヤ人を拒否したことは、その一例である。前掲、本章第四節、参照。

(2) オーストリア帝国の統合と分解の問題を全体的立場から考えるとき、最も重要な意味をもつのは、王国内の財産と教養ある階級が民族的諸陣営に分かれたという事実であり、一八九七年のバデニー言語令事件は、この分裂と対立を完全に明白化する役割を果たしたのである。以後王国内のほとんどすべての有産階級と知識人、特に後者は——ドイツ人のみならず、いかなる民族のそれも——、分解的な力であり、王国の崩壊に大きく貢献したといえよう。

第二章　オーストリア社会民主党と民族問題

序　言

十九世紀の七〇年代以降、とくに九〇年代以降、社会主義の思想と運動がヨーロッパの政治史をつらぬく基調の一つであったことは、いうまでもない。しかしまたこの時期は、同時にナショナリズムが次第に高まり、国力を充実させた列強の対外活動が積極化し、国際間の対立がやがて破局を迎えようとする時期でもあった。このような状況のもとで、社会主義とナショナリズムとは、いったいどのような関係をもちえたであろうか。

マルクスの『共産党宣言』以来、社会主義者の目標は、労働者階級の共通の利益をまもるための闘争におかれ、社会主義運動の力は、労働者階級の国際的連帯性に由来するものと考えられてきた。したがってそこでは、民族的な特殊利益は階級的連帯性の敵対物と見なされねばならず、ナショナリズムとは、労働者階級を内部から分裂させ、彼らの目を自身の階級的利害からそらせ、その爆発力を弱めようとする、危険なブルジョア的イデオロギーにほかならなかった。しかも当時の社会主義者は、自分たちの運動こそ最も有力なものであると考え、自己の勝利を確信していたために、ナショナリズムを低く評価し、公式的な反対をくりかえすだけで、これにたいして深い理解を示さなかったのが、一般的傾向であったといってよい。(1) 要するに一九一四年以前には、西ヨーロッパの社会主義運動は、理論の面でも実践の面でも、概していえば、近代ナショナリズムの諸現象と大したかかわりをもたなかったのである。

しかしながら東ヨーロッパには、このような傾向の例外をなす国々があった。それは、ツァーリズムのロシアとオーストリア・ハンガリー帝国であって、多くの異民族から成るこれら両国の社会主義者たちは、一九一四年以前すでに深刻な民族問題に直面し、これと正面から取り組まねばならなかった。本稿は、とくにオーストリア帝国の社会民主労働党(2)がこの問題にどのように対処しようとしたか、またその対処の仕方が、当時の歴史的現実のなかでどのような意義をもちえたかを、可能なかぎり立入って考察し、問題点を整理しつつ、若干の私見を述べようとするものである。

本論にはいる前に、十九世紀末のオーストリア帝国の政治状況がどのようなものであったか、また社会民主労働党がどのような形でそこに登場したかを、一通り見ておく必要がある。

一八六七年のアウスグライヒ(オーストリア・ハンガリー二重帝国の成立)は、ハプスブルク帝国が困難な民族問題に対処するためにやむなくとった一方策であったが、それはなんら問題の真の解決を意味しなかった。アウスグライヒの目標は、オーストリアのドイツ人貴族とハンガリーのマジャール人貴族が帝国の各半分でそれぞれ支配的な地位に立ち、スラヴ系諸民族を抑圧するにあったから、両国の関係は以後親密の度を増したが、他方スラヴ系諸民族を、二重帝国の決定的な反対者の地位に追いやることになった。(3) アウスグライヒから第一次世界大戦にいたる時期のオーストリアは、ドイツ・スラヴ両民族の激突時代であり、あらたに起こった民主主義運動や社会運動も、この問題と深い関係をもっていたのである。

一八六七年十二月オーストリア政府は新憲法を発布し、一応立憲政治の体裁はととのえられた。以後オーストリアを支配したのは、温和自由派を中心とするドイツ人貴族で、彼らは、国家の中央集権体制を維持し、かつ異民族にたいするドイツ人の優位を保ちながら、国内の自由主義化を進めようとした。これは、領内スラヴ人の不満を高め、はげしい民族闘争をよび起こしたが、その際中心的な動きを示したのは、チェコ人であった。チェコ人の運動の原動力は、そのめざましい経済的発展にあり、一八四八年以来ベーメン・北部シュレジエン地方には、土地資源を活用した新工業がおこり、チェコ人の有力な市民階級が抬頭して、従来この地の政治・経済・文化を支配してきたドイツ人資本家に挑戦したのである。のみならず、産業革命の結果チェコ人の人口が急激に増大して、ドイツ人をしのぐに至り、彼らの発言権は次第に大きくなってきた。(4) チェコ・ドイツ両民族間の対立は市会・地方議会・国会などにあらわれ、またしばしば街頭の騒ぎや暴動を伴ったが、その際衝突の争点になったのは、まず第一に行政上の地位であったから、どの言葉を公用語にするかという問題が、外部の世界にはほとんど理解できないような重要性を獲得した。「民族問題とは言語の問題であり、さらにそれはミドルクラスの問題(5)」であった、というアイゼンマンの表現は、適切である。ささいな口論の背後には、広大な地域の管理という一層広範な問題がひそんでおり、諸民族の、またそれらを代表する諸政党のエネルギーが、公用語をめぐる国制的な諸問題のまわりに集中したのである。バデニーの言語令をめぐるオーストリア政局の混乱については、すでに前章で詳しく検討したとおりである。

バデニーの言語令事件は、オーストリア帝国の危機的様相を内外に暴露した。この問題をめぐる政争においては、民族的党派の間に建設的な討議を行なうための共通の地盤はまったく見られず、これ以後、民族闘争が他のあらゆる利害を圧倒する勢いを示しはじめた。一八九七年の政治的危機がハプスブルク帝国の運命を決し、オーストリア議会政治の運命に重大な影響をあたえたことは、否定できない。その前年の一八九六年六月十四日、オーストリアの下院には、主として資産階級を代表する旧来の四つの選挙部門のほかに、あらたに普通選挙権による第五部門、七二名の議員が追加されていたが、(6) このような改革を経た議会も、バデニーの危機のもたらした傷痕から立直ることはできなかった。以後一九〇六年の普通選挙権導入にいたるまで、自己の地位に脅威を感じた各民族グループとくにチェコ人代表は、議事進行妨害を好みの武器としてとりあげたので、国会はまったく活動不能の状態に陥り、一方政府は、これにともなって必要な行政を勅令によって行なう頻度が増加し、憲法は停止され、帝国官僚の恣意的支配が行なわれた。(7) また政府と反対党との関係も、民族的・行政的な問題についての不健全な取引関係に堕してしまった。民族的な敵対感情は、大衆の間にもひろくくいこみ、ドイツ人とチェコ人の間には急進的な民族主義政党が数多く成長し、そ

の結果は一九〇一年の国会選挙に反映したが、これまた重大な危険信号の一つにほかならなかった。(8)

こうした状況のもとで、オーストリア国家の課題は、大規模な政治的・社会的改革のプログラムをかかげて、自己の徹底的な体質改善をはかる以外にはなかったが、このことはなんら実行されず、ハプスブルク帝国は、激化する民族闘争のうちに、自己のエネルギーをいたずらに消耗するのみであった。これにたいして、みずからオーストリア国家の新しい進路を求めて努力したのが、新興の社会民主労働党であった。そこで次に、この党の発生の事情とその性格を考察しなければならない。

(1) しかし西ヨーロッパでは、実はこの時期において社会主義運動自体がナショナリズムの深刻な影響をこうむっていたのであって、これは修正主義の抬頭と深く結びつき、一九一四年には、近代ナショナリズムのエモーショナルな訴えが各国の社会主義者をつつんで、ついに第二インターナショナルの崩壊を来たしたのである。しかしここで重要なのは、このような事態とその深い意義とが彼らによって強く意識されていなかった、ということである。

(2) *Sozialdemokratische Arbeiterpartei in Österreich.*

(3) ハプスブルク帝国の民族構成や社会・政治構成については、H. Hantsch, *Die Nationalitätenfrage im alten Österreich*, 1953, S. 25–35; A. J. P. Taylor, *The Habsburg Monarchy, 1809–1918*, 1948, pp. 262–269; R. A. Kann, *The Habsburg Empire*, 1957, pp. 37–119 など参照。ここでは Taylor に従って、一九一〇年の人口概数を掲げておこう。

オーストリア・ハンガリー帝国全体

ドイツ人	一二、〇〇〇、〇〇〇	二三%	マジャール人	一〇、〇〇〇、〇〇〇	一九%
ルーマニア人	三、〇〇〇、〇〇〇	六%	スラヴ人	二三、五〇〇、〇〇〇	四五%
その他	二、五〇〇、〇〇〇	五%			

オーストリア

ドイツ人	九、九五〇、〇〇〇	三五%	チェコ人	六、四三六、〇〇〇	二三%
ポーランド人	四、九六八、〇〇〇	一七%	ルテニア人	三、五一九、〇〇〇	一二%
スロヴェニア人	一、二五三、〇〇〇	四%	セルビア・クロアティア人	七八八、〇〇〇	二・八%

イタリア人	七六八、〇〇〇	二・七五%	ルーマニア人	二七五、〇〇〇	〇・九八%
ハンガリー					
マジャール人	九、九四四、〇〇〇	五四%	ルーマニア人	二、九四八、〇〇〇	一六%
スロヴァキア人	一、九四六、〇〇〇	一〇・七%	ドイツ人	一、九〇三、〇〇〇	一〇・四%
ルテニア人	四六四、〇〇〇	二・五%	セルビア人	四六二、〇〇〇	二・五%
クロアティア人	一九五、〇〇〇	一・一%			

（4）一九世紀後半のチェコの民族主義運動については、Hantsch, *Geschichte Österreichs*, II のほか、Georg Franz, *Liberalismus. Die deutsch-liberale Bewegung in der Habsburgischen Monarchie*, München, 1955, S. 363–375; S. H. Thomson, *Czechoslovakia in European History*, Princeton, 1953, pp. 187–237; R. A. Kann, *The Multinational Empire. Nationalism and National Reform in the Habsburg Monarchy, 1848–1918*, 2 vols., New York, 1950 などが有益である。

（5）Louis Eisenmann, *Le Compromis Austro-Hongrois de 1867*, 1904, p. 510.

（6）ここで、一八九六年六月十四日以前の選挙制度の変遷を一通り見ておこう。一八六七年の憲法における絶対主義的性格の強い議会制度は、一八七三年四月二日の法律で若干の改正を加えられた。すなわち、地方議会による下院議員の選出は廃止されて、有権者が直接議員を選出できるようになり、議員数も増加されたが、財産選挙資格と階級的な部門別選挙はなお維持され、有権者は各地方ごとに、定員を定められた四部門――大土地所有者、都市、商工業会議所、町村落――別に投票する仕組であり、とくに第四部門では、有権者は議員選挙人を選出しうるにすぎなかった。さらに一八八二年十月二日、世論におされて改革が行われ、選挙資格が直接税五グルデン納入者に引き下げられたので、有権者は都市で三四%、町村で二六%増加した。また選挙区画の改正によって、チェコ人の大地主や資本家が従来よりも多く選出されるようになった。これに続くのが、一八九六年の改正である。

（7）Richard Charmatz, *Österreichs äussere und innere Politik*, Leipzig, 1918, S. 50–51.

（8）Ludwig Brügel, *Geschichte der österreichischen Sozialdemokratie*, III, Wien 1922, S. 400.

1　社会民主労働党の出現

オーストリアの資本主義は、一八四八年の革命後産業革命の段階にはいったが、一八六六年普墺戦争に敗れてドイツから切り離されたのち、新しい産業立国の方針が立てられて、一段と発展をとげ、その成果は九〇年代に至って開花したといわれている。その際工業の中心地になったのは、上・下オーストリア州、ベーメン、メーレン、シュレジエンなどで、そこには一階級としての工業労働者が形成された(1)。

オーストリアの社会主義運動は、このような経済的発展に応ずるものであって、一八六〇年代のはじめにはやくもラッサール派やシュルツェ-デーリッチュ派のグループがあらわれ、前者が優勢であった。一八六七年の憲法で集会と結社の自由がはじめて認められたあと、ラッサール派はマルクス派の協力を得て、各種の自由と普通選挙を要求するプログラムを定め、労働組合も少しずつ組織されはじめた。一八六九年末にはある程度の団結の自由が認められたが、同時にデモ禁止令が出され、労働運動は警察の弾圧下に進められねばならなくなった。その後一八七三年の経済恐慌によって労働組合はほとんど壊滅し、労働陣営も、悲惨な衰退のうちに、温和派と急進派に分裂した。

この恐慌がおさまると、産業の近代化にともなって近代的労働者の数がふえ、労働組合の結成・拡大につれて、社会主義運動も活発化した。しかし、当時のターフェ内閣はこれにたいして何の理解も示さなかったので、労働運動指導者の間には無政府主義的傾向が強くなり、非合法な直接行動に訴えようとした。その後の相次ぐ弾圧はかえって運動を尖鋭化させ、暗殺・放火・掠奪などのテロ行為が横行したので、政府は一八八三年ウィーンとその隣接地域に例外状態を宣言し、陪審裁判をやめ、社会主義雑誌の発行を停止し、数百人の同調者を例外法施行都市から追放した。また一八八六年には、無政府主義者の取締まりをかかげる全国的な労働運動鎮圧法が成立し、陪審例外規定とともに一八九一年六月まで維持された。このようなはげしい弾圧のもとに、急進派は孤立化し、温和派は無力で、しかも両者はたがいに争いを続けた。

以上のながい苦難の時期を通じて、忍耐強く社会主義両陣営の統一に努力し、運動の再建に成功したのが、ヴィクトル・アードラー Viktor Adler であった。彼は、運動指導者の選択や機関紙の編集、大衆の政治教育や演説などに非凡な手腕を示し、一八八七年末にはチェコ人労働者をも協力させることができた。そしてついに一八八八年十二月三十日から翌年一月一日にかけて、ハインフェルトに統一党大会が開かれ、左右両派の社会主義者と労働組合の代表者一一〇名が参集し、有名なハインフェルト綱領 das Heinfelder Programm が決定され、ここにオーストリア社会民主労働党の結成をみたのである。(2) ハインフェルト綱領では、まず、運動の原則を説明した前文で社会主義社会の建設が述べられたのち、国際主義にもとづく民族問題の解決、国内の民主化、徹底した社会政策と労働者保護などが、要求されていた。オーストリア社会民主党は、ドイツ社会民主党を模範として中央集権的に組織され、労働組合との間には相互の独立性を認めあいながら、以後著しい発展をとげた。一八九〇年代にはいると近代産業の発達はめざましく、数百人の労働者をもつ工場がぞくぞくと生まれて、社会民主党の基盤は拡大し、一八九三年には「自由労働組合」freie Gewerkschaft の連合が組織されて、社会民主党と緊密に結びついた。こうして党の支持者は激増し、党の統一は強固になり、その影響は驚くべき広範囲に及んだ。

しかし、オーストリアの社会主義運動には、はじめから民族的対立という重荷が負わされていた。オーストリア社会民主党は、第二インターナショナルの代表的政党の一つであり、みずから国際主義を誇りとし、またそれ自身「小インターナショナル」とよばれていたが、本質的にはドイツ民族を根幹とする組織であり、(3) ドイツ人の指導のもとに、その思想や文化もドイツ的であった。しかしオーストリアは、現実には多民族からなる国家であり、領内諸民族の労働者階級は、当面の必要から帝国の支配階級に対抗して同盟を結んだとはいえ、そこには共通な民族文化の基盤がなく、そのうえ至る所にひろがる民族の混住地が、運動に特殊な困難をあたえていた。ここではハンガリーは一応除外し、(4) 狭義のオーストリア国内のみに目を向けよう。領内諸民族のうち、スロヴェニア人その他の南スラヴ人、ルテニア人などは後進民族であり、イタリア人は少数であったから、とくに問題になったのは、チェコ人とポーランド人であった。そのうちポーランドの社会主義運動は、祖国と民族をドイツ・ロシア・オーストリアの三国に分割されているという特殊事情のもとで、それぞれの支配階級にたいして、それぞれ異なる被圧迫民族や労働者階級と手をにぎって闘わねばならなかったが、オーストリア領ガリツィアのポーランド人は、一地方にかたまって他民族と混住していない好条件をもち、またそこではかなりの自治が許されていたために、社会主義運動も比較的容易で、ポーランドの社会主義者は、一九〇五年までは、オーストリア社会民主党と争うことはなかった。

一方、チェコの社会主義者とオーストリア社会民主党との関係は、民族運動の進展とともに、次第に困難を加えてきた。三月革命後のチェコ民族運動の中心に立ったのは、老年チェコ党 Alttschechen で、旧ベーメン王国の制度を復活しようとするベーメン愛国主義をかかげていたが、そこではチェコ人とドイツ人の貴族が特権擁護のためになお協力していたので、両民族の一般大衆を共同の反抗にかり立てる基盤が存していた。ところがその後、民族資本家と小市民を基礎にする反貴族的な青年チェコ党 Jungtschechen が抬頭し、チェコ地方にハンガリーと同じような独自の政権を立てようとし、急速に力をのばして、一八九〇年代には老年チェコ党を完全に圧倒する勢いを示した。チェコ民族運動のこのような急進化は、労働者の運動にも影響を及ぼし、彼らの一部は、民族資本家に負けないために、独自の民族運動を展開する必要があると考えるに至り、ここにチェコ人の社会主義運動には分裂の兆候が現われ、(5)これはやがて労働組合にも波及することになった。

労働運動の民族的分裂と重大な関係があったのは、一八九六年のバデニー内閣の選挙法改正である。すでに見たように、この年の四月、世論におされて国会で選挙法の改正が議題となり、その結果従来の制限・間接選挙制に若干の修正が加えられて、新たに第五部門が設けられ、七二の議席が民衆の投票に委ねられることになった。この部門には財産資格の制限はなく、満二十四歳に達し、当該選挙区に六ヵ月以上定住していればよかったので、三〇〇万をこえる新しい有権者が生まれた。こうして部分的に普通選挙権が導入された結果、社会民主党員も下院に選出される可能性が生まれ、翌九七年の総選挙では、一四名の当選者を出すことができた。それまでは超民族的な共同闘争が必要であったが、不完全ながらも労働者に選挙権が与えられたのちには、各民族の独自性を認めなければ、大衆の票を各民族資本家の党派に奪われる危険が生じたのである。民族的イデオロギーの形成に当たって指導的役割をはたしたのは、いうまでもなく中産的市民階級であったが、民族的な思考や感情はすでに広範囲な大衆の心をつよくとらえており、本来労働者階級の国際的連帯性を強調する社会民主党といえども、このことを拒否しえない事実として考慮しないわけにはゆかなかった。労働運動としての性質上、社会民主党は当然大工業の中心地にその拠点をもっていたが、それらは大体において、民族的権力闘争のとくにさかんなベーメン・メーレンの地方に位置していたのである。

民族主義の労働運動への浸透は、程度の差はあれオーストリア内のどの地方にも眺められる現象であったから、このような状況のもとで、オーストリア社会民主党は自身の内部に民族的な区分を認めざるをえなくなり、しだいに民族別の組織が樹立されていった。そして、一八九七年六月ウィーンに開かれた第六回党大会では、それまでの混乱した関係が整理されて[6]、はじめてドイツ人、チェコ人、ポーランド人、ルテニア人、南スラヴ人、イタリア人など各民族の社会民主党の連合組織がつくられ、以後オーストリア社会民主党とは、この連合体を意味することになった。その際これらの民族組織を結びつけたものは、共通なハインフェルト綱領の受容と、二年ごとに開かれる全オーストリア党大会、および民族別党執行委員会の全代表によって構成される全オーストリア執行委員会という共通な制度にすぎなかったのであって、各民族組織は、それ自身の特殊な問題を処理するために、自己の党会議と執行委員会とをもち、地方活動と新聞については、完全な自治権を認められていた。

こうして、オーストリア社会民主党は、自己のうちに民族的分裂の可能性をはらみつつ[7]、しかも国家と議会が民族闘争の激化のゆえに活動不能にある現実を前にして、いかにして社会主義の理想を実現するかという、きわめて困難な問題に直面したのである。この問題にたいする彼らの態度を、われわれは、当時の党の公的発言を通じてうかがうことができる。それによれば、党は、はげしい民族的対立の混乱のさなかではプロレタリア解放のための戦いに力を集中することができぬことを痛感し、民族問題の解決こそ何よりもまずオーストリアの政治的・社会的進歩のための必要条件であるという結論に達した。こうして彼らは、他の国に見られぬ困難な問題と否応なしに取組まざるをえなくなったが、そこには当然一つの重大なジレンマが含まれていた。ヴィクトル・アードラーの次の言葉は、これをよく示している。「われわれは、現実的な生活のいかなるしるしも示さない階級国家にたいして、戦うことはできない。……われわれは一つの国家、生き生きした近代国家を求めつつあるが、同時にしかしわれわれは、これがわれわれの国家ではないことを完全に知っているという、奇妙な状況が生じている。われわれは、たんにわれわれの闘争を進める基礎を獲得するために戦っているという点で、ヨーロッパの他のすべての国家とちがっているのだ」(8)。こうして、コーガンの適切な表現をかりれば、「現存の国家と社会に原則的に反対する政党が、ほかならぬその国家のために再建のプログラムをつくりはじめるという、まことに異常な状況が形づくられた」(9)のである。

では彼らは、民族問題の調整のためにどのような具体的方策を考え出したのであろうか。これをうかがうための第一の手がかりは、一八九九年九月に開かれたブリュンの党大会である。この大会こそは、オーストリア社会民主党の民族問題にかんする根本的態度を決定したものであるから、次にわれわれは、この大会の審議の過程とその決議案の性格を立ち入って考察し、そこに含まれる数々の問題点を整理しなければならない。

(1) H. Benedikt, *Die wirtschaftliche Entwicklung in der Franz Joseph-Zeit*, Wien, 1958; Hans Mayer (hrsg.), *Hundert jahre österreichischer Wirtschaftsentwicklung, 1848–1948*, Wien, 1949 など参照。

(2) *Sozialdemokratische Arbeiterpartei in Österreich*. 以下便宜上オーストリア社会民主党とよぶことにする。Brügel, *op. cit.*, S. 399 ff.

(3) James Joll, *The second International, 1899–1914*, London, 1955, p. 117. なおドイツ社会民主党のカウツキー Kautsky は、ヴィクトル・アードラーの親友で、ハインフェルト大会に参加したばかりでなく、アードラーと協力してハインフェルト綱領を作成したことは、有名である。Viktor Adler, *Briefwechsel mit August Bebel und Karl Kautsky*, Wien, 1954 参照。

(4) ハンガリー王国内には、ハンガリー社会民主党があり、その下部には、クロアティア、スロヴァキア、トランシルヴァニアなど異民族による自治的な党組織があった。ハンガリーについては、*Studien zur Geschichte der österreichisch-ungarischen Monarchie* (*Studia Historica*, 51), Budapest, 1960, とくに S. 473 ff., S. 489 ff. 参照。

(5) 一八九〇年代後半には民族主義的なチェコ社会党 Tschechische Sozialistenpartei が、社会民主党から離れて樹立され、これは、第二インターナショナルにも加入しなかった。村瀬興雄「ヒトラー主義の形成過程(その一)」(『思想』一九五六年)五ページ、参照。

(6) Brügel, *op. cit.*, IV, 1923, S. 315-17.

(7) チェコ人労働者は、一八九七年のウィーン党大会の決定をなお不満足なものと考えていた。

(8) *Protokoll über die Verhandlungen der deutschen sozialdemokratischen Arbeiterpartei Österreichs 1904*, 1904. S. 164; A. G. Kogan, "The Social Democrats and the conflict of nationalities in the Habsburg Monarchy", *The Journal of Modern History*, vol. XXI, No. 3, 1949, p. 204.

(9) Kogan, *op. cit.*, p. 206

2　ブリュン党大会の問題点

一八九七年の新たな党規約にもとづいて予定されていた最初の全オーストリア社会民主党大会は、一八九九年九月メーレンの都市ブリュン Brünn(チェコ名は Brno)で開かれた。この会議では、民族綱領の採択が議事日程の最も重要な項目になっていたが、そこでは、全オーストリア執行委員会の起草にかかる決議案の原案が、あらかじめ準備されており、ベーメン出身のドイツ人ヨーゼフ・ゼーリガー Josef Seliger がまず正式の発言者として立ち上がり、「社会民主党と民族的衝突」(Sozialdemokratie und der nationale Konflikt)と題する演説を行なって、この新綱領の背景を説明した。彼はまっ先に、民族問題にたいする党の関心がまったく正当であることを力説した。彼によれば、民族的な争いの結果最も苦しむものは労働者であり、それればかりか、民族的衝突の現状は、貴族や聖職者に漁夫の利を得させるものである。すなわち彼らは、このような対立を利用して一民族と他民族とを反目させ、特権的勢力にたいして諸民族が一致協力するのを妨げることができる。したがって、諸民族の間に争いをもたらす根本的な原因を解消させ、反動の基礎を一掃するために、一つの解決策が見出されねばならない。(1)

次にゼーリガーは、オーストリア国家の瓦解が真にプロレタリアートの利益であるかどうか、という問題を提起した。これにたいして、彼は答える。「われわれは、このオーストリアのなかでたがいに一緒になって生活しなくてはならないことを、知っている。われわれのなすべきことは、オーストリアの瓦解を防ぎ、諸民族が共に生活できるような方策を見出すこと以外にはありえない(2)」。ところで、民族的衝突を除去するためには、各民族自身にかんする諸問題の管理にあたって、当該民族の十分な独立性を認めることが、何よりも必要である。その際民族的な問題は、文化的自由の観点からとりあげられるべきであって、政治的支配の観点からとりあげられるべきではない。

ついでゼーリガーは、執行委員会によって提出された決議草案を詳細に分かりやすく説明し、党大会がこの草案を慎重に審議するよう希望した。そして演説の最後に、多民族国家オーストリアにおける政治生活の基礎を見出すという、党に課せられた任務を、いま一度強調した。(3)

全オーストリア執行委員会の準備した決議案は、解決の基礎となるべき原則をはっきりと打ち出していた。この決議案では、支配階級は民族間の争いによって大衆にたいする彼らの支配を維持することができるという理由で、民族間の争いが非難され、平等と理性の原理にもとづいて諸民族間の紛争が解決されることこそ、プロレタリアートの利益になる、とされる。しかしこのことは、真に民主的な連邦国家においてのみ可能であって、官僚的な中央集権主義の政体のもとでは、また歴史的な諸州において固くまもられている貴族主義的特権の体系のもとでは、不可能である。そこで、次の諸点の承認が、諸民族の間に平和を回復するための不可欠の条件とされた。(4)

(1) オーストリアは、民主的な諸民族の連邦国家 Nationalitätenbundesstaat の形態においてのみ、存立することを許される。

(2)この連邦国家を自律的な民族的自治地域に分け、これらの地域ができるだけ人種学上の境界と一致するようにしなければならない。
(3)各民族の自律的な諸地域は、完全な自治にもとづいて自己の民族的な(すなわち言語上ならびに文化上の)諸事件を処理し解決するところの、一個の民族的連合体を形づくらねばならない。
(4)民族的混住地域における少数民族は、特別の法律によって、その民族的活動を保護されねばならない。
(5)われわれは、いかなる民族の特権をも認めない。したがって、一つの公用語をつくろうとする要求を拒否するものである。しかし他のいかなる選択も存しないので、われわれは連絡語 Verkehrssprache としてのドイツ語の存在を、実際上必要であると考える。これは、他の言葉の排除をともなう特権であってはならない。

この決議案の審議は、各民族部門の代表者たちに、重要な民族問題についての態度をきめる機会をあたえた。しかもその際かなり違った意見が表明されたことは、明らかに民族的利害の相違を反映するものであって、次にその点を見なければならない。まず、その一部だけがオーストリア領内に居住する二つの民族——ルテニア人とポーランド人——の代表は、この決議案の諸原則に完全に同意しながらも、自分たちはそれぞれの特殊な民族的状況を考慮しなければならないという、慎重な発言を行なった。すなわち、ルテニア社会主義者を代表するハンキエヴィッチ Hankiewicz は、ルテニア人の大多数がロシア・ツァーリズムの民族性剝奪支配のもとに生活しているという事実を強調し、民族的解放は政治的・社会的解放に先立たなくてはならない。「それゆえルテニア社会民主党は、統一された自由なルテニア人が、諸民族の構成する家族のなかに対等な一成員としてその席を見出すことができるように、ルテニア民族全体の解放のために努力するつもりである」(5)と述べ、ポーランド社会民主党の代表の一人であるレーゲル Reger も、ほぼ同一内容のステートメントを読みあげた(6)。

しかし、討議に際して最も特徴的な態度を示したのは、チェコの代表であった。チェコ社会民主党の指導者の一人ニェメッツ Němec は、この決議案に経済的要素が落ちていることを批判したのち、さらに、国家のための共通語を強調することは、決議案の反中央集権的趣旨にもかかわらず、結果的にはオーストリアの中央集権主義を強化することになるであろうと述べた。彼の意見によれば、オーストリアが真の民主的国家になったのちに、共通語の問題を解決するにたる時間は十分あるはずであって、現在の国家行政にあたって使われる言葉に意を用いることは、党の仕事ではない。しかしこの決議案の最大の誤りは、彼によれば、民族的・文化的な事項をそれ以外の社会的・経済的事項から切り離している点にあった。そこで最後に彼は、これらの諸点についての修正を示唆し、党大会は若干の問題について意見の相違があるという事実を直視すべきであり、したがって、全民族組織の代表者から成る一つの委員会を選出して、新しい決議案の起草にあたるべきである、[7]と主張した。いま一人のチェコ代表クレイチー Krejčí は、民主的なオーストリア連邦内の諸民族は自律的 autonom でなくてはならぬという決議案の表現には、変更を加える必要があると提議した。[8]

チェコ代表のこれらの発言を通じて、われわれは彼らの立場をうかがうことができる。チェコの社会主義者たちが、ドイツ語に特殊な地位を——公的に認められた連絡語の地位さえも——与えることを望まなかったことは、彼らもまたチェコ民族の政治的伝統に従ったことを示すものであるが、[9]しかしこの言語論争は、実は一層広範な問題の氷山の一角にすぎなかった。引続いての討議に際して、ドイツ人の代表エンゲルベルト・ペルナーシュトルファー Engelbert Pernerstorfer は、この点にかんするチェコ人の真の意図を、次のように正しく指摘した。[10]彼によれば、一言語問題がすべてなのではない。民族的生存権は、言語の平等の原則によって本質的に与えられるわけではなく、それは、明確な民族的領土の所有を意味するものである。チェコ人が実際に欲するものは、明らかに国家である、と。これこそ真にチェコ人の主張の核心をなすものであり、まさにこの点において——漠然と言語上の平等を望んだだけでなく、オーストリア連邦の枠内に政治的・経済的な属性をもつ民族的制度をつくり出そうと望んだ点で——チェコ社会民主党はチェコのブルジョアジーと共通していた。ただしかしチェコの社会主義者たちは、歴史的な権利を引合いに出して旧ベーメン王国領(聖ヴァーツラフの諸地方、すなわちベーメン、メーレン、シュレジエン)をチェコ民族が支配しなければならぬとする考え方を、反動的なものとして拒否した点で、他のチェコ政党の多くと異なっており、この点ではむしろ、オーストリア社会民主党の他の民族部門と共通するものがあったことは、注目に値する。[11]

次に、南スラヴ族代表団の見解に目を向けよう。彼らは、全オーストリア執行委員会の決議草案と本質的に異なる考え方を審議の過程に導入した唯一の社会民主党組織であって、この見解は、トリエスト出身の南スラヴ代表クリスタン Kristan によって表明された。[12] 彼によれば、社会主義者は、一つの政治的組織を、基本的に同じであるいま一つの組織と取りかえることに満足すべきではなく、解決は違った線に沿って見出されねばならない。「自由社会の原理は、民族の観念と領土の観念の分離のうちに、その類似物を見出す」。[13] 人種学的に区画された地域を創設しても、少数民族の問題は除かれないであろう。なぜなら、人口の異動は、民族性を基礎にして領土を分けようとするいかに手際のよい計画をも、狂わすおそれがあるからである。「民族が、一つの領土のなかに生活する人口としてではなく、特定の民族たることを要求するすべての個人の総計として定義される場合にのみ、権利の平等は可能であるということを、われわれははっきりさせなくてはならない」。[14] 発言者は、この構想を詳細にわたって説明することはなお不可能な段階にあると述べ、領土を離れた組織の例としてカトリック教会をあげるにとどめたが、要するに論者の趣旨は、執行委員会の提示した決議案も、とくに混住地域における民族的摩擦の可能性を除去するものでない、というにあったのである。こうして、民族問題を個人 Persönlichkeit の原理にもとづいて解決しようとする考え方が、オーストリア社会民主党の会議に導入されたが、この着想は、ブリュン会議の直前カール・レンナー Karl Renner によってはじめて組織的に述べられたものであって、[15] レンナーはその後この着想をさらに発展させ、オーストリア国家改造のための示唆にとんだ自己のプランのなかにとり入れたことは、のちに見る通りである。

決議案の審議を通じて注目されるいま一つの点は、いわゆる「純粋国際主義」reiner Internationalismus の傾向が、そこに依然として見られることである。代表のあるものは、党は民族問題に熱中することによって、国際的な労働者運動としての固有の役割を踏みはずしつつあると主張し、総じて民族問題は人為的なものであり、働く大衆を混乱させ分裂させるために、主としてブルジョアジーによってつくりあげられたものではないか、という問いを発したが、このような態度は、ドイツ語を公認語として使うことにチェコ人がつよく反対したとき、それにやり切れない反発を感じた人びとの間に、しばしば現われたものである。たとえばザルツブルク出身のドイツ人代表プレハウザー Prehauser は、「民族間の闘争はまったくブルジョア的な事柄であって、われわれには何の関係もないことである。ドイツ語は、われわれが、またわがチェコの同志たちが好むと好まぬとにかかわらず、文化とコミュニケーションの言葉であることをやめないであろう(16)」と語り、またウィーンのヴィナルスキー Winarsky も、言語問題についての過敏さをほとんど同じ言葉で批判し(17)、ドイツ語が共通語であるという事実は、この会議においてさえ見られるところである、と述べた。トリエスト出身のイタリア人ゲリン Guerin も、民族問題に関心を抱くのはブルジョアジーだけだ、という意見を示し(18)、またポーランドの社会主義者リーベルマン Liebermann は、断固として次のように述べた。「民族問題は、われわれの活動のあまりにも多くを奪ってしまう。……ブルジョア諸政党がささいな民族主義的光景に熱中するにしても、大衆はイデオロギー的な言葉で考えもしなければ、行動もしない。彼らは、自分たちの経済的利害を忘れることはできないのである(19)」。純粋国際主義がここでは理論的な立場で語られているよりも、むしろ現実に則したものとして述べられていることは、記憶する必要がある。

審議が終ったとき、発言者たちの示唆した線に沿って決議案を修正するために、一つの委員会が設けられ、この委員会の仕事の成果は、ふたたびゼーリガーによって党大会に報告された。彼は、論議の多くが五つの原則の言葉使いをめぐって行なわれたことを告げたが、委員会によって修正された新しい五原則は、次の通りである(20)。

(1)オーストリアは、民主的な諸民族の連邦 Nationalitätenbundesstaat に改組されねばならない。

(2)歴史的に形成されたオーストリア諸州 Kronländer を廃止して、民族的に区画された自治的な諸地域を設け、その立法と行政は、普通・平等・直接選挙にもとづいて選出される民族議会 Nationalkammer によって行なわれるものとする。

(3)同一民族のすべての自治行政区域はいっしょになって，民族的に統一された一つの連合体 Verband を形成し，この連合体は，当該民族の民族的諸事件を完全に自治的に処理するものとする。

(4)少数民族の権利は，帝国議会 Reichsparlament によって議決さるべき特別の法律によって，保護される。

(5)われわれは，どのような民族的特権をも認めず，それゆえに，一つの国家語 Staatssprache をつくろうとする要求を拒否する。共通語 Vermittlungsprache がどの程度に必要であるかは，帝国議会が決定するであろう。

続いてゼーリガーは，これらの原則が具体的にどのような働きをするかについて説明したが，それによれば，たとえばベーメンの自治的なドイツ人地域のすべては，ドイツ人のアルプス諸州(現在のオーストリア共和国)と共に，オーストリアの全ドイツ人の民族的な事務を管理する一つの連合体に結びつけられるはずであり，また新しい自治行政区域は，大体において，旧来の州と同じ機能をいとなむはずであったが，国家全体にかんする事項は，帝国議会の手中に残される予定であった。なおゼーリガーによれば，新しい修正案は委員会でほとんど異議なく採択されたが，唯一の反対投票を行なったのは，南スラヴ党の代表であった。しかしこの反対投票は，個人の原理を基礎とする解決の方が一層望ましいという意向をあらわしたものであって，決議案の原則にたいする反対を示したものではなかった。最後にゼーリガーは，社会民主党が民族問題について解決策をもっていること，またこの解決策を実行にうつす決意において一致していることを外部に示すために，修正された決議案を満場一致で採択するように希望した。(21)

審議の終わりにあたって，チェコ党の指導者ニェメッツがふたたび立ちあがり，原案にみられた若干の中央集権的傾向について憂慮していたことを，あらためて告白するとともに，(22)いまやこの障害がとりはらわれたこと，そしてこのことは，同じ階級の成員の共通の利害が民族的な意見の相違にうちかちうることを証明していると述べた。そして彼もまた，社会民主党がオーストリアにおける唯一の進歩的勢力であることを世界に示すために，決議案を満場一致で採択することが望ましいと付言した。この採択によって，修正決議案の諸原則は，オーストリア社会民主党の民族問題にかんする正式の見解および対策として，確定されたのである。

一八九九年秋のブリュン党大会は、オーストリア社会主義の発展のうえで、きわめて重大な意義をもっているが、ここでは取りあえず次の三点を指摘しておきたい。まず第一に、この国の社会民主党が、二年に一度の大会の議事の大部分を、同時代の社会主義思想の範囲外の問題に捧げたということは、それ自身はなはだ注目すべき事柄であったといわねばならない。第二に、この大会の討議と決議を通じてみられる重要な特徴は、社会民主党が、オーストリア国家改造のプログラムを定式化したことによって、暗黙のうちにハプスブルク帝国の維持をその政策の目標として受けいれたということである。オーストリア社会民主党のこのような態度が、ドイツ社会主義の創始者たちの構想とまったく異なるものであったことは、明らかである。マルクス・エンゲルスにおいては、ハプスブルク帝国はふるくさい政治的構成物であり、それは専制ロシアの進出と汎スラヴ主義の拡大に抵抗することによって、一時は有益な機能をはたしえたにしても、究極的には解体に運命づけられたものと考えられていた。彼らの直接の目標はつねに大ドイツ共和国であり、ハプスブルク帝国解消ののちには、領内のドイツ人地域は当然ドイツ共和国に含まるべきものであった。(23) またラッサールは、一八五九年イタリア統一戦争中に書かれたパンフレットのなかで、さらにはげしい言葉を使ってオーストリアを反動的原理の権化とよび、「オーストリアは寸断されねばならない。破壊され、おしつぶされねばならない。……その灰は、世界の津々浦々に投げすてられねばならない(24)」と述べている。

かように、ドイツ社会主義の創始者たちが西ヨーロッパ型の同質的な単一民族国家を心に描いていたのに、オーストリア社会民主党は、ブリュン綱領の採択によって、これとはまったく違った政治思想の伝統をうけいれたのであった。一八四八—四九年の革命に際して、チェコ民族の指導者パラツキー Palacký およびスロヴェニア人の代表カウチッチ Kaučić は、オーストリア帝国議会の憲法起草委員会で、歴史的な諸州を廃止し、ハプスブルク帝国をもろもろの民族的領土の連合体に改造することを、はじめて提唱した。(25) この構想をひきついだクレムジール Kremsier 議会の帝国憲法草案は、反革命の勝利のために日の目を見なかったけれども、オーストリア連邦主義の考えはその後もあとを絶たず、十九世紀後半に公表されたアドルフ・フィシュホーフ Adolf Fischhof の憲法案の構想は、クレムジール草案をさらに一歩進めたものといわれている。ブリュン党大会の数年後に提示された二つのプログラム——ドイツ人の自由主義者リヒャルト・ハルマッツ Richard Charmatz およびトランシルヴァニアのルーマニア人アウレル・フォン・ポポヴィチ Aurel von Popovici によるもの——も、一般によく知られている。(26) オーストリア社会主義のアプローチの仕方が、オーストリア連邦主義の他の代表者たちと異なっていたにしても、ブリュン綱領は、その本質において、一八四八年の革命に端を発する近代オーストリア連邦主義の流れに連なるもの、ないしそれを一歩進めたものといって差支えない。オーストリア社会民主党のこのような思想が、当時の歴史的現実のなかでどのような意義をもちえたかは、次節以下において詳細に検討することにしたい。

第三に注目する必要があるのは、ブリュン綱領が結局において、オーストリア社会民主党の内部に存在した民族問題にかんするさまざまな見解の妥協的総合にほかならなかった、ということである。しかもその妥協がどのような線に沿うものであったかは、ブリュン大会の審議の跡をたどることにより、またとくに決議案の原案と最後の修正案とを比較することによって、はっきりと知ることができる。最終案では、民族的に区画された自治的地域に、はっきりした立法上・行政上の機能が割り当てられているのに、原案は、この点については、はるかにあいまいであった。むしろ原案を起草したオーストリア社会主義者たちにあっては、民族問題は主として文化や教育の領域にかんするものと考えられていたのに、最後の修正案が領土的な線に沿って民族的自治を擁護していることは、見のがすことができない。この重大な変化は、民族問題を文化や言語の点からだけでなく、同様に政治的制度の問題として取りあげたチェコ人にたいする譲歩を示すものにほかならなかった。共通語問題への慎重なアプローチも、チェコ人をなだめるのがその狙いであった。南スラヴ代表団によって提示された、領土を離れた民族の文化的自治の構想も、このような状況のもとでは結局拒否されねばならなかった。このことは、要するにオーストリア社会民主党の内部でチェコ党のしめた比重の大きさを示すものであり、ブリュン綱領は、チェコ人の見解を重視しながらの妥協的結論であったといわねばならない。(27)

ところで、このような性格をもつブリュン綱領は、はたして民族問題の調整によく役立つことができたであろうか。またオーストリア社会民主党の民族理論は、その後の時期においてどのような展開を示したであろうか。

(1) *Protokoll über die Verhandlungen des Gesamtparteitages der sozialdemokratischen Arbeiterpartei in Österreich*, 1899, S. 74. この大会の議事録の重要な箇所は、前掲 Kogan の論文に引用されている。本稿では、これを利用することにする。

(2) *Ibid.*, S. 77.

(3) *Ibid.*, S. 78.

(4) *Ibid.*, S. 74.

(5) *Ibid.*, S. 85.

(6) *Ibid.*, S. 108.

(7) *Ibid.*, S. 78–79.

(8) *Ibid.*, S. 89.

(9) 一八四八年の革命の際にも、チェコ民族はオーストリア帝国議会における自己の代表を通じて、ドイツ語をオーストリア国家の公用語にしようとするあらゆる試みに反対した、Paula Geist-Lanyi, *Das Nationalitätenproblem auf dem Reichstag zu Klemsier, 1848–49*, München, 1920, S. 92–93 参照。

(10) *Verhandlungen 1899*, S. 87.

(11) 一八九七年に社会民主党の代表がはじめてオーストリア議会に選出されたのち、社会民主党所属の四人のチェコ人議員は、ベーメンの「歴史的な国家の権利」思想の反動的性格を攻撃する声明を発表し、「かびくさい特権や文書を掘り出すことにたいして、……政治的・経済的・民族的・文化的に圧迫されたチェコ民族の圧倒的多数の注意をその物質的ならびに精神的な窮境からそらせ、彼らの注意を空想的な国家の権利 Staatsrecht の邪道に誘いこもうとする意図にたいして」抗議した。Kogan, *op. cit.*, p. 209; Hantsch, *Nationalitätenfrage*, S. 79.

(12) これは、別個の決議草案としても提出された。その原文は *Verhandlungen 1899*, S. xv に収められている。

(13) *Ibid.*, S. 85.

(14) *Ibid.*

(15) Renner が Synopticus という仮名で発表した *Staat und Nation*, 1899 という書物のなかで、述べられている。

(16) *Verhandlungen 1899*, S. 80.
(17) *Ibid.*, S. 91.
(18) *Ibid.*, S. 86.
(19) *Ibid.*, S. 91.
(20) *Ibid.*, S. 104; Brügel, *op. cit.*, IV, S. 339
(21) *Verhandlungen 1899*, S. 107.
(22) *Ibid.*
(23) 一八四八年のドイツ革命の際にもマルクス・エンゲルスが「単一ドイツ共和国」の建設を主張したことは、周知の事実である。拙著『三月革命』七五ページ、参照。『革命と反革命』もこの趣旨でつらぬかれている。この問題を扱った研究としては、Solomon F. Bloom, *The world of nations, a study of the national implications in the work of Karl Marx*, New York, 1941 がある。とくに当面の関係では pp. 42–43, p. 141 参照。
(24) Ferdinand Lassalle, *Gesammelte Reden und Schriften*, hrsg. v. E. Bernstein, I, Berlin, 1919, S. 60.
(25) Hantsch, *Nationalitätenfrage*, S. 44 ff.; 本書、第Ⅰ部第二章、参照。
(26) これらの思想家たちについては、Hantsch, *op. cit.*, S. 83 ff. 参照。なかんずく Popovici の *Die Vereinigten Staaten von Grossösterreich* は、いろいろと論議された書物である。
(27) したがってブリュン綱領は、支配民族としてのオーストリア・ドイツ人の地位を放棄することを意味したから、ドイツ民族主義者からは「許しがたいスラヴびいき」として非難されねばならなかった。ドイツ人党員たちは、なお中央集権主義に未練をもっていたのである。

3　カール・レンナーとオットー・バウアーの民族理論

オーストリア社会民主党の民族理論の発展のうえで、最も重要な役割をはたしたのは、カール・レンナーとオットー・バウアー Otto Bauer である。彼らもまた、ブリュン党大会に示されたもろもろの見解や、それらの妥協的結論ともいうべきブリュン綱領の原則を、多くの点でとりいれ、発展させながら、それぞれの立場から、オーストリア国家改造の注目すべきプログラムをつくりあげたのであった。そこで、これら二人の思想の内容と特色を、以下順を追って検討し、その歴史的意義を明らかにしなければならない。

まずカール・レンナー(1)からはじめよう。彼の民族理論をうかがうための材料は、次の数々の書物であって、そのうち最初の二つは Synopticus、あとの三つは Rudolf Springer という仮名のもとに、出版されている。

『オーストリアの民族問題』*Zur österreichischen Nationalitätenfrage*, 1899.

『国家と民族』*Staat und Nation*, 1899.

『オーストリア諸民族の国家をもとめての闘争』*Der Kampf der österreichischen Nationen um den Staat*, 1902.

『オーストリア・ハンガリー王国の基礎と発展目標』*Grundlagen und Entwicklungsziele der österreichisch-ungarischen Monarchie*, 1906.

『オーストリアの革新』*Österreichs Erneuerung*, 1916.

民族問題にかんする彼の著作は、このようにかなり長期にわたっており、その間若干の変化を示しているとはいいながら、思想の核心は全体を通じてほとんど変っていないので、これらの書物を手がかりに、レンナーの民族理論の全構想を整理し、まとめてみることは、それほど困難ではない。(2) 彼の全論文をつらぬく基本的契機は、民族の自治、民族の同権、個人原理の導入の三つであり、それらにもとづく彼のプログラムは、「二次元の連邦」Zweidimensionale Föderation 理論の名でよばれている。

レンナーによれば、オーストリア国家改造計画の眼目は、中央政府と国民各人の関係だけを問題にする現在の「中央集権的＝原子論的憲法」zentralistisch-atomistische Verfassung を、同じ権利をもつ諸民族を基礎にする「有機的憲法」organische Verfassung ととりかえる点にある。新しい国家形成の基本となるべきものは、ベーメンの国家権 Staatsrecht 信奉者や身分制議会的分立主義 ständischer Partikularismus の擁護者が望むような「領土的連邦主義」territorialer Föderalismus ではなくて、人民の自由な同意に支えられ、一民族のあらゆる成員をひとしく自由な発展の可能性に関与させる、温和な「民族的連邦主義」nationaler Föderalismus でなければならない。この目的を達成するために、帝国の全領土は、もろもろの民族的地域 nationale Territorien のゆるい結合に改めらるべきであり、それらの地域は、同一民族の緊密な集団の居住する地帯を当然含まなくてはならない。レンナーがこのような民族的地域として考えたのは、Alpenländer (今日のオーストリア), Sudetenländer, Karstgebiet, Ungarn, Siebenbürgen, Karpatenvorland の六つであったが、(3) これらは、歴史的行政区画である州 Provinz の境界とは、もとより一致しない。なぜなら、大抵の州では、二つないしそれ以上の言葉が使われているからである。しかしこれらの民族的地域も、同一民族のすべてを含むことができるとは限らない。なぜなら、オーストリアの全土にわたって民族的混住地帯というものがあり、(4) とくに大都市にはさまざまな民族に属する人びとが住んでいるからであって、彼らもまた自己の民族的権利を放棄しなければならないはずはなく、自民族の文化的自治にあずかる権利がある。それゆえ、個人的共同体 personelle Gemeinschaft と地域的共同体とが並行し、個人の原理 das Personalprinzip が地域の原理 das territoriale Prinzip を補完しなくてはならない。すなわち、オーストリアの全住民はみずから特定民族に属することを宣言して、その民族台帳 Kataster に登録さるべきであり、これによってその民族共同体 nationale Gemeinschaft の権利を享受することができるのである。これが、レンナーのいわゆる Nationsuniversität であって、彼は、ドイツ人・チェコ人・南スラヴ族の三つの民族共同体を提案している。(5) したがって、ある民族の一員たることは、個人的選択の事柄であり、各民族の全成員の構成するこの単一共同体は、公的な法人格として、あらゆる民族的な事柄を処理する権限をもたねばならない。しかしながら、レンナーにおける民族的自治 nationale Autonomie とは、その民族の文化的な諸問題、とくに学校と言語の問題における自治を意味するものであった。彼によれば、諸民族の間に物議をかもしやすい主要な問題は、文化と教育にかんするものであり、近代にはいって国家が宗教の領域から手を引いたことによって、宗教的平和がはじめてもたらされたように、領土的境界と無関係に個人の共同体として組織された民族にこれらの事項を委ねることこそ、民族間の平和を回復するための必要条件である、というのが、レンナーの考え方を支える前提だったのである。(6)

ところで、この「民族共同体」は、前述の「民族的地域」とはどのような関係に立つであろうか。すでに見たように、レンナーはオーストリアをできるかぎり民族的に同質な若干の地域に分けようとしたが、これらの地域は自己の地方議会 Landtag をもち、また大幅な自治権をもつべきものであった。しかしそれにもかかわらず、「民族的地域」の自治権は、「民族共同体」のそれとは当然に異ならなくてはならない。「地域」は、同一民族の緊密な集団の居住地帯を含む点で「民族的」であるにしても、その機能は、原則的には、(7)民族性に無関係な行政上の諸問題を処理するにあり、文化的な事柄は「民族共同体」が処理すべきものと考えられた。これについてレンナーは、次のように述べている。「われわれは地図のうえに、二重のネットワークをつくらねばならない。われわれは民族的な事柄と政治的な事柄とを区別し、国家活動の総体を二つに切りはなさなくてはならない。われわれは住民を二度組織しなければならない。一度は民族性の線に沿って、二度目には国家への関係において、そしてそのたびごとに違った形の行政単位に」(8)。とはいえ、「地域」と「共同体」とはもとよりまったく無関係ではありえない。それどころか、両者はたがいに連邦国家的関係に立ち、それ自身の代表機関と政府をもつべきであった。たとえば、民族的に同質なA地域は、民族的に異質な地域にある同じA民族の個人単位の自治的共同体と一緒になって、自己の民族会議をもつべきであり、この会議は、オーストリア国家内のA民族の最高代表機関であって、実行機関たる政府をもち、文化的な目的のために、その民族成員に課税する権利をもたねばならない。

しかしながら、それだけではなお不十分であって、最後に、個々の成員によって生活上必要と認められる全帝国が取りあげられねばならない。レンナーによれば、全帝国 Gesamtreich は対外的な全体権力 Gesamtmacht として、また防衛上・経済上の一体 Wehr- und Wirtschaftseinheit として、一つのまとまりをもち、その一体性は、民族的・地域的諸政府の代表によって構成される全国政府 Gesamtregierung および帝国代表機関 Reichsvertretung (帝国議会 Reichsparlament)を通じて維持される。そしてこの帝国議会においては、民族的な問題は話題にならないであろうし、全国政府もまた民族的な問題にはかかわらずにすむであろう。——以上がカール・レンナーの民族理論の大要である。

レンナーの構想は、要するにオーストリア国内に民族共同体と民族的地域という二つの組織系統をつくり出し、これら両組織の協力によって全国の統一的支配を行なおうとするものであり、これによって旧来の王朝的統治方式を清算し、各民族に十分な文化的自由を与えながら、政治的中央権力によって統治することができると考えたのである。このプランは、オーストリア国家の民族的混乱を身をもって体験したレンナーが、苦心してつくり出した、含蓄にとんだ成果であって、青年らしいオプティミズムに充たされ、国家の運命にたいする彼の生き生きした関心をよくあらわしている。

しかしそれにもかかわらず、ハンチュの指摘するように、(9) レンナーの構想は二つの重大な欠陥をふくんでいた。まず第一に、それはあまりにも理論的構成物としての性格が強く、まさに実現不可能なことを要求したものであった。彼の提示した複雑な国家機構を操縦するにあたっては、はかりがたい困難が予想され、各官庁の間にたえず権限争いの起こることは、必至であった。また、そもそも民族的地域の境界設定からして、非常な困難に遭遇しなければならぬことは明らかであり、とくに、オーストリア・ハンガリー帝国の不自然な国境をそのままにして、その内部に各民族の自治的地域を設けることは、ポーランド人やルテニア人のように帝国国境のかなたに多数の同胞を残している民族にとっては、不可能な事柄であった。(10) 民族的な対立についても、帝国議会が民族的な地方議会 Landtag によって責任を免除されるという保証があるわけではなかった。現実政策のうえでは、政治・経済と文化とは、レンナーの考えたようにはっきり分けられるものではなく、全体に共通な利害といっても、実際には民族的生活に関係ある事項の集まりにほかならなかった。ブリュン党大会の決議においても、民族的文化問題の範囲と中央政府の扱うべき共通問題の範囲についての区別は不明瞭であったから、党内のドイツ人はその後も経済問題を中央政府で扱うことを要求し、ポーランド人やチェコ人はこれに反対していたのである。[11] これらの点からみて、レンナーの構想は、非現実的な混乱したメカニズムの提唱であったといわねばならない。

第二の欠陥は、急激な変革に反対する諸勢力のほとんど克服されないほどの強さが見のがされている、という事実である。オーストリアではすでに長く存続してきた多くの歴史的制度が、人間の生活関係のなかに深く根をおろしており、とくに王朝的伝統に根ざす帝国官僚が、旧来の官僚的行政組織全体を危険にさらす恐れのある強制的干渉にたいして、頑強な抵抗を試みるであろうことは、火を見るよりも明らかであった。さらに、レンナーの新秩序がチェコの政治家たちの同意をかちえるとは、ほとんど考えることができなかった。なぜなら、レンナーのプランは彼らの未来にかける国家権的な希望を消滅させるものであったし、とくに青年チェコ党の急進主義が高揚した当時において、もはや民族の文化的自治をもってチェコ人を満足させることは、不可能に近かったからである。もっとも、二十世紀のはじめに、レンナーの構想に近い線で民族的対立の緩和された事実が、ないわけではなかった。[12] 一九〇五年、メーレンの地方議会はドイツ人部門とチェコ人部門に分割され、各部門は、民族別の選挙組織で議員を選ぶことになった。また各町村は、自己の役場内の公用語と外部との連絡語をみずから決定しうるだけでなく、州の中央官庁との連絡語も任意に定めることができた。さらに教育の面でも、各地に民族別の学校と教育委員が定められ、州教育委員会もドイツ人とチェコ人の二部門から成ることになって、各民族の自治権が一応うち立てられ、民族的対立はかなり緩和された。この方式は、一九一〇年にはブコヴィナ州で、また一九〇七年と一九一四年にはガリツィア州で同じ成功を収めている。しかし、チェコ・ドイツ両民族ともに少しでも不利になることをこばんだベーメン州では、ついに協定が成立しなかったのである。このような現実の事態に十分な考慮をはらっていないレンナーのプランは、やはり空想的オプティミズムという非難を免れることはできないであろう。

カール・レンナーと並んで、オーストリアの民族問題にかんする重要な構想を展開したのは、オットー・バウアー[13]である。この問題にかんする彼の主要な著作は

『オーストリアの民族問題と社会民主党』*Die österreichische Nationalitätenfrage und die Sozialdemokratie*, 1907. (1924²)

『オーストリア革命』*Die österreichische Revolution*, 1923.

で、とくに前者は、マルクス主義の重要文献の一つとされている。以下主として前者を手がかりに、二十世紀初頭の彼の思想の特徴を明らかにしよう。

バウアーもまたレンナーと同じく、民族問題を文化的・個人的側面からとらえようとした。バウアーによれば、民族とは本来歴史的な概念であって、共通の伝統にもとづくさまざまな行動を自由に行ないうることを要求する。その際、言語の共通ということは、民族性を形成する重要な要素ではあるが、民族を識別する十分な基準とはなりえない。民族の重要な特色は、その固有の文化と生活様式であり、したがってオーストリアの民族問題は、主として文化的自治の問題である。すなわち、各民族の居住地におけるすべての問題、とくに教育・芸術・宗教・社会的慣習・儀礼など民族的生活様式と関係のある問題を、その民族自身の言語と習慣にしたがって自治的に処理する権利を認めることが、必要なのである(14)。

しかしバウアーは、レンナーのように文化と政治・経済とを極端に区別することには反対であり、レンナーの構想をうけつぎながら、それを社会主義思想全体のなかへ一層深くすえつけようとしたのであった。いいかえれば、階級闘争と民族の自由や自治のための闘争とを一致させることが、彼の主要な問題だったのである。「資本主義社会においては、労働者階級は民族的な文化共同体から閉め出されており、支配的所有者階級のみが、民族の文化的遺産を横領している。社会民主党は、人民の労働の所産である民族文化を、全人民の所有物たらしめ、それによってすべての同胞を民族的な文化共同体に結びつけ、こうしてはじめて文化共同体としての民族を実現しようと努力するものである(15)」。すなわち、階級闘争のみが、ある民族の権利と文化財を労働者階級に所有させるのであり、したがって、民族は階級闘争においてはじめて、自己を完全なものにすることができるのである。しかも、階級闘争はすべての民族に共通するから、民族の文化的自治 Kulturautonomie は、あらゆる労働者階級の共通の要求となる。

ところで、オーストリア国家の現状はどうであるか。現在の市民的＝原子論的＝中央集権的憲法 bürgerlich-atomistisch-zentralistische Verfassung は、国民各人 Staatsbürger を考えにいれるだけで、法的統一体としての民族 Volk をまったく認めていないから、各民族は、民族的な党派に組織された自分たちの議員を通じて自己の要求を表現するほかはなく、またその議員たちは、民族的利害の代弁者として、ますます勢力の拡大につとめ、こうして党派形成と民族闘争とは、権力闘争としての性格をおびるようになる。これが、好ましくない現在の民族的対立の姿である。そこで「あらゆる民族の労働者階級は、各民族に一つの確実な権力範囲 Machtsphäre を割り当てることによって諸民族の権力闘争を終わらせるような憲法を、そして、各民族に自由な文化的発展の可能性を与え、あらゆる民族の労働者たちに自己の民族文化への関与を期待させるような憲法を、要求する」。

ここから、またしても個人の原理 Persönlichkeitsprinzip に帰着する改革のプログラムが生まれる。(16) バウアーによれば、オーストリアは、民族的に区画されたもろもろの自治体 Selbstverwaltungskörper のうえに組み立てられる、民主的な多民族国家 demokratischer Nationalitätenstaat となることが、必要である。このような民族自治体の立法と行政とは、一般・直接・平等選挙権にもとづいて選出される民族議会 Nationalkammer の手によって行なわれる。そして、同一民族の全自治体は、民族的に統一された一つの連合体 Verband を形成しなければならず、この連合体は、その民族的諸問題を完全に自治的に処理しうる権限をもつ。一つのまとまった民族居住地帯のなかの少数民族は、公的＝法的団体 öffentlich-rechtliche Körperschaft としての性格をえて、自己の学制を自治的に管理しえなくてはならない。

ところで、バウアーの見解によれば、オーストリアにおけるこのような構成は、行政共同体 Verwaltungsgemeinschaft の国際的組織、すなわち国際法共同体 Völkerrechtsgemeinschaft の中核となりうるものである。すなわち、民族共同体 nationales Gemeinwesen を自治的な構成員として、新しい種類の一大国際共同体の成立が、可能である。

共同して自然を支配するために、文化にあずかる人間全体を糾合すること、人類を自治的な文化共同体に編成して、それぞれ自己の民族的文化財を享受し、自己の民族文化の一段の発展をはかることができるようにすること、これが、社会民主党の民族的な究極目標である。(17)

バウアーのこの思想は、たしかに将来の国際連盟や国際連合の構想に通ずるものを含んでおり、彼が、多民族国家オーストリアの生活体験のうえに、来るべき時代への鋭い予見を示したことは、注目すべきものがある。しかしながら、現実の歴史はこのような国際的ヒューマニズムとはまったく違った方向に進み、バウアーがこの内容豊かな書物を書いてから約一〇年後に旧ハプスブルク帝国の地盤のうえに成立した数多くの主権的民族国家は、市民的ナショナリズムに強くつらぬかれており、民族間の争いを消滅させるには程遠かった。その意味で、バウアーのすぐれた理想も、当時の具体的条件のもとでは、文化的楽天主義の幻想とみられ、反動的なものと批判されても、やむをえない一面があったといわねばならない。しかしこの点については、後節でさらに立ち入って検討されるであろう。

(1)　Karl Renner(一八七〇―一九五〇年)は、オーストリア社会民主党右派の中心人物で、法学者としても有名である。第一次大戦後オーストリア共和国首相(一九一八―二〇年)となり、さらに第二次大戦後大統領(一九四五―五〇年)となった。メーレン農民の子で、十九世紀末から二十世紀初頭にかけてのオーストリアの民族的混乱を身をもって経験し、また議会の図書館員のとき、民族と文化の関係の研究に専心したのが、その思想形成に大きな影響を与えているといわれる。

(2)　レンナーおよびオットー・バウアーの民族思想の理解については、Hantsch, *Geschichte Österreichs*, II; Hantsch, *Nationalitätenfrage*; Kogan, *op. cit.*; G. D. H. Cole, *The Second International, 1889–1914*, II, 1956 などに負う所が多い。

(3)　Hantsch, *Geschichte Österreichs*, S. 468.

(4)　Springer, *Kampf der Nationen*, S. 35–36. しかし彼がこの問題をとりあげたとき、具体的にはドイツ人の立場で考えていたことは、否定できない。彼が少数民族というとき、それはとくに、スラヴ人やマジャール人の居住区域のなかに重要な孤立した言語範囲 Sprachinsel をもつドイツ人に関係していたと思われる。

(5)　Hantsch, *op. cit.*

(6)　Springer, *op. cit.*, S. 61–62.

(7) 民族的に同質な地域は、行政的機能のほかに、文化的な問題に権限をおよぼすこともありうる。

(8) Springer, *Grundlagen*, S. 208.

(9) Hantsch, *op. cit.*

(10) 村瀬興雄、前掲論文(『思想』)、六ページ。

(11) 村瀬興雄『ヒトラー』一九六二年、一六二ページ。

(12) Hantsch, *Nationalitätenfrage*, S. 62.

(13) Otto Bauer(一八八二—一九三八年)は、オーストリア社会民主党左派の代表的人物で、オーストリア・マルクス主義の指導的理論家の一人。第一次大戦後一九一八年から翌年にかけてオーストリア共和国外相となる。第一次大戦中ロシア軍の捕虜となり、革命を経験した。一九三四年のウィーン一揆後は、亡命してチェコおよびフランスから党を指導した。

(14) Cole, *op. cit.*, p. 552 ff.

(15) Bauer, *Nationalitätenfrage*, S. 405 ff.

(16) Bauer, *op. cit.*, S. 325–339.

(17) Hantsch, *op. cit.*, S. 74 f.

4 オーストリア国家容認の問題とバウアーの思想的変化

次にレンナーとバウアーの民族理論を比較し、両者の共通点とその意義について、さらに考察を進めねばならない。

まず第一に注目すべき点は、レンナーとバウアーが、程度の差はあれ、ともに民族問題を主として文化的側面からとらえ、それと関連して、個人の原理を民族問題解決の基礎においていることである。この考え方は、すでにブリュン党大会で南スラヴ代表によって提起されたものであったが、レンナーとバウアー、ことに前者においては、理論体系全体のなかで中心的地位を与えられている。その理由は、いかに境界をおきかえてもどこかに民族混住地域が残り、少数民族が多数民族の手で不当に取扱われることが避けがたいかぎり、オーストリアに民族間の平和をもたらすためには、領土的自治だけでは不十分であり、個人的自治の線に沿っての解決がぜひとも必要であると考えられたためであった。(1) しかし、二人の社会主義者のこのような技術的提案は、さらに一層深いイデオロギー的基礎をもっていたことも、看過してはならない。(2) 彼らにあっては、個人的自治の考えは、プロレタリアートの性格をあらわし、またその使命をあらわすものと思われた。近代においては、人びとはもはや土地にしばりつけられてはいないし、さらに資本主義は、提供される有利な労働搾取の機会に応じて、プロレタリア大衆をここかしこに移しつつある。それゆえに、人種的な境界で諸民族の居住地を区画することは、もはや不可能であり、のみならずこのような仕方は、領土の経済的統一をやぶるおそれさえある。労働者階級は、文化の伝達を媒介するものとしてのみ、民族に関心をもつ。こうして、旧貴族が歴史的な州の観念を固守し、ブルジョアジーが自己の利益をあらわす民族国家の観念を擁護するのにたいして、民族の文化的自治の旗印をかかげることこそ、プロレタリアートの使命である、と。(3) 二人に見られるこのような文化的・個人的自治のプランは、公式には社会民主党の綱領の一部にならなかったけれども、当時の指導的な社会主義者たちに受け容れられ、さらに二人の著作は、オーストリア社会主義の陣営をこえて、各方面に大きな関心をよび起こしたといわれている。(4) われわれはこの考え方のうちに、西欧ヒューマニズムの思想的伝統をみないわけにはゆかない。

これと関連して、第二にとりあげなければならないのは、オーストリア社会民主党にみられる、超民族的なオーストリア国家保存の態度である。ブリュン綱領・レンナー・バウアーの間に若干の相違が見られるにしても、それらの構想がいずれも全体としてのオーストリア国家の枠組の容認を含んでおり、そのために、帝国の解体につながる「民族自決」Selbstbestimmung の原則を採用しなかったことは、すでに見た通りである。しかし、彼らの考えた超民族的国家の保持とは、そもそも何を意味したであろうか。

その際まずわれわれの注意をひくのは、彼らの国家保存的意向が、ハプスブルク王朝に好意的であるとか、王国的であるとかいう意味ではなかった、ということである。すでに見たように、レンナーはオーストリア国家の一体性を重視したけれども、それは、ハプスブルク王朝に積極的意味を与えたことではなかった。彼によれば、ドナウ地域における国家=権力構成の新たな形態を、王室から期待することは不可能である。「王室の任務は、ただもちこたえること、帝国の統一の一片をも放棄しないこと、いかなる改革にも不利益を与えないこと、その他の点では、かり立てられ、呼ばれるまで待つこと、でしかありえない」という言葉は、まことに興味深い。(5) バウアーにおいても、オーストリア国家の存立は、ハプスブルク王朝に依存するものではなかった。旧来の王朝的統治様式にとってかわるものは、民族性の原理 Nationalitätsprinzip であるが、バウアーによれば、この原理は国制 Staatsverfassung の原理であって、国家形成 Staatsbildung の原理ではない。(6) したがって民族自決ではなく、民族の自治がとりあげられねばならない。民族的自治は、個々の民族に確実な権力範囲 Machtsphäre を与えはするが、しかし固有の経済領域や自身の軍隊を、したがってまたそれ自身の外交政策を与えるものではない。ここに全体国家オーストリアの存在理由がある。

オーストリア国家存立の根拠は、まさにそれを構成する諸民族によって生活上の必要と認められる点にある。これについて、バウアーは、さらに詳しく次のように説明する。王国を構成する諸要素は、王国が全体的権力 Gesamtmacht としてまた強国 Grossmacht として維持されることに、多大の関心をもっている。まず第一に王国の存立は、王国外に同胞をもたず、しかも主権国家としては自己の民族的・物質的な利害を有効に守るだけの力がなく、他の国家にくみ入れられて他民族の支配下に立たなくてはならないような民族の利益に、とくに深い関係をもっている。また工業家や企業家たちは、広大な経済圏の価値や、彼らの利益を守ってくれる権力の価値を、あまりにもよく知っており、他方農民や小市民は、彼らの「階級イデオロギー」Klassenideologie を通して、帝国の擁護者となるのである。すなわち「彼らは、旧い伝統のなかに撚りこまれた人間のじかの愛情をもって、帝国に執着しているのであって」、この点ではカトリック教会の影響も大きい。こうして王国は、きわめて広範囲の民衆をよりどころにすることができ、軍隊の力も、このような民衆のうちにある。「思慮深い人ならだれでも、もし(オーストリア)帝国が今日その生存のために戦わねばならぬとしたら、ドイツ人の兵隊も、ポーランド人・ルテニア人・セルビア人・ルーマニア人の兵隊も、服従を拒まないであろうことを、疑うまい。(7)」そこで慎重な考慮の末に、バウアーは以下のことを確認する、「オーストリア王国が頼みにすることのできる国内諸勢力を一べつしただけで、すでに次のことが明らかになる。オーストリア王国は内部の争いのために滅びることはないだろうということ、そしてもし万一オーストリア王国が崩壊することがあるとすれば、それは、この国のなかに居住している諸民族によってひき起こされるのではなくて、なんらかの外国の干渉によってのみ起こることがあるかもしれぬ、ということが(8)」。バウアーによれば、オーストリアの民族問題は、列強の帝国主義的競争と関連することによって、ヨーロッパの政治問題となるから、オーストリアにとっての危険は、資本主義的膨張政策によって惹起される不慮の転覆にあるのである。そこで彼は、戦争がオーストリア帝国を解体させることを恐れて、戦争そのものにするどく反対し、一九〇八年のボスニア・ヘルツェゴヴィナの併合をめぐる危機の際には、大衆を動員して、はげしい平和・反戦運動を展開した(9)。

このような国家保存的意向は、レンナーやバウアーだけでなく、ヴィクトル・アードラー、ペルナーシュトルファー、フリードリヒ・アウステルリッツ Friedrich Austerlitz らのオーストリア社会民主党の指導者たちの間にも、共通してみられるところである(10)。彼らは、オーストリアが連邦的な線に沿って改組される必要を認めながらも、あくまでもドナウ地域の政治的・経済的統一を維持しようとしたのであったが、このような考え方は、すでに一八四八年の革命当時パラツキーによって定式化されたオーストリア・スラヴ主義(11)と、本質的にはまったく変わらぬものであった、といって差支えない。

以上が、一九一四年以前のオーストリア社会民主党の民族理論に共通する顕著な特色であった。しかし、やがて第一次世界大戦が勃発し、しかも戦況が日を追うてオーストリア・ハンガリー帝国に不利な方向に進んだとき、彼らの民族理論はどのような展開を示したであろうか。次にこの点をレンナーとバウアーについて検討しよう。結論を先にいえば、両者の間には重大な見解の相違があらわれたのである。

大戦の勃発から終末に至るまでの間に、オーストリアは大きな政治状況の変化を経験しなければならなかった。第一に、戦争は予想外に長期化して、銃後の国民とくに労働者階級に重大な犠牲を強い、しかもその勝利に終わる見込みは次第に薄らいできた。第二に、その間ロシア革命が成功して、プロレタリアートに政権獲得の希望をもたらした。そして第三に、戦争とロシア革命の影響をうけて、領内スラヴ諸民族の自由にたいする要望は、次第にその性格を変えてきた。チェコ人・南スラヴ人・ポーランド人は、もはや文化的自治権に満足せず、完全な民族的独立への要求をあげはじめた。(12) 彼らの掲げたのは、超民族国家の理念ではなく、民族自決の原理だったのである。

すでに見たように、カール・レンナーは大戦前一連の著作のなかで、中央集権的・半絶対主義的なオーストリア王国を、民主的な諸民族の連邦国家に改造することによって、その国家的崩壊の危険をさける必要のあることを述べていたが、このような状況の変化にあっても、依然その態度を変えず、最後まで彼は超民族国家の理念を固持していた。戦争中の彼の思想は、一九一六年の『オーストリアの革新』のほか、『労働者新聞』*Arbeiter-Zeitung*(ヴィクトル・アードラーが一八八九年にはじめた党の正式機関紙、一八九五年以来日刊)や『闘争』*Kampf*(一九〇七年バウアー・レンナーなどが創刊した雑誌)に寄せた諸論文から知ることができるが、そのなかで彼は、オーストリア国家の理念を政治上・経済上の必要物とよび、自治的な諸民族の連合体としての超民族国家こそ、将来をになうものであると述べている。彼によれば、「超民族国家」は「民族国家」よりも進んだ、一段高い国家形態であり、王国を民族的諸小国に解体しようとする「民族自決」は、反動的なナショナリズムの解決策、歴史を通じて古くなった「反動的ユートピア」reaktionäre Utopie であるとして非難される。超民族的全体国家の「防衛および経済上の一体性」Wehr- und Wirtschaftseinheit は、レンナーにとっては、民族的自治とともに、時代の必然的要求であると思われ、実際彼は、オーストリアがこの基礎のうえに自己を更新できると固く信じて疑わなかったのである。(13) それゆえに彼は、スラヴ諸民族の離反につよく反対し、ポーランド問題については「オーストリア・ポーランド的解決」を説き、ユーゴスラヴ問題については「大クロアティア的解決」を提唱した。のみならず、この時期の彼は、フリードリヒ・ナウマンの意味における

「中部ヨーロッパの関税・塹壕共同体」mitteleuropäische Zoll- und Schützengrabengemeinschaft さえもいとわなかったのであって、彼がナウマンよりも先に、「連合した東方諸民族」の政治組織としてドイツに指導されるミッテル・オイローパ Mitteleuropa を主張していることは、[14] はなはだ興味深いものがある。

このように終始その見解をかえなかったレンナーにたいして、戦争末期のオットー・バウアーは、一九〇七年の『民族問題』に示された自己の見解を根本的に変更し、レンナーから遠く離れて、王国の枠内での民族問題の解決を不可能と考え、階級的利害を国家の利害の上位におく革命的思想を提示した。彼は戦争に参加して、一九一四年十一月ロシア軍に捕えられ、シベリアの苦しい生活を経験したのち、ヴィクトル・アードラーらの努力で、一九一七年九月捕虜交換によってウィーンに帰ったが、その後の彼は、もはや以前のように、ハプスブルク帝国の存続を考える気持から遠く離れていた。この時すでにバウアーは、戦争はなお長びくにしても、ハプスブルク王国内のスラヴ諸民族の民族革命をもって終わるであろうと予測し、当面の課題は、社会民主党に、この革命に対処するための精神的準備をととのえさせることであると考えた。そこで彼は、一九一八年四月の『闘争』紙上に、革命の際の党の任務にかんする自己の所見をまとめて公表したが、[15] これは、当時の彼の思想を知るための最も重要な資料である。「社会民主党は、民主的な政党である。しかしながら、諸民族の全体もしくはその大部分が、自己の意志に反して一つの国家的連合のなかに維持されている場合には、デモクラシーは可能ではない。……それゆえに、社会民主党は諸民族の自決 Selbstbestimmung を是認しなければならない。党は、どのような民族ないし一民族の大部分にも、自己の国家的秩序についてみずから決定する権利を承認しなければならない」。しかしそれと同時に、バウアーのプログラムは、チェコ・ポーランド・南スラヴ社会民主党が、自民族の自由の名のもとに他の民族を奴隷化しようとするそれぞれの民族ブルジョアのあらゆる試みと戦うことを、要求する。すなわち、ベーメン・メーレンのドイツ人地域を強制的にチェコスロヴァキア国に合併しようとし、東部ガリツィアのルテニア人地域を無理にポーランド国家に併合しようとし、またアルバニア人やブルガリア人をユーゴスラヴィア国に合併しようとするたぐいの試みには、あくまでも反対しなくてはならない。そしてまた彼のプログラムによれば、ハプスブルク帝国の瓦解とともに、ドイツ人のオーストリアは、特殊な共同体として、諸民族の混合物たるオーストリア帝国から解き放たれるであろうが、その際、一八四八年の革命の場合のように、あらゆるドイツ人を一つの民主的なドイツ共同体に統一するという問題が、ふたたび提出されるであろう。そのときドイツ人のオーストリアは、ドイツ国にたいする自己の関係を、自己の必要と意志に従って自主的に処理することのできるような国家でなくてはならない。これが、来るべき革命にたいするバウアーの見解であった。

このようなバウアーの思想が、レンナーのはげしい反対をうけたことは、当然である。レンナーは直ちに、一九一八年五月の『闘争』によせた論文のなかで、「バウアーの考え方はマッツィーニ Mazzini の精神に由来するものであって、カール・マルクスの精神に由来するものではない」ときびしく批判した。[16] しかしバウアーはこれに屈することなく、議論をもって答え、自己の民族思想を党員たちの間に徐々に浸透させることに成功した。やがて革命が近づいたとき、それはすでに彼らの共有財産となっており、最後には、レンナー以下の党右派幹部さえもこれを受け容れねばならなかったのである。

以上の考察によって、バウアーの思想が第一次大戦を契機にして一八〇度の転換をとげたことが明らかにされた。しかしバウアー自身は、この新しい態度と戦前の自己の所説との間の関係を必ずしも矛盾したものとは見ていない。彼がのちに回想するところによれば、自分はあの当時（一九〇六年ころ――筆者）「王国内でのオーストリア民族問題の解決を、たんに一時的なものとしか考えていなかった」[17] のであって、その点でレンナーとは対立状態にあった、と述べている。けれども、すでに詳しく見た通り、[18] 一九〇六年前後にバウアーがレンナーと違った考え方をしていたという確実な証拠は、まったく存しない。したがって戦前のバウアーの思想と戦争末期のそれとの間には、やはり本質的な変化ないし発展があったと見るべきであり、レンナーとの対立は、その結果として生じたものといわねばならない。[19]

（1） Springer, *Kampf der Nationen*, S. 35–36 ; Bauer, *Nationalitätenfrage*, S. 325–339 参照。

（2） Rudolf Schlesinger, *Federalism in central and eastern Europe*, London, 1945, p. 210.

（3）Springer, *Grundlagen*, S. 56-57.
（4）Kogan, *op. cit.*, p. 214.
（5）Hantsch, *Geschichte Österreichs*, II, S. 469.
（6）Bauer, *op. cit.*, S. 523.
（7）Hantsch, *Nationalitätenfrage*, S. 75 f.
（8）Bauer, *op. cit.*, S. 444-445.
（9）村瀬興雄『ヒトラー』一六五ページ。
（10）Hantsch, *op. cit.*, S. 76.
（11）第一部第二章、参照。
（12）オーストリアのポーランド人は、ロシア・ドイツの同胞とともに独立国ポーランドをつくろうとし、ハプスブルク帝国の南スラヴ人はセルビア人と一体になってユーゴスラヴ国をつくろうとし、チェコ人とスロヴァキア人は一緒になってチェコスロヴァキア国をつくろうと努力していた。
（13）Hantsch, *op. cit.*, S. 78.
（14）Springer, *Österreichs Erneuerung*, S. 145 ff.; Hantsch, *op. cit.*, S. 95, Note. 95 参照。なおナウマンとレンナーの関係を見るためには、H. C. Meyer, *Mitteleuropa, in german thought and action, 1815-1945*, The Hague, 1955 が重要であり、邦語では三宅正樹「世界政策と中欧理念」(『年報政治学』一九六一年)が参考になる。
（15）Otto Bauer, *Eine Auswahl aus seinem Lebenswerk*, Wien, 1961, S. 29-30.
（16）*Ibid.*, S. 30.
（17）Bauer, *Die österreichische Revolution*, 1923.
（18）このことは、ハンチュもはっきり認めている。Hantsch, *op. cit.*, S. 78.
（19）レンナーとバウアーの見解の対立の背後には、社会民主党自体の分解という事情があったことも忘れてはならない。普通選挙制導入後、社会民主党はめざましい躍進を示したが、こうして議会内の大政党に成長するとともに、温和派と年長指導者の勢力が大きくなり、同時に現実に密着した改良主義的傾向が強くなり、急速に右傾化して、オーストリア帝国の機構を維持する体制内政党としての性格をはっきり表わしてきた。第一次大戦の勃発に当たって、社会民主党が平和主義をすてて政府の戦争政策を支持したのは、こうした事情に由来するものである。しかしこれと並んで、以上の傾向に反対する左派の勢力も抬頭し、党内には、あくまでもハプスブルク帝国の存続を考えるグループ＝右派と、帝国の没落を予想するグループ＝左派との分離が進行していった。戦争の当初は右派が優勢であったが、戦勝の見通しが遠ざかり、戦線・銃後の生活の困難が増すにつれて、左派が優勢になり、最後にはレンナー以下の党右派幹部も、情勢におされて、バウアー、ヴィクトル・アードラーらの左派に接近して、協力態勢をとり、こうして一九一八年のオーストリア革命は成功したのである。村瀬興雄『ヒトラー』一六八ページ以下、参照。

5　バウアーの思想的転換の背景

では、バウアーにおけるこのような思想的転換は、一体どのような理由から起こったのであろうか。この点の立ち入った考察は、オーストリア社会民主党の基本的性格を明らかにするうえの、重大な鍵をなすものと思われる。バウアーは、この変化が主としてヴィクトル・アードラーの影響によるものであることを述べているが、ここでは、さらに広い視野に立って検討を進めることが必要である。その際まず第一に注目されるのは、戦況とそれにともなう国際情勢の変化である。第一次大戦が勃発したとき、オーストリア国内には熱狂的な愛国心が高まり、社会民主党も平和主義をすててオーストリア政府の戦争政策を支持するにいたったが、この決意は主として、ロシア・ツァーリズムの専制支配にたいする嫌悪に根ざすものであった(1)。ロシアにたいする戦いは、自由の敵とくに労働者階級の最悪の敵にたいする戦いであると考えられたのである。しかしやがてツァーリズムが革命によって打倒され、専制権力による圧制の危険が終わりをつげたとき、今度は、自国の帝国主義勢力および中欧同盟諸国の軍事的独裁の危険にたいして、同様に力強く自由をまもる必要が起こってきた。しかもその間、勝利の見通しは遠のき、戦線と銃後生活における困難は、日ましに増大しつつあった。このような状況のもとで自由擁護の目的を達するためには、できるだけ速やかな平和の締結と、そのための国内宣伝を行なわねばならなかったが、この平和はしかし、もはや連合国側の諸条件をうけいれることなしには、得ることのできぬものであった。

連合国側は、最初オーストリア・ハンガリーとの単独講和を望んでおり、この国の解体はなお一般的な戦争目的となっていなかった。この時期には、彼らはオーストリアの民族問題については、諸民族の完全な自治を望むにとどまっており、ロシア革命後の一九一七年十二月ジュネーヴで行なわれた英墺両国間の秘密交渉の際にも、イギリス側の発言者は、オーストリア国家の改造案としてイギリス連邦の場合を示している。一九一八年一月五日にもなおロイド・ジョージ Lloyd George は、諸民族の民主的自治を基礎とするオーストリア王国の存続を、公式に認めていた。しかしながら一九一八年の四月以後、そしてとくにこの年の八月チェコスロヴァキア国が事実上承認されて以後、オーストリア問題についての連合国側の態度は急激に硬化し、旧王国の解消と民族自決にもとづく主権国家の実現を強く要求しはじめた。(2) アードラーおよびバウアーの指導下にあったオーストリア社会民主党は、いまやこの方針を完全に採用することなしには、平和回復の目的を達成できない羽目に追いこまれたのである。王国の枠内での民族問題の解決を不可能ないし無意味と考えるにいたったバウアーの新たなプログラムが、彼の民主主義的・社会主義的関心の高まりを示すものであったにしても、のっぴきならぬ現実情勢へのやむなき対処の方策という一面をもっていたことは、容易に推測されるところであり、少なくとも連合国側の態度の変化が、バウアーの新しい構想に重大な影響を与えたことは、否定することができない。

次にとりあげねばならないのは、オーストリア領内における民族主義運動の熾烈化である。ここでブリュン党大会以後の経過を、チェコ民族の運動を中心に顧みながら、オーストリア社会民主党の民族理論が、そうした現実のなかでどのような意味をもちえたかを、まとめて考察したいと思う。(3)

一八九九年のブリュン党大会以後、社会民主党は諸民族——ドイツ人、チェコ人、ポーランド人、ルテニア人、イタリア人、南スラヴ人——の独立した組織からなる連合体として、各民族内部の問題は民族別党組織が自身で決定することになったが、オーストリア国会においては、党の全議員が単一組織として共同行動をとる義務を負わされ、諸民族の混住地帯では、各民族グループは選挙においても日常闘争においても、社会主義の宣伝のために協力することになっていた。この方式は、各民族それぞれの地域では成功したが、ベーメン、メーレン、スロヴェニア、ウィーンなどの民族的混住地域と工業地帯では、いろいろの困難が生まれ、チェコ民族主義の攻勢は、世紀の転換以来次第に強まり、労働者階級の間にもますます広がっていった。元来オーストリアでは、同一産業ないし一定地域内の企業に、多種類の民族労働者の働いている場合が多かったので、労働組合の民族的分裂は、運動の致命的障害となるおそれがあった。そこでオーストリア社会民主党は組織の統一を強く主張し、労働組合は次第に各業種別の全国的組織にまとめられ、一八九三年にはオーストリア労働組合全国委員会 Reichskommission der Gewerkschaften Österreichs が結成されたのである。

ところが、民族運動の激化とともに、労働組合においても民族的分立がはっきりしてきた。すでに述べたように、ベーメンではチェコ民族資本家の抬頭が著しかったが、大企業(とくに鉄・石炭の大工業組織)は依然ドイツ系資本家の手ににぎられており、チェコ労働者が彼らに搾取される場合が多かったうえに、一八七〇年以来ドイツ人資本家はチェコ人労働者を「ドイツ化」しようとして、精神的圧力を加えていたので、チェコ人労働者にとってドイツ人資本家は、経済的にも民族的にも自分たちの敵と考えられた。一方自己の実力に自信のないチェコ民族資本家は、労働者にたいして柔軟性のある態度をとっていたので、チェコ人の間では労資協調の余地が多分に存していた。こうして一八九六年には「チェコスロヴァキア労働組合委員会」tschechoslowakische Gewerkschaftskommission の設立が要求され、翌九七年にはプラハにこの組織が実際に出現して、全チェコ労働者を支配下に置こうと企てはじめた。ドイツ人側も一八九九年のブリュン党大会以来労働組合の民族的組織の必要は認めていたが、しかし全産業を通じて各民族が民族別に相互に独立した全国組合を組織し、そのうえにゆるい連絡組織だけが存在する形式には、つよく反対した。これにたいしてチェコ人は、全帝国内の全チェコ人がプラハの民族的労働組合委員会に所属することを要求し、一九〇四年以後彼らの分離主義的傾向は一段と強くなった。そして、一九〇五年のアムステルダムの国際労働組合会議では、チェコ代表は、ウィーンの指導に見られるチェコ人労働者のドイツ化を公然と非難し[4]、プラハの労働組合委員会をオーストリアにおける労働組合の第二の連合体として認めるようにという要求を提出したが、この会議は一国内に一つの労働組合連合体をという立場から、チェコ人の要求を拒否した。ドイツ人側もこの分裂的傾向に反対し、ウィーンの労働組合委員会は、「労働組合は決定的な問題については統一的決定をおこない、その役員も中央で任免する必要がある」と主張した[5]。しかしチェコ人はこれにしたがわず、労働組合組織は次第に民族的特殊性を帯びるようになり、この傾向は協同組合 Genossenschaft 組織にも波及した。

民族的労働運動の成長とともに、オーストリア社会民主党はブリュン綱領の線で党内をまとめることが次第に困難になってきた。さきに見たように、チェコ人の民族的社会主義者はすでにオーストリアの党と対立する排他的なチェコ社会党を結成しており、民族主義的興奮のうちに行なわれた一九〇一年の総選挙には、チェコ資本家の支持をえたうえに広範な大衆の動員に成功して、ベーメン第五部門のチェコ人定員一五人中五名の当選者を出すにいたった。ヴィクトル・アードラー以下の社会民主党首脳部は、このような民族主義的興奮を鎮め、危殆に瀕した党内の統一を回復し維持するために腐心した結果、国内の民主化とくに普通選挙権の獲得に主要な闘争目標がしぼられることになり、これによって社会民主党の民族的分裂は一応回避された。

バデニーの危機がオーストリアの議会政治に重大な影響を及ぼしたことは、すでに見たが、ケルバー Koerber 内閣のもとでの短い協調期間ののち、議会ではふたたび救いがたい民族的対立が生まれ、相互にはげしい議事妨害をくりかえす状態に陥った。こうして、現存の議会制度のもとでは国家の統一と諸民族の融和を維持することはおろか、議会政治の正常な運営さえ不可能なことが明らかになったのである。一九〇七年の普通選挙制の実施は、この点ではなはだ注目すべき事件であった。一九〇五年のロシア革命は、同じく専制政治に悩むオーストリア帝国の諸民族に大きな感銘をあたえ、彼らの反抗運動は激化の一途をたどり、とくに社会民主党による国内民主化運動が急速に高まった。そして同年九月に開かれた議会では、社会民主党とスラヴ諸民族の代表が、ただちに普通選挙権を実施するよう強硬に要求し、キリスト教社会党もこれに合流した。一方皇帝および宮廷の保守派も、帝国の組織とその権力機構を維持する見地から、普通選挙権の導入に賛成の態度を示した。彼らは、政治的に無関心な、おくれた大衆に選挙権を与えることによって、王朝的で反民族主義的な議員を多数議会に送りこむとともに、国際主義を標榜する社会民主党のグループを議会に引き入れ、これによって、麻痺状態におちいっている議会の機能を再建し、ハプスブルク王朝の地位を安定させるとともに、国内の政治的統一を建て直そうと考えたのである。これに力をえた社会民主党の普選獲得運動は、大規模な大衆集会やデモに発展し、やがて十一月二日の二十四時間ゼネ・ストにまで高まった。そして翌十一月三日、ついに皇帝は反動的政治家の抵抗をしりぞけて、普通選挙権を許可する布告を発したのである。こうして、オーストリアの一般・平等・直接選挙法は、一九〇六年の末議会を通過し、翌七年一月正式に公布され、二十四歳以上の一定地に一年以上居住したものには、あまねく選挙権が与えられることになった。(6)

しかしながら、普通選挙制の採用は、皇帝以下の予想を裏切って、ハプスブルク帝国の強化と民族闘争の緩和には少しも役立たなかった。普通選挙権は各民族のおくれた人民層を政治にひきいれたことによって、民族闘争を日常生活の部面にまで拡大した結果になり、各政党は新たな支持者をえて、ますます精力的に闘争を展開し、相互に議会の議事進行を妨害して、相手側を成功させないようにつとめた。(7) そこでは、偏狭な民族的利害がすべてを支配し、国家的に必要な予算にも、何か代償を得なければ賛成しようとしない党派が多数を占め、ウィーンの国会は完全な混乱の場と化した。(8) かように国会が民族闘争のためにその機能を果たしえなくなったのを機会に、政府は国会を停止し、勅令によって課税その他の行政を行なったので、事実上ふたたび絶対主義に逆転したかのごとき観を呈したが、その政府さえ支配能力を失い、餌を求めてつかみあう動物の傍観者たる地位に転落してしまった。中央・地方官庁から市町村役人・税務官吏にいたるまで、民族的党派心に支配されぬものはなく、ことに、民族資本を背景にするチェコ人とドイツ人とのはげしい対立は、第一次大戦直前には、すでに不動の事実となってしまった。ただ、当時バルカン問題の尖鋭化が、全帝国の関心を外交問題に集中させたために、チェコ問題は若干落ちついたように見えたが、それもけっして本質的なものではなかった。

ところで普通選挙制は、社会民主党自体にはどのような影響を与えたであろうか。まずこの改革は、党の発展に大きく寄与し、一九〇七年六月十七日に行なわれた普選法による最初の選挙では、四六七万票中一〇四万票を獲得し、五一六名中八七名の当選者を出した。こうして社会民主党は、第二インター屈指の大政党となり、オーストリア国内でも、キリスト教社会党とならぶ二大政党となったが、しかしこの勝利の反面には、大きなマイナスが伴っていた。普通選挙法は選挙区を民族別に設定しており、しかも各民族への議席の割当ては、人口比率によらず、政治・経済・文化的発展の程度や政治的重要性によって決定されていたので[9]、ベーメンでそれまで民族的対立を超えた活動を行なってきた社会民主党は、いまや民族的に分裂した活動をしなければならなくなった。それればかりではない。これまで半絶対主義的な支配階級にたいする共同闘争の必要から、各民族の労働組合や党内の民族的組織は相互に協力して分裂するにいたらなかったが、普選権を獲得したことによって共同闘争の目標は失われ、党内の統一はますます困難になってきた。そこで党は、次の共同目標として、社会・経済闘争をかかげたけれども、これは、各民族の党員が、他党と協働したり、地方議会で民族主義的勢力と結んだりして達成することも、不可能ではなかった。こうして社会民主党もまた、民族的分裂への傾向を一段と強めたのである。

早くも普通選挙制実施後の最初の議会において、議会政党としての社会民主党は民族的なクラブに解体するのやむなきにいたり[10]、これらの民族的クラブは、社会的な問題では協力したが、民族的な問題の論議に際しては、投票の自由を留保した[11]。分離主義の先頭に立ったのは、いうまでもなくチェコの社会民主党であり、その党員は、ウィーンの中央集権的指導に反抗する度合を次第に強めてゆき、党大会が開かれるたびに、社会民主党の運動の単一性が破られる危険は、ますます大きくなっていった[12]。そして、一九〇七年八月の第二インターナショナル・シュトゥットガルト大会および国際労働組合会議でも、チェコ民族主義者は活発な動きを見せた。この二つの大会は、オーストリア内の党と組合組織の統一性を維持する必要のあることを指示したが、チェコ人はこれに従わず、十月にはいると、ウィーンと並行してプラハにチェコ人の組合大会を開き、自民族の組合本部の指令のみに従うことを、決議した。すでに一九〇六年、ロシア革命の影響をうけてオーストリア帝国の崩壊を予想した党内のチェコ人たちは、従来の民族的な党組織を基礎にするチェコスロヴァキア社会民主労働党を結成し、政党組織のうえでも独立への歩みをはじめたが、一九一〇年三月にいたって完全にオーストリアの党から分離し、あくまでもドイツ系と手をにぎってゆこうとする国際主義分子は、少数派となってしまった。そしてこれと同時に、チェコ人の労働組合もまたオーストリアの組合から手を切ったのである。一九一〇年八月のコペンハーゲン・インターナショナル大会は、チェコ人分離派をきびしく非難したが、チェコ人は大会の勧告を無視して、分離の事実を確定した。一九〇五年のロシア革命までは、ドイツ人・チェコ人・ポーランド人は、はげしく争いながらもなお共存の気持を抱いていたが、一九〇五年以後、とくに一九〇七年の普選導入以後、この気持は薄らぎはじめ、オーストリアの前途に見きりをつけるものさえ現われはじめたのである。(13)

バウアーの思想的転換は、このような現実的背景をかえりみずには、理解することができない。ブリュン綱領以来、社会民主党指導者たちは民族問題調整のために種々のプランを案出したけれども、それらはいずれも十分な効果をあげることができず、現実はつねに彼らの努力をのりこえて行った。このようなきびしい事態を前にして、バウアーが最後にとりえた道は、まさにこの現実――民族運動のはげしさ――をそれとして確認し肯定する以外にはありえず、それを苦肉の戦術として打ち出したものが、バウアーの新しいプログラムであったといえよう。

しかし、最後にわれわれは、チェコ民族運動について、一つの注目すべき特徴を指摘しておく必要がある。すでに見たように、チェコ人の間では資本家と労働者の協力の余地が大いにあり、それが彼らのはげしい民族闘争の基盤になっていたことは、否定できない。しかしそれにもかかわらず、この共闘は徹底していたわけではなく、チェコ社会民主党の目標と、市民的民族主義が望んだチェコないしチェコスロヴァキア国家とは必ずしも一致せず、前者はむし

第一次大戦勃発後、とりわけ勝利の見こみ薄と、一九一七年のロシア革命を契機にして、領内スラヴ系諸民族が民族自決を旗印に独立のためのはげしい闘争を行なった次第については、他の機会に譲りたいと思う。(14)

ろ、後者がチェコ国家の独立に熱狂することを、長い間こばんできたのであった。バデニーの選挙法改正ののちに議会にはいったチェコ社会民主党員の声明については、すでに触れたが[15]、大戦直前の一九一三年にも、チェコスロヴァキア社会民主労働党は、党大会で「強大で内政上健全なオーストリアこそ、わが民族が発達する最善の保証である」と決議している[16]。たしかに、大戦直前のはげしい民族闘争とそれによる議会の無力化は、領内諸民族の正常な発展を妨げていたし、一方またチェコ人がたとえオーストリアから独立しても、ロシアやドイツの支配下に立つ恐れは、当時なお多分にあった。この決議は、こうした事情を反映するものと解すべきであろう。第一次大戦勃発後のチェコ社会主義陣営と民族運動との関係は、なお今後の研究にまつべき重要なテーマであるが、ここでは一つだけ次の事情を指摘しておきたい。大戦中、チェコ人の在外宣伝機関がすでにさかんな独立運動を進め、次々に成功の足どりをかためていた時期にも、社会民主党は、パリのチェコ人亡命委員会 das Pariser tschechische Emigrantenkomitee にとって、カトリック人民党 Katholische Volkspartei とともに不確実な、したがって慎重に取り扱う必要のある要素と考えられていた。ベネシュ Beneš は、一九一七年一月十四日にカトリック国民党 Katholisch-nationale Partei の行なった王国への忠誠声明、およびチェコ議員団の次の声明——チェコ人は過去においてもまた将来においても、ハプスブルク家の主権のもとでその幸福が保証される、という——に接して、たたきつけられるような印象をうけた、と語っている[17]。これら二つの党派は、パリのチェコ国民会議 Nationalrat が連合国側から事実上の政府 De-facto-Regierung として公式に承認された最後の局面にいたってはじめて、市民的民族運動の戦列に実際に加わり、それによってチェコ民族主義の統一的性格を保証したのであったが、その場合にも彼らは、市民的ナショナリズムに附随するショーヴィニズムの傾向を共有することはなかった[18]。バウアーが戦争末期に、チェコ民族の民族自決を肯定しながらも、その社会民主党に、自民族の自由の名のもとに他の民族を奴隷化しようとする民族ブルジョアジーのあらゆる試みと戦うべきことを要求しているのは、この点で注目に値する提言といわねばならない。

（1）　このことは、Bauer が *Die österreichische Revolution*, 1923 のなかで、はっきり述べているところである。

(2) Hantsch, *Nationalitätenfrage*, S. 99 f. なお大戦末期のアメリカ合衆国、とくにウィルソンの「十四ヵ条」とハプスブルク帝国との関係については、V. S. Mamatey, *The United States and east central Europe*, *1914–1918*, Princeton, 1957 が詳しい。「戦争目的」についてのイギリス、とくにロイド・ジョージの見解については、吉川宏「第一次世界戦争におけるイギリス外交政策形成の諸問題」『北大法学会論集』九―一・二、参照。

(3) 以下、本節の叙述は、村瀬興雄『ヒトラー』に負う所が多い。

(4) Hantsch, *op. cit.*, S. 79.

(5) Cole, *op. cit.*, p. 530 f.

(6) しかしこの普通選挙制が実施されても、政府は依然皇帝にたいして責任を負うだけで、議会の信任を必要とせず、高級官僚は広範な独裁権をもっていたので、民主主義が真に確立したわけではなかった。普通選挙制の問題については、W. A. Jenks, *The Austrian Electoral Reform of 1907*, New York, 1950 が最も詳しい。

(7) 一九一〇年十二月には、過激民族派の議事進行妨害を防ぐために、新しい議院規則が設けられたが、この通過を妨害するために、チェコ農民党は各演説者が一〇時間から一四時間におよぶ演説を行ない、反対派は、新規則を通過させるために、八六時間会議を継続して妨害をのり切るという事件が起こっている。Hantsch, *Geschichte Österreichs*, S. 525.

(8) 政府の提出する法案、とくに軍備拡張案は、社会民主党の反対のほか、つねにスラヴ系諸族、とくにチェコ代表の猛烈な反対にあって、第一次大戦直前難航を続けた。たとえば一九一二年には、ルテニア代表の一人は一三時間半の演説を行なって軍備拡張に反対し、チェコ人代表は一六時間の長演説によって戦時義務案を妨げるという始末であった。

(9) したがってドイツ人に最も有利で、チェコ人がこれにつぎ、他のスラヴ族はかなり不利で、定員五一六人のうち、ドイツ人二三三、チェコ人一〇八、ポーランド人八〇などであった。

(10) 一九〇七年の普選法による最初の議会では、社会民主党議員八七人は、ドイツ人五〇人、チェコ人二三人、ポーランド人七人、ルテニア人二人、イタリア人五人から成っていた。

(11) Hantsch, *Nationalitätenfrage*, S. 79.

(12) こうして、中央集権主義者 Zentralist と分離主義者 Separatist の対立が大きくなり、前者のヴィクトル・アードラーやオットー・バウアーたちが、社会民主党の国際的性格を強調し、労働組合・協同組合の統一こそ、資本主義の搾取と抑圧にたいする闘争が成功するための前提であると唱えたのにたいして、後者の Karel Vaněk, Vladimir Tusár らは、連邦主義的理念にかなう同権の原則を、労働運動の組織のうえにも拡大することを望んだのである。Hantsch, *op. cit.*

(13) Brügel, *op. cit.*, V, S. 81 f.; Cole, *op. cit.*, II, p. 534 f.

(14) 差し当たり、前節三二四ページ本文および三二七ページ注(12)、参照。

(15) 第二節三一〇ページ注(11)、参照。

(16) 村瀬興雄、前掲論文、六ページ。

(17) Ed. Beneš, *Aufstand der Nationen*, Berlin, 1928, S. 299, 273, 508 参照。Hantsch, *op. cit.*, S. 122.

(18) ズデーテン問題についてのチェコ民族主義の強い態度が、第一次大戦後の東ヨーロッパの民族的紛争に重大な役割を演ずることは、周知の通りである。

結語

以上、十九世紀末から一九一八年にいたる時期のオーストリア社会民主党の民族理論を、ブリュン党大会、カール・レンナー、オットー・バウアーを中心に順次検討してきたが、最後に全体について総括的な考察を行なって、結論にかえたいと思う。

オーストリア社会民主党の指導者たちが、この時期に幾多の興味ある民族理論を生み出した主要な目的は、オーストリア国内のはげしい民族的対立を緩和し、各民族の融和と発展をはかろうとするにあった。そして彼らの理論は、少なくとも一九一四年以前には、大体において次の三つの共通点を含んでいた。第一は、彼らがオーストリア領内各民族の文化的自由の必要を強調し、民族問題解決の基礎に個人の原理を置いたことであり、第二は、この原理にもとづいて各民族単位の自治組織をつくり、帝国をこれらの民族組織から成る民主的な連邦国家に改組しようとした点であり、第三は、民族自決をしりぞけ、超民族国家としてのオーストリアを、政治的統一体としてあくまでも存続させようとする構想であり、ブルジョア的民族主義に対抗するプロレタリアートの階級的連帯性が、そのよりどころとなっていた。しかもこれらの点は、たがいに不可分に結びついていたのである。

しかしながら、彼らの真摯な努力にもかかわらず、これらの理論はオーストリア国内の複雑な民族問題をよく調整することができず、実際上の成果ははなはだ乏しかったといわねばならない。コーガンの言葉をかりるならば、「もしひとが成功と失敗の実用主義的な基準で判断するならば、オーストリア社会主義の民族綱領は、疑いもなく歴史によって断罪されている。オーストリア社会民主党には、その綱領がテストされる機会が与えられなかったばかりでなく、それが保持しようと望んでいた建築物そのものさえ、来るべき諸事件によって一掃された(1)」のである。では、このような結果を招いた原因は、いったい何であろうか。

その主要な原因は、何といってもまず、社会民主党の思考の非現実性と、この党がオーストリア国内の民族問題一般の意義にたいして正しい目測能力を欠いていた点に求められねばならない。彼らは、ハプスブルク帝国内部における諸民族の共存という現実から出発したにもかかわらず、その思索の成果は、観念的構成物としての性格を免れなかった。レンナーの「二次元の連邦」に代表される将来の国家統治の構想は、その複雑さのゆえに実現は到底不可能であり、彼らの理論の特色をなした文化と政治・経済との分離も、現実政策のうえではそれほど明白ではありえなかった。また諸民族の民族運動の進み方も、彼らの予想をはるかに越えるものがあった。彼らは、各民族の労働者階級が共通の経済的利害と階級的連帯性にもとづいてたがいに団結し、排外的なブルジョア民族主義に対抗することを望んだが、ベーメンのように労働者と資本家がしばしば同じ被支配民族から成る場合には、効果が少なかった。そこでは労資協力の可能性があったばかりでなく、労働者階級は、自己の支持者を失わぬために、民族資本家とナショナリズムのうえではりあう必要さえあったから、各被支配民族の間に民族主義が進展するにつれて、党の分解はさけがたくなったのである(2)。

彼らの民族理論の難点は、オーストリア社会民主党が本来ドイツ民族を基幹とする組織であり、ドイツ人の指導下にあった、という事実とも深い関係をもっていた。当時ドイツ人の間には、被支配民族に見られた超党派的団結とは反対に、諸党派——キリスト教社会党、社会民主党、民族主義派、その他——の対立があり、社会民主党が民族的市民政党と共同作業を行なうことは、一般には起こりえなかった。しかもドイツ人は全体として、帝国内に占めたかつての圧倒的優位を次第にくずされ、全民族の間で孤立していた。社会民主党も、全体としては普選の実施後めざましい躍進をとげたが、そのうちドイツ系社会民主党は意気があがらず、帝国内の諸矛盾を一身にあびて、はなはだ不安定な地位に置かれていた。しかもドイツ系指導者たちの社会主義思想の中心的地位を占めたのは、依然国際主義であり、民族問題がとりあげられても、それに最優位が与えられることは、きわめて困難であったから、ここに彼らの民族理論と諸民族の現実的運動との間に距離が生まれたことは、当然である。彼らが民族政策のよりどころをオーストリア国家の容認にもとめたとき、それはたしかに国際主義を根拠とするものであったが、その意図にもかかわらず、彼らの態度は、異民族からは、ハプスブルク帝権の存在を合理化するものと受け取られるおそれがあり、実際にもたとえば普選問題の場合のように、彼らの立場が王室ないし封建的勢力によって、王権保存に利用された形跡がなかったとはいえない。

一方全帝国の枠組の保存は、そのもとにドナウ経済圏を保持しようとする、ドイツ人労働者の強い希望を反映したものでもあった。また「個人の原理」の提唱は、社会民主党の民族理論におけるユニークな特色をなすものであるが、レンナーが少数民族を問題にしたとき、具体的には、スラヴ人やマジャール人の居住地域のなかに孤立した言語範囲 Sprachinsel をもつドイツ人が念頭におかれていたことは明らかであり、さらに、この考え方が、本来西欧ヒューマニズムの伝統に立つドイツ人の思考形式をあらわすものであったことも、すでにふれた通りである。オーストリア連邦主義が、当時の状況のもとでドイツ人によって主張されたとき、理念自体の正当さにもかかわらず、異民族の共感を呼ばず、むしろ新しい装いをもって自己の優位を維持しようとするドイツ人のあがきと受け取られたのは、やむをえなかったといえよう。しかもこのような連邦主義への理念的な期待のゆえに、他の諸民族の民族運動のばく進を前にしながら、オーストリア・ドイツ人の社会民主党員の間では、みずからの民族的統合を強めるためにエネルギーを

結集する努力は、ついに起こりえなかったのである。(3)

オーストリア社会民主党の民族理論の欠陥は、すでに多くの人びとから指摘されているが、そのうちとくに注目すべきものは、ロシア社会主義陣営からの痛烈な批判であって、これは、オーストリアと同じく民族問題に悩まされた帝制ロシアの、しかも革命を成功させたマルクス主義者からの批判という点で、一段と興味深いものがある。ロシア・マルクス主義者の批判は、オーストリア社会民主党の民族理論がハプスブルク帝国の枠組を容認し、そのために民族自決のスローガンを拒否した点、また民族問題へのアプローチの仕方がその本質において文化的である点に、集中される。まずレーニンは、一九一四年に発表された「諸民族の自決権」のなかで、オットー・バウアーに言及し、彼がオーストリア・プロレタリアートの統一を維持するために、文化的自治権のみを認めて、被支配民族に政治的な分離・独立の権利を認めないことを非難している。レーニンによれば、現在西ヨーロッパでは資本主義が発展して、民族国家がすでに成立しているけれども、東ヨーロッパでは市民革命が完成していないために、なおブルジョア民族主義が優勢である。ロシアのマルクス主義者は彼らと提携する必要があり、一定の場合には、彼らを支配している国家からの政治的な分離独立の権利を認める必要がある。もとよりこの主張はプロレタリア国際主義によって制限されねばならぬが、民族自決の権利そのものを認めないと、異民族にたいする専制的支配者に味方する結果になってしまう。文化的自治の要求だけでは不十分であり、独立的民族国家の樹立を否認する場合には、その主張が反動的意味をもつ結果になりかねない。(4)

民族自決権は、すでにロシア社会民主労働党の一八九八年の創立大会で宣言されており、一九〇三年の第二回党大会で採択された党綱領のなかにも取りいれられているが、スターリンもまたオーストリア社会民主党の民族綱領にはげしい批判をあびせている。スターリンによれば、オーストリア国家の保存を前提にする彼らの文化的自治の理論は、正しいとはいえない。各民族の文化的自治に立脚する連邦的国家組織の主張は、プロレタリアートの統一を維持するうえに役立たない。かえって、「統一された階級運動はバラバラの民族的細流に分裂してしまう。……いや、それ以上に、それは労働者階級の運動の統一破壊を助長し、労働者間の民族的分裂を育て、軋轢を強化するところの地盤を生み出すことによって、ただ問題を悪化させ、混乱させるのに役立つだけである」(5)。そこでは、まず被抑圧少数民族に本国から分離する権利が与えらるべきであり、こうして真に平等の立場をえる各民族のプロレタリアートを、一個の革命政党に結集することによって、すなわち、ボリシェヴィズムによる各民族の結合を通じてのみ、民族問題の解決は可能である。世界の被抑圧民族は、帝国主義にたいするプロレタリアートの国際的解放闘争と結びつくことによってのみ、解放される。そしてこのようなプロレタリアートの社会主義のための階級闘争に利益をもたらすと思われる場合には、民族の文化的自治ではなしに、民族の自決権すなわち分離の自由が、戦術的に承認されるのである。民族自治をもって民族自決に代えることは、まったく不合理である。「民族的自治は、多くの民族から成るオーストリア国家の保全をあらかじめ仮定するが、民族自決はこの保全を凌駕する。……自決は一民族に主権を賦与するが、民族自治は、それに文化的権利を与えるにすぎない(6)」。

ロシアのマルクス主義者のこのような批判の背後には、実際的な事情が横たわっていた。多民族国家オーストリアの社会主義者たちによって定式化された民族政策のプログラムは、同じく多民族から成るツァーリ帝国の革命的グループの間に、影響を及ぼさずにはいなかった。二十世紀初頭ロシアでも民族主義が高まって、辺境地方その他の少数民族の間では分離運動が起こっており、ボリシェヴィキは、ユダヤ人の社会主義組織ブント Bund やコーカサス社会民主党一派の挑戦をうけていたが、これらのグループは、民族の文化的自治の原則を採用し、民族性の線に沿ってロシア社会主義運動を建てなおすことを主張しており、その際オーストリア社会民主党の所説を引合いに出していた(7)。ロシア社会民主党の第二回大会で、ブント派が、国家組織の問題について、少数民族にたいする文化的発展の自由の保証を要求し、また党組織の問題において、「ロシアのどの部分に住もうと、いかなる言語を話そうと、ユダヤ人プロレタリアートの唯一の代表」であることを要求したのは、その例である(8)。レーニンやスターリンは、オーストリア社会民主党を攻撃することによって、彼ら自身の党および綱領のために戦っていたのであって、そこには、党を民族別構成に分解してしまう危険を防いで、あくまでもその統一を維持しようとする決意が、はっきりと示されている。この論争以後たえずスターリンは、多民族から成るソヴェト国家が、ボリシェヴィズムの原則にもとづいてその民族問題を解決するのに成功した事実と、オーストリア・ハンガリー王国とその社会民主党による民族自治計画の失敗とを、このんで対比させている。(9) 二十世紀初頭から第一次大戦後にいたる歴史の経過にてらすとき、レーニンやスターリンの批判が適切であったことは、認めざるをえないであろう。

このようにしてオーストリア社会民主党は、その真摯な努力にもかかわらず、真に現実に適応した理論を確立することができず、したがってまた現実を自己の理論によって統御ないし整序することができず、かえって現実に追随しなければならなかったが、その際ハプスブルク帝国の運命を左右したものが国際的動向であったように、オーストリア社会民主党の思想的方向を決定的に制約したものは、これまた国際的事情にほかならなかった。ロシアから帰ったバウアーが比較的早く来るべき歴史の方向を洞察し、レンナーが戦争の最終段階にいたってやっとふみ切ったという違いはあったにしても、彼らの思想を、たんなる民族の文化的自治の尊重から政治的な民族自決の承認に、またオーストリア帝国の保存からもろもろの民族的独立国家への解体に移行させたものは、第一に、一九一七年のロシア革命であり、第二に、勝利の見こみの消滅とそれにともなう連合国側の意向——ウィルソンの十四ヵ条に集約される民族自決主義——の絶対権威性であり、第三に、以上の二つを背景にする領内諸民族のナショナリズムの急進化であったことは、すでに見たところである。そしてこのような思想的移行が、彼らの理論の自主的な展開であるよりも、むしろ彼らの意志に反してのやむなき現実の承認であったとみられる事実こそ、まさにオーストリア社会民主党の宿命的性格を示すものではないであろうか。一九一八年オーストリア王国が崩壊したとき、オーストリア社会民主党のドイツ人グループは、一致して、ドイツ人のみから成るオーストリアのドイツ国への合併 Anschluss を提唱したが、これまたドイツ人の民族意識の自生的高揚から生じたものではなく、その経済的基礎をうばわれ、政治的に無力化し、そのうえ連合国列強の強い支持に支えられた敵意ある新興諸国の出現の前によりどころなくさらされた、残骸国家

Rumpfstaat の存立の可能性についての疑念から生まれた考慮と見るべきであると、ハンチュは述べている。[10]

しかしこの問題については、いま一つの違った観点から眺めることが可能であり、また必要である。まず第一に、ハプスブルク帝国内部における諸民族の共存という現実から出発して、同帝国の修正と発展をはかろうとしたオーストリア社会民主党の民族理論が、現実に即した強味をもっていたことはたしかであり、レーニンらの批判にも耐える一面をもっていることは、否定できない。いなむしろ、バウアーをきびしく批判したそのレーニンが、同じ論文――民族自決の問題についてローザ・ルクセンブルクと交した論争――のなかで、オーストリア社会主義のプログラムから「民族自決」の原理が脱落していることをある点でやむをえないと認めていることは、はなはだ注目される点である。すなわち彼は、ここでオーストリア国家の特殊性を強調し、諸民族がこの国家から分離しようと努力しないで、反対に、自分たちの独立した民族的存在が強力で貪欲な隣国たちに押しつぶされることのないように、帝国の完全な形態を保存しようとつとめている、と述べているのである。[11] たしかに一九一四年以前には、オーストリア諸民族のなかで、真に帝国の解体を唱えていたものは、なお少数にすぎなかった。当時はすでに激しい民族闘争の時代であったとはいいながら、それは、将来にたいする確固たる建設原理にもとづいての対立であるよりは、民族的興奮につつまれた感情的闘争といった性格がつよく、すでにその要求がたんなる文化的自治を越えて完全な政治的自治に向かっていたにしても、帝国の枠内にとどまるか否かは、なお多分に曖昧であったといわねばならない。当時はセルビア人とクロアティア人とスロヴェニア人とが協力して国家をたてる見通しは少なく、スロヴァキア人もチェコ人と結合するか、ハンガリー王国内でクロアティア人と協力して民族自治権を拡張するかについて迷っていた。チェコ民族主義者も、急速に増大する工業生産のためにはドナウ盆地の広大な市場――ハプスブルク帝国の全領土――を必要としていた。各被抑圧民族――とくに発達のおくれた小民族――が完全な独立国となって列強の間に自己の生存権を主張することが非常に困難なことは、各民族運動の指導者たち自身よく認めているところであった。[12] このような現実のうえで、国際主義をかかげる労働者階級の政党が、諸民族に共通な階級的利益こそ民族的対立をしのぐであろうという信念をためすために、超民族国家の枠組を利用しようとし、「小」インターナショナルの試みが成功すれば、「大」インターナショナルも成功を保障されるに違いないと考えたのは、それなりに十分な理由をもつことであった。またレンナーやバウアーの民族理論は、レーニンやスターリンの批判にもかかわらず、ソ連・ユーゴなど多くの社会主義国家の実際政策のなかに、現在いろいろな形で部分的に生かされており、他方イギリス以下の西ヨーロッパ諸国が最近旧植民地民族にたいしてとりつつある政策のなかにも、彼らの主張と一致する所が多々あることは、見のがしがたい事実である。

第二に、民族主義への譲歩によってオーストリア帝国の統一性をあくまでも維持しようとしたオーストリア社会民主党の構想の基礎には、積極的には、ハプスブルク帝国の領域をふくむドナウ広域経済圏を確保しようとする強い希望があり、消極的には、他のどのような工夫をこらしても、領内諸民族にとって将来の見こみははるかにわるくなるであろうという、不安に充ちた確信が横たわっていた。その際考えられたドナウ広域経済圏は、帝国主義時代の生産力によって一定の必然性を与えられた経済単位であったことは、疑いをいれず、このような広域経済に立脚する諸民族の共同体という理想が、当時の条件のもとでは戦争への道に通じていたことも、否定できないであろう。しかしながら、第二次大戦の終末に国際連合の胎動を聞きつつ準備されたカーの『ナショナリズムとその後』(E. H. Carr, *Nationalism and after*, 1945)が明快に予想したように、現在の世界は、もはや民族の独立完成だけでは問題の真の解決とならず、一種の広域経済圏を基礎としなければ民族が発展できない事実を示している。共産圏のブロック経済や西ヨーロッパ共同市場の出現は、まさにその好実例である。してみれば、少数民族のむやみな分離・独立に反対して、広域経済に立脚する諸民族の共同体という理想をかかげたオーストリア社会民主党の指導者たちは、むしろはるかな先見の明をたたえらるべきではなかろうか。

最後に、彼らの消極的不安について付言しよう。すでにみた通り、ドナウ王国の瓦解が不可避的に汎ドイツ帝国主義ないし汎スラヴ帝国主義による王国内諸民族の併合・吸収に導くであろうという懸念は、第一次大戦以前のオーストリア社会民主党にとっては絶対の確実性をもつ真理と思われていた。やがて一九一八年にハプスブルク帝国が現実に崩壊したとき、その砕片のうえにもろもろの民族的独立国家がつくられたことは、このような社会民主党の恐怖がたんなる取越苦労にすぎなかったことを証明しているようにみえる。しかしながら、一九二〇年代以後の第二次世界大戦をピークとする悲劇的なヨーロッパの歴史をふりかえるとき、一九一八年の民族問題の不十分な解決が、はたして真にレンナーやバウアーの考えた民主的なドナウ連邦国家の構想にまさるものであったといいきれるであろうか。この点で、カール・レンナーが一九〇六年に記した次の言葉は、今日われわれに多くのことを考えさせずにおかない。

「このユートピア(オーストリアのための連邦主義的憲法)は、二つの可能な途の一つであるように、わたしには思われた。恐らくいま一つの途があるであろう。すなわちオーストリアの第一次、第二次、第三次分割が。――その場合には、この国はヨーロッパ諸民族の戦場となり、新しい三〇年戦争の活舞台となるであろう。なぜなら、ドイツとロシアはともに自己の領土内で狭すぎると感じているから、ドイツはオーストリアを越えてアドリア海へ、さらに親密な関係にあるボスフォルス海峡まで前進しようとし、……ロシアは聖なるビザンティウムおよび地中海の方へ突き進もうとするからである。……わが住民の多くが倒され、われわれの土地が荒らされてしまったあとで、結局われわれはふたたび新しい文明圏に統合されるようになるであろう。しかしわれわれ自身、またわれわれの子供たち、そしてわれわれの財産は、このような変形のための代償を支払っていることだろう。……いや、わたしはこのような考え方を論じないことにしよう。ドナウ諸民族がこのような事態を起こらせるほど愚かであり、無分別であると考えることは、それらの諸民族を誹謗することであるから(13)」。

(1) Kogan, *op. cit.*, p. 215.

(2) ブリュン綱領を受けいれる点で一致していたオーストリア社会民主党のさまざまな民族部門が、その後まもなく、民族問題にかんする彼らの政策をブルジョア諸政党の政策に合わせていったことは、注目に値する。社会民主党は、第一次大戦直前には組織の面だけでなく、イデオロギーの面でも、民族性の線に沿ってはっきりと分裂したのである。*Ibid.*; Jászi, *op. cit.*, p. 184.

(3) Hantsch, *op. cit.*, S. 80.

（4） Lenin, *Selected Works in two volumes*, vol 1. part 2, Moscow 1952, pp. 317 ff. 村瀬興雄『ヒトラー』一六四ページ。しかしボリシェヴィズムの前提には中央主権主義があり、民族自決は戦術的に、すなわち権力への道を容易にするという目的に役立つときにのみ、例外的に許される、といわれている。この点は、のちのスターリンについても、同様である。岩間徹『ロシア革命とソ連邦の成立』一〇七ページ、参照。Cole, *op. cit.*, II, p. 556 f. なお、レーニンによるオーストリア・マルクス主義民族理論の批判については、新しい材料をつかっている点で、つぎの論文が一読に値するが、その立場は、あまりにも公式的で、深い理解はみられない。Alfred Anderle, "Der Kampf Lenins gegen die Verfälschung der nationalen Frage durch die Austromarxisten", in *Probleme der Ökonomie und Politik in den Beziehungen zwischen Ost- und Westeuropa*, Berlin, 1960, S. 163-180.

（5） J. Stalin, *Marxism and the national and colonial question*(New York, n. d.). スターリン「マルクス主義と民族問題」(大月版全集、第二巻、三六六―三六七ページ。但し訳文には変更を加えた)。岩間、前掲書、一〇五ページ。

（6） スターリン、前掲書、三六二ページ。

（7） スターリン、前掲書、三六八―三八三ページ、参照。

（8） 岩間、前掲書、一〇四ページ。

（9） スターリン、前掲書、三九七―四〇四ページ、参照。また J. Stalin, *Report on the new Soviet constitution* (New York, 1936), p. 10 参照。Kogan, *op. cit.*, p. 215. 一九一八年十月十六日に皇帝カールは、帝国を諸民族の民主的連邦に改組する旨宣言したが、瀕死の帝国の救済策となるにはあまりにも遅すぎた。

（10） Hantsch, *op. cit.*

（11） Lenin, *op. cit.*, p. 331.

（12） マサリク Masaryk も、一九一三年、その最後の議会演説において、つぎのように述べている。「わたしは、オーストリア崩壊の夢に参加することはできないし、このオーストリアが、よかれあしかれ存続するであろうということを知っているので、まさにそれゆえに、このオーストリアから何物かをつくり出すことが、わたしにはまったく重大な問題なのだ。……われわれの国家権的な、また行政的な構想は、他のものを弱めることを志すのではなく、全体を強化することをめざすものである」。チェコの熱烈な民族主義者として有名なクラマーシュ Karl Kramář も、一九〇六年につぎのように明言している。「ヨーロッパの中心にあるわが民族の状態と、国際的な力関係の形態とは、それだけ一層、わが民族の将来の保障を強力で内的に健全な一つのオーストリアのなかに求めることを、われわれに強要する」(*Anmerkungen zur böhmischen Politik*)。ベネシュ Eduard Beneš すら、パラツキー Palacký やハヴリチェク Havlíček の連邦主義理念の影響をうけた青年期の見解を克服して、オーストリア王国を破壊するための宣伝戦をはじめるまでには、若干の時を必要としたのである（“Le Problème autrichien et la question tschèque” から “Détruisez l'Autriche-Hongrie” への発展がそれである）。Hantsch, *op. cit.*, S.66 f.; Kogan, *op. cit.*, p. 216.

(13)　Springer, *Grundlagen*, S. 248; Hantsch, *Geschichte Österreichs*, II, S. 469; Kogan, *op. cit.*, p. 216 f.

第三章　ハンガリーの経済的発展と社会・政治構造

——オーストリアとの関係を中心に——

はしがき

十九世紀から二十世紀にかけてのヨーロッパ・ナショナリズムを考察の対象とするとき、ドイツ・イタリアの統一運動やバルカン諸民族の独立運動と並んで、ハプスブルク帝国の民族問題が重要な位置をしめることは、いうまでもない。多民族国家ハプスブルク帝国にとって、民族問題は一つの宿命ともいうべきものであったが、その展開のうえで決定的な転回点になったのは、一八六七年のアウスグライヒとそれに伴うオーストリア・ハンガリー二重帝国の成立である。このテーマについて、従来欧米ではおびただしい研究が行なわれ、数多くの成果が生まれているが(1)、基本的な論点をめぐって幾多の対立があり、今なお終局的な見解の統一をみるに至っていない。一方わが国では、この問題はまったく未開拓の分野に属し、本格的な研究は皆無といってよい状態である。本稿の目的は、最近の欧米の研究成果をふまえつつ、アウスグライヒの結果生まれたオーストリア・ハンガリー二重帝国の構造と特質について立ち入った考察を行ない(2)、東・中欧の民族問題の基本的性格を明らかにしようとするにある。そのためには、内政・外交・経済・軍事など多くの角度から検討を加え、それらの成果を総合的に評価したうえで結論を下す必要があるが、ここでは、このような包括的研究の第一着手として、まず経済的側面を取りあげることにしたい(3)。しかし本論にはいる前に、あらかじめ全般的な論点を整理し、問題の所在を明らかにしておくことが便利であろう。

少数のドイツ人が多数の異民族のうえに専制的支配を行なうハプスブルク帝国の政治体制は、一八四八年の革命以後衰退の道をたどりはじめたが、一八五九年のイタリア統一戦争に敗れてロンバルディアを失い、さらに一八六六年の普墺戦争に敗れてドイツ連邦からしめ出された結果、オーストリア・ドイツ人の中央集権は危機に直面し、領内の民族運動は一段と激化した。そのうち、輝かしい歴史をもち特に強く民族的自立を望んでいたのは、ハンガリーのマジャール人であったから、皇帝フランツ・ヨーゼフ一世は、敗戦後のオーストリアの分解を防ぎケーニヒグレーツの復讐をはたすためには、ハンガリーへの譲歩による「二重制度」をとるほかないと考えるに至った。そこでオーストリアの支配層はマジャール人貴族と妥協し、一八六七年ハンガリー王国の建設を許してこれをオーストリアと対等の地位に引き上げ、皇帝がハンガリー国王を兼ねるオーストリア・ハンガリー二重帝国が成立したのである。

アウスグライヒの結果、ハンガリーは歴史的国境の内部で独自の憲法・議会・政府をもつ独立の王国となり、内政にかんしては完全な自治権をもつことになった。ここにマジャール人の多年の願望は一応かなえられ、オーストリアとハンガリーの間の紛争は一先ず落着し、両国の関係は以後親密の度を増していった。しかしその反面、アウスグライヒはスラヴ系その他の領内諸民族をまったく無視したものであったから、彼らを二重帝国に対する決定的な反対者の立場に追いやり、以後ハプスブルク帝国の民族問題は、西部と東部でそれぞれ支配的地位を占めるドイツ人およびマジャール人と、他の従属諸民族との間の対立関係に移行し、これら諸民族の高まる反抗とドイツ人・マジャール人のそれに対する対応が中心テーマとなるのである。

しかし、以上ですべて尽きると考えるならば、大きな誤りである。オーストリア・ハンガリー二重帝国は、完全な独立国であるオーストリアとハンガリーとを単なる同君連合の形でつないだものではなかった。両者は内政的に独立した二つの国家になったとはいいながら、軍事・外交・財政の点でなお実質的な結合を保ち、これらの政務は両国を代表する共通閣僚の手で処理された。また、予算案を承認し共通の諸省を監督する任務をもつ「代理委員会」Delegation が設けられたが、この共同の会議体は、それぞれオーストリアとハンガリーの議会から選出される各六〇名の委員をもつ二つの委員会から成り、ウィーンとブダペストで交互に開かれることになっていた。そのほか、通商・関税・通貨・鉄道・帝国銀行にかんする事項は、共通大蔵大臣の手を離れ、両国が独立国の立場で相互に協定を結ぶことになったが、この協定は一〇年ごとに更新されなくてはならなかった。こうした共通部分の運営をめぐって、両国の利害は種々対立し、両者の間にはしばしば衝突がおこり、それは時とともに深刻化していった。それゆえアウスグライヒ後も、ハンガリーとオーストリアの間の関係がハプスブルク帝国の民族問題の重要な一面をなしていたことは、否定できない。

本稿は、アウスグライヒ後の両国間の関係を、主としてハンガリーの側から考察しようとするものであり、具体的には次の諸点が問題となる。アウスグライヒは実際上ハンガリーにどのような利害得失をもたらしたのか。二重帝国の内部でハンガリーはオーストリアに対して優越した地位にあったか、それとも従属的な地位にあったのか。さらにハンガリーは二重帝国の重要な支柱としてその統合を助ける役割を果たしたのか、それとも帝国の統合を損なう分解的機能を果したのか。これらの諸点の具体的な検討は、ハプスブルク帝国の複雑な構造とそこにおける民族運動のいりくんだ性格を解明するうえの重要な鍵となるであろう。

（1）　アウスグライヒにかんする研究は、Louis Eisenmann, *Le Compromis Austro-Homgrois de 1867*, Paris, 1904 以来おびただしい成果が現われているが、最近のものでは、*Der Österreichisch-Ungarische Ausgleich von 1867, Vorgeschichte und Wirkungen*, hrsg. von Forschungsinstitut für den Donauraum, Wien, 1967; *Historisches Geschehen im Spiegel der Gegenwart, Österreich-Ungarn, 1867–1967*, hrsg. von Institut für Österreichkunde, Wien, 1970; *Der Österreichisch-Ungarische Ausgleich 1867*, Bratislava, 1971 が、問題を概観・展望するのに便利である。

（2）　オーストリア・ハンガリー二重帝国の構造と特質を明らかにするためには、アウスグライヒの成立事情の正確な認識が前提となり、両者は不可分の関係にあるといってよい。しかし、アウスグライヒの成立過程については他日立ち入った考察を行なう予定であり、ここでは必要なかぎりでふれるにとどめたい。

（3）　従来ハプスブルク帝国の民族問題は二重主義か連邦主義かという国制上の契機、言語問題とその影響、顕著な人物の役割などに重点がおかれ，社会経済的な側面はほとんど顧みられなかったといってよい。しかし，最近ようやくこうした視角から鋭いアプローチが行なわれはじめ，かなりの成果をあげている。Rudolf Fink, *Die österreichisch-ungarische Monarchie als Wirtschaftsgemeinschaft*, München, 1968; Pamlényi, *Social-Economic Researches of the History of East-Central Europe*, Budapest, 1970; H. Matis, *Österreichs Wirtschaft, 1848–1913*, Wien, 1972 などは，その点で注目される。ハプスブルク帝国の，民族問題を含む基本的諸問題を正確に捉えるためには，ぜひともこうした新しい視角や研究方法に依拠する必要があり，本稿でもそうした意味で，まず最初に経済的側面に目を向けたいと思う。

1　学説史的展望

二重帝国においてハンガリーははたして優越した地位にあったか，それとも従属的な地位にあったのか，という問題について，従来の多くの著書や論文は，相反する見解に充たされている。まず比較的新しい研究を取りあげてみよう。ウィーン大学のツェルナー Zöllner は一九六一年に刊行された標準的なオーストリア史の概説のなかで，二重帝国の政治状況は，ハンガリーが共通経費をより少なく分担しながら，原則的にはオーストリアと同等の権利をもち，実際にはオーストリアよりも優勢であったという事実によって特徴づけられる，と述べている。(1) 一方ハンガリーのシャーンドル Vilmos Sándor は，一八六七年から一九〇〇年に至る時期のハンガリー経済史にかんする研究――これは一九五〇年代には標準的著作とみられたものである――のなかで，一八六七年のアウスグライヒまでに，ハンガリーは以前の「植民地的」地位から「半植民地的」地位に変わったにすぎず，「相対的に優越した資本力をもつオーストリアは，農業国であり資金の不十分なハンガリーを，依然半植民地的従属の状態に保った」と記している。(2)

二重帝国の両半部の相互関係について，以上二つの見解は対照的であるが，これは実は，歴史家の間に広範囲に存在する意見の相違を反映したものであり，しかもそれは，二重帝国の末期およびその解体後の時期に早くも支配した，相反する政治的見解の影響を，強くこうむっているのである。次にその系譜を簡単にふり返ってみよう。ハンガリーに対する批判的な見解を最初にはっきりした形で表明したのは、オーストリアの歴史家レートリヒ Joseph Redlich とビーブル Viktor Bibl であった。レートリヒはその著書『オーストリアの国家＝帝国問題』(一九二〇年)のなかで、一八六七年のアウスグライヒは、ハンガリー人にとっては勝利に等しいものであり、その結果樹立された二重帝国においても、ハンガリーは優位を占めた、と述べ[3]、ビーブルは『オーストリアの崩壊』(一九二四年)のなかでいっそう鋭く、一八六七年から一九一四年に至る全時期を通じて、帝国の両半部の間の「同等」は殊勝な願望以上のものではなかった。なぜなら、ハンガリー人の要望は彼らの政府と議会の決議という形をとって、全帝国の至るところでつねに優勢であり、オーストリアはこれに服従し従属する結果になったからである。ハンガリー人のショーヴィニズムこそ、二重帝国を衰退にみちびいた主要な原因であった、と述べている[4]。

このような見解は一九二〇年代のオーストリアの歴史家たちの間で支配的であったが、第二次大戦後の時期にも、事実上変わらぬ形で現われている。たとえば、この時期を代表するオーストリアの歴史家ハンチュ Hugo Hantsch は、総合的な大著『オーストリア史』のなかで、帝国の政策決定に際して、特に対外政策の領域で、ハンガリー人はドイツ人よりもはるかに大きな影響を及ぼした。それは主として、彼らのゴールおよび行動のコースがより一貫していたためであり、ハンガリーの独立に対する熱望および彼らの政府のナショナリスティックな政策こそ、帝国における最も危険な分解的要素であった、と述べている[5]。二重帝国の国内事情を熟知しているアメリカ在住の歴史家カン Robert A. Kann も、アウスグライヒは、ドイツ系オーストリアの政治的リーダーシップを、ハンガリーにおける、ある意味では全帝国におけるマジャール人の支配者的役割に従属させた、という結論に達している[6]。なお、二重帝国におけるハンガリーの優位を指摘する見解は、オーストリア以外の歴史家にも共有されており、西ドイツのゲオルク・フランツ[7] Georg Franz やフランスのドローズ[8] Jacques Droz はその代表的な例である。しかしこのような見解が、全体としてオーストリア側の立場を反映したものであることは、明らかである。

次に、ハンガリー側からの二重主義批判に目を向けよう。それはラヨス・コッシュート Lajos Kossuth に端を発するもので、彼は一八六二年にドナウ連合のプランを立案しているが、そこにみられるドナウ地域再編成の構想は、一八六七年のアウスグライヒとは正反対のものであった。アウスグライヒの成立後、彼はこれを批判して、民族的な権利と主権を放棄して単なる州の地位に落ちこむことの危険を系統立てて述べており、(9)このテーゼがその後長く、彼の信奉者や追随者の議論の基礎になったのである。二重帝国のもとでハンガリーが抑圧をこうむっているという多分に推定的な見方は、独立党の機関紙にあおられてハンガリーの世論のうちに定着し、多くのハンガリー人は、自国が「州的・植民地的存在」におちいる運命にあると確信するに至った。こうした見解は、両大戦間期の公式の歴史叙述では背後に押しやられているが、(10)そのある面は、第二次大戦後ふたたび、ハンガリーのマルクス主義史家の著作のなかに特異な形でよみがえっている。

マルクス主義史家たちは、アウスグライヒをオーストリアとハンガリーの間の単なる国制上の協定ないしは双方の間に権力を分け合うための協定とは考えず、それを大きな歴史的進行の一局面としてとらえる。彼らによれば、アウスグライヒは、一八四八年の革命とともに始まった王国のブルジョア的＝民族的変形の第一期の終幕であり、当時のハプスブルク帝国の国際的・国内的な力関係のなかで、「上から」押しつけられた反民主的協定であった。(11)二重主義体制についても、彼らはその社会的背景および社会的性格を強調し、ハンガリー支配階級の民族政策を鋭く批判する。しかしオーストリアとの関係については、彼らは「民族的諸権利の放棄」、「不完全な主権」、ハンガリーのオーストリアに対する政治的・経済的依存を主張する点で、帝国存続当時の二重主義反対者たちのテーゼを引き継いでおり、(12)ハンガリーの「半植民地的地位」を裏書きする幾多の資料を使って、議論を進めている。最初にふれたように、一八六七年のアウスグライヒはそれ以前のハンガリーの「植民地的」地位を「半植民地的」地位に変えたにすぎないという命題は、第二次大戦後の一〇年間に、ハンガリーでは教科書にも取りいれられ、特殊研究においても一般に受けいれられたものであった。(13)その後一九五八年のブダペスト歴史家会議で、シャーンドルは「半植民地的従属状態」という規定を修正して、「二重王国の階層的従属体制」(14)という概念を用いているが、彼はこの新しい概念の枠組のなかで、依然ハンガリーが従属と被抑圧の状態にあったことを証明しようとしている。

以上の学説的回顧によって、われわれは、二重帝国内のハンガリーの地位と役割について、大別して二つの対立する見解があることを知った。しかも歴史家のこの問題に対するアプローチは、伝統的な同情ないし敵意に根ざす場合が多く、ハンガリーの政治的、社会経済的発展については、最新の方法に基づく精密な客観的記述の欠けている点が特徴的であるといってよい。われわれの課題は、従来の諸見解の論旨に注意を払いながらも、主観的ないし感情的な偏見を離れ、科学的な方法に立脚してできるかぎり公平かつ客観的に考察を進め、妥当な結論を引き出すことでなければならない。

（1） Erich Zöllner, *Geschichte Österreichs. Von den Anfängen bis zur Gegenwart*, 2. Aufl. Wien, 1961, S. 412.

（2） Vilmos Sándor, *Nagyipari fejlődés Magyarországon, 1867–1900* (The Development of Large-Scale Industry in Hungary 1867–1900), Budapest, 1954, p. 13 f.; Péter Hanák, "Hungary in the Austro-Hungarian Monarchy. Preponderancy or Dependency ?", *Austrian History Yearbook*, vol. III, pt. I, 1967, p. 260 f.

（3） Joseph Redlich, *Das österreichische Staats- und Reichsproblem. Geschichtliche Darstellung der inneren Politik der habsburgischen Monarchie von 1848 bis zum Untergang des Reiches*, 2 Bde., Leipzig, 1920, Bd. II, S. 585 f., 672–675.

（4） Viktor Bibl, *Der Zerfall Österreichs*, Bd. II: *Von Revolution zu Revolution*, Wien, 1924, S. 306–308, 317 f., 391, 406.

（5） Hugo Hantsch, *Die Geschichte Österreichs*, 2. Aufl., 2 Bde., Graz, 1962, Bd. II, S. 379–381, 459–461.

（6） Robert A. Kann, *The Multinational Empire: Nationalism and national Reform in the Habsburg Monarchy, 1848–1918*, 2 vols., New York, 1950, vol. I, p. 89.

（7） Georg Franz, *Liberalismus. Die deutsch-liberale Bewegung in der habsburgischen Monarchie*, München, 1955, S. 363

（8） Jacques Droz, *L'Europe Centrale: Évolution de l'idée historique de Mittel Europa*, Paris, 1960, p. 126, 162 f.

（9） *Kossuth Lajos Iratai* (The Papers of Lajos Kossuth), 2nd ed., 13 vols., Budapest, 1880–1911, vol. VII, pp. 290–323, vol. VIII, pp. 10–14, 27–29, 56 f.; Hanák, *op. cit.*, p. 264.

（10） 第一次大戦後ハンガリーは多くの領土を失い悲惨な状態におちいったために、過去の二重帝国時代への懐しい回想が生まれ、両大戦間のハンガリーの歴史叙述の標準的な著作は、二重主義体制の欠陥を批判しながらも、二重制度に好意をもち、帝国の両半部の間には真の平等があったとし、二重帝国をその中に生活した人々にとって最良の統治形態であったとみている。Bálint Hóman and Gyula Szekfű, *Magyar történet* (Hungarian History), 3rd ed., 5 vols, Budapest, 1935–36; Sándor Pethő, *Világostól Trianonig* (From Világos to Trianon), 3rd ed., Budapest, 1925; Gusztáv Gratz, *A dualizmus kora. Magyarország története, 1867–1918* (The Age of Dualism. The History of Hungary, 1867–1918), 2 vols., Budapest, 1934 などがそれである。なおこの見方は、最近 Julius Miskolczy, *Ungarn in der Habsburger Monarchie*, Wien, 1959 の中にふたたび現われている。

(11) アウスグライヒについてこのようなマルクス主義的評価を最初に展開したのは、József Révai, "Kossuth Lajos", in *Marxizmus, népiesség, magyarság* (Marxism, Populism, Magyardom), Budapest, 1948, p. 159 f. である。Hanák, *op. cit.*, p. 264.

(12) 彼らのアウスグライヒ批判は、ハンガリーが民族的独立を犠牲にして譲歩を行なった点に向けられているが、そこには、反ファシスト的民族統一の精神が基底にあることは、否定できない。Hanák, *op. cit.*, p. 265 参照。

(13) *Ibid.*

(14) Vilmos Sándor, "Der Charakter der Abhängigkeit Ungarns im Zeitalter des Dualismus", in *Studien zur Geschichte der Österreichisch-Ungarischen Monarchie*, hrsg. von Vilmos Sándor und Péter Hanák. *Studia Historica Academiae Scientiarum Hungaricae*, Nr. 51, Budapest, 1961, S. 303–330.

2　政治的結合と経済的発展の問題

本章の課題は、まず経済的側面から、二重帝国におけるハンガリーの地位を正確に捉えることである。その際われわれはまっ先に、従来はげしい論議の行なわれてきた一つの重要な問題、すなわち、オーストリアとの政治的な結びつきを、ハンガリーの経済的発展の見地からいかに評価すべきか、という問題に直面しなければならない。すでにみたように、二重帝国の時代、帝国の両半部は共通の関税および通貨地域を形成したが、このような関係は、ハンガリーにいかなる得失をもたらしたのであろうか。二重帝国内のハンガリーの経済的地位を取り扱った文献は、広範にわたるが、この問題にかんする評価は、これまた論者の政治的立場を反映して、ほぼ二つに大別される、その一つは、ハンガリーが有利な経済的状況にあったことを強調するものであり、他の一つはオーストリアが優位にたち、そのためにハンガリーが不利な影響をこうむったことを力説するものである。両者の間には、すでに帝国存続中からはげしい論争が行なわれたが、その中心に立ったのは、「共同関税地域」の評価をめぐる問題であった。前者すなわち共同関税地域の支持者たちは、二重主義時代のハンガリーに顕著な経済的進歩がみられることを力説し、ハンガリーの農業家が、帝国の西半部に一つの安全なもしくは特恵的な市場をもったことによって幾多の利益を享受した事実を、指摘する。彼らはまた、近代的な工業の発展は共同市場地域においても起こりうると主張し、ハンガリーの工業化が急速なペースで進みつつあることを示そうとした。このような論旨は、第一次大戦前夜に出版されたさまざまな著作のなかにうかがわれる。(1)

しかし、ここで特に注目する必要があるのは、むしろ第二の見解である。ハンガリー独立関税地域の擁護者たちは上述の論旨に反対して、共同関税領域こそハンガリーの地主に大きな恩恵を与え、ハンガリーの外国貿易を不利な立場におき、オーストリアとの財貨交換を不釣合なものにし、彼らの国の工業化を損なうもろもろのハンディキャップを生み出した原因である、と主張した。とりわけ興味深いのは、工業化なしには経済的後進状態を抜け出すことができないのに、オーストリアの急速な工業化がハンガリーの工業発展を妨げている、と論じている点である。一八八〇年代のまた世紀転換当時の多くの研究は、まさにこのような考え方を推し進めたものであった。(2)

これらの議論はその後の歴史解釈のなかにさまざまな形で受け継がれているが、特に重要なのは、第二次大戦後のハンガリーの歴史家たちの見方である。彼らもまた、共同関税地域の存在がハンガリーの経済に不利益をもたらした事実を強調し、工業化のパターンが一方に偏したものであったこと、すなわち、食品加工業の発展に重きがおかれて軽工業が十分に開発されず、そのことが帝国でのハンガリーの工業発展能力に重大な制限を加える条件になったことを、指摘する。彼らはまた、ハンガリーが経済的にオーストリアに依存し搾取されたという命題を原則的に支持し、農産物と工業製品の交換は不可避的に公正を欠き、オーストリアがあらゆる商業上の利益を得た、と主張する。さらに彼らによれば、オーストリア資本家のハンガリー企業への広範囲な投資は、ハンガリー内で使用されたかもしれぬ蓄積資本の一部を脇にそらせ、オーストリアに対するハンガリーの経済的・政治的依存関係を増大させるはたらきをしたのである。(3)

われわれの仕事は、二重帝国内のハンガリーの経済状況の実態を正確に把握し、それに照らしてこれらの主張の正否を検討し直すことでなければならない。しかし、こうした学問的作業の前には多くの困難が横たわっている。まず第一に、ハンガリー経済史の多くは単なる事実の年代記(4)にとどまるか、さもなければ政治性ないしイデオロギー性の強い書物であって、近代的な方法にもとづく科学的分析とはいえず、同一のデータがまったく違った具合に解釈されている場合も、少なくない。それと関連して第二に、全体の経済成長にかんする総合的指数や、経済がいかに有効に作用したかを示す統計をみいだすことは、はなはだ困難である。第三に、二十世紀前半の著作のなかには、客観的な比較研究の態度がまったくみられない。

ところが最近になって、ハンガリーの中堅的な学者の間に、従来の学風をのりこえようとする新しい傾向が現われ、幾多のすぐれた研究成果を発表している。このグループに属する人々としてはベレンド Iván Berend、ラーンキ György Ránki、ハナーク Petér Hanák、カトゥシュ László Katus(5)らをあげることができる。これらの人々は、ハンガリーの経済的発展および二重帝国内のハンガリーの相対的地位について、正確な統計にもとづき、比較的な研究方法を駆使して、客観的にアプローチしようとしている点が特徴的であって、われわれもまた教えられるところが多い。本稿も、これらの学者の一連の研究を主要なよりどころにしなければならないが、同時にまたそれらの研究にも疑念をさしはさむ余地がないわけではない。それらについては私見で補足を加えながら、以下の考察を進めてゆきたいと思う。

（1） こうした見解はハンガリーでもみられなくはない。たとえば，Sándor Matlekovits, *Közös vámterület és gazdasági elválás Ausztriától* (The Common Customs Area and Economic Separation from Austria), Budapest, 1905; S. Katona, *A közös vámterület* (The Common Customs Area), Budapest, 1905; L. Láng, *A vámpolitika az utolsó száz évben* (Tariff Policy in the Last Hundred Years), Budapest, 1904 などがそれである。しかしそれは，なんといってもオーストリア側で，支配的であった。Rudolf Keller, *Die Industrieforderung in Ungarn*, Praha, 1906; Wilhelm Offergeld, *Die Grundlagen und Ursachen der industriellen Entwicklung Ungarns*, Jena, 1913; Rudolf Sieghart, *Zolltrennung und Zolleinheit*, Wien, 1915 ; Hanák, *op. cit.*, p. 266.

（2） 特に Soma Mudrony, *Iparpolitikai tanulmányok a hazai ipar emelése tárgyában* (Studies on the Policy for the Development of Home Industry), Budapest, 1877; David Pap, *Magyar vámterület* (The Hungarian Customs Area), Budapest, 1904; *Memorandum on the Development of the Home Small and Large-Scale Industry*, Budapest, 1909 を見よ。Hanák, *op. cit.*

（3） Sándor, *Nagyipari fejlődés*; Vilmos Sándor, *A tőkés gazdaság kibontakozása Magyarországon, 1849–1900* (The Genesis of the Capitalist Economy in Hungary, 1849–1900), Budapest, 1958; Ivan T. Berend and György Ránki, *A monopolkapitalizmus kialakulása és uralma Magyarországon, 1900–1944* (The Genesis and Power of Monopoly Capitalism in Hungary 1900–1944), Budapest, 1958; Hanák, *op. cit.*, p. 267 f. 参照。

（4） Heinrich Benedikt, *Die wirtschaftliche Entwicklung in der Franz-Joseph-Zeit*, Wien, 1958 はその例である。

（5） 最近このグループの学者たちが，英語・ドイツ語・フランス語・ロシア語などで数々のすぐれた研究成果を発表していることは，はなはだ好都合である。まとまった著書としては，次のようなものがある。*Studien zur Geschichte der Österreichisch-Ungarischen Monarchie, Studia Historica Academiae Scientiarum Hungaricae*, 51, Budapest, 1961; *Die nationale Frage in der Österreichisch-Ungarischen Monarchie, 1900–1918*, Budapest, 1966; Pamlényi, E. (ed.), *Social-Economic Researches of the History of East-Central Europe, Studia Historica*, 62, Budapest, 1970; Berend and Ránki, *Economic Development in East-Central Europe in the 19th and 20th Centuries*, New York and London, 1974. そのほか Hanák, Berend, Ránki たちは，*Austrian History Yearbook; Die Habsburger Monarchie, 1848–1918*, Bd. I., *Die wirtschaftliche Entwicklung*, Wien, 1973 などにも寄稿している。ハンガリー語によるものは，もちろん非常に多い。

3　帝国両半部の経済成長の比較

前節でみたように、従来ハンガリーの歴史家たちの多くは、オーストリアとの政治的なつながりがハンガリーを経済的に不利な従属的地位におき、ハンガリーの経済的成長を妨げもしくは制限する大きな原因になったこと、ハンガリー経済の農業的性格、その後進性および構造的なゆがみの主要な原因であったことを力説してきた。この見解の正否を検討するために、ここでは次の四つの視点を設定することにする(1)。

第一は、十九世紀中葉から第一次大戦直前に至る時期に、ハンガリーが実際にどのような経済的発展をとげたか、同時期のオーストリアの経済的発展と比較してそこにはどのような特徴がみられるかを、具体的に明らかにすることである。それによって、二重帝国内でのハンガリー経済の相対的地位はおのずからはっきり浮かびあがるであろう。

第二は、ハンガリーの農産物をより高度に工業化されたオーストリアの商品と交換する際に、ハンガリー側にはたして欠損はなかったか、という点の検討である。

第三は、二重帝国という一大共同関税地域の存在は、ハンガリーの工業化を制限しなかったかどうか、もし制限したとすれば、それはいかなる形でどの程度まで行なわれたか、という点の考察であり、これこそ問題の核心にせまる最も重要な論点といわねばならない。

第四は、外国資本、特にオーストリアからハンガリーに流れこんだ資本の役割である。オーストリア資本の流入は、民族的独立戦争の失敗と完全な主権の欠如がもたらした結果であり、もっぱら搾取、経済的依存、従属の道具とみなされる、というハンガリー史学の在来の見解を吟味することが、そこでの中心テーマとなる。

第一の設問から出発しよう。その際ハナーク Péter Hanák は、有効かつ特徴的な一つの指数として、年間の国民的

表 II-3-1　1850–1913年間のハンガリーの純生産物（単位：100万クローネ）

	農業	パーセント	工業および鉱業	パーセント	商業および輸送	パーセント	純生産物の総計	成長率（一八五〇＝一〇〇）
1850年	670	80	95	12.0	55	8.0	820	100
1870	800	76	180	16.5	80	7.5	1,060	130
1900	2,209	63	860	25.3	409	11.7	3,478	424
1911–13	4,549	64	1,840	25.9	722	10.1	7,111	867

純生産物と国民所得を取りあげているが、(2) わたしもこれを一応考察の手がかりにしようと思う。二十世紀十年代のハンガリーについては、かなり正確な国民所得の統計がフェルナー Frigyes Fellner およびヴァイツナー Ernst Waizner の著書のうちに見出され、(3) 一般に経済史家の間で利用価値のあるものと認められているが、ハナークはこの時期にかんする統計的方法をそれ以前の時期にも適用して、次のような見積りを行なっている。(4)

表II-3-1は、一八五〇―一九一三年間のハンガリーの純生産物を示すものであるが、この表を成長指数と関連させて読む場合には、六〇年余の期間中におこった貨幣価値の変動を考慮に入れなくてはならない。今かりに、この期間に生じた価格の上昇を補整するために約三分の一を差し引くとすれば、この時期のハンガリーの純生産物の真の成長度は、約六倍と見積られるが、とりわけ重要なのは、工業および鉱業の生産高が一一ないし一二倍に増加し、またその百分比が、六〇年間に約二倍に増えていることである。

次に表II-3-2によって、(5) ハンガリーにおける成長の割合をオーストリアのそれと比較してみよう。

この表は、一八五〇年から一九一一―一三年に至る間に、オーストリアとハンガリーにおける経済的発展の割合が、その差をつめたことを示している。この期間の純生産物の成長率指数は、ハンガリーでは八六七％であり、価格の上昇に適当なしんしゃくを加えるならば、約五〇〇％となるが、オーストリアでは六六四％にとどまり、価格指数を考慮に入れるならば、約四〇〇％

表 II–3–2　1850–1913年間のオーストリア・ハンガリーの純生産物
(単位：100万クローネ)

	オーストリア*	パーセント	ハンガリー	パーセント	帝国全体	オーストリア	パーセント	ハンガリー	パーセント	帝国全体
	1850年					1911–13年				
農業	1,070	60	670	40	1,740	4,185	47.9	4,549	52.1	8,735
工業および鉱業	520	84	95	16	615	5,809	75.9	1,840	24.1	7,648
商業および輸送	285	83	55	17	340	2,446	77.2	722	22.8	3,169
純生産物の総計	1,875	70	820	30	2,695	12,441	63.6	7,111	36.4	19,552

*　ロンバルディア-ヴェネツィアを除く

にすぎなかった。純生産物総計のなかで農業のそれの占める割合は、ハンガリーでは四〇%から五二%に増加し、工・鉱業のそれは、一六%から二四%に増加している。いいかえれば、一八五〇年におけるオーストリアとハンガリーの間の工・鉱業純生産物の八四対一六という比率は、一九一三年までに七六対二四に変わり、また一八五〇年における純生産物総計の七〇対三〇という比率は、第一次大戦直前までに六三・六対三六・四に差をつめているのである。

帝国の両半部の間の純生産物総計の比率にみられるこのような変化は、些細なものとはいえないし、それはまた他のデータによっても裏づけられる。オーストリアとハンガリーの蒸気機関の馬力総計の比率は、一八六三年には八二対一八であったが、一九一三年には七四対二六となった。これは、約一五年間に八%だけハンガリーに有利に変化したことを意味している[6]。また、工業労働者の全人口中に占める割合は、オーストリアでは一八六九年と一九一〇年の間に四・五七%増加したが、ハンガリーでは同じ時期に八・三二%増加し、約四%の差をつけている[7]。

オーストリアとハンガリーの経済力にみられるこのような変化は、共同経費に対する両国の分担額の割合の変化のうちにも、あらわれている。分担額は、交渉にあたる両当事者が討論のうちに相互評価を行なう結果として決定されるものであったから、両国の国民所得の割合とほぼ一致すると推定されるが、一八六七年と一九〇七年の間にハンガリーの分担額が六・四%の増加をみていることは、まさにこの時期の国民所得の割合にみられる変化と合致している。なお一人当たりの純所得をとっても、一八五〇年の時点で、オーストリアでは一〇七クローネ、ハンガリーでは六二クローネであったが、一九一一—一三年の時期には、オーストリアでは五一七クローネ、ハンガリーでは三六〇クローネとなり、一〇%だけハンガリーに有利に変化したことを示している。そこで、以上の諸点を一応次のようにまとめることができよう。目下考察の対象となっている時期に、ハンガリーの経済はオーストリアのそれに比して約六%ないし七%だけ進んだが、しかしオーストリアの経済もまた急速なペースで発展しつつあった、と。

　しかし、これはどこまでも相対的な比較にとどまることを忘れてはならない。第一次大戦直前の時期においてさえ、二重帝国のオーストリア部とハンガリー部の間で経済発展の水準になおはっきりした格差があったことは、二重帝国各地の純生産物の配分状態を示す表Ⅱ-3-3[8]から、うかがうことができる。これによれば、国民所得の百分比が全人口の百分比を上まわっているのは、現在のオーストリアおよびチェコ人の諸州だけであって、他のすべての地域では下まわっていることが知られる。

　なお一九一四年前には、ハンガリーの一人当たりの純所得はオーストリアのそれの六九%であり、一人一時間の労働量当たりの純生産物は、同じく六三%であった。[9] 二十世紀の最初の一〇年間にハンガリーが実際にオーストリアよりも高い割合を占めたのは、ただ経済的効率の点だけであった。投下された資本と生産高としての国民所得を合わせたものを国民の富とみるならば、一九一一—一三年の時期のハンガリーでは、資本と生産高の比率は四九・九一対七・二九(単位一〇億クローネ)すなわち六・八であり、オーストリアでは九一・六五対一二・八一(単位一〇億クローネ)すなわち七・二であった。[10] このことから、世紀転換後ハンガリーで行なわれた大規模な投資はオーストリアでの投資に比べて生産性において幾分上まわったことをうかがうことができるが、その理由は、オーストリアでは比較的古い設

表 II-3-3 オーストリア・ハンガリーの両国および諸州の間の純生産物の配分状態，1911-13年 (百分比で示す)

	現在のオーストリア	チェコ人の諸州	ガリツィアとブコヴィナ	南スラヴ人とイタリア人の諸州	帝国のオーストリア部	現在のハンガリー
農業	9.9	22.2	10.6	5.2	47.9	20.3
工業および鉱業	22.8	40.4	7.9	4.9	76.0	11.6
商業および輸送	27.3	26.6	16.4	6.9	77.2	9.5
純生産物の総計	17.7	30.0	10.5	5.4	63.6	15.1
サーヴィス	27.1	22.8	13.0	7.2	70.1	12.8
純国民所得	19.2	28.9	10.9	5.7	64.6	14.8
人口の百分比	12.9	20.3	18.1	6.5	57.8	15.4
	ブルゲンラント	チェコスロヴァキア	ルーマニア	ユーゴスラヴィア	帝国のハンガリー部	オーストリア・ハンガリー帝国
農業	1.0	8.2	11.0	11.6	52.1	100
工業および鉱業	0.3	4.2	4.7	3.2	24.0	100
商業および輸送	0.3	3.7	4.9	4.4	22.8	100
純生産物の総計	0.6	5.9	7.6	7.1	36.4	100
サーヴィス	0.3	5.7	6.0	5.1	29.9	100
純国民所得	0.6	5.8	7.3	6.8	35.4	100
人口の百分比	0.6	7.2	10.6	8.4	42.2	100

備の集中度がハンガリーを下まわっていたためであると考えられる。

以上の考察によって、われわれは、ハンガリーの経済的地位の実情をかなり明瞭に知ることができた。二重帝国の時代、ハンガリーの経済的発展の水準はたしかにオーストリアのそれには及ばなかったけれども、しかしハンガリーの経済的発展が著しく遅れたものではなかったこと、その成長の速度はむしろオーストリアのそれを上まわるものであったことは、否定できない。しかし上記のデータによる考察は、なおわれわれの疑問に十分な解答を与えるものではない。そこで次に、第二の問題に目を移さなくてはならない。

（1） 以下の叙述は、とりわけ次の諸論文に負うところが多い。I. T. Berend und Gy. Ránki, "Nationaleinkommen und Kapitalakkumulation in Ungarn, 1867–1914"; L. Katus, "Economic Growth in Hungary During the Age of Dualism (1867–1913). A Quantitative Analysis"(この二つは、ともに *Social-Economic Researches on the History of East Cental Europe* 所収); P. Hanák, "Hungary in the Austro-Hungarian Monarchy: Preponderancy or Dependency?", *Austrian History Yearbook*, vol. III, pt. 1, 1976.

（2） Hanák, *op. cit.*, p. 269.

（3） Frigyes Fellner, *Ausztria és Magyarország nemzeti jövedelme* (The National Income of Austria and Hungary), Budapest, 1916; Ernst Waizner, "Das Volkseinkommen Alt-Österreichs und seine Verteilung auf die Nachfolgestaaten", *Metron. Internationale Statistische Zeitschrift*, Vol. VII, No. 4, 1928.

（4） Hanák は利用しうる限りのデータを用い、不十分な点については若干の仮説と推定にもとづいて作業を進めているが、現在の時点でこれ以上の正確さを求めることは困難と思われる。彼はオーストリアとハンガリーを比較するにあたっては、国民所得よりも国民的純生産物の数字をもっぱら使用している。Katus の示す多くの詳細な統計や図表も、きわめて有益である。Hanák, *op. cit.*, p. 269 f. 参照。マジャール語の文献は直接見られなかったものが多いが、以下、Hanák に従って、一応典拠を示しておく。

（5） Hanák, *op. cit.*, p. 270.

（6） Janos Hunfalvy, *A Magyar-Osztrák Monarchia rövid statisztikája* (Brief Statistics on the Hungarian-Austrian Monarchy), Budapest, 1874, p. 124; József Szterényi and Jenő Ladányi, *A magyar ipar a világháboruban* (Hungarian Industry during the World War), Budapest, 1934, pp. 36, 40–41; *Österreichisches Statistisches Handbuch*, Bd. XXXII, 1913, S. 130 f., 132–134; Hanák, *op. cit.*, p. 271 f.

(7) Hanák, *op cit.*, p. 272.

(8) Hanák, *op. cit.*, p. 273. 表3によって、オーストリア部では、現在のオーストリアおよびチェコ人地域の経済と南スラヴ人地域、ガリツィア、ブコヴィナの経済との間に大きな差があること、またハンガリー部では、この国の西部・南部地域と東部・北部地域との間にきわめて明白な差があったことが知られる。ハンガリー部におけるこのような差異は、のちにハンガリー内の諸民族の実情を問題にする際に、想起される必要がある。

(9) M. A. Colin Clark, *The Conditions of Economic Progress*, 3rd ed., London, 1957, pp. 99, 151.

(10) F. Fellner, *op. cit.*, p. 134; Fellner, *Ausztria és Magyarország nemzeti vagyona* (The National Wealth of Austria and of Hungary), Budapest, 1913, p. 67; Hanák, *op. cit.*, p. 274.

4　共同関税地域の影響

次の課題は、ハンガリーの農産物をより高度に工業化されたオーストリアの商品と交換する場合に、ハンガリー側にはたして欠損はなかったであろうか、という問題の検討である。従来しばしば、ハンガリーは自国の農産物をオーストリアの工業製品と交換することによって年々数十億クローネの損失を招いた、という議論が行なわれてきた。[1] このような見解の提唱者は、一般に工業生産は農業生産に比してより生産的であるという主張を前提にして、これを十九世紀のオーストリアとハンガリーの関係に適用しているのである。しかしこの議論は、ある種の妥当性をもつにしても、外国貿易における利益の量を確定する際の決定的な論拠とはなりえない。二国間の貿易を問題にする際には、生産に影響を与える種々の特殊な条件と並んで、とりわけ、両地域の天然資源や経済的資産の差異を考慮にいれなくてはならない。外国貿易は、両当事国の一方が比較生産費にかんして最大の利益をうけ、他方のこうむる不利益が最

表 II-3-4

	ハンガリーのオーストリアからの輸入	ハンガリーのオーストリアへの輸出
1909年	72.47%	75.79%
1910	75.81	74.56
1911	73.41	76.07

表 II-3-5 (単位：100万クローネ)

	1908年		1909年	
	ハンガリーのオーストリアへの輸出	オーストリアからの輸入	ハンガリーのオーストリアへの輸出	オーストリアからの輸入
農業・林業・漁業に属する商品	680.3	91.0	728.0	88.0
鉱業・鋳造業の産物	22.1	63.0	21.0	63.0
工　業	464.0	1,078.0	523.0	1,156.0

小限にとどまる場合に、双方に有利であるということができる。いいかえれば、当事者のおのおのが特に有利な生産部門を発展させ、その部門の生産物を相互に交換する場合、双方ともに利益をうけることができるのである。そして、われわれの利用しうる広範なデータはすべて、オーストリアとハンガリーがともに、商品の交換にあたって比較生産費のうえで大きな利益を確保していたことを示している。ハンガリーがオーストリアと最も有利に売買できた商品は、農産物であり、鉱山および広範な食品加工工業の産物であったが、他方オーストリアにとって、ハンガリーと交換するのに最も有利な商品は、技術工業および軽工業の産物、特に織物であった。両者が経済的必要物を相互に補いあったことは、表II-3-4の数字からうかがうことができる(2)。

すなわち、一九〇九―一九一一年の間に、ハンガリーのオーストリアからの輸入はハンガリーの輸入全体のほぼ四分の三に達し、ハンガリーのオーストリアに対する輸出もだいたいこれに匹敵する割合をなしていた。同じ時期にハンガリーとの貿易関係において第二位をしめたドイツからの輸入は、輸入全体の九%をわずかに越える程度であり、ドイツへの輸出は七%をいくらか上まわる程度であった。第三位のルーマニアからの輸入

表 II-3-6　1867年から1913年にいたる時期の農業および工業上の物価の傾向

	農産物			農業用燃料	工業製品	工業上の物価の不足
	植物	動物	総計			
1867–1871	100	100	100	100	100	—
1872–1876	112.5	100.5	108.8	94	85	28.2
1877–1881	104.1	93.4	98.8	83.3	79	24.9
1882–1886	94.3	97.3	95.8	76	72.2	32.7
1887–1891	84.9	92.7	88.8	72.2	66.3	33.9
1892–1896	75.8	98.5	87.2	68.4	62	40.6
1897–1901	83.6	103.6	93.6	73	61.2	52.9
1902–1906	90.6	116.1	103.6	73	71.5	44.9
1907–1910	110.3	131	120.7	87	79.7	51.4
1913	112.5	157	134.7	89	93.4	44.3

は、平均二・五%を下まわったし、ルーマニアへの輸出は、一一・三%であった。そして、ハンガリーのオーストリア向け輸出の大部分が農産物であり、輸入の大部分が工業製品であったことは、表II-3-5の示すとおりである。[3] カンのいうように、「関税同盟によって便宜を与えられた経済地理の条件が、彼らを自然の貿易パートナーにしたことは疑いない」[4]し、「貿易関係がオーストリアとハンガリーの相互関係における強力な統合的要素であった」ことは、たしかである。

対外貿易の利益は、物価の動向からも大きな影響をうけることがあり、二重帝国内の両部の貿易についても、この面を見のがすことはできない。表II-3-6は、[5] 一八六七―七一年から一九一三年にいたる時期の物価の傾向を示したもので、農産物、農業用燃料、工業製品にみられる価格の変化を取り扱っており、一八六七―七一年の指数を一〇〇としている。

この表からわれわれは、二重帝国の期間を通じて――十九世紀末の農業危機の間にさえも――物価の傾向が農業に好都合であったことを、知ることができる。二重帝国時代の末期まで、価格の不足は工業部門に存したのであって、第一次大戦に先立つ一〇年間には、それは四〇%ないし五〇%に達している。こうしたギャップの結果、戦争直前の時期には、一八六七年に比べて約三〇%ないし三五%少ない農産物が工業製品と交換されることになった。[6] 価格構成が農業に有利であったために、オーストリアとハンガリーの間の商品交換はハンガリーの資本蓄積のうえに決定的な効果を及ぼしたのである。

しかし、オーストリアとの通商によって得られた資金がハンガリー経済にもたらした利益は、ハンガリーの社会経済機構にはかえって不幸な影響を与えた。資本が国民経済のすでに確立された部門にはげしく流れこんだために、他の重要な経済部門の発展が妨げられたからである。すなわち、有利な販売の可能性と好都合な価格関係は、農業のために高い地代と利益を保証し、大土地所有者の力を強め、いわゆる「プロイセン型」農業の発展を促進した。このような保守的地主階級の優勢は、社会構成内部の変化を妨げ、都市化された社会層の形成をおくらせたのである。

次に第三の問題の検討に移ろう。二重帝国の共同関税地域はハンガリーの工業発展にどのような影響を及ぼしたであろうか。この問題ははじめから第二の問題と深い関係をもっているが、もし共同関税地域が存在しなかったらハンガリーにどのような工業発展の可能性があったかを証明する方法がないだけに、はなはだ厄介である。幾多の国で保護関税が工業の発展を促進したことは、よく知られているが、歴史家は、一般的法則やアナロジーにもとづいて立論する場合には、十分慎重でなければならないし、とりわけ二重帝国の共同関税地域がハンガリーの工業発展に及ぼした影響については、議論が多いだけに、いっそう注意深い配慮が必要である。

この問題の考察にあたっては、ハンガリーの工業発展の速度と傾向、工業構造にみられる変化、工業化の過程を促進しもしくは妨げた諸要因などに目を向けなければならない。まず工業発展の速度をみれば、価格の上昇に適当なしんしゃくを加えたうえでも、一八五〇年と一九一三年の間になお一〇〇〇ないし一一〇〇%の増加が認められる。正確なデータのある二つの年一八九八年と一九一三年の間に、工業施設(工場)の数は八四%増加し、労働者の数は七六%、機械の馬力の出力は一八八%、生産された商品の価値は一二六%増加している。(7) ハナークは、ハンガリー工業の発展を年平均五・四%の増加とみて、西欧諸国の四・六%という数字を凌駕している点に注目している。もちろんわれわれは、経済発展の劣っている国の成長率は高度に発達した国の成長率よりも大きいことを考慮に入れる必要があるが、それにしてもこの時期のハンガリーの経済成長が相当なものであったことは、否定できない。

次に、ハンガリーにおける工業発展の傾向および工業構造に目を向けよう。そこには、西ヨーロッパ諸国のそれとはちがった固有の特徴がいくつか認められるが、それらは、共同関税地域の影響を反映すると同時に、ハプスブルク帝国内で歴史的に発達してきた東西地域の分業関係を反映しているように思われる。(8) 特殊な天然資源および発展の特殊な諸条件(先進工業諸国の要求など)の結果として、ハンガリーの工業はまず食品工業、木材工業、鉱業、第一次金属生産という形をとったが、たいていの農業地域においてそうであるように、ハンガリーの工業化のうえで特に重要な役割を演じたのは、小麦の製粉、砂糖、ビール、アルコール、タバコその他の食品工業であった。二重帝国内に存在した農産物のための広範な市場が、とりわけハンガリーにおける農産物の栽培と加工を刺激したのであって、蒸気製粉所は一八三〇―四〇年代以降、農産物商人から成長した土着工業ブルジョアジーによって次々と創設され、砂糖工業は一八五〇年以後、オーストリアの投資によって発展した。(9) 一八六七年には、この国の工業部門における所得の半ば以上は、食品工業によるものであり、それは一八九八年にもなお四四%をしめ、一九一三年にも三九%にのぼっている。(10) ハンガリーでは、重工業部門もかなりの重要性をもち、その占める比率はオーストリアの場合とほぼ同じであったが、発展の程度はオーストリアよりも低く、原則として銑鉄その他若干の未加工製品を生産した(=第一次金属生産)にとどまり、機械工業のいくつかの部門はまったく欠けているか、発達がおくれていた。オーストリアでは機械工業と鉄および金属工業との比率は四六対五四であったが、ハンガリーでは三七対六三にとどまっていた。(11)

共同関税地域の影響はまた、軽工業の不利な発展のうちに看取される。軽工業部門のなかで比較的重要な役割を演じたのは製材業で、ハンガリー北部と東部の森林地方およびクロアティアでは、木材工業が近代的な工業化の指導部門となったのである。それと対比的に、他の諸国の工業化において指導的役割を演じた軽工業部門すなわち織物工業や被服工業の占める割合は、著しく小さかった。一八四八年以前に、ハンガリーには織物工業の萌芽的形態が存在したが、それは、五〇年以後の共同関税地域内で、オーストリアとチェコの進んだ織物工業との間に行なわれた競争の結果、しぼんでしまった。こうして、一八六七年のアウスグライヒの時点では、大規模な織物工業はほとんど存在せず、一八九八年にも、織物業の生産は工業部門の所得の三・六%をもたらしたにすぎず、一九一三年にも、ようやく六・三%に達した程度であった。

ただ二十世紀のはじめになって、ハンガリーの工業構造のうちにある種の変化がおこったことは、無視できないが、それについては次節で考察することにする。ここでは、一九一三年にもなお、軽工業からの所得は全工業部門中のわずか二〇%にすぎず、それに比して重工業の所得は四一%、食品工業の所得は三九%に達していたことを、指摘するにとどめよう。(12)

以上の諸点からわれわれは、オーストリアの工業がハンガリー工業を妨げる役割をはたしたことを、見のがすわけにはゆかない。共同関税地域は、ハンガリー農業の急速な発達の根本的な刺激の一つではあったが、そのかわりにハンガリーは、織物工業の異常なおくれという代価を支払わねばならなかったのである。しかも、ようやく抬頭した織物業その他軽工業の多くは、さらに機械や鉄を生産する企業の多くも、共同市場でのオーストリア製品との競争にかなりの程度苦しまねばならなかった。ハンガリーの工業界は数十年間、オーストリア工業との太刀打ちできない競争について、のちにはオーストリア・カルテルの競合的性格について、たえず不平を並べたてたが、それは十分理由のあることであった。ハンガリーの工業家が有利な地位を得るための唯一の方法は、オーストリアの企業とともにカルテルをつくることであるという指摘が、同時代の評論家たちによってしばしば行なわれている。(13) 二重帝国の関税政策が高度に発達したオーストリア工業に好都合であったことも、ハンガリーの製造工業にとっては不利な材料であった。外国の工業製品に対する高い――しかもますます高くなってゆく――関税障壁によって保護された広い市場がハンガリー内に存在したことは、たしかに、オーストリアにおける大規模工業の強化と資本蓄積の増大に著しく貢献した。また、オーストリアのブルジョアジーが、ハンガリー企業の競争力の成長を抑えるために、時に政治的圧力を加えようとしたことも、事実である。(14)

しかしながら、二重帝国時代にハンガリー工業のさまざまな部門の発展がおくれた事実を、オーストリア政府ないしオーストリア・ブルジョアジーの側の自覚的なあるいは故意に抑圧的な経済政策に帰することは、正当ではないであろう。彼らがそうした政策をとった場合にも、その努力はわずかな成功しか収めえず、それもほんの一時的なものにすぎなかったといわれている。ハンガリー工業の立ちおくれを説明するためには、むしろ「利潤」と「収益性」を重視する資本主義の法則を引合いに出さなくてはならない。ハンガリーの企業家や外国の資本家たちは、何よりもまず、最も急速に収益をあげ、かつ最大の利潤をあげることができるような有利な諸企業に、自己の資本を投入した。最初彼らの投資は、主として鉄道建設、銀行、国家への貸付け、抵当権、鉱山業および食品工業に向けられたが[15]、ハンガリーの事業に投資した人々は、競争を最小限に抑えるために、オーストリアですでに確立されている企業と同種のものに資本を注入しないように、特別の注意を払っていた。これが、ハンガリー工業の成長を阻んだ主要な原因だったのである。とすれば、オーストリア工業とハンガリー工業との関係は、単一の経済共同体内の高度に発展した国と発展のおくれた国とが相互に及ぼしあう影響を不可避的に反映したもの、といわなくてはならない。そこで残された問題は、この共同体がどの程度までハンガリーの工業化に有利であったかを確かめることである。いっそう明確にいえば、世界的規模で発展した食品工業をもつことの利益は、東欧的見地からみてさえ遅れている織物工業の不利益よりも大きかったのであろうか。この問いに対しては、次のように答えることができよう。収益性と資本蓄積の観点からすれば、前者の利益の方が大きいことは疑いをいれない。なぜなら、食品工業は、生産費が比較的小さいために急速な資本蓄積を可能にし[16]、さらに農業生産をも促進したからである。しかしながら、もし工業化の連鎖反応的な効果を考慮に入れるならば、食品工業をもつことの利益は、織物工業をもつことの利益よりも小さかったといわなくてはならない。なぜなら、後者は、他のもろもろの工業部門とははるかに緊密な関係をもつものだからである。さらに社会的な見地に立てば、食品工業は少数の労働者——しかも主として季節的な日雇い労働者——を雇用するにとどまったから、ハンガリーの社会構成を根本的に変化させる可能性は、食品工業の優越によってはるかに強く制限されたのである。

以上の考察をふまえて、ハンガリーの経済的発展に対する共通関税地域の影響という当面の問題についての解答を、一応次のようにまとめることができよう。共同関税地域の主要な利点としては、四〇〇〇万ないし五〇〇〇万の人口をもつかなり大きな統合的市場をつくり出し、投資のためにまた急速な資本蓄積のために大きな魅力を提供し、実際に高度の収益を可能にしたこと、などがあげられる。一九一三年に、有限責任工業会社の資本の産出比率は四であったが、これは、投下された資本が四年後には投資家に還元されたことを意味し、利潤率の異常な高さを思わせる。(17) しかしその反面、食品工業が支配的役割を演じたという事実は、ハンガリーの工業構造にとって、さらにこの国のいっそう有機的かつ効果的な工業化のために、また国内市場の拡大のためにも、不利益をもたらした。ハンガリーの食料製品のための市場は、大部分現在のハンガリー領外にあったのである。最後に、二重帝国内の分業の条件に適応したハンガリーの工業構造は、近代的な階層形成を決定的におくらせた。要するにハンガリーは、オーストリアと組んでいたために、食品工業は育成されるが軽工業とりわけ織物製造業の発展は妨げられるという特殊な工業発展の形態をとることになり、これは、経済的見地からは完全に筋の通ったことであったが、他方熟練労働者階級の成長を妨げ、社会的発展を遅延させる結果になったのである。

（1） Matlekovits, *Közös vámterület*, p. 69; Hanák, *op. cit.*, p. 274.
（2） Robert A. Kann, *The Habsburg Empire: A Study in Integration and Disintegration*, London, 1957, p. 95.
（3） *Ibid.*
（4） Kann, *op. cit.*, p. 96.
（5） "A magyar mezőgazdaság árhelyzete az utolsó évszázadban (1867–1963) (Price Trends in Hungarian Agriculture during the Last Century, 1867–1963)" in *Statisztikai Időszaki Közlemények* (Statistical Periodical Publications of the Hungarian Central Office of Statistics), 1965–66, p. 31 f.; Hanák, *op. cit.*, p. 275.
（6） "A magyar mezőgazdaság (1867–1963)", *op. cit.*, p. 41; Hanák, *op. cit.*, p. 276.

(7) Berend and Ránki, *Magyarország gyáripara az imperializmus első világháboru előtti időszakában, 1900–1914*(Hungary's Manufacturing Industry in the Era of Imperialism before World War I, 1900–1914), Budapest, 1955, p. 296 f.; Hanák, *op. cit.*, p. 277.

(8) この点については，後節で立ち入って考察する予定である。

(9) Katus, "Economic Growth in Hungary: During the Age of Dualism(1867–1913)", in Pamlényi, *op. cit.*, p. 76 f.

(10) Berend and Ránki, *op. cit.*, p. 296 f.; Vilmos Sándor, "A budapesti nagymalomipar kialakulása 1839–1880 (The Origin of the Large Milling Industry in Budapest, 1839–1880)", in *Tanulmányok Budapest Multjából* (Studies out of Budapest's Past)", vol. XIII, Budapest, 1959, pp. 315–422; Hanák, *op. cit.*, p. 277.

(11) Berend and Ránki, "Das Nibeau der Industrie Ungarns zu Beginn des 20. Jahrhunderts im Vergleich zu dem Europas", in *Studien zur Geschichte der Österreichisch-Ungarischen Monarchie, Studia Historica*, 51, Budapest, 1961, S. 282.

(12) Berend and Ránki, *Magyarország gyáripara, 1900–1914*, p. 295; Hanák, *op. cit.*, p. 278.

(13) Pap, *Magyar vámterület*, p. 304; Hanák, *op. cit.*, p. 278.

(14) Hanák, *op. cit.*, p. 279. Hanák によれば，Pap は *op. cit.*, pp. 263–275, 285–304 において，弱体なハンガリー工業と競争する際にオーストリア人が使用したあらゆる方法について，詳しく説明しているという。

(15) Emma Léderer, *Az ipari kapitalizmus kezdetei Magyarországon* (The Beginnings of Industrial Capitalism in Hungary), Budapest, 1952, pp. 75–119; Sándor, *Nagyipari fejlődés Magyarországon*, pp. 19–30; Berend and Ránki, Az ipari forradalom kérdéséhez Ketet-Európában (The Question of the Industrial Revolution in East Europe)(manuscript); Hanák, *op. cit.*, p. 279.

(16) Sándor, *op. cit.*, p. 77 f.; Hanák, *op. cit.*, p. 280.

(17) Hanák が，*Magyar Statisztikai Évkönyv*(Hungarian Statistical Annual), vol. XXI, 1913 および *Magyar Statisztikai Szemle*(Hungarian Statistical Review), vol. I, No. 7–8, 1923 のなかのデータにもとづいて出している数字による。Hanák, *op. cit.*, p. 280 f.

5　ハンガリー経済成長の前提

第四に、外国資本、特にオーストリアから流れこんだ資本の役割について考察しなければならない。それは、ハンガリーに完全な主権が欠けていたためにもちこまれた、オーストリアの支配の道具にすぎなかったのであろうか。それともそれは、ハンガリーの経済成長のうえで重要な役割を果たしたのであろうか。この点を検討するためには、まず、ハンガリーにおける経済成長の意味およびその前提条件について、はっきりした認識をもつ必要がある。

十九世紀後半、ハンガリーを含む東欧諸国にとって、もし彼らが、近代的なブルジョア国家の系列から完全に取り残され後進的・停滞的・半植民地的な従属関係のうちにとどまることを欲しないならば、できるだけ急速かつ包括的に工業化を進め、経済成長の道に足をふみ出すことは、緊急の課題であった。しかしそれにもかかわらず、近代的な経済成長の前提条件は、それに先立つ時期の間に、西欧諸国と同じ程度には発達していなかった。ハンガリーが工業化と近代的な経済成長の出発点に達したとき、それは西欧諸国に比べて時期的に立ちおくれていたばかりでなく、実質的な発展の水準がはるかに低く、社会＝経済構造も著しく旧式であるなど、多くの不利な条件をかかえていたが、こうした事情はまさに歴史的背景をもつものであった。(1)

十五世紀中葉から十九世紀中葉に至る四世紀間に、ヨーロッパの西部と東部の差異は次第に大きくなっていった。西方では、資本主義的生産様式が支配的となり、ブルジョア的な国家と社会が生まれたが、東方では、封建制の最後の特殊形態である「再版農奴制」が発展した。それは、農奴の賦役労働による商品生産的な大農場を基盤とし、土地貴族の経済的ヘゲモニーを特徴とするものであったから、封建制から資本制への移行の開始は数世紀間延期されてしまった。その間東欧諸国は、農産物の輸出によって、発展しつつある世界市場へ徐々に引き入れられていったけれども、このことは、なんら彼らの後進性を排除しなかった。ヨーロッパ両半部の間にそれぞれ一方に偏した農業と工業の分業関係が成立したことは、西欧では資本の蓄積と資本主義の発達を一段と促進したが、東欧では封建的な生産条件の強化と工業の停滞を引きおこす結果になった。十八世紀末以前に東欧に姿を現わした唯一の資本形態である商業資本は、封建的な生産機構をそのまま温存した。

しかしこうした東欧でも、十八世紀末から十九世紀前半にかけて、ささやかながら農業生産を合理化し最小限の基礎部門（道路と水路）を建設しようとする企てが現われるとともに、資本主義的工業の最初の芽が、農村の小工業、前貸制度、マニュファクチュアなどの形でようやく姿をみせはじめたが、当然のことながら規模が小さく弱体であったうえに、最後の封建制に妨げられて上昇をはばまれ、近代的な経済成長に必要な前提条件を満足な程度に生み出すことはできなかった。これに反して西欧諸国では、初期資本主義的ないし前工業的発展が工業資本主義のための基礎をおき、近代的な経済成長と産業革命の前提を成熟させていたのである。

東欧でも、十九世紀の間にさまざまな形の法的・政治的・社会的改変――ブルジョア革命、民族解放戦争、上からの改革措置など――が行なわれはしたが、それらは、西欧の場合と違って、資本主義的生産力のはるかに低い発展レベルで起こったから、たとえ封建的な生産条件や法的・政治的制度が除去されても、それは、資本主義的発展と近代的工業化の道を潜在的にかつ遠い将来への見通しにおいて指し示したにすぎず、包括的な経済成長ないし爆発的な産業革命がただちにそれに続くわけにはゆかなかった。数世紀にわたる歴史的経過の差が、経済成長への出発にあたって、西欧と東欧の間に大きな水準の隔たりを生じさせていたのである。十九世紀中葉のハンガリーでも、農業部門はなお生産性が低く、大きな労働力を必要とした。工業的基盤も異常に発達がおくれ、しかもごく限られていた。道路その他の基礎部門の建設は最小限にとどまり、(2) 所得・貯蓄・消費の水準は低く、国内市場も断片的で、信用と資本は慢性的に不足していた。(3) 要するに、生産の諸要因は、近代的な経済成長を始めるのに必要な最低限のレベルにも達していなかったのである。

それだけではなかった。他方、経済成長や工業化に関連する課題のリストは、イギリスの産業革命に続く一世紀の間に、実質的にふくれあがっており、経済成長や工業化をはじめる際の経済的＝科学技術的標準も、これまた高くなっていた。既成の近代的な科学技術や組織を、開発のための費用や努力を払うことなしに先進諸国から摂取できる点は、未発達国にとってたしかに一つの好条件ではあったが、しかしそれらを摂取するにあたっては、別の重大な困難がつきまとった。イギリスでは、科学技術の革命は既存の生産方法・設備・財源のうえに行なわれ、技術的標準や工業化のための費用は内生的諸要因によって決定されたが、おくれて登場した国の場合には、機械化された大工業、最新式の農業、輸送機関などにおける技術的水準や資本の必要は、最も進んだ工業国の水準にもとづいて国際的に打ち立てられた基準に規定されることになる。[4] こうして、近代的工業化の必要から生ずる生産諸要因への需要と、国内でそれを供給しうる能力との間の裂け目は、未発達諸国では、十九世紀の間にますます広がっていった。そのうえ、そこでは、農業の発展、第一次資材の生産、基礎部門の建設、工業の機械化、近代的な国家機構の整備などが一時に議事日程にのぼり、これらの課題はいずれも、集中的な投資を必要としたのである。

　こうした事情のもとでは、東欧諸国は、彼ら自身の国内財源に依存しては、経済成長を始めるのに必要な多額の資金を得ることは不可能であったし、熟練労働者・専門のインテリ・設備・科学技術等の生産諸要因についても、事情は似ていた。ハンガリーでは、国内資金の唯一の源泉は大土地所有者であったが、彼らは封建的な過去の伝統を背負って気前のよい生活の習慣をもち、その考え方も保守的であったから、このルートを通じて工業化に資金を供給することは、不可能に近かった。近代的な経済成長のための資金の需要と、それの国内的供給との間に大きなギャップが存在するかぎり、経済的発展のためには、外部の資本を利用し、生産の諸要因を先進諸国から輸入するほかなかったのである。ハンガリーにおける外国資本の役割を評価する際には、まずこの点をはっきり頭に入れておかなければならない。

（1） 以下の叙述は、次の諸書に負うところが多い。E. Niederhauser, "Zur Frage der osteuropäischen Entwicklung", *Studia Slavica*, No. 3–4, 1958; L. Makkai, "Die Hauptzüge der wirtschaftlich-sozialen Entwicklung Ungarns im 15–17. Jahrhundert", *Studia Historica*, 53, Budapest, 1963; J. Szücs, "Das Städtewesen in Ungarn im 15–17. Jahrhundert", *ibid.*; Zsigmond Pál Pach, "Die ungarische Agrarentwicklung im 16–17. Jahrhundert, Abbiegung vom westeuropäischen Entwicklungsgang", *Studia Historica*, 54, Budapest, 1964. なお、南塚信吾「ハンガリーにおける『東欧』経済史研究の諸問題——封建制から資本制生産へ——」『スラヴ研究』一九、一九七四年、参照。

(2) 適当な交通機関の欠如は、ハンガリーの近代化にとって重要な障害であった。陸上の輸送は、悪路と時代おくれの道路網に妨げられ、水路もなお航行に適しなかった。Széchenyi がイニシアティヴをとるまでは、ドナウ川とティサ川の水を調整し、ドナウ川の航行のために基盤をおこうとする計画を始めたものはなかった。鉄道の建設は一八四〇年代に始まったが、一八四八年までに実際に完成された線路は二〇〇キロメートルにすぎず、全体としての輸送体制にはほとんど影響を及ぼさなかった。このような輸送事情は、生産物を西欧の市場に送ることを極度に困難にした。Berend and Ránki, "Economic Factors in Nationalism. The Example of Hungary at the Beginning of the Twentieth Century", *Austrian History Yearbook*, vol. III, pt. 3, 1967, p. 166.

(3) ハンガリーでは、十九世紀中葉以前には、近代的な信用制度が欠けていた。最初の貯蓄銀行が設けられたのは、一八三六年のことであり、真に銀行の名に値する最初のもの(ペストのマジャール商業銀行 Pesti Magyar Kereskedelmi)は一八四一年に設けられたが、控え目な規模のものにすぎなかった。そしてその後数年間は、どんな銀行も設立されなかった。一八四八年以前には、わずかに約五〇〇のとるに足らぬ貯蓄銀行が設けられたにとどまり、しかもこれらの施設は、許可書によれば、慈善事業を行なうことになっており、銀行業務に従事すべきではなかったのである。一方、一三五一年に制定された世襲財産法(ősiségi jog)がなお有効で、貴族の所有地は相続人が限定された財産と考えられ、十九世紀前半の間は、貴族の土地はなお抵当に入れるわけにはゆかなかった。セーチェニー Széchenyi が一八三〇年に出版した著書 A Hitel(信用)のなかで、ハンガリーにおいて、社会的進歩と農業の近代化にとっての主要な障害は信用の欠如である、と訴えているのは、もっともなことであった。Gyula Vargha, *Magyar hitelügy és hitelintézetek története* (The History of Credit Institutes and the Credit System in Hungary), Budapest, 1896; Berend and Ránki, *op. cit.*, p. 165.

(4) S. Kuznets, *Modern Economic Growth. Rate, Structure and Spread*, New Haven, 1966, pp. 480–482.

6　外国資本の役割――第一期

以上の視点に立って、次に、ハンガリーにおける外国資本の役割を具体的に検討しなければならない。

十九世紀中葉以後、先進西・中欧諸国――イギリス・ベルギー・フランスややおくれてドイツ・オーストリア――では、輸出に向けうる資本の量が急速に増加し、求められただけの資本を――同時に機械・専門家なども――経済成長にのり出した東欧諸国の利用に供することができた。その際外国資本をひきつけたものが、それらの諸国におけるより高い収益の可能性であったことは、いうまでもない。たとえばフランスでは、十九世紀前半には資本の輸出はほとんどみられず、世紀中葉にも、輸出資本は年額八二〇〇万フランにすぎなかったが、十九世紀の最後の一〇年間には、年額五億フランに達し、さらに一八九八―一九一三年の時期には、年平均一三億五〇〇〇万フランにのぼった(1)。ドイツでは、一八六〇年には、純蓄積資本のわずか一三%が輸出されたにすぎなかったが、一八八〇年代には、二〇%に増加した。またイギリスでは、一八七五―八〇年の間には、純蓄積資本の二九%が輸出されたにとどまったが、一八八五―九四年の間には、五一%に増加している(2)。

ハプスブルク帝国の東部ハンガリーに対する外国の投資は、他の東欧諸国に対してよりも数十年はやく行なわれ、十九世紀中葉までにすでにかなりの額に達していたが、一八六七年のアウスグライヒ後、さらに著しく増大した。その際ドイツやフランスからの投資も相当の額にのぼったが、特に目をひくのは、オーストリアの資本である。オーストリアからはじめてかなりの額の投資が行なわれたのは、一八四九年のハンガリー独立戦争敗北の直後であり、以後それは次第に増えていったが、十九世紀の最後の数十年間にみられるハンガリー工業の注目すべき発展は、オーストリアの投資に負うところが多く、オーストリア資本の貢献度は、他の諸外国の財界グループのそれを上まわるものがあった。ハンガリーに投資された資本の多くがオーストリアからきたことは、まずハンガリーの国債の構成から知ることができる。第一次大戦前夜に、ハンガリーの国債の約五五％(八四億クローネ弱)は外国債権者の手中にあり、さらにこの外債の過半(約四七億クローネ)は、オーストリアから借入れられたものであった。(3) 国債のほかに、一八七三―一九〇〇年の間には約二億五〇〇〇万クローネの公債が外国の債権者に入手されたが、この場合にもオーストリアの引き受けた金額は大きかった。(4) その際、オーストリアとの政治的・経済的なつながりが、ハンガリーに有利な条件を保証し、多大の便宜を与えたことは、容易に推測されるところである。

ところで、輸入された外国資本は、ハンガリーでどのような産業部門に投資され、経済成長にどのような効果を及ぼしたのであろうか。さらにそれは、時間的経過のうちに、どのような役割の変化をみせたであろうか。これらの点について、順次検討を進めなければならない。

すでにみたように、一八六七―一九一四年の時期のハンガリーの経済的発展は、西欧の先進工業諸国にみられた成長過程と同一ではなく、むしろそれから大きくそれていた。西欧諸国に比べて時間的に立ちおくれ、実質的な発展の水準が一段と低く、いっそうおくれた社会＝経済構造をもつなど、多くの不利な条件のもとに工業化と近代的な経済成長の出発点にたどりついた東欧諸国は、すでに確立された国際的分業の枠組のなかで、工業化された西欧の食糧と原料の需要を充たす部門に――まず農業に、ついで食品工業と第一次資源(木材・鉱山・石油)の開発に、力点をおかざるをえなかった。さらに、輸送と交通の革命をすでに通過していた十九世紀後半には、伝統的・旧式な基礎部門のうえでは、経済成長は成功の見込みをもちえなかったから、交通と輸送の近代的なネットワークの建設にも、重点がおかれなくてはならなかった。東欧では、経済成長に最初の刺激を与えたのは、資本主義化しつつある農業のもたらした生産と輸出の急速な発展であり、近代的な基礎部門の大規模な建設であり、国家と社会の基本的な共同施設の充実であって、産業革命ではなかった。この時期に工業も急ピッチで発展したとはいいながら、その基礎はせまく、機械化はある種の部門や工程に限られていたために、工業はなおかなりの間、経済成長の過程で決定的な役割を果たすことはなかった。ハンガリーでは、産業革命の展開と関連する諸現象は、一八八〇年代の末から九〇年代にかけてようやく現われたにすぎなかった。[5]

ここでわれわれは、さきの「4」の考察に、若干の修正を加えなくてはならない。そこでは主として純経済的見地から検討が行なわれたために、二重帝国時代を一括して取扱いすぎたきらいがあったが、問題の本質を明らかにするためには、それでは不十分であり、二重帝国時代を通じて生じた歴史的変化に目を向ける必要がある。一八四八—四九年の革命以後第一次大戦に至るハンガリーの経済的発展を展望するとき、その傾向と速度の点から、大きく前後二つの時期に分けることができる。第一期は、ハプスブルク帝国内の関税障壁が撤廃され、オーストリアとハンガリーの間に共同関税地域が設けられた一八五〇年、すなわち新絶対主義の開始期にはじまった。最初の一五年間は、経済成長はなお比較的緩慢であったが、鉱業・鉄道建設・製粉・穀物栽培などの指導的経済部門は、六〇年代中葉のにわか景気と政治的強化(アウスグライヒ)に強く刺激され、それに続く二五年間は、ロストウの言葉を借りれば、「テイク・オフ段階」の準備期ともいうべき時期であった。[6] 第一期においては、ハンガリーの資本主義経済に対する融資の主要な源泉は、外国資本であり、その大部分はオーストリアから流れこんだ。農業と食品加工の利益から生じた国内の資本蓄積もなくはなかったが、前者に比べればはるかに比重が軽かった。そしてこの時期に外国資本が投下されたのは、主として農業、食品加工、鉱業、鉄製品の製造、大量な商品交換を可能にする最新式交通網の建設、近代的な信用制度の整備といった方面であった。

外国資本が多額に貸付けられた分野としては、まず農業があげられる。オーストリアのいくつかの大銀行は直接ハンガリーの大地主に貸付けを行ない、二十世紀への転換時には総額四億クローネに達したが、それにも増して重要なのは、ハンガリーの大銀行の発行する抵当債券を外国の資本家が引受けたことであって、それは一八七三年には約一億一〇〇〇万クローネであったが、十九世紀末には六億五〇〇〇万クローネに増加している。[7] 一九一四年以前に、農業がハンガリーの経済成長のうえで支配的な役割を演じたことは、一八六七—一九一三年の時期の生産物総量の約六二%が農業によるものであったことをみれば、明らかである。[8] 十九世紀後半、ハンガリーの農業は、それが経済構造のなかで優位をしめたこと、価格の変動がそれに有利であったこと、農産物の国内および国外市場がたえず増大して需要が途切れなかったこと、[9]などの事情によって急速に成長し、世紀末の農業危機の阻止的効果をもも割にうまく中和することができたが、相変わらず封建時代に由来する大所有地が優位をしめたために、[10]いわゆる「プロイセン型」の発展過程をたどることになった。すでに封建期に大規模な市場向穀物栽培の基礎をおいたハンガリーの大所有地は、十八世紀末以後輸出をますます増大させ、生産の近代化を目ざし資本主義的労働組織を発展させる方向に向かった。賦役制の廃止は一時的困難を引きおこしたが、それも、国家補償および土地信用制度に助けられ、また国際的な需要の増大による農産物価格の上昇や、鉄道網の建設に伴う輸送可能性の拡大などによって、比較的短期間に克服された。そして十九世紀の最後の三分の一の期間に、大所有地の多くは大規模な資本主義的耕作に転換し、農業の指導的部門になったが、この過程で、外国資本の果たした役割は絶大なものがあった。なお、農業の成長が工業製品に対する市場と消費需要を拡大するメリットをもったことも、忘れてはならない。

しかしその反面、全体としての経済成長からみれば、農業が支配的役割を演じたことは、若干の阻害的効果を伴う結果になった。農業の成長度は急速ではあったが、その収穫と生産性は満足すべき速度で上昇したとはいえなかった。すなわち、農業以外の部門の成長の割合は、実質的には農業のそれを上まわったのであって、一八六〇年代には、前者は物的生産物の二五%をしめるにすぎなかったのに、一九一三年には四四%をこえるようになった。[11]このような農業が構造上優位をしめたことは、[12]労働力と蓄積資本の不相応に大きな部分を終始そこに引きつける結果になり、成長率のうえに、また全体としての所得と生産性の水準のうえに、抑制的な影響を及ぼさずにはおかなかったのである。

さらに、「プロイセン型」農業システムのゆえに、ハンガリーの経済的・社会的・政治的構造のなかには、多くの伝統的・封建的残滓が保存され、それがまた経済成長を阻害する要因の一つになっていた。十九世紀前半にブルジョア的改革を開始しかつ指導した土地貴族は、新しい秩序のなかにも自己の支配的地位のかなりの部分を生かし続け、弱体で数の少ないブルジョアジーと対峙して、経済生活・政治生活の手綱を依然握り続けていたが、保守的な封建的気質の支配階級およびび政治的エリートのかなりの部分は、近代的な経済成長特に工業化の問題には、好意的な態度を示さなかった。彼らは、経済的＝社会的構造を変え力のバランスを変動させることは、政治における自己の指導的地位を危険にさらす恐れがあると考えていたからである。(13)

次に、ハンガリーの経済成長の出発期にきわめて重要な意味をもったのは、広義の基礎部門の整備――輸送と交通網、水路、公共土木事業、都市の建設等――であり、二重帝国時代になされた全投資の半分以上は、この領域に向けられた。最初は農業生産の発展を助けるために基礎部門が確立されたのであったが、農業の成長に由来するこの意外な授かり物のうえに、工業が発達した。一九一三年に、再生産可能な固定資本の五七％がこの部門に含まれていたことは、特徴的である。(14)

一八六七―七三年の時期には、物的生産物総体に対する投資額総体の比率は、年平均一五―一六％の程度であったが、その六〇％は輸入資本によって確保され、しかも全投資額の半分以上は鉄道建設に向けられたのであった。(15)そして、一八六七―一九〇〇年の時期にハンガリーの鉄道網の発達に投資された外国資本は、合計一五億クローネに達している(16)が、ハンガリーの鉄道建設や回漕業に対する融資でとりわけ重要な役割を演じたのは、これまたオーストリアの金融グループであった。(17)

次に工業に目を移そう。そこでは、成長の条件は農業の場合ほど恵まれていなかった。その理由の一つは、近代的工業化の出発点となるべき前工業的基礎が、伝統的な手芸工業においても、初期資本主義的組織形態(農村の家内工業、前貸制度、マニュファクチュア等)においても、極端に限られかつ未発達だったことであり、いま一つは、ハンガリーの工業が、西・中欧の産業――主としてオーストリアとチェコの工場工業――のつくり出す大量で安価な商品と競争しなければならなかったことである。この競争は、オーストリアとの間に共同関税地域が設けられ、最初の鉄道が建設されたあと、一八五〇年以後はっきりした形をとってきた。一八四八年前にみられた資本主義的工業発展の端緒は萎縮し、大部分の工業部門では、十八世紀末から十九世紀前半にかけて現われたマニュファクチュアと、機械化され

た大工業時代に出現した工場との間には、なんら直接の有機的連続性がなかったといわれている。(18)

しかしそれにもかかわらず、やがて近代的工業化への若干の可能性が現われはじめた。それは、ハンガリー国内の農産物と原料を加工することによってかなりの利益をあげ、先進工業諸国の要求に応じてしだいに国際市場を拡大してゆくことのできた工業部門においてであり、食品工業・木材工業・鉱業・第一次金属生産などがその主要なものであった。それとともに、前述の基礎部門の建設に向けられた投資が、相乗効果によって、ある種の重工業部門（鉄および鋼鉄工業・機械工業・建築資材工業・炭鉱業など）の発展を刺激したことも、看過できない。こうしてハンガリー工業の構造は、他の西欧諸国とちがって、食品工業が支配的地位をしめ、軽工業部門では製材業が指導的役割を演じ、重工業部門にもかなりの重要性がおかれるという形をとり、軽工業部門の織物工業や被服工業のしめる割合は、不相応に小さかったのである。(19)

次に工業への投資をみれば、この分野に投資された外国資本は、他の経済分野へのそれに比べてはなはだ少額ではあったが、しかしそれは強い刺激となり、ハンガリー工業の発展のうえに決定的な役割を果したといえる。一八四九年の独立戦争の直後にはじまったオーストリアの投資は、鉄道建設や回漕業のほか鉱業に向けられ、一八五〇年代には、無煙炭鉱坑の全部と褐炭鉱坑の七五％はオーストリア人に握られ、炭鉱業をはじめるための財源を供給したのもオーストリア資本であり、砂糖工業の場合も同様であった。(20)外国資本の流入はアウスグライヒ後かなり増大したとはいえ、一八六七年から七三年に至る間は、工業への投資はなお取るに足らぬもので、総計三五〇〇万クローネにすぎなかった。しかしその後、特に一八九〇年以後、それは加速度的に増え、約二億四〇〇〇万クローネに達している。世紀の変わる一九〇〇年ころには、ハンガリーの製造工業の四二％は完全に外国の資本家に制せられ、ハンガリー人が株式の大部分を所有した会社の一八％以上にも、外国人はかなりの影響を及ぼしていた。(21)ドイツやフランスからの投資も多額にのぼったが、オーストリアの投資は過半をしめ、十九世紀の最後の数十年間におけるハンガリー工業の著しい発展のうえで、他国金融グループの寄与は、オーストリアのそれに及ばなかった。

表 II-3-7　ハンガリーおよびクロアティアにおける信用制度の長期的発達の指数

	1866年	1913年	年平均成長率
信用機関の数	87	6,001	9.4
	(単位	100万クローネ)	
資本と準備金	13.9	2,568	11.8
預　　金	127.7	5,069	8.2
他の主要業務部門(抵当貸付,為替手形,有価証券,持株,立替金)における信用貸し	241.6	8,702	7.9

次に信用制度をみよう。一つの国家が近代的経済成長の過程に引きこまれる時期がおそく、かつその国家が構造的におくれており、またその時点で経済的発展の水準が低いほど、経済成長を開始し続けてゆくうえで、銀行その他の信用制度の果たす役割が大きいことは、一般に認められている。(22) このことはハンガリーにも妥当し、二重帝国時代の経済的発展が近代的信用制度の急速かつ広範な発展と緊密に結びついていたことは、上の表II-3-7から知ることができる。(23)

信用制度は、農業の発達をはかる際に、また鉄道その他の建設工事の資金調達にあたって、同じく工業化の資金調達のうえで、国内の貯蓄を集めて投資に導入しまた外国からの投資を伝達する点で、重要な役割を果たした。ハンガリーの信用制度に対する投資は比較的少額で、一九〇〇年以前には二億クローネにすぎなかったが、信用銀行がハンガリーの金融生活のうえでまた経済一般のうえで果たした役割は、それへの投資額が示すよりもはるかに大きかった。その際、外国の投資はハンガリー経済において特に重要な役割を演じたブダペストの諸銀行に集中したことを忘れてはならないし、外国資本の多くはこれまたオーストリアからきたものであった。(24) いずれにしても、オーストリア資本がハンガリーの近代資本主義経済を指導する役割を果たしたことは、確実である。

ここでわれわれは、後進国における外国資本の意味と役割について、もう一度考えてみる必要がある。経済成長にのり出した東欧諸国は、資本その他の生産諸要因を先進諸国から輸入するにあたって、二つの基本問題をうまく解決しなければならなかった。第一に彼らは、それらの諸要因を、要求される量と適当な質において、比較的安くかつ有利な条件のもとに獲得する必要があったし、またそれらをたえず確実に補充してゆかなくてはならなかった。そして第二に、それらが生産の力として機能し成長の媒介となるような仕方で、すなわち、それらが自国の経済的発展を引きおこし国内的な生産諸要因の形成を刺激するようなやり方で、それらを利用しなければならなかった。その際特に注目されるのは、国家の役割であり、国家の経済政策の主要な機能の一つは、外国から資本その他の生産諸要因が流れこみかつ有効に作用するのに適した条件・制度・保証を打ち立てることでなければならなかった。ではハンガリー国家は、近代的な経済成長の過程でどのような役割を果したのであろうか。

これについても、二つの対立する見解が存在する。その一つは、国家が経済成長や工業化のうえで決定的な役割を果したとするものであり、他の一つは、完全な国家主権と独立が欠けていたために、ハンガリー国家は期待された任務を果たすことができなかった、とするものである。しかし、真理はこれら二つの見解の中間にあるように思われる。まず国家の直接の役割をみれば、ハンガリーのそれは日本やロシアの場合ほど大きくはなかった(25)。国家による直接の経済的事業や施設は、比較的控え目なものであった。国有地は圧倒的に森林が多く、国土の約六%をしめるにすぎなかったし、国有の鉱山や工場は、工業に投ぜられた再生産可能な固定資本の約一四%を制したにすぎなかった。私的有限会社に与えられた国家助成金は、総額七六〇〇万クローネで、これは、二重帝国時代を通じての工業投資の約二%にとどまっていた。国家その他の公共機関が購入した工業製品も、製品出荷総価格の約一三%にしかあたらなかった(26)。

しかし、国家が次の点で大きな役割を果したことは、注目に値する。第一に、国家はハンガリーの経済成長の第一段階において最も重要な分野の一つであった基礎部門の建設のうえで、指導的な役割を引き受けた。さらに一八六七—一九一三年の間に国家がハンガリー経済に投資した額は、ほぼ三五億クローネにのぼっているが、この額は、この期間の全投資額の約二〇%を成し、一九一三年には、再生産可能な固定資本のほぼ四分の一が、国家の所有に属していた。最初は、国家財源の圧倒的部分は否応なしに近代的な国家組織の建設に、いいかえれば行政機構に関係する

表 II-3-8　国家の開発活動の指数

	1868年 (100万クローネ)	1913年	年平均成長率	支出全体の百分比として 1868年	1913年
1. 国家支出全体	308	2,547	4.8	100	100
2. 経済諸省の支出	81	1,000	5.8	26	39
3. 国家の投資	28	252	5.0	9	10
2—3の合計	109	1,252	5.6	35	49

支出にあてられたが、その後次第に、予算のなかで直接・間接に経済的発展のために使われる部分が増大していったことは、上の表II-3-8が示すとおりである。(27)

外国資本との関係でいえば、一八六七—一八七二年の間にハンガリー政府が国債の形で借り入れた外国資本は、六億クローネであり、一八七三年から一九〇〇年に至る期間には、さらに一六億クローネが借りられている。(28)

第二に、経済的発展について国家が間接的にとった方策も、見のがされてはならない。間接的方策とは、成長を促進する法律、租税政策や特恵政策、専門的・技術的訓練の助長、外国貿易政策等をさす。(29) これらの点を考慮するならば、二重帝国時代にハンガリー国家は、もろもろの制限をうけ独立と主権が不足していたとはいいながら、経済的発展の領域で、他の近代ブルジョア国家が自由に使うことのできたほとんどすべての方法——唯一の重要な例外は、保護関税を課しえなかったことである——を十分に使うことができたし、また実際に使用したのであって、それらは、ハンガリーの経済成長に大きく貢献したといって差支えない。

なおこれとの関連で、いま一度ハンガリー政府の補助金政策にふれる必要がある。すでに述べたように、ハンガリーへの投資家たちは、競争を最小限に抑えるために、オーストリアですでに確立されている企業に自己の資本を注入しないよう、特別の関心を払っていた。しかしながら、ハンガリーの工業構造の形成のなかには、十九世紀末までつねに、オーストリアの工業構造の「控え目な模写」を発展させようとする傾向があり、このパターンは資本主義の自然の発展と一致していたから、ハンガリーの一方に偏した構造を徐々に補充＝修正する付加的・補足的な部門の発展があとに続いたのは、当然であった。その際国家の果たした役割は無視しえないものがあり、オーストリアの経済政策作成者たちが故意にハンガリ

表 II-3-9

	ハンガリー (28,230,000ヘクタール)	クロアティア (4,249,000ヘクタール)
僧俗の大所有地 (115ヘクタール以上)	33.2	16.6
国有地	5.8	9.3
都市および村落の領地	9.7	5.1
共同の牧場と森林	7.5	22.4
中・小の大きさの所有地 (115ヘクタール以下)	43.8	46.3

ーの経済的発展をおくらせようと努めた場合には、ハンガリー政府はつねに補助金政策を採用することによって、自国工業の発展を効果的に促進した。たとえば、ハンガリーで織物工業の確立を可能にしたものは、十九世紀の終わりに下付された国家の補助金であったといわれている。(30)

(1) Rond E. Cameron, *France and the Economic Development of Europe, 1800–1914*, Princeton, 1961, p. 79.

(2) David S. Landes, "Technological Changes and Development in Western Europe, 1750–1914", *The Cambridge Economic History of Europe*, vol. VI, pt. 1, Cambridge, England, 1965, p. 558.

(3) G. Barany, "Hungary: the Uncompromising Compromise", *Austrian History Yearbook*, vol. III, pt. 1, 1967, p. 253 f.

(4) Berend and Ránki, "Economic Factors", *op. cit.*, p. 173.

(5) Berend and Ránki, "Az ipari forradalom kérdéséhez Kelet-Délkelet-Európában (The Problem of the Industrial Revolution in Eastern-Southeastern Europe)", *Századok*, 1968, No. 1–2; Katus, *op. cit.*, p. 74.

(6) Walt W. Rostow, *The Process of Economic Growth*, New York, 1962, pp. 312–318 参照。

(7) Berend and Ránki, "Economic Factors", *op. cit.*, p. 173.

(8) Katus, *op. cit.*, p. 74.

(9) 本書、三六五―三六七ページ、参照。

(10) 十九世紀末の土地所有関係は、カトゥシュによれば、表II-3-9のとおりである。Katus, *op. cit.*, p. 75.

(11) Katus, *op. cit.*, p. 73.

(12) ハンガリーが依然農業的性格を保存していたことは、次の数字からうかがわれる。一八七〇年には、人口二万以上の都市は三三で、その人口総計一〇七万八四六五人は、全国人口一五五〇万九四五五人の約七％にすぎなかった。一八九〇年までに人口二万以上の都市は三八に増え、人口総計も一七一万〇四八二人に増加したが、全国人口が増えたために、その九・八％にしかあたらなかった。一八九〇年代の著しい繁栄のために、人口二万以上の都市の数は一九一〇年には六二に増え、人口総計は三一〇万五六一六人に達した。都市人口のこうした増加は、一八九〇年代には八一％の成長率をみせたが、全国人口が一八二六万四五三三人に上昇していたから、上記の都市人口の数字は、全国人口の一七％に達したにすぎなかった。Lajos Láng and József Jekelfalussy, *Magyarország népességi statisztikája* (The Demographic Statistics of Hungary), Budapest, 1885 参照。しかもこの統計は、都市化の割合を必ずしも正確に示しているとはいえない。なぜなら、ハンガリーの都市の多くは主として農業的性格をもっており、住民のかなりの数は、農業関係の仕事に従事していたからである。一八九〇年においても、上位二五の大都市で工業に雇用されていたのは、住民のわずか一六・二％にすぎず、他の都市では、人口の一一・二％が工業関係の仕事に従っていたにすぎなかった。Alexander Matlekovits, *Das Königreich Ungarn*, Bd. II, Leipzig, 1900, S. 93; Berend and Ránki, *op. cit.*, p. 169 参照。

(13) ハンガリーの土地貴族の社会的・政治的性格については、後節でさらに立ち入って検討を加える予定である。なおハンガリーのジェントリー＝ミドルクラスが、近代的な経済活動・実業活動に憎悪を示したことも、あわせて指摘しておきたい。近代的な経済成長の阻害条件を考える際に、ハンガリー社会のある階層のこれに対する抵抗ないし憎悪といった心理的要因が増幅的機能をはたした点を、見のがしてはならない。P. Hanák, "Skizzen über die ungarische Gesellschaft am Anfang des 20. Jahrhunderts", *Acta Historica*, vol. X, No. 1-2, 1963 参照。

(14) Katus, *op. cit.*, p. 76.

(15) Katus, *op. cit.*, p. 85.

(16) Berend and Ránki, *op. cit.*, p. 172.

(17) Berend and Ránki, *op. cit.*, p. 173.

(18) Katus, *op. cit.*, p. 76.

(19) 本書、三六九―三七〇ページ、参照。

(20) Vilmos Sándor, *Nagyipari fejlődés Magyarországon, 1867–1900*, p. 771.

(21) Berend and Ránki, *Magyarország gyáripara, 1900–1914*, p. 156 ; "Economic Factors", *op. cit.*, p. 174.
(22) Katus, *op. cit.*, p. 77.
(23) Katus, *op. cit.*, p. 119.
(24) Berend and Ránki, "Economic Factors", *op. cit.*, p. 173.
(25) Berend and Ránki, "Az ipari forradalom kérdéséhez Kelet-Délkelet-Európában", pp. 59–63; Katus, *op. cit.*, p. 78.
(26) *Ibid.*
(27) Katus, *op. cit.*, p. 120.
(28) Berend and Ránki, "Economic Factors", *op. cit.*, p. 172 f.
(29) これらについての詳しい考察は、別稿に譲りたい。
(30) Hanák, "Hungary in the Austro-Hungarian Monarchy", *op. cit.*, p. 279.

7　外国資本の役割——第二期

以上の考察によって、ハンガリーの経済成長の過程で外国資本——その大半はオーストリア資本——が大きな役割を演じたこと、また、先進諸国から輸入された資本その他の生産諸要因を国内の経済的発展に有効に作用させるうえで、国家の果たした役割がかなりの程度に大きかったことが、明らかになった。たしかに、農業の発展、道路や鉄道の建設、大規模な鉱業や冶金、河川や水域の管理、信用制度の発達などに外国から基礎的な投資が行なわれなかったならば、ハンガリーにおける産業革命の遂行は不可能であったに違いない。

それにしても、一八九〇年に至る第一期の間は、ハンガリーの工業発展の速度は緩慢であり、その構造も一方に偏していたから、経済的にはオーストリアが圧倒的優位をしめており、このことは、工業の発展のみならず、関税制度においても、オーストリア・ハンガリー銀行の信用政策においても、国債に課された制限においても看取された。一八七七年と八七年に更新された経済上のアウスグライヒ協定がオーストリアに有利であったことも、これを示しており、これらの事情がまたハンガリーの工業化にとって障害であったことは、否定できない。(1)

しかしこれらすべては、おくれた東欧地域に位置したハンガリーにとって、経済成長の「テイク・オフ段階」に必要な条件を確保するうえのやむなき事態であり、近代経済のより高い段階に到達するために支払わねばならぬ代償であった、というべきであろう。その間にオーストリアから大規模な資本の提供をうけることができ、また広大な二重帝国の市場内で徐々に自己資本の蓄積を行ないえたこと、そしてそれらの資本特に前者が、ハンガリーの資本主義発展の最初の基本的段階に、農業・輸送・信用制度の改善などに十分な資金を供給しえたことは、この国の経済的発展全般からみて決定的に有利であったといわなければならない。

ところで、その際注目する必要があるのは、ハンガリーに流れこんだ外国資本が、時間の経過のうちに重大な性格の変化を示しはじめたことである。すでに第一期の間にも、一八八〇年前には外国資本は主として農業関係、国債および鉄道建設等に投下され、工業や銀行業関係の企業に直接貸付けられた金額は少額であったが、一八八〇年代のはじめになると、後者への投資の割合が着実に増加するという変化をみせていた。(2)

それにしても、なお全体として外国資本が高い割合を維持していたことは、いうまでもない。ところが、基本的な投資と最初の準備の大部分は一八八〇年代に終わり、そのような前提のうえに一八九〇年代に産業革命が成しとげられて、経済成長の第二期がはじまると、(3)外国資本の役割は次第に減少する傾向を示しはじめた。はやくも一八八〇年代の後半には、投資の必要と上昇した国内蓄積のレベルとの間のギャップがせばめられたために、外国資本の高い割合はもはや維持されがたくなり、その後第二期を通じて、ハンガリー国内の利益と貯蓄に由来する自国資本蓄積の過程は、急テンポで進んだ。その結果、外国資本の比率と絶対額は共に減少したが、(4)この傾向は、一九〇〇―一三年の間には決定的な形をとり、もはや投資全体の二〇%強しか外国の資金にたよる必要はなくなっていた。要するに、二重帝国の全期間にハンガリー経済に投ぜられた全資本のうち、約三分の二は国内の蓄積によるものであり、外国資本は三分の一にすぎなかったのである。[5]

資本についてみられるこのような傾向は、他の生産諸要因にも妥当する。外国から輸入された機械、技術工程、特許、熟練労働者、技師、企業家などの数量は、基礎的段階の数十年間に急ピッチで増えていったが、その後それらの比率は――おそらく絶対数も――徐々に減少の傾向を示した。表II-3-10はこれを示している。[6]

特に、第二次産業革命につながるある種の新工業――とりわけ電気技術工業――においては、ハンガリーの技術家たちは、先進諸国がつくりあげた技術工程を単純に引継いだり利用したりしただけでなく、彼ら自身の新機軸と創案を通じてその発展に寄与した、といわれている。[7]

第二期には、工業構造もいっそうバランスのとれたものに変わっていった。構造上のゆがみは一九〇〇年以後著しく是正されて、一九一三年までに、工業所得の二〇%強は軽工業に起因するものになっていたが、とりわけ織物工業が成長を速めるとともに重要性を増し、先立つ時期のゆがみの是正に寄与したことが、注目される。表II-3-11は、以上の傾向を示すもので、[8]ハンガリーの工業構造が最初の諸困難ののちに次第に良好な比率を示しはじめ、一九一四年までに、かなりバランスのとれた、生育可能な経済という目標に近づいたことを、物語っている。さらに農業も、この時期にはいって、集約的発展に向かう傾向を現わしはじめたことを、付記しておこう。

オーストリアとの関係でいえば、第二期にはいって、ハンガリーの予算は安定し、その財政的依存関係も減少し、二重帝国内での経済的重要性は増大した。表II-3-12は、第一期と第二期の間の経済成長の差を、はっきりと示している。[9]

このような改善された経済状態は、当然のことながら二重帝国の関税政策や信用政策に反映し、一八九七年と一九〇七年のアウスグライヒ協定にも影を落している。[10]

表 II-3-10　ハンガリーおよびクロアティアで認可された特許と免許

	数 1881/85	数 1913	年平均成長率	百分比 1881/85	百分比 1913
外国のもの	2,347	3,082	0.9	95.7	72.4
国内のもの	106	1,179	8.4	4.3	27.6
	2,453	4,261	1.9	100.0	100.0

表 II-3-11 ハンガリーおよびクロアティアで工場工業によって付加された価値(時価による)

	単位 100万クローネ		百分比	
	1898年	1913年	1898年	1913年
鉄，鋼鉄その他の金属	84	260	16.3	22.5
機械，輸送設備	68	108	13.1	9.3
電気とガス	27	44	5.2	3.8
化学製品	25	60	4.8	5.2
建築資材	22	80	4.3	6.9
重工業	226	552	43.7	47.7
木材および木材製品	53	115	10.3	10.0
織物	18	62	3.5	5.4
衣類	6	14	1.2	1.2
皮革	6	26	1.2	2.2
紙	7	17	1.4	1.5
印刷	10	29	1.9	2.5
軽工業	100	263	19.5	22.8
食品工業	190	340	36.8	29.5
総計	516	1,155	100.0	100.0

以上の考察を簡単にまとめよう。ハンガリーの経済成長の顕著な特徴の一つは、その過程で、先進諸国から輸入された生産の諸要因――資本・生産設備・技術的工程・特許・専門家・技師・企業家など――が絶大な役割を果したことであった。これら諸要因の輸入と利用は、政治的なおしつけではなく、それなしには経済成長を開始し安定させることができなかったという意味で、経済的な必要であったということができる。

ところで、輸入された生産諸要因がどのように利用され国内の経済的発展にどのような影響を及ぼすかは、主として輸入国の経済構造や制度に、また近代的な経済成長の諸要求に対するその国の適応能力に依存した。この点で、第一次大戦前の東欧諸国の発展には二つのタイプがみられる。第一のタイプは、ハンガリー・ポーランド・ロシア等のそれであり、第二のタイプはバルカン諸国のそれである。前者では、さまざまな経済部門への外国資本の大規模な投下が、国民の所得と貯蓄を増加して国内の資本蓄積を促し、国内における生産諸要因の発展を刺激した。最初の基礎的成長の段階では、基礎部門の建設と結びついた投資が高い割合を示したが、その後資本蓄積の構成と投資の出所は徐々に変化し、国内的蓄積の割合が増加する反面、輸入資本の

表 II-3-12　1850–1913年のハンガリーの経済的発展にかんする若干の重要な指数

年度	人口	鉄道里程（キロメートル）	機械の馬力の総計	工業労働者数	株式資本の総額（単位100万クローネ）		
					信用機関	抵当信用	有限責任産業会社
1850	13,200,000	178	8,571 (1863年)	—	50	19	—
1867–70	15,400,000	2,200	—	—	729	219	200 (1873年)
1880	15,600,000	7,200	63,869 (1884年)	110,000	1,848	448	271
1890	17,400,000	11,500	—	165,000	3,282	940	374
1900	19,300,000	17,000	307,316 (1898年)	320,000	6,248	1,920	703
1910–13	20,900,000	22,000	886,125	510,000 620,000 (1913年)	13,197	3,138	1,512

割合が――のちには絶対額さえも――減少する傾向をみせたのである。

この点にわれわれは、ハンガリーとバルカン諸国の相違をみなければならない。バルカン諸国にも第一次大戦前おびただしい外国資本が流れこんだが、それは急速な全面的経済成長を生まず、産業革命をもたらしもせず、国内的な生産諸要因の形成を刺激することもなかった。輸入資本の大部分は、生産的な投資に向けられずに経済以外のさまざまな政治的目的に用いられ、そのため高度の負債、財政上の債務超過、国際的支配をもたらす結果になり、一言でいえば、経済的・政治的な依存関係を増大させたのである。工業化はまったく制限され、一方に偏した表面的なものとなり、少数の孤立した地域に限られてしまった。外国資本は主として搾取可能な工業に流れこみ、低賃銀から得られる極端な利益をその国から奪い、しかもそれは相乗効果によって、その国に注目すべき経済成長過程の始まることを妨げたのである。(11)

（1） Hanák, *op. cit.*, p. 282.

（2） たとえば、一八五二―八一年の間に中欧に投下されたフランス資本二八億フランのうち、八億フランは国債に、一四五万フランは鉄道建設に投資され、工業や銀行業関係の企業に貸付けられたのは、総額わずか五億五〇〇〇万フランにすぎなかった。しかし一八八〇年代のはじめになると、工業や銀行業関係への投資の割合は着実に増加した。そして、中・東欧の大部分の国では、最新の銀行業のネットワークは、外国資本によって促進されたのである。Berend and Ránki, *op. cit.*, p. 172.

（3） ハンガリーの最近の研究は、ハンガリーの経済成長が十九世紀末および二十世紀のはじめにうまく進んだことを認める点で一致しているが、しかし若干の見解の相違がないわけではない。Berend と Ránki は、国民所得の最大の成長を一九〇〇—一三年の時期に見出しているが、Katus は、工業の生産高ではかられる最大の成長は一八八七—九九年の鉄道ブームの間に生じたとしている。これは両者の視点の微妙な相違によるものであるが、わたしには Katus の方がいっそう正確であるようにみえる。Pamlény, *op. cit.* 参照。

（4） 外国の投資は、一八六七—七三年には全投資の六〇%をしめたが、一八七三—一九〇〇年には三五%に、また一九〇〇—一三年には二四%に減退した。Berend u. Ránki, "Nationaleinkommen und Kapitalakkumulation", *op. cit.*, S. 23, 31 参照。

（5） Katus, *op. cit.*, p. 85. なおハンガリーの資本蓄積の問題については、Berend and Ránki, "Tőkefelhalmozás és nemzeti jövedelem 1867–1914 (Capital Accumulation and National Income, 1867–1914)", in *Törtenelmi Szemle*, 1966, No. 2; "Nationaleinkommen und Kapitalakkumulation in Ungarn. 1867–1914", in *Social-Economic Researches on the History of East-Central Europe* 参照。

（6） Katus, *op. cit.*, p. 120.

（7） Katus, *op. cit.*, p. 86.

（8） Katus, *op. cit.*, p. 102.

（9） Hanák, *op. cit.*, p. 283.

（10） Hanák, *op. cit.*, p. 282.

（11） 東欧諸国における投資と外国資本の関係については、Berend and Ránki, *Economic Development in East-Central Europe in the 19th and 20th Century*, New York, 1974 第五章、参照。

8　経済面の総括的考察

ここでわれわれは、もう一度「3」の最初に立ち返らなくてはならない。そこでの課題は、オーストリアとの政治的なつながりがハンガリーを経済的に不利な従属的地位におき、その後進性および構造的なゆがみの主要な原因となった、という従来の見解(1)の正否を、再検討することであった。しかし、そのために設定した四つの視点をめぐって当時の多くの経済的データを分析した結果、上述の見解は多くの点で修正を要することが明らかになった。両国間の政治的なつながりは、たしかにある種の不利な経済的結果をハンガリーにもたらしたけれども、この不利益が利益によって償われたことは、否定できない。それらの利益のうち、ハンガリーの経済成長の観点から特に重要なものと考えられるのは、次の二点である。

第一に、当時ハンガリーは、他の東欧諸国と同じく、近代経済への移行をいかにして果たすべきか、経済的後進性の諸条件のもとで工業化のプログラムにいかにして資金を提供すべきか、といった歴史的難問を背負って苦しんでいたが、二重帝国内に位置したことは、これらの問題を解決するうえで、比較的好都合な条件をつくり出した。ハンガリーはオーストリアと結合したことによって、生産諸要因――資本・特許・技術的工程・専門家など――の自由な流動ないし循環という有利な事情を享受することができたからである。(2)第二は、四〇〇〇万ないし五〇〇〇万の住民をもつ二重帝国全体にまたがる大統合市場の存在であって、この市場は、ハンガリーの増大する農産物の処分を保証すると同時に、専門的分化と協力関係をつくり出し、またそれなりにハンガリーの工業化に刺激を与え、その発達に貢献したのである。

ハンガリーは二重帝国の経済生活において支配的地位をしめることはなかったが、さりとてまた、抑圧、強奪ないし半植民地といった言葉の意味するような従属的国家ではなかった。両国間の経済関係は、基本的には、オーストリアの圧制的な民族主義政策によって決定されたのではなく、資本主義発展の自然法則によって決定された。ハンガリーの経済的後進性およびその農業的性格は、二重主義の直接の結果ではなく、その根は、中世にさかのぼる長い歴史的経過のうちに求められる。ハンガリーは、二重帝国における発展のおくれた弱体なパートナーであったから、資本主義的協力の意味で、二重帝国内に存在した分業の体制に依存したのであって、二重帝国時代のオーストリアとハンガリーとのつながりは、むしろ双方にとって、経済成長における補足的・刺激的な要因であったというべきである。ハンガリーの側からいえば、とりわけ第一期には、オーストリアとの連繫によって不利益より以上に利益を得ていたことは、たしかである。

しかし、だからといってわれわれは、十九世紀末から二十世紀初頭にかけての二重帝国の経済的発展が、両半部の経済的なレベルの差を減少させ、全帝国の統合的・求心的な力として作用した面を、一方的に強調するわけにはゆかない。なぜなら、ハンガリーの経済的発展はけっしてマジャール人とオーストリア人の間の対立や緊張を終わらせはしなかったからである。この点についてはすでにしばしばふれたが、ここでいま一度、若干敷衍しながら整理しておきたい。二重帝国の共同市場がハンガリーの工業化にとって一つの阻止的役割をはたしたことは、すでにみたとおりである。あらたに打ち立てられた弱体なハンガリー工業を守るための保護関税がなかったために、強力なオーストリア企業は、食料品加工以外の大部分の工業部門で優位をしめ、ある程度までハンガリーを、帝国内のより高度に発達した地域のための食糧と原料の供給地とすることに成功した。(3) 経済発展の水準にみられるこうした落差は、世紀転換のころまで変化せず、そのために、両者の間に存在する現実的諸条件のギャップと、工業化の発展に伴う実質的な経済的改善の見込みとは、ハンガリー人とオーストリア人の間の緊張の源泉とならざるをえなかった。(4) 第一期におけるハンガリー・ナショナリズムの背景は、このようなものであった。

しかし、共同関税地域の存在は実際にはハンガリーの経済成長を一方的に抑圧したわけではなく、むしろ、ハンガリーの工業化を妨げた主要な障害は、この国においてなお支配的であった後進的・封建的な社会経済組織であり、それらの多くは、社会的・経済的変革を伴うブルジョア革命の完成によってはじめて除去さるべきものであった。けれども、このような進路はハンガリーの土地貴族の利害と矛盾することは明らかであったから、工業化を妨げているすべての障害を、共同関税地域に由来するハンガリーの不利な地位のせいにし、この点を強調してハンガリーの民族的感情をかき立てるほうが、彼らにははるかに容易であると思われた。こうして、一〇年ごとに行なわれる両国間の交渉の際には、独立関税地域を形成する権利の問題は、ハンガリーの専門家・工場主・小ブルジョア・ミドルクラス一般によって論議されたばかりでなく、各種の政治的意見を代表する扇動政治家たちが手にした武器でもあった。一九〇〇年までに、関税地域の共同か独立かという問題は、ハンガリー政界における最も重大な争点の一つになっていたのである。(5) しかし、その際次の点には注意する必要がある。ハンガリーが独立関税地域を要求した公然たる理由は、ハンガリー工業の後進性であったけれども、この問題を扱った経済的文献が表面的な議論に終始し、また政治的な妥協が成立した場合に問題の経済的側面が無視されている点をみれば、ハンガリーが独立関税地域を要望した主要な理由は、むしろ政治的・民族主義的性質のものであったこと、共同関税地域の問題がゆがめられた政治的ナショナリズムを生み出したことが、知られるのである。

しかしハンガリーにおける工業化の進展は、やがていっそう現実的なナショナリズムの感情をよびおこす要因となった。経済的発展とともに上昇した民族ブルジョアジーは、ハンガリーの生産物による国内市場の独占的支配を要求し、(6) オーストリアの競争的な商品を排除しようとするにいたったからである。こうして、ハンガリー経済が成長をとげた第二期、特に一九〇一年から〇五年にかけて、二重帝国は、ハンガリーとオーストリアのブルジョアジーの間の利害の対立をめぐって、重大な経済的・政治的危機に直面した。支払わるべき分担金についての争い、軍隊の装備をめぐる争い、経済政策の決定にかんする争いなどは、二重帝国の政治構造を知らぬ間に損なう傾向をもっていた。さまざまなグループ間の利害の衝突はすべての国に見出されるところであるが、多民族帝国では、こうした論議はつねに民族的衝突の形をとる危険を含んでいた。その詳細な分析は他の機会に譲らなくてはならないが、二、三の事例をあげるならば、はやくも一九〇一年、ブダペストの市会は独立の関税地域を要求し、これは商工会議所によっても支持された。また翌年の商工会議所全国会議は、「わが国の経済的繁栄は何よりもオーストリアとの関税同盟の廃止にかかっている」という趣旨の決議を採択した。一九〇二年に設立された工業家国民連合National Federation of Manufacturers――これは真の大工業家たちの機関であった――も、市場の確保がハンガリー工業にとって本質的意味をもつという立場から、一九〇二年から〇五年にかけてオーストリアとの関税同盟に反対した。(7) しかし商工会議所のなかでも、商業関係者は工業家たちよりも関税同盟の維持により強い関心をもち続けていたし、若干の工業家もまた関税同盟の維持に好意的な議論を行なった。彼らは、オーストリアとの競争から生ずる不利益は、オーストリアの財政的援助、比較的安い信用貸し等によって相殺されたと主張し、西ヨーロッパで高い信用評価を得ていたウィーンの銀行は、有利な条件でハンガリーの経済的発展に資金を提供することができた、と論じている。そして、一般に一九〇七年以後、関税同盟にかんする論争はほとんど影をひそめたのである。第二期にもなお、二重帝国の一員であることの経済的利益は完全に消滅したわけではなかったし、ハンガリーの旧い社会的・政治的体質は依然続いていたから、オーストリアとの提携に根本的利益を見いだす自由党の勢力もけっして小さくはなく、彼らは独立党に強く影響されながらも、相変わらず二重主義体制の確保をめざしていたのである。

要するに、一八六〇年代から第一次大戦に至る時期のハンガリーの近代的経済成長の過程は、先駆者であるイギリスの成長とも、それに続いたベルギー・フランス・ドイツのそれとも異なっており、むしろ東欧的成長モデルの特殊な一変種というのが適当であるように思われる。ハンガリーは近代的な経済成長と資本主義的工業化にのり出して、かなりの成功を収め、先進工業諸国に追いつくことはできなかったが、発展途上国の仲間入りをすることができた。伝統的な経済条件のもとに停滞している後進諸国の間からハンガリーを引きあげたものは、まさにこの半世紀にわたる成長の過程にほかならなかったのである。

以上われわれは、二重帝国時代五〇年間のハンガリーの近代的経済成長の過程を、主として最近のハンガリー史学の量的分析を手がかりに考察し、その結果、この時期の経済成長が成功の面を多分にもつことを知ることができた。しかし、もしこのバラ色の結論に満足して考察を止めるならば、それは真の歴史的分析の名に値しないであろう。ハンガリーの近代化の努力は一方でかなりの成功をみせたとはいいながら、他方、かなりのつまずきをみせたことも事実であり、また、成長に伴う犠牲がないわけではなかった。

すでにふれたように、第一次大戦に先立つハンガリーの急速な経済成長も、この国の社会構造の旧い性格——大土地所有や封建制の残滓——の一掃には成功しなかったし、生活水準の改善といった主要な社会問題を解決することもできなかった。二十世紀にはいって、マジャール人と従属諸民族の間の対立がかえって激化したことも、周知の事実である。これらは、長期的成長の量的表示のうちにプラスの面が現われている反面、生産と分配の関係のうちにマイナスの面が現われていることを思わせるに足るものである。すなわち、この時期の経済的高揚から生じた利益は、さまざまな生産部門の間に、所有者と労働者の間に、また諸民族の間に、むしろ不平等に分配されはしなかったであろうか。とりわけ、成長につながる犠牲は主として労働者階級によって支払われ、彼らのうえに負担がのしかかり、しかも彼らは、経済成長の結果と利益からほとんど恩恵をこうむらなかったのではなかろうか。要するに、経済成長の発展は社会の近代化ないし民主化をもたらさずに、かえって社会的緊張や矛盾を増大させはしなかったであろうか。また工業化の歩調の不均等から生じた社会的間隙の増大が、既存の民族的分裂を増幅させることはなかったであろうか。これら諸問題の解明は、オーストリア・ハンガリー二重帝国の構造と特質を明らかにするうえの、不可欠の作業といわなくてはならない(8)。

そこで次に、純経済的見地からさらに一歩を進めて、この時期のハンガリーの社会的諸階層の性格およびそれと重なりあった諸民族間の関係を立入って考察することが要求される。この国では、地主貴族はどのような立場にあったのか。経済成長に伴って新しく登場したブルジョアジーとプロレタリアートは、なぜ社会を近代化する重要な推進力たりえなかったのであろうか。また、経済成長は、各地の従属諸民族にどのような影響を与え、支配民族であるマジャール人と彼らとの間にどのような複雑な関係を生み出したのであろうか。これらの問題の——その実態と原因の——詳細な検討は、本稿の範囲を越える仕事であるが、とりあえず次節以下で、大体の見通しをつけ、問題点の所在を明らかにしたいと思う。まず次節では、ハンガリーの社会的諸階層と民主化の可能性の問題がまとめて考察され、さらに続く節では、マジャール人と他の従属諸民族の間の民族的対立の背景が社会経済的角度から取りあげられるであろう。

(1) この見解の最近の代表者は Gy. Tolnai で、次の二つの著作のうちにはっきり表現されている。*A paraszti szövőfonóipar és a textilmanufaktúra Magyarországon, 1840–1849* (Peasant Spinning and Weaving Industry and Textile Manufactures in Hungary, 1840–1849), Budapest, 1964; "Az önálló tőkés fejlődés és nacionalizmus megítélése a mai magyar gazdaságtörténetírásban (The Evaluation of Independent Capitalist Development and of Nationalism in Current Hungarian Economic Historiography)", *Történelmi Szemle*, 1966, No. 1.

(2) オーストリア自身も債務国であり、外国から金を借りたが、それは、借りた金をいっそう高利率でハンガリーに貸すためだけではなく、この後進パートナーの資本の需要を充たすのに力をかす目的で、自国の外国におけるいっそう高い信用評価を利用した面をもっていた。ハンガリーは、輸入資本のために年々五億クローネ以上の利子を支払ったが、そのかなりの部分はオーストリアに帰し、それはまたしばしばハンガリーに再投資された。ハンガリーの支払わねばならなかった多額の利息は、この国の急速な近代化のための代償だったのである。Barany, *op. cit.*, p. 254 参照。

(3) Berend und Ránki, "Das Niveau der Industrie Ungarns des 20. Jahrhunderts im Vergleich zu dem Europas", *op. cit.*, S. 267–286.

(4) Alexander Gerschenkron, *Economic Backwardness in Historical Perspective. A Book of Essays*, Cambridge, Mass., 1962, p. 8.

(5) ドイツの場合と同じくハンガリーにおいても、工業化の思想は当初からフリードリヒ・リストの学説と結びついていた。いいかえれば、民族主義的な思想は、つねに経済的スローガンのマスクをかぶって主張されたのである。Berend and Ránki, "Economic Factors", *op. cit.*, p. 170.

(6) たとえば、一九一二年にハンガリーにおける機械生産は、国内の需要の約三〇%を充たしたにすぎず、また同じ年に、国内消費に必要な織物の二五—三〇%しか、また紙と皮革は四〇%しか、国内では生産されなかった。それゆえ、ハンガリー工業は、新しい国外市場の獲得ではなく、ハンガリー市場のより大きなシェアをいかにして獲得するかという問題に直面したのである。Ránki, Comments, *Austrian History Yearbook*, 1967, vol. III, pt. I, p. 66.

（7） Ránki, *op. cit.*, p. 63 f.

（8） たとえば、チェコのハプスブルク帝国史の権威である Křížek 教授は、帝国の崩壊に先立つ一五年間におこった経済的発展は二重帝国内における求心的勢力よりもむしろ遠心的な力を強化した、と主張している。われわれはこの問題提起をうけとめて、考察を深めなくてはならない。Jurij Křížek, *Die wirtschaftlichen Grundzüge des österreichisch-ungarischen Imperialismus in der Vorkriegszeit*, Praha, 1914 参照。

9　改革時代のジェントリー

ハンガリー史研究の第一人者マカートニー教授は、その著『ハプスブルク帝国、一七九〇—一九一八年』のなかで、「ハンガリー社会の著しい特徴は、一九〇三年になってもなお、それ自身の見解と利害をもち、しかも国家構造の不可欠の部分を構成するミドルクラスを、欠いていたことであった」と述べている[1]。しかしこの命題は、われわれが前章までに確認した、十九世紀後半の——特にアウスグライヒ以後の——急速な経済的発展と、どのように関連するであろうか。本節に続く諸節の課題は、この問いに答えるために、十九世紀中葉以後のハンガリーのミドルクラスの実態と性格を検討し、彼らがなぜ社会と政治を近代化する真の推進力たりえなかったかを、明らかにすることである。

この時期のハンガリーのミドルクラスを問題にするとき、われわれはそこに二つの異なる要素を見いだすことができる。その一つは、bene possessionati ないしジェントリーを中心とする中・小地主階級であり、いま一つは、新興の商工業ブルジョアジーである。一八四八—四九年の革命に先立つ時期に、いわゆる近代的改革運動の先頭に立ったのが中・小地主階級であったことは、一般に認められているところである。しかし彼らは、どのような意味で近代化の推進者であったのか。また十九世紀後半には、彼らはいったいどのような役割を果したであろうか。まず、この

点の考察から出発することにしよう。(2)

ハンガリーは、一五二六年以降ハプスブルク家を君主に戴いたが、ハプスブルク王国領内の他の非ドイツ人地域に比べて、かなり特殊な特権的立場を認められ、独自の憲法とそれに基づく有力な身分制議会の伝統をもち、一応の自治を行なってきた。オーストリアが絶対主義国家として中央集権政策を押し進めたヨーゼフ二世の時代を別にすれば、ハンガリーは五二の県議会とハンガリー地方議会を中心に、ハプスブルク家の官僚政治と中央集権を強力に阻止することに成功したので、ハンガリーにおけるハプスブルク家の支配は、一種の制限君主政ともいうべきものにとどまった。そしてこれは、実際には、マジャール人貴族の根強い力を示すものにほかならなかった。

マジャール人貴族には、この民族の移動＝定住期にさかのぼる旧貴族と、その後ハプスブルク家によってつくられた新貴族の別があり、身分の高低や経済的大小の差もあったが、全体として単一の集団を成し、すべての貴族は同一の基本的権利をもち、法の前には平等 una eademque nobilitas とされた。その全人口中に占める比率は高く、一八四六年にハンガリー貴族は一三万六〇九三家族から成り、十七歳以上の成年者は三三万六八〇七人に達したといわれる。(3)彼らの特権の根拠は、一二二二年に国王アンドラーシュ二世の発布した、ハンガリーのマグナ・カルタといわれる Aurea Bulla であり、これによって彼らは、王を選び、課税・十分の一税を免れ、彼らの権利が侵された場合の王への反抗権さえも保証されていた。特に注目されるのは、ハンガリー貴族の特権が封建的契約にではなく征服権に基づくとされたことであって、そこから、財産の永久不可侵という原則が導き出されたが、この原則は、特定の所有地を超えて所有者の人格にまで及んだから、その後の取得物も同様に奪うことのできぬものとなった。(4)これが大所有地《ラティフンディア》の生まれる根拠となり、大貴族の権力はこうした大所有地に基づいていたのである。しかも、貴族の特権の基礎となった征服権は、ハンガリーにおけるマジャール人の優越を正統化し、この優越は、マジャール人の農民さえも理解し維持しようとしたものであった。ハンガリーは、支配民族であるマジャール人のほかに、クロアティア人・セルビア人・スロヴァキア人・ルーマニア人などを含んでいたけれども、マジャール人ないしマジャール人気質の支配階級は、彼らの国家を多民族国家とはみず、ハンガリーの存在はそのマジャール的性格の維持にかかっていると信じていた。

ハンガリーの貴族は、土地を所有し、上流社会に属するという特殊な感情をいだいた点で、たしかに封建的であり、自己の特権を守ろうとする決意、出生によって得られた身分的優越に対する確信、行動のパターン等において、共通なものをもっていた。「紳士はけっして急がないし、驚きを示さないし、借金を払わない」(5)といった諺、服装や話し方のマンネリズム、他人に対する横柄な態度などは、封建的な貴族全体にわたる特色を示すものであり、こうした貴族の単一性ないし共通性が政治的にも時に重要な意味をもったことは、否定できない。

しかしそれにもかかわらず、実際には、貴族はけっして均一ではなく、はっきりした階級の差を含んでいた。そこで次に、貴族の内部構成、特に上級貴族と中・下級貴族の差異に目を向けなければならない。ハンガリー貴族の頂点に立ち、社会的にも経済的にも最高の地位を占めたのは、マグナート Magnaten (mágnás) であった。皇族、公・伯・男の称号をもつ家柄がこれにあたり、所有地の面積も巨大で、一般貴族と区別されていた。なかでも最大のエステルハージ Esterházy 公は、十九世紀前半には、一六〇の市場と四一四の村落を含む二九の所有地をもち、年収八〇万ないし一七〇万フロリンにのぼった。それに続くバッチャーニュ Batthyány 公は七、シナ Sina 男とカーロイ Károlyi 伯はそれぞれ一九、セーチェニー Széchenyi 伯は一八の所有地をもち、これら五つのマグナートの土地だけで、合計五五〇オーストリア平方マイルにのぼり、そのほか四一マグナート家の所有地が、合計三二八平方マイルに達していた。各五〇〇〇ホルド以上の土地を所有した貴族は、五五〇にすぎなかったといわれる(6)。

マグナートは大地主であったばかりでなく、多分に封建領主としての性格をもっていた。農民は領主の地域に居住し、一七六七年マリア・テレジアの公布した Urbarium (領主と農民の関係を示した規則) によって、家畜とともに年間五二日の賦役を行なうか、もしくは、一〇四日の手働賦役を行なわねばならなかった(7)。その他日雇い労働者も使われ、季節的には、クロアティア人・スロヴァキア人などの移民労働者も使用されていた。

マグナートは一般に保守的で、旧来の土地経営方法を容易に変更しようとはせず、十八世紀にラーコーツィ・フェレンツ二世 Rákóczi Ferenc II の反乱が鎮定されて以後は、独立の精神を失い、自己の特権と支配力を維持するためにあらゆる改革に目を閉ざす一方、利害関係からウィーンの宮廷やオーストリア貴族と手をつなぎ、結婚政策でその結びつきを強化していった。このようなマグナートが官僚・教会・軍隊の首脳部を独占し、上院を支配し、行政の中枢に位置したために、ハンガリーは時代の進展から取り残されざるをえなかったのである。

マグナートの下位には、中型の所有地をもつ bene possessionati があった。彼らは、称号をもたない貴族の上層部分で、二万ないし三万家族から成り、貴族全体の約四分の一を占めていた。大部分は地方の素封家で、経済的には比較的安定しており、地方行政の中心勢力をなし、地方長官に任命されたり下院議員に選ばれたりすることも、少なくなかった。彼らの間には、教養を身につけ、西ヨーロッパ風の啓蒙的合理精神に目ざめて、マグナートの封建的支配に反発して基本的な改革を望むものも、数を増しはじめていた。

その下に、次第に影響力を強めてきた小地主 armelistae があり、その数は、貴族階級のほぼ半分にあたっていた。彼らもまた地方議会や県の行政に関与したが、比較的新しく貴族に列せられた連中が多く、貧困ではないまでも、控え目で地味な生活を送っていた。彼らは県行政機関の下級官吏、聖職者、法律家、医者、教育者などになり、貴族層以外の出身の知的職業人と交わる機会をもっていた。当時の著名な著作家、政論家、政治家たち——セメレ Bertalan Szemere、サライ László Szalay、チェンゲリ Antal Csengery、プルスキ Ferenc Pulszky、フェレシュマルティ Mihály Vörösmarty とりわけコッシュート Lajos Kossuth——が、生計のために働かねばならぬ小貴族の出身であったことは、注目に値する。エートヴェシュ József Eötvös、ケメーニュ Zsigmond Kemény も貧しい家族の出身であり、こうした事情が彼らの変革への関心を強めたことは、推察にかたくない(8)。

さらにその下にサンダル貴族、農民貴族、プロレタリア貴族などとよばれる零細地主貴族の一群があり、貧困のためにさまざまな職業につかざるをえなかったが、下院の選挙権をもち、自己の利益にかなう人物に票を投じていた。最下層に非土地所有貴族があり、生きてゆくためにあらゆる職業につき、みじめな場合も少なくなかった。ハンガリー軽騎兵の将校がしばしばこの階層から出たことは、よく知られている[9]。

一八三〇年代にはじまり一八四八—四九年の革命期に頂点に達したハンガリーの改革運動は、このような背景のうえに理解されなくてはならない。では、この運動はどのような性格をもち、どのような担い手に導かれたのであろうか。

ナポレオンが没落したあと、ウィーン体制下のハンガリーでは、当初「時代の精神」は無視されていたが、やがてここにも変革の風が吹きはじめ、一八三二—三六年の議会では「新しい反対派」が力強く姿を現わし、いわゆる「自由主義的ナショナリズム」を主張しはじめた。これは外部からの刺激によるところが大きく、とりわけ大きな影響を与えたのは、一八三〇年におこったポーランドの独立革命であった。ハンガリー議会ではロシアに反対する決議が行なわれ、県議会や新聞でも親ポーランド的意向が表明され、その後も議会は、ポーランド人の運動を立憲的自由のための戦いとみて、同情を示し続けた。しかし、同時にまた、「新しい反対派」登場の背後にはいくつかの国内的要因がはたらいていたことも、見のがされない。

第一は、マジャール語による民族文学の出現である。ハンガリーがマジャール人を中核とする国であることは、歴史を通じて一貫していたけれども、十九世紀のはじめ頃までは、ハンガリーはなお一つの超民族的な貴族社会としての一面をもち、一八〇五年に二九七の非マジャール人マグナートが数えられたことは、これを物語っている[10]。この国の公用語はラテン語であり、さらに、マリア・テレジアやヨーゼフ二世の啓蒙専制君主時代には、教育・文芸などでドイツ化政策が進められたために、国民文化は沈滞の方向をたどった。当時のハンガリー人有力者の間では、子弟を教育のためウィーンに送り、ハプスブルク宮廷の近衛兵として勤務させるのが、一般的風潮となっていた。

これに対して、十八世紀後半、ロマン主義の強い影響を受けながら、「マジャール化」追求熱が高まりはじめた。ヨーゼフ二世の統一主義とそのドイツ的性格に対する反動として、ベッシェニエイ György Bessenyei が最初にハンガリー文学を開拓してマジャール人の団結を説いたあと、この運動はカジンツィ Ferenc Kazinczy に引き継がれて、ハンガリー文化の再発見に幾多の成果をあげた[11]。これらのロマン主義作家は、誇りをもって自国語に本質的価値を見いだし、マジャール人社会の存続はマジャール語の保持に依存すると考えた。それゆえ、マジャール語＝マジャール文学の復活は最初から政治意識を伴っており、ハンガリーの民族的自覚は、単なる文化運動を越えて政治・社会運動に発展する可能性を含んでいた。事実、一八三〇年代の「自由主義的ナショナリズム」の目標の一つは、ラテン語に代わってマジャール語をハンガリーの公用語とするにあったのである。それは「ドイツ化」に対抗する防衛策であると同時に、マジャール人に比して多数を占める非マジャール人大衆からの潜在的脅威に対する保障という意味を含んでいたために、次第に力を増していった。しかしこの運動は、なお文化的覚醒の段階にとどまっていた領内非マジャール系諸民族の間にも同じ傾向を刺激することになり、民族的対立の悪循環に寄与する結果となった。その意味で、改革時代のハンガリーの「自由主義的ナショナリズム」には、当初から重大な限界ないし困難がつきまとっていたのである。

第二は、封建的なハンガリー経済の構造的改革の必要が自覚されはじめたことである。すでにみたように、ハンガリーでは農奴の賦役労働による商品生産的な大農場が発達し、東・西ヨーロッパに農・工の分業関係が成立したことと相まって、この国は、農産物の輸出を通じて、発展しつつある世界市場へ徐々に引き入れられていったが、それとともにこの国の地主は、すでに最小限の資本家的属性を獲得していた。しかし彼らは、所有地からの収入を増そうとしたとき、無数の問題に直面しなければならなかったし、こうした困難の多くは、その地域の経済的・社会的後進性に由来するものであった。

まず、ナポレオン戦争後の農業危機に直面して、ハンガリーの地主は、自己の農場に投資を行ない、また自己の使用する無償農民労働力をふやす必要に迫られたが、しかし、彼らがその所有地を近代化することは容易ではなく、とりわけ中型の地主にとっては、土地改良に必要な資金を借りることは、まことに困難であった。十九世紀の中葉以前には、ハンガリーには近代的な信用制度が欠けており、近代的なクレジット法も存在せず、また貴族の所有地は相続人を限定されていたため、抵当に入れるわけにはいかなかったからである。他方また地主は、穀物の生産費を引き下げ、もしくは牧羊業を拡大しようとする必要があったが、それは、従来農奴に与えられていた土地の――時には非合法な――取戻しを意味したから、農奴の不幸を増す結果になった。こうして、投資とクレジットの問題、資本主義的生産と農民に対する新しい態度の問題が、大きくクローズ・アップされたのである。そのほか、適切な交通機関の欠如もまた重大な障害であり、中世的な輸送網は、農産物を西欧の市場に送ることを極度に困難にしていた。(12)

このような悪条件に伴う経済発展の緩慢さは、ハンガリー人を刺激して、自国経済の近代化に強い関心をいだかせたが、ハンガリー地域がハプスブルク王国内の西部諸州に比して経済的に甚だしく貧困でありかつ遅れているという認識は、同時に、ハプスブルク家の支配に対するハンガリー人の反感を増大させた。ハプスブルク家は、ハンガリー貴族に税金支払の義務を免除していたとはいいながら、ウィーンの政府が、西部諸地方の発展を促すための経済政策や関税政策を故意に採用したことは、ハンガリー人の不満と憤りをいっそう激化させた。こうして、ハンガリー土地貴族の近代化に対する要望はナショナリズムの感情とからみ合うことになり、やがて一八四八―四九年の革命と独立戦争に帰着するのである。三月前期のハンガリーで、経済的・社会的秩序のブルジョア的改造と民族的独立の達成とが、不可分につながり補足しあう運動であり目標であったことは、注目する必要がある。(13)

次に改革運動の担い手に目を向けよう。ハンガリーは当時なお工業期以前であり、西欧型ミドルクラス＝ブルジョアジーはほとんど欠けていたから、貴族が指導的役割を果たすほかなかったが、その際前面に現われたのが、大貴族と中・小貴族の対立関係である。上述の近代的進化にかんするかぎり、マグナートと中・小貴族の間には、利害の共通点がないわけではなかった。そのため、一八三〇年代から革命期にかけて、両者の関係は微妙な動揺を示しているし、一八四八年四月の最初のハンガリー内閣が最大級のマグナート出身のバッチャーニュを首班にいただいたことは、マグナートと中・小貴族の妥協を物語る好例としてしばしばあげられる。しかしそれにもかかわらず、両者の対立関係をあいまいにすることは、許されない。三月前期の改革運動の代表者セーチェニーは、マグナートの指導下にハンガリーを進歩的に改造する考えをもっていたが、自由主義的改革を好んで支持したのは、この社会層のごく少数にとどまり、大部分がマグナートから成る議会の上院は、行政府の指令に従って、「反対派」の努力の多くを失敗させることに成功した。一八三九―四〇年の議会には、改革に反対しない若い保守派が現われたとはいえ、[14] ハンガリー国民の政治的リーダーシップは、中・小貴族――とりわけ bene possessionati ――の手に移った。マグナートとそれ以下の地主の間には、元来伝統的な競争関係があったうえに、ハプスブルク家との関係にかんする政治的感情の違いが、さらにこの対立を強めた。一般に中・小地主の方がより民族的であり、これに反してマグナートは宮廷にいっそう近い立場にあり、彼らの精神的視界にはより多く全王国がはいっていた。一八四八年に先立つ時期の間に、貴族の一部はかつての貴族的同質性のかなりの部分をすでに失っており、これらの中・小貴族が「急進化」して、改革運動のイニシアティヴを握ったのである。

十九世紀前半、ハンガリーの知識階級は、伝統的な貴族的ミドルクラス＝ジェントリーの一部を成し、その社会的出身と政治的エトスの点で、広範な一様性をもっていた。少数の上級貴族出身者や、農民ないし稀薄なブルジョア的庶民層からの上昇者も含まれてはいたが、彼らも、ジェントリー的知識層の広大な一様性を侵害することはできなかった。ただしかし、当時都市地域にブルジョアジーおよび貴族以外の知識階級が緩慢ながらも増加しつつあったことは事実であり、上述した貴族の一部の「急進化」がある程度その影響をうけもしくはそれを前提としたものであったことは、推察されるが、この点はなお、学問的に十分明らかにされていない。[15] いずれにしても、三月前期の知識階級の中核はジェントリーの出身であり、彼らは、国民生活の内部で、西欧の諸理念をハンガリーに媒介する重要な役割を演じたのであった。三月前期の教養ある進歩的ハンガリー人を感激させた魅力的な言葉の一つに polgárosodás(ブルジョア的な地位と文明の達成)があったが、これを取りあげはじめたのは、主として中・小貴族階級であり、彼らによって、これが改革の基本目標とされたのである。ジェントリー貴族層出身の知識人が進歩的なブルジョア的自由主義運動の担い手となったことは、まことに特徴的であり、「改革の時代」の指導者の大部分は、彼らの内部から出てきたのであった。

ここで、進歩的改革運動ないし「自由主義的ナショナリズム」の掲げた具体的目標をまとめてみよう。

第一は、ラテン語の代わりにマジャール語を行政と立法の公用語にしようとする要求で、これについてはすでに触れた。

第二は、中央集権化の実現である。エートヴェシュや一八四〇年代の集権主義者たち――サライ、チェンゲリ、トレフォルト Agoston Trefort など――は、県レベルや地方議会における貴族の政治的独占を打破するために、また、真に代議的な議会に責任を負う政府を樹立するための第一歩として、自治都市の市民を政治に関与させようとし、県のいかさま自治や「サンダル貴族」[16]に攻撃を加えたが、これはまさに憲法上の革命を意味するものであった。こうした批判が行なわれたことをみても、当時の自由主義が単なる外国思想のうのみではなく、それをハンガリーの実情に適応させるための真剣な努力が払われていたことが、知られるのである。

第三に、「反対派」の主要な目標の一つは、一般課税の導入であった。彼らは一般課税を、法の前の平等、すべての社会階級の「利害の統一」érdekegyesítés などの原則を実現するための、予備的な一つのステップとみていた。[17]その際、コッシュートが、非マジャール系農民を「利害の統一」計画のなかに含めた最初の人物であったことは、注目に値する。しかし、保守的な政府は政治的譲歩を行ないたくなかったし、また、自由主義者が有意義な改革を通じて農民を味方に引き入れるのを許したくなかったから、サンダル貴族を操って一般課税の導入を妨げたのである。

第四に、その他の主要な目標として、(1)農奴が自己の耕作地に対して負う諸義務を、領主に適当な補償を行なうことによって強制的に買い戻すこと、(2)特権のない人々に徐々に市民権を拡大すること、などがかかげられた。

これらの目標は、一八三〇年代の初期に、セーチェニー、ヴェッシェレーニー Miklós Wesselényi、ケルチェイ Ferenc Kölcsey、コッシュートらによって定式化されたものであり、三月前期の「反対派」の綱領の核心をなしたものであって、要するに進歩的な貴族階級は、幾多の社会改革を取り入れることによって国家の構造を近代化し、新しい民族国家の基礎を拡げようとしていたのである。

第五に、ハプスブルク王国内で、また国際関係のうえで、ハンガリーの地位をいま一度明確化しようとする要求が、つけ加えられた。その主要な動機の一つは、「北方の巨人」ロシアに対する恐怖と、そのロシアが、数でまさるハンガリー内非マジャール系諸民族の汎スラヴ的・汎ギリシア正教的傾向を支持することへの不安であった。ヴェッシェレーニー、エートヴェシュ、コッシュートはいずれも、ドイツ的要素とマジャール的要素の結束の必要を説き、同時にまた、オーストリアが立憲国家に改変されることを強く要望した。

「反対派」グループの綱領に掲げられたこれらの社会＝政治的目標は、一八四八年の革命前には、ただ一つを例外として、法律化されることはなかった。例外とは、一八四四年にマジャール語がハンガリーの公用語とされたことであり、これは、半世紀以上にわたる闘争ののちにようやく獲得されたマジャール民族主義の勝利であったから、セーチェニーのような穏健保守派を含むすべての愛国者に、歓呼をもって迎えられた。しかしこの勝利が、先にも述べたように、新しい民族間の危機の前夜に、マジャール人と非マジャール系諸民族の間の裂け目をいっそう大きくするものであったことは、否定できない。

以上の考察を要約すれば、次のとおりである。十九世紀前半のハンガリーの改革運動は、中・小貴族層をその担い手としたものであり、その諸目標は、たしかにマジャール民族主義の偏狭さを内包していたし、また相互間に若干の矛盾がないでもなかったが、大体においてハンガリー国家の近代化をめざす進歩的・自由主義的な内容のものであったといってよいであろう。ではそのジェントリー層は、一八四八―四九年の革命期を経たあと、どのような役割を果たすことになるであろうか。

（1） C. A. Macartney, *The Habsburg Empire, 1790–1918*, London, 1968, p. 708.

（2） 以下の叙述は、とりわけ次の諸研究に負うところが多い。C. A. Macartney, *op. cit.*; Berend and Ránki, "Economic Factors"; Georgy Barany, "Hungary: the Uncompromising Compromise". 邦語では広実源太郎「三月革命におけるハンガリー」『西洋史学』五五号、一九六二年、がある。

(3) 成年男子総数は三六九万〇九七三人であったから、九%強にあたっている。Jerome Blum, *Noble Landowners and Agriculture in Austria, 1815–1848*, Baltimore, 1948, p. 36.

(4) Peter F. Sugar, "The Nature of the Non-Germanic Societies under Habsburg Rule", *Slavic Review*, vol XXII, 1963, p. 6 f.

(5) Arthur J. May, *The Hapsburg Monarchy, 1867–1914*, Cambridge, Massachusetts, 1960[2], p. 231.

(6) ハンガリー全体の面積は四一六〇平方マイルであったから、マグナートの所有地がいかに巨大であったかが理解されよう。面積の単位について付記すれば、1 hold=1 yoke=0.576 hectare=1.43 acres、またオーストリア平方マイルはイギリスの二二・二三九平方マイルにあたる。Macartney, *op. cit.*, p. 835 参照(一平方キロメートルは一七三・四七九六ホルドに等しい)。

(7) Blum, *op. cit.*, pp. 89, 182–183.

(8) Barany, *op. cit.*, p. 237. 要するに、中級貴族と貧困貴族に共通したのは、貴族としての誇りとマグナート支配に対する反感であり、貧困貴族の家に生まれてその苦悩を体験したコッシュートこそは、まさに下級貴族を地盤とし「小貴族の知性を代表した」人物だったのである。

(9) Blum, *op. cit.*, p. 37.

(10) Blum, *op. cit.*, p. 36.

(11) ハンガリーでは、当時なおブルジョアジーはきわめて少なく、覚醒の主体は貴族であった。しかも彼らのうちには反ドイツ的感情をもつものが少なくなかったから、結局ハンガリーのロマン主義的文化運動は、進歩的な貴族の手で進められざるをえなかった。D. Sinor, *History of Hungary*, London, 1959, p. 248 参照。

(12) 本章第五節、注(2)、参照。

(13) Berend and Ránki, "Economic Factors", *op. cit.*, p. 165 f. 同じ箇所で著者は、「東欧では、ナショナリズムは、ミドルクラスの発展があらゆる種類の障害によって妨げられた時に、よみがえったのである」と述べている(p. 164)。

(14) これについては、G. Barany, "The Hungarian Diet of 1839–40 and the Fate of Széchenyi's Middle Course", *Slavic Review*, vol. XXII, 1963, pp. 286–290, 295–298 参照。

(15) Barany, "Uncompromising Compromise", *op. cit.*, p. 238 参照。

(16) サンダル貴族の数は、約一二万五〇〇〇人といわれる。Barany, *op. cit.*, p. 239.

(17)　*Ibid.*

10　ジェントリー階級の衰退

一八四八年の春、ハンガリー人は、以前には考えられなかったもろもろの譲歩を、ウィーンの宮廷から獲得した。わずか数週間のうちに、彼らは、議会に責任を負う独立の内閣をもち、その議会は、教育と財産を資格とする選挙権で選ばれることになった。これは、従来の身分制議会に比べて大きな進歩であり、有権者の割合は、従来の一・七％から七―九％に高まったと推定されている。(1) さらに、あらゆる封建的特権および隷属制に終止符がうたれ、農民は解放され、(2) 彼らのほぼ三分の二は土地を与えられた。宗教的自由は拡大され、トランシルヴァニアはふたたびハンガリーと結合され、また国民軍 Honvéd が設けられた。

しかし、王朝とハンガリーの間に、またマジャール人と非マジャール人の間に妥協が可能であるようにみえた「奇跡の時代」は、実際には、まもなく二つの戦争によっておしつぶされねばならなかった。その一つは、一八四八年夏の危機の間に出現した急進左派が、コッシュートをいただいて行なった民族独立戦争であり、いま一つは、それと密接に関係した、ハンガリー内のマジャール人と非マジャール系諸民族の間に戦われた内乱であった。

一八四八年四月七日に誕生したハンガリー最初の独立内閣は、マグナート出身のバッチャーニュを首班として各派の民族主義者を網羅しており、実権は蔵相コッシュートの手に握られたとはいいながら、マグナートと中・小貴族の妥協的連立内閣といった性格をもち、マグナートを利用してゆこうとするコッシュートの態度が、表現されていた。しかしやがて反革命が各地で勝利をしめ、オーストリア皇帝がクロアティア人を後援してハンガリー政府に圧力を加えるに至って、事態は急変した。こうした状況のもとで急進左派が力を得、やがてコッシュートは、全ハンガリーのマジャール化と完全な自主権の確立をめざして温和派を排斥し、事実上の独裁権を樹立した。ハンガリーの二面戦争を担当したこれらの人々が、独立したマジャール民族国家を打ち立てることのむずかしさを過小評価していたことは、否定できない。

それ以後翌四九年夏に至る時期のハンガリー革命で指導的役割を演じたのは、中・小貴族であったが、彼らは自由主義的な法治国をつくり出すための努力を続け、農奴制の廃止もコッシュートの指導下にはじめて法制化されたし、他方ハンガリー議会は、ハンガリーの完全独立とハプスブルク家の失権を宣言した。その際、中・小貴族を基礎にした急進左派が民族的独立の努力を押し進めたことは、理解にかたくないが、しかし彼らが、みずからの特権剝奪を意味する身分的秩序の廃止に力を入れたのは、何故であろうか。それは、一部は彼らの「ロマン的熱狂」(3)ないし「時代精神」への感受性から説明できるが、他の動機もまた大きく作用していた。オーストリア皇帝との武力対決は、ハンガリーにとってかつてない重大な試練であったから、革命の指導者たちは、自民族のあらゆる力を利用する必要があり、従来政治的に無権利であった人々をも獲得しなければならなかったのである。さらに、広範な貴族的中間層は、革命の過程で手に入れた自己の指導権を、以後ウィーンに対してのみならず国内のマグナートに対しても主張しうるという期待をもって、自由主義路線を邁進したのである。

しかしながら、一八四九年の夏、ハンガリーの民族独立戦争はツァーリの力を借りたオーストリア軍の手で鎮圧され、貴族的中間層の希望は充たされることができなかった。独立戦争失敗後のハンガリーは、オーストリアの単なる一属領と化し、民族的自由はまったく奪われ、クロアティアやトランシルヴァニアはハンガリーから離されてそれぞれ帝国の一州となり、ウィーン政府の派遣するドイツ人総督の統治をうけることになった。ハンガリー地方議会の権限も極度に縮小され、官庁や学校ではふたたびドイツ語が用いられた。

とはいえ、ハンガリー独立戦争の失敗は、一八四八年の自由主義立法の完全な取り消しには終わらなかった。一八五三年五月オーストリア新絶対主義政権の発布した土地台帳勅書 urbarial patent は、一八四八年四月の基本原則を取り入れたものであって、ハンガリーの約三一〇万人の農民とトランシルヴァニアの約三二万人の農民が、恩恵に浴した。(4) 農奴制が廃止され、貴族の特権の多くが削減されたことによって、大所有地を賃金制にもとづく資本主義的経営に変えることは、ある程度まで可能になり、したがって四八年革命の目標は、社会のブルジョア的改造にかんするかぎり、ある程度実現されたといって差支えない。ただし、契約による農奴、小屋住みの小作人 Cotter-tenants、農業労働者など、ハンガリーで五五〇万人、トランシルヴァニアで七〇万人弱が土地なきままに放置された結果、その後もハンガリーは、依然広大な所有地と土地なき農業労働者の国であり続けるのである。(5)

農民解放のあとを追って、旧来の限定相続法を廃止し、小区画農地の強化を命じ、土地登録簿を確立するなどの諸法令が発布され、これを補足した。これらの方策は、オーストリアの民法典がハンガリーに拡張され、行政組織が改められ、一般課税が導入され、ハプスブルク王国両半部の間の国内関税が撤廃されたことと相まって、従来ハンガリーの資本主義的発展を妨げていた頑強な障壁のかなりの部分を、取り除いた。要するにフランツ・ヨーゼフ帝は、一八四八年に始まった社会変革を後退させることなく、反対にそれを完成の方向に向け、農民解放およびそれと結びついた土地改革をこえて、全帝国を統一的経済圏とするための、そして特に、経済＝金融生活を近代化し促進するための、重要な方策を講じたのであった。その後の著しい経済成長については、すでに検討ずみである。(6)

ところで、このような新事態は、ハンガリーの地主貴族にどのような影響を及ぼしたであろうか。一般に地主は、農民解放に際して四〇年間にわたって政府の証券で補償されたけれども、新事態の及ぼした影響は、伝統的なマグナート階級と中・小地主階級とでは、大きく違っていた。まずマグナートは、制度的・社会的に依然指導的立場を維持したし、経済的にもむしろ好都合であった。彼らの所有地は自由私有地 allod の占める割合が大きかったから、土地改革は多くの場合彼らにわずかな打撃しか与えなかったし、他方彼らが規則正しく受け取った補償金は、自身の所有地の近代化を可能にしたばかりでなく、彼らはまたそれによって、農民に譲渡したより以上の土地を、近隣の貧しい人々から買い取ることができた。さらにクレジットの入手も、五〇年代以後は、彼らにとって比較的容易であった。こうした事情のもとで、一八四八年以前にも大きな割合をしめたマグナートの巨大な所有地は、以後数十年間のうちに、実際にはさらに増大した。一八九五年の調査によれば、当時ハンガリーとクロアティアで耕作可能な土地の面積は、四一七〇万ホルドであったが、そのうち一二〇〇万ホルドは、四〇〇〇以下の地主に——その大部分は個人であった[(7)]——、一件あたり一〇〇〇ホルドないしそれ以上の所有地という形で、保持されていた。森林や牧草地をそれに加えれば、巨大な所有地の割合はいっそう大きくなるであろう。巨大な個人所有地の例を若干あげるならば、エステルハージ公の土地は五一万六〇〇〇ホルド、シェーンボルン Schönborn 公の土地は二四万一〇〇〇ホルド、カーロイ伯一族の土地は一七万四〇〇〇ホルド、フェステティチュ Festetics 公の土地は一六万一〇〇〇ホルド、フリードリヒ Friedrich 大公の土地は一四万五〇〇〇ホルド、コーブルク・ゴータ Coburg-Gotha 公の土地は一四万一〇〇〇ホルドに達し、これらの所有地のかなりの部分は、特別に相続を限定されていた。フランツ・ヨーゼフ王が一八六七—一九一二年の間にあらたに六〇の世襲財産 fidei-commissa の形成を認めたので、それは全部で九二となり、ハンガリーの土地の三五％は相続を限定されることになったのである[(8)]。

これに反して、中・小地主貴族は、一八四八—四九年の政治的・経済的激動のあと、マグナートほどうまく生き残るわけにはゆかなかった。中型地主については、bene possessionati という古い名称に代わって、一八七〇年代半ばから新しくジェントリー gentry という呼び名が登場した。ジェントリーの明確な定義は存在しないが、大体において、二〇〇—一〇〇〇ホルドの土地所有者と考えられ、その数は一八九五年で約一万、その内訳は、五〇〇—一〇〇〇ホルドの土地所有者が三二〇〇、二〇〇—五〇〇ホルドの土地所有者が六七〇〇であった、とされている[(9)]。

中型面積の地主は、依然その所有地の一部を保持し続けたけれども、ハンガリー経済を変えはじめた資本主義の発展から利益を得ることができず、大所有地経営者との競争に耐えかねて、衰えていった。そのうえ、新絶対主義の時代はハンガリーが政治的権利を剝奪された時期で、ジェントリーはその地位をひどくゆるがされたが、とりわけ一八四八年後の数年間は、ハプスブルク家のさまざまな抑圧政策に苦しまなくてはならなかった。以下これらの点を、やや立ち入って考察しよう。

まず第一に、農奴解放による賦役の廃止は、中型地主から無償労働力を失わせてしまった。それと関連して、第二に、賦役制下の農奴は一般に彼ら自身の道具を使用していたので、中型の地主たちは、自己の土地を耕すのに必要な用具もなく、また、農場の備品を買うための資金もない状態におかれてしまった。オーストリア政府は、農奴制の廃止にあたって、取りあげられた土地の持主に補償金を支払ったとはいいながら、一八四八—四九年の革命期にハンガリーの中型地主がウィーンに強い反抗の態度を示したことへのこらしめとして、彼らにはごくわずかな支払額しか割りあてなかったために、彼らが受け取った金額は、以前免税をうけていた彼らの土地にあらたに課された税金を支払うにも、足りなかった。彼らはまた資金の借り入れが困難であり、それが可能な場合にも、一八—二〇%という高い利息を支払う必要があった。こうした資金の払底のほかに、近代的な農業方法についての知識も不足していたから、結局彼らの農場経営は拙劣であり、新しい経済的要求に適応することができなかった。[10] 彼らの浪費的な生活習慣も、マイナスの要素として働いた。ただ、クリミア戦争およびアメリカ南北戦争中の穀物価格の高騰は、穀物ブームを生み出し、それが再三彼らを不幸から救ったけれども、大勢は彼らにとって不利であり、他方農業上の不景気は、彼らに決定的な打撃を与えた。こうして彼らの絶望的状況は増大し、かつての bene possessionati の多くは農場経営を断念せざるをえなくなり、その数は急速に減少していった。次の統計は完全なものとはいえないが、十九世紀後半の中型所有地の急速な衰退ぶりをうかがわせるに足るものである。[11] 一八四八年以前、土地持ちのジェントリーは約三万人であったが、一八六七年までに、二〇〇—一〇〇〇ホルドの土地所有者の数は一万五〇〇〇人以下になり、一九〇〇年頃までに一万人以下に減少した。しかもこの公的資料は、それらの土地の内情を示してはいないから、中型所有地の衰退ぶりは、この統計的数字から想像される以上のものがあったと考えられる。

それ以下の小貴族をみれば、農奴解放後は、彼らの所有地はもはや彼らが独立の地主であり続けることを可能にするだけの大きさではなくなっており、彼らおよびその子孫たちは、農業プロレタリアートの隊伍をふくらませる結果になってしまったのである。おそらく、以前の貴族階級のかなりの部分が、このカテゴリーに属したと思われる。

十九世紀の前半、ハンガリー民族運動の進歩的勢力を代表して、この国の経済の近代化に心を傾けたマジャール人のジェントリーは、こうして急速かつ冷酷に、物質的地位をそこない、貧困化していった。多少の躊躇はあったにせよみずから資本主義的発展の開始に力を貸し、その促進にリーダーシップをとった社会層が、その後かえって資本主義的発展の勢いに押しのけられ、みずから資本主義の道を追い続けることの不可能を悟らされたということは、まことに運命の皮肉であった。では、これらの衰退した旧ジェントリー階級は、いったいどのような態度をとろうとしたのであろうか。

（1）Barany, *op. cit.*, p. 241.
（2）その結果、貴族は課税を免れることができなくなり、他方農民は領主支配から独立することになり、賦役と十分の一税も廃止された。
（3）Victor Concha, *La Gentry, sa genèse et son rôle en Hongrie*, Budapest, 1913, p.13.
（4）Barany, *op. cit.*, p. 242 f.
（5）*Ibid.*
（6）十九世紀後半の状態と二十世紀初頭の状態を比較するのには、次の論文が有益である。P. Hanák, "Skizzen über die ungarische Gesellschaft am Anfang des 20. Jahrhunderts", *Acta Historica*, X/1–2 1963, S. 6–27.
（7）ほかに、ローマ・カトリック教会、市町村なども大地主であった。なお当時ハンガリー王国の全面積は五六五〇万ホルド(＝三二万五〇〇〇平方キロメートル)であった。Macartney, *op. cit.*, p. 713.
（8）*Ibid.*
（9）Macartney, *op. cit.*, p. 715.
（10）Concha, *op. cit.*
（11）P. Hanák, "A dualizmus korának néhány vitás kéadése(Some Frequently Debated Questions of the Dualistic Era)", *Szazádok*, 1962, No. 1–2, p. 218; Berend and Ránki, *op. cit.*, p. 168.

11　ジェントリーの退廃と反動化

それにはまず、彼らのメンタリティをみなければならない。一八四八―四九年の革命後成立したオーストリアの「新絶対主義」体制は、旧来の特権や自治を廃止し、ハプスブルク帝国をよりよく管理された中央集権国家にしようとしたが、それは特に、ハンガリーのジェントリーに強い抑圧としてのしかかった。この時期に、独立戦争に失敗したあとの彼らジェントリーの取りうる道は、いわゆる「消極的抵抗」でしかありえなかった。彼らは、皇帝の行政官庁の命令に目をつぶり、生活必需品だけを生産し、いっさいの民族的なもの、過ぎ去ったものの神秘化のうちに逃避したが、こうした態度は、一方で物質的貧困化を促進するとともに、他方でジェントリーおよびジェントリー知識層の精神的水準を必然的に退化させる結果になった。(1)こうした物質的衰退と精神的退廃とがからみ合って、政治的態度のうえでも、この階層がかつて担った進歩的性格を失わせていったのである。

ハンガリーの内部事情もまた、これを促進した。すでにみたように、ジェントリーの伝統的な生活の基礎を脅かした同じ事情のもとで、大土地所有者であるマグナートは、まったく損害をこうむらないか、こうむったにしてもその程度ははるかに軽微であったし、他方工業ブルジョアジーが新しい経済的変化から大きな刺激を受けたことは、いうまでもない。(2)こうして、マグナートとブルジョアジーの社会的・経済的競争の谷間におとされて強く圧迫されたジェントリーは、財産および政治的・社会的勢力のうえでなお自分たちに残されているものを、少なくともそれだけは保存しようとする気持におちこんでいった。

このような状況のなかで、ジェントリーの保守的な基本態度が形成された。改革時代の自由主義貴族は、ブルジョア化 enbourgeoisement を本質的・積極的価値をもつ進歩的な努力目標とみて、自国の近代化を主張したのに、いまやこの態度は一変し、彼らはもはや、ブルジョア的改革のために戦うことをやめ、過去の経済的慣行に好意を示し、封建時代から生き残ってハンガリーの近代化の主要な障害となっていた多くの政治的・経済的特権を擁護するに至った。要するに、以前の bene possessionati および小貴族の大部分は、一八六七年のアウスグライヒまでに、彼らの経済的安定と政治的勢力とを失っており、そこから、彼らの世紀末的な態度と、彼らが伝統的に信頼をよせてきた前工業的価値体系を永続させようとする努力とが生じたのである。このことは、彼らのナショナリズムにも妥当した。革命以前の中・小貴族の民族主義運動は、資本主義の発展と一致していたのに、いまや彼らは、ロマン主義的・反資本主義的な、同時にまたきわめて攻撃的な民族主義思想の魅力に、次第に強くとらえられていった。多民族国家ハンガリーにおいて、マジャール民族主義がその当初から他の諸民族に対する経済的・政治的・文化的抑圧と手を携えて進んできたことは、すでに指摘したところであるが、ジェントリーの変貌は、このマジャール民族主義の燃え木をいっそう強くかき立てることになったのである。(3)

ところで、ジェントリーのこのような保守的基本態度は、具体的には二つの形をとって現われた。その一つは、「保守的利益政策」konservative Interessenpolitik とよばれるものであり、いま一つは、「前進防衛」Vorwärtsverteidigung とよばれるものである。(4) まず前者をみよう。ジェントリーの土地がもはや彼らに生計の余裕を与えなくなったとき、彼らは広範な社会的視野を失い、みずからの社会層のせまい利益をひたすら追い求めるようになった。貧困化したジェントリーの多くは、新しい職業を求めなくてはならず、小銀行家、大学教師、文士、軍隊の士官などになったものも少なくなかったが、彼らのいっそう好んだ仕事は文官勤務の役人であって、多数のジェントリーがそこに殺到した。その際にみられた「縁者びいき」ないし「親族登用」Vetterwirtschaft とよばれる現象は、まさにジェントリーの保守的な利益政策を示すものであった。その独自の代表者は、一八七五年から九〇年まで一五年間の長期にわたって首相の地位にあったカールマーン・ティサ Kálmán Tisza であって、彼自身ジェントリーに属したティサは、地主の息子たちがいなかを去るのと同じくらいの速さで、彼らを吸収するための国家のポストをつくり出し、それによって自己の出身階級を救済しようとした。そのため彼は、はげしい非難をうけなければならなかったほどである。[5]

ウィーンによるハンガリーの権利剥奪は一八六七年に廃止され、ハンガリーは完全な自治を獲得し、立憲君主国として再出発することになったが、これはジェントリーにも好都合であった。アウスグライヒ後、ハンガリーでは新しい議会政治が始まり、国家機構が整備されていったために、「身分の低い貴族」には、行政部と立法部でかなりの程度に活躍する機会が与えられ、彼らは政治的意味をとりもどすとともに、自分たちの利益を効果的に擁護する可能性をもちえたのである。

このことは、同時にまた、ハンガリーの官僚政治に特殊な性格を賦与することになった。一八六七年後、ジェントリーは中央および地方自治体の諸官庁に殺到し、彼らの住所・職業・直接の経済的利害は著しく変化した。しかしそれにもかかわらず、彼らの社会観は、「薄気味わるいほど」従来と変わっていなかった。[6] マカートニーによれば、彼らがハンガリーを管理することの報酬として受け取った俸給が、もはや農民から直接彼らに支払われるのではなく、国家に集められたうえで彼らに支払われるようになった点が、違っているだけであった。[7] なお、文官勤務のなかには、古いドイツ人市民の家族や富裕なシュヴァーベン農民の家族もいくらか含まれてはいたが、上級公務員の大多数は旧来の地主階級およびその子供たちであったから、彼らと出身の違う人々も、完全に彼らと同じ社会的見解を採用したといわれる。行政官階級は、ハンガリー・ミドルクラスの一部をなし、十九世紀末頃には国民生活のなかではなはだ重要な役割を果たすようになっていたが、その役割はけっして自主・独立のものではなかった。諸官庁に殺到したマジャール人のジェントリーが、中央および地方の官僚政治に彼らの「ジェントリー」的な見解と生活様式を強く刻印したからである。[8] のみならず、この「ジェントリー」的な社会観と生活様式は、折柄その層を次第にあつくしつつあったハンガリーのミドルクラス一般の、注目すべき特徴ともなったのである。[9]

次に、ジェントリーの保守的な基本態度の第二の表現形態である「前進防衛」に目を向けよう。それはもとより第一の要因と不可分に関係していたが、ただ、極端な民族主義的イデオロギーの衣服をつけて現われた点に、ユニークな特徴があった。その主張によれば、あらゆる社会的・政治的害悪の根源は、オーストリアと鎖で繋がれていることのうちに、すなわち、現在の「アウスグライヒ」の形態のうちに求められねばならず、ハンガリーは完全な国家主権と経済的独立をもつ場合にはじめて、人々の望むような国家になることができるはずである、と論じられた。特色ある新聞『調和』*Egyetértés* 紙のある論説は、次のように述べていた。「われわれのあらゆる困難の、またわれわれを脅かしているあらゆる危険の原因は、われわれの力が現在の国法的状態のなかで不幸にも麻痺していることである。……」(10)

アウスグライヒのあと、地方の地主貴族はハンガリー議会の主要な構成分子をなしたが(11)、ジェントリーにみられる上述の二つの傾向――「利害政策」と「前進防衛」――は、議会の政党活動のうちにもはっきりと認められる。一八七〇年から一九一八年に至る時期に、一九〇五年から一〇年までの短期間を除いてほとんど大部分政権を担当したのは、「自由党」Szabadelvü Párt であり、それに対する唯一の取るに足る反対党は、「一八四八年＝独立党」Függetlenségi Párt であった。大ざっぱにいって、「自由党」は、大地主およびかなりの大きさの地主、大実業家およびかなりの大きさの実業家、マジャール人の手にあるほとんどすべてのものの利害を代表し、「独立党」は、前者よりもいくらかよりはっきりと、ジェントリーおよび都市の自由主義者たちを代表した、といわれている(12)。これをジェントリーの側からみれば、彼らのうち温和な保守的政策によって最も容易に自己の利益をみたすことができると信じた連中は、自由党に集まった。この政党のなかには、「資本家仲間」出身の「近代的＝経済的」な考え方をするグループも根をはっていたが、明らかに保守的＝「農業的」な貴族グループ、なかんずく広範なジェントリー中間派の力がまさっていた。この政党の政治的態度をみれば、その時々に自由主義的な流行語でまずくおおわれていたとはいいながら、実質的にはジェントリー的保守主義が支配していた(13)。他方、民族主義的な過激論は、政府に反対する少数派「独立党」のなかで成長していった。この党の主張が、――少なくとも理論的には――同君連合の弱いきずなを除いてオーストリアとの連鎖を切断するにあったことは、周知のとおりである。この政党も、一部富裕なマジャール人農民や資本家から票を得ていたとはいえ、大体においてジェントリー層を基盤にしていたことは、たしかである。しかし、この政党の民族主義的非妥協性を、一般的な世界観としての急進主義にはぐくまれたものと考えることは、誤りである。なるほどこの政党の綱領は、「自由党」のそれよりもいっそう急進的な一連の諸要求を含んでいた。このことは、いわゆる民族的諸要求についてだけではなく、とりわけ普通選挙権の要求が示すように、社会的な領域についても認めることができる。それにもかかわらず、「独立党」の自由主義は、実質的には、政府党の自由主義とほとんど違わなかった。一八八三年に、『現代ハンガリー』の『棚おろし』"Bestandsaufnahme" vom "modernen Ungarn" の編集者は、この国の政治的指導者階級の外面的な政治信条にふれながら、正当にも、これらの階層は「ほとんど例外なくリベラルである」と書いている。「諸政党を(実際に)分けたり合わせたりする……ものは、オーストリアに対する多少とも親密な関係について人々が抱く観念のうちに表現される、国法上の信条である。[14]」

このように原則的・世界観的な対立が欠けていたために、結局のところ議会での闘争は、ほとんどただ、「六七年党」――自由党はしばしばこう呼ばれた――のアウスグライヒに対する忠誠と、「四八年党」のアウスグライヒに対する敵意との衝突によって規定された。事実問題も価値判断もすべて、それがオーストリアとハンガリーの関係という主題にどう関連するかといった視点に、従えられることになった。しかもこの主題について二大政党の立場は一致しなかったから、このような基準の絶対化は、議会を、たえず不名誉で非生産的な論争のくり返される舞台に低落させずにはおかなかった。民族主義的反対派は、国民の間に自党への支持が次第に広がってゆくのをみて、ますます過激化していったし、政府および与党は、同じく非妥協的な態度でそれに答えた。扇動的な民族主義が広がり、相手方が独裁的にふるまうほど、二大政党の対立は、それだけいっそう、見せかけの問題をめぐる奇妙な争いになっていった。議会における議員たちの行動は、あたかもある特殊な社会層の熱狂する闘士たちの姿を思わせるものがあり、[15]彼らにとっては、相手方の策略をつねに抜け目なく凌駕することだけが問題であるように思われたのである。しかし、こうした「政治的スポーツ」[16]の間に、ハンガリーの支配者階級はこの国の現実の重要な問題を無視し、また一般に、近代的な時代思潮である「進歩」との接触を失ってしまった。彼らの闘争は、一八九九年にティサ政府の危機をもたらし、それと関連して内政状態をますます悪化させていったが、これらの闘争のすべてのうちに、ハンガリーの貴族的自由主義の危機が映し出されていた。一八四〇年代に古典的・生産的な形で成立した貴族的自由主義は、十九世紀後半ジェントリーの衰退とともにその進歩性を失い、二十世紀の前夜には、極端な民族主義と権威的な保守主義に分裂する危険な兆候を示していたのである。

本節の課題は、ハンガリーにおけるミドルクラスとしてのジェントリーの地位と役割を検討することであった。以上の考察をふまえて、われわれは比較的容易に、この問題に答を与えることができる。十九世紀前半の改革時代において、ハンガリーのジェントリーは、たしかに近代化の促進者として進歩的な役割を果たした。しかし一八四八―四九年の革命の結果生じたもろもろの変化は、ジェントリーの政治的・社会的地位を大きく変化させた。彼らは経済的に衰退するとともに、精神的に退化し、政治的に反動化していった。十九世紀の最後の三分の一の時期におけるハンガリーの社会＝政治状況の特徴は、一八四〇年代に始まった「自由主義的」革命が、以前それを進行させたと同じ社会層によっていまや停止させられた、という点に要約することができる。ハンガリーのジェントリーは、けっして社会や政治を真に近代化し民主化する推進力とはなりえなかったのである。

（１）　J. Farkas, *Der Freiheitskampf des ungarischen Geistes, 1867–1914*, Berlin, 1940, S. 18; Tibor Süle, *Sozialdemokratie in Ungarn*, Köln, 1967, S. 10.

（２）　本章、第六節三八三ページ以下、参照。

（３）　Berend and Ránki, *op. cit.*, p. 168.

（４）　Süle, *op. cit.*, S. 4.

（５）　May, *op. cit.*, p. 231.

（６）　Macartney, *op. cit.*, p. 709.

（７）　Macartney, *op. cit.*, p. 708.

（8）マグナートの子供たちが官僚政治にはいっても、他の人々と同等の条件で苦労しながら階段をのぼらねばならなかった。Macartney, *op. cit.*, p. 714 f.

（9）これとの関連で、次の点も注目に値する。旧ジェントリー階級衰退の結果、一九〇〇年のジェントリーは、祖先との関係でいえば、大部分新しい人々の階層であった。しかし新しくジェントリーになった連中は、彼らの先輩たちの伝統的人生観を驚くべく器用にかつ完璧に取り入れたために、二つの成分を識別するためには、系譜学者の目が必要である、といわれている。すなわち、ジェントリーの構成メンバーはすべて、長い間ハンガリーの国内運営についてマグナートと議論をかわし、そしてそれをマグナートと分担してきた旧い bene possessionati の、真の後継者だったのである。Macartney, *op. cit.*, p. 713 f.

（10）Süle, *op. cit.*, S. 5.

（11）当時はすでに議会の重要性は下院に移っていたから、マグナートの若い子供たちで野心的な連中の多くは、下院に政治的運命をもとめた。Macartney, *op. cit.*, p. 714.

（12）Kann, *The Habsburg Empire*, p. 70.

（13）Süle, *op. cit.*

（14）Ambros Neményi (hrsg.), *Das moderne Ungarn. Essay und Skizzen*, Berlin, 1881, S. 274; Süle, *op. cit.* Gratz も「アウスグライヒ後の年代には、実際、すべてのものは、保守派の小グループを除いて、デアーク党も、中央左派も、極端左派も、諸民族側もひとしく、自分たちをリベラルとよんだ。その心情においてリベラルでなかった人々さえも、それをあえて告白することはなかった」と書いている（*A Dualizmus Kora*, 1. 90.）。Macartney, *op. cit.*, p. 688.

（15）当時の有名な議員 V. Vázsonyi の一八九六年の新聞論説にみられる。Süle, *op. cit.*, S. 6.

（16）Oskar Jászi, *Magyariens Schuld Ungarns Sühne. Revolution und Gegenrevolution in Ungarn*, München, 1923, S. VI.

12　ブルジョアジーとユダヤ人

次に、ミドルクラスのいま一つの要素、新興の商・工・金融ブルジョアジーの性格とその役割に、目を向けよう。彼らは、ハンガリーの政治と社会を近代化し民主化する推進力となりえたであろうか。

都市のミドルクラスの考察にあたっても、われわれはマジャール人のメンタリティから出発しなければならない。一般に、本来のマジャール人は土地を愛し、都市の生活に先天的な嫌悪をいだいていた。彼らは、商業や貿易を自己の威厳にふさわしからぬものとみなし、上級貴族の息子が商人になった場合には、彼は自分の家族をはずかしめたものと考えられた。それゆえ、歴史的にみて、ハンガリーの都市人口は主として外国人から成り、そのうち多数をしめたのはドイツ人で、ユダヤ人がこれに次いだ。ただ、十九世紀もかなり進んで経済活動が拡大するとともに——特にアウスグライヒ後——マジャール人中・小貴族のあるものは都市に吹きよせられて、小さな実業家・銀行家・工場主・政府の役人・知的職業人になり、ミドルクラスの数を増していったが(1)、それらは依然限られたものであった。もとより彼らは、ハンガリーにおけるマジャール人の優越を信じこれを維持しようとする気持に変わりはなく、家庭ではマジャール語を話し、私的な郵便物にも業務上のそれにもマジャール名で署名した(2)。

最初ハンガリー・ブルジョアジーの中核を成したのは、ドイツ人であった。ハンガリーはオーストリアに比して経済的発展が緩慢であったために、商人・工業家などの数が少なく、そのために彼らは——ある程度知的職業人も——社会的・政治的な弱さを運命づけられ、オーストリアのブルジョアジーほど重要な役割を果たすことはできなかった。しかも彼らの社会的・政治的な弱さは、さらに他の諸要因によって強められた。同じ時期にオーストリアで、ドイツ人のブルジョアジーがその数に不相応なほど大きな政治的役割を演ずることができた背景には、彼らが人種的に——少なくとも言語的に——多民族国家オーストリアの唯一の最大民族に属し、官僚の大部分とも同一民族であったこと、しかも彼らが、オーストリアで優位を競いつつあった二大原理の一つである中央集権主義を代表していたこと、などの特殊事情がはたらいていた(3)。しかし、ハンガリーの比較的古い商工業階級がオーストリアの場合と同じくドイツ人であったことは、異なる民族的文脈のなかでは、彼らの地位に正反対の効果を及ぼした。なぜなら、このような民族的差異は、彼らとマジャール人貴族との間の社会的・経済的な利害の対立を強めずにはおかなかったからであり、一八四八年後のブルジョアジーの発展も、こうした差異をほとんど消すには至らなかった。それゆえ、ブルジョアジーの核を成したドイツ人は自己を主張して支配的立場に立つことはできず、次第にマジャール化していった。概していえば、彼らは一意専心マジャール人への同化につとめ、その精神において熱心なマジャール人となったのである。(4)しかもそのドイツ人自身、十九世紀末には、商工業の分野で——知的職業人の間でも——ユダヤ人にその指導的地位を奪われていった。これらの分野へのユダヤ人の進出は、オーストリアの場合よりもはるかに強力であり、徹底したものであった。それゆえ、二重帝国時代のハンガリー・ブルジョアジーの考察に際しては、何よりもまず、ユダヤ人の役割に焦点がおかれなくてはならない。

ユダヤ人がハンガリーに到来したのは、西欧諸国の場合と同じく、主として十九世紀の現象であった。彼らがはじめて数えられた一七八七年——オーストリアのガリツィア獲得直後——には、わずか八万七〇〇〇人(人口の一%)にすぎず、一八〇〇年以前には、北方の諸県を除けば、ユダヤ人は明らかにハンガリー人口のごく小さな部分にとどまっていた。そのうちあるものは、宿屋の主人、小規模な金貸し、小売商人として生活し、さらに多くのものは、貴族の所有地で執事や業務代理人としてはたらき、のんきな上級貴族の貴重な資産となっていた。北部地方はユダヤ人が非常な多数をしめたところで、ハンガリーのイスラエルと呼ばれた。たとえばトランシルヴァニアでは、ほとんどの村で著名な人物といえばユダヤ人の宿屋=居酒屋の主人であり、彼らは石の家に住み、妻は帽子をかぶっていたが、これは富裕のしるしであった。彼らはまた食料雑貨商、衣服商、金属器具商になることも多く、農民の必需品のすべてを売り、農民の売るすべてのものを買いいれていた。(5)

ハンガリーのユダヤ人の数は、その後次第にふえていった。これは北部、主としてガリツィアから——一部はルーマニア・ロシアから——の移住によるものであり、それが高率の自然増と結びついて、(6)ユダヤ人の数を一八四〇年には二四万九〇〇〇人(一・八九%)、一八五〇年には三四万三〇〇〇人(二・六五%)、一八六九年には五四万二〇〇〇人(四・〇%)、一八八〇年には六二万五〇〇〇人(四・六%)、一九〇〇年には八三万人(八・四九%)に高め、一九一四年にはほぼ一〇〇万人に達した。(7)その間に産業熱が高まり、ユダヤ人に対する法的抑圧がゆるめられたことも、この傾向を促進した。十九世紀末にも彼らは、北部のカルパティア周辺地域に最も多く密集してはいたが、しかしいまや、南部のわずかなドイツ人居留地を除いて、ユダヤ人のいない町や村はほとんどなく、首都ブダペストには一六万七〇〇〇人以上のユダヤ人(その全人口の二四・四%)が住み、それはウィーンに比して二倍以上にあたっていた(8)。

その間にユダヤ人は、次第に指導的地位を獲得していった。それは、倹約で、懸命にはたらき、かつ野心的な彼らの性格によるところが大きかったが、オーストリアの場合よりもチャンスが大きく、彼らの直面しなければならなかった競争がはるかに弱かったことも、重要な意味をもっていた。こうして彼らは、商業や知的職業の分野で前面に現われるようになり、マジャール人に次ぐハンガリーの最有力グループとなった。経済活動におけるユダヤ人の勢力伸張の過程は、もとより一様ではないが、次にその主要な方向をたどってみよう(9)。

ユダヤ人がハンガリーの商業生活に活発な関係をもち始めたのは、十八世紀末から十九世紀初頭にかけてのころであった。当時大所有地の農業生産が一応安定するに至ったため、大地主は以前従事していた商業・貿易活動から手を引くようになったが、ハンガリーのミドルクラスはなお弱体だったので、ユダヤ人がこの間隙をふさぎ、大所有地でつくられた農産物の取引を容易に手中に収めることができた。彼らは羊毛・穀物・タバコ・獣皮などの大部分を地主から引き取って、これをオーストリア市場に送った。封建的な制限がなお残存したために、一八六七年以前には、資本蓄積の最も有利な方法は、ハンガリーの農産物をオーストリアで、またオーストリアの工業製品をハンガリーで売ることであった。大地主は浪費癖からほとんど蓄積資本をもたなかったし、工業は事実上存在しないも同然の状態であったから、真に重要な唯一の資金保持者は、ユダヤ人だったのである。彼らはなお一般的には貧しく、生活のために懸命にはたらかねばならなかったうえに、十九世紀前半には多くの法的制限をこうむって、恵まれない階層を成してはいたけれども、三月革命前の時期にその間から徐々に富裕な商人が現われはじめ、彼らは財産をふやし続けて、かなり重要な卸売商人や企業家に成長していった。

一八六七年以後、ハンガリーのミドルクラスはその力を増していったが、外国から移住した企業家を別にすれば、十分な資本を思うままに投資に向けえたのは、やはりユダヤ人の商人家族であった。彼らは、一八六〇年代末から七〇年代はじめにかけての大ブーム期につくられた多数の銀行や工業関係の企業、とりわけ最も繁栄する事業に多額の投資を行ない、二十世紀初頭までに、ウルマン Ullmann、フェルナー Fellner、ホリン Chorin、ヴァイス Weiss、ラーンツィ Lánczy、ハトヴァニュ-ドイチュ Hatvany-Deutsch、ビロ Biro、コルンフェルト Kornfeld などのユダヤ人家族は、ハンガリーの大銀行やそれとつながる工業関係企業の首脳部として、ハンガリー経済の重要な役割を果たしていた。(10) ハンガリーの最有力な財界の大立物には、多数のユダヤ人資本家がはいっていた。当時ハンガリーの八〇万ユダヤ人のうち、三五%は労働者であり、三〇—三五%は知識人であったが、大規模な工業会社に関係するブルジョアジーの大多数は、ユダヤ人であり、資本主義的経営を行なう農業借地人の約二分の一と、中堅商工業者のかなりの部分も、ユダヤ人であったといわれている。(11)

ハンガリーの経済部門におけるユダヤ人の活動ぶりをよく表わしているのは、一九一〇年の職業別統計である。(12) それによれば、「自家経営」工業家の一二・五%、工業における有給使用人の二一・八%、「自家経営」商人の五四%、その使用人の六二・一%、金融・銀行業における自家経営者の八五%、その使用人の四二%はユダヤ人であった。この統計は、企業の大きさによる区別を立てていないために、全体の様子を十分に示しているとはいえず、実際には、銀行・金融業のすべて、商業の大部分、職人レベルを越える工業の大部分はユダヤ人に所有され、それらの上級部門にはユダヤ人の職員が配置されていたのであって、これらの仕事で得られた収益金の大部分は、賃金を別にして、直接の利益、配当金、高額の俸給などの形で、ユダヤ人のポケットにはいったのである。ユダヤ人がなお十分その手におさめていないようにみえた唯一の富源は土地であったが、ここでも彼らは、一〇〇〇ホルド以上の土地の一九・九%、二〇〇—一〇〇〇ホルドの土地の一九%を所有し、前者における借地人の七三%、後者における借地人の六二%を成していた。そして、大所有地からあがる地代総額のどれだけが、それらの所有地のユダヤ人債権者の手に直接はいったかを示す統計は、見あたらないが、それが巨大な額にのぼったことは、疑う余地がない。(13)

ユダヤ人がハンガリーの新しい発展に大きく寄与したことは、以上の考察から明らかである。マカートニー教授はこれについて、「近代ハンガリーの資本主義的発展は、それがいやしくも《国内の》力によって遂行されたかぎりでは、ほとんどまったくユダヤ人のつくり出したものであり、この発展の成果は主として彼らの手に集中した[14]」と述べている。マジャール人のきわめて保守的なメンタリティを思えば、もしユダヤ人を欠いたならば、ハンガリーはおそらく、「封建的」経済から近代資本主義経済への移行を達成することはできなかったであろう。ブダペストが古風で趣のある丘の町からヨーロッパの最も壮大な首都の一つに変形したのも、主としてユダヤ人の業績であった。当時人々の口にのぼった「国民の富全体がユダヤ人の水路を通りぬける」という言葉は、多少の誇張はあるにしても、よく真相をいい当てていた[15]。

ついでに、他の生活分野におけるユダヤ人の活動にふれておこう。伝統的に彼らは、文官勤務や正規の軍隊にはいることを抑えられたし[16]、また当然のことながら、教会や教会学校での活動も制限されたが、一般に自由業、知的職業においては、強固な地歩をしめていった。すなわち、公民学校教師の一一・五%、大学教師の相当数——それは次第に増加しつつあった——、文学者や芸術家の二六・二%、ジャーナリストの四二・四%、弁護士の四五・二%、医者の四八・九%は、ユダヤ人であった[17]。ハンガリーの知的・芸術的生活に対する彼らの寄与は、ほとんどその経済的寄与に匹敵するものがあり、このことは、学芸の分野におけるこの国の誇るべき業績の多くがユダヤ人の手によるものであったことを思えば、明らかである。

（1）　May, *op. cit.*, p. 242 f.
（2）　Peter F. Sugar, "The Nature of the Non-Germanic Societies under Habsburg Rule", *op. cit.*, p. 20.
（3）　Macartney, *op. cit.*, p. 709.
（4）　ハンガリーのドイツ人は、クロアティア＝スラヴォニアのドイツ人を含めて二〇〇万以上の数にのぼったけれども、中世以来の伝統的自治をもつトランシルヴァニアのザクセン人を除いて、政治生活のうえでなんら重要な役割を演じなかった。一般に彼らは、ハンガリーに対する強い愛国的感情を発展させたが、中には、オーストリアとのつながりを断つことを好まぬ気持をもち続けていたものもあり、それらの人々は、ハンガリー人の主張やマジャール民族主義と完全に行動を共にすることはなかった。フランツ・ヨーゼフ帝の治世の末期に、彼らがハンガリー政府のマジャール化政策に決然と反発したことは、注目に値する。ドイツ人が自分をマジャール人と同一視する傾向は、概して西ハンガリーでは比較的弱く、トランシルヴァニアのザクセン人の間ではほとんど欠けていた。Erich Zöllner, "The Germans as an Integrating and Disintegrating Force", *Austrian History Yearbook*, vol. III, pt. 1, pp. 205-207.

（5） May, *op. cit.*, p. 243.

（6） 他方、一八七〇—一九一〇年の間だけでも、約一一万人のユダヤ人がハンガリーを去った。これは西方への移住であったが、この運動は普通は海外をめざしたものではなく、第一段階は一般にウィーンであった。Macartney, *op. cit.*, p. 709.

（7） Macartney, *op. cit.*, p. 709 f.; May, *op. cit.*, p. 243. なお Berend と Ránki は、一七八五年には七万五〇八九人のユダヤ人がいたが、一八〇五年までに一二万七八一六人に増加し、一八四〇年には二四万一六三二人になっていた、と述べている。"Economic Factors", *op. cit.*, p. 171.

（8） Macartney, *op. cit.*, p. 710.

（9） 以下の叙述は、Berend and Ránki, "Economic Factors", *op. cit.*, p. 174 ff. に負うところが多い。

（10） Berend and Ránki, *op. cit.*, p. 175.

（11） Berend and Ránki, *op. cit.*, p. 176. この統計は、*Magyar Statisztikai Közlemények* (Hungarian Statistical Publications) から取ったものである。

（12） Macartney, *op. cit.*, p. 710.

（13） *Ibid.*

（14） *Ibid.*

（15） May, *op. cit.*, p. 243.

（16） しかし、ユダヤ人は予備士官の間には多数存在した。大学卒業生は、わずか一年間兵役に服したのち、予備隊の士官としての任命辞令を受け取ることが認められていた。予備軍医は主としてユダヤ人から構成されていた。Macartney, *op. cit.*, p. 710.

（17） *Ibid.*

13　マジャール人とユダヤ人の関係

次に、ハンガリーのユダヤ人が政治的・社会的にどのような態度をとったか、彼らがどのような歴史的役割を果たしたかを、みなければならない。この問題を考えるための前提として、最初にマジャール人のユダヤ人に対する姿勢を取りあげよう。簡単にいえば、それは相反する二つの面をもっていた。

三月前期および一八四八―四九年の革命期に、ハンガリーのユダヤ人の大多数はウィーンに反対しハンガリーに味方する態度をとっていたが、一八六七年にアウスグライヒが成立したとき、マジャール人は感謝の念をもってこのことを想起し、新政府はユダヤ人を将来のための有益な同盟者と考えた。その背後には、もちろんユダヤ人の経済的寄与に対する期待があった。当時のハンガリーには、ウィーンやベーメンにすでに存在したようなユダヤ人との競合という要素はなかった。マジャール人のジェントリーはみずから進んで金もうけに従事する気はなかったし、またユダヤ人がその点で自分たちよりもはるかにすぐれていることをよく知っていた。そこで彼らは、この方面の活動を喜んでユダヤ人に委ね、ユダヤ人のもうけた利益から自分たちのサラリーを引き出そうとしたのである。そのほか、ユダヤ人が言語のうえで好んで同化する傾向を示したために、彼らを民族闘争の際の有力な協力者と考えたという事情も、忘れられない。(1)

こうした便宜的考慮のほかに、真面目な原則的考慮もはたらいていた。デアークやエートヴェシュを含む世代の自由主義者たちは、一般に、人間を宗教や人種的起源によって差別するのは道徳的に誤りであると確信していたので、政府はユダヤ人に十分な市民的・政治的平等を認め、(2)彼らに社会的報酬の正当な分け前を与えようとしたのである。

このような状況のもとでユダヤ人ブルジョアジーの間にみられたのは、自発的なマジャール人への同化現象であった。十九世紀の最後の四半期にも、ハンガリー社会は根本的にはなお前近代的な構造をもち、大土地所有者である貴族、行政事務のなかに根をはったジェントリーが、社会的行動の規準や価値観を広く規定していた。ユダヤ人のブルジョアジーは驚くべき速度で経済的成長をとげたとはいいながら、企業活動によって得られた富も、彼らの欠如した社会的威信を補うことはできなかった。彼らは、自分たちが数のうえでなお弱体であること、マグナートの経済力が依然支配的であることを知っていた。彼らは、ハンガリーにおけるマジャール人貴族の優越を信じ、自分たちがマジャール人の上張りの下にあることをよく意識していた。こうした事情のもとで、彼らは自己の社会的威信を高めるために、貴族と社会的・経済的に接触しようと努め、貴族的な生活様式や思考様式にできるだけ順応する必要があると考えたのである。

九〇年代にはいって特につよく感知されるようになった社会問題の尖鋭化も、ユダヤ人ブルジョアジーの保守化に貢献した。第一級の金融家や工業家は、世襲貴族の経済的・社会的優位に対して確実な地歩を占める以前に、都市と農村の双方で、賃金労働者の反抗の増大に立ち向かわねばならなかった。彼らは、土地を賃貸しもしくは貴族の農業経営に融資していたかぎりで、土地所有貴族と同程度に、農業プロレタリアートの騒擾に悩まされたし、他方、都市、特に成長のはげしい首都ブダペストでは、次第に数を増し強固に組織されてゆく使用人層が、これまたきびしい対立の構えをみせていた。いわば腹背に敵をうけたこの不愉快な状態は、可能なかぎり進んで貴族に調子を合わせようとする大ブルジョアジーの気持を、いっそう強めたのである(3)。

こうして、マジャール人との熱心な同化が始まった。ハンガリーのブルジョアジーのうち、その見解と感情において最もマジャール的だったのは、マジャール人に同化されたユダヤ人であり、本物のマジャール人とみられることほど彼らを喜ばしたことはなかったといわれている。一八九〇年代にも、ハンガリーの実業界、商業界ではなお一般にドイツ語が話されていたが、一九〇〇年までに、都市住民の約三分の二はマジャール人として登録されるようになっており、特にブダペストでは、一八五〇年にはドイツ語を話すものは住民の半分をいくらか上まわっていたのに、一九一〇年には、その登録された割合は一〇分の一以下におちていた(4)。これは、商業・工業・銀行業・ジャーナリズムで支配的勢力を得たユダヤ人、医者や弁護士の職業におしよせたユダヤ人が、急速にマジャール化していったことの傍証といえるであろう。(5) これらの新しいマジャール人は、きわめて熱心に彼らの新しい民族性を信奉した。二流どころの称号、非開放的なクラブへの入会許可、Diszmagyar として知られる制服(ハンガリーの晴着)の着用権、蓄財して小所有地を買う権利など、要するに真のマジャール人貴族の一員に加わる権利は、彼らにとっては、冒険的な事業の成功と同じように重要なものとなった。こうしてユダヤ人のブルジョアジーは、実業や知的職業で生計を立てながら、貴族となり貴族としての生活を行なうために、懸命の努力を払ったのである。シュガー教授の表現を借りれば、「彼らは、各人が《そなた thou》で呼び合うサークルにはいることを許される以外には、いかなる変化も望まなかったのである(6)」。

しかもマジャール人貴族は、前述のように、「自由派」として「わが友なるユダヤ人」に好んで顔を向け、みずからユダヤ人やドイツ人の企業に関係して所得をあげることには、何の異議もなく抵抗も感じなかった。ブルジョアジーの会社は、認可を得るために掩護人が必要であったし、さらに、大臣たちの間で官庁交渉員として活動してもらう人物を必要とした。この奇妙な関係はマジャール人貴族とブルジョアジーの同盟をつくり出し、それがまた後者のマジャール化を促進して、貴族を喜ばしたのである。(7)

ハンガリーの選挙制度は人々の約六％に選挙権を与えたにすぎなかったが、そのなかには少数の上層ブルジョアジーが含まれており、マジャール人貴族がこの階層にまで選挙権を拡張したことは、両者の密接な連合を立証するものといえよう。しかしそのブルジョアジー自身は、なんら自主的な政治活動を行なわなかった。当時なおハンガリーには、ブルジョア的な職業およびそれに従事するものは、いかなる民族の出であれ、ハンガリーの生活全体の絶対に不可欠な一部とはいえないというある種の感情が、たぶん双方の側に存在していた。主にその結果として、ブルジョアジーは一つの階級として独立の政治的役割を演じようとは企てず、そのメンバーはむしろ、時には目につかぬような形で、他の政党に所属した。ティサの時代には、彼らはほとんどつねに自由党を支持し、舞台裏で大きな役割を果たした。(8) 自由党の長期にわたる政権担当の少なからぬ理由は、この党とユダヤ人資本家の利害の間に存在した暗黙の同盟であったといわれている。民族主義的な著作家たちはこれについて、「ハンガリーは実際には『封建的なマグナートとユダヤ人銀行家』の不浄な協力に支配されている」としばしば不平を述べているし、オーストリアのルエーガー Lueger もウィーンから、ハンガリーの自由党をユダヤ人にコントロールされたものとみていた。(9) 自由党がアウスグライヒ路線を崩さなかった背後に、ハプスブルク帝国の財政的一体性がユダヤ人金融業者たちの主要な関心事であったという事情が潜んでいたことは、容易に推察されるところである。

要するにハンガリーのユダヤ人は、この国の物質的・知的生活を進めつつある愛国者であり、オーストリアとの交渉に際してはハンガリーの諸権利を頑強に弁護し、一方、国内では、熱心にマジャール化を主唱した。ハンガリー・ジャーナリズム界の最大部分をしめたユダヤ人経営の諸新聞は、非マジャール系諸民族の民族性を剝奪する運動を活発に支持し、マジャール・ショーヴィニズムの信念を雄弁に述べ立てた。(10) マジャール人貴族は、ユダヤ人ブルジョアジーという同盟者に後援されて、ハンガリーのマジャール人中心政策を進めることができたのである。

しかし、このようなマジャール化現象をすべてのユダヤ人について一律に考えることは、正確とはいえない。ハンガリーのユダヤ人はほぼ三つの階層をなしており、ユダヤ人の社会的・政治的同化は、彼らの経済的地位と密接に関係していた。マジャール人と最もよく同化したのは、ユダヤ人のうちの最トップグループであった。土地の購入や賃借りを始め、地主が債務を果たしえなかった場合に多くの土地を抵当としてみずからの手に収め、男爵の称号を獲得し、大所有者階級の間にわりこんでいったのは、巨大な富をたくわえた彼らであった。それらのうち、ヘルツォーク家 Herzogs、コルンフェルト家、ハトヴァーニュ家 Hatványs などは、特に有名である。また若干のユダヤ人は、マジャール人の圧力のもとでそれに応じて名前をマジャール風に変えた——たとえば Weiss が Fehér に、Block が Ballagi に、Schwarz が Fekete に変えられた(11)——が、それらはいずれも富裕な人々であった。あらたに地主となったユダヤ人は、伝統的なマジャール人貴族とまったく同様に、自己の所有地に命名することを許され、その感情もまっ

たくマジャール化していったのである。(12)

最トップグループのユダヤ人の下には、称号はもたないが経済的には不自由のない裕福なブルジョア、順調な商店や工場の所有者、ジャーナリストや知的職業人があり、それらのなかには、文化的に洗練されたすぐれた人々もしばしばみられた。ユダヤ人の最下層には、小売商、村の金貸し、呼び売り商人、行商人、手細工人、労働者があり、彼らは多くの場合ひどく貧しく、国家や経済にかんする急進的革新思想に鋭い感受性をもっていた。ハンガリー社会民主党リーダーの大部分、またその党員のかなりの部分は、ユダヤ人の系列から生じたものであり、そのためマジャール人の批評家たちが、社会主義運動に、ユダヤ人の通称である Jock というあだ名をつけたことは、よく知られている。(13)

（1）Macartney, *op. cit.*, p. 711 f.

（2）ハンガリー政府のユダヤ人に対する態度は、首尾一貫して寛大であり、それがまた、彼らの入国移住と同化への大きな刺激となった。ユダヤ人に対する中世的な制限は徐々に取り除かれ、一八六七年には彼らに十分な市民権が与えられた。ユダヤ人は大学教授の職につくことを許され、国民軍で士官として勤務することも認められた。一八八五年以後は、ユダヤ教会の一牧師が上院に議席を与えられ、ユダヤ人とキリスト教徒の間の結婚に対する法的な障壁も打ち破られ、一八九六年には、ユダヤ教は公的に他の諸宗教と同一のレベルにおかれた。May, *op. cit.*, p. 244 f.

（3）Süle, *op. cit.*, S. 6 f.; Peter Hanák, "Vázlatok a magyar századelő társadalmáról (The Sketch of Hungarian Society at the Beginning of the Century)," *Történelmi Szemle*, 1962, No. 2, S. 210–245.

（4）May, *op. cit.*, p. 243.

（5）これには、都市に居住を定めた他の少数諸民族のメンバーが、公的・私的なマジャール化の圧力のもとで、彼らの本来の民族性を棄てたという事情も関係していることは、いうまでもない。十九世紀の終わりころまでに、都市はハンガリーの文化生活・政治生活の焦点になっていたが、ヤーシによれば、都市化は、同化ないし「マジャール化」過程の有機的な一部をなすものであった。Jászi, *A nemzeti államok kialakulása és a nemzetiségi kérdés* (The Formation of Nation States and the Nationality Question), Budapest, 1912, pp. 383–406; Barany, *op. cit.*, p. 254 f. ハンガリーのブルジョアジーは、貴族以外の出身であるかぎり、ハンガリー民族のなかの相いれぬ要素であり、指導者となることはできなかったのである。

(6) Suger, *op. cit.*, p. 29.

(7) *Ibid.*

(8) Macartney, *op. cit.*, p. 712.

(9) Macartney, *op. cit.*, p. 715.

(10) May, *op. cit.*, p. 244.

(11) *Ibid.*

(12) ハトヴァーニ男爵は、『ボンディ・ジュニア』という英語名で知られる小説のなかで、ユダヤ人の一青年がマジャール人らしくなろうとする熱望にとりつかれ、いなかの卑賤な立場から身を起こして、財産をつくり、社会的体面を得てゆく努力の心理的過程を、興味深く描いている。Lajos Hatvány, *Bondy Jr.*, London, 1932.

(13) *Ibid.*

14 ハンガリーの反ユダヤ主義

しかしながら、マジャール人とユダヤ人の関係には、いま一つの考察すべき側面が残っている。それは、マジャール人の間におこった反ユダヤ主義の傾向であるが、その背後には、経済的要因と宗教的要因の二つが考えられる。すでにみたように、ハンガリーではマジャール人のブルジョアジーが弱体で、資本主義の発展はほとんどユダヤ人の手で行なわれたために、資本主義のもたらす不正や害悪に対する抗議は、ユダヤ人に対する告発と容易に結びつく可能性をもっていた。詳しくいえば、ユダヤ人は商業活動の大半を制し、サーヴィス業をもほとんどその手におさめていたために、ハンガリーの大衆はすべての商人、行商人、それに村の雑貨商までも「ユダヤ人」と呼びはじめ、本来ブルジョアジー一般に向けらるべき多くの攻撃を、ユダヤ人に集中したのである。他方、大地主やジェントリー、すなわち保守的な封建的気質の支配階級のかなりの部分は、近代的な経済活動特に工業化の問題には抵抗ないし憎悪の感情をいだいており、そこで彼らは、資本主義はユダヤ人の考案したもので、それ自身ハンガリー民族とは相容れない制度であり、資本主義の矛盾はすべてこの事実に帰因するという非難を加えた。大衆はこうした非難をたやすく信じ、資本主義の制度がさらに発展したら、ユダヤ人がいっそう有力になることはさけがたいと考えるようになった。こうして、一つには一部貴族の利害とからまった封建的心情が、いま一つにはロマン主義に刺激された資本主義への反対が、ハンガリーの民族主義的信条のうちに避難所を見いだし、ハンガリーのナショナリズムは反ユダヤ主義的色彩を帯びることになったのである。(1)

それだけではなかった。ハンガリーの国民生活のなかへ大規模に流れこんだユダヤ人は、あらたにこの国のミドルクラスに加わったドイツ人やスロヴァキア人などとはまったく違った問題を提起した。後者はその習慣も宗教もマジャール人とほとんど違わなかったから、両者は容易にかつ完全に融合することができた。しかしながら、何世紀にもわたる人種的差別の末、半ば強いられ半ばはみずから進んでハンガリーにやってきたユダヤ人は、宗教はもとよりそのなまり言葉や服装の点でも、隣人たちとの間に顕著な差異があった。もとより彼らは、ハンガリーに長く滞在するにつれて外面的な差別を次第に棄て去る傾向があり、すでにみたように、多くのものはあらゆる外観においてマジャール人らしくみえることを強く望むようになったが、それにもかかわらず、宗教を含めて完全に同化される覚悟のできたユダヤ人は、むしろ少なかった。マジャール化の進行とともに、ユダヤ人のあるものは、父祖の信仰を完全に放棄してキリスト教の洗礼をうけたが、(2)多数のものは依然ユダヤ教を信奉していた。しかしそれにも二派があり、Neolog(新説採用者もしくは改革派)とよばれるグループは、宗教以外のすべての点でマジャール人の文化的パターンに同化されることに異議はなかった。そのうえヘブライの信条にかんする彼らの解釈は、正統的慣行を逸脱しており、彼らは種族意識とメシア信仰の名残りを完全に放棄し、ユダヤ教会堂の礼拝には、多くの場合マジャール語を採用した。こうしてブダペストは、ヨーロッパにおける「改革派」ユダヤ人の重要な中心の一つとなったが、しかし彼らも、宗教の変更を阻止した例は、時おりみられる。(3)いま一つのグループは Orthodox(正統派)で——一九〇六年にハンガリーのユダヤ人社会は、Neolog と Orthodox の二大グループに分裂した[4]――、彼らは前者よりもはるかに少数であったが、ユダヤ民族の伝統的な信仰と風習をどこまでも固守しようとし、異邦人社会からほとんど影響を受けずに、文化的・社会的な孤立のうちに生活した。そして、理論と実践の両面で旧来の信条の根本的修正を受けいれた同信者たちと、腹を立てながら論争した。

それゆえ、ユダヤ人の大きさが感知できる程度になったとき[5]、とりわけユダヤ人が知的職業に大量に進出しはじめたとき、ハンガリーではユダヤ人に対する公然たる非難がおこって、ユダヤ人と非ユダヤ人の間の宗教の相違は単に付随的なもので、根本的な同一性に影響を与えるものではないという議論は、もはや十分な説得力をもたなくなった。ハンガリー国民は、かくも巨大で有力な新要素を、みずからの性格に変化をこうむることなしに真に同化することができるかどうかという疑念を、抑えることができなくなったのである。

以上がハンガリーにおける反ユダヤ主義の背景であり、一八八〇年以降、反ユダヤ的感情は明白な形をとるようになった。ユダヤ人を非難する露骨な「急進主義的」文学作品の翻訳がオーストリアやドイツからはいって、ユダヤ人に対する潜在的反感をかき立てた。反ユダヤ主義の中心人物は、代議士のヴィクトル・イシュトーツィ Victor Istóczy で、彼は、トルコのスルタンに圧力をかけてパレスティナをユダヤ人に譲渡させ、すべてのユダヤ人をそこに追放すべきであると提唱した。この突飛な主張は嘲笑をあびたが、他方、それまで目立たぬ存在であった彼を注目させる結果になり、少数ながら同志の代議士が彼のまわりに集まって、彼とともに、ユダヤ人に平等を与える法律の廃止を口やかましく要求した。一八八〇年に、イシュトーツィは七八ほどの反ユダヤ主義組織をつくったが、多数の反ユダヤ・クラブは、ユダヤ人の金貸しに対する襲撃を計画し、また、ドレスデンで開かれたユダヤ人問題にかんする国際会議に参加した。一八八二年ポジョニュ Pozyony(ブラティスラヴァ)におこったユダヤ人反対の蜂起は、軍隊の手で押えられたが、その後も近隣のあちこちの村で同種の蜂起が勃発している[6]。そして同じ年には、ティサ - エスラール Tisza-Eszlár の町で、あるユダヤ人に「幼児殺し」ritual murder の嫌疑がかけられ、有名な告訴がおこった[7]。

この裁判で、被告の白痴の息子が買収されて偽証したことが明らかになり、被告は無罪釈放されたが、裁判の結果に激怒した群衆は、被告の弁護士を攻撃してその住居を破壊した。この事件はユダヤ人に対する反感を爆発させるきっかけになり、数々の暴行がおこって、人身と財産が損傷をこうむった。警察と軍隊の介入によって、乱暴はようやくおさまり、首相のティサは、すべての市民の権利を守る政府の意向を表明した。しかし、一八八四年には反ユダヤ派の一七人の代議士が選出されて、ユダヤ人の経済的自由に対する徹底的な制限を要求した。[8] それ以後つねに、ユダヤ人に対する憎悪は、ハンガリーの諸問題のなかで注目すべき一現象たり続けたのである。

以上の考察から知られるように、ハンガリーの反ユダヤ主義運動はオーストリアで同じ傾向を生みだした諸事情ないし偏見に似たものに根ざしていた。[9] しかしここでは、すでにみたように、反ユダヤ主義に対する阻止要因が強大であったから、この問題はどこまでも二義的なものにとどまり、公然たる政治的争点になることは、オーストリアの場合に比してはるかに少なかった。ティサ－エスラール事件のあと、自身の綱領のうちにわずかながらも反ユダヤ主義を含めた政党は、キリスト教人民党ただ一つであった。[10] 当時、南ロシアで荒れ狂ったひどい反ユダヤ的暴行がハンガリーで繰り返されるかもしれぬという恐怖がないではなかったが、それは結局杞憂に終わった。

それゆえわれわれは、本稿の主題と関連するかぎりでは、ハンガリーの反ユダヤ主義の側面をさして重視する必要はなく、マジャール化したユダヤ人ブルジョアジーが歴史的に果たした役割の方に注目しなければならない。次節では、この点についていま一度立ちいった検討が行なわれるであろう。

（1）　Berend and Ránki, "Economic Factors", *op. cit.*, p. 176.

（2）　一八九五年以前にキリスト教に改宗したユダヤ人はごく少数で、それは、事業に例外的な成功をおさめたわずかの家族に限られていた。Macartney, *op. cit.*, p. 771.

（3）　一八九五—一九〇七年の間に改宗したものは、わずか五〇〇〇人にすぎなかった。*Ibid.*

（4）　そのほか、ハンガリーの最北東部には、Chassidim もしくは Gute Yidden という特殊な宗派の帰依者が少数かくれており、トランシルヴァニアには、少数のユダヤ真教徒 Karaite Jews が住んでいた。*Ibid.*

(5) セーチェニーは「イギリスのユダヤ人は大洋に投げこまれた一瓶のインクのようなものだが、ハンガリーのユダヤ人はコップ一杯の水のなかに投げこまれた一瓶のインクのようなものだ」という警句を語っていたが、ユダヤ人人口の著しい増大とともに、この言葉がしばしばユダヤ人に反対する人々の口にのぼった。May, *op. cit.*, p. 245.

(6) May, *op. cit.*, p. 244 f.

(7) ritual murder とは、ユダヤ人がキリスト教徒の幼児を殺害して、その血を祭壇に捧げる儀式のことだが、実際にそうした殺害が行なわれたというよりも、反ユダヤ主義者がユダヤ人を攻撃する場合の好材料として利用された感がつよい。ティサーエスラールの事件は、悪名高い代表的な嫌疑のケースであった。Macartney, *op. cit.*, p. 712; May, *op. cit.*, p. 245.

(8) May, *op. cit.*

(9) 本書、第二部第一章二三五—二三六ページ、参照。

(10) Macartney, *op. cit.*

15 ユダヤ人ブルジョアジーの「封建化」

前々節でみたように、十九世紀後半ハンガリー特にブダペストに登場した新しい資本家たちは、大部分ユダヤ人であり、とりわけ資本家中の傑出したエリートは、ほとんどすべてユダヤ人に属していた。理論的にいえば、彼らは、政治的指導者であったマジャール人貴族に対抗してブルジョア的挑戦を行ない、旧体制からの独立という西欧的理想を追求する可能性を含んだ勢力であった。しかし実際にはこのことはおこらず、彼らはマジャール化されたものとしてハンガリーの社会生活に関与し、従属的な政治的役割以上のものを求めなかった。その一般的要因としては、すでにみたように、マジャール人の側への同化が彼らにとって魅力的であったこと、ハンガリー政府もまた急進的な反ユダヤ主義を押えつつユダヤ人の支持をもとめたこと、などをあげることができる。しかしそれらはなお、貴族支配に対する彼らのブルジョア的挑戦を妨げるに十分な要因であったとはいえない。その際、決定的な意味をもったと考えられるのは、ユダヤ人資本家の多数が貴族の身分を獲得していた事実である。実際、十九世紀および二十世紀初頭の時期に、ハンガリーで貴族の地位を得たユダヤ人家族は、三四六にのぼっている。これは、彼らが別の仕方で「封建化」されたことを物語るものであり、この事実こそ、ユダヤ人資本家たちがブルジョア的挑戦を敢て行ないえなかった最大の原因であるとともに、二重帝国期のハンガリー史の重要な変則的性格を表わすものといわねばならない。本節の課題は、この点をさらに詳しく具体的に分析することによって、ハンガリーの政治体制の実態と性格をいっそう明らかにすることである。(1)

表 II-3-13 分布図表

居住場所と職業	1824–1859	1860–1899	1900–1918	1824–1918
ブダペスト	4	64	134	202
商業	4	47	103	154
地方	…	48	63	111
商業	…	32	48	80
外国居住	4	5	12	21
商業	4	5	7	16
軍隊	…	1	11	12
貴族総数	8	118	220	346
商業総数	8	84	158	250

まず第一に、貴族に列せられたユダヤ人資本家の身元を確かめる作業から出発しよう。以下に掲げるいくつかの表は、そのための有力な材料となるものである。まず表II-3-13は、貴族化したユダヤ人の居住場所と一般的な職業の性質を示すもので(2)、それによれば、全体で三四六のユダヤ人貴族のうち、二〇二家族は貴族に列せられた時点でブダペストに住んでおり、そのうち一五四家族は直接金融・商工業界に関係していたことが知られる。さらに、その時点で地方に住んでいた一一一家族のうち八〇は、職業的には実業界に含まれていた。もとより例外がないわけではなく、一八九三年には、ユダヤ人家族のうち四六人はハンガリーの最大級地主一〇〇〇人のなかに姿をみせており、とりわけ三人は、一〇〇人のトップ地主のなかにはいっていた(3)。たぶんその後の時期にも、これら新貴族のうちの大部分は、少なくともいなかに家をもっていたことであろう。しかしながら、このグループのなかで、貴族に列せられた時点でその生計を完全に自己の所有地に依拠していたと思われるのは、わずか二九家族にすぎなかったし、さらに、貴族に列せられた前後

のこれらの家族の行動の傾向は、ほとんど例外なく、いなかの住居や所有地でのレジャーに向かうよりは、ブダペストの商業の方に向かっていた。(4) 要するにハンガリーのユダヤ人貴族は、少なくとも彼らが貴族に列せられた時点では、都市のグループだったのであり、彼らの社会的身分の向上は、ハンガリーの貴族的支配体制のなかに組みこまれた地主の数がふえたことを意味するものではなく、「近代化の推進者」である資本家たちが貴族的支配体制のなかに統合されたことを意味しているのである。

次に表Ⅱ-3-14は、世紀転換時のハンガリーにおけるユダヤ人貴族の社会的重要度を示すものである。(5) そこには、一八八一年、一八九六年、一九一三年の指導的なハンガリー諸銀行の重役、一八九六年のブダペスト株式取引所およびブダペスト商工業協会の指導者たち、一九〇五年と一九一七年のハンガリー工業家協会の指導者たちが取り上げられており、全部で五〇四のさまざまなポストについて集計したもので、ハンガリー経済のこれら指導的機関のメンバーを五つの項目——外国金融機関の代表者、上級貴族およびジェントリー、ハンガリーに居住するユダヤ人以外の実業家、ユダヤ人、貴族化されたユダヤ人——に分類している。銀行家・商人・工業家を一グループとして考えることは、技術的に賢明なやり方とはいえないから、この表は完全なものではないが、それにしても次のことは注目されねばならない。すなわち、貴族化したユダヤ人はこれらのエリート・グループ中に含まれる二四五のユダヤ人家族の半分に近い一一一を占めており、それは家族総数の二四・六％にしかあたらないけれども、そこに含まれる人員総数の二九・七％を代表し、ポスト総数の二七・九％を保持しているのであって、他のいずれのカテゴリーの場合よりも、はるかに大きな集中がみられるのである。要するにユダヤ人貴族は、世紀転換当時のハンガリーにおける新しい資本家階級に属したばかりでなく、彼らのなかには、ハンガリー資本家のエリートが含まれていたのである。

表Ⅱ-3-15は、表Ⅱ-3-14中の貴族化したユダヤ人とそうでないユダヤ人の不動産および株式保有を量の観点から分析したものであるが、(6) そこには、貴族に列せられたユダヤ人のエリート資本家的性格がいっそうはっきりと表われている。この表は、ブダペストの高級納税者名簿がそこに含まれている個人を少額納税者としているか多額納税者と

表 II-3-14 ハンガリーの経済的エリート(1880-1918年)

経済の領域		グループ						ポスト総数	人員総数	家族総数
		外国代表者	上級貴族およびジェントリー	その他の非ユダヤ人	ユダヤ人総数	ユダヤ人貴族 当時の数	ユダヤ人貴族 絶対数			
5つの銀行	1881年									
ポスト		12	11	21	20	2	10	64	…	…
人員数		11	11	20	19	2	9	…	61	…
家族数		11	11	20	18	2	8	…	…	60
5つの銀行	1896年									
ポスト		10	24	23	38	17	27	95	…	…
人員数		10	22	22	36	15	25	…	90	…
家族数		10	21	21	32	12	22	…	…	84
ブダペスト株式取引所	1896年									
人員数		…	…	6	33	15	23	39	39	…
家族数		…	…	6	32	15	23	…	…	38
ブダペスト商工業協会										
人員数		…	…	5	44	14	29	49	49	…
家族数		…	…	5	36	11	22	…	…	41
GYOSZ*	1905年									
人員数		1	3	12	28	18	20	44	44	…
家族数		1	3	12	25	15	17	…	…	41
7つの銀行	1913年									
ポスト		19	31	23	79	51	…	152	…	…
人員数		19	30	21	73	46	…	…	143	…
家族数		19	28	19	63	36	…	…	…	129
GYOSZ	1917年									
人員数		1	6	10	43	24	…	61	61	…
家族数		1	6	10	39	20	…	…	…	57

* A Magyar Gyáriparosak Országos Szövetsége(=the Hungarian Factory Owners' National Association)ハンガリー工場主国民協会の略.

表 II-3-15　富の分析—不動産と株式保有

	1900年前の登録	1900年後	総　計
	A 表II-3-14から貴族でないユダヤ人を取り出したもの(77名)		
高級納税者	24	20	44
高級納税者(多額)	16	10	26
土地所有者	7	5	12
大土地所有者	5	…	5
いずれでもないもの	12	15	27
	B 表II-3-14中の貴族に列せられたユダヤ人(110人)		
高級納税者	55	38	93
高級納税者(多額)	39	30	69
土地所有者	35	21	56
大土地所有者	22	11	33
いずれでもないもの	4	4	8

しているかによって、また農地名簿が掲載者を五〇〇ホルド以上の土地所有者としているかによって、五つのカテゴリーを立てている。高級納税者名簿は税額だけをもとにして編集されたわけではなかったし、農地名簿のデータも不完全で、どの個人が所有地をもっているかを絶対確実に示しているとはいえないが、それにもかかわらず、この表から、貴族化されたユダヤ人家族のメンバーは貴族でないユダヤ人家族のメンバーよりもはるかに富裕であったという結論をみちびくことは、困難ではない。表II-3-14中の貴族化されたユダヤ人家族一一〇のうち、八四・五%はブダペストの高級納税者であり、六二・七%はそのうちの上位(＝多額)納税者であったが、貴族でない有産ユダヤ人七七のうちのこれに対応する数字は、五七・一%と三三・七%であった。さらに、表II-3-14中の貴族化されたユダヤ人の五〇・九%はいなかに不動産を保有しており、三〇%は大所有地の保有者であったが、貴族でない人々のこれに対応する数字は、一五・五%と六・四%であった。株式保有の点でも、表II-3-14はすでに、貴族に列せられたユダヤ人の間に富が集中したことを示している。

当時のハンガリー経済の実情からみて、ユダヤ人資本家が貴族に列せられたことの重要性は、大いに強調されなければならない。一八八〇年代から九〇年代にかけて、ブダペストはミネアポリスに次ぐ世界第二の製粉業の中心地であり、一八六七—一九一四年の間にヨーロッパで最も成長の速かった都市であって、ヨーロッパ大都市中の順位は、十七位から八位に上昇している。世紀転換直後の時期には、ブダペストは、外国の「帝国主義的」資本を制限し押し返す財力のある、全東欧中ただ一つの金融中心地となっていた。(7) 前掲の諸表に含まれる銀行家や工業家は、まさにこのような近代化と経済的独立の離れ業をやってのけた中心的勢力だったのである。しかも彼らの間のエリートが貴族の身分を得たことは、ブダペストの資本主義がそれ自身の独立のエトスをどの程度まで放棄し、マジャール人貴族階級の政治のためにどの程度まで責任を引受けようとしたかを示す指標として、きわめて重要な意味をもつものといわねばならない。

しかし、なお次のような疑問が残るかもしれない。貴族に列せられたユダヤ人は、はたしてこの国のブルジョアジーを真に代表するものだったのであろうか。むしろ彼らは、古くからの市民ないしブルジョアの上流階級だったのであって、十九世紀末期にブダペストを偉大なブルジョア都市にした新しい資本主義とは、ほとんどあるいはまったく無関係だったのではなかろうか。貴族化されたユダヤ人が、ユダヤ人のなかの上流階級すなわちハンガリーのユダヤ人社会の著名な人々であったとすれば、彼らがマジャール人に同調するようになっても、さして驚くべきことではないであろう。

しかしながら、多くのデータは、家柄の点からみて、われわれの取り扱っているグループのなかには古くからのユダヤ人上流階級の家族はごくわずかしかいなかったことを、示している。貴族化されたユダヤ人の典型といわれるブリュル Brüll 一家は、穀物商人で、有名な帝国銀行家サムエル・オッペンハイマー Samuel Oppenheimer の後裔を装っていたが、実際は一八〇〇年ころガリツィアからポジョニュにやってきた無一物の四人兄弟の後裔で、本来のブリュル家最後の当主の養子になったものである。織物王のブダイ-ゴールドベルガー Buday-Goldberger 家は、一七五〇年以前には、たぶんパドゥアから移住した貧しい金細工人にすぎなかった。ハンガリー史に大きな足跡を残した砂糖王のハトヴァニュードイチュ Hatvany-Deutsch 一家は、一八一〇年以前の祖先の記録をもたなかった。家柄にかんする彼らの誇りは、たとえばラホー Lachó 家との縁組に依存していたのであって、このような家族間の提携が、彼らとハンガリー上流階級との親密な関係を生み出したのであった。(8)

もとより例外もないわけではなかった。たとえばラホー一家は、有名な十五世紀プラハのタルムーディスト(9)(タルムード学者)アキバー・ハーコーヘン Akibá há-Kóhen の子孫であることを誇り、ハンガリーがトルコから解放された直後から引続きハンガリーに住んでいた。ヴェルトハイマー Wertheimer 家やフレシュ Flesch 家も、古くからのドイツ・ユダヤ系の家柄であった。政治的に重要な家族であるホリン家は、十八世紀にさかのぼるラビ(律法博士)の家柄であることを誇っていた。(10)

しかしこれらは限られた存在であり、両大戦間期の広範な文献にもとづく研究によれば、貴族化したユダヤ人家族三四六のうち、十八世紀までさかのぼることのできる家柄はわずか二七しかなく、大部分の家族については、七五年以上さかのぼることができなかった。(11)それゆえ、貴族化したユダヤ人はハンガリーのユダヤ人社会の見地からみて上流階級の人々であり、彼らが十九世紀末期にマジャール人貴族の身分を得たのは、一八六七年のユダヤ人解放以前には二流市民としてそれを受ける資格がなかったからにすぎない、という議論は、まったく誤りであるといわねばならない。

それ以外にも、貴族化したユダヤ人が新しい資本家であったしるしを見いだすことは、容易である。たとえば、一八四六年にペストで最初の大商人組合が設立される際力を貸した二七人のユダヤ人商人のなかには、のちに貴族に列せられたユダヤ人の名前は八つしかみられないが、このことは、のちに貴族化されたユダヤ人家族が当時はまだそれほど重要な存在でなかったことを、暗示している。(12)また、一八八八年にブダペストの多額納税者一二〇〇人中にはいっていた三二五人のユダヤ人のうち、貴族に列せられた家族のものはわずか八六人であったが、その後の、一九〇四―一七年間のトップクラス納税者七〇七名のリストのなかには、貴族化された家族のユダヤ人が一一六名はいっていた。新しいユダヤ人貴族三四六のうち二二〇が、一九〇〇年後の時期、すなわち王国の最後の二〇年間に彼らの身分を得たということ、そしてその時期がまさにハンガリーの産業上の飛躍的発展期にあたっていたということは、重要な意味をもつものである。[13] 要するに、ハンガリーの貴族化されたユダヤ人家族は、古い世代に属する資本家ではなかったのである。

次に最も注意を払う必要があるのは、ここで問題になっているユダヤ人の実業家およびその家族は、彼らが貴族の身分を獲得したのちには、完全に旧来のマジャール人貴族を思わせる行動様式をとっていることである。たとえば、女流作家のアンナ・レスナイ Anna Lesznai は、ユダヤ人貴族であった自分の父を、金使いの荒い、利他的な、うぬぼれの強い地主で、競馬と情人におぼれ、典型的な「ジェントリー」であった、と述べているが、[14] 彼女の描写はたぶんユダヤ人貴族の多くのものに妥当するであろう。ユダヤ人の実業家たちは、貴族に列せられた結果、それまで他のブダペスト・ブルジョアジーとの間にもっていたつながりを捨て、自己の出身階級を代表しない変節者になってしまったことが、ここから推察されるのである。

二十世紀にはいると、ユダヤ人貴族の一部は経済的・社会的にいわゆる銀行貴族となりつつあり、[15] ハンガリーの広範囲な商業界とははっきり区別されていった。たとえば、姻戚のショースベルガー Schossberger 家とともにハンガリーの砂糖生産の四分の一を支配したハトヴァニュ‐ドイチュ家は、はやくも一九〇〇年に、この国の五大銀行を支配する家族カルテルをほぼ樹立していた。またマンフレード・ヴァイス Manfréd Weiss 一家は、ブダペスト南方のドナウ川中のチェペル島に巨大な軍需品工場を築きあげていたが、第一次世界大戦中に、ハンガリーで二番目に大きな銀行に持ち株支配をうち立てた。富と権力がこのように若干のユダヤ人貴族の手に集中し、それと並んでこれらの家族間に結婚が行なわれ、そして彼らの排他的な社会的行動が目をひくようになったことをみれば、ユダヤ人の資本家社会内部に一つの新しい階層形成が現われたことは、否定できない。新しい「銀行貴族」が一九〇七年に一つの新しい社交クラブを設けたことは、彼らが他のミドルクラスの人々から離れたことの一つの重要なシンボルであった。

このような銀行貴族がその大きな富によって支配体制にてこ入れし、伝統的な上流階級とまったく異ならぬやり方で、それゆえ他の資本家たちとは非常に違った仕方で政治的に行動したであろうことは、容易に推察されるところである。ただ、このような一握りの銀行貴族や工業家によるハンガリー支配は、むしろ両大戦間期にいっそう明確化するのであって[16]、第一次大戦前には、ハンガリーの銀行貴族はなお形成の途上にあった[17]。そしてユダヤ人資本家たちの貴族化も、一九一八年以前の時期には、中断されない継続的傾向だったのである。いずれにしても、主要な経済団体の指導者であった資本家たちは、高位や称号に対して熱狂的であり、貴族に列せられるとともに「封建化」したことは、事実である。

ブダペスト・ブルジョアジーの「封建化」された性格は、すでにしばしば歴史家によって指摘されている。たとえばジュラ・セクフュー Gyula Szekfű[18] は、はやくも一九二〇年に、「近代化の担当者」であるハンガリー社会の都市層は道徳的誠実さを欠いており、この欠点は、マジャール語を話す都市の人々がマジャール人貴族の「幻影」を支持する際のおおげさな、極端な態度のうちに現われていると述べ、それを、都市層が全体として外来者であることのせいにしているが、これがユダヤ人をさすことは明らかである。またオスカール・ヤーシ Oszkár Jászi[19] は、その数年後に、ブダペストばかりでなく王国全域のミドルクラスが体制の「精神的従属者」であったことを指摘し、その理由として、彼らが努力を重ねて社会的地位をのぼってきた人々であり、貴族に列せられることに非常な熱意をもっていたことを、あげている。最近のマルクス主義史家の一人ゾルターン・ホルヴァート Zoltán Horváth[20] も、ハンガリーの資本主義は全体として、「ブルジョア・デモクラシー」の確立という「歴史的課題」の追求においてはなはだ不十分であったので、プロレタリアートがその課題の何であるかを教えなければならなかった、と述べている。アメリカのマックカッグのすぐれた研究も、その結論はほぼ同一である。要するに十九世紀末から二十世紀初頭にかけてのハンガリーの「新しい階級」は、彼らの政治的忠誠を「ブルジョア・デモクラシー」の主張にではなく、この国の支配的貴族階級に捧げたのであった。彼らは自発的に旧体制に「奉仕」し、それによって、ハンガリーの政治的指導権が十九世紀の初期から一九一八年を越えてさらに一九四四年まで異例な形で継続することを，可能にしたのである。

このような事態の背後には，ハンガリーを支配してきたマジャール人貴族階級の衰退という事実があったことは，みのがされない。すでに考察したように，マグナートは農地改革の打撃もわずかしかこうむらず，むしろその所有地を拡大し，一八五〇年代以後はクレジットの入手も比較的容易であった。そして十九世紀の最後の三分の一の期間に，大所有地の多くは大規模な資本主義的耕作に転換した。しかしそれにもかかわらず，農業の成長度は急速であったとはいえ，その収穫と生産性は満足すべき速度で上昇したとはいえず，他方工業化の著しい発展は，相対的に農業の比重を，したがってまたマグナートの力を低下させずにはおかなかった。一見幸運児と考えられたマグナートが，実際にはその外観ほど富んでいなかった事例を，われわれは数多くみいだすことができる。[21] 当時のエステルハージ家はもはや Esterháza とか Kismarton のような立派な宮殿を建てる力はなかったし，一般にハンガリーの大地主の邸宅で，自由党の統治時代にできたものはほとんどなかった。彼らはもはや，ミクローシュ Miklós 公の有名な真珠の制服のような贅沢品に耐える力もなかった。大所有地からあがる地代総額の大部分は，名目上のポケットとは別のポケットにはいる場合が多かった。一〇〇〇ホルド以上の地主は，自己の所有地から豊富な食物とワインが提供され，家内サーヴィスが安価で豊かな場合を除けば，普通はまったく控え目な生活を送っていた。こうして古くからのマジャール人貴族階級は，世紀転換ののちには，すでに老朽化ないし経済的没落の過程にさしかかっており，単独では支配階級であり続けることが困難になっていた。マジャール人貴族がユダヤ人資本家に手をさしのべた背景にはこうした事情があり，彼らはユダヤ人ブルジョアジーのエリートという同盟者に支援されて，マジャール人の政策を進めることができ，他方貴族に列せられたユダヤ人資本家たちは，弱体化し硬直化したマジャール人の貴族的支配体制に背骨と弾力性を与え，それによってこの体制の存続を可能にしたのである。

（1）　同じような問題意識に立つ最近のすぐれた研究として，マックカッグ教授の次のものがある。本稿もこの研究に負うところが多い。William O. McCagg, Jr., "Hungary's 'Feudalized' Bourgeoisie", *Journal of Modern History*, vol. 44, No. 1, 1972.

（2） McCagg, *op. cit.*, p. 67.
（3） *Ibid.*
（4） McCagg, *op. cit.*, p. 68.
（5） McCagg, *op. cit.*, p. 70.
（6） McCagg, *op. cit.*, p. 71.
（7） Berend and Ránki, *Magyarország gyáripara az imperializmus első világháború előtti időszakában, 1900–1914*, p. 130 ff.
（8） McCagg, *op. cit.*, p. 72 f.
（9） タルムード Talmud とは、ユダヤ教の解説付き法典および伝説集のことである。
（10） McCagg, *op. cit.*, p. 72.
（11） McCagg, *op. cit.*, p. 73.
（12） Vidor Szirmai (ed.), *A magyar zsidoság almenachja. Védöirat* (The almanac of Hungarian Jewery. A Defence), Budapest, 1920, p. 144 ff.; McCagg, *op. cit.*
（13） McCagg, *op. cit.*, p. 74.
（14） Anna Lesznai, *Kezdetben volt a kert* (In the beginning was the garden), 2 vols., Budapest, 1966.
（15） Peter Hanák, “Skizzen über die ungarische Gesellschaft am Anfang des 20. Jahrhunderts”, *op. cit.*, S. 11 ff.
（16） 両大戦間期には、約一〇の——大部分はユダヤ人であった——貴族家族から成る二つのグループが、ハンガリーの最大の諸銀行を支配し、それを通じて、実際上ハンガリーの工場施設の五〇%を支配した。指導的なユダヤ人銀行家の義理の息子が外相になったケースもあったし、ユダヤ人の工業家 Ferenc Chorin や Leó Goldberger は、ホルティ提督の相棒として、彼の体制の有名な黒幕的存在であった。McCagg, *op. cit.*, p. 76.
（17） それゆえ、世紀転換期にハトヴァニ＝ドイチュ家がその手に富を集中したことは、珍しいケースであったし、両大戦間期に銀行貴族のかなめとなったマンフレード・ヴァイス家は、当時はようやく重要な存在になりはじめたところで、非常な成金と考えられていた。戦前の時期には、銀行貴族の指導的メンバーも、ユダヤ人ミドルクラスの大部分と完全に絶縁したわけではなく、彼らとある種の同質性をもち続けており、相変らずブダペストのユダヤ人社会における指導的存在であった。この時期は、いわば一つの過渡期だったのである。*Ibid.*

(18) Gyula Szekfű, *Három nemzedék* (Three Generations), 3rd. ed., Budapest, 1934, p. 339 ff

(19) Jászi, *Dissolution of the Habsburg Monarchy*, p. 153.

(20) Zoltán Horváth, *Magyar századforduló* (Hungarian turn-of-the-century), Budapest, 1961, pp. 293–294.

(21) Macartney, *op. cit.*, p. 718.

16　社会生活の一般的水準

次に、十九世紀後半以後のハンガリーの急速な経済成長が、他の社会層にどのような影響を及ぼしたかを、見なければならない。それは、ジェントリーよりも下層の農民や旧来の手工業者＝職人層に、また資本主義の発展とともに数を増した労働者階級に、何をもたらしたであろうか。総じてそれは、国内の生活水準の改善といった基本問題を、どの程度解決することができたであろうか。他方、資本主義が不可避的に伴った矛盾や弊害に対しては、どのような社会的反応が現われたであろうか。

まず農業関係をみよう。ごく少数のマグナートと、これまた比較的少数のエリートであるジェントリーの下には、中・小独立農民がピラミッド型に広がっていた。一八九五年の統計調査によれば[1]、二〇〇―一〇〇〇ホルドの土地所有者であるジェントリーの下には、一〇〇―二〇〇ホルドの所有地が一万〇八〇〇、五〇―一〇〇ホルドの所有地が三万九〇〇〇、二〇―五〇ホルドの所有地が二三万五〇〇〇、一〇―二〇ホルドの所有地が四六万という形になっており、このピラミッドの幅広い基底は、多数の零細農民および土地のない人々から成っていた。同じ年の統計は[2]、五―一〇ホルドの所有地がハンガリー王国で四〇万以上、クロアティアで一一万、一―五ホルドの所有地がそれぞれ七一万七〇〇〇と一二万六〇〇〇、一ホルド以下の所有地がそれぞれ五六万三〇〇〇と五万四〇〇〇、まったく土地のないもの（賃金労働者）が一七〇万人に達したことを示している。

そのうち中・小農民は、この国の経済生活における重要な一要素をなしていた。土地改革は、受益者である農民には寛大で、彼らからなんら代償を要求しなかった。しかしその受益者は農村の全人口の三分の一強にすぎなかったうえに、土地改革は、経済的結果という点では、彼らにまったく幸いしたわけではなかった。早くから家族計画の習慣を取り入れていた南部ハンガリーの節倹なドイツ人農民を除いて、大多数の農民は、改革直後の時期にも、必要な装備を行なうことがむずかしく――これには、オーストリアに比べてクレジットの期間が短く、しかも高くついたことも、関係していた――、収税吏の要求に応ずることもはなはだ困難であることを、痛感していた。そして簡単に、以前の労役の近代化された形態に復帰し、小作が一般的な制度になってしまった。(3) 唯一の資産ともいうべき賦役を奪われたサンダル貴族の多くも、彼らの仲間に加わった。

ただしこれらの中・小農民も、改革後約二〇年間は、高い農産物価格の利益を受け、かなり恵まれた生活をしていたようにみえる。しかしながら、一八八〇年代の大農業不況の到来は、人口の増加とも重なり合って、事態の異常な悪化をもたらした。土地所有農民の大多数は破滅に瀕し、十九世紀末の三〇年間に売り立てられた農民の所有地は一一万八〇〇〇に及び、(4) 所有地の再分割も大規模に始まった。ただ所有地に葡萄園や市場向けの果樹園が含まれている場合には、わずか二―三エーカーにすぎなくても、所有者や借地人に十分な生活を与えることができたが、零細所有地の大部分は純粋な農業向きの土地であり、その持主は他の生活手段をもたぬ人々であって、彼らの大多数は最低水準を下まわる生活をしていた。当時一家族を支える最小限の土地は、普通八ホルドと考えられていた。

土地をもたない人々の生活状態も、同様の悪化をこうむった。彼らは賃金生活者となるほかなかったが、土地改革後の最初の時期には、特に賦役が広く行なわれていた地方では、労働力が非常に不足していたので、日雇い農夫や労働の提供を望む農民家族の成員は、十分な賃金を得ることができた。続いて、鉄道建設をはじめとする大公共事業の時代がやってきたために、所有地における労働力の供給はなお不足しており、若干の地主はイタリアやダルマティアから収穫期の労働力を輸入したほどで、(5) その賃金は、公共事業の人夫同様まだたっぷりしていた。しかし一八八〇年代にはいると、公共事業は減少し、またみずから困難におちいった地主は、労働力を節約するために機械化を進め、賃金を支払わねばならぬ場合にも、それを切りつめた。最大の切りつめは、収穫期労働者の現物取得分について行なわれたが、その被害をもろに受けたのは、ほとんど全面的にこの仕事に依存していた零細農民およびまったく土地のない人々であって、それはいまや膨大な階級になっていた。彼らは収穫から収穫へ渡り歩いて、自分たちが取りいれた作物のうち家にもち帰ることのできた取得分で生活していたのである。他方、農場労働者も、いまや労働の供給が需要を上まわったことによって、大きな痛手をこうむった。

こうして零細農民や土地のない人々の間で支配的になった貧困は、恐るべきものがあった。一八九六年の調査によれば、(6)自己の家庭を離れた季節労働者はしばしばパンのみを常食にし、温い食物を得ることはごくまれであった。あるカルパティア地区の住民は、「脂肪や肉なしで、もっぱら酢づけのじゃが芋を常食にしていた」し、また他の地区では、「乾燥した、もしくはとうもろこしの粉と混ぜ合わせた豆、キャベツのスープにつけたり生キャベツのうえにのせたりした、煮たり焼いたりしたじゃが芋、あるいはみじめなとうもろこしのパンを、もっぱら常食にしていた」。

農業労働者の貧困は、一日の労働に対して支払われる賃金の低さに帰因しただけではなく、彼らの労働日が概して一年に七〇―九〇日を越えなかったという事実にも由来していた。無為を強いられる長い冬は、小農民や零細農民のかせぎ高を減らしたし、他方、工場の発達は、彼らの家の婦人たちが以前家計を補っていた副業的なかせぎ高を切り取ってしまった。

次に工業方面に目を向ければ、工業労働者の生活にも同様の衰退がみられた。工業が大規模な発展をみせはじめた当座は、熟練労働力はなお非常に乏しかったので、熟練労働の提供者はしばしばオーストリアやドイツから輸入されたほどであり、(7)比較的高い賃金とよい条件を得ることができた。しかし、機械の使用が次第に一般化し、過剰人口が地方から都市に集中しはじめるにつれて、事態はだんだん悪化していった。当時の自由主義哲学は、需給法則の自由な作動に好意的であったし、また地主は、労働力を土地から引き離すという理由で、工業における高賃金に反対した。

さらにまた、一般に政府と雇用者は、ハンガリーは賃金や労働条件の点でオーストリアを上まわるだけの余裕はないと主張したが、これは必ずしも理由のないことではなかった。実際、工業労働者の賃金はほとんど横ばい状態を続けた。一九〇〇年の調査によれば、[8]男子の二八％は週一四—二〇クローネを、四八％は六—一四クローネを、一五％は六クローネ以下をかせいでいた。婦人のかせぎ高が男子に比して少なかったことは、いうまでもない。また、幼・少年労働者の労働時間は、一八八四年に通過した法律で制限されていたが、成年労働者の労働時間は無制限に放置されていた。一九〇〇年の調査によれば、工場における最も普通の労働日は、休憩を含んで一二時間であり、婦人の場合は九—一〇時間であった。ブダペストの住宅事情はウィーンよりもわるく、一九一〇年には、人口の約一〇％は、一室あたり一〇人ないしそれ以上の割合で生活しており、一室あたり一—二人というケースは、わずか六・三％にすぎなかった。なかには、ほら穴や野原に掘った穴で生活しているものもあり、また一九〇五年の警察の捜査で、三五人のものが身体をロープでしばりつけて木のうえに寝泊りしていることが、明らかになった。[9]

十九世紀後半、経済成長が始まった時期に、ハンガリーにはなおかなり広範囲な職人層があり、控え目ながら不足のない生活を送っていたが、彼らの運命もまた、オーストリアの場合と同じく、衰退の可能性を含んでいた。ただ後者に比べて、工場による競争が相対的に弱かったために、その衰退はより緩慢であったが、それにしても十九世紀末の彼らの地位は、半世紀前より著しく悪化していた。

こうして、第一次大戦に先立つ四分の一世紀の間におこった急速な経済成長は、ハンガリーにおける大所有地や封建制の残滓を廃棄しもしくは生活水準を改善するといった主要な社会問題を解決することはできず、むしろ経済成長につながる負担と犠牲を負わされ、しかも成長の結果からほとんど恩恵をこうむらない人々が、多数にのぼった。農業関税が食料費を高騰させる一方、カルテルがまた工業製品の価格を高騰させる原因となり、[10]ハンガリーでは全人口の約半分が、人並み以下の水準で生活していたのである。経済成長の結果かえって増大した社会的緊張や矛盾は、世紀転換のころには次第に鋭さを増し、ハンガリー社会の内部に幾多の反応を生み出さずにはおかなかった。その一つは、こうした事態に対する反抗運動であり、社会問題は同時に政治問題として、ますます大規模にかつ切迫した形で表面化した。いま一つは、貧困を脱出するために、国外への移住が著しく増大したことである。両者を簡単にいちべつしよう。

前者で特に注目されるのは、労働者の態度である。農業労働者に対する政府の姿勢には、同一の伝統に愛着をもつという或る種の感情から、心理的敵意という要素は欠けていたが、しかしその反面、農業労働者の要求は地主に対する直接の脅威を意味したから、政府は、この階級による組織化の試みに強く反対し、アウスグライヒ後二〇年近くは完全にこれを抑えることに成功した。しかし、一八九〇年ころになって、地主が刈り取り人に与える現物給付を次第に減らしたところから、多くの所有地で農業労働者の反抗がおこった。一八九一年と九四年にはデモが行なわれ、軍隊がこれを追いはらう際に、流血の惨事が生じている。一八九六年は、ハンガリー建国一千年祭がはなやかに行なわれた年であったが、その翌年には農業労働者の大規模なストライキがおこり、また九七年から翌年にかけて、飢えた農業プロレタリアートの絶望的な暴動が各地で当局との間に衝突を引きおこし、前年の栄光を忘れさせた。(11)

社会問題が政治問題として切迫した形で登場したのは、農村地域に限られたわけではなかった。工業労働者の組合運動は一八六〇年代に始まり、また一八九〇年十二月にはハンガリー社会民主党が設立され、十九世紀末までに、党と組合はともにしっかりした基礎を定めていた。労働者の政治運動も九〇年代にはいると次第に活発化したが、一八九八年三月十五日にブダペストの街頭で、一八四八年の民族的反乱の五十年祝典をインターナショナルを歌って妨害した工業労働者の行進は、彼らの数の増加と政治意識の成長を示したものとして、とりわけ注目される。(12) これらの出来事に対して、政府は思いきった緊急措置のほかに、労働者組織に対する警察監視の徹底的な強化をもって答えたが、「第四身分」の反抗による社会の騒擾は、旧来の国家＝社会秩序が外部から脅かされはじめたことを物語るものであり、ハンガリー支配体制の存続の可能性に大きな不安をなげかけた。

次に、この時期のハンガリーで特に注目される海外移民に目を向けよう。移民の著しい増加は、一方における急速な経済成長にもかかわらず、大部分の人々の生活に実質的改善がなかったことを示している。バラニ教授によれば、移住によるハンガリーの純人口損失は、一八六九―一九一〇年の間に約一二五万であったが、[13] この数字は、オーストリア・ドイツ・ロシア・バルカンへの大陸移住を含むとはいえ、海外特にアメリカ合衆国への移民が大きな割合を占めていた。統計の示すところでは、海外移民の数は、一八八六―九五年の間は年平均約二万五〇〇〇であったが、その後次第に上昇し、一八九九年には四万三〇〇〇、一九〇〇年には五万五〇〇〇、一九〇一年には五万一〇〇〇、一九〇二年には九万二〇〇〇、一九〇三年には一二万に達している。海外移民のほかに、一八八〇―一九一〇年の間に、約三〇万のハンガリー人がオーストリアに、四万二〇〇〇人がドイツに、一〇万二〇〇〇人がルーマニアに移住している。[14] なお、移民問題の背後には急テンポの人口増加があったことも、見のがされない。クロアティア・スラヴォニアを含めて、ハンガリーの人口は一八五〇年には約一三〇〇万であったが、一八六九年までに一五五〇万に増加した。次の一〇年間はコレラの流行したせいもあって、一八八〇年の調査は約二五万の増加を示しているにすぎないが、その後増加のペースは旧に復し、一八九〇年には一七五〇万、一九〇〇年には一九二五万となっている。[15] しかもこの時期には大規模な移民がすでに行なわれていたことを思えば、異常な人口増加といわねばならないし、この移民は、農村の人口過剰の最もはげしい地域で始まっているのである。アメリカ合衆国の一八九八/九―一九一二/一三年間の統計によれば、内部ハンガリー(クロアティア人とセルビア人の一部が除かれ、ルテニア人も無視されている)からの移民の数は、スロヴァキア人四三万二〇〇〇、マジャール人四〇万二〇〇〇、ドイツ人二一万九〇〇〇、ルーマニア人四万七〇〇〇、セルビア人三万となっている。しかしハンガリー側の一九〇五―一三年間の見積りでは、マジャール人二八万七〇〇〇、スロヴァキア人一九万七〇〇〇、ドイツ人一五万、ルーマニア人九万五〇〇〇、セルビア人五万、ルテニア人三万六〇〇〇、その他八〇〇〇となっている。[16] いずれにしても、大規模な移民が始まったとき、それは主としてスロヴァキア人地域からのものであり、百分比でいえば、一九一三年まではスロヴァキア人の比率が最大で、マジャール人が最小であった。しかし、絶対数では、マジャール人が一九〇五年にスロヴァキア人を抜き、その後は毎年移民総数の約三分の一をしめている。[17]

以上の考察から知られるように、当時のハンガリーの最大の特色は、封建的な大所有地の存在と広く行きわたった農村の貧困であった。この国の経済は相変わらず農業が圧倒的で、急速な工業的成長の時期(一九〇〇―一〇年)にさえ、農業で生計を立てる人々の数が増えたというのが、実情であった。[18] 工業化の刺激的な徴候はあったにせよ、封建的な地主気質の残滓がそれにブレーキをかけたために、工業は増加する人口の圧迫を吸収するに足るほど急速には拡大せず、その結果、大量の集団移住がおこったのである。ハンガリーのショーヴィニスティックな歴史家たちは、この大規模な国外移住を「国民的悲劇」とよび、他方ヤーシは「ハンガリーを革命から救った安全弁であった」と述べているが、バラニ教授はいずれも一面的であるとし、集団移住への参加者が彼ら自身および彼らの旧・新の祖国(ハンガリーとアメリカ合衆国)をひとしく助けることができた点に目をつけて、海外への集団移住を自発的で強力な対外救援計画 foreign aid program とよんでいる。[19]

その評価はしばらくおくとして、ここで特に注目する必要があるのは、移民の大多数が農民特に非マジャール系諸民族の出であったという事実であり、[20] このことは、経済的高揚から生じた利益がさまざまな民族の間に不平等に分配されたことを、明示している。そこでわれわれは、これまで留保してきた、あらゆる事柄の背後に伏在する最も重要な問題、支配民族であるマジャール人と他の非マジャール系諸民族の間の格差と対立の問題に目を向け、ハンガリーの経済成長がこの基本問題にどのような影響を及ぼし、さらに諸民族の民族運動の性格をどのように規定したかを、根本的に検討しなければならない。この点の解明は、二十世紀にはいって急速に激化した労働運動と民族運動の微妙な関係を理解するうえにも、多くの重要な示唆を与えるであろう。

(1)　Macartney, *op. cit.*, p. 715.
(2)　Macartney, *op. cit.*, p. 716.
(3)　J. Mailáth, *La Hongrie Rurale, Sociale et Politique*, Paris, 1909, p. 22; Macartney, *op. cit.*

（4） Macartney, *op. cit.*

（5） Mailáth, *op. cit.*

（6） J. Bunzel, *Studien zur Sozial- und Wirtschaftspolitik Ungarns*, Leipzig, 1902, S. 11 ff.

（7） 一八七五年のブダペストで行なわれた調査によれば、対象となった一万〇〇二〇人の労働者のうち、二四・九%はハンガリー外で生まれたものであった。Macartney, *op. cit.*, p. 717.

（8） *Ibid.*

（9） Macartney, *op. cit.*, p. 718.

（10） Ránki, "Comments", *op. cit.*, p. 67.

（11） Süle, *op. cit.*, S. 1. このストライキは成功し、収穫の賃金分は四〇—五〇%引き上げられた。

（12） *Ibid.*

（13） Barany, "The uncompromising Compromise", *op. cit.*, p. 257. なおベレンドとラーンキは、十九世紀末から第一次大戦の始まるまでの時期に、ほぼ二〇〇万の貧しい労働者や農民がこの国を離れ、それらの六六・九%は非マジャール系であり、そのうち二五%はスロヴァキア人、一八・四%はドイツ人、一五・四%はルーマニア人であったとしている。"Economic Factors", *op. cit.*, p. 185.

（14） *International Migrations*, vol. 14, pp. 714–728; Macartney, *op. cit.*, p. 702 f. オーストリアへの移民は主としてドイツ人（大部分は西部ハンガリーからウィーンないしグラーツに移動した）であり、他のヨーロッパ諸国への移民は主としてルーマニア人（ルーマニアに移ったものの三分の二は、ハンガリー内のルーマニア人であったが、ブカレストに移ったセクラーもかなりの数にのぼった）、続いてドイツ人、マジャール人の順であった。ユダヤ人の西方への流出もかなりあったが、それはガリツィアからの継続的な流入によって相殺された。

（15） Macartney, *op. cit.*, p. 702.

（16） Macartney, *op. cit.*, p. 727.

（17） *Ibid.*; Barany, *op. cit.*, p. 257. 十九世紀末期には、ハンガリーからアメリカ合衆国への移住は大部分スロヴァキア人であり、オーストリア・ハンガリーの移民全体のうちでそれの占める割合は、一八九九年には、マジャール人の七・八%に比して二五・二%であった。世紀転換後、マジャール人移民の百分比は急速に増加した。一九〇五年以降、彼らは合衆国に出かけるハンガリー国民の最大の派遣団を供給した。一九一〇年には、合衆国に居住するハンガリー生れの人々の四六％は、自国語をマジャール語と報告している。

(18) 耕地の面積は、一八七〇年の一〇〇〇万ヘクタールから一八九〇年の一二〇〇万ヘクタールに上昇し、一九〇〇年にはこの国の全面積のわずか五％が耕作不能な土地として分類されるにとどまった。これに比して、一八四八年には、耕作不能地は四五％に達していたのである。絶対数のうえでも、農地で働く人々がかなり増えたことは、確かである。ハンガリーが十九世紀末にもなお主として農業国であり、農業が最大の産業であったことは、次の数字からうかがわれる。一九〇〇年にも、ハンガリー王国中の一一二〇万人(六六・五％)は相変わらず農・林・漁業で生計を立てており、八〇％はなお各地に散在している農場・村落・小さな町に住んでいた。Macartney, *op. cit.*, p. 705.

(19) Barany, *op. cit.*, p. 257; Macartney, *op. cit.* なお集団移民の評価については、Jászi, *The Dissolution of the Habsburg Monarchy*, pp. 233, 238; Szekfű, *Három nemzedék*, p. 456 f.; Hanák, "Skizzen", *op. cit.*, S. 2. 参照。なお、この問題は後節で再度取りあげられる。

(20) Barany, *op. cit.*

17　経済成長と非マジャール系諸民族

本節の課題は、十九世紀後半以後のハンガリーの経済成長がマジャール人と非マジャール系諸民族にそれぞれどのような影響を及ぼしたかを、確かめることである。幸いにも最近のハンガリー史学は、これについて多くの貴重な統計的資料(1)と有益な視点を提供しているので、ここでもまずそれらを手がかりにしながら、当時のハンガリーの資本主義的発展の基本的特徴を明らかにすることから出発しよう。

最近の地方的研究の成果は、十九世紀末から二十世紀初頭にかけての時点で、ハンガリー国内のさまざまな民族の居住地域の資本主義的発展の水準に大きな差があり、同時に、この国の経済生活の各部門に対するこれら諸地域の関与の仕方にも顕著な違いがあったことを、示している。具体的にいえば、非マジャール系の人々が多数居住していた地域は、全体として、経済発展の状態および社会構成のブルジョア化という点で、大平原《アルフェルド》Alföld およびドナウ川以《ドゥナーン》西地方《トゥール》Dunántúl を中心とするマジャール人居住地域に及ばなかったし、さらに非マジャール人の居住地域は、これまた明瞭に二つのグループに分かれていた。(2) 第一グループは比較的進んだ地域で、(a)北部ハンガリーのスロヴァキア人地域、(b)西部ハンガリー(国境付近)のドイツ人(一部はクロアティア人)地域、(c)さまざまな民族——ドイツ人、南スラヴ人(とりわけセルビア人の九〇%はここに生活していた)、ルーマニア人、スロヴァキア人——の居住する南部ハンガリー(バーチュカ Bácska、バナート Banat)の三つから成っていた。これらの地方は、農業の分野で(南部ハンガリー)、あるいは大工業の分野で(スロヴァキア人地域)、もしくは双方の分野で(西部ハンガリー)、マジャール人居住地域に集中した資本主義的発展と関係をもち、特殊な生産部門では——南部ハンガリーでは商品的な穀物生産、スロヴァキアでは鉄・繊維・紙・木材・皮革・砂糖工業において——マジャール人居住地域の関与の割合を凌ぐほどであった。それゆえ南部ハンガリーでは、農民層の分解は一般にマジャール人居住地域よりも進んでいたし、他方スロヴァキア人地域では、大工業労働者の比例数は、ブダペストを除くマジャール人地域よりも大きかった。すなわちスロヴァキア人地域では、工業労働者は一〇〇〇平方キロメートルあたり八九〇人、居住者一〇万人につき一四九〇人であったが、首都を除くマジャール人地域では、それぞれ四七〇人と一〇四〇人だったのである。(3)

南部地域の農業における、また北部ハンガリーの工業における資本主義的発展のもたらした重要な結果の一つは、セルビア人、ルーマニア人、スロヴァキア人の農業労働者およびスロヴァキア人、ルーマニア人の大工業労働者がかなり大量に発生したことである。たとえば、スロヴァキア人はこの国の人口の一〇・七%をしめたが、(4) 大工業労働者については一三・一%を提供している。六万一〇〇〇人にのぼるスロヴァキア人の、また三万四〇〇〇人にのぼるルーマニア人の大工業労働者、家族を合わせて一二万五〇〇〇人に達するセルビア人、ルーマニア人、スロヴァキア人の農業労働者は、全国的な見地からみても、社会運動の重要な力であったといってよい。

しかし、民族ブルジョアジーの形成という点では、これらの地域の資本主義的発展は、さして重要な結果をもたらさなかった。なるほど、商品生産を行なうセルビア人とドイツ人の富裕な中農層が広範に発生したこと、また、工業面でスロヴァキア人の中・小ブルジョアがある程度強化されたことは、一応注目される。一九〇四年の統計によれば、一人以上の雇い人を使って操業するスロヴァキア人の工業経営者は五〇七四人に達し、南スラヴ人(一八五四人)、ルテニア人(八三人)の工業経営者の総数を凌駕した。しかしそれも、全国との関係でみれば六・三%にすぎず、スロヴァキア人地域でも、スロヴァキア人の手中にあった経営はせいぜい二八―三〇%にすぎなかったと見積られている。しかも前掲の五〇七四のスロヴァキア人経営のうち、五人以上の労働者を使っていたのは二〇三にすぎなかった。(5) このことは、大工業のうちにスロヴァキア人のブルジョアジーがほとんど含まれていなかったことを物語っている。南部ハンガリーの農業においても北部ハンガリーの工業においても、資本主義的発展はまず第一に、そしてほとんど独占的に、マジャール人とドイツ人の大地主および大資本家を利したのであって、多数を占める非マジャール系住民の間からは、それらの地域の経済生活を指導するような支配階級は、出現しなかった。(6) 資本主義的農業の発展から利益を得た大・中地主の九〇―九五%は、マジャール語ないしドイツ語を自国語とする人々であったし、大工業経営所有者の場合は、両者のしめる割合がいっそう高かった。ただ南ハンガリーでは、セルビア人、ルーマニア人、シュヴァーベン人(ドイツ人)の富裕な農民は、マジャール人やドイツ人の大・中地主とならんで、資本主義的農業の発展のうえで、従属的ながらもある程度の役割をもつことができたが、北部のスロヴァキア人地域では、スロヴァキア人の中・小ブルジョアジーは、工業発展のうえでなんら重要な役割をかちとることはできなかった。その他の非マジャール系諸民族の間では――ドイツ人を別にして――中・小工業におけるブルジョアジーの発展は、スロヴァキア人のそれにもはるかに及ばなかったのである。

非マジャール人が多数をしめる地域の第二グループには、(d)北・東ハンガリーのルテニア人地域、(e)東部ハンガリーのルーマニア人地域、(f)ルーマニア人とザクセン人の住むトランシルヴァニアが数えられる。これらの地域では、農業と工業の発展は、マジャール人地域および非マジャール人地域の第一グループに比してはるかに劣っており、資本主義的発展とブルジョア化の過程も緩慢で遅れていた。ただ個々の地区では、かなり多額に投資された資本主義的発展もみられないではなかった――ハンガリー大平原の北東部および東部辺境の農業、Krassó-Szörény 県、Hunyad 県の各地およびザクセン人地域における工・鉱業がそれである(7)――が、それらも、この地域全体の一般的後進性を変えるものではなかった。第一グループのスロヴァキア人地域も、農業の発展にかんしては、また南部地方も工業の発展にかんしては、むしろ第二グループに数える方が適当であるが、これらの地域では、ある経済部門に存在する遅れが、他の部門における比較的急速かつ強度の発展によってかなりならされていた点が、特徴的である。

第二グループに属する地域はハンガリー全土の二八・三%を含み、そこには総人口の二一・四%が居住していたが、この国の経済的・社会的発展に対する関与の割合は、あらゆる分野で地域指数ないし人口数をはるかに下まわっており、たいていの場合半分にも及ばなかった。すなわち、工業関係の運輸に従事するもの一四・四%、大工業の労働者九・二%、大工業経営九・七%、信用機関の預金現在高九・一%、抵当権現在高一三・二%、鉄道路線一八・三%(一九一〇―一三年)となっているのである(8)。これらの地域でも、世紀転換のころになってようやく、農業的商品生産と大工業の発展がいくらかみられるようになったが、それもなお遅れを取りもどすには足りず、むしろ資本主義的発展の発端の段階にあったというべきであり、大部分の農民経済では、なお商品生産は行なわれていなかった。

これらの地域で非マジャール系民族社会のバックボーンを成したのは、なお非常に未分化な――あるいは階層分解とブルジョア化の始点に停滞している――農民であった。一九一〇年にルテニア人農民の六六・五%、ルーマニア人農民の六〇%は、五〇ホルド以下の土地所有者であったが、同じ時期に、このカテゴリーに属するものは、スロヴァキア人では四七・六%、ドイツ人では三四・五%、マジャール人では二七・五%にすぎなかった。他方、工業・商業・交通で生活していたのは、ルテニア人では四・八%、ルーマニア人では七・九%にすぎず、セルビア人の一四・七%、スロヴァキア人の二〇・一%、ドイツ人の三七・二%、マジャール人の三〇・六%と著しい対照をなしている(9)。

これら東方の非マジャール人地域および農業の発展の点でそれに近い関係にあったスロヴァキア人地域から、一八九九－一九一三年の間に五三万人が国外に移住したが、[10]これは移住者の四五%にあたり、またこれら地域の住民（一九〇〇年の調査による）の九・八%にあたっている。これらの地域に生活していたのは人口の三三%にすぎなかったこと、また移住者の指数がマジャール人地域では七・九%、南部ハンガリーでは五・八%であったことを思えば、[11]東・北部地域の貧困を察することができよう。

ここで一般的に、非マジャール系諸民族の農民の地位を、マジャール人のそれと比較してみよう。一八四八年に農奴制が廃止されたあと、ハンガリーでも農業の資本主義的発展が広がりはじめ、それは領内の従属諸民族――スロヴァキア人、ルーマニア人、ルテニア人、セルビア人はいずれも農民的民族であった――の間にも及んだ。非マジャール系農民の多くは、小自作農となるか、あるいは、比較的小さな土地のブルジョア的所有者になったが、主としてマジャール人の住むハンガリー中心部の農業地帯に比べれば、その規模ははるかに限られており、非マジャール系農民の状態はマジャール人のそれに比してはるかに劣悪であった。その理由としては、次の三点が考えられる。第一は、彼らの土地がやせていたことである。セルビア人の住んだ南部諸地域を別にすれば、非マジャール系民族居住地域の大部分は、山地か丘陵性の土地で、地味はやせており、中心部の平原地帯のように穀物生産に適していなかったので、これらの地域の農業家たちは、マジャール人の農場主に比べて、資本主義のブームから利益を得ることが少なかった。一九一〇年の土地税をみれば、大平原《アルフェルド》では一ホルドあたり一・八七クローネ、ドナウ川以西地方《ドゥナーントゥール》では、一・九七クローネに達しているが、ルテニアでは〇・三五クローネ、トランシルヴァニアでは〇・四七クローネ、スロヴァキアでは一・〇二クローネにすぎなかった。[12]これは、上述の傾向を端的に示すものといえる。

第二は、先にもふれたように、非マジャール系農家の土地所有が、マジャール人地域のそれに比してはるかに小さかったことである。それはあまりに小さすぎたために、資本主義的な方式で開発されることは困難であり、この方式によるものは、実際にはほとんど無視してもよいほどであった。平均面積一〇ホルド以下という土地は、所有者に飢餓水準をこえる生活を与えることはほとんど不可能だったのである。さらに、同じ広さの土地でも、大平原とスロヴァキアやトランシルヴァニアの山地とでは、経済上の重要性が違っていたし、そのうえ、非マジャール系諸民族の土地の大部分では、ハンガリーの中心部に比べて、耕地のパーセンテージがはるかに低かった。マジャール人の居住地域では四八・三%、セルビア人の住んだ南部ハンガリーでは七〇%が耕作に適していたが、ルーマニア人の土地ではわずか三〇%、ルテニア人の土地では二一・二%しか、耕作できなかった。(13)

第三の理由としては、土地配分の不均等をあげなくてはならない。たとえば、トランシルヴァニアでは、農地の七一・八八%は五ホルドないしそれ以下の大きさであったが、それらすべてを合わせても全面積の二九・五%にしかあたらなかったし、(14)クロアティア、スロヴァキアその他の非マジャール人地域でも、事情はほとんど変わらなかった。この不均等な土地の配分が、これらの地方の異常に低い生産性の、したがってまた多くの農民がその日暮らしの生活を強いられたことの大きな原因であったことは、明らかである。

次の数字は、以上の点をさらに補足するであろう。一九一〇年に、マジャール人はハンガリー全人口の約五〇%を占めるにすぎなかったのに、一〇〇〇ホルドを越える所有地の九一・四%を所有していたが、他の諸民族は全部を合わせて、その八・六%を所有したにすぎなかった。他方、五ホルド以下の小所有地は、全体の六一・七%が非マジャール人に属していた。さらにトランシルヴァニアでは、五ホルド以下の小所有地の七〇%、スロヴァキアでは六九・四%が、それぞれルーマニア人とスロヴァキア人に保持されたが、一〇〇〇ホルドを越える大所有地では、スロヴァキア人の保有分はわずか五・七%、ルーマニア人の保有分は一・四%にすぎなかった。他方、トランシルヴァニアでは、大所有地の八五・七%、スロヴァキアでは八三・六%がマジャール人に属し、一〇〇—一〇〇〇ホルドの中型所有地においても、程度の差はあれ同様の不均衡が存在し、その六〇%はマジャール人の手中にあり、スロヴァキア人とルーマニア人に所有されたのは、わずか二〇%にすぎなかった。(ただその際、(15)次の点には注意を払う必要がある。ハンガリーの中部および西部地域では、資本主義的発展の水準が高かったために、土地所有農民の統合が貧困な非マジャール人地域においてよりも急速に進んだ結果、ハンガリーでは、貧しい小所有地の持主は大部分少数民族の農民であったが、土地をもたない農業プロレタリアートの大多数はマジャール人であるという、奇妙な逆説的現象が生まれた。農業プロレタリアートは、大平原では全農業人口の五二・四%、ドナウ川西部地域では三八・一%を占めたが、トランシルヴァニアでは二九%、北部および北東部地域では三七%をしめたにすぎなかった。(16)

以上の考察から、非マジャール人地域の大部分で農民が貧困であり、(17)農業面で資本主義的発展が遅れた事情は、ほぼ明らかになったと思われる。

次に工業面をみよう。非マジャール人諸地域における工業の発展は、一般にほとんど例外なく、外国のまたオーストリア・ハンガリーの大資本の浸透と結びついていたために、それはまず第一にマジャール人(マジャール化したユダヤ人を含む)の支配階級、ミドルクラスの発展を促進した。このことは、農業および工業に従事した人々の地域別、自国語別の分布を比較することによって、知ることができる。一九一〇年にマジャール人とドイツ人は三八の県で住民の多数を占めたが、工業に従事した人々については、五五の県で多数を占めていた。一方、非マジャール系諸民族はわずか八県で――スロヴァキア人六県、ルーマニア人二県で――多数を占めたにすぎなかったのである。(18)また同じ一九一〇年に、五人以上の労働者を雇用した中型企業のうち、六四一一はマジャール人とドイツ人に制されており、それ以外のものの手中にあった工業会社はわずか三六八にすぎず、そのうち二〇三はスロヴァキア人のものであった。そのスロヴァキア地域でも、地方市場向けの生産を行なう小工場を別にすれば、スロヴァキア人のブルジョアジーに制御されていたのは、全株式会社中わずか一一にすぎなかったのである。なお、比較的重要ないくつかの企業のなかにチェコ人の資本がはじめて姿を現わしたことも、付け加えておく必要がある。トランシルヴァニアでは、工業関係の企業に投下された資本のうち、ルーマニア人の資本はわずか二・九%にとどまっていた。

そこで次に、非マジャール系諸民族の地域の大部分で資本主義的発展がこのように緩慢なまた不揃いな経過をたどったことの理由を、問わなくてはならない。こうした地方差の歴史的な根は、遠く封建制の時代に遡るものであって、当時すでに、マジャール人の居住した中央の大平原と非マジャール人の居住した辺境とは、生産構造・定住構造・社会構造のうえで違った姿をみせており、資本主義的発展の萌芽も、さまざまな地域でそれぞれ違った規模で展開された。しかも一八四八―四九年の革命に伴う社会的変革(以後これをブルジョア革命とよぶ)は、この差異を除去しなかったばかりか、ある程度高めさえした。封建制の廃棄と資本主義的諸関係の導入は、ハプスブルク帝国全体のなかで上からまた中央から行なわれたために、個々の地域や民族の特殊な実情や要求は顧慮されず、何よりもまず支配的諸民族、とりわけその支配階級である大地主と大資本家の利益が念頭におかれ、経済と政治における彼らの指導的役割の確保が重視された。

ブルジョア革命が非マジャール系諸民族にもたらした大きなプラスは、民族的な土地所有をつくり出し、土地持ちの自由農民をつくり出したことであった。なぜなら、彼らこそ民族資本蓄積の、したがって民族ブルジョアジー発生の基礎をなしたからである。しかしブルジョア的改革は、封建制から受け継がれた土地所有の配置や、非マジャール人地域にあるマジャール人大土地所有の経済的地位には手をふれなかったために、このプラスは大いに減殺され、スラヴ人およびルーマニア人の農民は、彼ら自身の地域で、土地の比較的小部分――平均して約四〇%――を自由に所有しえたにすぎなかったのである。大・中の土地所有は、マジャール人地域と非マジャール人地域でほぼ同じ大きさをしめていたが、その経済的役割は非常に違っていた。マジャール人地域と南部ハンガリーでは、大土地所有は資本主義的発展の「プロイセン型」コースをたどり、農民の最上層にもある程度刺激的な作用を及ぼしたが、他の非マジャール人地域では、大地主はなんら資本主義的な商品生産＝耕作を行なうことができなかった。彼らの所有地は大部分森林から成り、その資本主義的な利用が比較的大がかりに始まったのは、ようやく世紀転換時のことであったから、ここでは、マジャール人の大地主は、資本主義的な農業発展の担い手ではなかったのである。のみならず、マジャール人の大地主には有利な、しかし農民には不利な、森林や牧場の分割と耕地整理が行なわれたことは、スラヴ人およびルーマニア人農民の資本主義的発展を特に麻痺させるはたらきをした。これによって、農民の牧場利用は決定的に減らされ、広範囲な牧畜の可能性は制限されてしまった。

マジャール人地域と非マジャール人地域の間のこのような自然的・経済地理的な所与条件の差が、ハプスブルク帝国の経済構造、すなわち国内市場における両部の分業関係および二重主義体制の経済的基礎(二重帝国の統一関税地域)とたがいに作用を及ぼしあって、実際に、非マジャール人地域の大部分で、資本主義的発展の著しい遅れを引きおこしたのである。

二重主義体制の経済的基礎は、何よりもまず、マジャール人地域および南部地域の小麦栽培農業の資本主義的発展に好都合であったが、(19)小麦の栽培を行なっていない諸地域には、この便宜はなかった。一八六〇—七〇年代の異常な小麦景気とそれに続く一八八〇—九〇年代の穀物危機は、南部ハンガリーを含むマジャール人農業の資本主義的発展を推進したけれども、小麦をほとんど栽培しなかった諸民族地域の農業は、緩慢な発展を続けたにすぎなかった。他方諸民族の居住地域では、マジャール人地域に比較して、工業の発展に必要な原料やエネルギーははるか広範囲に与えられていたし、工業活動に必要な技術的知識や熟練もマジャール人地域より大量に存在したが、実際には、工業の資本主義的発展は、それほどの規模で現われなかった。(20)その際にも決定的な役割を果たしたのは、二重主義体制の経済的基礎であり、オーストリアはそれによって、自国の工業商品と資本輸出のハンガリー市場における独占的地位を確保し、その代わりに、マジャール人の大・中土地所有の穀物に自国の工業的諸州の市場を開いたのである。それゆえ二重主義の経済的基礎は、少なくとも農業にかんしては、マジャール人地域および南部地方の資本主義的発展に、とりわけ支配民族の経済に好都合であったが、非マジャール人地域の大部分では、工業の発展を妨げるというマイナスのはたらきだけしか現わさなかった。

この点をさらに詳しく検討しよう。ハンガリーの非マジャール人諸地域で経済的発展がおくれたのは、それらの地域の歴史的・地理的な特殊事情によるところが大きかった。この国の西部と中央部(マジャール人地域)は、東部諸地方(非マジャール人地域)よりもすぐれた交通機関をもち、オーストリアその他の市場に近く、オーストリアの影響をはるかに受けやすかった。(21)非マジャール系諸地方にも、豊富な原料のような、自己の工業化に有利な条件がなくはなかったが、それも、西部地方の保持する諸利点に十分匹敵するものではなかった。工業化には原料と市場の双方が必要であり、その点スロヴァキアやバナートでは、有利な市場と十分な原料供給があったために、工業発展のおくれについての不平はなかったが、ルーマニア人、ルテニア人、クロアティア人の居住地域[22]のように、必要条件をともに欠いていたところでは、工業生産額は、比較的低いハンガリー全体の平均額をもはるかに下まわったのである。少数民族居住地域のあるものは、原料には恵まれていたが、中央部のマジャール人居住地域に工業が確立されたのちにも、ながく工業化されぬ状態が続き、中央部の工場に対する原料供給地となっていた。マジャール人の居住地域では、産業革命は一八八〇年代に始まり、第一次大戦まで続いたが、東部地域では、工業化の始まりはようやく二十世紀への転換時にさかのぼりうるにすぎない。たとえば、下カルパティア地方（カルパティア山脈の南側）は膨大な森林資源をもっていたが、ここでの工業化はほとんど木材採取の段階（＝林業）を越えず、六〇万の住民のうち製造工業に雇用されていたのは、わずか五〇〇〇人で、その大部分は木材工業ではたらいていた。[23]しかも木材のほとんどすべては、他のどこかに輸送されて完成品に変えられたのである。

クロアティア人やルーマニア人の居住地域でも事情は大して変わらなかったが、[24]ただスロヴァキアにおける工業発展の割合は、これらの地域とは著しく異なり、一九一三年には、ハンガリーの全工業施設の一七・四％にあたる八一七の工場をもち、この国の全工業生産高の一八・六％は、スロヴァキア人居住地域にある工業会社の手で生産され、とりわけ鉄は二七％、紙は五四％、織物は三四％という大きな割合をしめていた。[25]鉄と紙のこのような高度の生産は、この地域で利用できた豊富な原料資源に起因するものであり、織物製造の高い割合は、そこになお存在していた多くの小規模な手芸工業や農家工業によるものであった。とはいえ、スロヴァキアの主要な製造工業関係の企業は大部分オーストリアおよびマジャール人の工業家に制御されていたし、比較的小さな企業の大多数もマジャール人資本に資金をあおいでいたのである。

このように、ハプスブルク帝国の二重主義的構成とそこから生じた経済的諸結果は、自然的所与条件および歴史的前提と相互に影響を及ぼしあいながら、諸民族の地域における資本主義的発展を不均等なものにし、著しい水準の差をもたらした。さまざまな地理的条件、歴史的発展、経済的要因がある程度まで工業発展の地域的不均等を生みだすことは、一般的な現象であるが、ハンガリーで特に注目されるのは、これらの地域的不平等が国内の民族的矛盾を強調し、工業化にみられる格差が非マジャール人地域に民族的反感を生んで、ナショナリズムを刺激する役割をはたしたことである。もっとも、非マジャール人地域の多くを不利な状態におとしいれたマイナスのはたらきは、遅れた地域に生活しているマジャール人のところでも認められた。それどころか、スロヴァキアおよびトランシルヴァニアのマジャール人中地主＝ジェントリーは、非マジャール人農民よりもはるかに多くその影響をこうむった。またトランシルヴァニアのマジャール人居住地区セクラーラント Szeklerland(26)は、いかなる意味でも、ルーマニア人やザクセンの居住地域より高い経済発展の段階には達していなかった。政府は、セクラーラントの経済的発展、没落しつつあるマジャール人ジェントリーの救済などのスローガンをかかげて、種々の経済政策的活動を行なったが、事態を変えることはできなかった。

この関連で、次の問題に目をとめる必要がある。アウスグライヒ後のハンガリーで、マジャール人の支配階級がその絶対的優位を維持するために他の諸民族に強い圧迫を加えたことは、周知の事実であるが、このような民族的抑圧は、マジャール人地域と非マジャール人地域の間の水準の差の発生にあたって、どのような役割を果したであろうか。スラヴ人およびルーマニア人地域にとって客観的に不利な経済発展の傾向は、マジャール人の意図的な民族主義的経済政策によって一段と強められたのであろうか。

ハンガリー政府の経済政策は、本質的には自由主義政策であり、なかんずく二重帝国時代の最初の二五年間はそうであった。そしてこの政策は、当然まずマジャール人支配階級の資本主義的発展に適合した。なぜなら、彼らは非マジャール系諸民族に対する経済的自由競争において、異常にめぐまれた状況から出発できたからである。とはいえ、一八九〇年以前には、マジャール人の民族政策のうちに、明らかに非マジャール系諸民族の経済発展を妨げることを目ざした経済的措置をみいだすことはできない。しかし、その後十九世紀末に諸民族の民族運動が躍進をみせ、この躍進が彼らの経済的・社会的基礎の強化、とりわけ銀行網の完成と密接な関係をもつことが明らかになると、マジャール人の民族主義的世論は、次第に声高く、非マジャール系諸民族の経済活動の制限を要求するようになった。

一九〇二年にハンガリー政府は、「諸民族の金融機関の政治的かけ引きを妨げるための」活動をはじめた。それにもかかわらず当時の商務大臣は、「民族運動の経済的側面は最も危険なものであり」、とりわけ諸民族の金融機関のネットと協同組合の伸張は「ハンガリーの国家理念」にとって危険であるとしながらも、「政府はこんにち、このような発展傾向に対して、意のままに使える有効な手段をほとんどもち合わせていない」と述べている。(27)これは、諸民族の経済団体、銀行、その他の諸企業に有効な政治的抑制を加えることを、自由主義的な経済体制が事実上妨げたことを意味すると思われる。自由主義的な商法に検討を加えて、商業的企業をいっそう有効に取締ることのできる団体法 Vereinsgesetz をつくってほしいという提案も現われたが、(28)実際にはこのような法律は成立しなかった。それは、何よりもまず、民族的な観点からは不都合な自由主義的経済体制を維持することが、マジャール人大資本家の第一の利益だったからである。諸民族の信用機関を制御しようとするさまざまな試みも、ほとんど実質的な成果をあげるに至らなかった。

しかし、同時にまた次の点を見のがしてはならない。経済的に遅れたスロヴァキア人、ルテニア人、ルーマニア人、セクラー(マジャール人)の居住する北東部および東部辺境の諸問題は、一八九〇年代にはすでにかなり目立っていたので、経済界・政界の指導者たちも、そこに住む農民の異常な不幸に気がつき、農業の原始的水準、工業発展のほとんど完全な欠如、さまざまな形態の高利の横行、大規模な国外移住などを認めざるをえなかった。そこで経済専門の大臣たちは、社会的緊張が公然と爆発するかもしれぬ不安にかられて、みずからそこに介入し、表面的にもせよ、極端にひどい現象に対処せざるをえなくなった。このいわゆる「山地活動」(29) Bergland-Aktion はまずルテニア地域に拡がり、信用協同組合や国家的な土地賃貸制の創設により、また山地の農業や牧畜の技術的水準を高めることによって、非マジャール人の居住する辺境の経済発展を促進し、農民の窮状の深化を阻止しようとした。しかしこの活動は、最初に予定された規模で展開されず、期待された成果をもたらすこともなく、最後には完全に挫折したが、その際決定的な役割を果たしたのは、二十世紀初頭のセール Széll、クーエン－ヘーデルヴァーリ Khuen-Héderváry およびティサ Tisza 政府が示した、非マジャール人地域の経済的・社会的諸問題に対する狭量な民族主義的態度であった。

一九〇三年に政府は、次のような立場を主張した。「ハンガリー民族国家の創出を考慮すれば」、非マジャール人農民の大規模な移住はむしろ好都合な現象であり、この現象の「自然的基礎」を、すなわち農業の停滞、工業と信用の欠如、相対的な人口過剰、一般に「北部ハンガリーにおける困難な、ところどころでは破局的な経済事情」を除去することは、重大な誤りである。この立場に立って首相は、「手近かな悪」すなわち国外移住や諸民族地域の「巨大な不幸」だけをみて、「一般的な視点を考慮してはじめて認められる遠い善」を知らない政策を、否定した。「遠い善」とは、マジャール人の民勢的地位の相対的改善のことであり、「この移住は本質的には、非マジャール系の自国語を話す住民の退去である」と考えられた。それゆえ「わたしは移住者たちの行動を次のように指導する。マジャール人はできるだけ多く帰国してほしいが、反対に非マジャール系の自国語を話す人々とりわけスラヴ人は、一たびこの国を離れたならば、国外に留まるべきであり、もしくはアメリカのアングロ・サクソン人と同化してほしい」[30]。この近視眼的な民族主義政策は、農林省と商務省が提案し開始したところの、諸民族地域の経済状態の改善に役立つような活動や措置を、いっさい否認するものであり、経済活動は、諸民族地域の経済一般の躍進に向けらるべきではなく、もっぱら「その地のマジャール人ジェントリーの救済」に向けらるべきものだったのである[31]。

非マジャール系諸民族の資本主義的発展とある程度の経済的強化を、われわれは制限したり妨げたりすることはできないが、しかしまた彼らに援助を与えるべきではないし、国家的な手段で彼らを支持すべきでもない。われわれは経済過程の「自然の」傾向に自由な展開を与えなければならないのであって、これは何よりもまずマジャール人の「民族的」政策に合致するものである。――これこそ、民族主義的でショーヴィニスティックなハンガリー政府が自由主義的経済体制の枠内で取ることのできた、最も幅の広い立場であった。

以上の考察を要約すれば、次のようになろう。非マジャール系諸民族の経済発展を妨げた諸要因を問題にするとき、われわれはたしかに、マジャール人支配階級の経済的・政治的優越が、また封建制に帰因する彼らの地位がその際大きな役割を果したことを、否定することはできない。しかしながら、この国のさまざまな地域の経済発展に現われた水準の差は、何よりもまず経済的諸要因の結果として、二重帝国の資本主義的発展の影響下に生じたものであり、この過程では、階級支配や階級政策といった要因の方が、民族的政策の契機よりもはるかに大きな役割を演じた。民族的政策は、王国の所与の経済構造、政治構造の内部で、経済発展の作用する方向をいくらか修正し、強化し、もしくは弱めることはできたが、それを基本線からそらせたり、また基本的方向を逆転させたりすることはできなかったのである。

（1） 本稿で使用する統計的数字の大部分の典拠は、Volkszählung der Länder der Ungarischen Heiligen Krone vom Jahre 1900 und 1910 であり、その材料は、*Magyar Statisztikai Közlemények. Új sorozat* (Hungarian Statistical Informations. New Series) に含まれている。カトゥシュその他、最近のハンガリーの学者たちも、これを大いに活用している。L. Katus, "Über die wirtschaftlichen und gesellschaftlichen Grundlagen der Nationalitätenfrage in Ungarn vor dem ersten Weltkrieg", in *Die nationale Frage in der österreichisch-ungarischen Monarchie, 1900–1918*, Budapest 1966, S. 156, 215 参照。

（2） ただし、クロアティア・スラヴォニアは、ここでは除外する。カトゥシュは、ハンガリー全域をいくつかの民族的地域に分けている。それは、一九〇〇年の国勢調査にもとづいて、ある民族が——雑多な民族が住む県では、非マジャール系の自国語をもつ住民を総計して——絶対多数を形成する(=少なくとも人口の五〇%をしめる)諸県をまとめるというやり方で、確定されたものである。この民族的地域は、個々の民族の定住地域と必ずしも正確に重なり合わないが、同時代の統計的調査の経済的・社会的な記載で県よりも小さな単位にかんするものが入手できなかったため、このようなやり方で進むほかなかった、とカトゥシュは説明している。次に、それらの地域の詳細を列挙しておこう。本稿の分類も、基本的にはこの分類に依存している。Katus, *op. cit.*, S. 188 ff. なお、本節以下の考察は、全体として、カトゥシュの研究に多くを負うている。

〔I〕 非マジャール人が多数をしめる地域——三三の県と八つの都市。総計一四万四五七五平方キロメートル、この国の全面積の五一・二%。ここにはハンガリー人口の四五・七%にあたる七六六万一〇〇〇人が生活していた。

この地域には、マジャール人は一八・五%しか生活していなかったが、それに反して、非マジャール系の言葉を使う人口は七四%にのぼった。(ドイツ人の六五%、スロヴァキア人の七四%、ルーマニア人の八三%、ルテニア人の八九%、セルビア人の九三%、クロアティア人の二四%が含まれた。)非マジャール人が多数をしめるこの地域は、次の諸地方に区分される。

非マジャール系民族総計	六、〇三三、〇〇〇	七八・七%
ドイツ人	一、二九三、〇〇〇	一六・八%
スロヴァキア人	一、四七八、〇〇〇	一九・三%
ルーマニア人	二、三〇二、〇〇〇	三〇・二%
ルテニア人	三七八、〇〇〇	四・九%
クロアティア人	四六、〇〇〇	〇・六%
セルビア人	四〇七、〇〇〇	五・三%
その他	一二九、〇〇〇	一・六%
マジャール人	一、六二八、〇〇〇	二一・三%

1　スロヴァキア人が多数をしめた北部ハンガリー地域——Árva, Bars, Liptó, Nyitra, Pozsony, Sáros, Szepes, Trencsén, Turóc, Zólyom の諸県と、Pozsony (Bratislava) および Selmecbánya (Banská Štiavnicca) の諸都市。三万二四六二平方キロメートル、この国の全面積の一一・五%。ここには一九五万六〇〇〇の住民が生活していたが、これはこの国の人口の一一・七%にあたる。内訳は一三七万二〇〇〇人がスロヴァキア人(七〇%)、三二万二〇〇〇人がマジャール人(一六・四%)、一八万九〇〇〇人がドイツ人(九・七%)、四万八〇〇〇人がルテニア人(二・四%)であった。この地域にはスロヴァキア人の六九%が生活していた。

2　非マジャール系諸民族が混合しながら多数をしめた南部ハンガリー地域——Bács-Bodrog, Temes および Torontál の諸県と、Pancsova (Pančevo), Temesvár (Timişoara), Újvidék (Novi Sad), Versec (Vršac), Zombor (Sombor) の諸都市。二万六七八九平方キロメートル、この国の全面積の九・五%で、一七四万八〇〇〇の住民をもち、この国の全人口の一〇・四%にあたる。そのうち四三万八〇〇〇人がマジャール人(二五%)、一三一万人が非マジャール人(七五%)で、内訳は五四万四〇〇〇人がドイツ人(三一%)、四五万三〇〇〇人が南スラヴ人(二五・八%)、二五万六〇〇〇人がルーマニア人(一四・六%)、四万八〇〇〇人がスロヴァキア人(二・七%)であった。ここにはセルビア人の九〇%とドイツ人の二七%が生活していた。

3　ドイツ人とクロアティア人が多数をしめた西部ハンガリー地域(Dunántúl より西の国境に近い地方)——Moson と Sopron の二県と Sopron 市を含む。五二五六平方キロメートル(一・九%)で、三七万人の住民をもち(二・二%)、そのうち一六万四〇〇〇人はドイツ人(四四・五%)、三万九〇〇〇人はクロアティア人(一〇・五%)、一六万三〇〇〇人はマジャール人(四四%)であった。

4　ルテニア人が多数をしめた地域——Berg, Máramaros, Ugocsa, Ung の諸県。一万七九四一平方キロメートル(六・三%)で、七五万五〇〇〇人の住民をもち(四・五%)、そのうち三二万八〇〇〇人はルテニア人(四三・五%)、八万四〇〇〇人はルーマニア人(一一・一%)、七万八〇〇〇人はドイツ人(一〇・三%)、四万五〇〇〇人はスロヴァキア人(六%)、そして二一万七〇〇〇人はマジャール人(二八・七%)であった。ルテニア人は比較多数をしめたにすぎなかったが、それにもかかわらず、これら四県をルテニア人の地域とみなすことができる。なぜなら、ここにはルテニア人の七七%が生活していたからである。

5　東部ハンガリーおよびトランシルヴァニアの、ルーマニア人が多数を占めた地域——Alsó-Fehér, Arad, Beszterce-Naszód, Fogaras, Hunyad, Kolozs, Szeben, Krassó-Szörény, Szilágy, Szolnok-Doboka, Torda-Aranyos の諸県を含む。五万五五七七平方キロメートルで、二四七万八〇〇〇の住民をもち(一四・八%)、そのうち一八一万人はルーマニア人(七三%)、二〇万八〇〇〇人はドイツ人(八・四%)、そしてマジャール人は四〇万一〇〇〇人(一六・二%)であった。ここには、ハンガリー内のルーマニア人の六五%が生活していた。

6　ルーマニア人とザクセン人が多数をしめたトランシルヴァニアの地域——Brassó, Kis-Küküllő, Nagy-Küküllő の諸県を含む。六五五〇平方キロ(二・三%)で、三五万人の住民をもち(二・一%)、そのうち一五万一〇〇〇人はルーマニア人(四三・二%)、一一万人はドイツ人(ザクセン人、三一・三%)、八万一〇〇〇人はマジャール人(二三・〇%)であった。それゆえ非マジャール語を自国語とする住民は、七七%という絶対多数をなしていた。

〔II〕　マジャール人が多数をしめた中央の地域(ハンガリー大平原 Alföld およびドナウ川以西 Dunántúl 地方)——三〇の県と首都ブダペストをはじめ一六の都市を含む。全体で一三万八二七五平方キロメートルで、この国の全面積の四八・

八%にあたり、一九〇〇年には、ハンガリー人口の五四・三%にあたる九一七万三〇〇〇人が居住していた。この地域には、マジャール語を自国語とする住民の八一・五%、非マジャール人の二六%(ドイツ人の三五%、スロヴァキア人の二六%、クロアティア人の七六%)が生活していた。

マジャール人	七、〇二一、〇〇〇	七七・〇%
非マジャール人	二、一五二、〇〇〇	二三・〇%
ドイツ人	七〇四、〇〇〇	七・七%
スロヴァキア人	五二四、〇〇〇	五・七%
ルーマニア人	四九七、〇〇〇	五・六%
ルテニア人	四七、〇〇〇	〇・五%
クロアティア人	一四五、〇〇〇	一・六%
セルビア人	三一、〇〇〇	〇・三%
その他	二〇四、〇〇〇	二・二%

(3) Katus, *op. cit.*, S. 157.

(4) *Magyar Statisztikai Közlemények. Új sorozat.* Bd. 27, 64; Katus, *op. cit.*, S. 157, 202.

(5) 一九〇四年の選挙権の統計による。Gy. Rácz, *Társadalmunk osztálytagozódása és a magyar demokrácia kialakulásának útjai* (The class-structure of our society and the arising ways of Hungarian Democracy), Budapest 1909, p. 8 f.; Katus, *op. cit.*, S. 215.

(6) ここでマジャール人の資本家という場合には、マジャール化したユダヤ人、ハンガリーの資本主義的発展の主力となった同化したユダヤ人資本家を当然含んでいる。以下すべて同様である。

(7) Katus, *op. cit.*, S. 159.

(8) *Magyar Statisztikai Közlemények, Új sorozat*, Bd. 35; *Magyar Statisztikai Évkönyv* (Hungarian Statistical Yearbook) 1901, 1914; Katus, *op. cit.*, S. 159, 198, 201.

(9) Katus, *op. cit.*, S. 160.

(10) ハンガリーの国外移民については、前節を参照されたい。また Macartney, *op. cit.*, p. 702 f.; Barany, *op. cit.*, p. 257 f.

参照。

(11) *A magyar szent korona országainak kivándorlása, és visszavándorlása, 1899–1913*(Emigration and imigration of the lands of Hungarian Holy Crown, 1899–1913), Budapest 1918. *Magyar Statisztikai Közlemények. Új sorozat*, Bd. 67; Katus, *op. cit.*

(12) Tibor Kolossa, "Statistische Untersuchung der sozialen Lage der Agrarbevölkerung in der Ländern der österreichisch-ungarischen Monarchie", in *Die Agrarfrage der österreichisch-ungarischen Monarchie*, Bucharest 1965, S. 153.

(13) Berend and Ránki, *op. cit.*, p. 178.

(14) Stefan Pascu, Constantin C. Giurescu, Josif Kovács u. Ludvic Vajda, "Einige Fragen der landwirtschaftlichen Entwicklung in der österreichisch-ungarischen Monarchie", in *Die Agrarfrage der österreichisch-ungarischen Monarchie*, S. 14 ff.

(15) Pascu et al., *op. cit.*, S. 19. なお、マジャール人と非マジャール系諸民族の間に土地所有にかんして大きな格差があり、非マジャール人農民に十分な土地が欠けていたことは、スロヴァキア人、ルーマニア人、セルビア人、ルテニア人農民の間に反マジャール的民族感情を生み出す主要な経済的要因となった点が、特に注目される。所有の不均衡から生ずる貧困と、それに由来する社会的緊張や反目は、もとより少数民族の居住地域に限られたわけではなく、ハンガリー全土に拡がっていった。一方の側の富裕な地主と、他方の側の、かつての農奴で土地をもたない農場労働者、同じく土地のない移住性の農業労働者、そして最後に、大所有地と競争しえない農民、もしくは自己の小さな土地でかろうじて生計を立てる貧しい農民との間の衝突で、ハンガリー全国は大きく揺さぶられた。裕福な地主と貧しい農業プロレタリアートの対立は、少数民族の居住地域よりも、マジャール人地域においていっそう激しいことさえあった。しかし、マジャール人の農業地域でおこった貧富の間の社会的衝突は、どこまでもマジャール人内部の争いであったが、マジャール人が広大な土地を所有した非マジャール人地域での社会的反目は、民族的反目となる傾向を含んでおり、この衝突は、民族的感情を強め、やがて二重帝国の将来を左右する重大な民族的対立に発展する可能性をもっていたのである。

(16) Kolossa, *op. cit.*, S. 165.

(17) 歴史家たちはしばしば、ハプスブルク王国内に住んでいたルーマニア人、セルビア人、クロアティア人は、彼らの母国に居住した同胞よりもいっそう進んだ経済の祝福を享受していたことを指摘している。これは事実であるにしても、それは、彼らの社会的条件が彼らを不満にするほど悪かったことを否定するものではない。土地と富の不均等な分配のために、非ドイツ系および非マジャール系農民の経済状態は、ドイツ人やマジャール人農民のそれよりもはるかに劣悪であり、そのために、また彼らがドイツ人およびマジャール人に政治的に抑圧されたことのために、他の民族集団に属する農民たちはつねに不満をもち、彼らの社会的不満は、時おり民族的論争の形をとったのである。Ránki, "Comments", *op. cit.*, p. 68.

(18) Katus, *op. cit.*, S. 160.

(19) 小麦ブームについては、Macartney, *op. cit.*, p. 706 参照。

(20) Berend and Ránki, "Economic Factors", *op. cit.*, p. 181.

(21) *Ibid.*

(22) 自治地区クロアティアは、本稿では一応考察の外におかれているが、ここで比較のために、その実情をみておこう。クロアティアでも、工業化はそれほど進んでいなかった。そこには、ハンガリー全人口の一二・五%が住んでいたが、工業に雇用されていたのは、ハンガリーの工業労働者の六・一%にすぎず、またハンガリーの馬力容量全体のわずか五%が利用されていたにすぎなかった。クロアティアの工業生産総額は、全ハンガリーの工業生産高の五%に達した程度であり、しかもクロアティアの工業は、——地方市場向けの品物をつくる二、三の小企業を別にすれば——主として食品加工業に限られていた。さらにこれらの工業さえも、全国的な規模での市場の需要に応ずるために設けられたものではなく、主要な小麦粉製造工場はすべてブダペストに移っていた。*Ibid.*

(23) Berend and Ránki, *op. cit.*, p. 182.

(24) ルーマニア人の居住地域は、クロアティアよりわずかに事情がよい程度で、そこにはハンガリー全人口の一四・九%が含まれていたが、この地域ではたらく工業労働者の数は、工業労働者全体の九・五%にしかあたらなかった。

(25) Berend and Ránki, *op. cit.* 一九一三年には、スロヴァキアの人口はハンガリー全人口の一六・八%であったが、スロヴァキアの工場には一〇万の労働者が雇用されており、これはハンガリーの工業労働力の二〇%近くにあたっていた。

(26) セクラーについては、本書、第二部第四章五二四ページ、注(12)、参照。

(27) Katus, *op. cit.*, S. 164.

(28) *Országos Levéltár* (Hungarian State-archives, 以下 *OL* と略記する). *A Miniszterelnökség Levéltára* (Archives of the Prime Ministry, 以下 *ML* と略記する) 1904-XIV-Nr. 741 参照。Katus, *op. cit.*, S. 165.

(29) 北部、北東部から東部にかけての非マジャール人地域は大体において山地であったから、このようによばれた。
(30) Katus, *op. cit.*, S. 166.
(31) *OL ML* 1904–XIV–Nr. 741; 1910–XV–Nr. 2164.; Katus, *op. cit.*, S. 206.

18　非マジャール系諸民族の社会構造

もう一度議論の本筋に帰ろう。すでにみたように、非マジャール系諸民族の経済発展はもろもろの要因に妨げられて、マジャール人やドイツ人のそれに比してはなはだ遅れていた。しかしそれにもかかわらず、十九世紀末から二十世紀初頭にかけて、非マジャール人地域なかんずくその第一グループは、不利な状況下にありながら、資本主義的発展においてかなりの飛躍をみせ、マジャール人の「民族的」政策もそれを妨げることはできなかった。世紀転換のころ促進された経済的発展は、まず第一にマジャール人支配階級の――とりわけマジャール人金融資本の――地位を強化したけれども、第二に、非マジャール系諸民族のサークル内で資本の蓄積を促進し、諸民族のブルジョアジーをある程度強化し、彼らの経済的・政治的活動力を高めるに至った。本節では、このような民族ブルジョアジーに焦点をおきながら、前節でみたハンガリーの特殊な資本主義的発展の結果が、非マジャール系諸民族の社会構造のなかにどのように現われているかを、検討することにする。

世紀転換の時点で、非マジャール系諸民族の社会構造は、マジャール人のそれとは本質的に違った姿を示していた。まず第一に、非マジャール系諸民族の社会は、内部に封建的残滓の重荷を負わされていなかった点が特徴的であり、その限りではマジャール人より有利であった。彼らの社会生活・政治生活のなかにも封建的起源をもつある種の要因が存在しないわけではなかったが、それらは、ブルジョア革命後の数十年間に次第に隔離され廃棄されて、社会的・政治的な重みを失ってしまったのである。しかしその反面、非マジャール系諸民族の社会構造は、ブルジョア的見地からすれば未発達であるか、もしくは一面的な発展にとどまっていた。ブルジョアジーは完全に欠けていたか、もしくはその緩慢な発生のゆえに、なお弱体であった。社会構造のなかで優勢だったのは、それとは別種のものであり、大部分の社会層はその傾向と可能性においてブルジョア的だったにすぎず、実際の経済的・社会的地位と機能においてはブルジョア的ではなかった。

ハンガリーの非マジャール系諸民族は、その社会構造に従って三つのグループに分けられるが、この分類は、資本主義的発展の経過のうちに現われた地域的差異と正確に一致する。第一のグループに属するのはドイツ人で、彼らは資本主義的発展のうえで指導的役割を果たし、その社会構造はマジャール人よりも高度のブルジョア化を示していたが、その指導的階層は、急テンポでマジャール人の社会と民族性に同化していった。ドイツ人の社会は、その特殊な定住状態、その経済的・政治的立場、その変則的な構造によって、スラヴ人やルーマニア人の社会とははっきり区切られていた。第二のグループはスロヴァキア人とセルビア人で、彼らは、資本主義的発展のある種の部門に——南部ハンガリーは資本主義的農業に、北部ハンガリー(スロヴァキア)は大工業に——早くから強くまきこまれた地域に、生活していた。もっともこのような発展から主要な利益を得ていたのは、マジャール人とドイツ人の支配階級であったが、スロヴァキア人やセルビア人の間にも若干のブルジョア化はみられた。第三グループはルーマニア人とルテニア人で、彼らは、資本主義的発展の影響をうけること最も少なく経済発展の最低段階にある地域に生活していたために、社会構造のなかにブルジョア化の徴候の現われることも、最も少なかった。ドナウ川以西の南西部国境付近に住むごく少数のスロヴェニア人の社会も、このグループに入れてよい。以下ここでは、第二、第三グループを中心に考察を進めることにする。

まず第一に注目されるのは、非マジャール人社会の、なかんずく第三グループにおける、農業的性格である。そこでは住民の大多数——第二グループでは四四—五五%、第三グループでは六〇—七〇%——は、なお未分化の農民から成っていた[1]。ただ南部地域のセルビア人の間では、農民のブルジョア化と分解はすでにかなり進んだ段階にあり、顕著な農民ブルジョアジーと多数の農業プロレタリアートが発生して、中・小農民層に対して優位を占めていた。その他の非マジャール系諸民族のところでは、農民の内部に鋭い階級的境界線が生まれることはなかったが、ただ、一体としての農民集団から脱落してゆく下層民がプロレタリアートをつくり出し、それは社会全体の四分の一ないし三分の一を成していた。しかしその大部分は農業プロレタリアと半プロレタリアであり、(2)注目に値する工業労働者が発生したのはスロヴァキア人のところだけで、セルビア人、ルーマニア人、ルテニア人のところでは、幅の広い農業プロレタリアート層が社会構造の最下部をしめていた。スラヴ人およびルーマニア人のところで農民が社会的に重要な力であったことは、彼らが数のうえで大きな割合をしめたばかりでなく、民族資本を蓄積しブルジョア化を進めるための主要な源泉が農民の土地所有のうちに、とりわけ、世紀転換のころ比較的広範囲に現われた農民の商品生産のうちにあったという事情からも、説明される。

非マジャール人社会のいま一つの特徴は、それがなんら重要な大地主階級や大ブルジョアジーをもたなかったこと、いいかえれば、民族社会の枠内ではブルジョア社会の支配的な階級がつくり出されなかったことである。非マジャール人住民が多数をしめた地域でも、支配階級はマジャール語ないしドイツ語を自国語とする大地主および大資本家であった。さきにふれたように、非マジャール人の大地主や土地所有貴族の大部分は、封建制下にすでにマジャール人の支配階級に同化されており、その結果、ブルジョア革命後の時期には、非マジャール系諸民族の民族的な社会生活・政治生活から決定的に引き離されてしまったのである。他方非マジャール系諸民族のミドルクラスのいかなるグループも、支配階級のレベル以上に自己を高めることはできなかった。民族ブルジョアジーは非マジャール人社会の上層であり、民族運動の指導者であったけれども、真の大資本家的支配階級への発展は、一方では彼ら自身の経済的基礎のせまさと弱さによって、他方ではオーストリア・ハンガリー金融資本の支配的地位によって妨げられた。セルビア人の大商人や大借地人、ルーマニア人とスロヴァキア人の銀行ブルジョアジー、スロヴァキア人の工業ブルジョアジーも、全国との関係でいえば、せいぜいブルジョア的ミドルクラスの上層、すなわち中位ブルジョアジーにすぎなかったのである。

この点をいっそう明らかにするために、非マジャール人地域の民族ブルジョアジーの成立過程とその性格・役割をまとめてみておこう。一八四八年前ハンガリーでは、多数の非マジャール系諸民族の間で、封建的状況下に商品生産や商品輸送が行なわれるようになっていたが、それらの地域では、まず大商人の手で、詳しくいえば、セルビア人とクロアティア人の穀物商人や家畜商人、船舶業者、トランシルヴァニア南部のザクセン人およびルーマニア人の近東商人などの手で、それより小規模ながらザクセン人とスロヴァキア人の工業家の手で、かなり顕著な資本の蓄積が行なわれた。これらの商業資本は、経済的な分裂状態のもとで、自己の地域の孤立した地方市場において重要な地位を獲得し、ブルジョア革命前の民族運動において指導的役割を演じた。一八四八年から六七年に至る時期には、この商業資本は自己の地位をブルジョア的体制のなかへ無傷のままもちこみ、領土的自治の助けをかりて自己の民族的市場をつくりあげようと、繰り返し努力した。しかし、アウスグライヒとそれに従属した民族問題の解決は、非マジャール人ブルジョアジーの経済的・政治的自治の努力を断ち切ったばかりか、統一的関税地域、産業革命、鉄道建設、二重主義的構造その他の諸要因は、まさに反対の方向に作用し、経済的統合、全王国的市場の創出、オーストリア・ハンガリーの大資本による独占的支配の実現を促進したのである。この過程は、諸民族のブルジョアジーにとっては重大な打撃であった。比較的せまい地方市場における彼らの指導的役割は、全王国という統一市場の枠内では、次第に縮小し無意味なものになってしまったからである。彼らは、オーストリア・ハンガリーの大資本と競争することはできず、工業資本家になることもできず、国際貿易における自己の地位も大部分失われてしまった。アウスグライヒののち、彼らは自己の残存資本を、比較的小さな信用機関の設立という形でかろうじて救い出した。セルビア人、スロヴァキア人、ルーマニア人の最初の銀行や貯蓄銀行が設けられたのは、このころのことであった。それゆえ諸民族ブルジョアジーの最上層も、中小資本＝中位ブルジョアジーの枠を越えて真の大ブルジョアジーに成長することはできなかったし、彼らはまた、アウスグライヒ後のハンガリーでプロイセン的な道を経て急テンポに進んだ資本主義的発展の受益者にもならなかった。主として大商人から成る民族ブルジョアジーの没落、彼らの発展の行きづまりは、七〇―八〇年代における民族運動の一時的後退のうちにも現われている。

しかしそれにもかかわらず、この国の経済的統合はなお完全ではなく、マジャール人金融資本の支配網は、至るところで一様にしっかり結ばれているわけではなかった。マジャール人の資本主義およびマジャール人の金融ブルジョアジーは、それ自身依存的な状態にあり、その発展は多くの不均衡と一面性を示していた。もちろん彼らは、みずからの生産物による国内市場の独占的支配を望み、少数民族の居住地域でもすべての地方的市場を支配しようとつとめたが、しかしその発展の頂点においてさえ、多民族国家ハンガリーの全地域を自己の経済活動と強力な地位で完全かつ一様に充たすに足るほど強力ではなかった。非マジャール人の居住地域では、彼らはただある種の重要な地位と資本主義経済の上層部――鉱山、大工業経営、大銀行、鉄道など――を自分の手中に収めたにすぎず、そこで活動する会社の大部分は、これらの資本主義的生産部門の外にあり、マジャール人の金融資本によって確保された経済生活の上層部とは直接のつながりをもっていなかった。こうして、マジャール人金融資本の支配的地位およびその経済活動のネットは、非マジャール人居住地域にある種の真空地帯を残しており、ゆるやかな発展をみせはじめていた諸民族の中位ブルジョアジーは、大ブルジョア的支配階級への道や、これらの地域で経済上の重要な地位をかちえる可能性は閉ざされていたけれども、この真空地帯に根をすえて、地方的な経済生活の下層部、すなわち信用組織、農業と工業の小生産、地方的市場の創出などによって、彼ら自身の地位を拡大・強化することができたのである。そしてこのような非マジャール系新興ブルジョアジーは、当然優勢なマジャール人の支配階級と矛盾・衝突しなければならなかった。

ところで非マジャール人社会のミドルクラスは、幾多の重要な点でマジャール人のミドルクラスとは違っていた。マジャール人ミドルクラスのなかで指導的役割を演じ、その中核をなしたジェントリー的要素は、ここにはほとんど代表されていなかった。非マジャール人社会のミドルクラスは、「支配者 Herrn 的」性格をもつマジャール人ミドルクラスとは反対に、真にブルジョア的な階級であり、以前の商人ブルジョアの残存物、中位ブルジョアジーの段階に上昇した手工業者(職人)や富裕な農民、それに大部分農民や庶民出身の知識階級から成っていた。ミドルクラスの二つの核心をなしたブルジョア的中間層と知識階級のうち、最初はむしろ後者——公証人、大学教授、教師、聖職者——が指導的発言を行なっていたが、その際彼らが主としてよりどころにしたのは、教会や学校などの自治組織であった。しかしながら、一八九〇年代に活況を呈した経済発展は、明白なブルジョア的要素をますます強く前面に押し出した。それはまず第一に銀行ブルジョアジーであり、スロヴァキア人のところでは手工業者のミドルクラスが、またセルビア人のところでは商人のミドルクラスが、これに従った。非マジャール人ミドルクラスの内部構造の変化、旧知識階級に対する中位ブルジョアジーおよびブルジョア的新知識層の進出こそ、世紀転換のころ活発化した資本主義的発展の重要な結果の一つであり、民族運動の新時期を開いた主要な社会的動機だったのである。

次に諸民族の民族ブルジョアジーの発展を具体的に眺めよう。スロヴァキア人、ルーマニア人、セルビア人の金融機関網と協同組合運動の発展は、一八九〇年代に始まったが、それらが真に広範囲に拡がっていったのは、世紀転換後、第一次大戦の勃発に先立つ一〇年間のことであった。これら三民族の銀行および貯蓄銀行の数は、一八九〇年には約三〇であったが、一九〇四年には早くも一〇〇を越え、一九一五年には二〇〇以上になった(3)。それらの株式資本は、一八九〇年には四七〇万クローネであったが、一九〇四年にはすでに一六三〇万クローネになり、一九一五年には五八三〇万クローネに飛躍した。自己資本と外来資本を含むこれらの銀行の全資本は、一九一五年には三億二二〇〇万クローネになり、その純益は四九〇万クローネに達した(4)。金融機関の運営に指導的役割を果たしたブルジョアジー——取締役、法律顧問、監査役——の数は、一八九〇—一九〇四年の間に、スロヴァキア人のところでは八五から二七四に、ルーマニア人のところでは一九六から一〇八三に増大した(5)。スロヴァキア人、ルーマニア人、セルビア人の議員および政治的指導者も、第一次大戦に先立つ一〇年間には、主として銀行ブルジョアジーのサークルから出ているのである。

しかし、諸民族の金融機関や協同組合がこのように急速な発展をとげ、大きな資本の蓄積をみせたとはいえ、この過程はただ地方的関係のなかで意味をもったにすぎなかった。全国との関連でいえば、非マジャール系諸民族の金融機関は、社会的総資本のささやかな一小部分――その三%にも及ばなかった――を成したにとどまり、マジャール人の指導的な大銀行は、単独で、スラヴ人およびルーマニア人の金融機関を合わせたものよりも大きな資本力を示していた。しかも、非マジャール系諸民族の金融機関は、同じ民族が多数をしめる彼ら自身の地域においてさえ、指導的役割を演じたわけではなく、たとえば、自己の地域のクレジット活動において、スロヴァキア人とルーマニア人の金融機関の分け前は一八―二〇%、セルビア人金融機関の分け前は五―七%に達した程度であった。ただ、ザクセン人の諸銀行は、彼ら自身の地域であるトランシルヴァニアの南部および東部諸県で金融活動の支配権を握っていたが、(6)これを別にすれば、工業資本と銀行資本の結びつき――金融資本の成立の発端――が控え目ながらも見出されるのは、スロヴァキア人においてだけであり、それもチェコ人資本の強力な支援を背景にしたものであった。

非マジャール系諸民族のブルジョア的発展の相対性は、次の事実にも現われている。一九〇四年の職業をもつ成年男子についての統計によれば、五人以上の従業員をもつ大・中の手工業者および工業家のうち、マジャール人とドイツ人は六四一一人を数えたが、他の言葉を話すものはわずか三六八人――全体の五・七%――にすぎず、その内訳は、スロヴァキア人二〇三名、セルビア・クロアティア人五九名、ルーマニア人三八名となっている。またスラヴ人とルーマニア人は全国人口の三分の一をしめていたのに、商業ブルジョアの上層のうちにはわずか七・一%しか代表されておらず、他方小手工業者と小商人のところでは二〇%をしめていた。小手工業者では、スロヴァキア人の数は、ルーマニア人、ルテニア人、南スラヴ人を合わせたものよりも多かった。(7)

一方では、比較的急速に発展し、民族生活の経済的・政治的指導者の地位を獲得したが、他方では、従属的役割にあまんじ、全国の経済生活に対してはもとより、自民族の居住地域の経済生活に対してさえわずかな関係しかもたなかったというのが、スラヴ人とルーマニア人の銀行の周囲に集まった民族ブルジョアジーの立場の特徴であったが、そのために、非マジャール系諸民族のミドルクラスは、次のような注目すべき性格をもつことになった。彼らは下に向かって開かれており、マジャール人のミドルクラスのように、「支配者」社会の下層として、農民や小ブルジョアの上層とかたい分離壁で遮断されてはいなかったのである。大工業の発展から遠ざかり、経済生活の上層部からしめ出された非マジャール人ブルジョアジーにとって、手が届くのは、経済活動の地方的下層部、資本蓄積の原始的で控え目な源泉だけであった。彼らに可能なのは、農民的・手工業的小生産を組織し、それにクレジットを提供し、その交通を発展させ、その利益をくみとり、小資本を集めてそれをなかんずく農業に投資することであった。諸民族の銀行の主要な活動分野は農業であって、彼らは農民や中位地主にクレジットを供給したり、土地の売買や分割を行なったりしたが、町や村の小手工業者や小商人へのクレジット供与にも関係した。(工業の建設に関係したのは、チェコ人の資本に支援されたスロヴァキア人の銀行だけであった。) これらの銀行は、知識階級(公証人、教師、聖職者)、小市民、農民の大部分を——一部はエージェントや仲介者として、一部はパートナーとして、——自己の経済的勢力範囲のなかに、さらにそれを通じて自己の政治的勢力範囲のなかに、引き入れることができたのである。

諸民族のミドルクラスのいま一つのグループである知識階級も、同じく緊密な直接の糸で、彼ら自身の社会の下層の人々と結びつけられた。彼らはその言葉と民族性のために、国家や公共の職務から事実上しめ出されていたので、これまた自民族の農民的・小ブルジョア的大衆が頼りであり、社会的にも政治的にもこの方向に自己の立場を定めざるをえなかったのである。

こうして非マジャール人の社会では、その民族の中間層と下層の間に分離がおこることはなく、ミドルクラスは十分成熟した資本主義社会の支配階級とはちがって、いわば農民的・小ブルジョア的社会の指導的階層にほかならなかったのである。

(1)　Katus, *op. cit.*, S. 172.

(2)　所有地二ホルド以下の零細農で、半ば農業労働者として生計を立てていたものが、半プロレタリアートである。Katus, *op.*

cit., S. 208.

（3） Berend and Ránki, *op. cit.*, S. 184. 特にルーマニア人の銀行資本の急激な場加は、注目に値し、一九一四年までに、ルーマニア人地域だけで一五〇の銀行が存在した。

（4） *Les négociations de la paix hongroise*, Budapest, 1920. III/A. p. 412–417; Verdicus, *Die Nationalitätenfrage in Ungarn*, Budapest, 1909; J. Vučković, *Srpski kompas 1909*(Serbian Compass), Zemun, 1909; Katus, *op. cit.*, S. 215.

（5） Veridicus, *op. cit.*, S. 14, 26.

（6） *Les négociations de la paix hongroise*, III/B, XVI/A–B, Landkarten.

（7） Gy. Rácz, *op. cit.*, p. 8 f.

19　諸民族の民族運動とその性格

次に、以上のような社会的基礎のうえに展開された非マジャール系諸民族の民族運動の実態とその性格を、考察しなければならない。

十九世紀中葉以後一九一八年に至る時期の民族運動の発展は、大体において次の三つの時期に分けて考えることができる。第一期は、一八六〇年から七〇年代の中ごろまで、いくらかは八〇年代のはじめまで続いた。この時期は、諸民族の自由主義的なブルジョアジーと知識階級が領土的自治をめざし、ハンガリーが多民族国家であることの承認をかちえて国家生活をそれにかなうよう調整するために、活発に戦った時期である。そこでは、当然のことながら、ハプスブルク帝国の二重主義的構造とそれに由来するもろもろの民族的抑圧に対する反抗が、民族闘争の中心的課題であった。しかしながら、七〇年代の後半から八〇年代のはじめにかけて、自由主義的な民族運動は次々に活発な闘争から後退して、政治的な受身の態度におちこみ、ますます強化されるマジャール人ナショナリズムの攻撃に対する防御だけで満足するようになった。これが第二期であり、やがて民族運動の自由主義的指導部は孤立し、その諸政党は瓦解しはじめた。こうした事態が、前節でみた、民族ブルジョアジーの経済的発展の行きづまりの時期と一致していることは、注目される。主として大商人から成る民族ブルジョアジーの没落、彼らの発展の行きづまりは、七〇年代および八〇年代における民族運動の後退のうちに、とりわけ、民族運動を指導したブルジョア層とインテリ層の政治的受動性と彼らの社会的・政治的な孤立化のうちに、現われているのである。世紀転換のころ始まった第三期は、それに先立つ時期に比較して、非マジャール系諸民族の民族的発展における新時代を意味した。以下の考察は、第三期の民族運動を中心テーマとするものである。

十九世紀末から二十世紀のはじめにかけて、ハンガリーの非マジャール系諸民族のあらゆる民族運動は、その組織的な枠組と戦術、その綱領と実際活動のうえで、重大な変化を示しはじめた。諸民族の伝統的な政党は解体し、いくつかの分派に割れはじめた。民衆から孤立した、古い保守的=自由主義的な、また受動的な政治的サークルに変わって、新しい社会状況や考え方を代表する新世代が、民族運動の指導権を引継いだ。以下各民族についてその実情をみよう[1]。

まずスロヴァキア人の間では、マルティン Turócszentmárton (Martin) にあったスロヴァキア民族党の中心部が、一八九〇年末に孤立化し、以後民族運動の指導は、一部は保守的な聖職者派の手に、一部は急進的なブルジョア的知識階級の手に移ったが、後者はチェコ人とスロヴァキア人の統一という綱領をかかげていた。フリンカ Hlinka に率いられた聖職者派は、一八九六年以後マジャール人のカトリック人民党を支持したが、新世紀のはじめに、独立のスロヴァキア人民党を組織した。若いスロヴァキア人の急進的・ブルジョア的知識階級の登場は、ブラホ Blaho とシュロバール Šrobár による一八九八年の『声《フラス》』*Hlas* 紙刊行と結びついていたが、この新聞はマサリク現実主義の精神に培われた民族的・政治的・社会的な綱領《プログラム》をうち出していた。それ以後、右向きの聖職者的人民党とブルジョア=民主的・急進的な声《フラス》派が、スロヴァキア人の政治生活を指導した。両派は、スロヴァキア人の農民と小ブルジョアを味方にし、奮起させ、かつ組織するための努力をはじめ、かなりの成功を収めたが、声《フラス》派はさらに工・農業プロレタリアートとの連繋をもとめ、社会主義的な労働運動や農民運動をも自己の政治的勢力下におこうとした。

次にルーマニア人のところでも、一八九六―九九年に、アラド Arad の『トリブナ・ポプルルイ』*Tribuna Poporului* 紙の周りに結集した分派が、ヘルマンシュタット Hermannstadt にあるルーマニア民族委員会の指導に反対したところから、ルーマニア民族党の危機が始まった。銀行の周りに集まった若いブルジョア的知識階級の率いる分派「行動主義者」Aktivisten がまもなく党の指導を引きうけ、これまたブルジョア＝民主的精神に立ち、経済的・社会政策的活動ならびに大衆との結合という目標をかかげて、自己の政治路線を確立した。

セルビア人のところでは、自由派とトミッチ Tomić の率いる急進派との間に成立していた政治的共同作業と連合は、一八九八年完全に中断され、一九〇二年の代表者会議選挙で急進派が勝利を収めたのちは、彼らがセルビア人の政治と民族的な教会自治の生活を指導した。クロアティア人の間にも民族運動の「新航路」が出現した。国法的反対派の後退、権利党の瓦解、進歩的「現実主義的」な青年知識階級の政治への登場、一九〇三年の「ナロードニ・ポクレット」"narodni pokret"、それに続くセルビア・クロアティア連合の設立と勝利などが、この「新航路」の特徴であった。

トランシルヴァニアのザクセン人の間でも、一八九三年にコロディ Korodi とルルツ Lurtz の率いる若いブルジョア的知識階級――「緑衣派」die Grünen――が、急進的な民族的・社会的綱領をかかげて姿を現わし、ザクセン人民党の保守的・譲歩的な指導に徐々に反対し、最後には完全にこれと絶縁した。大ドイツ民族主義を目ざす新しいザクセン人の政治指導に支持されて、南部ハンガリーにもドイツ人の民族運動が発生したが、一九〇〇年から一九〇三年にかけてクラマー Cramer とコルン Korn による新聞活動が行なわれ、次いで一九〇六年にドイツ・ハンガリー人民党が設立されて、この運動は頂点に達した。

政治指導、政治組織、政党の枠組に現われたこのような変化と並んで、民族運動は、カールマーン・ティサの時代に一般化していた政治的な受身の態度に別れを告げ、一九〇一年にはスロヴァキア人が、一九〇三年と一九〇五年にはルーマニア人がふたたび政治活動の舞台に登場し、議会選挙に参加した。個々の民族運動の間の結びつきも増し、広範囲な政治的共同作業にまで発展した。その主要なものとしては、一八九五年のブダペストにおける諸民族会議、この会議から全権を委任された実行委員会、一九〇六年のルーマニア人、セルビア人、スロヴァキア人代表による諸民族クラブの設立をあげることができる。

一八九〇年代に始まった非マジャール系諸民族の第三期の民族運動には、そのほかにも数多く共通の特徴が現われている。指導権が聖職者、教師、公証人、大・中の地主から明らかにブルジョア的なインテリ層に移ったこともその一つであるが、もろもろの新しい綱領が本質的に同じ内容であることも、注目をひかずにはおかない。この時期には、『声』紙のシュロバール綱領(2)、一九〇一年のスロヴァキア人の党綱領(3)、一八九七年のクルジュ Kolozsvár (Cluj) におけるルーマニア人会議の綱領(4)、一九〇五年のルーマニア民族党の綱領(5)、一八九三年の緑のザクセン人たちのメディアシュ綱領 Mediascher Programm(6)、一九〇二年のクロアティアにおけるセルビア人独立党の綱領(7)、一九〇三年のセルビア人急進党のオクチャン Okučan 綱領(8)、一九〇四年と一九〇六年のクロアティア人民進歩党の綱領(9)、一九〇五年のセルビア・クロアティア連合の綱領(10)など、多くのものが発表されているが、これらすべてに共通の特徴は、民族的・社会的・ブルジョア＝民主的な諸要求が結びついていることであり、ブルジョア＝民主的な民族社会のための基礎をおくとともに、その民族社会がさらに自由な発展をとげることを保証しようとする努力がみられることである。その反面、かつて第一期に提出されたようないっそう過激な民族的要求は、内部の経済的・社会的発展の可能性を確保するために、むしろ隠されているのである。非マジャール系諸民族は、二重主義に制限された枠の内部で政治的勢力と文化的発展のための可能性をもとめてはいるけれども、それを上まわるほどに、ハンガリーの公生活の民主的改革——一般・秘密選挙権その他のブルジョア的自由権の確保——に、経済発展と社会政策のための措置——累進課税、分割や譲渡を許さぬ農民の最小限所有地の確立、労働者保護法、義務制の一般的社会保障、国有地の分譲など——に、多数の民衆の生活水準と文化水準の向上に、経済的・社会的・政治的な組織化の自由の確保に力を入れているのが、目をひくのである。

以上、第三期の民族運動の特徴を一通りみてきたが、要するにそれは、民族運動の指導において装備や世代が変わったというだけではなく、運動の経済的・社会的基礎全体が変わり、組織の枠組、組織の方法、また戦術や政治的綱領が拡大し変化したことをも意味したのであった。この運動を指導した民族的な中位ブルジョアジーとブルジョア的な急進知識階級の民主的・社会的な綱領、彼らの政治活動および彼らの大衆との結びつきは、たしかに前の時期にはまったくみられないものであった。新運動のこのような性格を正しく理解し評価するためには、いま一度前節の考察の結尾に目を向けなければならない。

第三期の民族運動の特徴は、まず第一にそれを指導した民族ブルジョアジーの性格から説明される。非マジャール系諸民族のミドルクラスは、それ自身民主的・ブルジョア的なミドルクラスであり、真の「民族ブルジョアジー」であった。それは、民族的な立場から積極的役割を果したばかりでなく、それ自身抑圧された、自己の階級的利益の実現を妨げられたグループであったから、上昇しようと努力するブルジョア階級の盛時にみられた進歩的諸要素を保持していた。彼らがさらに発展し政治的勢力を得るための有利な前提を彼らにもたらすことのできるものは、この国の民主的改革をおいてはなかったから、多民族国家ハンガリーの反動的・反民主的な社会＝政治体制を破壊し、ブルジョア民主革命を続行することは、彼らの客観的な階級的利益であり、そこで彼らは、彼ら自身の客観的利益をマジャール人社会の支配階級と結びつけずに、彼ら自身の民族社会の下層と結びつけたのであった。(11)

彼らは、血統、生活様式、経済的なつながりなどによって、元来自民族の下層の人々の方に傾いていた。彼らはいわゆる中位ブルジョアジーであり、十分に発展した幅の広い階級というよりは、むしろ一つのせまいグループにすぎず、ほとんど未分化の農民的＝小ブルジョア的体軀にのったひどく小さな頭ともいうべきものであったから、それ「自身の力」を通じて、すなわち資本主義的生産における自己の地位を通じてみずからの民族的意義を獲得したわけではなく、広範な農民および小ブルジョア層の間に広く根をはった経済的結合を通じてこれら社会層の一部を自己の政治的目標の傘下に引き入れることによってはじめて、自己の民族的意義を確立することができたのである。

この時期の民族的綱領が社会的・民主的諸要求を含んでいることは、新しい党派の指導者たちが彼らの実際活動において、多数の民衆に——何よりもまず農民および商工業に従事する小ブルジョアに——よりかかろうとしたことを示している。経済生活が沈滞し、ブルジョア化の過程が最初の段階に停滞している状態では、これらの社会層を動かすには、社会問題を取りあげることが最も適していた。彼らは、民族問題が社会問題と結びついて現われる場合にのみ、前者に敏感であった。独立小生産者層の経済的・政治的な組織化は——なかんずく協同組合運動の組織化は——、新方向の民族運動の実際活動において、一つの重要な役割を占めていた。こうして世紀転換後の年代に、スロヴァキア人、ルーマニア人、ザクセン人およびドイツ人の農民協同組合網が、いっそう広範に拡大されたのである。

非マジャール系諸民族の新しい指導者階級は、まず第一に経済的組織、すなわち次第に拡がってゆく銀行や信用機関のネットを、よりどころにした。彼らはこれらの組織で指導的地位に立ち、重役会のメンバーないし株主だったのであって、彼らの政治活動を組織化する際にも、これらの経済的制度のうちに含まれる可能性や金融力の源泉を利用した。(12) これらの経済的制度は、教会の自治や文化的制度よりもさらに大きく自由な政治的活動範囲を与えた。なぜなら、これらの制度は、その経済的性格のために、ハンガリー当局の監督や制限的影響力にさらされることが少なく、政治的・文化的・行政的な領域に集中したマジャール人の抑圧的民族政策から守られる可能性を、より多くもっていたからである。こうして銀行は、新興の非マジャール人ブルジョアジーの勢力増大に役立ったばかりでなく、民族的インテリゲンツィアを強化し、政党の形成をも促進したのであった。

新しいブルジョア＝民主的な民族運動の時期には、その背後に、農民や小ブルジョア大衆の一部が経済的・政治的活動を増大し、それが民族運動の高揚に寄与したという重大な事実があったことも、みのがしてはならない。すでにみたように、十九世紀末、資本主義的発展から遠ざかっていた大部分の非マジャール人地域では、経済生活の一般的停滞、手工業的・農業的小生産の危機的状況と関連して、農民や小ブルジョアの困難な社会問題がおこっていた。そのため、スロヴァキア人およびルテニア人の山地の農民の間では、はやくも一八八〇年代に、土地を離れて海外に仕事と幸福をもとめるものが次第に数をましつつあった。公式の統計によれば、一八九九―一九一三年の間に移住した一二〇万のハンガリー国民のうち、六七%は非マジャール系の民族であった。しかしこの報告は実情を正確に反映していないとみられており[13]、首相官房の見積るところでは、一九〇〇年すでにアメリカには、ハンガリーから移住した三〇万のスロヴァキア人と一二万のルテニア人が生活しており、スロヴァキア人は移住者の四〇%にあたっていた。世紀転換後には、スロヴァキア人とルテニア人の移住は減り、反対にルーマニア人と南スラヴ人の移住がはげしく上昇する傾向を示した[14]。

ハンガリー移民の評価については、すでにみたように多くの見解があるが、ここで特に注目する必要があるのは、移住が最終的には、非マジャール系農民を政治的・経済的に活発化させるうえで、重要な役割を果したことである。アメリカへの移住者はたっぷり儲けて、その大部分を故郷の家族に送り、この金額は、税金の支払いや、土地その他さまざまな生産手段の購入に用いられた。全村落が在米ハンガリー人のもうけで立て直された地域が、スロヴァキア、トランシルヴァニアおよびハンガリー本土のあちこちに存在した。農業労働者の賃金もふえ、土地の価格も、流れこむドルのインパクトで高騰した[15]。アメリカからの送金は相当の額にのぼったため、振替を処理し送金額を管理する諸民族の金融機関の発展にも、農民の商品生産の発達にも、大いに貢献した。ハンガリーの政府筋は、自国からの移住者が一九〇〇年前後に故郷に送った金額を一億三〇〇〇万クローネと評価し、その少なくとも三分の二は非マジャール系諸民族の社会資本を強化したとみている。これは過大評価との批判もあるが、実際かなりの額に達したことは、金銭の処理に関係した一群の外国銀行の計算からも、結論することができる。それは、一九〇一年度の送金が一一〇〇万ドル(約二二〇〇万クローネ)であったことを示している[16]。

第一次大戦前の一〇年間に、農民の協同組合運動が増大し、かなりの土地購入が行なわれたことも、スラヴ人およびルーマニア人の一部農民が裕福さを増したことの証明になるであろう。一九〇八―一三年の間に、トランシルヴァニアおよび東部ハンガリーのルーマニア人は、ルーマニア人銀行の仲介で、一六万六〇〇〇ホルドの土地を七〇〇〇万―七五〇〇万クローネの値段でマジャール人の中型地主から購入した。[17] また一九〇五―一九年の間に、マジャール人の大土地所有が分割される過程で、二〇万七〇〇〇ホルドの土地が非マジャール人農民の所有に移った。[18] 一九一〇年には、セルビア人の農民協同組合が八万八〇〇〇ホルドの土地を賃借りしている。これらの報告は、世紀転換後非マジャール人農民の上層部におこった経済的発展を示すものにほかならない。

農民の活動は主として経済的・社会的な分野に制限され、何よりもまず土地取得に向けられたが、しかし間接には、非マジャール人ブルジョアジーの資本の強化と彼らの経済組織の強化に、さらにそれを通じて民族運動の強化に貢献した。当時の県知事の報告はいずれも、アメリカ帰りのスロヴァキア人およびルテニア人農民の活発な社会的・政治的役割を強調しているが、その際また、これらの農民は民族問題にも感受性はあるが、彼らの関心はまず第一に社会問題に向けられ、民族運動がとことんまで行きつくかもしれぬ危険よりも、民主的・社会主義的な運動が強化され躍進するおそれの方がはるかに大きいことを、力説している。[19] これは、帰国者が、新世界で得た経験を行動に生かしたことを物語っているといえよう。

要するに、中位ブルジョアジーに指導される民族運動や民族的諸政党の大衆的基礎を成したのは、二十世紀初頭の十数年間に次第に活発化の度合を強めていった農民層であり、それより稀薄な小手工業者、小商人、小役人、使用人などの小ブルジョア層が、彼らにくみしたのであった。民族運動の指導者たちは、これらの小ブルジョア的・農民的大衆に対する、少なくともそれらのかなりの部分に対する自身の政治的影響力を効果的に拡大しようとしたが、その際与って力があったのは、まさに彼らと銀行網や協同組合網との間に存在した経済的な結びつきであった。

このような非マジャール人社会の発展と構造は、ナショナリズムとデモクラシーがたがいに支持しあう形で結合することを可能にし――ただしこの傾向は、スロヴァキア人と南スラヴ人の運動にははっきり現われているが、ルーマニア人、ルテニア人、ドイツ人の間では、それほど強くは現われなかった――、被抑圧諸民族の民主的な中・小ブルジョアは、民族的立場からみて積極的な役割を演じたばかりでなく、社会的立場からみても進歩的な機能を果たしたのである。非マジャール系諸民族のブルジョア＝民主的性格の民族運動を指導した社会層――中位ブルジョアジーとブルジョア的知識階級――は、全国的にみてもはなはだ重要な要素であり、プロレタリアートと並んで、多民族国家ハンガリーの革命的・民主的改造のための社会的主力の一つであったということができる。

もちろん諸民族のブルジョアジーと下層階級の間の結びつきは、結局は資本主義的性質のものであり、銀行も社会的・福祉的性格をもった組織ではなく、収益の多い資本主義的企業であった。しかし、民族社会内での資本主義的階級対立の展開は、さしあたり背景に押しやられ、非マジャール人の農民・小ブルジョア・プロレタリアート大衆をまずマジャール人の大地主および大資本家に立ち向かわせたところの根本的対立の背後にかくれていた。この根本的な対立は、民族運動にとってまことに好都合であり、民族運動の社会的基礎を拡大・強化するのに役立ったのである。

非マジャール人社会内部の資本主義的階級対立が二次的なものであり、なお十分な展開をとげていなかったために、民族運動の綱領のなかには、ブルジョアジーの利益に役立つブルジョア＝民主的諸要求だけでなく、勤労者大衆をはげまし味方に引き入れるのにふさわしい社会的諸要求もまた、もりこまれることができた。それどころか、新綱領は、時には、民族的領域においてよりも民主的要求や社会問題の領域においていっそう急進的であり、民族的領域では、領土的自治を要求したアウスグライヒ当時の綱領と比較すれば、かなり温和化しており、二重主義および一八六八年の民族法の枠内で充足されうる諸要求を提出するにとどまっているのである。

このように、第三期民族運動の新綱領が、民主的要求や社会問題の領域においていっそう急進的であり、民族的領域ではむしろかなり温和化していたのは、何故であろうか。

その理由としては、すでにあげたもののほかに、なお次の諸点が考えられる。第一に注目されるのは、十九世紀末ハンガリーの経済発展の特殊な性格であり、具体的にいえば、資本主義の発展が経済的統合の過程を推進したことである。そもそも経済的統合は最初からハプスブルク王国内の資本主義的発展の趨勢だったのであって、これこそ、統一的関税地域の創出というブルジョア的改造の特殊な方式を推し進め、王国の組織問題では二重主義的解決を促進したのであった。このような経済的統合の過程は、別々に発展し相互に異なる経済構造・社会構造をもった諸地方を、より大きな統一体に――ハンガリー内で、もしくは全王国の内部で形成される統一的な資本主義市場に――結びつける作用を営んだ。ますます強められ緊密化されてゆく経済生活と交通の糸――鉄道網、市場と交換による結合、信用制度、資本流動の傾向など――が、非マジャール人の居住する諸地方をマジャール人の居住する中心部と結びつけた。さらに、オーストリア・ハンガリーの金融資本がこれらの地域で優位をしめたことも、重要な統合の要因となった。ハンガリーでは、経済的統合をもたらす経済的・社会的な、また政治的な諸要因が、王国の西半部に比較して、いっそう強かったのである。

世紀転換のころハンガリーの民族運動が示した躍進、それらの運動の経済的・社会的基礎の相対的な強化と拡大も、基本的には、王国の枠内での完全な経済的統合をめざして進む発展過程の産物であったと考えられる。とすれば、民族運動の躍進は、民族的な独立と統一のための経済的前提の発展とは、一致していなかったといえよう。もちろん、民族運動を規定するのは経済的要因だけではなく、政治的・文化的要因も重要な意味をもつものである。そして当時は、民族の統一や独立をめざす諸要因は、経済的・社会的前提の面よりも政治や文化や意識の面でいっそう急速かつ強力に展開されたのであった。その際重要な役割を果したのは、一方では、マジャール人支配階級のショーヴィニスティックな民族政策、彼らの加えた政治的・文化的な抑圧、彼らの強制的なマジャール化の努力であり、他方では、外部からの政治的諸要因、すなわち独立国であるルーマニアとセルビアの存在およびその民族的牽引力であった。しかし二重主義時代には、王国内部の経済的諸関係の糸の方が外部との結びつきよりもずっと緊密であったから、このような経済的な結びつきが、まず第一に王国内でのチェコ人とスロヴァキア人の統一運動の発展を、同じく王国内での南スラヴ人の統一運動の発展を促進する役割を果したのである。

もちろんしかし、王国内では資本主義的発展のうちに民族的独立への傾向が結局現われなかった、というわけではない。ただこの傾向は、王国の複雑な依存体制のなかでは、異常に矛盾した道を歩み、遠まわしに模索するといった経過をたどって、力を増していったのであり、あらゆる地区、あらゆる民族の間で同時に同じ強さで力を得ていったわけではなかったのである。いま問題にしている時期には、資本主義的発展の効果は、被抑圧諸民族の独立運動や統一運動のための経済的・社会的前提をつくり出す方向よりも、むしろ全国を経済的に統合する方向でいっそう強く現われたのであり、二十世紀初頭の危機に続く経済的躍進は、非マジャール人ブルジョアジーの発展にも好都合であった。こうした事情が、諸民族の民族運動とその綱領にも影を投げかけていたのである。

それとともに、このような傾向をもつ資本主義的発展は、民族的な独立や統一をもとめる諸要因をつくり出すよりもはるか大規模かつ広範囲に、社会的対立をつくり出し、社会的・革命的な力をつくり出した。いいかえれば、資本主義的発展の効果は、一方では経済的統合の方向で、他方では資本主義社会の内的な階級対立を、せまい個々の民族社会の内部ではなく全王国の枠内で発展させ深化させる方向で、いっそう強く現われたのである。ハンガリーでは、資本主義的発展は、民族的独立運動の経済的基礎を成長させ成熟させるよりも、ブルジョア＝民主的な——いっそう遠い展望では社会主義的な——改革の諸力を、すなわち全王国の内的革命の諸力を、いっそう急速に成長させたのである。経済過程のこのような性格と傾向は、世紀転換のころ活気を増した諸民族の運動にみられる多くの矛盾した特徴を明らかにするものである。

第二は、戦術的配慮ともいうべきものである。新しい綱領が、領土的自治などの強い民族的＝政治的要求をおさえて社会的＝経済的な要求を表面に押し出したのは、マジャール人の民族政策と深いつながりをもっていた。マジャール人の民族政策の抑圧的・制限的措置は、主として政治的・文化的領域に集中したため、あらたに登場した中位ブルジョアジーの経済的基礎や経済組織にはそれほど強い圧力を加えなかった。これに比較すれば、先立つ時期の民族運動を指導した知識階級の立場は、マジャール人の民族政策の圧力をいっそう強くこうむっていたのである。

第三は、二十世紀初頭の経済的躍進と農民および小ブルジョア層との関係である。経済的発展は、非マジャール人ブルジョアジーの発展に好都合であったばかりでなく、農民および小ブルジョアの比較的富裕な上層部も、この繁栄の有利な作用をある程度受けていた。中位ブルジョアジーに指導される民族運動の広範な社会的基礎をなしたこれらの階層の利害が、何よりもまず、新しい民族綱領の社会的な諸点を打ち出させたのであった。[20]

(1) 以下の叙述と引用は、Katus, *op. cit.*, S. 149 ff. に負うところが多い。
(2) V. Šrobár, *Naše snahy* (Our Efforts), ――*Hlas*, I, Juli 1898.
(3) G. G. Kemény, *Iratok a nemzetiségi kérdés történetéhez Magyarországon a dualizmus korában* (Writings for the history of the nationality problem in Hungary in the age of dualism), vol. III, 1900–1903, Budapest, 1964, p. 151 f.
(4) *Ibid.*, vol. II, S. 674 f.
(5) G. G. Kemény, *A magyar nemzetiségi kérdés története, I. rész: A nemzetiségi kérdés a törvények és tervezetek tükrében, 1790–1918* (The History of Hungarian nationality problem, part I: The nationality problem in the mirror of laws and plans, 1790–1918), Budapest, 1947, p. 156 f.
(6) *Die mediascher Zusammenkunft. Kronstädter Zeitung*, 4/8. November 1893, Nr. 257, 259, 260.
(7) J. Ibler, *Hrvatska politika, 1903* (Croatian Politics, 1903), Zagreb, 1914, p. 226–228.
(8) *Ibid.*, pp. 233–234.
(9) J. Ibler, *Hrvatska politika, 1904–1906*, Zagreb, 1914–1917, p. 277.
(10) *Ibid.*, pp. 465–469.
(11) しかし、非マジャール系諸民族のミドルクラスがことごとく自民族に忠誠であったとはいえない。非マジャール系のブルジョア的ミドルクラスで、マジャール化したものも少なくはなかった。十九世紀末までに、都市がハンガリーの文化・経済・政治生活の中心になっていたが、ヤーシによれば、都市化はとりもなおさず、同化ないし「マジャール化」過程の有機的な一部であった(Jászi, *A nemzeti államok kialakulása*, pp. 383–406.)。ハンガリーのブルジョアジーは、貴族以外の出身であったかぎり、マジャール人の間で相容れぬ要素であり、指導者となることはできなかった。これがマジャール化の最大の原因であった。非マジャール系のミドルクラスが同化したのは、外的な圧迫と、出世しようとする願望の双方が動機をなしたものと思われる。教育制度の強制的なマジャール化は、非マジャール系諸民族が彼ら自身の教養あるエリートを発展させるのを妨げるという狙いをもっていたのである。しかし、被抑圧民族の指導者たちは、この「マジャール人らしくなった」彼らの同胞を、変節者とみなした。Barany, *op. cit.*, p. 255 参照。

(12) Berend and Ránki, *op. cit.*, p. 184.

(13) なぜなら、官庁の統計的把握が始まったときには、すでにスロヴァキア人とルテニア人の多くは土地を離れていたからである。Katus, *op. cit.*, S. 181.

(14) *A magyar szent korona országainak kivándorlása és visszavándorlása. Magyar Statisztikai Közlemények. Új sorozat*, Bd. 67, S. 24-30; *OL ML* 1903-XVI-Nr. 71.

(15) バラニ教授はまた次のように記している。Barany, *op. cit.*, p. 258. 首相カールマーン・セールの一九〇二年の評価によれば、合衆国からの送金額は、一年に合計一億クローネに達した。一九〇七年に刊行された別のハンガリーの書物は、年額一—二億クローネと見積り、年送金額の最高は二億五〇〇〇万クローネであったと述べている。ハンガリー・アカデミー賞を受けたある研究は、帰還者によってハンガリーに持ち帰られた金額を考慮に入れないで、二—二・五億クローネというのが、たぶん真実に近いであろうと述べている。第一次大戦後、議会の審査中に行なわれた証言によれば、——そこには誇張があると思われるが——「ハンガリーは従来、例年約一億ドルを受取ったのである」。正確なデータは得られないが、合衆国でもうけられ故国に送られた金額は、ハンガリーが一九一四年以前に外国資本に対して支払わねばならなかった利息の非常に大きな部分を容易にカバーできたであろう。いっそう内輪に見積っても、アメリカからの収入は、一九〇七—一一年の間にハンガリーのすべての鉱山と熔鉱炉から得られた年収を、約二五%上まわったのである。

一九一二年のはじめに、イシュトヴァーン・ティサ István Tisza 政府の強い支持をえて、ハンガリーのもろもろの金融団体は、ニューヨークに Transatlantic Trust Company を設立したが、この会社の主要な仕事は、在米ハンガリー人の貯蓄、投資、義援金を、政府の支配するルートを通じてハンガリー経済のなかへ吸いあげることであった。Barany, *op. cit.*, p. 258 f. ハンガリーの支配者たちもこの特殊なケースには好意的であったことが、注目される。

(16) *OL ML* 1910-XIV-Nr. 2164.

(17) I. Bethlen, *Az oláhok birtokvásárlásai Magyarországon az utolsó 5 évben* (Purchase of landed properties by the Rumanians in the last five years in Hungary), Budapest, 1912.

(18) B. Jancsó, *Defensio nationis Hungaricae*, Budapest, 1920, p. 185.

(19) *OL ML* 1902-XXIII-Nr. 4446.

(20) 本節で問題にした、新傾向の民族運動ないしその指導者についての学界の評価は、必ずしも一致していない。そのうちのいくつかを紹介しておこう。第一に、当該諸民族のブルジョア的な歴史叙述が、両大戦間期に、民族的な統一や独立を準備し直接実現したこれらの指導者たちを栄光のヴェールで包んだことは、よく知られている。彼らの大多数が、新民族国家の形成と組織化にあたって大きな役割を果たしたばかりでなく、新国家の指導においても重大な役割を果たしたことを思えば、このことは理解にかたくない。第二に、民族主義的なハンガリーの歴史叙述は、その偏見と非歴史的な態度のゆえに、諸民族の民族運動の指導者たちを、第一の傾向とは正反対にきわめて低く評価し、あるいは激しく非難している。第三に、マルクス主義的な歴史叙述も、独自の立場から、久しい間彼らに批判的な態度をとり続けてきた。それは何よりもまず、新傾向の民族運動のもつブルジョア的性格と、それに由来するマイナス面を強調し、帝国主義時代には、ハンガリーの非マジャール系諸民族のブルジョアジーは、民族運動においてあらゆる積極的役割を失ってしまっていたと主張する。この立場からみれば、被抑圧諸民族の経済的・政治的独立をもとめて戦った知識階級や中位ブルジョアジーは、かつての第三身分の革命的気勢や前向きの積極性をまったく失ってしまった先進資本主義諸国の反動的な金融ブルジョアジーと大差ないものであり、したがって、この立場は、民族運動の指導者が提示した綱領の社会的な部分のなかに、貧農や労働者を迷わすための空虚なデマゴギーを認めるにすぎず、彼らの民主主義を瞞着とよび、彼らの経済的・社会的な組織活動や政治的活動、また彼らの広範な社会層との結びつきをも、単にプロレタリアートの社会主義運動を解体させプロレタリアートを孤立させるための行動にすぎないとするのである。しかし、これらの評価がいずれも一面的であることは、われわれの検討の結果からすでに明らかである。Katus, *op. cit.*, S. 185 f. 参照。

20　民族運動と社会運動の接点、政治的要因

最後に、これまで保留してきた、民族ブルジョアジーの民族運動とプロレタリアートの労働運動ないし社会主義運動との関係を検討しなければならない。

従来、マルクス主義の文献のなかには、労働者を民族運動や民族的理念の主要な担い手とみなし、労働者や貧農の行動のうちに民族的特徴を指摘する見解が広がっていたが、同時代の豊富な資料を検討すれば、この見解は正しいと

はいえない。(1) 非マジャール系諸民族の農・工業プロレタリアートの大衆運動と民族ブルジョアジーの運動とは、たしかに同一の経済発展の帰結であったし、時期的にも、民族運動の躍進は、諸民族の地域における社会主義運動の発生と一致していた。また民族運動に非マジャール人の工業労働者が参加したことも、事実である。

非マジャール人プロレタリアートの大衆運動は、まず第一に、セルビア人、ルーマニア人、ドイツ人、スロヴァキア人の農業プロレタリアが多数生活していた南部ハンガリーおよびハンガリー大平原の東部と南東部の辺境でおこった。一八九〇年代に展開された農業社会主義運動は、一八九七年大平原で頂点に達したが、それには、セルビア人、ルーマニア人、スロヴァキア人のほかに、マジャール人の農業労働者も多数参加していた。農業社会主義の新聞も、一八九〇年代後半にはじめて姿を現わした。非マジャール人プロレタリアートの運動は、第二に、北部ハンガリーのスロヴァキアおよびバナートの工業中心地で働いていた、雑多な民族から成る工業労働者の間でおこった。一八九〇年代後半には、非マジャール人労働者の団体がはじめていくつか生まれ、諸民族の労働者新聞も登場した。二十世紀初頭には、ハンガリー社会民主党の諸民族グループも生まれており、一九〇二年から〇六年にかけては大衆運動が広範囲に展開された。(2) これらをみれば、第三期の民族運動が、一八九〇年代末から二十世紀初頭にかけての農・工業プロレタリアートの経済闘争や政治闘争と重なりあっていたことは、明らかである。

しかし、最近の立ちいった研究によれば、(3) これらの労働運動は民族運動とは決定的に異なる現象であり、ほとんど例外なく、プロレタリアートの独立した階級闘争的・社会主義的な行動であった。それらは資本主義的な搾取に向けられたもので、民族的抑圧に向けられたものではなく、そのなかに民族的な性格や動機を確認することはできない。農業社会主義運動も、封建的遺制とからみあった資本主義的搾取を緩和し、さらには絶滅するために展開され、究極的には徹底的な土地改革を狙ったものであった。スラヴ人およびルーマニア人プロレタリアートの運動は、ブルジョア的・民族主義的な政党によって組織されたのではなく、ハンガリー社会民主党の民族委員会や地方的組織によって、もしくは、同じく民族的基礎にもとづかない農業社会主義的諸政党によって組織されたものであり、彼らはあらゆる場合にマジャール人およびドイツ人労働者と共同して、階級的利益の実現という共通目標のために戦っていたのである。たとえば、一九〇四年にトランシルヴァニアのアレスト Elesd (Alesd) でおこった悪評高い虐殺事件をみると、このとき社会民主党の手で組織された明らかに社会主義的なデモは、地方官庁やハンガリー独立党など、社会主義的な組織化を迫害するものに対して行なわれたもので、参加者の多くはルーマニア人であったが、一部マジャール人の貧農や労働者も加わっていた。有罪の宣告を受けた人々のうち最高刑(四年の懲役)を課せられたのは、オラデア Oradea 出身の社会民主党の組織家デセー・ジルベルシュタイン Dezső Silberstein であり、他の受刑者もルーマニア人とマジャール人の社会主義者から成っていた。その反面、当時の「民族的反抗」や諸民族の民族的なデモの中には、労働者や貧農はほとんど見出されない。一九〇五年のトランシルヴァニアの農民運動やスロヴァキア人労働者の政治行動には、民族的要求が現われてはいるが、その場合にもそれは、包括的な農業民主主義的もしくは社会主義的な綱領の一部にすぎなかったのである。(4)

しかしながら、諸民族の民族ブルジョアジーは、民族運動の躍進の過程で、自己の政治的な影響力と指導を、農・工業プロレタリアートのうえにも、またこれらの人々の経済運動・政治運動のうえにも拡大しようとした。そして民族運動と社会運動の間には、動機や目標が異っていたにもかかわらず、ある種の連繋ないし共同作業の成立する可能性がないわけではなかった。すでにみたように、非マジャール系諸民族の地域では、支配階級の機能を営んだのは自民族のそれではなく、マジャール人およびドイツ人の大地主や大資本家であったために、非マジャール人社会のせまい枠内では、資本主義的階級対立は十分な効果を現わさなかった。工業がかなり急速な進歩をとげた諸地域でも、たいていの場合、利益の最良部分をすくいとったのはマジャール人およびオーストリアの資本家たちであったから、そこでは反マジャール的ないし反オーストリア的感情がよびおこされ、それがまた自民族内の「民族的団結」にたよる気持をかきたてた。こうして、旧来の非マジャール人農民とマジャール人地主との争いに、非マジャール人労働者とマジャール人資本家との衝突という新しい要素が付け加えられ、十九世紀末にはかなり明確な形をとっていたのである。

ハンガリーでは、資本主義的な階級対立は、民族性と自国語にもとづく分布の境界線を越えて、全国的な規模でつくり出されていたのであって、ブルジョア的民族運動と労働者の運動とは、根本的には共通の敵、すなわち王国の支配階級であるマジャール人の大地主およびオーストリア・ハンガリーの大資本家に対立しており、彼らの直接の政治的目標もまた共通していた。普通選挙権およびブルジョア＝民主的自由権の獲得、王国の現存政治体制の打倒がそれであり、両者は、政治と行政における支配階級の代表者に対して、民族的抑圧と社会的抑圧とを同じように行なった支配階級の権力装置に対して戦っていたのである。[5] このような状況のもとでは、非マジャール人ブルジョアジーが、労働者のある種の要望を彼らの政治的綱領のなかへ取り入れることは、十分に可能であった。なぜなら、彼らにとって、自分たちの設定した民族的目標をプロレタリアートの支持を得て達成したあかつきには、マジャール人の大地主とオーストリア・ハンガリーの大資本家の犠牲においてプロレタリアートの諸要求を実現することは、さして困難ではないと思われたからである。そのうえ、ハンガリー社会民主党の民族政策にはある種の欠陥があり、民族問題にかんする態度に動揺やあいまいさがみられたことを併せ考えるならば、[6] ブルジョア的民族運動と非マジャール人プロレタリアートの社会主義運動との間に一時的な共同作業が成立する余地は、多分にあったといわねばならない。第一次大戦前にこのような一時的共同作業が実際に成立した例としては、「ナロードニ・ポクレット」期（一九〇三年）のクロアティア人の場合や選挙権のための闘争などがあげられる。[7]

しかしこれは非常に稀なケースであって、プロレタリアートを味方にし、これを民族運動の背後に結集させようとする非マジャール人ブルジョアジーや知識階級の試みは、概してそれほどの成功を収めなかった。ただスロヴァキア人の「声派《フラス》」だけは、スロヴァキア人の農業プロレタリアートと半プロレタリアートのうえに、またスロヴァキア人の社会主義的労働運動のうえに、その政治的影響力をかなり持続的に及ぼすことができた。しかし、ブルジョア的民族運動と社会主義的労働運動との対立は潜在的には依然存在していたから、ブルジョア＝民主革命を遂行するために成立した政治的共同作業には限界があり、両パートナーのいずれも、この事実を見失ってはいなかった。(8) 非マジャール人のブルジョアジーは、結局は民族的独立のために、自己の民族国家と民族的市場をつくり出すために戦ったのであって、この戦いの途上で、ある種の社会問題の民主的もしくは急進的な解決は、彼ら自身の階級的目標を達成するための有効な手段と考えられたにすぎなかった。これに反して、マジャール人および非マジャール人のプロレタリアートは、資本主義的な搾取を除去するために戦ったのであって、その際ブルジョア＝民主的な、さらにそのあとに来る社会主義的な革命が、広範囲な全王国の枠内で行なわれるか、それともより小さな民族国家のなかで行なわれるかは、本質的にはどうでもよいことであった。しかし、階級闘争の見地からは前者の方がいっそう有利であるようにみえたので、当時の社会主義運動のなかでは、「大きな経済単位」の利益の強調が一つの役割を演じていた。すなわち非マジャール系諸民族の農・工業プロレタリアートは、王国をブルジョア的に変革し、それを通じて社会主義革命に移行するという見通しの方に、どちらかといえばいっそう強い関心を抱いていたのである。そしてそれは、王国の経済発展の客観的傾向を表わすとともに、王国のプロレタリアートの階級的利益を表わすものでもあった。(9)

以上の考察から明らかなように、マジャール人および非マジャール人労働者の運動は、国際的基礎に立つ社会主義的な階級闘争であって、直接の綱領でも遠い目標やスローガンでも、ブルジョア的民族運動とははっきり異なっていた。他方非マジャール系諸民族の民族運動の指導者は、第一次大戦前の時期にも依然として民族ブルジョアジーであり、小ブルジョアと農民が彼らの運動の大衆的基盤をなしていた。しかし、上昇の途上で権力をもとめて戦いつつあった民族ブルジョアジーは、彼らの役割の積極的・進歩的な傾向を、民族的領域でも社会的関係においてもなお失っていなかったために、民族運動とプロレタリアート運動との間に一時的な政治的共同が成立することは可能であったが、農・工業プロレタリアートが民族的な独立＝統一運動の主力になったことはけっしてなく、彼らは本質的にはどこまでも社会主義革命の前衛であった。社会主義革命に移行するブルジョア＝民主革命は、同時に民族問題の解決、民族的抑圧体制の除去を意味したけれども、それはしかし、社会主義運動の勝利の結果自然にそうなるというだけのことであって、民族問題の解決が根本的な目標だったわけではなく、したがってまた最初から民族問題解決の何かある具体的形態がはっきり前提されたわけではなかった。ブルジョア的民族運動と社会主義的労働運動とは、同一の方向に向かってはいたが、第一次大戦の最後の時期まで本質的には二つの異なる軌道を走っていったのである。とはいえ、一九〇〇年と一九一八年の間に、諸民族と諸階級の抑圧の源泉であった王国の在来の社会＝政治体制に決定的な打撃を加えたのは、労働者階級であり、彼らを含む大衆運動こそ、疑いもなく、王国の崩壊と解体を促進した一つの重要な内的要因であった。これらの闘争は、支配体制を弱めかつ弛めることによって、客観的には民族解放に役立ったから、その限りでは、社会的解放のための闘争と民族的解放のための闘争とはたがいに深くつながっていたということができる。

以上はしかし、大筋についてのかなり大胆な仮説的試論であって、ハナーク教授の指摘するように、この時期の民族運動と社会運動の関係はまことに複雑・微妙であり、多分に流動的側面を残していたことも事実であり、簡単に割り切ることはできない。社会主義運動が、民族的自由獲得運動のなかに含まれているエネルギーを、最初は民主的革命のために、のちには社会主義革命のために動員することができたのか、それとも、民族闘争を指導するブルジョアジーが、自己の目標達成のために社会主義的な大衆運動の力を獲得することができたのか、という重要な問題は、当時の大衆運動の内容と目標をみれば、第一次大戦に先立つ十数年間はなお未確定のままに留まっていたことが知られるのである。小市民層や農民の間にある程度の影響を及ぼしえた民族ブルジョアジーも、労働者や貧農のなかに入りこむことははなはだ困難であったが、他方社会民主党も、民族的中間層や知識階級を自己の陣営につけることはできなかった。それは、すでにふれたように、社会民主党が民主的変革という最も重要な問題に動揺した態度を示したばかりか、民族問題の解決にも無力であったという事実によるものであった。

第一次大戦中の自発的な大衆運動は、どちらかといえば、反軍国主義的、階級闘争的な抗議行動という面をもっていた。戦争による荒廃、高まる不幸、たえず強化される抑圧によって、大衆の間には次第に革命的気分がよびさまれていったが、一九一七年末から一九一八年はじめにかけてロシア十月革命の影響下に高まった大衆運動は、主として反軍国主義的性格のものであり、一九一八年一月のストライキも、よくいわれるような民族的色彩の強いものではなく、ソ連との連帯および戦争の否定を表現したものであった。戦争が進行し、二重帝国の政治力と武力が動揺をきたしたのち、この国の社会＝政治体制をくつがえして民族的新秩序を樹立するという革命的課題を、民族ブルジョアジーの指導下にブルジョア的基礎のうえに実現するか、それとも、プロレタリアートが民族自決の原則に基づいて社会主義的基礎のうえに解決するか、という問題が、いっそう尖鋭化された形で登場した。その際、歴史的状況はほとんどすべて第一の方向に幸いし、ブルジョア的民族運動は、革命的社会主義運動の一部を自己の内部に引きこんで従属させる一方、他の一部を弱体化しもしくは抑圧した。しかし第二の方向も単に非現実的・理論的な可能性にとどまったわけではなく、そのことは、ブダペストの都市プロレタリアートの政治的行動や一九一九年のベーラ・クン政権の成立をみれば明らかである。これら二つの可能性が競合しながら進行する過程で、労働者階級の追及した王国変革の方式がどのような力関係のもとでまたどのような政治的その他の理由で挫折したかを、具体的に解明することは、今後に残された重要な課題の一つである。

以上われわれは、二十世紀初頭から第一次大戦に至る時期のハンガリーの非マジャール系諸民族の民族運動を、主として経済的・社会的諸関係に注目しながら考察し、若干の重要な特徴を取り出した。しかしいうまでもなく、民族運動の発展とその最後の帰結は、二重帝国内もしくはハンガリー内に生じた経済的・社会的諸要因のみによってすべて説明できるわけではない。むしろ経済的・社会的諸要因と民族運動の関係には、たがいに矛盾する多くの微妙な側面が含まれており、それらは、外部からのインパクトによってはじめて決済され単一の方向にまとまってゆく傾向を、多分にもっていたのである。その際現実に重要な役割を果たし、ぜひとも考慮に入れなくてはならないのは、政治的なまた国際的な諸要因、具体的にいえば、ハンガリーの政治生活の進展、なかんずくマジャール人支配階級の民族主義政策、二重主義体制の危機、[10] 帝国西半部オーストリアにおける民族問題の発展、[11] 国際的な力関係のなかに現われた変化——とりわけセルビアとルーマニアの状態にみられる変化——などの及ぼした影響であり、王国の崩壊と非マジャール系諸民族の民族的独立の実現は、これらすべての要因の相互作用の結果だったのである。この点について若干付言しておこう。

新時期の民族運動にみられる特徴の一つは、それらの運動が、二重主義の枠内で経済・政治・文化各方面の民族的発展をはかろうとするにとどまらず、さらに進んだ民族目標を実現するための可能性を注意深く追求しはじめたことである。そしてこの可能性を彼らに与えたものは、一方では王国の二重主義体制の危機の増大であり、他方では国際的な力関係の発展であった。こうした事情のもとで、まず文化面次に政治面で、さまざまな民族の統一運動が広くおこりはじめた。ルーマニア人の文化同盟 Liga Culturalǎ、チェコスロヴァキア協会 Ceskoslovenska Jednota の設立、ザグレブとベオグラードに生まれたセルビア・クロアティア人の青年会議、文学的・政治的な新聞類、それに続くセルビア・クロアティア連合の設立、カルパティア・ルテニア人のルテニア人と大ロシア人の連繋、トランシルヴァニアのザクセン人と南部ハンガリーのドイツ人の間に発生した「全ドイツ的」傾向などは、その主要なものである。それらはいずれも、ハンガリーの国外に、それどころか二重帝国の国境外に生活していた同胞や同族者との結合をもとめている点が特徴的であり、これらの運動の自然の方向は、疑いもなく、最終的にはハンガリーの解体にとどまらず、全オーストリア・ハンガリー王国の解体に向かっていた。しかし、王国の被抑圧諸民族の内的発展と力関係からみて、二十世紀はじめには、それが現実化する可能性はほとんどなかった。そのため、第一次大戦前の二〇年間に、非マジャール系諸民族の政党や指導者たちの政治的プランのなかには、二重主義体制の危機と平行して、歴史的なハンガリー王国の枠は廃棄するが依然ハプスブルク帝国の枠内で、連邦的・民族的・ブルジョア＝民主的改革を通じて民族問題を解決しようとする思想が、ますます多く前面にあらわれてきた。[12] そして実際にも、スロヴァキア人、ルーマニア人、クロアティア人は、民族問題をハプスブルク帝国の内部で連邦的ないし三重主義的次元で解決しようとするオーストリアの政治勢力と結びつこうとしたのである。ハプスブルク帝国の完全な解体、独立した民族国家の形成、帝国外の同胞や近親民族との政治的結合といった項目は、第一次世界大戦が国際的強国としてのハプスブルク帝国の地位と軍事力を、またそれと連動して帝国内部の求心的な統合力を動揺させ、帝国解体の可能性が現実のものとなるまでは、近い将来の具体的目標としてもろもろのプランのなかに姿を現わすことはなかったのである。

民族問題についての考察を要約しよう。十九世紀後半以後のハンガリーの資本主義的発展は、マジャール人地域と非マジャール人地域の経済的水準の差を解消することはなく、何よりもまずマジャール人金融資本の利益に奉仕したが、しかし同時に非マジャール人地域の経済生活の下層部をもある程度強化し、地方的な農民社会のブルジョア化と分解を促進した。これらの地域で非マジャール系諸民族の民族ブルジョアジーは、マジャール人資本家のなお力の及ばぬ真空地帯に根をはり、自己の地位を拡大・強化することができた。世紀転換時以後彼らの指導する新しい民族運動が展開されたが、それはブルジョア＝民主的・社会的傾向をもち、広範な農民および小ブルジョア層をたよりにするとともに、自己の民族的目標のための戦いを、貧農やプロレタリアートの社会運動とも結びつけようとした。プロレタリアートの運動は、本来民族運動とは異質の革命運動であったが、当時の状況下では両者の間に連繫の生まれる可能性がなくはなく、少なくとも敵対関係は存在しなかった。こうしてつくり出された民族的解放のための内的・社会＝政治的前提のうえに、民族運動の指導者たちは、第一次大戦末期に中欧諸強国の軍事的敗北によって生じた内外の有利な状勢を、自己の民族的目標実現のためにうまく利用することができたのである。その意味で、ハンガリーの資本主義的発展の生み出した非マジャール系民族ブルジョアジーと全国にわたる広範なプロレタリアートこそ、まさにハンガリーの民主的変革のための内的原動力であり、推進力であった。要するに、オーストリア・ハンガリー二重帝国において、資本主義的発展は同時に二つの力に——統合的な力と分解的な力に——刺激を与えたのであった。それは、外部との経済的なつながりよりも王国内部の経済的なつながりを一段と強化したかぎりで、一つの統合的な力であったが、階級的な対立を促進し国内革命の諸条件をつくった点で、分解的な力として作用したといわねばならない。

(1) P. Hanák, "Einige sozialökonomische Aspekte der nationalen Frage in der österreichisch-ungarischen Monarchie", in *Die nationale Frage in der österreichisch-ungarischen Monarchie, 1900-1918*, Budapest 1966, S. 322 f.; Katus, *op. cit.*, S. 185 f.

(2) Katus, *op. cit.*, S. 185.

(3) Katus, *op. cit.*, S. 183.

(4) Hanák, *op. cit.*, S. 323.

(5) プロレタリアートが民族ブルジョアジーに指導される民族運動をさほどの抵抗なく支持した理由として、マジャール人地域と非マジャール人地域における賃金格差の問題をみのがすことはできない。当時ブダペストには、非常に多くの加工業や製造工業が存在した。首都には発展の可能性の多い市場があり、またそこではすぐれた輸送の便宜が得られたので、工作会社の八〇%およびすべての印刷工業を含む、商社・技術・工業関係の企業の大多数が、首都に設立されていたのである。これに対して、少数諸民族の居住地域は、ハンガリーの中心を離れた遠隔地であり、そこに存在したのは、主として加工業もしくは、原料資源の近くに位置することによって利益を得た生産規模の小さな工場であって、これらの会社の不熟練労働者ないし適性のおとる労働者の賃金が、マジャール人の住む中央地区の労働者に支払われる賃金よりも実質的に低かったことは、いうまでもない。マジャール人地域の労働者で一週一四クローネという全国平均額を下まわる賃金を受けていたのは、わずか三〇%にすぎなかったが、非マジャール人が多数をしめた一二の県では、労働者の五〇%以上が平均額以下の賃金を支払われていた。少数民族の居住地では、賃金水準はハンガリー全体のそれよりも二〇%低く、マジャール人の住んでいた中央地域のそれよりも三〇%低かった。他方、全国平均を上まわる賃金を得ていたのは、少数民族の地域では、労働者の二五%にすぎなかったのに、マジャール人地域では、四五%に及んでいた。当時非マジャール人の諸地域には、土地配分の不均等と工業化の立ちおくれのために、全国平均をかなり上まわる過剰な労働力があり、約一四〇万に達するセルビア人、ルーマニア人、スロヴァキア人の農業プロレタリアートの大部分は、彼ら自身の民族的地域内で仕事をみつけることはできなかった。彼らの多くは、不幸なマジャール人の仲間とともに、他国への移住を強いられる一方、工業関係の職業を見出すことを期待してブダペストに吹きよせられ、その数はたえず増大していったが、そこでは彼らは、不熟練労働者として臨時の仕事でどうにか生計を立てるほかなかったのである。政治的差別待遇とこのようなみじめな経済的・社会的条件に苦しんだ非マジャール人労働者は、みずからの絶望的窮状の緩和をもとめて声高く叫ばざるをえず、二十世紀への転換時までに、労働者階級の組織である社会民主党は、彼らの間にすでに一つのしっかりした足場を獲得していた。しかし、ブルジョアジーがすでに効果的な民族主義運動をうち立て、その宣伝キャンペーンが成功を収めつつあったのをみて、労働者たちは、同時にまた彼らの問題の解決を民族主義運動の枠内で見出そうとしたのである。一方非マジャール系諸民族のミドルクラスは、自民族社会内におけるブルジョアジー・知識階級と農民・労働者の間に対立が特に深くなかった事実を利用して、彼らの民族主義的な努力に、大衆からできるだけ広範な支持を得るようつとめ、かなり成功した。彼らは、マジャール人の地主や、マジャール人およびユダヤ人の資本家と争う際に、自分自身の努力だけでは自己の階級的利害の実現をはかることができなかったので、みずからの階級的な不平をもっぱら民族的抑圧のせいにしたのである。こうして非マジャール系民族のミドルクラスは、民族運動の指導権をその手に収め、小農や労働者の心を民族運動の方向に向けることに成功したのである。

(6)　J. Jemnitz, "Nationalism and internationalism and the labour movement at the turn of the century", *Nouvelles études historiques*, vol. 2, Budapest, 1965, pp. 153–172; T. Erényi, "Die Sozialdemokratische Partei Ungarns und der Dualismus", *Études historiques*, vol. 1, Budapest, 1970, S. 397–426; Katus, *op. cit.*, S. 185 参照。Berend and Ránki, *op. cit.*, p. 185 f.

(7)　Süle, *op. cit.*, S. 112–165; Katus, *op. cit.*

(8)　Katus, *op. cit.*, S. 185.

(9)　この点については、最近のハンガリーのすぐれた研究者の間にも、若干の意見のくいちがいがある。たとえばベレンドとラーンキは、民族運動と社会運動の結びつきをかなり重視しているが、ハナークやカトゥシュは、これにはかなり懐疑的で、むしろ問題提起を行なう形になっている。Berend and Ránki, "Economic Factors", *op. cit.*, p. 186; Hanák, *op. cit.*, S. 324.

(10)　本書、第二部第四章五三七ページ以下、参照。

(11)　本書、第二部第一章、参照。

(12)　たとえば、トランシルヴァニアのポポヴィッチの「大オーストリア合衆国」の思想は、最も有名なものである。Aurel C. Popovici, *Die Vereinigten Staaten von Gross-Österreich*, 1906.

むすび

本稿の目的は、オーストリア・ハンガリー二重帝国におけるハンガリーの地位を正確にとらえるとともに、ハンガリーの複雑な内部構造と、そこにおける民族運動のいりくんだ性格を、主として経済的・社会的側面から解明することであった。そのために行なわれた多角的検討ののちに、最後にそれらを総括し若干補足的な考察をつけ加えて、結論にかえたいと思う。

二重帝国におけるハンガリーの地位は、在来のハンガリー史家の多くが主張するように、単に従属的なものではなかった。それは、二重帝国の経済生活において支配的地位を占めることはなかったが、しかし、抑圧、強奪、半植民地といった言葉の意味するような従属的国家ではなく、むしろオーストリアとの結びつきは、経済的な点で、ハンガリーのために大きな利益をもたらした。おくれた弱体なパートナーであったハンガリーは、二重帝国全体にまたがる統一関税地域内の農・工分業体制に依存して、自己の経済発展をはかることができ、またオーストリアから大規模な資本提供の便宜をうけて、資本主義的工業化にのり出すことができた。そしてこの十九世紀後半以後の著しい経済成長こそ、ハンガリーを伝統的な経済条件のもとに停滞している後進国の間から引きあげたものであった。

しかしハンガリーの急速な経済成長も、この国の社会構造の旧い性格――大土地所有や封建制の残滓――の一掃には成功せず、生活水準の改善といった重要な社会問題を解決することもできなかった。それは社会の近代化ないし民主化をもたらさずに、かえって社会的緊張や矛盾を増大させ、二十世紀にはいると、マジャール人と従属諸民族の間の対立をいっそう激化させた。十九世紀前半の改革時代に近代化の推進者として進歩的な役割を果したジェントリーは、一八四八―四九年の革命後、経済的に衰退するとともに精神的に退化し、政治的に反動化して、ふたたび貴族的支配体制と癒着した。ハンガリーの経済成長はかなり強力なブルジョア階級を生み出したが、この国の資本主義的発展を主として担ったユダヤ人資本家は、マジャール人に同化し、旧体制からの独立という西欧的理想を追求することなく、かえって旧来の社会＝政治体制に依存し、それを補強する役割をはたした。

非マジャール系従属諸民族との関係では、ハンガリーの急速な経済成長は、領内諸地域の経済的水準の差を縮め、王国内部の経済的なつながりを一段と強化した点で、統合的役割を果たしたが、他方また不可避的に、非マジャール人の農民的社会の分解を促進し、民族ブルジョアジーを強める一方、大衆の自覚を高めた点で、分解的な力として作用した。そして諸民族のブルジョアジーは、自己の民族運動のなかに民主的・社会的な綱領をもりこんで、農民・小市民・プロレタリアートを自己の傘下に結集しようとした。マジャール人の大地主と大資本家が支配した当時のハンガリーでは、諸民族のブルジョアジーとプロレタリアートはともに被害者であったから、本来は異質的な両者の間に一時的な共同作業の成立する可能性は十分存在した。ハンガリーにおける民主化や変革の推進力は、このような民族ブルジョアジー、ブルジョア的知識層、プロレタリアートをおいてはなかったのである。しかし彼らも、国内の民主化、支配体制の打倒、帝国解体のための内的・社会的・政治的な前提をつくることはできたが、この目標をみずからの手で早急に実現するだけの力はなかった。

次に、ハンガリーの貴族的支配体制の性格と、それが最後まで存続することを可能にした諸条件に目を向けよう。その際まずあげなければならないのは、歴史的・伝統的要因である。ハンガリー社会の強固な基礎をなし、ハンガリーの政治体制を一貫して支えてきたのは、土地貴族のマグナートとジェントリーであり、この二つが厳密な意味でのハンガリー国民を構成した。マジャール人貴族は全体として単一の集団をなし、征服権に由来する彼らの特権によってハンガリーにおけるマジャール人の優越を正当化し、トルコおよびハプスブルク家支配の間も、旧来の県組織をよりどころにして自治の伝統とハンガリーの権利を保持した。彼らはハンガリーを多民族国家とはみず、その存続はマジャール的性格の維持にかかると信じ、自己の特権を守る固い決意をもっていた。ただ十九世紀前半には、ジェントリーが指導権をにぎって自由主義的改革を進めようとしたために、貴族の間に一時分裂が起こったが、一八四八年の革命後ジェントリーは時代の流れに即応できず、経済的に重大な打撃をうけて貧困化するとともに反動化し、貴族の一体性を回復した。彼らは行政勤務に殺到して、官僚制に保守的な社会観と生活様式を賦与し、貴族的支配体制の存続に貢献した。

このようなハンガリーの支配体制の基礎は、土地貴族とりわけ大貴族マグナートの封建領主としての経済力であった。一八四八年の農民解放後も、大土地所有者や保守的支配層の権力はそのまま保存されたばかりか、外国資本の流入は「プロイセン型」資本主義農業の発展を可能にして、マグナートの力をかえって強化し、二重主義の経済的基礎もまた、これに大きな恩恵を与えた。特殊な民族構成のハンガリーにおいて、マジャール人の大地主は、自己の利害を守るためにはすべてのマジャール人民族主義者の協力をえることができたが、あらたに出現した新しいユダヤ人資本家も、マジャール化されてハンガリー社会に参加することに魅力を感じた。こうして貴族と資本家の提携が成立し、自由党の長期にわたる政権担当の基盤は、この党とユダヤ人資本家の間に存在した暗黙の同盟であったといわれている。二十世紀にはいって、工業の発展の前にマグナートの経済力が相対的に低下しはじめた時期には、「封建化」されたユダヤ人資本家がこれにてこ入れして、貴族的支配体制の存続を可能にした。

貴族的支配体制の最も直接的な存立条件は、ハンガリーの議会制度(1)であった。議会は二院制で、上院は世襲議員と終身もしくは高位の官職に在職中任命される議員から成り、具体的には、男爵から公爵に至る称号貴族の成年男子、ローマ・カトリック教会および合同東方カトリック教の主要な役職、指名をうけた裁判官、県知事、クロアティア議会の三人の代表者から構成され、主として大貴族の機関であった。十九世紀末には、議会の重要性はすでに下院に移りつつあったが、その下院は選挙権の不平等によって、多数国民の意志とはまったく無関係な寡頭的組織であった。四五三名の議員のうち四〇名はクロアティアの地方議会から選ばれ、その他は特定の資格をみたす成年男子によって直接選ばれたが、その資格はさまざまで、財産・教育・職業にもとづくはなはだ制限されたものであり、五〇以上のカテゴリーの選挙人が存在した。候補者はマジャール語の知識をもたねばならず、選挙区は、一部は人口密度により、一部は経済的・民族的考慮にもとづいて配置され、また投票は口頭で行なわれたので、強制や威嚇への道が開かれた。要するに、この制度で選挙権を与えられたのは人口の六％強にすぎず、一八七四年の選挙法では、一五三〇万の総人口中有権者は約八〇万、四〇〇名余の下院議員中非マジャール系議員はわずか一〇名内外にすぎなかった。(2) こうして、人口の過半数をしめる非マジャール系諸民族とマジャール人の下層階級は、排除されてしまった。六％の有権者のうちには、少数の上層ブルジョアが含まれており、彼らに選挙権が拡張されたことは、貴族とブルジョアの連合を示すものであり、貴族は上層ブルジョアジーという同盟者に助けられて、マジャール人の民族的政策を押し進めたのである。

アウスグライヒ後下院の主要な構成要素を成した地主貴族は、ショーヴィニスティックといえるほど民族主義的であり、マジャール人以外のものを社会的に劣ったものとみなし、彼らに基本的な政治的権利を否認し、これら諸民族に対する自己の絶対的優位を保持するために、一貫してマジャール化政策をとり、言語の問題を中心に強い圧迫を加え続けた。マジャール人優位の政策は、非マジャール系諸民族の同化をめざすものであったから、彼らが自己の民族性と自国語を放棄する場合には、体制の価値配分にあずかることもできたが、さもないかぎり、きびしく抑圧された。一八六八年に制定された民族法は、マジャール語を唯一の国定語としながらも、中・小学校における諸民族語の権利と、低いレベルの行政面での民族語の使用を認めていたが、その実施にあたっては、制定の際の比較的自由な精神は見失われてしまった。非マジャール系諸民族に対する偏狭な態度では、自由党も独立党も大差なかった。このマジャール化政策は、一方でユダヤ人やドイツ人の資本家その他を進んでマジャール化させるとともに、他方でマジャール化を拒む要素を排除し、ハンガリーの貴族体制の維持を可能にするうえでかなりの効果をおさめたことは、否定できない。

このような貴族的支配体制が変革される可能性としては、次の三つが考えられる。第一は、体制内部から開明的・自由主義的改革路線が出現することであり、第二は王による変革であり、第三は民衆による革命である。第一の方向は、一八四〇年代におこった、進歩的ジェントリーや一部の開明的マグナートを中心とする貴族的自由主義運動のうちにみることができるが、十九世紀後半ジェントリーの衰退とともにその進歩性は失われ、二十世紀の前夜には、極端な民族主義と権威的な保守主義に分裂する危険な兆候を示していた。十九世紀後半のハンガリーの政治は貴族とブルジョアジーの妥協のうえに立つものであったから、経済的発展と物質的進歩には力が注がれ、経済上の自由主義政策はとられたが、社会的・民族的な改革を行ない、この国の政治生活のなかに民主的な手続を設けようとするあらゆる努力には、強く対立した。一八四八年当時、指導的なジェントリーの打ち出した自由主義的ナショナリズムは、その後徐々に保守的要素をしみこまされていったが、この保守的ナショナリズムの主要な機能は、独立への志向と入り混っていたとはいえ、上層階級が他の諸民族および下層勤労階級に対してヘゲモニーを維持することのできる現存社会制度を保存することであった。それゆえ、ハンガリーの支配体制が内部から改革されることは、まったく不可能であったばかりか、二重帝国におけるハンガリーの地位こそ、社会における保守的傾向の維持に貢献し、反民主的な社会的・政治的見解の強化を助けたのである。

次に王による革命の可能性をみよう。国王(＝皇帝)は、ある意味でハンガリーの貴族的支配体制を変革する力のある唯一の人物であった。一九〇五年の政治的危機に皇帝が勅令による普通選挙法の導入を示唆したことは、この点で注目に値する。しかし選挙権の民主化は、マジャール人民族主義派の強硬な主張を抑えるためのおどしの道具として使われたにすぎなかったから、貴族が腰くだけになって大切な選挙制度のとりでの背後に退くと、皇帝はそれ以上ハンガリー貴族に挑戦するつもりはなく、選挙法改正は握りつぶされてしまった。ハプスブルク王朝の遵法主義と保守主義があるかぎり、王によるハンガリー支配体制の変革はありえず、逆に王こそこの体制の強力な支柱として、外部からこれを補強したのであった。王は、ハンガリーの自由党が二重主義路線を守るかぎり、終始これを強く支持し、それへの抵抗を抑制した。オーストリア皇帝にとって二重主義体制は必須の大前提であり、ハンガリーは不可欠のパートナーだったからである。なおドイツ帝国が独墺同盟を通じてハンガリー政治体制の有力な援護者であったことも、見のがすわけにはゆかない。

第三の民衆による革命も、当時の状況下では考えられなかった。諸民族の民族ブルジョアジーはたしかに民主的改革への意欲に燃えてはいたが、それ自身大した勢力ではなく、議会での活動もごく限られていたうえに、全体的統合を志向する経済的発展からかえって恩恵をうける面もあった。労働者との共同戦線も成立の可能性はあったが、基本的対立を含み、その関係は流動的であった。他方ハンガリーの工業労働者は次第にその数を増し、一八九〇年十二月には社会民主党が設立され、労働組合運動も出現した。しかしハンガリー社会民主党はオーストリアの党ほどの成長度に達しておらず、指導者もオーストリアのそれに比べて遜色があり、真の政治力とはいいがたかった。党の綱領も、オーストリアの姉妹党のハインフェルト綱領をまるごと採用していた。党や組合の実際のメンバー数も取るに足らぬものであったし、全国の労働者のうち有権者がわずか二%にすぎぬ状況では、社会主義者が議会に代表を送ることは、考えられもしなかった。(3) ハンガリー労働者の大部分は農村との関係をもち続けており、社会主義の理論や目標にはほとんど理解がなく、「ホームシックのおきかえられた農民」にすぎなかった。(4) その農民もまた、若干の活動的グループ以外は、相変わらず不機嫌で疑い深く、表面は屈従的であったが嫉妬深く、ほとんどが非政治的であった。労働者の政治運動はすでにかなり活発化していたけれども、なお一部の現象にとどまり、第一次大戦前にはとうてい社会的変革を単独で実現するだけの力はなかった。「民衆の革命」の基礎と前提はすでに準備されていたけれども、諸勢力がなお弱体で、発展の方向も分裂し十分整理されていなかった状況のもとでは、その実現は期待されなかった。このような諸事情に幸いされて、ハンガリーの寡頭的支配層は、特殊な選挙制度をよりどころに、第一次大戦末期まで彼らの権力を無傷のまま維持することができたのである。

しかしそれにもかかわらず、貴族的支配体制が絶対に強固なものではなく、内部に幾多の矛盾や弱点を包蔵していたことは、事実であり、しばしば危機に直面せざるをえなかった。それはとりわけオーストリアとの関係のうちに見出され、この時期のハンガリー内政の中心問題となっていた。

ハンガリーは一五二六年にハプスブルク家の支配下にはいったが、それ以後のこの国の政治史は、君主に対する関係についての周期的な問い直しと再確認の繰り返しであったといえる。ハプスブルク家の支配が彼らに満足なものであるならば、それは維持さるべきであったが、不満足であることがはっきりすれば、修正を控えるべきではなかった。しかも一八六七年に達成された二重主義体制は、変更できない事実として受けいれられたわけではなかったから、アウスグライヒの維持か修正かという「公法上の大争点」が、ハンガリー政界の中心テーマとなったのである。議員たちはこの問題に熱中し、他のすべてにまさる優位を与えた。人口の六％にすぎない選挙民に選ばれた彼らは、一般的な内政問題についてはすべて同質的な見解をもち、大争点以外の分野に迷いこむことはなかった。政党の編成もほとんどこの争点によって決定され、若干の少数党を除いて、自由党と独立党の二つに大きくまとめられた。自由党とその支持者は、アウスグライヒをハンガリーの積極的利益とみなして、二重主義の原則を守り、王朝および軍隊に対する依存関係を維持しようとした。これに対して独立党とその支持者は、アウスグライヒをハンガリーの自主権を拡大する方向で修正し、それ自身の軍隊と外交と独立関税地域をもつことを要求した。大争点についての両政党の立場の不一致は、ハンガリー支配階級の内部分裂を意味したが、このような基準の絶対化は、議会を非生産的な論争の繰り返される舞台に転落させ、その間にハンガリーの支配階級は現実の重要な諸問題を無視し、ますます「進歩」との接触を失っていった。これはまさに貴族的自由主義の危機であり、一八九〇年の自由党政府の瓦解とそれに続く二十世紀初頭の諸政府の不安定は、まさに支配層の内的構造の危機を示したものにほかならなかった。

大争点をめぐる対立の背後には、もとより経済的背景があった。二重主義の一員であることの経済的利益は、程度の差はあれ最後まで続いたから、オーストリアとの提携に根本的利益をみいだす自由党の勢力は一貫して強く、終始二重主義体制の確保を目ざしていた。しかしまた、二重主義の共同市場は農業や畜産には好都合であったにしても、ハンガリーの工業化にとって一つの阻止的役割を果たしたから、一部支配層の反発をよび、ハンガリーの工業化がある程度進んだのちには、いっそう現実的なナショナリズムの感情をよびおこし、君主の共通を除いてオーストリアからの完全な自立をめざす独立党が力を得たのである。しかし彼らは、共同であることの利益を放棄しようとは考えず、何の犠牲も払わずに独立を得ようとした。二重主義体制から利益を得ながら独立を求めるというのは、矛盾した不徹底な態度であり、ハンガリー支配層における政治的リアリズムの欠如がうかがわれる。したがって独立党も決定的な力とはなりえず、皇帝はこれを見透して、普通選挙の導入を示唆して彼らを脅かすことができ、この脅嚇にあって独立派は後退せざるをえず、一九〇五年の危機以後は次第に温和化した。ただ独立派の活動は、ナショナリズムの高唱によって皇帝からすこしずつ譲歩をかちとることができた点で、有効であったといえる。以後二つの政治的傾向はたがいに刺激を与えあって接近し、自由党も単なる原則の保持にとどまらず、二重帝国内におけるハンガリーの力の増大を図るようになり、独立党も二重主義の枠内でハンガリーの優位を確保しようとする態度をとった。その背後には、内外の政治的緊張の高まりが否応なしに帝国軍隊に対するハンガリーの依存度を強めたという事情もあった。

それ以外にも、ハンガリーの貴族的支配体制は、さまざまな危険に脅かされていた。工業の発展は相対的にマグナートの勢力を低下させていたし、諸民族のブルジョアジーやプロレタリアートの挑戦も、次第に強くなっていった。同時にまた政府の諸民族に対する抑圧やマジャール化政策も次第にはげしくなり、ヒステリックになっていった。マジャール人議会が民族主義を高くかかげてオーストリアとのつながりの弛緩を要求したとき、それは実際には、みずからの弱点を騒音で包みかくすためのものにほかならなかったし、他民族に対するショーヴィニスティックな抑圧は、革命に脅かされて前途に絶望的な不安を感じた貴族が、どうにか生き残るために現状を維持しようとする防衛的な試みであったと、デアーク教授は述べている。(5)

要するに第一次大戦直前のハンガリーの貴族的支配体制は、矛盾と動揺をはらみつつ、不安定な均衡のうえにかろうじて存続を保っていたということができる。それは歴史的・伝統的惰性と二重主義体制に支えられ、また対抗する諸勢力の弱体と分裂に助けられて、実体以上の虚勢を示しつつ、第一次大戦末まで存続したのである。

結局ハンガリーの支配体制が顚覆するためには、第一次大戦という外部からの強圧が必要であった。戦争末期に中欧諸強国が軍事的に敗北し、これによって生じた好都合な内外の情勢を諸民族の民族運動の指導者たちがうまく利用したことによって、二重帝国は崩壊した。しかし、諸民族が独立したあとの残滓国家ハンガリーの内部では、諸勢力の間に十分な整理も統一もできあがっていなかった。貴族はなおかなり強く、ユダヤ人資本家の協力もあり、革新的勢力はなお弱体であったから、ハンガリーの政局はその時々の諸条件、特に国際的な力関係の強い影響をうけつつ、カーロイからベーラ・クンをへてホルティへの道を歩まねばならなかったのである。

ところで、一方で従属諸民族に対する抑圧のうえにユダヤ人資本家と妥協をはかりながら自己の歴史的伝統を保持し、他方で強力なパートナーとの結合から利益をうけつつこれに対抗して自己の勢力増大をはかろうとした二重帝国下のハンガリーの歩み、この特殊で複雑な重層構造は、単にこの国だけのものではなく、特殊な状況におかれた中進国が自国の近代化を進めるうえの一つのパターンともいうべきものであり、現在のわれわれにとっても単なる他所事ではない。オーストリア・ハンガリー二重帝国研究のもつ重要性と大きな興味は、この点に存するのである。

（1） May, *op. cit.*, p. 42 f.; Kann, *op. cit.*, p. 82.

（2） 一九一八年の崩壊に先立つ最後の選挙でも、クロアティア・スラヴォニアを除くハンガリー本土で、マジャール人の四五〇議席に対し、人口の約四五%にあたる他の諸民族は、八議席であった。Kann, *op. cit.*, p. 70.

（3） ハンガリー社会民主党は、そのうえ、体制の側から極端な敵意と反感をもって眺められた。それは、この党が体制の利益を脅かすものと考えられたばかりでなく、その綱領が国際的性格をもち、またその指導者が非マジャール系の人々から構成されていたためでもあった。孵化期を経たのちには、その指導者はほとんど全部（マジャール化されない反体制的）ユダヤ人になったのである。

（4） Sugar, *op. cit.*, p. 74.

（5） Istvan Deak, "Comments", *Austrian History Yearbook*, vol. III, pt. 1, 1967, p. 305.

第四章　ハプスブルク帝国の軍隊と民族問題

はしがき

複合多民族国家ハプスブルク帝国は、内部に多くの矛盾と緊張をはらみながら、ともかくも一九一八年まで存続した。この国家を全体として統合してきた要因として、普通歴史家は、王朝・官僚制度・軍隊・教会その他をあげているが、とりわけ統一の保持を助けた求心的な力として注目されるのは、軍隊である。(1)

この指摘は、ある意味ではたしかに正当である。皇帝の軍隊が、ハプスブルク帝国の最後に近い時期までこの国家の主要な支柱の一つを構成したこと、軍隊はすべての民族がいっしょに服務した場所であり、皇帝の軍司令官に絶対的服従を守ったことは、よく知られている。しかし、はたしてこの軍隊は、帝国の秩序を維持するうえでつねにたよりになる手段であっただろうか。またそれは、とりわけ十九世紀中葉以後のナショナリズムの高揚期に、民族問題の影響をこうむることはなかったであろうか。実際、一八四八―四九年の革命の際には、この国の軍隊は二つに分裂して戦いあったし、一八六七年のアウスグライヒののち、軍隊問題がオーストリアとハンガリーの対立の主要な焦点となったことも、周知の事実である。とすれば、ハプスブルク帝国軍隊の位置づけと評価についてあまりにも楽天的な見解をとることは、警戒に値するといわなくてはならない。本稿の目的は、一八一五年から一九一八年に至る時期に、ハプスブルク帝国の軍隊がどのような様相を示したかを、事実に即して考察し、それを通じて、軍隊と民族問題の間にどのような関係があったかを明らかにするにあり、その際特に、アウスグライヒ以後のハンガリーの軍隊問題に、力点がおかれるであろう。(2) ハプスブルク帝国の民族問題の性格を真によく理解するためには、このような角度からの検討は、不可欠な作業の一つではないであろうか。

(1) たとえば Oscar Jászi, *The Dissolution of the Habsburg Monarchy*, Chicago, 1929, pp. 141–143; Arthur J. May, *The Hapsburg Monarchy, 1867–1914*, Cambridge, Mass., 1951, p. 490 f.; Z. A. B. Zeman, *The Break-up of the Habsburg Empire, 1914–1918*, London, 1961, p. 39; Robert A. Kann, *The Habsburg Empire: A Study in Integration and Disintegration*, London, 1957, p. 8 f.; Victor-L. Tapié, *The Rise and Fall of the Habsburg Monarchy*, London, 1971, p. 353.

(2) 本稿は、次の諸研究に負うところが多い。Péter Hanák, "Hungary in the Austro-Hungarian Monarchy," *Austrian History Yearbook*, vol. III, pt. 1, 1967; G. E. Rothenberg, "The Habsburg Army," *ibid.*; G. E. Rothenberg, *The Military Border in Croatia, 1740–1881*, Chicago, 1966.

1　十九世紀前半のオーストリア軍隊

ヨーロッパ諸国の軍隊の歴史のうえで、ナポレオン戦争が一大転換期にあたっていることは、一般に認められている。(1) しかしオーストリアの軍隊にかんするかぎり、それはナポレオン戦争中も、依然として、本質的には典型的な十八世紀風の王朝的組織であった。その士官団は貴族出身で、民族的な意識はなく、もっぱら君主に対する個人的忠誠で結ばれていたし、他方兵士たちは下層階級の出身で、マリア・テレジアやヨーゼフ二世の時代以来の方式で徴募されていた。(2) この国でも、ナポレオン戦争の間に国民軍をもとめる声がないではなかったが、最高司令部はその考えには冷淡であった。(3) それでもヨハン大公と宰相のシュターディオンは国民軍 Landwehr の計画を立て、実験的にこれを実行したが、限られたものであり、ハンガリーでは試みられなかった。しかもそれは一時的なもので、一八〇八年にはりっぱな戦いぶりをみせたが、シェーンブルンの講和ののちには、活動力を失ってしまった。この組織は紙上ではなお存在し続けたけれども、一八〇九年にそれが不名誉な敗走をみせたあと、シュターディオンに代わってあらたに外相となったメッテルニヒは、民衆の武装という思想に価値を認めず、一八一三―一四年のナポレオンに対する勝利は、正規軍の手でかちえられたものであった。

ナポレオンの没落後一八四八年の革命に至る時期には、オーストリアの軍事政策は、何よりもまず、一八一五年の諸条約によって打ち立てられた現状の維持と国内の安全確保に向けられた。(4) 慢性的な財源不足に悩まされて、軍隊の定員は思いきって削減されたが、その性格と構成はほとんど変わらなかった。(5) 軍隊は、すぐれて貴族的な士官団と政治的感覚の鈍い長期服務の兵士から成っていたから、そこからは民族問題をしめ出すことができたし、瓦解におちいらずに戦線を守ることも可能であった。しかしそれにしても、長期服務の期間は修正されなければならなかった。古くから募兵が行なわれていた諸州、すなわち、ティロール、ロンバルディア・ヴェネツィア、ハンガリーを除くハプスブルク王国の全領土では、一八二七年に、服務は一四年と定められた。なお、ティロールとロンバルディア・ヴェネツィアでは、新兵は八年間、ハンガリーでは各徴募兵は生涯服務することになっていたが、一八四〇年に、ハンガリーの服務期間は一〇年に短縮された。さらに一八四五年には、服務期間は、帝国内の全地域で画一的に八年と定められたが、下士卒は依然下層階級のものと決まっていたし、一般兵士の生活は相変わらずきびしいものであったから、脱走もおこりやすかった。それでも、厳重な監督と厳格な訓練によって、軍隊を時代の政治的風潮から隔離しておくことは、可能であると考えられていた。(6)

しかし、ナショナリズムの精神を軍隊組織から完全に追放することは、不可能であった。特にハンガリーでは、それ自身の国民的軍隊をもとめる運動がひんぱんにおこった。はやくも一七九〇年に、ハンガリーの地方議会はマジャール人士官に指揮される国民的部隊の設置を要求しており、この思想は、ハンガリーのジャコバン派のプログラムでも、ある種の役割を果たしていた。(7) 一八〇八年にも議会はこの要求を繰り返し、ハンガリーの新兵はもっぱら国民的な単位でハンガリー人士官のもとに服務することが望ましいと主張した。同様の要求は、一八三二―三六年の会期中にも、また一八四〇年にも行なわれている。(8) このように、マジャール人の民族的要望は最もはっきりしたものであったが、民族問題は、他の軍団のなかにも姿を現わしはじめた。ベーメンで募兵された連隊では、ドイツ人とチェコ人の間に摩擦がみられたし、また最高司令部は、イタリア人部隊が不満をもつことを知っており、ポーランド人の忠誠についても疑念を持っていた。(9) 伝統的に皇帝に忠誠であった軍事的国境地域の南スラヴ人守備兵の間にも、反抗的な態度がみられるようになった。もっとも、オーストリアの最高軍事機関であった宮廷戦争会議 Hofkriegsrat は、ハンガリーのマジャール人と南スラヴ人の対立関係を念頭において、ハンガリーで騒ぎがおこった場合には、南スラヴ人の守備兵は躊躇なく彼らの義務を果たすであろうと、なお確信していた。(10)

民族主義の影響に対処するために、ウィーン政府は、軍隊を地方的不満にわずらわされない地域、すなわち出身地以外の地区に配置する政策をとった。その結果、一八四七年末には、ツィスライタニエン Zisleithanien(ライタ川のこちら側、帝国の西半部、二重帝国時代のオーストリア部)の三五のドイツ人歩兵連隊のうち、六つはイタリアに、四つはハンガリーに配置され、他方一五のハンガリー人連隊のうち、六つはイタリアに、四つはハンガリーに、残りは下・上オーストリアとベーメンに置かれた。ツィスライタニエンの二五の騎兵連隊のうち、一三はハンガリーに駐屯したが、他方一三のハンガリー人騎兵連隊のうち、ハンガリー国内にとどまったのは、わずか六つにすぎなかった。(11)

軍隊を君主に忠実な地域に配置するこの政策は、一八四八年革命の波が帝国全土を洗ったとき、真価を発揮した。ハンガリーにあったイタリア人部隊も、イタリアにあったハンガリー部隊も、相変わらず皇帝に忠実であった。(12) これに反して、ハンガリーにあったマジャール人部隊は、軍事的国境地方のセクラー Szekler を含めて、反乱に荷担している。一方ドイツ人の部隊では、ただ一つウィーンのリヒター Richter 歩兵大隊が革命側に投じただけであった。この時期には約七万人の兵士が離反したけれども、軍隊の大部分は依然王朝にとってたのみになった。ハンガリーの反乱を最終的に鎮圧したのが、ロシア軍の助けをえたとはいえ、ハプスブルク家の軍隊であったことは、明らかにこのことを物語っている。

(1) たとえば、Alfred Vagts, *A History of Militarism, Civilian and Military*, London 1959. アルフレート・ファークツ著、

望田幸男訳『軍国主義の歴史』I、二〇〇ページ以下、参照。

(2) Jürg Zimmermann, *Militärverwaltung und Heeresaufbringung in Österreich bis 1806*, Frankfurt a. M., 1965, S. 108–114.

(3) *Ibid.*, S. 121–126.

(4) 当時のオーストリアの外交政策については、本書、第一部第一章「ハプスブルク帝国とメッテルニヒ」参照。

(5) 十九世紀前半のオーストリア軍隊の劣弱ぶりについては、G. E. Rothenberg, "The Austrian Army in the Age of Metternich", *Journal of Modern History*, vol. 40, No. 2, 1968; 広実源太郎「オーストリア軍とクロアティアの Militärgrenze」『評林』十四号、一九七五年三月、参照。

(6) 士官団の構成については、Nikolaus von Preradovich, *Die Führungsschichten in Österreich und Preussen (1804–1918) mit einem Ausblick zum Jahre 1945*, Wiesbaden, 1955, S. 43 f. 参照。

(7) Denis Silagi, *Jakobiner in der Habsburger-Monarchie*, Wien, 1962 参照。

(8) Julius Miskolczy, *Ungarn in der Habsburger-Monarchie*, Wien, 1959, S. 48 f., 81 f.

(9) Rudolf Kiszling, "Das Nationalitätenproblem im Habsburgs Wehrmacht 1848–1919", *Der Donauraum*, 1959, S. 82 f.

(10) Rothenberg, *The Military Border in Croatia, 1740–1881*, pp. 140–142. ここで、軍事的国境地帯の輪郭をみておこう。軍事的国境地帯 Militärgrenze, military frontier, military border は、ハンガリーの南縁に沿って走っており、クロアティアのものが最も古く、一五二二年に設けられた。その後十八世紀につくられたものも多く、十九世紀の中葉に及んでいる。元来はトルコ人の前進に対する常設の堡塁として、また疫病に対する防疫線として設けられたもので、開拓しつつ防衛を行なう一種の屯田兵制度といえる。すべての村には衛兵所があり、兵士は同時に農民であり、国境軍はダルマティア、ボスニア、セルビア、ルーマニアのトルコ国境にそって、連隊区を単位に展開・配置された。この地域は地方自治を許されていたが、ウィーンの陸軍大臣に統治され、長い間、この地域からの兵士は、ハプスブルク軍隊のバックボーンであった。しかしまた国境軍は、同時にハンガリーの制御しにくい貴族を押えるための王朝的道具という意味をもち、十八世紀の中ごろになってトルコの危険がすぎ去ると、この意味の方が強くなった。ハンガリーの有力な貴族は、国境軍を王朝的統制の表現とみてこれに憤慨し、たえず国境軍制度の脅威となったが、逆に国境軍は、ハプスブルク家を、ハンガリーの身分制議会や貴族の圧力から彼らの特権的地位を保障してくれるものとみて、つねに王朝に忠誠であり、ハプスブルク家の絶対主義に寄与するとともに、十九世紀になると、さらに民族主義や自由主義運動と戦うための人的資源を供給した。しかし一八六七年のアウスグライヒののち、ハンガリー人は軍事的国境地帯の廃止と、その地域を自国の文官行政のもとに統合することを要求した。皇帝はこれに従って一連の勅令でこの制度を解消し、一八六八年この地方はハンガリーの行政に譲渡されたが、この措置は当然またこの地域の不満を生むことになった。広実源太郎、前掲論文および Rothenberg, *The Austrian Military Border in Croatia, 1522–1747*, Urbana, 1960, pp. 124–127 参照。

(11) Rothenberg, "Habsburg Army", *op. cit.*, p. 72.

(12) 文字の上では辺境開拓者 frontierman の意味で、東部トランシルヴァニアのマジャール人を指す。常置の守備隊として東方に送られた中世マジャール人の子孫といわれるが、人種的には、マジャール語を採用していた蒙古系のアヴァール族であったという説もある。May, *op. cit.*, p. 510；Kann, *op. cit.*, p. 213 参照。

2 一八四八年革命後普墺戦争まで

一八四八—四九年の革命は、ハプスブルク帝国の軍隊にどのような影響を与えたであろうか。たしかに、皇帝（オーストリア）の軍隊が国王（ハンガリー）の軍隊と戦うといった光景、また、ハンガリーの反乱軍が示した予想もされなかったほどの軍事力は、軍隊の指導部を動揺させた。「もう一度一八四八—四九年のような事態がおこったら、われわれは生きのびられないであろう」[1]というアルブレヒト Albrecht 大公の言葉は、これを示すものである。それにもかかわらず、その後二〇年間、軍隊ではなんら根本的な改革は行なわれなかった。「一八四八年ののち、高官の間には、知識や技術の習得を軽視するばかりか、それに不信をいだく傾向さえあった」[2]と、クレイグ教授は述べている。バッハの新絶対主義政権は、政治や行政の領域で新しい体制をつくり出そうとつとめたが、軍部は、大体において革命前の状態に復帰しようとした。その際、懲罰的な処置がとられたことは、いうまでもない。ハンガリーの革命軍に加わった若干の上級士官は処刑され、そのほか免職されたり投獄されたりしたものも、かなりの数にのぼった。また軍事的国境地域のセクラー連隊は解散され、その兵士たちは各地の軍隊にばらまかれた。しかしながら、それほど深くかかわらなかった士官の多くは、恩赦をうけ、[3]また、兵籍にある隊員をもう一度吸収するために、特別の努力がはらわれ、その結果若干の連隊、特に軽騎兵連隊は、完全に再建されたのである。さらに、以前の宮廷戦争会議に代わった新しい陸軍省は、次のような勧告を行なっている。「すべての士官は次のことを記憶しなければならない。皇帝陛下によって与えられる大赦は、最近の過去が忘れられる場合にのみ有効になりうるということを。敗者についてのいっさいの侮辱や誹謗をさけるために、特別の配慮がなされなくてはならない。……そして、これらの軍隊をもう一度完全に懐柔し統合するために、あらゆる努力を払うべきである[4]」。

これは当をえた考え方であったが、実際には、無神経なバッハ政権の施策が若干の連隊の処分に悪影響を及ぼした結果、くじかれてしまった。たとえば、革命の際反乱軍に加わったハンガリー士官のあるものは、懲罰として、さまざまな連隊で普通の兵士として登録されたために、彼らは、特に移り気な構成分子になっていった。[5]さらにまた、バッハ政権は、革命の際王朝に忠誠を示した南スラヴ人を、敗者であるマジャール人同様きびしく取扱ったために、クロアティア・スラヴォニアとヴォイヴォディナで反抗をひきおこし、その結果、クリミア戦争中ドナウ諸州を占領している間に、南スラヴ人の士気はあがらず、当局に重大な懸念をよびおこしさえしたのであった。[6]

その後まもなく、一八五九年にはイタリア統一戦争、一八六六年には普墺戦争がおこったが、これらの戦争は、次第に高まってきたナショナリズムの精神が軍隊の間にもくいこんで、その士気に大きな影響を及ぼしていたことを暴露した点で、重要である。いずれの場合にも、オーストリアはその全武装兵力を戦場に投入することができなかったが、それは、万一の反乱に備えて、かなりの兵力を背後地、特にハンガリーとクロアティアにとどめておく必要があったからである。[7]さらにまたオーストリアの軍隊は、これら二つの戦争を、まったく時代おくれになった用兵原理で戦った。これは、オーストリア軍の旧式な劣弱ぶりを示すものであるが、多くの批評家は、少なくともそのいくらかを、最高司令部・連隊の将校・兵隊の三者間に存在した相互不信によるものであった、としている。[8]実際一八五九年には、軍隊の戦闘活動に大きなむらがあり、ハンガリー人やクロアティア人の亡命者による民族主義的宣伝も、非常な効果をあげていた。たとえば、ソルフェリノの戦いの間に、二つのハンガリー連隊——第十九および第三十四連隊——は、ほとんど一団となって脱走した。また、クラム‐ガラス Clam-Gallas 伯配下の主としてハンガリー人から成る軍団は、戦場から引きあげられなくてはならなかったし、ベテランの国境守備兵さえも、はなはだ士気があがらなかった。(9) 当時、オーストリアのある自由主義的士官は、「抑圧された民族や階級からは、非常に熱心な兵士は生まれない」と述べている。(10)

一八六六年の戦争の際にも、オーストリアの軍隊は民族問題に悩まされた。プロイセンとイタリアはこの時にもハプスブルク帝国内の民族的不満につけこむ計画を立て、広範な南スラヴ人の反乱、ベーメンの暴動、ハンガリーの反乱などが立案された。南ドイツでの会戦中に、イタリア人の二つの連隊は、事態が重大化したときプロイセン軍に投降したし、ハンガリー人の戦争捕虜は、クラプカ Klapka 軍団に組織された。これは効果的なものではなかったが、五〇年後第一次大戦中につくられる捕虜軍団の原型をなすものとして、注目される。(11)

(1) アルブレヒト大公が、一八六二年十一月五日に、高級副官 Crenneville 伯に述べた言葉。Heinrich von Srbik, *Aus Österreichs Vergangenheit*, Salzburg, 1949, S. 139; Rothenberg, *op. cit.*, p. 72.

(2) Gordon A. Craig, "Command and Staff Problems in the Austrian Army, 1740–1866" in Michael Howard (ed.), *The Theory and Practice of War*, New York, 1965, p. 54.

(3) しかし、ハンガリーの士官たちがその後長い間疑惑の目でみられるようになったことは、否定できない。それが、のちの二重帝国時代にも尾を引くことは、のちにみるとおりである。

(4) 一八四九年九月十三日の布告。Rothenberg, *op. cit.*, p. 73.

(5) Rothenberg, *op. cit.*, p. 74.

(6) Rothenberg, *The Military Border in Croatia*, p. 160. クロアティア人は一八四八年の革命の際にフランツ・ヨーゼフ皇帝の王座を救ったけれども、その後の絶対主義時代の間は、なんら特別な報酬を受けなかった。マジャール人のある貴族が、彼の友人であるクロアティア人に、「われわれが罰として受けたものを、君たちは報酬として得た」と告げたのは、正当であった。Peter F. Sugar, "The Nature of the Non-germanic Societies under Habsburg Rule", *Slavic Review*, 1963, p. 21. なおここで、セルビア人とハプスブルク家の関係をまとめてみておこう。ハプスブルク領内のセルビア人の最も重要な居住地は、ハンガリー南部のヴォイヴォディナとクロアティア・スラヴォニアであった。セルビア人は、一六九〇年に南部ハンガリーへ集団的に移住して以来、引続き王朝に忠誠であった。ヴォイヴォディナのセルビア人は、レオポルト一世(一六五八―一七〇五年)の特許状によって保護され、時折りはウィーンで大臣の地位を得た、カルロヴィッツ Karlowitz とノヴィ・サド Novi Sad の町は文化の中心で、ヴォイヴォディナのセルビア人はかなり高度の教育と政治的知識を手に入れ、経済的にも発展して、一八二〇年ごろまでに、すぐれた知識階級、商人、富裕な自由農民の共同生活体をつくっていた。しかし彼らは、たえずマジャール人の地方議会から攻撃をうけた。クロアティア・スラヴォニアでは、クロアティア人が同様の役割を演じた。そこで、ヴォイヴォディナとクロアティアのセルビア人は共に、皇帝への忠誠のモデルになったのである。一八四八年に、親ハプスブルク、反マジャールの立場をとることによって若干の利益を得た唯一の民族は、セルビア人であり、彼らはヴォイヴォディナで自治を認められた。しかし一八五〇年代の終わりに、彼らの権利はもう一度奪い取られた。そして一八六七年、彼らの土地が完全にハンガリーに併合されたとき、皇帝とセルビア人の間の協定のチャンスは消失し、その時以後、彼らの間では、独立国セルビアの魅力が着実に成長していった。マジャール人とクロアティア人の支配に引き渡されたとき、彼らはただセルビア人の国家の救助をあてにすることしかできなかったのである。Sugar, *op. cit.*, p. 23 f.

(7) Heinrich Friedjung, *Der Kampf um die Vorherrschaft in Deutschland 1859 bis 1866*, Stuttgart 1916, Bd. I, S. 31.

(8) Craig, *op. cit*, p. 62; Rothenberg, "Habsburg Army," *op. cit.*, p. 74 参照。

(9) Friedjung, *op. cit.*, S. 31 f.; Rothenberg, *The Military Border in Croatia*, pp. 161–163; Rothenberg, "Habsburg Army," *op. cit.*, p. 74 参照。

(10) Rothenberg, *Military Border in Croatia*, pp. 161–163.

(11) *Ibid.*, p. 166 f.

3　アウスグライヒと軍隊の問題

一八六六年の経験は、不可避的にいくつかの教訓と帰結をもたらした。短期の一般兵役にもとづく大衆軍隊の必要が明白になったことと、ハンガリー問題に何らかの解決をみいだすことの差し迫った必要とが、主なものであり、その結果、ハプスブルク帝国の軍隊の歴史には、一つの新しい時期が開かれることになった。短期の一般兵役は、はやくも一八六六年十二月の勅令で導入されたが、この処置は、ハンガリーではげしい反響をよびおこした。ジュラ・アンドラーシ Gyula Andrássy はそれを、「ハンガリーの民族的権利のはなはだしい侵害」とよび、軍隊の再編制は憲法上の協議にもとづいて行なわるべきであり、勅令によって行なわるべきではないと、強く主張した。(1) こうして、将来の軍隊組織の問題、特にハンガリー軍隊の地位の問題は、アウスグライヒの交渉の一部となったのであるが、しかし、この問題が非常に刺激的なものであることは、ただちに明らかになった。ハンガリーはもとより独立の軍隊を希望したが、ウィーン政府はなおこの点で譲歩することを拒否した。しかし、さしあたって両者はともに、彼らを対立させていた政治上の主要な諸問題の解決を強く望んだために、軍隊問題はとばされる形になり、その結果一八六七年のアウスグライヒは、将来の軍隊組織や軍隊の指揮構造を詳細に規定するには至らなかった。

軍隊をめぐる交渉は、一年近く続いた。陸軍監督総監のアルブレヒト大公は、単一軍隊の保持を望む王朝的＝中央集権主義的グループの代弁者であったが、(2) 彼は、ある通俗的なパンフレットのなかで、次のように述べている。オーストリアの人々は王朝に対してまことに献身的であり、「諸政党の策謀にもかかわらず、また反逆者の美化が行なわれているにもかかわらず」、伝統的な単一の軍隊精神 Armeegeist をたいせつにし、分立主義的な連隊精神 Regimentsgeist を拒否している、と。こうして、アルブレヒト大公とハンガリーの民族主義者たちの間には、ほとんど合意の余地がないようにみえた。しかし、フランツ・ヨーゼフ皇帝もアンドラーシも、なんらかの妥協点をみいださなくてはならないと確信していた。そして最後に、帝国軍事裁判所長官フリードリヒ・ベック＝ルジコフスキー Friedrich Beck-Rzikowsky 陸軍大佐によって、次のような解決策が提示された。それは、共同の「皇帝と国王の (k. k.)」軍隊を存続させるとともに、王国の両半部ハンガリーとオーストリアにそれぞれ別個の二つの部隊——Honvéd と Landwehr——をつくることを、示唆したものであった。この解決案は、アンドラーシの努力でハンガリー議会を通過し[3]、また皇帝によって、気の進まぬ軍隊の最高司令部に押しつけられた。一八六八年十二月五日、オーストリアとハンガリーの代理委員会 Delegation は新しい軍隊組織を承認し、翌年はじめには、必要な補足的法律が可決された。その結果、二重帝国の男子国民はすべて、全長一二年の兵役義務を負うことになり、共同軍隊のために選ばれた新兵は、三年ないし四年間服務したあと、予備役に編入されることになった。同時に、年々入隊する新兵の一部は直接 Honvéd ないし Landwehr にはいり、現役で二年間、予備役で一〇年間服務することになった。

一八六八年のこのような軍隊問題の解決は、最初からけっして完全に満足なものではなかった。ハンガリーの歴史家ミスコルツィは、それを「アウスグライヒの最大の責任」とよんでいるほどである[4]。たしかにそれは、ハンガリー人の最大限の要求に添ってはいなかった。Honvéd は国王＝皇帝を最高司令官として認め、訓練・組織・装備などの点では、共同軍隊を手本にしていた。さらに、共同陸軍大臣フランツ・クーン Franz Kuhn 男の主張にもとづいて、Honvéd は自己の砲兵部隊をもつことを拒否された[5]。しかしまたその反面、Honvéd は少なくともある程度、マジャール人の民族的念願を実現したものであった。それは、ブダペストにあるそれ自身の省に所属し、単なる予備軍ではなく、大体において国民的軍隊といってもよいものであった。そこでは、クロアティア・スラヴォニアの部隊を除いて、マジャール語が指揮語として使われ、民族独自の襟章その他の記章がつけられた。また、Honvéd の士官団は、共同軍隊からの選択にもとづく移動という形で、もしくは、一八四九年の革命軍のかつての士官を再雇用するという形で選ばれたが、これらの士官団は、はっきりした民族主義的気質を備えていた。さらに、ブダペストの議会は、一般に共同軍隊のための財源の承認には乗り気でなかったが、Honvéd のためにはどのような出費も惜しまなかった。そのためこの組織は、オーストリアの Landwehr よりもはるかに大きな重要性をもつようになった[6]。

しかしそれにもかかわらず、このような事態の発展は何人をも喜ばせなかった。ハンガリー人は、Honvéd の自主性をますます増大させるための努力を続けたし、他方ウィーンでは、こうした事態の進展は、重大な不安の目をもってながめられた。とはいえ、この決定は、幾多の欠陥を含みながらも、その時点で到達されえた唯一可能の解決だったのであって、それは、二重王国内のハンガリー軍隊の地位にかんする論争を終わらせはしなかったが、その後二五年間この論争を表面化させなかった点で、注目に値する。

（1） Eduard von Wertheimer, *Graf Julius Andrássy: sein Leben und seine Zeit*, Stuttgart, 1913, Bd. I, S. 250; Rothenberg, *op. cit.*, p. 75.
（2） このパンフレットは，Wie soll Österreichs Heer organisiert sein？と題されている。Rothenberg, *op. cit.*, p. 76.
（3） Wertheimer, *op. cit.*, S. 363-367.
（4） Miskolczy, *op. cit.*, S. 162.
（5） Srbik, *op. cit.*, S. 183 f.
（6） Rothenberg, *op. cit.*, p. 77.

4　二重帝国前半期の軍隊とナショナリズム

ところで、新しい軍隊の構成と一般兵役の導入は、どのような影響を及ぼしたのであろうか。それはまず南スラヴ人の攻撃をこうむることになり、兵役義務の強制は、一八六九年に、また一八八一年に、南部ダルマティアで血なまぐさい暴動をひきおこした。同じころ、ハンガリーがクロアティア・スラヴォニアの軍事的国境地域を解消して自国の行政に組みこもうとする動きをみせると、それがまた不穏と衝突を生み、一八七一年のラコヴィツァ Rakovica の反乱で頂点に達した。(1) 南スラヴ人の忠誠にかんする疑念から、一八七〇年には、プロイセンと戦う場合には彼らを動員しないという決定が下されているし、同じ考慮は、一八七八年のボスニア・ヘルツェゴヴィナの占領にみちびく審議の過程でも、一つの重要な要因をなしていた。(2) こうした南スラヴ人の不穏は、マジャール人に認められた特恵的地位に対する二重帝国内スラヴ系諸民族の一般的な反対の一部をなすものであったことは、いうまでもない。ただ、軍隊にかんするかぎり、南スラヴ人の状態は、一八九〇年代には少なくとも一時安定したものになっていた。

しかしこの時までに、デモクラシーの拡大と一般的な教育水準の向上に伴って、共同軍隊の存在を正当化する基本原理への挑戦がはじまっていた。われわれはそれを、一八六八年以後おこった、共同軍隊の構成と性格の変化のうちにみることができる。新しい武器システムと新戦術が導入された結果、以前よりもはるかに多くの専門的知識が必要になり、才能次第で出世できる道が開かれるにつれて、士官団における貴族の優位は傾きはじめた。(3) それとともに、軍隊の民族的構成にも変化がおこっていた。この点については、従来多かった、ドイツ帝国からの、特に南西ドイツの貴族出身の士官の流入が、完全にやんだとはいえぬまでも、著しく低下したことを、無視するわけにはゆかない。しかしそれにも増して重要なのは、予備士官の登場と、それに伴う軍隊のメンタリティの変化である。

当時、帝国軍隊の専門的士官団は、なおすぐれて「ドイツ人的」な性格を保持していたが、ドイツ語の使用は、必ずしも民族意識の高揚やドイツ民族への献身を意味したわけではなく、むしろ王朝への忠誠と、服務の必要条件と、ドイツ語の使用とが都合よく重なっていたにすぎず、それはまた、彼ら自身の利害が王朝および帝国の運命とかたく結びついていることを示すものでもあった。ところが、一般兵役の導入後は、予備士官の勤務が必要になり、その数は次第に増大していったが、彼らはもはや、専門的士官団の強い正統主義的感情を共有してはいなかった。「一年志願兵」から補充された予備士官は、最初は主にドイツ人であったが、高等教育の水準が高まってすべての民族の代表に門戸が開かれてゆくにつれて、連隊の予備士官たちは、諸部隊の民族的構成を反映するようになった。普通彼らは、軍隊精神を発展させたり閉鎖的な職業軍人のサークルにはいったりする時間もなければ、その気もなかった。さらにドイツの場合と違って、二重帝国では、予備士官に任命されることは、ほとんどなんの社会的威信も伴わなかった。そのため予備士官たちは、彼らの出身地および出身階級の民族的・社会的な考え方に強く引かれる傾向をもっていたのである。(4)

一般の兵士についても、同様のことがいえる。古参の下士官を除いて、兵士はもはや、長期服務の専門的軍隊がかつて示したような疑う余地のない忠順を、示しはしなかった。王国内の民族闘争が敵意にみちた性格を強めてゆくにつれて、それは、共同軍隊のドイツ人兵士たちをも浸食しはじめた。「ナショナリズムは王朝的愛国心よりも重要なものだ」というゲオルク・フォン・シェーネラー Georg von Schönerer の言葉は、軍隊の君主に対する忠誠の誓いとは一致しえないものであった。[5] この言葉に示されるはげしい民族的対立は、専門的士官団のうちにも反映していた。このころビスマルクは、ベーメンの民族闘争でドイツ人とチェコ人の間の憎しみが激化しているのをみて、「いくつかの連隊では、両民族の士官たちはたがいに遠ざかって、会食もしたがらないほどになっている」と述べている。[6] その後数年たった一八九五年に、カジミール・バデニー Kasimir Badeni 伯は、王国の民族問題全体の状況を論評して、「多民族国家は、それ自身に対する危険なしに戦争を行なうことはできない」と語っている。[7] このバデニーの見解は、いささか悲観的にすぎるかもしれない。とはいえ、第一次大戦に先立つ二〇年間に、ハプスブルク帝国の軍隊が徐々に、しかし確実に解体の過程をたどったことは、多くの観察者が口をそろえて承認しているところである。[8]

(1) *Ibid.*

(2) Rothenberg, *The Military Border in Croatia*, p. 176; Srbik, *op. cit.*, S 91.

(3) Preradovich, *op. cit.*, S. 43-45; Jászi, *op. cit.*, p. 142 f.

(4) Ludwig Jedlicka, *Ein Heer im Schatten der Parteien*, Graz, 1955, S. 5 f.; Rothenberg, *Habsburg Army*, p. 78 f. もとより大きなミドルクラスをもつ民族集団だけが相当数の予備士官を供給しえたのであって、ドイツ人、マジャール人、チェコ人が優勢であった。

(5) Oskar Regele, *Feldmarschall Conrad*, Wien, 1955, S. 83-85.

(6) Rothenberg, "Habsburg Army," *op. cit.*, p. 79.

(7) May, *op. cit.*, p. 491.

(8) ファークツ、前掲書、II、二一五ページ。

5　ハンガリーの軍隊問題の特質

アウスグライヒの成立当初、ハンガリーでは Honvéd の地位と構成について若干の論争が行なわれたが、その後二〇年余は比較的平穏であった。しかし一八八九年以後、軍隊問題はふたたび重大な政治的争点となって登場し、皇帝とハンガリー民族主義者の間にはげしい衝突がおこり、それとの関連で、一八八九、一九〇三、一九〇五年に、ハンガリーは深刻な政治的危機に見舞われた。本章では、ハンガリーの軍隊論争をまとめて考察し、論点を整理することによって、問題の所在と性格を明らかにしたいと思う。

ハナーク教授は、軍隊問題はハンガリーにおいて二重主義体制のアキレスけんとなった、と述べているが(1)、これは適切な表現である。すでにみたように、軍隊は二重主義の産物ではなく、旧いタイプの絶対主義の、あるいはむしろ新絶対主義の遺物であった。共通陸軍大臣の国制上の地位は、一八六七年のアウスグライヒ法でははっきりしていず、法律の規定したところでは、統一的指導権、最高指揮権、および軍隊の内部組織にかんするいっさいの事柄は、皇帝の直接支配下にあった。ハンガリー議会の権限は、軍隊の新兵数について採決し、軍務の期間を決定し、軍隊に食物と収容施設をどのように供給するかについて審議する権利に限られていた。従来ハプスブルク家は、自己のもつ軍隊の最高指揮官としての絶対的な権限を、あらゆる侵害から守ってきたが、「立憲的」皇帝フランツ・ヨーゼフも、この点ではなんら例外ではなかった。それゆえ、軍隊問題における政策決定のパターンは、きわめて簡単明瞭であった。オーストリアとハンガリーの議会は、軍隊の有効総人員と費用にかんするいっさいの事項を採決する権利を与えられてはいたが、本質的な決定はすべて、君主および軍隊の指導者たちの手で行なわれたのである(2)。要するにハンガリーでは、軍隊問題にかんするかぎり、二重主義の原則は有効に実行されなかったといってよい。

それゆえ、ハンガリー人と帝国軍隊との関係が調和的なものでなかったことは、当然である。制度的な問題から事実上の問題に目を移せば、まず注目されるのは、共同軍隊の参謀本部においてハンガリー人の数がきわめて少なかったことである。それは、一八六七年にはわずか四%にすぎず、十九世紀の終わりころにも、四・五%に達したにすぎなかった。その時点で、参謀将校の六〇%はドイツ人であり、一八%はスラヴ人であった。(3) 将軍や佐官級士官の大多数は民族的気質の持主ではなく、親王朝的気質の持主であったから、このような民族性による参謀将校の分布は決定的な意味をもつものではなかったが、それにしても、帝国軍隊のトップクラスの士官のうちマジャール人が比較的少数にすぎなかったことは、ハンガリーにとって愉快なことではなかった。

親王朝的気質のドイツ人による指導権と指揮権、訓練の体系、(4) 皇帝と国王の軍隊の伝統全体が、(5)「ハンガリー国家の観念」「一体としてのハンガリー政治国民」といった基本原則とは、まったく相容れぬものであった。(6) 帝国軍隊はもろもろの種族 Volksstämme を認めたにすぎず、したがってマジャール人は、ここでは支配的民族の一つとはみなされなかった。同時に、「神聖なハンガリー王冠の土地」に住む諸民族も、「ハンガリー国民」とはみなされず、ハプスブルク帝国の臣民とみなされたにすぎなかったのである。(7)

それゆえ、皇帝と国王という二重の資格でフランツ・ヨーゼフが支配権をにぎる共同軍隊は、ハンガリー人にとっては、自国の諸制度よりも優位に立ち、自分たちが十分制御しえない外的な何物かであったが、(8) このような軍隊がつねにハンガリー国内に存在し、そこで独立の権威ないし権力として機能したことは、大きな問題であった。

しかも、共同軍隊の長官たち——特にアルブレヒト大公——は、一八四八年のハンガリーの「反乱」の記憶を相変わらず強くもち、アウスグライヒにはつよい不満を抱いていたので、そのためにも軍隊の間に超民族的精神を養おうとつとめ、ハンガリーの分立主義の表現をたえず抑制した。ハンガリー国内に駐屯した軍隊の態度もかなり刺激的で、士官も下士官兵もしばしば自分たちが占領軍ででもあるかのように行動した。士官団は、ハンガリー人の伝統や民族的な誇りを傷つけることも多く、ハンガリーの旗が士官たちのカジノから投げ出され、また、一八四八年の独立戦争を想起させるものはすべて嘲笑の種になったが、他方、イェラチッチ、ヴィンディシュグレーツ、ヘンツィ(9)らの思い出はたいせつにされ、彼らに敬意を表する儀式が行なわれた。

したがって、アウスグライヒ後の比較的平穏な二〇年間にも、いくつかの挑発的な事件がおこり、ハンガリーに深刻な憤激の感情をあおり立てていたのである。[10] しかも、ハンガリーの政府も議会も地方の官憲も、法律が彼らに権利を与えている場合にも、軍隊に反対して何かを行なうことはできなかった。クロアティア人の連隊がイェラチッチのために万歳を唱え、フィウメでハンガリーに反対するデモが行なわれた際にも、ハンガリー政府はこうした気ままな行動に謝罪や賠償をもとめることはできなかったし、このクロアティア連隊を移動させることもできなかった。また政府は、挑発的にヘンツィ将軍の墓前に花輪をおいたという理由で、ある士官を解雇することさえできなかった。[11] こうして、士官団と住民の間にはしばしば衝突がおこり、軍隊は、ハンガリー人にとって、たえざるいらだちの源泉であった。要するに共同軍隊は、ハンガリー人からみれば、歴史的過去にかんする不満と二重主義時代の不完全な主権との生きたシンボルというべきものであった。

そこで次に、軍隊問題に対するハンガリーの政治的対応をみなければならない。アウスグライヒの推進者ないし支持者たち——デアーク Deák やアンドラーシ、自由党のティサ Tisza 内閣など——は、オーストリアとの結合によってハンガリーが軍事的防衛や経済的発展の点で幾多の重要な利益を得ていると確信していたから、軍隊問題でも所与の状況をやむをえぬものと観念していたが、いっそう若い世代の急進的民族主義者たちは、さらに前進することを望み、またそれが可能であると主張しはじめた。彼らは、ハンガリー王国内に共同軍隊の駐屯兵が存在することを不名誉と考え、Honvéd を単なる一つの譲歩にすぎないと解釈し、すべてのハンガリー部隊を統合する完全に独立したハンガリー軍隊という究極目標を達成しようと努力した。

しかし彼らが政治的にとりうる方策は、二つに限られていた。一八六八年に結ばれた協定のもとでは、ブダペストの政府と議会は、共同軍隊内部の事柄にはほとんど直接の影響を及ぼしえなかったけれども、彼らは、アウスグライヒの定期的な一〇年ごとの再交渉の際に、彼らの諸要求を主張し、討議に強力な影響を及ぼすことは可能であった。

次に、ハンガリー人が目的達成のために使いえた唯一の武器は、帝国軍隊の新兵にかんする採決を妨げるために、議会で議事妨害の戦術を使うことであり、その承認とだき合わせに、若干の譲歩をかちとることができた。当時ハンガリーでは、小ブルジョアや一般大衆も、共同軍隊に代表されるハプスブルク家の専制政治とドイツ人の支配をきらっていたから、議会の指導者たちは、皇帝と国王の軍隊に反対する際、これらの人々の支持を獲得することができ、こうした民族的反対は、政治的・戦術的に大きな機能を果たすことになった。[12]

こうして一八八八年以後、軍隊にかんする法案が論議にのぼる場合、ハンガリー人が彼らの要求をうち出すことは、一つのパターンとなってしまった。[13] 軍隊問題にかんするハンガリーの要求は、二点に要約することができる。第一に、指導的な政治的サークルおよび大衆の多数は、ハンガリーの Honvéd 部隊を強化することによって、絶対主義的支配のもとにある共同軍隊への依存から逃れることを希望した。第二に、ハンガリー人は共同軍隊に終始反対し、ハンガリー人部隊のなかに指揮語としてマジャール語を導入するとともに、民族的な記章の着用を要求し、また、皇帝と国王の軍隊のなかで、ハンガリー人の部隊が他のすべての部隊から切り離さるべきことを主張した。これらの要求が、具体的な政治過程でどの程度まで実現されたか、そこにはどのような限界があったかを、以下検討することにしよう。

(1) Hanák, "Hungary in the Austro-Hungarian Monarchy", *op. cit.*, p. 298.
(2) Hanák, *op. cit.*, p. 295.
(3) Hanák, "Probleme der Krise des Dualismus" in *Studien zur Geschichte der Österreichisch-Ungarischen Monarchie*, S. 352.
(4) ハンガリーの新兵たちは、彼らの民族意識を強めるような訓練をうけるのではなく、そのかわりに、ハンガリー王国よりもずっと広い地域のためにはたらくことを学ばねばならなかった。いいかえれば、大オーストリアが軍隊のなかに、また軍隊を通じて、生き残っていたのである。Tapié, *op. cit.*, p. 342.
(5) 皇帝も、共同軍隊を彼の二重帝国の力の基礎とみなし、自分をすべての人民と無差別に親密に結びつけるとともに、他面彼の人民を彼自身の人格と結びつける制度であると考えた。それゆえ、軍隊をいじろうとするハンガリー民族主義者の要求は、皇帝のなかにはげしい、そして高まるいらだちを引きおこしたのである。Macartney, *op. cit.*, p. 696.

（6）Hanák, *op. cit.*, S. 345 f.
（7）István Dolmányos, *A magyar parlamenti ellenzék történetéből, 1901–1904*(Out of the History of the Hungarian Parliamentary Opposition, 1901–1904), Budapest, 1963, pp. 161–163.
（8）Tapié, *op. cit.*, p. 341.
（9）Hentzi は、一九四九年にハンガリー軍に対抗して王国のためにブダを守り、ハンガリー人が防御していなかったペストをも砲撃して、ハンガリー人の間に憎悪をかき立てた将軍である。
（10）しかし他方またハンガリーでも、独立戦争およびその犠牲者についての民族主義的な祝典が催されて、それが共同軍隊の専門的士官団を大いに腹立たせたことも、事実である。Rosenberg, *op. cit.*, p. 80.
（11）Hanák, "Hungary in the Monarchy", *op. cit.*, p. 297.
（12）Hanák, *op. cit.*, p. 298.
（13）Rothenberg, *op. cit.*, p. 80.

6　軍隊問題とハンガリーの政治的危機

まず一八八八年、わずかばかり共同軍隊を拡張しようとする法案が提出されると、ブダペスト議会ではこれをめぐって激しい論戦が展開され、首相のカールマーン・ティサ Kálmán Tisza がウィーンからいくつかの重要な譲歩を獲得したのち、この法案はようやく可決された。その結果、マジャール人の士官候補者に対する言語上の必要条件は縮小され、さらに、共同軍隊の名前が "k. k. Armee" から "k. u. k. Armee" に変えられたが[1]、とりわけ後者は重要な意味をもっていた。

接続詞の und にかんする争いは、まことに象徴的なものであった。ウィーンでは、この種のハンガリー人の要求は、共同軍隊を二つの別個の軍隊組織に分けようとする漸進的計画の一部をなすものと考えられた。そのため、最高司令部と皇帝は、それに続く主要な争点である指揮語の問題では、譲歩しない決意をかためていた。しかし現在の時点からみれば、この争点が実際にそれほど大きな重要性をもっていたかどうかは、疑わしく思われる。軍隊の指揮語は約八〇の訓練上の慣用句から成り、大部分はそらで覚えられるものだったからである。しかし、軍隊の司令部にとっては、指揮語は共同軍隊の言語上の単一性を保証するものと思われたから、彼らは、次のような議論を用いて、マジャール語を指揮語として導入しようとするハンガリー人の要求を打ちかえそうとした。それは、ハンガリーで徴集された連隊のうち、純粋のマジャール人連隊は五つにすぎず、三七は混成連隊であり、しかもそれらのうち、過半数の兵士がマジャール語を話す連隊は、わずか一六にすぎない、というものであった。(2) しかしこの議論は、急進的なマジャール人の民族主義者たちにはほとんど感銘をあたえず、むしろそれは、指揮語を変えることによって「マジャール化」をいっそう促進しようとする彼らの気持を、さらにかき立てたのであった。

一八八九年一月ティサ政府の提出した軍隊法案は、二つの条項について民族的反対派の攻撃をうけ、(3) 街頭デモに支持された議会での彼らの怒号は、悪意に充ちたものであった。そこでティサは職務にいや気がさし、一八九〇年三月辞任した。

続いて一九〇三年のはじめに、共同陸軍大臣が、年々の新兵数を控え目にふやすことを提案したとき、ハンガリーの急進派は、ふたたび彼らの民族主義的諸要求を繰り返した。当時は人口の急速な増加があったので、この際提案された新兵の増員は、不合理なものではなく、チェコ議員の一部さえそれを支持したために、ウィーンの議会は大した苦労もなく通過した。しかしブダペストでは、反対派が独立党のまわりに結集して連合をつくり、少なくとも理論的には一八四九年の原則に立って、賛成の代価として、マジャール語を指揮語として導入することを要求した。政権の座にあった自由党のセール Kálmán Széll 内閣は、混乱に投げこまれて辞任した。しかしフランツ・ヨーゼフ帝は、さしあたり断固たる立場をとり続けるようにみえた。彼は先のクロアティア総督 Ban カーロイ・クーエン－ヘーデルヴァーリ Károly Khuen-Héderváry 伯を首相に任命し、一九〇三年九月十六日、機動演習の間に有名なフロピィ Chlopy の軍隊命令を発布して、「自分は現在の軍隊の構成をしっかり守らなくてはならないし、また守るつもりである」と言明した(4)。しかし皇帝の決意はまもなく動揺し、数日中に彼は、新ハンガリー首相に送った書面の注釈で、その命令の衝撃をやわらげる一方、自由党指導者イシュトヴァーン・ティサ István Tisza を長とする九人委員会と交渉をはじめ、さらにいくつかの譲歩を行なった。その結果、ハンガリー語は高等軍学校で一段と優位を与えられ、Honvéd の陸軍士官学校の卒業生は、共同軍隊で士官に任命されることが可能になり、またマジャール語は「連隊語」、すなわち、ハンガリーのすべての連隊で――軍隊のわずか二〇％しかマジャール語を話さないような連隊でも――日常のきまった命令を与える際に使われる言葉であることが、承認された。しかしフランツ・ヨーゼフは、他方で指揮語としてのドイツ語を頑強に固守したし、またこの時には、Honvéd には砲兵部隊はまったく与えられなかった。

これらの譲歩を取りつけたうえで、ティサは一九〇三年十一月、ハンガリー首相に任命された。しかしこれらの譲歩も、急進主義者たちからみれば十分なものではなく、一九〇五年に、彼らはふたたび自由党政府を辞任させた。ハンガリーは相変わらず危機の状態にあり、革命的な激情の波がこの国をつつむなかで、効果的な政治はほとんど行なわれず、税金も集められなければ、新兵の徴集も行なわれなかった。こうした状況のもとで、フランツ・ヨーゼフは、自己の信任するマジャール人の老将軍ゲーザ・フェイェールヴァーリ・フォン・コミオーシュ-ケレステシュ Géza Fejérváry von Komiós-Kereszztes を首相に任命して、議会に立脚しない内閣を組織させるとともに、急進的な普通選挙法をハンガリーに導入するそぶりを示した。一方ウィーンでは、参謀本部が「U作戦」の計画――ハンガリー Ungarn に武力干渉を行なうための作戦計画――を準備したが、しかしこの非常手段は必要にならなかった。ブダペストの議事妨害が続いたとき、皇帝は Honvéd の将軍アレクサンダー・フォン・ニイリ Alexander von Nyiri に全権を委任し、一九〇六年のはじめに、Honvéd の歩兵大隊が強制的に議会を解散させた(5)。このきびしい危機に際して、Honvéd がなお王の命令に従ったことは、注目に値する。

反対派の連合は、内乱をあえてする勇気はなかった。彼らは、こうした情勢の変化にあって落着きを取りもどし、一九〇六年の選挙ではなお圧倒的勝利を収めたけれども、妥協的解決を受けいれる方向に向かった。すなわち、軍隊の統一の侵害を含まないいくらかの譲歩と引きかえに、連合のメンバーは、アウスグライヒを支持するヴェカーレWekerle内閣に加わったのである。その結果、共同軍隊のハンガリー人士官は、ハンガリー連隊での服務を選択することを許され、また、高等陸軍参謀学校に通うためのドイツ語の必要条件は緩和された。こうして皇帝は、若干の困難を伴ったとはいえ、ハンガリーによって提出された直接の脅威を取り除くことに成功したのである。

しかしその後もなお、ハンガリー人の要求とこれに対する譲歩の容認というパターンは続いた。一九一〇年に自由党はふたたび政権につき、一九一二年には軍隊法案が承認されたが、それは、Honvédに完全な砲兵部隊を与えるという代価を払って獲得されたものであり、その場合にも、首相のティサは、極端な威圧に訴えてかろうじて法案の通過を確保することができたのであった。

以上の経過を回顧しつつ、若干の所見を述べよう。まずHonvédについてみれば、ハンガリー人は、Honvédの増大に著しく成功した。たしかに彼らは、Honvédに対しては、士官団を選ぶ際にも、またその政策を決定する際にもかなりの影響力をもつことができたし、一九〇六年以降、Honvédは本質的にはほとんどあらゆる点で国民的軍隊の性格をおびたといってよい。しかしそれにしても、ハンガリー人がこれらの部隊に及ぼした影響力は、けっして無制限ではなく、そのうえ、Honvédにかんするすべての最終決定は、君主の手に留保されていた。また実際にも、予想されたような極端な結果は、何一つおこらなかった。第一次大戦の間にも、新しいハンガリーの国民的軍隊は相変わらず忠誠であったし、すべての前線でりっぱに戦ったのである。

共同軍隊についていえば、これはハンガリー人にとって、二重主義体制の唯一の弱点であったから、急進民族主義者は強硬な主張を続け、特に一八八八、一九〇三、一九〇五年には重大な政治的危機を招いた。そして彼らは、使用可能なあらゆる手段によって、かなりの譲歩をウィーンからかちとることができた。しかしそれにもかかわらず、彼らの獲得した譲歩には限度があり、根本的な要求を達成することはできなかった。皇帝とハンガリー民族主義者の間の重大な衝突は、一般にはぎりぎりのところで、——たとえその解決が政治的妥協の形をとったにしても、明白な権力の使用を通じて――解決されたのであったが、しかしそれにしても、ハンガリーの民族主義者が最後に妥協の道を選んだことは、ハンガリーの弱みを意味するものにほかならなかった。一九〇五年の政治的危機に皇帝が普通選挙法の導入をもっておびやかしたとき、それは、ハンガリーにおけるマジャール人の他民族に対する優位と、マジャール人地主貴族の下層階級に対する優位を終わらせることは明白であったから、議会の反対派はついに軟化して、オーストリアとのつながりを断ち軍隊をマジャール化しようとする要求を、放棄せざるをえなかったのである。

それとともに、共同軍隊がハンガリーにとって有意義であった側面も、みのがすことはできない。軍隊は、抑圧された大衆や従属諸民族や外敵の軍隊に対して、ハンガリーの支配階級の利益を守ってくれた。最も反ドイツ人的なハンガリーの地主でも、自分の土地の貧しいハンガリー農民のストライキや反乱を打砕くために――たとえ帝国軍隊がドイツ人に指揮されて行進してくるにしても――帝国軍隊の助けをもとめるドイツ語の電報をうつことをためらわなかった。(6) さらに、南東ヨーロッパでの国際的対立が次第にきびしくなるにつれて、ハンガリーの政治指導者たちは、それだけいっそう、皇帝と国王の強力な軍隊の必要を知るようになった。これが彼らを、そのはげしい主張にもかかわらず、ぎりぎりのところで屈伏させた一つの原因であったことは、否定できない。

以上みたように、軍隊問題では、結局ハンガリーは、王朝および帝国の最高支配集団への依存を脱することができなかった。この依存関係は、帝国両半部の間に存在した原則上の平等をそこない、ハンガリーの支配階級の力を制限し、帝国内でヘゲモニーを握ろうとする彼らのさらに進んだ要求を、おぼつかないものにした。ハンガリーの政治指導者たちは、防衛のために軍隊にたよる必要をつよく感ずれば感ずるほど、ハプスブルク帝国内での自己の立場の弱さをますます強く感ぜざるをえなかった。(7) こうして、軍事上の問題にかんするかぎり、全帝国の利益がハンガリーの国民的利益および憲法上の主権をひどくそこなうことになったが、このような従属は、ほかならぬ「ハンガリー国家の観念」を実現するために支払われた代償だったのである。

(1)　William A. Jenks, *Austria under the Iron Ring, 1879–1893*, Charlottesville, Va., 1965, p. 245 f.

(2) Rothenberg, *op. cit.*, p. 81. なお、A. W. Hickmann, *Die Nationalitäenverhältnisse im Mannschaftsstande der k. u. k. gemeinsamen Armee*, Wien, 1911 参照。

(3) その一つは、共同軍隊に供給する新兵数をコントロールするハンガリー議会の権限を弱めるおそれがあると考えられた条項であり、他の一つは、「一年志願の予備士官」に、失敗した場合もう一年勤務するという条件で、一年の終わりにドイツ語での試験にパスする義務を課する、という条項であった。Macartney, *The Habsburg Empire*, p. 698 参照。

(4) Tapié, *op. cit.*, p. 343.

(5) Sosnosky, *Die Politik im Habsburgerreiche*, Berlin, 1912, Bd. II, S. 195–197; Rothenberg, *op. cit.*, p. 82.

(6) Hanák, *op. cit.*, p. 297

(7) このことは、ハンガリーのミドルクラスが軍人という職業にあこがれをもちながら、それに従事する気持になれなかったことの原因でもあり、民衆の大多数にもわるい影響を及ぼした、といわれている。Hanák, *op. cit.*, p. 298.

7 二十世紀初頭の軍隊と民族問題

国民的軍隊をもとめるハンガリー人の闘争は、例によって、二重帝国内の諸民族にも大きな反響を及ぼした。この闘争は、一般的な「マジャール化」計画の一つの現われであり、「マジャール化」計画の強化は、当然のことながら、二十世紀の最初の一〇年間に、聖イシュトヴァーンの王冠の土地に住む他の諸民族の間に、国外に支持と協力をもとめる気持をかき立てていった。従来王室への忠誠で評判の高かったクロアティア人は、一九〇五年以後、次第に強くベオグラードに目を向けるようになったし、また、一九一二―一三年のバルカン戦争におけるルーマニアの成功は、トランシルヴァニアで活発な「民族統一主義《イレデンティズム》」の精神を生み出した。同時に、ハンガリー人のはげしい主張はチェコ人の民族的念願を活気づけ、彼らは、「国家の権利」Staatsrecht を獲得しようとする決意を、一段と強めた。軍隊についていえば、二十世紀の最初の一〇年間に、ベーメンではかなりの反軍的宣伝が行なわれ、一九〇五―〇六年の恒例的な予備役点呼の際、チェコ人の予備兵はドイツ語で答えることを拒否し、公式の“Hier”の代わりにチェコ語の“Zde”を使用した。そのため、いくつかの軍法会議が開かれ、ウィーンの議会では、大臣にきびしい質問が行なわれたほどであった。一九一二—一三年のバルカンの危機の間に、事情はさらに悪化し、相当数のチェコ人予備兵は召集の通知に注意を払わず、またチェコ人の部隊は、民族主義的な街頭デモの取締りをいやがることが判明した。(1) 一九一二年にセルビアの前線に輸送された部隊でおこったチェコ人の反抗も、局部的なものではあったが、オーストリアの政策に対する彼らの拒否的態度を示したものとして、注目される。(2)

このような事態の発展は、オーストリア・ハンガリー帝国の最高司令部を困惑させた。一九〇六年に参謀総長になったコンラート・フォン・ヘッツェンドルフ Conrad von Hötzendorf は、はやくもその在職中に、軍隊を危険にさらす反軍的扇動に対する強硬な処置を主張していたが、一九一二年再度参謀総長の任についたとき、軍隊をその出身地域から移しかえるという古くからの便法によって、増大しつつある民族的不満の問題を処理しようと計画し、(3) 実際、一九一四年の秋に大規模な移動が予定されたのであった。(4)

ともあれ、帝国内の民族的不満は、軍隊をひどくそこなう結果になった。少なくともいくらかはそのために、軍部は必要とした予算上の支持を得ることができなかった。全ヨーロッパが熱狂的に軍備を進めつつあった時期に、オーストリア・ハンガリー帝国の軍事予算は、主要な強国のうち最低にとどまっていた。帝国の人口は、一八七〇—一九一四年の間に四〇%以上増えたが、軍隊の常置人員は、わずか一二%しか増加していなかった。一九一四年には、訓練を受けた予備兵と装備の必要が痛感されたのに、それらの不足が目立っていた。(5) これらの点をふまえて、ローゼンバーク教授は、「二重王国は経済上・工業上の資源をもってはいたが、民族的統一を欠き、また、近代的な一大軍事国家になろうとする意図を欠いていた」(6) と語っている。

第一次大戦の勃発は、二重帝国の軍隊に重大な試練をもたらした。もっとも、最初の動員は滞りなく進んで、敵側を驚かしたが、オーストリア・ハンガリーの当局もこれには一驚しながら、安堵の胸をなでおろした。ベーメンのチェコ人やヴォイヴォディナのセルビア人の間にも、意外なほど王朝的忠誠心の蓄積があったことが、判明したのである。しかしまた、そこにはかなりの弱点が含まれていた。最初から民族的離反のおそれがあったために、いくつかの民族部隊を特殊な戦線に展開することは、控えねばならず、一般にどの戦闘にもあてることができたのは、ドイツ人、マジャール人、ボスニア人の連隊だけであった、といわれている。(7) 特に、最初の熱狂が次第に減退し、軍隊が最初の重大な敗北をこうむったのちには、これらの三者以外の部隊の戦闘価値は、大きく動揺した。紛争の徴候が最初に現われたのは、ベーメンであり、そこでは、はやくも一九一四年九月に部隊が前線に出発した際、それに伴っていくつかの反戦デモが行なわれた。続いて一九一五年九月には、ロシア戦線で、プラハ出身の第二十八歩兵隊に大量の脱走がおこって、当局に重大な衝撃を与えた。(8)

戦争の長期化とともに、他の軍団の間にも、敗北主義と不満のきざしが現われてきた。とりわけ、一九一六年に老帝フランツ・ヨーゼフが逝去したのちには、戦争の潮流は明らかに王国に不利な方向に向かい、それに伴って、チェコ人のみならず、セルビア人、ルテニア人、スロヴェニア人、クロアティア人の編隊をも巻きこんだ事件の数が、ふえていった。戦争が継続するにつれて各種の軍政機関が次第に権力を増し、これらの機関が王国のスラヴ系諸民族をひどく取り扱ったことも、事態の悪化を促進した。(9) 一九一六―一七年の冬までに、南スラヴ人の編隊はバルカン戦線の戦闘ではもはや頼りにならなくなっていたし、またクロアティア人の部隊は、一般にあてにならないものと考えられていた。しかしそれにしても、この時までにドイツ人以外のすべての軍隊が忠誠心を失ってしまったと考えるのは、行きすぎである。軍隊の士気はなお個々の指揮官の人柄によるところが多く、彼らはしばしば自己の部隊の忠誠を維持することができた。たとえば、一九一七年に、第九歩兵連隊は、主としてチェコ人であり、不満の拡がっていた地方の出身であったにもかかわらず、カポレットの戦いで大きな手柄を立てて、勇名をとどろかせている。(10)

一九一八年の春、オーストリア・ハンガリーの軍隊はなおその戦線を保持していたけれども、後背地では、すでに分解が急速に進みつつあった。戦闘参加の拒否や徹底的な脱走が、ひんぱんにおこっていた。若干の地方では、

“green cadres”すなわち、小山で自活している武装した脱走兵たちが、交通路を脅かしたり武装した抵抗運動の中核になったりしていた。[11] 一九一八年の秋までに、軍隊の力はすでにつきており、諸民族の分離＝独立運動は急速に進んでいた。十月十六日にカール帝が「朕の忠良な国民に与える」と題する宣言を発して、オーストリアを「自由な諸民族の連合」にしようとしたのは、すでに存在している事態を認めたものにすぎなかったのである。

しかし全体的な見地からすれば、四年半にわたるはげしい戦闘期間中のオーストリア・ハンガリー軍隊の活動は、むしろ賞賛に値するものであったといえよう。それは、長期戦の圧迫に耐えるうえで予想されなかったほどの力を示したが、しかし自国の敗北後まで生きのびることはできなかった。両大戦間期の継承諸国の歴史家たちは、オーストリア・ハンガリー軍隊内部の民族的な抵抗を力説する傾向があったが、その点だけを一面的に強調することは、正確ではない。最近イギリスのゼーマン教授は、「一九一八年の夏までは、帝国軍隊は概して相変わらず有効な道具であった。……そして戦争の四年間におけるオーストリア・ハンガリー軍隊の貸借対照表は、この命題を支持している」[12]と述べているが、基本的には、この評価が正しいと思われる。

（1）　Kiszling, “Das Nationalitätenproblem in Habsburgs Wehrmacht”, *op. cit.*, S. 88.

（2）　Jan Havránek, “The Development of Czech Nationalism,” *Austrian History Yearbook*, vol. III, pt. 2, 1967, p. 259.

（3）　一八八二年に、動員の際の遅滞をへらすために、連隊は普通、その兵士たちが徴募された王国の地域に配置されるという重要な変化が、軍隊組織に導入されていた。しかし士官はしばしば、彼自身の民族性とはちがう民族の連隊に配置されていた。Macartney, *op. cit.*, p. 695

（4）　*Ibid.* しかしドイツの軍部は、二重帝国の軍隊について、コンラートのような憂慮をもつことはなく、そこにはいっそう楽観的な現状判断が支配していた。一九一三年に、あるドイツの参謀はその覚書のなかで、いまなおハプスブルク帝国の士官団は、「その軍隊が数ヵ国語を話す性格をもっているのを埋め合わす最大の、そしてこの時点では実に有効な勢力をなしている」と言明しており、また兵士にかんしては、「彼らはよく訓練されており、自発的であり、愛国的であり、大部分は皇帝に忠誠であり、いまだ反軍国主義的扇動の影響を受けていない」と判断しているのは、注目に値する。ファークツ『軍国主義の歴史』Ⅱ、二一五―二一六ページ。

(5) Regele によれば、「議会における政治的な議事妨害の一〇年間は、王国に、有効な軍備拡張のための時を失わせてしまっていた」。Regele, *Feldmarschall Conrad*, S. 188.

(6) Rothenberg, *op. cit.*, p. 84.

(7) Rothenberg, *op. cit.*, p. 85.

(8) Zeman, *The Break-up of the Habsburg Empire*, pp. 51–56.

(9) Zeman, *op. cit.*, p. 251.

(10) Cyril Falls, *The Battle of Caporetto*, Philadelphia, 1966, p. 137.

(11) Zeman, *op. cit.*, p. 162 f.

(12) Zeman, *op. cit.*, p. 39

むすび

最後に、全体について若干の付言を行なって、結論にかえよう。ハプスブルク帝国の軍隊は、何よりもまずその歴史的経験の所産であって、この国の発展、この国の複数主義的な構成、そのユニークな国家概念などがすべて、軍隊のなかに反映していた。十八世紀初頭以来、ハプスブルク家の君主たちは、いっそう集権化された国家組織を実現する方向に進みつつあったことは事実であるが、しかしこの目標は、断続的にまた時には不熱心に追求されたために、全面的に実現されることはなかった。そこには、分立主義的・民族的な諸要素がかなりの力で生き残っており、十九世紀後半になると、これらの要素はナショナリズムの高揚のなかであらたな勢いを得たのであった。軍隊は、ハプスブルク帝国を一体化してゆく過程で一つの有力な要因として役立ち、一八六七年のアウスグライヒ以後も、王国の両半部の双方で機能する数少ない制度の一つとして生き残っていたが、それは政治的状況から切り離されたものにはならなかったし、政治的権力を超えた立場にも達しなかった。ハプスブルク帝国は、けっしてプロイセン的な意味での軍事国家にはならなかった。あるいは、テイラー教授の言葉を借りるならば、「ハプスブルク家の『軍事国家』は、ヨーロッパにおいて、軍国化されることの最も少なかった国家であった(1)」。それゆえ、この国の軍隊はつねに、国家のなかに存在した支配的な諸傾向を反映したし、民族問題は、それが軍隊の外部で解決されえなかったと同じ程度に、軍隊の内部でも解決されえなかったのである。

（1）　A. J. P. Taylor, *The Habsburg Monarchy, 1815–1918*, New York 1965, p. 229.

終章　オーストリア・ハンガリー帝国の解体と中欧

——一九一八—一九年のドイツ系オーストリア国の立場を中心に——

は し が き

第一次世界大戦末期におけるる多民族国家オーストリア・ハンガリーの解体は、東・中欧に重大な影響を及ぼす結果になったが、とりわけ、旧帝国領内の被支配諸民族が分離・独立したあとのドイツ系オーストリア人——かつての栄光にみちたハプスブルク帝国の哀れな残留物——の置かれた立場は、はなはだ微妙であった。

一九一八年十一月革命のあと、ドイツ系オーストリア人には四つの道が開かれていた。第一は、単独に彼らだけで一つの独立国家を樹立することであったが、これは、彼らが最も望むことの少なかった解決策であった。第二は、ドイツ国との合併 Anschluss であり、これは大多数の人々に希望されていた。第三に、ある期間オーストリアは、共産主義者の活動範囲に引き入れられるかもしれない可能性があった。ハンガリーのベーラ・クン Béla Kun 政権、ミュンヘンのレーテ共和国との連繫が問題になった時期がこれであり、オーストリア共産党がそのための宣伝活動につとめた。第四は、オーストリアを新興諸民族国家と結びつけてドナウ連合を樹立する構想であり、これは、旧ハプスブルク帝国の経済的共同体ないし政治的一体性をあらたな外観のもとに復活させたいと願う一部の君主制論者や商工業者の間に、支持者をもっていた。

実際には、ドイツ系オーストリア人は第二の道を強く望みながら、結局は最も望むことの少なかった第一の道に落着かざるをえなくなったが、その間の経過は、はなはだ複雑であるとともに興味深いものがある。それにもかかわらず、従来わが国では、この点の立ち入った検討はほとんど行なわれてこなかった。本章は、戦争直後の重大な時期にドイツ系オーストリア国の外相をつとめた社会民主党の指導者オットー・バウアー Otto Bauer を中心に、彼がどのようにまたいかなる意図で Anschluss 実現のために全力を傾けたか、しかもその努力がなぜ実を結ばなかったかを、協商側列強の態度、オーストリアおよびドイツ国内の事情、ハンガリーの政治情勢などと関連させつつ、可能なかぎり詳細に考察し、問題の焦点とその意義を明らかにしようとするものである。

1　ドナウ連合の構想、ハンガリー・ソヴェト政権との関係

まずドナウ連合の構想をみよう。旧ハプスブルク帝国の領域内に一つの新しい政治的ないし経済的連合体をつくり出そうとするドナウ計画には、いくつかの異なる見解があり、それぞれ違った政治的文脈をもっていた。あるものは、ドイツ系オーストリア国、ハンガリーおよびチェコスロヴァキアから成る連合について語り、またあるものは、ユーゴスラヴィア、ルーマニア、ポーランドをもこの連合に含めるべきであるとした。ここではその詳細に立ち入る余裕はないが、何よりも注目されるのは、協商側諸国がこのような連合計画を後援し、その設立を奨励したことである。当時協商国側にとって最大の関心事は、ドイツの強大化を抑えることであったから、彼らはドナウ連合計画のうちに、Anschluss を妨げまたドイツの勢力から南東ヨーロッパを守るための、有効な方策を見いだしたのである。なお彼らは、オーストリアの独立国としての存立の可能性に若干の疑念を抱いていたから、その点でもドナウ連合計画は好ましいものと思われた。のみならず、この連合がフランスもしくは英・仏の保護下におかれるならば、それはソ連共産主義の進出に対する防壁としても役立つはずであった。

継承諸国家のなかにも、ドイツ系オーストリアの中立化と、彼らとオーストリアとの間の緊密な経済関係を望む声

がないわけではなかったし、オーストリアでも君主制論者や商工業者のうちにこの計画の支持者があったことは、すでに指摘したとおりである。しかしその反面、ドナウ連合の構想には多くの困難が含まれていた。まず、チェコスロヴァキアやユーゴスラヴィアのようなハプスブルク帝国内で以前抑圧されていた諸民族の国家は、新しい連合体のなかでドイツ人とマジャール人の優位が復活することを恐れたばかりでなく、あらたにかち得た自己の国家的主権の一部たりとも放棄することを望まなかった。さらに連合国側でも、イタリアは、この計画のなかに自国への潜在的脅威を伴う憎むべきオーストリア・ハンガリー帝国の復活をみて、はげしく反対した。ドイツ系オーストリア国の内部でも、外相オットー・バウアーは、のちに詳しく検討するように、この計画の非現実性を指摘して Anschluss の推進に全力を傾けた(1)。

こうしてドナウ連合は、結局理論的な可能性にとどまり、立案の段階を越えて発展することはなかった。協商側列強が政治的方策の一つとして、ドナウ連合に対するオーストリアの同意を得るために一致した努力を行なったことは事実であるが、こうした努力は、一九一九年三月二十一日ハンガリーにソヴェト政府が樹立された結果、意味を失ってしまった。八月のルーマニア軍によるコミュニスト政権打倒は、あまりにも遅すぎたので——すでにサン・ジェルマン条約の諸条件ができあがっていた——、ドナウ連合の創設に有利な雰囲気を回復することは、もはや不可能だったのである。

これに反して、オーストリアのドイツ国との合併ないしソヴェト・ハンガリーとの同盟は、現実にありうることであった。まず後者をみよう。軍事的破局、ハプスブルク帝国の解体、共和国の宣言と革命は、ハンガリーにも深刻な影響を及ぼし、ミハーイ・カーロイ Mihály Károlyi を首班とする新内閣を経て、一九一九年三月二十一日ブダペストには、ベーラ・クンと共産党(正確には共産党と社会民主党の合同したハンガリー社会党)の政権が成立した。ところで、ドイツ系オーストリア国特にその社会民主党がこれにどう対応するかは、連合国側にとってきわめて重大な関心事であった。ハンガリーにおけるソヴェト共和国の成立が、いくらかは西側の非妥協的政策の結果でもあっただけに、(2)オーストリアが社会革命の方向に動くかもしれぬという協商諸国の不安は大きく、ハンガリーの共産政権の指導者たちが貪欲な目を西方ウィーンに投げかけたとき、彼らの不安はさらに増大した。オーストリアが共産陣営にはいることは、もとよりモスクワの希望であったし、しかも一九一九年四月はじめには、ミュンヘンでレーテ(ソヴェト)共和国が宣言されたから、ボリシェヴィズムがハンガリーからオーストリアを経て南ドイツに発展するきざしは、モスクワのコミンテルンを元気づける一方、パリ講和会議に暗影を投げかけずにはおかなかった。講和会議がブダペスト、プラハおよびウィーンに、スマッツ将軍 Jan Christiaan Smuts を特に派遣したことは、こうした懸念を公然と表明したものであった。(3)もしボリシェヴィスト・ロシアが、以前中欧を支配した戦敗民族ドイツ人やマジャール人との同盟に成功するならば、ポーランドやチェコスロヴァキアのような、連合国の息のかかった近隣の新興諸国は、押しつぶされる危険があったから、西側列強はこうした事態を極力防止しようとしたのである。

では、ドイツ系オーストリア国がハンガリーの共産政権の働きかけに応ずる可能性は、はたして存在したであろうか。一九一八年十一月三日に正式に成立した小さなオーストリア共産党は、オーストリアにおけるソヴェト共和国の樹立を叫んでおり、オーストリアの急進的な大衆も、社会民主党の指導に従っていたとはいえ、しばらくの間ソヴェト共和国をつくり出そうとするコミュニストの努力を好意をもって眺めていた。一九一九年三月二十二日、ベーラ・クン政権成立の直後に、ブダペスト駐在のオーストリア公使クノップロッホ Cnobloch が、本国のオットー・バウアー外相に、カーロイ政府転覆後に追求さるべき政策について指令を求めたとき、バウアーは、ドイツ系オーストリア国は「ハンガリーに対してきわめて友好的な意向を」抱いてはいるが、「われわれの国内政策に影響を及ぼそうとするあらゆる宣伝活動、あらゆる試みは避けられるべきであることを」(4)ハンガリーの新外務人民委員ベーラ・クンに要求するよう、助言した。バウアーによれば、オーストリアの事情はハンガリーのそれとはまったく異なっており、いかに断固たるプロレタリア独裁の擁護者でも、ハンガリーで樹立されたような政権は、オーストリアでは二、三日以内に瓦解するであろうことを認めざるをえないはずであった。こうしてバウアーは、オーストリア社会民主党が喜んで優勢なソヴェト政権の側につくであろうというベーラ・クンおよびハンガリーのボリシェヴィストたちの希望を、しぼませてしまった。しかしハンガリーのボリシェヴィストは、最初共産党との協力を拒否したハンガリーの社会民主党が、周囲の事情に強いられて考えを変え、以後ボリシェヴィストと運命を共にしたように、オーストリア社会民主党員の多くも、オーストリア共産党に刺激され、またハンガリーからの援助と協力の提供に励まされて、自己の見解を変えるに至るかもしれないという希望を、抱き続けた。(5)

協商国側は、彼らの利害と感情をウィーン政府に知らせることに躊躇しなかった。ウィーン駐在のイギリス在外使節カニンガム Thomas Cunninghame 陸軍大佐は、オーストリア政府に、「ハンガリーを完全に見捨てて、イギリスやアメリカの方に顔を向ける態度決定をするよう」(6)しきりに勧告している。西側列強はウィーンに対して、時には救いの手をのべ、時には警告と脅迫を加えるという、飴と笞の政策を追求した。一方、ハンガリーの新ソヴェト政府も「ハンガリーのプロレタリアート」の名において、オーストリアの労働者階級に、「万国のプロレタリアートの真の連合を樹立するためわれわれと手を握るように」(7)訴えたが、オーストリア社会民主党はこの懇請に耳を貸さなかった。オーストリア社会民主党の機関紙『労働者新聞』*Arbeiter-Zeitung* は、ソヴェト・ハンガリーの例がオーストリアの労働者階級に強く訴えたことを認めはしたが、それにもかかわらず、オーストリアは完全に無力であり、食糧、石炭および原料について全面的に西側に依存していることを指摘し、オーストリアの労働者は、協商側列強のプロレタリアートもまた「鎖を断ち切る」(8)準備ができているのでなければ、社会革命の運動をやる気はないことを明らかにした。こうしてオーストリア社会民主党は、事実上ハンガリーのボリシェヴィスト陣営に投ずる意志を放棄したのであり、この方針は、一九一九年八月一日のソヴェト・ハンガリー政権の崩壊まで、変わることなく存続するのである。なるほど「ハンガリーの同胞の勇気」は称賛され、ハンガリー革命の目標に対する広範囲な同意は表明されたけれども、その称賛はあいまいであり、当初から冷静な判断の欠如がそれとなく指摘され、ハンガリー労働者階級の覚悟について疑問が提出されていた。そのかぎりで、協商側列強の恐怖は誇張されたものであったことが、判明したのである。その後数週間のうちに、『労働者新聞』および党の理論誌である『闘争』*Der Kampf* は、ハンガリー政権によるプロレタリアート自身の取扱い方について、またその究極的成功の見込みについて疑いをもつようになり、それは次第に頻度を増していった。さらに、ハンガリー政権がその意志をオーストリア人に押しつけようとした乱暴なやり方が問題にされ、それは国際的な法律や慣習に反するばかりでなく、プロレタリアートの団結にも反する試みであるとして、ハンガリー政権に公然たる非難の声があげられ、『労働者新聞』ではしばしば怒りが爆発している。しかしその反面、ソヴェト政権をあまりにもきびしく批判することに躊躇がみられるのも、特徴的である。これは、隣国ハンガリーのプロレタリアートによる「社会主義」政権に対してオーストリアの労働者たちがともあれ同情を抱いたことを示すものであり、この政権が資本主義や帝国主義の侵入を防いでいるのに、それを中傷するのは好ましくないという気分に、裏づけられていた。さらに、オーストリアを中立路線からそらすおそれのある行動はとりたくないという気持が働いていたことも、たしかである。

ところで、オーストリア社会民主党とハンガリーのソヴェト政権の間の微妙な対立の背後には、過去にさかのぼる思想的相違があったことを見のがしてはならない。一九一四年に先立つ長年の間、オーストリアの社会主義者たちは、みずからその価値に十分気づかぬままに、団結権、出版の自由、選挙権など幅広い政治的デモクラシーを達成しようと努力してきた。彼らはプロレタリア独裁を完全に拒否はしなかったけれども、この概念は、多数者による民主的支配、すなわち、単なる少数者にすぎないブルジョアジーに対立するものとしての工業プロレタリアートおよびそれと同盟する諸グループによる民主的支配と同一視されるほど、幅広く解釈されていた。(9) ロシアにおけるボリシェヴィスト政権は、全住民の大多数のみならずプロレタリア自身の大多数とも対立する方向の独裁とみなされ、こうした理由で退けられたのであった。たとえば、オーストリア社会主義の有力な左翼理論家の一人マックス・アードラー Max Adler は、ボリシェヴィズムが「熱烈な、ダイナミックな」ものであることを認めながらも、それをマルクシズムからの一種の逸脱として拒否し、「たえざる政治的・経済的啓蒙運動」および「知的改革」[10]にもとづく「マルクス主義の古いやり方」を、社会主義を達成するための正しい方法として称えている。こうしてオーストリア社会民主党は、ロシアのボリシェヴィズムのイデオロギー的対抗物であったから、一九一八—一九年の時期には、この党の指導者たちは、ロシアおよびハンガリーの共産主義者からたえずののしられ攻撃されねばならなかったのである。

オーストリア内にレーテ共和国の建設を唱えたオーストリア共産党が、ハンガリーのボリシェヴィストに助けられて、六月十五日公然たる権力掌握の試みを行なって抑圧されたあと、オーストリア外相オットー・バウアーは、翌十六日付のベーラ・クンあての半ば私的、半ば公的な手紙のなかで、ボリシェヴィズムの拡大に反対する彼および彼の党の決意を、誤解の恐れのないような形ではっきり述べている。[11]

「協商諸国と向かいあっているわれわれ(オーストリア)の軍事的状況は、ハンガリーのそれとはまったく異なっている。協商諸国は、ウィーンによってチェコスロヴァキアおよびポーランドから遮断されることを甘受するわけにはいかない。なぜなら、そうなれば、彼らの権力構造全体が崩れてしまうからである。ウィーンは、協商諸国にとっては、ブダペストとは比較にならないほど重要な場所である。……イタリア人はティロールとケルンテンを占領している。彼らは二、三日以内に数個旅団をウィーンに動かすことができるだろう。チェコ人は急行列車でウィーンからわずか一時間のところにあり、鉄道網を一目みれば、彼らにとって、ウィーンに対する軍事行動は、スロヴァキアにおけるどのような軍事行動よりも、比較にならないほど容易な仕事であることがわかるのである。たしかに、全体の軍事行動には、わずか三個師団が必要とされるにすぎないであろうし、チェコ人とイタリア人は、彼ら自身の間でそれだけの軍隊を難なく集めることができるだろう」。

続けてバウアーは、オーストリアにおけるソヴェト独裁が外国軍隊による占領を伴うことは、きわめてありそうなことだと述べるとともに、他方彼は、ハンガリーとオーストリアの間には「広範囲な利害の一致」が存するが、しかしこの一致は、地政学と歴史に、過ぐる戦争の間の戦友関係に、また遠い先の社会的・経済的ゴールに根ざすものであって、オーストリアがコミュニスト路線を即座に採用することを必要とするものではないことを、明らかにしている。[12]

ウィーンの労働者評議会《ソヴェト》の会議では、共産主義者はオーストリアでのレーテ共和国建設を主張して、シャイデマンやノスケのドイツと合併することに反対していたが、このはげしい論争のさなかで、オーストリア社会主義の指導的人物の一人であったフリードリヒ・アードラー Friedrich Adler は、独特の表現で次のように答えた。「わたしは、ヴィルヘルム二世もシャイデマンもノスケも、何人といえども、われわれがドイツを社会主義的なドイツにすることを妨げえないであろうという期待を、かたく抱いている」。[13] 一九一九年六月末から七月はじめにかけて開かれたオーストリア労働者評議会《ソヴェト》の会議は、大体において社会民主党の態度と同じ方向を示し、オーストリア共産党、ソヴェト・ハンガリーおよびモスクワのコミンテルンにあらたな失望をもたらした。共産党の新聞『社会革命』*Soziale Revolution* の論説は、オーストリア・ソヴェトの態度を、何よりもまず協商諸国での革命を待ちうけるものと批判し、フリードリヒ・アードラーの態度について特別の遺憾を表明し、「オーストリアのレーニンになる能力のあるフリードリヒ・アードラーが、オーストリアのノスケになった」事実を嘆いている。[14]

オーストリアのソヴェト会議が攻撃的な革命行動にかかりあうことを拒否したのは、ある程度政府の外交政策を反映したものであった。当時オーストリア政府は、食糧や原料について協商側列強に依存していたので、慎重に行動しなければならず、特に平和条約が起草されつつあった時期に、反西方的政策を追求する余裕はなかった。政府はしばしば西欧の「帝国主義」を熱心に批判したけれども、それにもかかわらず、自己の安全に対する真の脅威はむしろ東方から来ると信じていた。そのため、ロシアとハンガリーをバイエルンのソヴェト根拠地と連結し、プロレタリア革命を中欧地域へさらに拡大しようとするコミンテルンの猛運動とは、衝突せざるをえなかったのである。

ハンガリーのソヴェト共和国に対するオットー・バウアーの態度については、いますこし立ち入って考察する必要がある。そこでまず目をひくのは、彼の態度が Anschluss の希望によって広範囲に規定されていることである。Anschluss の問題はのちに詳しく検討するが、ここでも、一応ふれておかねばならない。バウアーは、ハンガリー・ソヴェト共和国に対する恐怖がオーストリアのブルジョア的サークルを Anschluss 支持の気持に傾かせるであろうと考えた。彼は、オーストリアにおけるレーテ共和国の樹立を拒否したけれども、ハンガリーのソヴェト共和国には反対でなく、むしろその政治的効果に期待をかけていた。一九一九年六月のベーラ・クンおよびカール・レンナーあての手紙をみれば、バウアーは、協商国側がハンガリー・ソヴェト共和国との長期にわたる対決のうちに Anschluss 反対の決意を弱められ、平和交渉の際にオーストリアの Anschluss 要求をむしろ容認するであろうという期待をかけていたことが、知られるのである。(15)

のみならず、ハンガリーの政情は、オーストリア国内の政治的力関係にも、顕著な反作用を及ぼさずにはおかなかった。四月半ばからルーマニア軍とチェコ軍のハンガリー攻撃が開始され、五月はじめにはすでにルーマニア軍がブダペストにせまり、ソヴェト・ハンガリーは壊滅の危機に直面した。五月五日には、フランス軍占領下の南部ハンガリーのセゲドに反革命仮政府がつくられ、ホルティ Miklós Horthy が陸相として参加し、「国民軍」を組織してブダペスト入りを準備していた。バウアーは、ハンガリーにおける反動的・復古的勢力の強化が、オーストリアにおける社会民主党のもろもろの可能性を制限するであろうことを、よく知っていた。五月六日のカウツキーあての手紙で、彼は次のように書いている。

「わたしは今、二重の重荷を負わされている。講和の準備と社会化がそれであるが、双方とも状態はよくない。なぜなら、ブダペストにおける挫折がここでも不平家のブルジョアジーを力づけ、われわれを弱めているからである。Anschluss が成立しないならば、オーストリアはみじめな農民国家となり、そこでは、政治を行なうことは苦労に値しなくなるであろう。……」(16)

バウアーはまた、チェコの社会民主党がハンガリーのソヴェト共和国に有効な援助を与えなかったことを批判し、一九一九年春のチェコスロヴァキアにおけるプロレタリア革命は、「全中欧における革命の諸力を鎖から解き放したであろう[17]」と述べている。彼は外相として、ハンガリー・ソヴェト共和国に対する外国の干渉を支持しようとするいっさいの試みに強く反対し、チェコスロヴァキアに武器を用立てることを拒んだ。これは明らかに、オーストリアを中欧における政治的デモクラシーの拠点にするとともに、東西間の中立のとりでにすることを望み、新しい戦争に巻きこまれることを極力避けようとしたことの表われであった。しかし、ソヴェト・ハンガリーを攻略しようとする協商諸国および近隣継承諸国にあらゆる援助を拒否したことは、バウアーとハンガリー・ソヴェト共和国との結束を示すものと解され、オーストリアの外交政策に一つのやっかいな重荷を与える結果になったことは、シュタイナーの指摘するとおりである[18]。

このように、バウアーのハンガリー・ソヴェト共和国に対する態度は微妙なニュアンスに富み、彼の思想の特殊な性格をうかがうための興味深い材料を提供している。彼は、社会主義の実現という究極目標でクンと共通するものを見いだし、またハンガリー・ソヴェト共和国の存続にある種の政治的効果を期待してはいたが、その非民主的・独裁的性格にはつよく反対し、オーストリアの共産化を退け、ボリシェヴィスト・ロシアおよびソヴェト・ハンガリーからの誘惑に抵抗し、ブダペスト、ウィーン、ミュンヘンの間に共通の連合を形成しようとする共産主義者の企てと戦って、これを撃退したのである。そしてその背後には、オーストリアの共産化はただちに連合諸国の干渉を招くであろうという不安があり、困難なドイツ系オーストリア国のとるべき道はドイツとの Anschluss 以外にはありえないという強い信念が横たわっていたのである。

一九一九年の春から夏にかけての騒々しい雰囲気のなかで、ソヴェト・ハンガリーは、オーストリアの急進的な社会民主党系労働者のかなり広範囲な同情をえたことは事実であるが、実際にドイツ系オーストリア国と共産主義ハンガリーとの連合を望んだのは、微弱なオーストリア共産党だけであった。伝統的なドイツ民族的考慮、ドイツ社会民主党との長期にわたる歴史的なつながりは、オーストリア社会民主党の指導者たちを、「マルクス主義のロシア的変種」の支配するハンガリーよりも、ドイツとの Anschluss 支持に傾かせた。要するにオーストリア社会民主党は、ボリシェヴィズムとはかなり異質であったうえに、戦争直後の重大な時期に大きな戦略的意義をもつ国を支配したために、中欧の運命を決する重大な場面で、事実上ボリシェヴィズムの反対者とならざるをえず、新民主共和国をボリシェヴィズムの脅威から防衛する役割を演じたのであった。そして、一九一九年八月一日ハンガリーのソヴェト共和国が崩壊したことによって、第三の可能性は完全に消滅したのである。

(1) オーストリア内部のドナウ連合反対の声を、二、三あげておこう。社会民主党の機関紙『労働者新聞』*Arbeiter-Zeitung*(以後AZと略記)の主筆であったアウステルリッツ F. Austerlitz は、一九一八年十一月十日付の『労働者新聞』で、戦争の終結を「ドイツ万歳」Heil Deutschland という題の論説で賛美し、「われわれはふたたびスラヴ系諸民族に結びつけられることを欲しない。……われわれの隣人であった他の人々、もろもろのスラヴ系民族は、彼らの気にいったような生活を形成するがよい。われわれは工業労働者の民族であり、それゆえ新しいドイツ人の一部であることを望むのである」と述べ、さらに「ドイツ共和国の永遠の構成要素としての」オーストリア共和国の宣言を要求し、「われわれドイツ系オーストリア国の社会主義者は、この連邦(諸民族との国家連合)を欲しない」と言明している。AZ, 10. November 1918. 彼はさらに翌年一月十一日号で、チェコ人の政治的サークルの間にある種の連合計画が存在することを認めたが、それは断固として拒否されねばならぬものであった。「われわれを投げ出した諸民族」とともに働くことは、不可能であるだろう。「チェコ人のおなさけを受けるドイツ系オーストリア国は、なんら理想ではない」。「ドイツ民族にふりかかったはげしい破局のなかで、慰めは必要ではない。そして、民族的統一という古くからのドイツ人の夢の実現こそ、われわれすべてが必要とする唯一の偉大な建設であるだろう」。AZ, 11. Jänner 1919.

一九一九年二月はじめに、ベルリン駐在のオーストリア大使ルド・ハルトマン Ludo Hartmann は、ウィーンのある社会民主党の集会で演説を行ない、Anschluss を力説して大歓迎を受けたが、彼も近隣諸民族との連合を「最も犯罪者的な思想」として排除した。なぜならオーストリア人は「われわれの同胞にとって、文化的に有能な大ドイツ国の一部であらねばならないからである。」AZ, 4. Februar 1919.

これらの例にみられるように、ドナウ連合への反対はいずれも Anschluss 推進の立場から行なわれていることが、特徴的である。

(2) カーロイを首相とする臨時政府が連合軍と休戦処理にあたる過程で、戦勝国側の強い圧迫が加えられ、カーロイ政府はこの交渉に失敗して倒壊し，かわって共産系のベーラ・クン政権が生まれたのである。斎藤稔「ハンガリー・ソビエト共和国（一九一九）」『歴史学研究』二四四号，一九六〇年八月，参照。

(3) Alfred D. Low, "Austria between East and West: Budapest and Berlin, 1918–1919", *Austrian History Yearbook*, vol. IV-V, 1968–69, p. 49.

(4) Haus-, Hof- und Staatsarchiv (Wien), Innere Lage in Ungarn, Ex 887; Low, *ibid.*

(5) Low, *op. cit.*, p. 50.

(6) Bauer an Cnobloch, Wien, 27. März 1919, Staatsarchiv (Wien), Fasz. CCLXII, Nr. 9; Low, *ibid.*

(7) *Soziale Revolution*, 26. März 1919.

(8) "Ungarn und wir", *AZ*, 23. März 1919.

(9) Low, *op. cit.*, p. 51.

(10) Max Adler, "Sozialismus und Kommunismus", *Der Kampf*, 1919, S. 253 f.

(11) Bauer an Kun, Wien, 16. Juni 1919, Staatsarchiv (Wien), Präsidialakte, Ungarn und Varia, Fasz. CCLXII, Nr. 96; Low, *op. cit.*, p. 52. なおオーストリア共産党については，Herbert Steiner, *Die Kommunistische Partei Österreichs von 1918–1933*, Wien, 1968 参照。

(12) *Ibid.*

(13) Arbeiterrat 1919, Handschriftliches Protokoll der Verhandlungen, S. 190, Verein für Geschichte der Arbeiterbewegung; Herbert Steiner, "Otto Bauer und die《Anschlussfrage》1918/19", in R. G. Plaschka u, K. Mack (hrsg.), *Die Auflösung des Habsburgerreiches*, München, 1970, S. 475 f.

(14) *Sozial Revolution*, 28. Juni 1919. オーストリア共産党は，実際，フリードリヒ・アードラーに党首になってほしいと申し出ていたが，彼はその申し出を断り，共産党をひどく落胆させた。Low, *op. cit.*, p. 53.

(15) Staatsarchiv (Wien), Bauer-Nachlass. Briefe an K. Renner und Béla Kun, Juni 1919; Steiner, *op. cit.*, S. 477.

(16) International Institute of Social History, Amsterdam. Briefwechsel Karl Kautsky, D II 506, 6. Mai 1919; Steiner, *ibid.*

(17) O. Bauer, *Die Aufgaben der deutschen Sozialdemokratie in der Tschechoslowakischen Republik*, Teplitz-Schönau, 1921, S. 7

u. 9. 同時にしかしバウアーは、オーストリア自身では、多くの論拠をもち出して、プロレタリア革命の弁護者たちに反対している。*Die österreichische Revolution* その他の著作参照。

(18) Steiner, *op. cit.*, S. 478.

2　Anschluss 運動の出現

次に、一九一八—一九年の Anschluss 運動に目を向けよう。この運動は、第一次大戦末期の新しい政治状況に対する直接的反応としておこったものであり、これを首唱しかつ推進したのは、オーストリア社会民主党であった。その詳細な検討に先立って、まずこの運動の前史と背景をみておこう。

一八六六年の普墺戦争によってつくり出されたオーストリアのドイツからの分離は、もはや変更できないもののように思われた。一八七〇年代以降、シェーネラー Georg von Schönerer を指導者とする過激派の小グループは、オーストリアのドイツ人居住地域をホーエンツォレルン家のドイツ帝国に合併することを望み、一部の青年たちを引きつけたが、オーストリア・ドイツ人の間に広範な随伴者を獲得することはできなかった。ドイツ人自由派の大多数は、なおハプスブルク帝国内での彼らの優位を守ることに関心をもっていた。また、ドイツ系のカトリック教徒は、新教徒であるプロイセン人を信用していなかった。一方社会主義者たちは、もっぱら帝国内諸民族間の争いを和解させることに関心を抱いていた。他方ドイツ帝国の政策と世論も、同じく合併に反対であった。ドイツ帝国の政治的利害は、独立国としてのオーストリア・ハンガリーの維持を必要としたからである。十九世紀末以後、言語問題をめぐってオーストリア内部の民族的対立が激化したとき、ドイツ帝国はオーストリアのドイツ人を支持したが、これは民族主義的感情の表明であるよりも、むしろベルリンの外交政策におけるレアル・ポリティークの表現としての意味が大きかった。スラヴ人に支配されるオーストリアは、ドイツ帝国にとって頼りにならない同盟国と思われたのである。また、ヨーロッパ大陸内での膨張は、海外での冒険に焦点を合わせるドイツ世界政策の目標とも、衝突した。

第一次世界大戦は両国のドイツ人をいっそう緊密に結びつけたけれども、ベルリンとウィーンには依然競合する君主が存在し、両帝国はしばしば異なる目標を追求し、戦争遂行についても、参謀たちの意見は容易に一致しなかった。戦時協力の過程で、中欧および南東欧の戦後の再建について政府の役人やオピニヨン・リーダーたちの間で両国間の共同事業計画が練られはじめたが、これは主に経済的なもので、政治的合併への序曲とは考えられなかった。

しかしながら、一九一七年末から翌一八年にかけて、新しい動きが現われはじめた。一九一七年の十一月革命直後ロシアで布告された「諸民族の権利の宣言」および一九一八年一月八日のウィルソン Woodrow Wilson 大統領の「十四ヵ条」は、ハプスブルク帝国内諸地域の民族運動に大きな影響を与えたが、この年の八月連合諸国がポーランドおよびチェコスロヴァキアの独立を承認したことは、ハプスブルク帝国の事実上の終末を意味し、さらに九月におけるバルカン戦線の崩壊は、オーストリアのスラヴ系諸民族による亡命政府の設立を促進した。十月十六日、皇帝カールは「朕の忠良な国民に与える」という宣言を発布し、領内諸民族にそれぞれ自己の居住地域で自治国家をつくらせ、連邦制によって全王国の統一を保持しようとした。これは、帝国の崩壊を食いとめようとする最後の努力であったが、実際にはむしろ無力と絶望のしるしというべきものであり、諸民族の分離・独立運動を抑制することはできず、十月末までにもろもろの民族独立国家がつくりあげられた。このような状況のもとで、オーストリア・ドイツ人の間にも、王国内の他の諸民族とのつながりを解消して独立国家をつくり、さらにドイツ国と合併すべきであるという声がおこりはじめた。そしてこの運動を先導したのは、伝統的なナショナリスト・グループよりもむしろオーストリア社会民主党であった。次に、この政党の動向に目を向けよう。

ヴィクトル・アードラー Viktor Adler やカール・レンナー Karl Renner らのドイツ系社会民主党の指導者たちは、一九一八年一月にはなお——そして一部は一九一八年十一月まで——現存する国境内での諸民族の限られた自治を要求するにとどまっていた。しかしオットー・バウアーは、一九一八年一月すでに、他のもろもろの民族国家と並んで、独立のドイツ系オーストリア国家の形成がありうることを予見しており、四月には次のように書いている。

「それ(デモクラシーの勝利)を通じて、オーストリア・ハンガリーのスラヴ系諸民族とルーマニア人は、彼ら自身の国家を手に入れるが、しかし、一つの特殊な共同体としてのドイツ系オーストリア国もまた、まさにそれを通じて、オーストリアの民族的混合物から解き放される。このような国家が組織されていれば、それはドイツ国に対する自己の関係を、自己の欲求と意志に従って自主的に解決することができるであろう(1)」。

バウアーはすでに一九一八年十月の中ごろには、『労働者新聞』の一連の論説のなかで、ドイツ系オーストリア国のドイツへの合併を主張し、これこそ、ハプスブルク帝国のドイツ系諸州にとって唯一の救いであると述べている。しかし、バウアーが十月十一日に Anschluss を提唱したとき、党首脳部はなお「早まった、発展を先取りしたもの(2)」と感じて、これを拒否したが、その後カール帝の宣言とスラヴ系諸民族の分離運動の進展をへて、事態は次第に変化し、十月末までに、ドイツ系社会主義者は、ドイツ国と合体しうる民主的共和国を要求するようになっていた。

その間十月二十一日には、オーストリア国会のドイツ系議員がドイツ系オーストリア国の独立を宣言し、臨時国民議会を構成した。ここにはじめて、ドイツ人は、他の諸民族の問題に妨げられずに、自民族の将来について考えることができるようになったのである。そして十月三十日、ドイツ系オーストリア国の臨時国民議会は暫定憲法を採択し、執行機関として国家会議 Staatsrat を組織し、社会民主党のカール・レンナーが首相に、ヴィクトル・アードラーが外相に任ぜられた。新政府のなかにはじめて社会民主党が代表され、しかもそれが主力をしめたことは、注目に値する。

帝国の崩壊が明白になったとき、社会民主党の指導者は、左右の別なく、共に大ドイツ民族国家の形成を唱えるようになっていた。一九一八年十一月一日の社会民主党の党大会では、Anschluss への決意が公式の党路線となり、もはや他にとるべき道は論ぜられなかった。党大会は次のように決議した。

「ドイツ系オーストリア国は自分自身だけが頼りであるが、なんらまとまった領域ではなく、経済的に生存能力のある組織でもない。他の諸民族がドイツ系オーストリア国から完全に別れようとするならば、あるいは、彼らがドイツ系オーストリア国に経済的な発展停止を宣言し、オーストリアの領域をスラヴ人による外国支配に従属させるという条件のもとでのみ、われわれとの国家連合を欲するというのなら、その場合には、オーストリア共和国は一つの独立の連邦として、ドイツ国に加入しなければならない」(3)。

この決議は、当時のきびしい現実がこの党をつよく揺り動かし、Anschluss こそ、オーストリアがかつて経験した最大の社会的・政治的危機を脱出するための唯一の道と考えられたことを、率直に示している。

しかし、Anschluss への道はすこぶる多難であった。オーストリアになお帝政と君主主義的感情が残っているかぎり、ドイツとの合併はありえなかった。ハプスブルク家が他のドイツ的主権のもとに身を沈めることは考えられなかったし、ドイツ人自由派は臆病で、帝国と絶縁することはできぬ状態にあり、キリスト教社会党もなお帝国に忠誠であった。十月末につくられた臨時政府も、まだ Anschluss を宣言するまでの用意はできていなかったし、全民族の将来を決定する任務をもつドイツ制憲議会の選挙が近く行なわれるというバーデン大公マックス Max von Baden の発表に対しても、なんら積極的な応答をしなかった。

一方帝政ドイツも、オーストリア・ドイツ人にとって必ずしも好ましいものではなかった。オットー・バウアーは、オーストリアの住民が、戦争の諸経験ののちにけっして Anschluss を喜ぶ気持をもっていなかったことを、知っていた。彼は十一月一日の党大会の演説で、「この思想がドイツ系オーストリアの住民大衆のなかにまだすこしも確かな地歩を占めていないこと、……ドイツ系オーストリア人の労働者たちにとっても、かなりの程度性に合わないこと」(4)を認めており、五年後の著書『オーストリア革命』のなかでも、「社会民主党がこの思想の最初の布告者であったにもかかわらず、労働者階級は、当時なお Anschluss 思想に冷く対立していた。十一月九日がはじめて労働者大衆の心をとらえて Anschluss 思想に向けた」(5)と記している。

ハプスブルク家の運命を決定し Anschluss を前面に登場させるためには、イタリア戦線の崩壊とドイツ革命が必要であった。十一月二日には三五万のオーストリア兵がイタリア軍の捕虜になり、イタリア軍はティロールに進軍してこれを占領した。軍隊の最終的瓦解は、ハンガリーにその国境を閉鎖させるに至ったが、オーストリアでもドイツ人自由派はためらいをなくしてドイツ国との合併を主張しはじめ、キリスト教社会党の忠誠も弱まってゆき、上オーストリアの同党のリーダーは、選挙民の多数が合併に好意をもっていることを認めた。ティロールとシュタイエルマルクの地方的諸政党は、イタリア人ないしセルビア人の支配に対する唯一の防衛策としてAnschlussを要求しはじめた。続いて、十一月九日のドイツ共和国の宣言は、合併にとっての最後の障害を取り除いた。ドイツ帝国のドイツ人部隊が十一月六日ティロールとザルツブルクに進入したとき、『労働者新聞』の社説は「こんにちオーストリアはドイツから別れて協商国側と休戦を結んでいるのに、ドイツはオーストリアの土地で戦争を行なっている(6)」と不満を述べていたが、三日後ドイツ皇帝が退位したとき、同新聞の論調は、「ドイツ共和国はオーストリア・ドイツ人を、抵抗しがたい力で引きつけるであろう(7)」という、Anschlussの宣伝に変わっていた。この日労働者たちは、共和国と、ベルリンの彼らの仲間たちとの連合を要求して、ウィーンの街々を行進した。キリスト教社会党もこうした時潮に屈伏した。そして十一月十一日、皇帝カールは最後の宣言を発布して「国事へのいっさいの関与」を放棄し、次の日、臨時国民議会は、ドイツ系オーストリアを、ドイツ国との合併を望む共和国であると宣言したのである。

最初の首相カール・レンナーは、議会での就任演説で、新しい民主的なオーストリア共和国がドイツ共和国の一構成部分であることを繰り返し要望し、「この時に、あらゆる地域のわがドイツ人に、われわれが一つの民族であり一つの運命共同体であることを知らせようではないか(8)」と述べた。彼によれば、Anschlussが達成される時まで、オーストリア人はいわば過渡的状態にあるのであり、「国家なき人民(9)」であった。

新政府の外務次官となり、ヴィクトル・アードラーの急死後外相として、十一月革命後の重大な八ヵ月間政府の外交政策の責任を負うことになったオットー・バウアーは、オーストリアの内外で、Anschlussのための一大宣伝キャンペーンを開始した。彼は、外務省の役人たちを前にした就任演説のなかで「民族的自由と民族的統一を求める権利が他のすべての民族に帰属するのに、その権利をだれがわれわれに禁ずるのか？――ドイツ語が聞えるかぎりでの統一を」[10]と述べ、「陳情書、論文、新聞の論説、演説などを通じて、われわれは、協商諸国の政治家たちにこの主張を表明しようと試みた。……われわれは戦勝諸国の政治家たちに、もしAnschlussがわれわれに許されないならば、ドイツ系オーストリア国の経済的崩壊は不可避であることを実証しようとする陳情書を、さんざん浴びせかけた。……」[11]と、五年後に書かれた『オーストリア革命』のなかで回顧している。一九一九年三月末以前には、フランスの外交使節はウィーンに到着していなかったけれども、オーストリアとフランスの間の非公式な話し合いはすでに一九一八―一九年の冬中立国スイスではじまっており、オーストリア政府はAnschlussに対する強い要望を、このルートを通じてまず連合国側に示そうとした。

バウアーは、西側、特にフランスの内部にAnschlussに対する強い反対があること、オーストリア自身のなかにも反対があること、ドイツでも多くのグループが気のりのしない態度を示していることを知っていた。しかし彼は、一般的な不確定状態のさなかでは、オーストリア政府およびオーストリア・ドイツ両国のAnschluss支持者の側の断固たる意志と強力な宣伝活動が、決定的な影響を及ぼすであろうと考えていた。一九一八年十二月二十九日、彼はベルン駐在のオーストリア公使ハウプトHauptあてに、次のように書いている。「ドイツ系オーストリア国は、何よりもまず自分自身が欲している事柄を知らなくてはならない。オーストリアがAnschlussにかんして断固としていさえすれば、それはたぶん達成されるであろう。なぜなら、それに対する反感は、イギリスやアメリカやイタリアでは、フランスにおいてよりもずっと弱いし、どのような他の解決の困難も大変なものであるから」[12]。

しかし、その場合バウアーの態度は慎重であった。すでにみたように、彼はドナウ連合には反対であり、それが死産の計画に留まるであろうと確信していたけれども、オーストリアの取引する立場を強化するために、それに関心をもつそぶりを示した。彼は連合の構想を一応受けいれたうえで、しかもこの計画が失敗に終わる必然性を明らかにし、そこから他の唯一の道、ドイツとの合併のための理由を導き出そうとした。バウアーは一九一八年十二月二十四日ハウプト公使に発信した秘密電報のなかで、フランスの使節に次のことを明示するよう指令している。

「ドイツ系オーストリア国は、旧王国の領土内に一つの連邦国家を形成することについてのあらゆる具体的提案に感謝しており、誠意あるすべての提議を真剣かつ良心的に検討したいと考えている。しかし、単なる関税同盟は、関係諸国の利害を満足させそうな解決とはけっして考えられないであろう。他のもろもろの民族国家が連合的組織の形成を拒否したり、あるいは、一つの主権国家としてのドイツ系オーストリア国の存在と両立しない条件のもとでのみそれを認めるにすぎないかぎり、オーストリアは、自分が生きのびるために必要とし、他のいずこにも見いだすことができない連合――ドイツ国との結合――を求める自由を、自分自身のために要求しなければならない(13)」。

また十二月二十九日には、同じくハウプトにあてて次のように述べている。

「わたしは、われわれがいつでもわれわれの隣人たちと連合について真剣な交渉にはいる用意があることを、フランスの外交官たちに謹んで強く力説する。われわれの懐疑的態度は、われわれがこのような連合の設立を妨げるもろもろの恐るべき困難を、フランス人よりもよく知っており、それゆえより正確に評価できるという事情に基づいているのである。……もっぱらこうした理由で、われわれは、ドイツとの Anschluss を唯一の可能な解決と考える。実際にチェコ人、南スラヴ人およびポーランド人が連合にかんしてわれわれと真剣な交渉にはいることを望んでいないので、われわれはこの見解を強めているのである(14)」。

そしてバウアーは、十二月二十五日の『労働者新聞』で、この問題にかんする見解を最もまとまった形で述べている。彼は、新興諸民族国家との関税同盟もしくはいっそう緊密な経済的共同作業の提案に反対して、「それらは、われわれが他のドイツ人種族と一体化することができないように、また、してはいけないように、われわれをスラヴ人やハンガリー人に縛りつけようとするものである」と断言し、近隣諸国とのいっそう緊密な結合をすべて願わしくないもの、独立国オーストリアの将来の発展のためになんの展望も与えぬものとみなし、次のような結論をみちびいている。「しかしわれわれは、今のままでいることはできない。われわれの小さな貧しいドイツ系オーストリア国のせまい領域内に生活することはできない。それゆえわれわれにとっては、ドイツとの再統一という唯一の道しか存在しない(15)」。

(1) *Kampf*, April 1918, S. 273.
(2) Steiner, *op. cit.*, S. 471.
(3) Der Parteitag, *AZ*, 2. November 1918.
(4) *Ibid.*
(5) O. Bauer, *Die österreichische Revolution*, Wien, 1923, S. 102.
(6) *AZ*, 7. November 1918.
(7) *AZ*, 9. November 1918.
(8) *Stenographisches Protokoll der provisorischen Nationalversammlung für Deutschösterreich*, S. 66.
(9) Walter Goldinger, "Der Geschichtliche Ablauf der Ereignisse in Österreich von 1918 bis 1945," in Heinrich Benedikt (hrsg.), *Geschichte der Republik Österreich*, Wien, 1954, S. 42.
(10) *AZ*, 24. November 1918.
(11) Bauer, *Die österreichische Revolution*, S. 148 f.
(12) Bauer an Haupt, 29. Dezember 1918, Staatsarchiv (Wien), Anschlussfrage, ex K 146, Nr. 4736; Low, *op. cit.*, p. 58.
(13) Bauer an Haupt, Wien, 24. Dezember 1918, *ibid.*, Nr. 4722; Low, *op. cit.*, p. 57.
(14) Bauer an Haupt, 29. Dezember 1918, *ibid.*, Nr. 4736.
(15) *AZ*, 25. Dezember 1918.

3　オーストリアとドイツにおける Anschluss 問題

このようにして登場した Anschluss 問題は、その後いかなる展開を示したであろうか。Anschluss 運動の成否は、基本的には、ドイツ・オーストリア両国間に緊密な関係が成立するかどうかにかかっていた。オットー・バウアーは政府の Anschluss 宣言によって協商国側を既成事実の前におこうとしたが、それには何よりもまずドイツ国の態度が問題であった。そこで次に、バウアーのドイツ側に対する働きかけとそれに対するドイツの反応をみなければならない。はやくも十一月十六日に、当時外務次官であったバウアーは、ドイツ共和国人民委員フーゴー・ハーゼ Hugo Haase と交渉にはいり、二つの新国家はただちに連合国に合併の承認を要求すべきであると希望し、ドイツとオーストリアは、ウィルソンが「自決権」と明言したものを実行しているにすぎないと主張した。「オーストリアは、五二年前に剣によって切断されたドイツとの緊密な国法的結合を、もう一度つくり出したいと考えている(1)」。ベルリン駐在のオーストリア大使ルド・ハルトマン Ludo Hartmann も、両国は即座に合併すべきであると論じ、いったん合併が達成されるならば、協商諸国はけっしてそれを禁ずることはできないであろうし、「講和会議の前につくられる既成事実が大きければ大きいほど、状況はドイツにとってもわれわれにとっても、いっそう楽になるであろう(2)」と述べている。

しかし、これに対するドイツ側の応答は、緩慢であった。Anschluss はドイツ系オーストリア国の中心問題であったけれども、ドイツでは同じ重要性を獲得しなかった。ドイツ系オーストリア国の合併は、ドイツ人にとって予期しなかった希望の光ではあったが、ドイツの将来がそれによって決まるとは思われなかった。たしかに、敗戦後ドイツ人の自信はひどく揺さぶられていたから、オーストリアからの Anschluss の申し出は、彼らの運命が衰退期に達した時点での信任投票であるように思われた。ドイツ人の多くは、政治的信条の如何を問わず、戦争中の努力と犠牲の

「意味」と「重要性」を疑うようになっていたが、Anschluss の実現が可能にみえたとき、戦争は突然新しい意味をもつように思われ、彼らがなめた辛苦は無駄ではなかったし、彼らの国はまもなく繁栄と偉大さへの道に復帰するであろうと感じはじめたのである。

しかし戦争直後のドイツは、Anschluss を宣言することによって協商諸国に挑戦する気分にはなっていなかったし、またそうした立場にもなかった。新ドイツ共和国の社会民主党内閣は、勝利者たちの怒りをよびおこすことを恐れ、ドイツが拡大と併合の政策を追求し続けるつもりではないかという西方列強の疑念をよびおこしそうな行動をとることを、躊躇していた。さらに、オーストリア合併の既成事実がさしせまった講和決定の際に仕返しを招くかもしれぬという懸念もあって、パリ講和会議がドイツの国境線を確定する問題について協議しつつある間は、Anschluss 問題について自制する必要があることを、十分理解していた。こうしてドイツ政府は、オーストリアの提案を慎重に冷遇した。帝政末期のドイツ外務次官であり、革命政府のもとでも当初外務の責任を担っていたゾルフ Wilhelm Solf は、原則として Anschluss を受けいれながらも、「われわれの反対者たち特にフランスは、合併を望まないようにみえるから、われわれは、戦術的な理由のために、われわれの喜びの表現を抑制しなければならなかった」(3) と述べている。

ウィーン政府は自己の弱みや西側への依存を知りながら、それにもかかわらずドイツとの合体を決意したのであったが、その際ドイツ側の強い主導権が不可欠であることを疑わなかった。一九一八年十二月末、バウアーはベルン駐在のハウプト公使あてに次のように述べている。(4) ドイツにかんするかぎり、たぶん極右のプロイセン保守党以外のあらゆる政党は、Anschluss を熱望している。ドイツ政府が遠慮がちの態度をとってきたのは、ただ――彼らが拡大政策を追求しつつありまた征服欲に支配されているという印象を避けるための――戦術的理由によるものである。しかし、ドイツ側の余りにも大きな自制は、ドイツ系オーストリア国住民の意気ごみを冷却させ、その熱狂をしめらせ、Anschluss を挫折させるおそれがある。

そこで彼は、ベルリン駐在のオーストリア大使を通じてこのことをドイツ政府に理解させるとともに、ウィーン駐在のドイツ大使ヴェーデル Botho von Wedel にも、「オーストリアにおける Anschluss 反対派は、ドイツ政府の冷い、気の進まぬ態度によって強化されつつある」(5)と警告している。それとともにバウアーは、協商側列強の政策についてドイツの抱いている恐怖を極小化しようとした。ヴェーデル大使のベルリン外務省への報告によれば、「バウアーはドイツがなぜ慎重であるかを……理解しているが、しかし彼は、もしわれわれがいっそう有利な講和条件を得たいと希望するならば、それは幻想を抱くことになるであろうと主張した。協商国側は、とにかくありうる最悪の講和条件をわれわれに強いるだろう。したがって、それ以上の段階的拡大《エスカレーション》はもはやありえない」(6)。これが、バウアーの基本方針であった。

しかしこのような努力にもかかわらず、ドイツ側では専門家の反対が強く、ベルリンからはほとんど何の反応も現われなかった。のみならず、十一月のドイツの状況はあまりにも絶望的で、政治指導者たちはオーストリア問題に専念する余裕がなかった。ベルリンの新人民委員会議は、ウィーンの臨時政府よりもはるかに危険な政治状況に直面しており、権力の地位がなお不安定で、この国の将来はベルリンの街頭で決定されることになるかもしれなかった。エーベルト Ebert と多数派社会民主党は、一九一九年一月中旬までは、けっして安全ではなかったのである。

しかしその時期までに、Anschluss 運動自体は、世論のなかでかなりの力を得るようになっていた。一月十二日には、ドイツの大部分の新聞は、ドイツ系オーストリア国との合併は全民族が意見の一致をみることのできる問題であるという宣言を掲載し、一方、ドイツ民主党、中央党、国家人民党および人民党は、一月初期までに、積極的な合併賛成の態度を決めていた。そこでベルリン駐在のハルトマン大使は、ウィーンあてに、「何人もドイツの意見の一致を疑うことはできない」(7)と確信をもって書くことができたのである。なお、これについては、ウィーン駐在のドイツ大使ヴェーデルが、オーストリアでは Anschluss に対する支持が衰えつつあり、オーストリアは離れるかもしれないという報告を行なって、ベルリンに警告を発し、ドイツ側の活動を要望し促進したことも、(8)無視できない。事実オーストリアには、当時 Anschluss 反対の気運があったが、これについては、のちにまとめて考察することにする。

統一的な世論に支持され、かつオーストリアが失われるかもしれぬことを恐れて、ヴァイマールのドイツ臨時政府は時を移さず自己の立場を明示するに至った。エーベルトはすでに新聞記者会見で、外交政策の第一局面は終わり、ドイツ人はもはや Anschluss 問題で足ぶみするつもりはないと述べていたが、この約束に忠実に、彼は二月十一日に臨時大統領就任を受諾したとき、新議会に対する演説のなかで、次のように宣言した。「われわれは厳粛に、諸民族間の力の原理を放棄した。何人をも共和国との合併に追いこみはしないが、しかし、何人をも共和国に加わることを無理にやめさせたり、それから引っぱり出したりするつもりはない(9)」。ドイツの新外相ブロックドルフ-ランツァウ Brockdorff-Rantzau は、二月十四日に政府の立場を再度くりかえし、議会で次のように述べた。「われわれはドイツ国の設立にあたって、遅ればせながら誤りの是正を企てつつあるにすぎないのであって、講和会議もたしかにこれを受け入れることを拒否しないであろう(10)」。これらの言葉が次々に述べられ、また、オーストリアのさまざまな団体や自治体や州から来た、ドイツ国との合併を求める電報が、引続き読みあげられた。さらに、ドイツ系オーストリア人のドイツと合体する権利に支持を表明する政党指導者たちのパレードも、行なわれた。これらはいずれも歓呼をもって迎えられたが、フリードリヒ・ナウマン Friedrich Naumann が議場に向かって「われわれはわがオーストリアの同胞たちに挨拶する。さあいらっしゃい。われわれは待っている(11)」と叫んだとき、最大の喝采が浴びせかけられた。

二月一日議会は、前年十一月十二日のオーストリア臨時議会の決議に対する回答を満場一致で議決し、その態度を行動で示した。この文書は、オーストリア人とドイツ人の民族的共通性に注意を喚起し、Anschluss のための交渉は「世界のすべての国々によって承認さるべきである(12)」と述べていた。ナウマンおよび同じく民主党のフーゴー・プロイス Hugo Preuss の指導下に、ドイツの政治家たちはオーストリア問題を議会の憲法委員会で引続き討議した。そしてヴァイマール憲法の最終草案は、第二条第一項で、もしその住民が同意するならば、オーストリアの諸州はドイツに加えられることができる、と述べており、また第六十一条第二項は、「ドイツ系オーストリア国がドイツ国と合併したのち、この国には、その人口数に相応する投票権をもってドイツ国参議院に参加する権利を与えるものとする」と定めていた。

ここでもう一度オーストリアに目を移そう。ドイツのヴェーデル大使が警告したように、オーストリアでも、カトリック聖職者の間には北方の新教徒と合体することへの反対があり、工業家や銀行家たちはドイツ人との競合を恐れ、貴族はなお君主制への郷愁を残していた。また、ウィーンにおける食糧不足がオーストリアを協商国の陣営に追いやるかもしれれぬ恐れもあった。そして、一般に楽天的なバウアーさえも、外国および国内の反対の増加とベルリンからの主導性の欠如に直面して、一月三日には、「このような状況をみれば、わたしには Anschluss が確定的な事柄であるとは考えられない[13]」と認めたほどであった。

ところでオーストリアでは、ドイツの二月の諸事件と並行して、二月十五日に制憲議会の選挙が行なわれた。これは、Anschluss の人気を占う最初のテストともいうべきものであった。なぜなら、その時まですべては推測と感触の段階にとどまっていたからである。社会民主党や民族主義派は Anschluss を主要な争点の一つと考え、バウアーとハルトマンはともにはげしい戦いを続けた。キリスト教社会党は原則としては Anschluss に賛成であったが、しかしそれは長期的なゴールであるべきだと論じた。合併への反対は、ザルツブルクとティロールのキリスト教社会党の間で特に強く、彼らの多くは Anschluss を、単なる「ドイツへの身売り[14]」と考えていた。しかしそれにもかかわらず、選挙の結果は、Anschluss に対する国民のはっきりした委任を表わしていた。社会主義者は投票の四〇・八%、さまざまな民族主義派は一八・四%を獲得し、制憲議会の一七〇議席のうち九五は、これら二つのグループに占められたのである。さらにキリスト教社会党の間にも、ドイツとの即時合併を支持するものがなくはなかったから、Anschluss のための人民投票に際して圧倒的多数の賛成が得られることは、保証されたも同然であった[15]。

このように、ドイツとオーストリアの双方で Anschluss の一般的支持が確認されたので、両国政府の間に具体的な外交交渉の開始が可能になった。一九一九年二月二十六日、バウアーはウィーンを立ってドイツ政府との間に秘密交渉を行ない、三月二日に調印された協定をもって、帰還した。この秘密協定は[16]、オーストリア側に有利な条件でAnschlussを準備したものといえる。まず、オーストリアの名は、統一されたドイツ国のなかの一連邦国家の名称として保存されることになっていた。さらに毎年若干の期間、ドイツの大統領はウィーンに居住し、国会もウィーンで開かれることになっていた。またドイツは、一定数のオーストリア文官を、新しく統合される中央政府、郵便施設および鉄道に取りこむことに同意していた。

協定では、双方の経済的利益にかんする事柄も定められていた。ドイツは、オーストリアの商業をドイツの他の地域と結びつけるライン＝マイン＝ドナウ運河の建設を約束し、オーストリアは特定の過渡期間の間、ハプスブルク王国の旧領地と特別の経済協定を結ぶ権利を認められた。オーストリアはまた、同じ期間の間、限られた品目について、統一関税のうえに特別の追徴金を課することを許され、旧オーストリアの土地に流れこむドイツの品目にも、この追徴金に等しい額が課されるはずであった。さらにドイツは、中央政府の一機能として行なわれたオーストリアの負債のすべてを受け入れることに同意し、オーストリアが一八七〇年以後ドイツ内の一国であった場合にもこの国に生じたと思われる負債だけが、そのまま残されることになった。

以上の点をみるかぎり、この協定がオーストリアにはなはだ好都合なものであったことは、否定できない。しかしそこには、二つの重要な問題点が含まれていた。第一は、この協定にかんするすべての交渉が、非現実的な調子をおびていたことである。当時ベルリンとウィーンの政府は、主権のすべてを行使できたわけではなく、その将来について連合国の決定を待ちつつある敗戦国であり、封鎖と占領の脅威のもとにおかれていた。のみならず、これらの交渉は、外交的真空状態のなかで行なわれた。ドイツもオーストリアもともに戦勝諸国の首都に大使館をもたず、連合国側の動向について日々の重要な情報を得ていなかったからである。それゆえ、三月二日に調印されたこの協定は、シュヴァル教授が適切に表現しているように、「目かくし鬼の外交遊戯における一つの行為にすぎなかった」のである[17]。

第二に、この協定の交渉にあたって、バウアーは、ドイツがオーストリアのために十分な経済的犠牲をはらう用意のないことを知らされた。それらの困難について、バウアーは公式には語らなかったために、オーストリアの国民議会は交渉にかんするバウアーの報告を了承し、オーストリアがドイツ国の一構成要素であることをくりかえし確認したが、しかしそこには、きわめて重大な問題が潜んでいたのである。これについては、後節でさらに詳しく検討されるであろう。

(1) AZ, 16. November 1918.

(2) Hartmann to Bauer, December 31, 1918. D. P. Meyers, "Germany and the Question of Austrian Anschluss, 1918–1922" (dissertation, Yale University, 1968), p. 169; Stanley Suval, *The Anschluss Question in the Weimar Era*, Baltimore, 1974, p. 8.

(3) Solf memo, 28. November 1918; Meyers, *op. cit.*, p. 165; Suval, *op. cit.*, p. 9.

(4) Bauer an Haupt, Wien, 24. Dezember 1918, Staatsarchiv (Wien), Anschlussfrage, ex K 146, Nr. 4722.

(5) Low, *op. cit.*, p. 59.

(6) Wedel to German foreign office, Wien, February 19, 1919, National Archives (Washington, D.C.), Akten betreffend Beziehungen Österreichs zu Deutschland, Microfilm T 136–25; Low, *ibid.*

(7) Hartmann to Bauer, January 5, 1919; Meyers, *op. cit.*, p. 214; Suval, *op. cit.*, p. 9.

(8) Suval, *ibid.*

(9) *Verhandlungen der Verfassungsgebenden Deutschen Nationalversammlung*, I, S. 41; Suval, *op. cit.*, p. 10.

(10) *Verhandlungen* I, S. 69; Suval, *ibid.*

(11) *Verhandlungen* I, S. 59; Suval, *ibid.*

(12) *Verhandlungen* I, S. 258; Suval, *ibid.*

(13) Bauer to Hartmann, 3. January 1919; Meyers, *op. cit.*, p. 204; Suval, *op. cit.*, p. 10.

(14) Frederic Dumin, "Background of the Austro-German Anschluss Movement, 1918–1919" (dissertation, University of Wisconsin, 1963), p. 90; Suval, *op. cit.*, p. 11.

(15) Suval, *ibid.*

(16)　この協定は、Microfilms of the German Foreign Office, 1870–1920, Saint Anthony's reel 25（以下 SA 25 と略記）のなかに収められているが、その大要は、Suval, *op. cit.*, p. 12 に説明されている。

(17)　Suval, *op. cit.*, p. 12.

4　協商諸国と Anschluss 問題

次に、Anschluss 問題に対する協商国側の態度をみなければならない。意外なことに、協商諸国の首都には、期待された以上に、Anschluss に対する理解と支持があった。一九一八年末のイギリス外務省の専門家たちの覚書は、Anschluss に賛意を示し、オーストリア・ハンガリーの瓦解は、ドイツとオーストリアの合併を避けがたいものにするであろうという考えを表わしていた。さらに、オーストリアのドイツ人をドイツ国内に包含することは、ビスマルク体制を最終的に破壊し、「カトリックの南部とプロテスタントの北部の間にバランスを回復する」[1]であろうという指摘も、行なわれていた。フランスの同じ専門家たちによって起草された覚書も、これらの点で一致していた。それは、ドイツのナショナリズムを永久に無視するわけにはゆかないと論じ、フランス政府は合併に反対の政策を始めるかわりに、オーストリアをドイツに含める代償として、ドイツから幾多の譲歩をとりつけるべきであるとしていた。そこには、現実政治的な考慮をこえた主張もみられ、ドイツの民族的目標のすべてがわるいわけではなく、「征服欲にもとづかず、民族的統一への熱望にもとづいた」[2]正当な目標であれば、フランスはこれを支持することが可能である、と論じられていた。

しかしながら、連合国側政府はこれら専門家の意見を退け、Anschluss を断固として拒否した。ドイツを弱めその再起を防ぐことが彼らにとって至上命令である時に、Anschluss は逆にドイツを強化し、拡大するものと思われたからである。とりわけクレマンソー Georges Clemenceau には、敵国ドイツの面積と人口を増大させるつもりはまったくなく、フランス政府ははやくも一九一八年十二月に、中立国の都市ベルンとストックホルムを通じて、ドイツ人にこうした意図をはっきり伝えた。Anschluss に対するフランス政府の公式な態度は、十二月二十九日の下院における外相ピション Stéphan Jean Marie Pichon の表明のなかで明らかにされた。彼は、オーストリアとドイツの合併は、他の地域における領土喪失の代償をドイツに提供することになり、また、南東ヨーロッパにある少数ドイツ人の制御をドイツに許す結果になるであろうと論じ、「まず第一に、このたびの勝利がすべての正しい結果に移されることが必要であり、また敗戦諸国が世界の安全と自由を危くする可能性を避けるために、それらの諸国に対してわれわれの権利を行使することが必要である」(3)と結論した。フランスの新聞も、Anschluss 反対という点ではほとんど一致した。(4)

協商側列強の Anschluss 防止の努力は、ベルリン・ウィーン枢軸のうちより弱体な、しかし Anschluss により積極的なオーストリア側に集中した。彼らは、いくつかの異なる戦術に訴えた。まずドナウ連合の形成が唱えられたが、それがもはや実行不可能にみえたとき、彼らはオーストリア人にドイツとの合併を思いとどまらせるか、さもなければ Anschluss をあっさり不法とする点に、努力を傾注した。これらの政策は、カニンガム大佐を長とするウィーン駐在のイギリス使節団およびフランス大使館によって行なわれるはずであった。ウィーンのフランス大使館は一九一九年三月末に再開され、アリゼ Henri Allizé が任務についた。そして、食糧、原料、貸付金その他あらゆる種類の経済的誘惑物がウィーンの前にぶら下げられ、それらを保留するというおどしと、それらを十分に与えるという約束とが、相次いで目まぐるしく提示された。たとえば、イギリス連絡将校カニンガム大佐は、次官のユリウス・ドイチュ Julius Deutsch 経由でバウアーに、「もしオーストリアが Anschluss を断念するならば」(5)、オーストリアは講和会議で、ブルゲンラント、南ティロールおよびズデーテン地方のいくらかを保持するのに有利な機会をもつであろうと示唆したし、フランス大使アリゼとも、類似の会話が行なわれた。(6)

次にアメリカ合衆国の態度をみなければならない。フランス外相ピションの声明は、正しい平和のためのウィルソンの十四ヵ条を犯すように思われたので、左派から攻撃をうけ、ウィルソンの原則を破りビスマルクの言葉を使うものであると非難された。しかしウィルソンの立場は、イギリス政府やフランス左派がそれを解釈したほど明快なものではなかった。ウィルソンが十四ヵ条の宣言を行なったとき、彼はその原則を、ドイツ語を話す人々に適用することを考えてはいなかった。ウィルソンはまた、民族自決を絶対的な原則とはみなさず、安全、地理的・経済的諸要因、他の関係者たちの死活の利害といった基準を考慮にいれる必要があることを、つねに強調していた。(7) アメリカの不確実できっぱりしない態度、この一種のアンビヴァレンスは、『ニューヨーク・ワールド』*New York World* の編集者フランク・コブ Frank Cobb と、ウォルター・リップマン Walter Lippmann が一九一八年十月末に準備した、十四ヵ条を解説した決定版覚書のなかにも、見いだされる。そこでは、オーストリア人は彼ら自身の運命を支配する権利をもつと主張されてはいたが、フランスの反対に対する抗議には、なんの弁護も与えられていなかった。(8) 十一月十六日に、オーストリアがみずから進んで、「大統領閣下、あなたはポーランド人、イタリア人、ユーゴスラヴ人がオーストリア外の彼らの民族国家と合併する権利を擁護されました。われわれはあなたが、同じ権利をオーストリアのドイツ人にも認められるであろうと確信しています(9)」と訴えたとき、アメリカ側には、これに答えようとする意図はなんら存在しなかった。

アメリカでは、フランスおよびイギリスと違って、外務省の専門家たちもまもなく合併に反対の態度をとるようになったが、これは、彼らの得た情報の一面性と関係があった。戦敗諸国にかんする連合国側の情報は、戦敗国が戦勝国についてもっていた情報と同じように、間違ったものもしくは不正確なものが多かった。オーストリアにかんするアメリカ合衆国の主要な情報源は、ウィーンに派遣されたアメリカ使節団長アーチバルド・クーリッジ Archbald Coolidge 教授であったが、彼は一九一九年一月、Anschluss のはっきりした支持者は社会主義者だけであると報告し、「ウィーンの世論はなおどちらかといえば流動的な状態にあり、いずれにしても、諸事件の進行によって向きを変えられるかもしれないから(10)」、それをはかることは不可能である、と述べている。クーリッジ報告は、ダレス Alam

Dulles、ドルベア F.D. Dolbeare およびドリーゼル Ellis Dresel(時事外交・政治通信課長 Chief of the Section on Current Diplomatic and Political Correspondence)が一九年二月に起草した覚書のなかに取り入れられているが、この覚書の主要な論点は、来るべき条約で承認されるはずのドイツの領土的損失に対して、合併はその埋め合わせをすることになるであろうというフランスの主張を、支持することであった。[11]

三月一日、アメリカの全権委員たちは Anschluss 問題について話し合った。ドリーゼルは、アメリカが来るべき講和条約のなかに Anschluss 禁止条項を設けようとすることに賛成であったが、国務長官ランシング Robert Lansing はこれに反対し、「ドイツ人の間に結局いつかはおこる合併を防ごうとする考えは、一つの夢想である」[12]と述べた。彼は、この問題についてアメリカがなんらかのイニシアティヴをとることは、民族自決にかんするウィルソンの政策の放棄とみられる恐れがあると考えた。こうして代表団は行きづまりにおちいり、ウィルソン大統領が合衆国から帰還するまで、いかなる勧告も行なうことができなかった。

しかし一般的形勢は、三月中ごろまでに、オーストリアおよびドイツ政府の主張とは反対の方向に向かっていた。三月十四日のウィルソンのパリ帰還は、この時期と一致していたが、ウィルソンは、オーストリア問題を全面的考究に値するほど重要なものとはみていなかったし、彼の目標リストのなかでこの問題のしめる優先順位は低かったために、諸事件の進行から影響をうける結果になってしまった。アメリカ代表はすでにフランス代表と提携を強めており、三月十五日に両国代表は、領土問題中央委員会で、オーストリアの政治的・経済的独立を承認するようドイツに強要することを、示唆した。イタリアとイギリスの代表がこうしたやり方を好まなかったために、委員会はフランス・アメリカ両国の共同示唆を伝達するにとどまったが、[13]しかし Anschluss にかんする両国の立場は、四月二十二日、わずかの議論をへたのち四国委員会で受け入れられ、ドイツとの講和条約草案のなかで、オーストリアの独立の承認が強制的に取りあげられることに決定した。[14]これは、Anschluss 問題が連合国側によって事実上決着をつけられたことを意味し、この日は、オーストリアの将来にとって宿命的な日となったのである。

さらにクレマンソーは、五月二日の四国委員会で、オーストリアの独立の永久保証という問題を提起した。ウィルソンは四月二十二日の決定を必要な臨機の処置として支持してはいたが、この提案を前にして、いかなる民族もその自決権の行使を永久に禁止されることはできないと論じ、フランスの目的とアメリカの原則とはついに衝突するようにみえた。しかしウィルソンは、ほとんど即座に、その問題の巧妙な解決策を思いついた。それは、講和条約のなかで、国際連盟の理事会が他の決定を行なわないかぎり、オーストリアの独立は奪われえないものであると言明することであった。フランスは国連理事会のいかなる決定をも拒否することができるので、クレマンソーはこのウィルソンの示唆に同意し、ロイド・ジョージ Lloyd George もこれに賛成した。(15) ランシングも、ドイツの膨張の危険を知っていたので、ある期間躊躇したあと、Anschluss を禁止する協商国側の見解を受けいれることにそれほどの困難を感じなかった。要するに、ヨーロッパに均衡を再建しようとするイギリスの考慮、ドイツの拡大がフランスおよびヨーロッパの安全にとってもつ意味についてのフランスとアメリカの関心が、民族自決の原則を戦敗者のドイツ人を含むヨーロッパの全民族に適用すべきであるとする議論よりも、重きをなしたのである。

こうして Anschluss 問題の終末は、はっきり近づいていた。三月二日の独・墺間の協定は価値を失ったが、ただ秘密条約であったために、ドイツは正式の放棄を強いられずにすんだだけであった。八月一日には、ドイツとオーストリアの講和条約に最後の仕上げが加えられ、Anschluss を禁止する条項が挿入された。八月十一日にヴァイマール憲法が正式に採用されたとき、フランス側は直ちに、ドイツ政府がその第六十一条第二項を削除することを要求した。ドイツの代表団は、講和会議は憲法を変える法的権限をもたないこと、さらに、同憲法の第百七十八条はすでに、ヴェルサイユ条約と衝突するいかなる規定も無効であると宣言していることを返答したが、クレマンソーは自己の主張を貫き、ドイツ代表団はあらためてその項の無効を宣言した。

オーストリアも同様の譲歩を強いられた。フランス側はこれにむしろドイツ以上の強い負担を負わせようとし、八月二十五日、クレマンソーは代表団の首席会議に次のようなきびしい草案を提出した。それはオーストリアに、「その領土内で、オーストリアもしくは外国の臣民による、独立国としてのオーストリアを破壊する目的をもった、宣伝であれ他の種類のものであれ、いかなる行動をも許さない」(16)ことを要求したもので、Anschluss のいっさいの準備行動を明確に禁止するところまで進んでいた。もしこの草案が採用されていたら、一九二〇年代の Anschluss 運動はまったく不可能になったであろう。しかしクレンマンソーは、イギリスの反対にあって譲歩を余儀なくされ、この草案を取り下げた。サン・ジェルマン条約の第八十八条は、ヴェルサイユ条約第八十条とほとんど同じ言葉を使って、「オーストリアの独立は、国際連盟の同意がある場合以外は、奪うことのできぬものである」(17)ことを明記していた。

ドイツ系オーストリア国は、今一つの譲歩を強いられた。ヴェルサイユの資格審査委員会 Committee for the Verification of Credentials 委員長ジュール・カンボン Jules Cambon は、五月二十九日、「ドイツ系」という言葉が国名からおろされなければ、オーストリアの信任状を受けることはできないと通告した。これは、「ドイツ系」という言葉によってオーストリアとドイツ国のつながりが永遠に残ることを恐れた南スラヴ人とチェコ人に支持されて、フランスがイニシアティヴを取った結果であった。オーストリア代表団はしばらくの間ぐずぐずしていたが、ついに十月三十一日、オーストリアの制憲議会は、サン・ジェルマン条約で定められた国境内のドイツ系オーストリア国は「オーストリア共和国」の名称をもつ民主的共和国であるという、ぎこちない表現の決議を行なった。(18)こうして Anschluss 問題には、最後のとどめが刺されたのである。

ところで、以上のような連合国側の態度決定は、ドイツとオーストリアにどのような反応を生み出したであろうか。Anschluss 禁止に対する両国の直接の反応は、現実を受けいれることの拒否であった。五月十一日と十二日に、ハルトマンとレンナーは、ウィーンの大衆集会で、オーストリアとドイツの合併に依然専念することを確認する演説を行なった。ハルトマンはまたドイツ政府に、条約中の Anschluss 禁止条項につよく反対するよう勧告し、ドイツ外相ブロックドルフ-ランツァウも、はっきりとこれに応じた。禁止が公式に発表されてから三日後の五月九日に、ランツァウはなお三月二日の協定に対する全面的な忠誠を表明し、ドイツがオーストリアの運命について連合国側と取引きするであろうという噂を、「低級な中傷にすぎない」[19]と非難した。彼は、ドイツが Anschluss 支持を再確認する内容の、連合国あての回答を起草した。そして、五月二十九日付のヴェルサイユ条約に対するドイツの回答は、「諸民族の自決権は、一般にそしてあらゆる場合に、ドイツに損害を与えるような形で利用されることはできない」[20]と力説していた。

オットー・バウアーは五月にも依然希望をもち、Anschluss 問題でオーストリアがなおなんらかの外交的イニシアティヴをとることができるかもしれぬとさえ考えていた。オーストリアは、ドイツがふたたび戦争を行なう場合にも、中立であり続けることを保証することは可能であったし、また、もし政治的な Anschluss が不可能ならば、経済的な合併をもってそれに代えることも、ありえないことではなかった。バウアーは五月二十六日、ヴェルサイユにいるオーストリア代表団長カール・レンナーあてに、協商国側が態度を変えるかもしれないいくつかの可能性を想定した長い手紙を、書き送った。協商諸国に革命がおこって、国家主義的性格のより少ない政権を実現させる可能性は、ないわけではない。南東ヨーロッパ特にユーゴスラヴィアの諸事件が、オーストリアに対する連合国側の外交政策を変えさせるかもしれない。南ドイツ諸国とのすこしずつの Anschluss は、たぶん許されるであろう。連合国はおそらく、オーストリアを支えるよりも Anschluss を許す方が経済的に安あがりであることを、知るであろう。[21]――などがそれであった。

ドイツ側もなお希望をもち続けていた。七月二十四日に、ドイツ首相グスタフ・バウアー Gustav Bauer と外相ヘルマン・ミュラー Hermann Müller は、蔵相エルツベルガー Matthias Erzberger およびハルトマンと、オーストリア問題について長時間話し合い、Anschluss の希望を存続させるための一連の方策を検討した。[22]彼らは、合併のための宣伝活動を促進するとともに、オーストリアとドイツで、この問題について即時の国民投票を求める声を高めたいと考えた。エルツベルガーは中央党を、グスタフ・バウアーとミュラーは社会民主党を代表していたが、このグループはいっそう幅の広い組織を形成すべきであると考え、七月二十六日には、合併のための大規模な宣伝をはじめるために、超党派的な小委員会が設けられた。その間ハルトマンは、ヴァイマール憲法の制定に直接かかわっていたが、[23]この憲法のなかに Anschluss の目標がはっきり打ち出されていたことは、すでにみたとおりである。

しかし八月までに、事態の動かしがたい現実は、オーストリア人の目にはもはや明らかになっていた。バウアーは六月はじめまでなお希望と幻想を抱いていたが、その後、彼の Anschluss 政策が、協商国側でも、近隣諸国においても、ドイツにおいても、拒否の壁にぶつかったことを、はっきりと認識した。Anschluss 問題がすでに実際上片づいたあと、なおそれを承認しないことは、オーストリアの交渉の立場を弱めるものでしかなかった。こうしてバウアーは、七月二十六日ついに外相を辞任した。七月十三日のレンナーあての手紙で、彼は次のように書いている。「フランスへの接近はしかし、わたしの辞職を前提にする。わたしは、議論の的になった大ドイツ主義者よりも、また手の施しようのないボリシェヴィストよりも、フランスから嫌疑をかけられている」[24]。また二、三日後のカウツキーあての手紙で、外相離任の理由を述べたあと、次のように続けている。「わたしの離任はしかし、損失ではありえない。なぜなら、Anschluss 問題では、今後数週間のうちにどっちみち何もなされはしないし、ハンガリーの事情はもはやわたしを必要としないからである」[25]。彼はいわば「ワン・イシュー大臣」[26] one-issue minister であり、Anschluss 運動の失敗は、もはや彼を内閣にとって有用ではなくしたのであった。バウアーの退任後、レンナーは平和交渉に際して Anschluss の要求を引っこめ、外交政策の方向を変えたが、「この方向転換は、平和交渉の進行に好都合な影響を与えた」[27]。レンナーは、新国家を組織し、オーストリアの独立を受けいれ、継承諸国との平和的関係を整える仕事に着手した。Anschluss 運動はこのような不幸な結末をつげ、ドイツ系オーストリア国は、最も望まなかった第一の道を歩むことを余儀なくされたのである。

（1） Harold I. Nelson, *Land and Power*, London, 1963, p. 106.

（2） *Ibid.*, p. 114.

(3) *Débats parlementaires, Annales du Chambre des Députés*, 1918, I, p. 3334.

(4) 一九一九年三月十九日の *Le Temps* 紙のドナウ連合にかんする論説は、Anschluss 問題についてのフランス人の立場を明瞭に示すものとして、注目されている。なお二月二十四日号には、オーストリアの中立化を扱った論文が掲載されている。

(5) J. Deutsch, *Aus Österreichs Revolution*, Wien, 1929, S. 78; Steiner, *op. cit.*, S. 477.

(6) しかし、Anschluss を阻止するための方法についての連合国側の不一致は、考えぬかれた政策の欠如を示していた。連合国側には、Anschluss を欲しない点での一致はあったが、なんらはっきりした政策はなく、ドイツ系オーストリアの問題、あるいは旧オーストリア・ハンガリー帝国を構成した全地域の諸問題を、経済的・政治的に解決するための長期的計画は、存在しなかったのである。連合国側の対オーストリア政策や Anschluss 政策は、積極的であるよりはむしろ消極的であったといってよい。Low, *op. cit.*, p. 61.

(7) Low, *op. cit.*, p. 62.

(8) Cobb-Lippmann memorandum は United States, Department of State, *Papers Relating to the Foreign Relations of the United States*, 1918, supplement I, vol. I, p. 411 に収められている。

(9) *Foreign Relations, the Paris Peace Conference*, 1919, II, p. 190.

(10) *Foreign Relations, Peace Conference XII*, p. 244.

(11) この覚書にかんする議論は、Dumin, *op. cit.*, pp. 310–316 にみられる。

(12) *Foreign Relations, Peace Conference XI*, p. 88.

(13) Nelson, *op. cit.*, p. 308.

(14) それに先立つ数週間の間に、クレマンソーはラインラントについて譲歩しなければならなかった。彼の Anschluss 拒否はこの譲歩のしっぺい返しであるという説もあるが、不確実である。Suval, *op. cit.*, p. 15.

(15) Paul Mantoux, *Les délibérations du Conseil des Quarrtres*, Paris, 1955, I, pp. 461–462.

(16) Dumin, *op. cit.*, p. 377; Suval, *op. cit.*, p. 16.

(17) Nina Almond and Ralph Lutz (eds.), *The Treaty of St. Germain*, Stanford University, 1935, p. 631.

(18) *Ibid.*, p. 252.

(19) Rantzau (Weimar) an Wien, 9. Mai 1919, SA 25; Suval, *op. cit.*, p. 17.

(20) Almond and Lutz, *op. cit.*, p. 632.
(21) Viktor Reimann, *Zu Gross für Österreich. Seipel und Bauer im Kampf um die Erste Republik*, Wien, 1968, S. 295–315.
(22) Suval, *op. cit.*, p. 17.
(23) ヴァイマールの制憲国民議会には、オーストリア代表も派遣されていたのである。
(24) Staatsarchiv (Wien), Bauer-Nachlaß, Brief 13. Juli 1919; Reimann, *op. cit.*, S. 332.
(25) International Institute of Social History, Amsterdam. Briefwechsel Karl Kautsky, D II 507, 4. August 1919; Steiner, *op. cit.*, S. 478.
(26) Suval, *op. cit.*, p. 20.
(27) K. Renner, *Österreich von der ersten zur zweiten Republik*, Wien, 1953, S. 30.

5　Anschluss 失敗の原因

以上、一九一八―一九年の Anschluss 運動の経過を一通りたどったあとで、その要点をまとめながら若干の問題点を取りあげ、さらに考察を深めることにしたい。

第一次大戦直後の Anschluss 運動には、しばしば「ドイツ史の論理的頂点」という評価が与えられている。たしかにこの運動は、長い間切り離されてきたドイツ、オーストリア両国のドイツ民族が一体化を達成しようとした事件であり、その意味でこのような評価が完全に的はずれであるとはいえない。しかしシュタイナー教授が指摘するように、「Anschluss 問題は、王国の最後の数十年間にも、一九一八年から一九二〇年に至る年代にも、もちろんその後においても、オーストリア・ドイツ人の民族的切望ではなかった。もろもろの権力政治的党派が、さまざまなそして非常にしばしば異なった動機から、《Anschluss 的解決》を利用したのである[1]」。それゆえ「ドイツ史の論理的頂点」という判断は、歴史的経験の現実から生まれたというよりも、むしろのちの時代の希望からつくり出されたものといわなくてはならない。

前節までの考察によって明らかにされたように、一九一八—一九年のAnschluss運動は、新しい政治状況に対する直接的反応であって、この運動に点火した火花は、ハプスブルク王朝およびホーエンツォレルン王朝の倒壊であり、オーストリア・ハンガリー帝国の解体であった。Anschlussは、残留物オーストリアにとっては唯一の解決策として、またドイツにとっては敗北の破滅から救い出してくれる何物かとして、出現した。両国の世論は、この問題について一致し、ベルリンに最初若干の躊躇があったとはいえ、両国政府はこの目標を達成するために、共同で一つの協定を結ぼうとした。しかし、一九一八年十一月の諸事件によって点火された炎は、連合諸国によって急速に消されることになった。講和条約はAnschlussを禁止し、この運動は一九一九年九月までに、自然死のような形で活動を止めたのである。

それゆえ、一九一九年にAnschlussを妨げたものが何よりもまず協商側列強であったことは、確実である。彼らは、彼ら自身の国だけでなく、あらたに自由と独立を獲得した東・中欧諸国民をも将来のあらゆるドイツの脅威から守るために、ドイツの力を減少させ、それがふたたび力を増さないようにしようと決意した。そのため彼らは、いかなる犠牲を払ってもAnschlussを禁止しなければならないと考えたのである。最も強硬だったのはフランスであり、イギリスとアメリカは、はじめいくらか躊躇したのち、フランス側にくみした。イタリアはかなりの期間、ハプスブルク帝国がドナウ連合の外観のもとに復活することを恐れて、むしろAnschluss運動に同情をよせていたが、まもなく態度を変え、南ティロールとブレンネル峠を入手したのちには、これまた西側諸強国の仲間入りをした。

Anschlussは、オーストリア・ドイツ両国のつよい希望にもかかわらず連合国側の断固たる反対によって実現を阻まれたという説明は、事実に合致しているばかりではなく、学界の定説でもある。しかし、もしこの点で考察を止めるならば、それはなお不十分であるといわざるをえない。そこで次に、Anschlussを失敗に終わらせたより現実的な理由について考えてみなければならない。

このような観点から特に注目されるのは、当時の中欧の経済事情である。一九一九年はじめのオーストリアの経済は、まさに危機的状況にあった。クローネ貨の価値はたえず下落し、一月一日—六月三十日の間に、支出は二〇〇％以上も収入を超過していた。人口七〇〇万以下の国でありながら、五月には、失業者が一八万六〇〇〇人に達し、食糧、失業、衰弱しつつある私企業のための補給金は、経済を破産させるおそれが多分にあった。(2) オットー・バウアー外相は、道義的な理由でアメリカ合衆国から与えられるはずの援助と、同民族の国ドイツから期待される大きな援助によって、この重大な危機の機先を制したいと考え、一九一八年十一月、ウィルソンとハーゼの双方に援助を訴えた。これに対してドイツは、やましい様子をみせながら、自国民にさえ必要物を供給できない状態であると回答してきた。(3)

アメリカの応答は、それよりはかなりよかった。合衆国の後援のもとに、同年十二月、連合諸国にまたがるドイツ系オーストリア国救援委員会 Inter-Allied Commission on the Relief of German Austria が設けられ、ハーバート・フーバー Hervert Hoover 指導のもとに、アメリカの食料品がウィーンに到着しはじめた。一九一九年三月五日、イギリス・フランス・イタリアの政府は、アメリカのイニシアティヴに答えて、クレジットで三〇〇〇万ドルを食料品購入の用途に指定した。さらに三月七日、四国委員会は旧オーストリア帝国のすべての州に、ウィーン向けのこうした救援食糧を入手するために鉄道の車輌を提供するよう指令した。この計画は非常にうまく行なわれ、一九一八年十二月一日から翌年八月末日までの間に、一億八〇〇〇万ドル以上の価値のある五〇万八〇〇〇トンの糧食が、オーストリアに交付された。(4)

しかし、救援活動のこのような成功は、ドイツとの合併にとっては一つの障害であった。それは、首相のレンナーを慎重にさせた。彼は一九一九年一月、「ドイツ系オーストリアは協商国に依存しており、それゆえこの時点では、合併に向かって無鉄砲な前進を行なうことはできない」(5)とドイツ人に語っている。三月二日の協定を公表するようにというバウアーの示唆をレンナーが拒絶したのも、この理由のためであった。レンナーは、オーストリア代表団の団長としてヴェルサイユに赴いた時にも、断固たる親ドイツ的キャンペーンを行なおうとはしなかった。彼は、とことんまでフランス人と話し合うようにというバウアーの忠告にも、従わなかった。レンナーは、協商国側から譲歩を強いる大きな圧力をうけていた。まず第一に彼は、オーストリアの穏やかな態度が継続的援助をうけるための必須条件であることを、理解していた。第二に連合国側は、オーストリアを交戦国であり実質的な賠償支払義務があると宣言することによって、経済に新しい脅威を与えていた。第三にレンナーは、各方面からの蚕食に対抗して領土保全の目的を達するために、連合国側の支持を必要とした。すなわち、イタリア人はティロールの一部を欲しがり、ユーゴスラヴィアはケルンテンの大部分を望んでいた。他方レンナーは、ブルゲンラントのドイツ語使用地域をハンガリーから引き離したいと考えていた。また、ティロールとザルツブルクには、州ごとに別個の協定を結んでドイツと合併しようとする動きがあったが、こうした意図の実現がオーストリアの経済をさらに弱めるであろうことは、(6)目にみえていた。

しかし、何といってもAnschluss推進政策にとっての最大の打撃は、ドイツの経済がオーストリア人の要求に答えなかったことである。バウアーは、ウィーンの飢餓状態がAnschluss運動を破壊するかもしれぬことを最初から知っていたから、はやくも十一月十六日、ドイツ国新政府のハーゼに、ウィーンに食料品を供給するよう依頼していた。新聞には肯定的な答が報道されたが、ドイツの人民委員会議は、オーストリア人にはもとより、ドイツ人にさえ必要物を供給できない状態であった。翌年二月にも、バウアーは彼の要求を繰り返し、また、オーストリアの下落しつつあるクローネをドイツが支えてくれるように切望した。彼は、今払われるいかなる犠牲も、外国人のためではなく、まもなく仲間になるはずの同民族のためであることを、ドイツ人が認識してくれるように要請した。(7)さらに彼は、ドイツのエゴイズムが合併に向かう動きをくじくかもしれぬことを力説し、どんなささいな経済上の相談をも専門家がサボタージュしないよう、政治的に指導してほしいと、熱心に要望した。しかしドイツ側は、これらの願いを受けいれようとはしなかった。バウアーがドイツ政府と結んだ三月二日の協定も、本質的には長期の経済的利益を約束したものにすぎず、いっさいの困難な決定は、専門家から成るもろもろの委員会に委ねられるはずであった。ドイツ国政府との秘密交渉の過程で、バウアーは、ドイツの政治家たち、なかんずく経済の代表者たちが Anschluss に反対であることを痛感させられ、深く失望した。彼らは連合国側の報復措置を依然恐れていたし、また、オーストリアのために経済的犠牲をはらう気構えもなかった。交渉の結果、なるほど協定は結ばれ、両国の国民議会は Anschluss を決議することになったが、しかし前述の専門家委員会のグループからは、すぐ間に合う成果が生まれることはほとんど期待できなかった。実際、ライヒスバンクの専門家たちはすでにクローネを支えるための努力を完全にサボタージュしていたし、ドイツ人とオーストリア人はさまざまな委員会で一致点に達することができず、四月の中ごろまでに、両国の専門家は不和の状態に陥っていた。これをみてバウアーは、「ただの一点でも、決定的な意見の一致は達成されていない(8)」と慨嘆しなければならなかった。一九一九年の前半、ドイツ国内には Anschluss 支持のつよい世論が支配した反面、経済的専門家を中心に Anschluss への強い反対が根強く続いていたことは、否定できない事実である。こうして実際には、Anschluss は四月中旬にはすでに死んでしまっていたのである。

(1) Steiner, *op. cit.*, S. 470. 一八四八年の「ドイツ統一」のロマン的伝統は、ドイツの現実政治家たちにとっては、ほんのわずかな意味しかもたなかった。

(2) Leo Pasvolsky, *Economic Nationalism of the Danubian States*, New York, 1928, pp. 98–102; Karl Renner, *Österreich von der ersten zur zweiten Republik*, S. 22.

(3) Die Regierung der Volksbeauftragten, Düsseldorf, 1969, I, S. 45; Suval, *op. cit.*, p. 18.

(4) Almond and Lutz, *op. cit.*, pp. 86–111; David Strong, *Austria 1918–19*, New York, 1937, pp. 241–273.

(5) Wedel to Berlin, January 30, 1919, SA 25; Suval, *op. cit.*, p. 18.

(6) Renner, *Österreich*, S. 30–42; Goldinger, *op. cit.*, S. 60–116; Meyers, *op. cit.*, pp. 308 ff.

(7) バウアーは、秘密交渉の過程で、ライヒスバンク頭取のハーフェンシュタイン Havenstein に、「ドイツがわれわれのために犠牲を払うという思想は、古い時代に由来するものです。あなたが、われわれはドイツの一部であるという立場に立たれるなら、われわれのための犠牲は、あなたがご自分のために払われる犠牲でもあるのです」と述べている。Staatsarchiv (Wien), Bauer-Nachlaß, Karton 261; V. Reimann, *op. cit.*, S. 298.

（8） Meyers, *op. cit.*, p. 316.

6 オットー・バウアーと Anschluss 推進の動機

以上の考察によって、Anschluss 運動の失敗をもっぱら連合国側の強い反対に帰する通説には、若干の修正を加える必要のあることが明らかになった。それは誤りではないが、より広範な文脈のなかで理解されなければならないのである。むしろ戦後のオーストリアの経済的窮状が連合国側の援助に依存せざるをえず、他方ドイツがオーストリアの要請に応じえず、また応じようとしなかった事情こそ、オットー・バウアーの並々ならぬ努力を難破させ、オーストリアに Anschluss を断念させた重大な要因だったのである。その過程で、首相のレンナーと外相バウアーの間に微妙な食い違いが生じたことも、見のがしがたい点である。しかしそれにしても、バウアーが異常な困難のなかで、あれほど執拗に Anschluss を要求し推進し続けたのは、いったい何故であろうか。この理由の総合的な検討は、その後の時期におけるオーストリア社会民主党、特にオットー・バウアーの政治的役割を理解するうえの重要な鍵を与えるであろう。

第一次大戦直後のオーストリアで、Anschluss が広く求められた理由は、大体次のようなものであった。まず第一は、独立国オーストリアの生存能力が疑わしいものにみえたことであり、カール・レンナーもその回顧録のなかで、Anschluss は「経済的困窮からの提供された逃げ道として生じた一つの政治的告白であった」[1]と記している。その際人々は、オーストリアの存立そのものがドイツとの合併にかかっていると考えたばかりでなく、このような合併を通じてオーストリアはドイツ共和国の経済的成長にあずかることができるという期待を抱いたのであった。ドイツ共和国はそのヨーロッパにおける中心的位置、技術的熟練、住民の文化的レベルなどによって、たぶんまもなく過去の繁栄を取りもどし、人口数も少なく経済的発達もおくれている近隣諸国を凌駕するであろうという考慮が、背後に横たわっていたのである。

しかしその際、社会民主党と他の Anschluss 支持者の間には、大きな違いがあった。一九二八年に書かれた『合併』Der Anschluss という論文のなかで、バウアーは Anschluss を喜ぶ小市民階級とブルジョアジーに対して鋭い一線を画し、彼らの基準は「利益」にすぎないとしている。(2) 当時社会民主党指導者の間には、一般に、十一月革命後のドイツにかけた大きな期待があった。たとえばフリードリヒ・アードラーは、十一月二十一日にウィーンの労働者評議会の席で、Anschluss は「マルクス・エンゲルスおよびリープクネヒトの意味での革命的なドイツへの合併(3)」である、と述べている。オットー・バウアーも、一九一九年の新年早々『タイムス』通信員とのインタヴューで、Anschluss はドイツの帝国主義を促進し、それにあらたな生命を与える可能性はないか、とのイギリス人記者の質問に対して、「ドイツ帝国主義は死んだ(4)」と答えている。要するに彼らは、民主的なまた社会主義的な勢力が波打ち進みつつある国、そして大胆な政治的・経済的・社会的な変化の達成を約束しつつある国との合併を切望したのであった。

ドイツ共和国との合併がもたらすはずの相対的富裕とは対比的に、分離した独立国オーストリアの経済ははなはだ弱体であるから、この国は西方諸強国からの経済的な施し物と継続的援助に依存しなければならないであろう。のみならずオーストリアは、大部分の州の農業的な、政治的には保守的・聖職者的な性格のために、新しい社会主義社会の建設に参加するいかなる希望もなく存在するように、運命づけられるであろう。すなわち、大胆な社会主義的実験を経験するかわりに、沈滞した、平凡な地方的国家であるように運命づけられ、ドイツ共和国の取るに足らぬ奥地となり、歴史に無視されるであろう。――これこそ、彼らが Anschluss を求めた根本的動機であった。

他方バウアーは、一九三六年に行なった一九一八年にかんする決算のなかで、オーストリアには一九一八年十一月にはなんら緊迫した革命的状況が存在しなかったことを強調し、「こうした状態のなかで、労働者階級は、公然と告げられた戦勝諸国の異議申立てに反対して、革命をデモクラシーの制限の外にあえて追いやろうとはしなかったのである」[5]と述べている。われわれはここに、バウアーがベーラ・クンとの協力をさけた重要な理由の一つを見いだすことができる。

しかしそれにもかかわらず、バウアーによれば、Anschluss はやはり「社会革命の諸力を通じてのみ」かちえられるはずであったし、それはまた革命的勢力の強化に役立つはずであった。彼は前掲の論文『合併』のなかで、もし一九一八年に Anschluss が成立していたら、それは労働運動を、ヒンデンブルクがドイツ国大統領に選ばれることを妨げる程度に強化したであろうと述べている。[6] バウアーはまた、Anschluss がナチスの占領という形で実現された二〇年後に、もし一九一八年に Anschluss が実現していたら、ドイツ人はヴェルサイユ条約を「権力の有無をいわさぬ命令」とみることはなかったであろうし、ヴァイマール共和国はその基礎を固くしたであろうと述べ、Anschluss は一九一八年には、「民主的にして民族的な原則の全般的かつ非党派的な実現」であっただろうと語っている。[7] 彼はナチス的な併合を非としたが、最後まで、「革命的なドイツへの民主的な Anschluss」の信奉者であり続けたのである。

一九一八—一九年の Anschluss 問題については、種々の解釈や批判が可能である。この時期のオットー・バウアーを中心とした Anschluss の努力は、政治的な力を本来の課題からそらせ、若い独立共和国オーストリアの大きな重荷になったという見解も、ある意味では鋭い指摘ということができる。しかしバウアーに即していえば、これはやはり一面的な解釈であり、Anschluss 問題の正しい考察は、オットー・バウアーの動機を度外視しては成立しないであろう。彼は一九一八年の前半にはやくも、戦争がハプスブルク王国の解体とドイツにおける社会主義革命の開始をもって終わるであろうと予想していたが、残滓国家のドイツ系オーストリアが社会主義的秩序を独力で発展させることができるとは思わなかったし、こうした国家のなかでは、経済的・精神的・文化的生活の成長がとまるに違いないと確信していたので、Anschluss を通じてオーストリアの、さらにはドイツの民主的・社会主義的諸力の強化を熱望したのであった。その意味で彼の Anschluss の努力は、他に選びようのない唯一の道であり、そのかぎりで見事に首尾一貫していたといいえる。

しかしまた、彼の努力が失敗に終わったことは事実であり、それが彼の思想の不徹底な点や現状認識の甘さに由来することも、否定できない。そしてこのことは、バウアー自身も気づいていたようにみえる。彼は、死を目前にした一九三八年夏に、オーストリア社会民主党史の見取り図を書き、一九一八年から一九三四年に至る時期の歴史叙述は、「Anschluss 問題に対する党の態度を含めて」、一九一八年の革命の問題点と「ファシズムに対する党の防衛戦の問題点とを、批判的に十分検討するものでなければならない」とし、「この批判がわたしにとって本質的に自己批判であることは、いうまでもない」(8)と述べている。これらの言葉はわれわれの関心を強く引くものであるが、残念ながら彼は、もはやこのような歴史的分析を行なう機会をもたずに、世を去った。

(1) K. Renner, *Österreich von der ersten zur zweiten Republik*, S. 21.
(2) AZ, 26. Juli 1928, "Der Anschluss". これは、オットー・バウアーの無署名の論文である。
(3) AZ, 22. November 1918.
(4) AZ, 28. Jänner 1919.
(5) O. Bauer, *Zwischen zwei Weltkriegen*, Bratislava, 1936, S. 281.
(6) AZ, 26. Juli 1928.
(7) O. Bauer, Rückblick—Österreichs Ende, in *Kampf*, April 1938.
(8) Archiv, Wien 1968/3. S. 84; Steiner, *op. cit.*, S. 479 f.

む　す　び

最後に若干の付言を行なって、結論にかえよう。

第一次大戦直後の中欧の事情については、ロウ教授の次の言葉が要点をよく伝えている。「戦争直後の時期には、ブダペストとウィーンとベルリンの間の関係は、一方的な求愛という特徴をもっていた。それは、ブダペストのウィーンに対する報いられない愛情、およびウィーンのベルリンに対する報いられない愛情という、悲劇的な三角関係のケースであった。ベルリンは、もし西方諸強国の不快をこうむることを恐れなかったならば、ウィーンの心使いに答える覚悟をしていたかもしれない。しかし西方の列強は、ウィーンが赤いブダペストもしくはベルリンのいずれかと結婚することには反対であった」[1]。

こうしてドイツ系オーストリアは、ドイツとの合併を強く望みながら、協商国側がこれに強く反対したために、またドイツがオーストリアを包含する力と十分な意志をもたなかったために、最も望むことの少なかった第一の道を歩むことを余儀なくされ、結局生存能力の疑わしい貧弱な独立国に満足しなければならなかった。この間の経過は、オーストリアの宿命的な窮境と非力を端的に表わすものであるが、それはまた、この国の社会民主党のその後の方向をも強く規定した。Anschluss 運動の推進者であったオーストリア社会民主党は、「大ドイツ」思想に執着しながら、その後かなりの期間、西側の「資本主義的デモクラシー」ないし「帝国主義」と東側の独裁的な「プロレタリア社会主義」の間にはさまれて、中途半端で不確かな路線を歩まねばならなかったのである。

一九二〇—三〇年代のオーストリアは、一言でいえば「何人も欲しなかった」[2]国家であり、自信を欠き存在する意志をもたぬ国家であった。こうした自信の喪失と意気銷沈こそ、——重大な経済的困難と政治的紛争に加えて——一九三八年におけるこの国の消滅に実質的に寄与したことは、疑う余地がないように思われる[3]。

(1) Low, *op. cit.*, p. 44 f.

(2) アウステルリッツは、共和国宣言の行なわれるすこし前に、次のように述べている。他の民族のところでは、獲得された独立についての感激が支配したが、ドイツ系オーストリア人のところでは、そうではなかった。他の諸民族は、独立を偉大な勝利の成果と感じていたのに、ドイツ系オーストリア人は、彼らの独立を敗北のはたらきに負うていた。新国家に導いたものは、ドイツ系オーストリア人の共同の闘争ではなかったから、共通の国家意識も存在しなかったのである。F. Austerlitz, "Der deutsch-österreichische Staat", in *Kampf*, November 1918.

(3) なお、本稿のなかですでに挙げたもののほかに、参考にした書物を若干あげておこう。
F. L. Carsten, *Revolution in Central Europe 1918–1919*, University of California, 1972; Felix Kreissler, *Von der Revolution zur Annexion—Österreich 1918 bis 1938*, Wien, 1970; Otto Leichter, *Otto Bauer—Tragödie oder Triumph*, Wien, 1970; Radomír Luža, *Austro-German Relations in the Anschluss Era*, Princeton, 1975; Arthur G. Kogan, "Genesis of the Anschluss Problem: Germany and Germans of the Habsburg Monarchy in the Autumn of 1918", *Journal of Central European Affairs*, vol. XX, 1960.

あとがき

過去数世紀にわたって伝統と栄光を誇った中欧の多民族国家ハプスブルク帝国（オーストリア・ハンガリー帝国）は、十九世紀中葉以後ナショナリズムの高揚に直面して動揺・衰退し、第一次世界大戦末期ついに解体した。わたしは十数年来この過程の究明につとめ、その成果をいくつかの論文の形で発表してきたが、本書はそれらを収録するとともに、新たに序章を書き加え、全体として一つの系統的な書物に集成したものである。

わたしがハプスブルク帝国の歴史に興味をもつようになったのは、昭和三十年代はじめのころで、当時わたしは、自由主義とナショナリズムの複雑なからみあいに注目しながら、一八四八―四九年のドイツ革命の研究に従事していたが、その過程で、この革命が多くの場合プロイセンやフランクフルト国民議会の動きを中心に論じられ、オーストリアが軽視されがちであることに気づいた。しかし、それでは明らかに片手落ちであり、ウィーンの革命やチェコ、ハンガリーその他の民族問題にもっと重点をおかなくてはならないと考えるようになった。こうしてわたしは、ドイツ史の理解を徹底させる必要からオーストリア史に足をふみ入れたのであったが、そのうちいつしか、オーストリア史自身の魅力に捉えられるようになった。多くの異民族を包含しながら、ハプスブルク家のもとに長い間中欧の広大な地域を支配してきたオーストリアとは、いったいどのような構造の国家であったのか、そこでの民族運動やナショナリズムはどのような性格のものであったのかを立ち入って検討してみたい気持が、切実なものになってきたのである。

それとともにわたしは、オーストリア史にかんする邦語文献の乏しさに驚かされた。文学や音楽の方面でオーストリア、チェコ、ハンガリーと深い関係をもちながら、歴史にかんするかぎり、当時わが国での成果は――概説と特殊研究とを問わず——まことに寥々たる有様であった。ハプスブルク帝国は、近代ドイツの政治のうえで、またナショナリズム一般の発展のうえで特殊な比重をしめながら、解明されることのはなはだ少ない分野だったのである。そこでわたしは、この相対的空白を埋める作業がわが国西洋史学界の重要な課題の一つであると考えるようになり、こうした一種の学問的義務感のようなものが、わたしをハプスブルク帝国史研究に専念させる一因となったことは、否定できない。

同時に、次の諸点にもふれておく必要がある。一九六〇—六一年のミュンヘン留学中、わたしはしばしばオーストリアに旅行したが、この国の美しい自然や諸都市のゆかしい伝統は、わたしの心をつよく捉え、またこの国の素朴であたたかい人情は、折にふれてわたしの胸に刻みこまれた。こうしてはぐくまれたオーストリアへの愛情が、その後一貫してわたしのハプスブルク帝国史研究の一つの支えになっている。また、北大のスラヴ研究施設と関係をもつようになったことも、大きなプラスであった。その研究会議での少人数スタッフによる充実した報告や討論は、東・中欧にかんするわたしの視野を広め、ハプスブルク帝国史の研究に多くの有益な刺激を与えてくれた。

しかし、何といっても決定的な意味をもっているのは、一九六六年四月アメリカ合衆国のインディアナ大学で開かれた「十九世紀のハプスブルク帝国における民族問題」をテーマにした国際研究会議に参加したことである。この会議には、東欧共産圏を含むヨーロッパ全域とアメリカから多数の専門家が集まり、四日にわたって多角的な発表が行なわれ、真剣な討議がかわされたが、それらを通じてわたしは、目を開かれる思いがした。ハプスブルク帝国史研究の現段階と問題点を国際的なレベルで広く知ることができ、それらをふまえてわたし自身の研究方向を定めることができたからである。さらに、一九七四年の秋に行なった東・中欧一帯への研修旅行も、忘れられない。特にプラハ、ブダペスト、ウィーンでは、科学アカデミーや大学で多くの専門家と意見をかわし、いくつかの文書館を訪ねて、未見の史料や文献に接することができた。これらの貴重な収穫がなかったならば、わたしの最近の諸論文はおそらく生まれなかったであろう。

しかし、学界の相対的空白を埋めるという仕事は、生やさしいことではない。ハプスブルク帝国史は、イギリス史、フランス史、ドイツ史のような、わが国ですでに多大の研究成果が積み重ねられている領域にくらべて、立ち後れが著しく、言語その他のハンディキャップも多いから、ただちに原史料にもとづく精緻な研究に没入するわけにはゆかない。まず、欧米諸国の従来の研究成果を謙虚に吸収・整理し、現在何が主要な学問的課題になっているかを確認することが必要であり、次に、われわれ自身の現代的関心にもとづく疑問をそれらの研究成果に照らして解き明かすとともに、従来の研究でなお不明な点、十分納得のいかぬ点、意見の対立している点などについては、可能なかぎり原史料を手がかりにしてわれわれ自身の見解を打ち立てるように努めなくてはならない。わたしの研究もほぼこの線に沿って進められてきた。

最近の欧米の研究にみられる注目すべき傾向としては、㈠全体国家的視点の重視、㈡社会経済的方法の導入、の二つをあげることができる。ハプスブルク帝国史の研究は一九一八年の帝国崩壊の直後から始まったが、戦間期には激情的なナショナリズムがなお尾を引いて、継承諸国を中心に、旧帝国に対するきびしい批判が支配し、ハプスブルク帝国を個々の構成民族に分解し、被支配民族の立場からその遠心的役割を考察するというやり方が基準になっていた。しかし、一九四〇年代以後大きな変化が現われ、「諸民族の牢獄」といった古い観念はのりこえられ、帝国の民族問題が偏見なく冷静に取り扱われるようになった。特に西欧では、一九五〇年代の中葉以後、ハプスブルク帝国の諸民族統合的な役割が重視され、全帝国的視点から個々の民族を見なおす傾向が現われている。その背後には、ヨーロッパ統合という問題意識があるようにみえるが、ともあれ、これは一つの前進といえよう。しかし、この点を一方的に強調することは、これまた行きすぎである。ハプスブルク帝国は諸民族の完全に好ましい連合だったわけではなく、ヨーロッパ各地で攻撃をうけた旧式な政治＝社会組織を代表していたのであって、帝国の崩壊は、政治的変革を通じての旧体制批判という意味をもっていた。それゆえ、個々の民族単位の考察も依然必要なことは明らかであり、本書では「統合」と「分解」がたがいに不可分の関係にある一組のテーマとして、設定されている。

次に、ハプスブルク帝国の民族問題の研究は、久しく二重主義か連邦主義かといった国制上の問題、言語紛争とその影響、顕著な人物の役割などに重点がおかれてきたが、最近ようやく社会経済的視角からの鋭いアプローチが試みられ、有効性を示している。この国の基本的な諸問題を正確に捉えるためには、こうした視角は不可欠であり、本書でもできるかぎり考慮されているが、社会経済史の研究を他の研究分野と結びつける努力は、今後ますます要求されよう。一枚岩的な民族の概念は、対象に近接した場合きわめてあいまいなものになり、厳密な学問的研究に耐えないケースが少なくないが、そうした場合には、民族を超えた階級的視点を導入する必要がおこるのは当然である。この点では、西欧やアメリカよりも東欧共産圏の方が一歩先んじているが、そこには長くイデオロギー性がつきまとうという難点があった。しかし、最近の自由化の傾向に伴って、ここでも大きな変化が現われ、公式的な見方はほとんど影をひそめている。わたしも、経済的発展や社会構成の考察にあたっては、ハンガリーやチェコの研究から多くの教示を受けている。

要するに、今後のハプスブルク帝国史研究のあり方は、新しい研究方法を大幅に取り入れ、諸民族のナショナリズムの諸前提ないし諸条件を事実に即してきめ細かく掘り下げてゆく一方、全体国家の積極的・統合的な役割とその限界を正確に究明してゆくことに帰着するであろう。研究者は、諸構成要素の分解的機能と全体国家が果たした統合的機能とを、時代の流れに沿って正しく位置づけ関連させる配慮が必要であり、そうした作業を通じて、ハプスブルク帝国についてのいっそう深い、バランスのとれた全体像をつくり上げるように努めなくてはならないのである。

このような方向の研究は、単なるヨーロッパ統合という問題意識をこえて、現在の世界における諸民族の共同生活のあり方の探求とも、深くつながるであろう。全世界はこんにち一つの多民族国家ともいうべきものであり、さまざまな経済的・文化的発展の途上にある諸民族の共存が切実な課題であるとすれば、ハプスブルク帝国の研究からは、超民族的な組織の可能性と限界について多くの示唆が期待されるし、ここにこの研究の最大の現代的意義があるといえよう。

しかし、ハプスブルク帝国史研究がこのような期待に十分答えうるためには、それ自身自己完結的なものであることはできない。ハプスブルク帝国の諸条件は、一世紀近くを経過した現代には、そのまま妥当するはずがないからである。それゆえ今後の研究は、ハプスブルク帝国の統治下で解決されず、帝国の解体によってもなお解決されなかった諸問題が、第二次大戦後に出現した東欧共産圏の社会主義体制下で、どの程度、またどのような形で解決されているか、といった視点を、当然取り入れなくてはならないし、また、失敗したハプスブルク帝国のケースを他の成功した多民族国家のケースと比較する視点をも、含まなくてはならない。本書の終章は、ハプスブルク帝国の諸問題をその後の時期との関係で検討しようとする出発点をなすものであるが、上述の視点の展開はなお不十分であり、わたしにとって、今後に残された重要な課題である。

そのほかにも、本書は二重帝国期のハプスブルク帝国の内部構造の研究を主要なテーマとする関係から、帝国主義時代の国際環境のなかにこの国を位置づける作業は、不十分であることを免れない。しかし、ドイツの帝国主義的発展とハプスブルク帝国の関係については、幸いに最近経済史的側面からすぐれた研究が現われはじめているから、本書の叙述を補完してくれるであろう。

このように幾多の不備を残しながらも、本書は、自分なりにハプスブルク帝国の全体像を総合的に構築しようとした努力の一つの到達点を示すものであって、ここに収録された諸論文は、さまざまなテーマを扱いそれぞれ独立しながら、たがいに深いつながりをもって、十九世紀から二十世紀にかけてのハプスブルク帝国の解体過程、とりわけその中心に立つ複雑な民族問題の実態と特質を、かなりの程度明らかにしえたと考える。本書が、学問的にほとんど未開拓であった分野に鍬を入れた先駆的な仕事としてわが国の学界に存在理由をもつことができ、東・中欧史の新しい研究者にささやかな道しるべとなることができるならば、この上もない幸いである。

最後に、本書の構成にふれておこう。本書は、序章、前篇、後篇、終章の四部から成っている。序章は、中世以来のハプスブルク帝国史を「統合と分解」という視点から概観したもので、続く諸章への導入部をなすが、十八世紀後半の啓蒙的改革期とそれに関連するナショナリズムの起源の問題に、特別の照明があてられている。前篇は、十九世紀前半から第一次大戦末に至る帝国の衰退期を扱った、やや通史的な性格の四つの論文を収めているが、単なる概説ではなく、それぞれ基本的な問題点を浮彫りにしようとしたもので、後篇を理解するうえの前提としても役立つであろう。後篇は、本書の核心をなす部分で、オーストリア・ハンガリー二重帝国の基本的な諸問題について立ち入った考察を加えた四つの特殊研究から成っている。終章は、帝国解体直後の新オーストリア共和国の運命を、ソヴェト・ハンガリーおよび新ドイツ共和国との関係に即して検討したものである。次に、本書に収録された既発表論文の原名を、各章と対比させつつ挙げておこう。

前篇㈠　「ハプスブルク帝国とメッテルニヒ」(岩波講座『世界歴史』第十八巻)一九七〇年
㈡　「《パラツキー書簡》とオーストリア・スラヴ主義について」(北大法学部十周年記念『法学・政治学論集』)一九六〇年
「プラハに開かれた最初のスラヴ民族会議がヨーロッパ諸民族にあてた声明」(『スラヴ研究』第三号)一九五九年
㈢　「ハプスブルク帝国と民族問題」(岩波講座『世界歴史』第二十巻)一九七一年
㈣　「オーストリア・ハンガリー帝国の崩壊」(岩波講座『世界歴史』第二十四巻)一九七〇年
後篇㈠　「ハプスブルク帝国の統合と分解をめぐる諸問題——ドイツ民族の立場を中心にして」(『北大法学論集』第二十三巻第二・三・四号)一九七二—七三年
㈡　「オーストリア社会民主党と民族問題」(『スラヴ研究』第七号)一九六三年
㈢　「オーストリア・ハンガリー二重帝国の構造と特質——ハンガリーの立場を中心に」(『北大法学論集』第二十五巻第二・四号、第二十六巻第一・二・三号)一九七四—七五年
㈣　「ハプスブルク帝国の軍隊と民族問題」(『スラヴ研究』第二十号)一九七五年
終　章　「オーストリア・ハンガリー帝国の解体とAnschluss問題——一九一八—一九年のドイツ系オーストリア国の立場を中心に」(『西洋史学』一〇四号)一九七七年

以上のうち、前篇(二)と後篇(二)の主要部分は、旧著『近代中欧の自由と民族』(吉川弘文館)にも取り入れられているが、本書の構成上欠くことができないので、出版社の了承を得て、原形に復し若干の整理を加えたうえ、再録することにした。なお本書に収録された諸論文は、執筆の時期と目的が異なり、初期のものと最近のものの間にはかなりの時間差があって、わたしの考えもその間に若干変わっているので、論旨の不統一が目につくかもしれない。しかし、旧稿を後から根本的に修正することは困難であるし、過去のものにはそれなりの記念碑的な意味もあるので、重複をはぶき多少の加筆を行なったほかは、ほとんど原形を保存した。

なお、ハンガリー人の名前は、日本と同じく姓↓名の順で呼ばれるが、国際的な場では、一般欧米式に名↓姓の順に表記される場合も少なくない。本書では、便宜上あとの表記法を採用している。

本書は、同学の先輩や友人諸兄に多くを負うているが、特にオーストリア、チェコスロヴァキア、ハンガリー、アメリカ合衆国の学者からは数々の刺激と教示を受け、史料の面でもいろいろと便宜を与えられた。ここにあつくお礼を申し述べたい。また本書の出版にあたって一方ならぬお世話になった岩波書店の松島秀三、木村秀彦両氏にも、深く謝意を表する。

共に歩んだ三〇年を記念して、本書を妻にささげる。

一九七七年四月十五日

札幌にて

矢田俊隆

■岩波オンデマンドブックス■

ハプスブルク帝国史研究
——中欧多民族国家の解体過程

1977年10月27日　第1刷発行
2014年6月10日　オンデマンド版発行

著　者　矢田俊隆《やだとしたか》

発行者　岡本　厚

発行所　株式会社 岩波書店
〒101-8002 東京都千代田区一ツ橋 2-5-5
電話案内 03-5210-4000
http://www.iwanami.co.jp/

印刷／製本・法令印刷

ISBN978-4-00-730114-8　　Printed in Japan

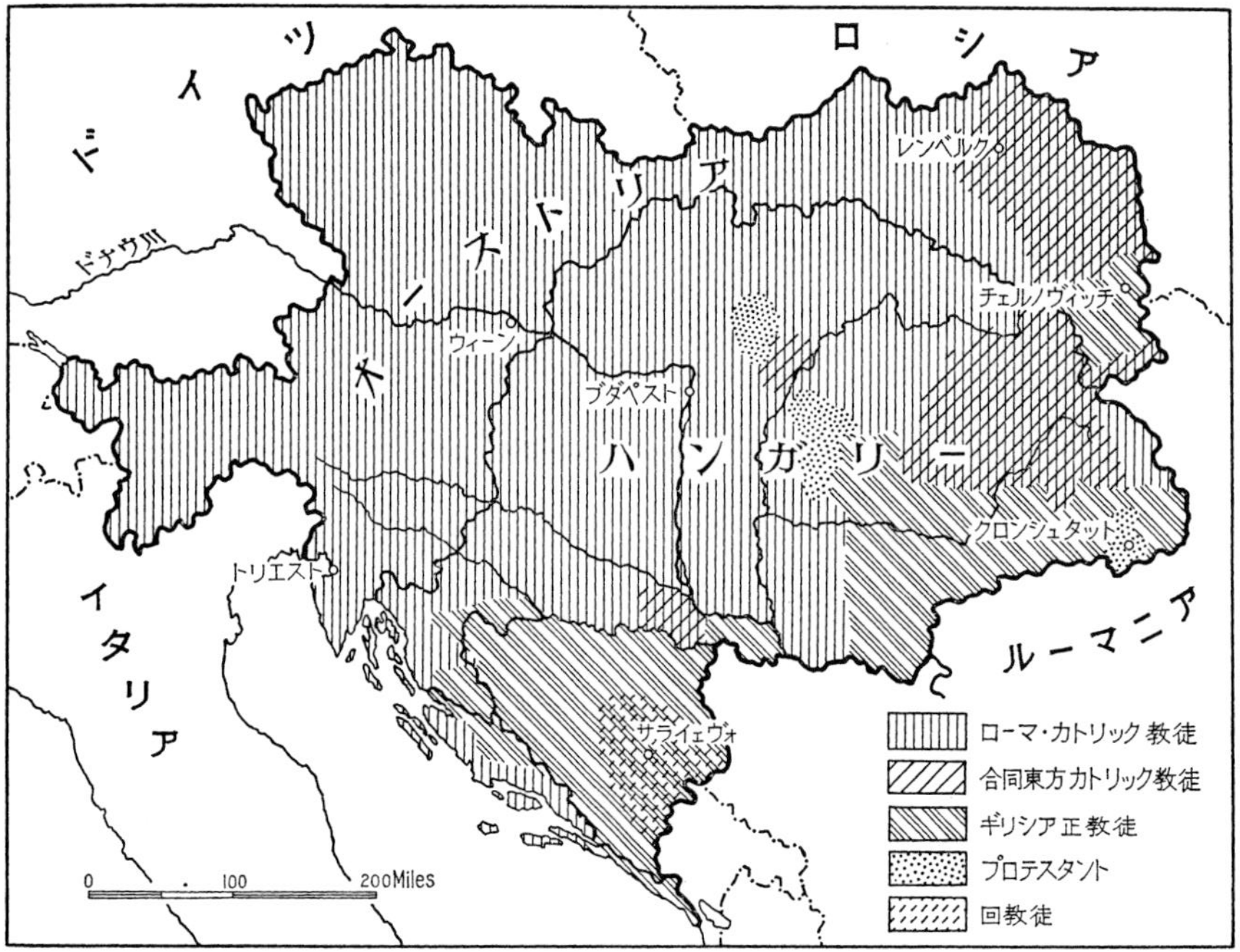

オーストリア・ハンガリー帝国の宗教分布(人口の50％以上をしめる宗教グループのみを示す)

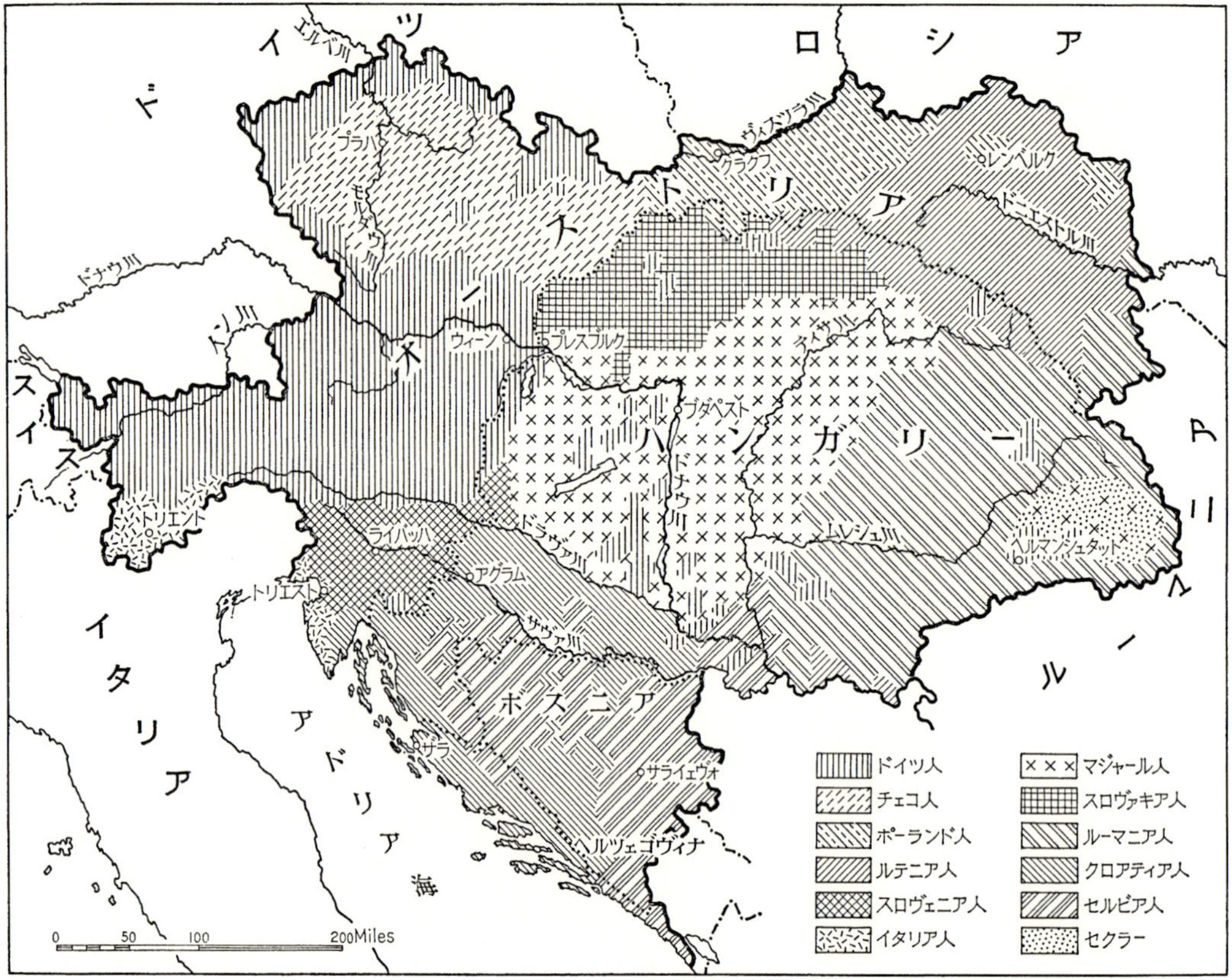

オーストリア・ハンガリー帝国の民族分布(人口の50%以上を占める民族グループのみを示す)

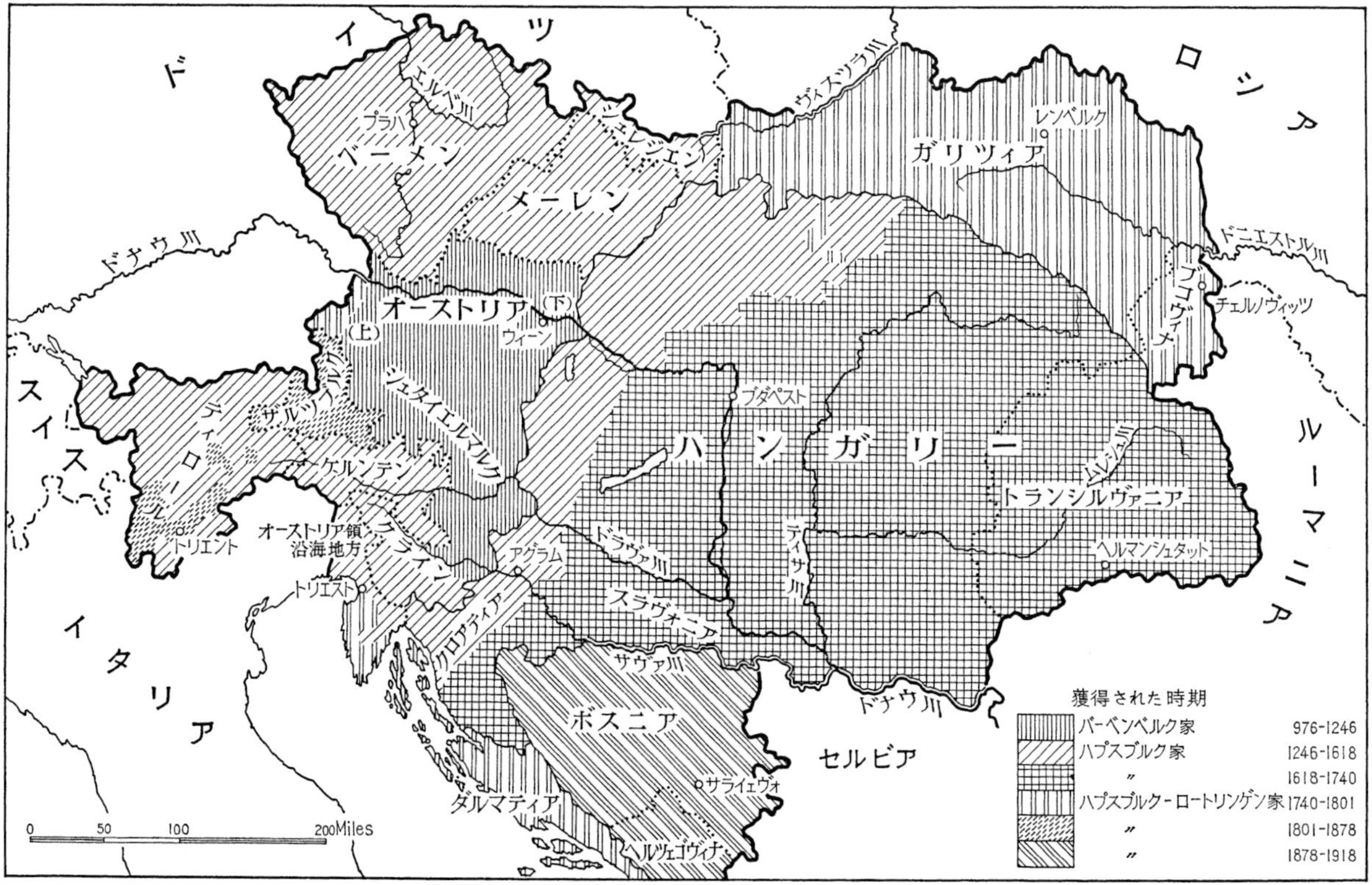

ハプスブルク帝国の歴史的発展(1878–1918 年の時期の国境内地域の変遷のみを示す)

人 名 索 引

ア 行

アウエルスペルク Auersperg, Adolf　158, 247
アウエルスペルク Auersperg, Carlos(Karl)　156
アウステルリッツ Austerlitz, Friedrich　323, 559, 594
アードラー Adler, Alfred　222
アードラー Adler, Friedrich　182, 556, 560, 591
アードラー Adler, Max　554
アードラー Adler, Viktor　161, 203, 254, 272, 297, 300, 323, 325, 328, 329, 331, 336, 562, 563, 565
アリゼ Allizé, Henri　577
アルブレヒト二世 Albrecht II　5
アルブレヒト大公 Albrecht, Erzherzog　524, 526, 528, 534
アレクサンダル・オブレノヴィチ Aleksandar Obrenović　167
アレクサンドル一世 Aleksandr(Александр)I　78, 83, 85, 86, 88
アンドラーシ Andrássy, Gyula　146, 151, 154, 210, 528, 535
アンドラーシ Andrássy, Gyula, Jr.　202

イェラチッチ Jellačić, Josip　534, 535
イシュトーツィ Istóczy, Victor　438
イズヴォルスキー Isvolskii, Aleksandr Petrovich(Извольский, А. П.)　83

ヴァーツラフ二世 Václav II　12
ウィルソン Wilson, Woodrow　187, 194, 202, 336, 342, 562, 569, 577–580, 587
ヴィルヘルム一世 Wilhelm I　143, 260
ヴィルヘルム二世 Wilhelm II　181, 556
ヴィンディシュグレーツ Windischgrätz, Alfred　115, 116, 119, 130, 534
ヴェッシェレーニー Wesselényi, Miklós　409, 410
ヴェーデル Wedel, Botho　571
ヴォルフ Wolf, Karl Hermann　270, 279

エートヴェシュ Eötvös, József　404, 409, 431
エーベルト Ebert, Friedrich　571
エルツベルガー Erzberger, Matthias　188, 582
エンゲルス Engels, Friedrich　308, 311, 591

オイゲン Eugen von Savoyen　14, 20
オタカル二世 Otakar II　3, 4, 12

オットー一世 Otto I　4, 6
オットー二世 Otto II　4
オーバーダンク Oberdank, Gulielmo　166

カ 行

カイツル Kaizl, Josef　259
ガウチュ Gautsch, Paul Freiherr von　280, 286
カウツキー Kautsky, Karl　300, 557, 583
カヴール Cavour, Camillo Benso di　139
カジンツィ Kazinczy, Ferenc　405
カスルリー Castlereagh, Robert Stewart　79, 88
カニンガム Cunninghame, Thomas　553, 577
カラジッチ Karadžić, Vuk Stefanović　236
カール一世 Karl I (オーストリア皇帝)　186–189, 191, 194, 198, 201, 204, 545
カール四世 Karl IV　5, 12
カール五世 Karl V　9, 10, 14, 15, 36, 62
カール六世 Karl VI　19, 23, 25, 36
カール大公 Karl, Erzherzog　87
カールマーン Kálmán　12
カルロ・アルベルト Carlo Alberto　94
カルロス一世 Carlos I　9　→カール五世
カルロス二世 Carlos II　10
カーロイ Károlyi, Mihály　202, 203, 518, 551, 559

ギゾー Guizot, François Pierre Guillaume　95
キュベック Kübeck, Karl Friedrich　224

クーエン-ヘーデルヴァーリ Khuen-Hédervàry, Károly　167, 471, 538
ククリエヴィッチ Kukuljević　121
クノッブロッホ Cnobloch　552
クラマー Cramer　488
クラマーシュ Kramář, Karel　174, 182–184, 238, 259, 346
クラム-マルティニッツ Clam-Martinic, Heinrich Jaroslav　191
クーリッジ Coolidge, Archbald　578
グリルパルツァー Grillparzer, Franz　242
クレマンソー Clemenceau, Georges　198, 200, 576, 580, 581, 584
クーン Kuhn, Franz　529
クン Kun, Béla　518, 549, 551, 552, 555, 557, 560, 592

ケルバー Koerber, Ernst　162, 235, 237, 281, 286, 287, 331

コダーイ Kodály, Zoltán　152
コッシュート Kossuth, Ferenc　152, 153

コッシュート Kossuth, Lajos　93, 95, 152, 352, 404, 409, 410, 412, 413
コピタル Kopitar, Jernej (Bartholomäus)　236
ゴルホフスキ Goluchowski, Agenor　164, 165
ゴルホフスキ Goluchowski, Agenor, Jr.　165
コルン Korn　488
コロヴラート Kolowrat, Franz Anton　94
コロディ Korodi　488
コンラート・フォン・ヘッツェンドルフ Conrad von Hötzendorff, Franz　174, 185, 186, 543, 545

サ行

ザイス-インクヴァルト Seyss-Inquart, Arthur　222
ザイドラー Seidler, Ernst　191
ザーポヤイ Zápolyai (サポヤイ Szapolyai), János　13
サライ Szalay, László　404, 409

シェーネラー Schönerer, Georg von　160, 161, 249, 250, 259, 260, 268, 270, 271, 273–277, 532, 561
シェフレ Schäffle, Albert　158
シクストゥス Sixtus　187, 188, 198, 200
シャイデマン Scheidemann, Philipp　556
シャファジーク Šafařík, Pavel Josef　121
シャルル十世 Charles X　91
シュヴァルツェンベルク Schwarzenberg, Felix　136, 137, 139
シュシュニック Schuschnigg, Kurt von　222
シュタインヴェンダー Steinwender, Otto　235, 249, 254, 270, 273
シュターディオン Stadion, Philipp　520
シュテファーニク Štefánik, Milan Ratislaw　192
シュテュルク Stürgkh, Karl von　182, 183, 184, 189, 282
シュトゥール Štúr, Ljudevit　121
シュトロスマイヤー Štrosmajer (Strossmayer), Josip Juraj　168
シュトレマイヤー Stremayr, Karl　248, 261, 262
シュトローバッハ Strobach, Antonín　231
シュメアリング Schmerling, Anton von　141–144
シュルツェ-デーリッチュ Schulze-Delitzsch, Franz Hermann　296
シュレーゲル Schlegel, Friedrich　31
シュロバール Šrobár, Vavro　487
シュンペーター Schumpeter, Joseph Alois　222
ジルベルシュタイン Silberstein, Dezső　501

スターリン Stalin, I. V. (Сталин, И. В.)　340–342, 344, 346
スタルチェヴィッチ Starčević, Ante　167

聖ヴァーツラフ一世 Václav I, Svatý 11, 157
セーチェニー Széchenyi, István 377, 403, 407, 409, 440
ゼーリガー Seliger, Josef 301, 302, 307
セール Széll, Kálmán 471, 538

ゾルフ Solf, Wilhelm 570

タ 行

ダイム Deym, Friedrich 39
ターフェ Taaffe, Eduard 64, 158–161, 163, 247, 248, 252, 253, 261–263, 280, 296

チェンゲリ Csengery, Antal 404, 409
チャーチル Churchill, Winston 206

ツェルニン Czernin, Ottokar 174, 186, 188, 197, 198, 200

デアーク Deák, Ferenc 145, 146, 152, 431, 535
ティサ Tisza, István 152, 176, 189, 203, 471, 539, 540
ティサ Tisza, Kálmán 152, 154, 419, 423, 434, 439, 488, 535, 537, 538

ドイチュ Deutsch, Julius 577
トゥーン Thun, Leo 118
ドブロフスキー Dobrovský, Josef 39
トミッチ Tomić, Jaša 488
ドモフスキ Dmowski, Roman 174, 193
トルムビッチ Trumbić, Ante 192, 193
トロヤン Trojan, Alois Pravoslav 231

ナ 行

ナウマン Naumann, Friedrich 324, 325, 572
ナポレオン一世 Napoléon I 44, 45, 51, 69, 72, 75, 76, 78, 79, 81, 520, 521
ナポレオン三世 Napoléon III 138, 139, 144 →ルイ・ナポレオン

ニェメッツ Němec 303, 307
ニコライ一世 Nikolai (Николай) I 88, 89, 91, 94

ネッセルローデ Nesselrode, Karl Robert (Нессельроде, К. В.) 91

ノスケ Noske, Gustav 556

ハ 行

ハインリヒ四世 Heinrich IV 6
ハインリヒ六世 Heinrich VI 6

バウアー Bauer, Gustav　582, 583
バウアー Bauer, Otto　163, 174, 201, 234, 242, 255, 311, 316–323, 324, 325, 326, 327, 328, 329, 334, 335, 336, 337, 340, 342, 343, 345, 550–553, 555–558, 562–567, 569–571, 573–575, 577, 582, 583, 587–593
ハウプト Haupt　566, 567, 570
バクーニン Bakunin, Mikhail Aleksandrovich (Бакунин М. А.)　122
パシッチ Pašić, Nikola　167, 193
ハーゼ Haase, Hugo　569, 587, 588
パッタイ Pattai, Robert　271
バッチャーニュ Batthyány, Lajos　403, 407, 412
バッハ Bach, Alexander　137, 140, 224, 525
バデニー Badeni, Kasimir　161, 162, 237, 261, 263–273, 275, 277, 278, 279, 280, 283, 284, 286, 289, 290, 298, 331, 335, 532
パデレフスキ Paderewski, Ignacy Jan　193
パーマストン Palmerston, Henry John Temple　83, 94, 138
パラツキー　Palacký, František　39, 56, 101–115, 119, 121, 122, 170, 283, 308, 347
バルトーク Bartók, Béla　152
ハルトマン Hartmann, Ludo　559, 569, 571, 573, 581–583
ハルマッツ Charmatz, Richard　309

ピション Pichon, Stephen Jean Marie　577
ビスマルク Bismarck, Otto　83, 145, 157, 159, 241, 260, 279, 532, 576, 578
ヒトラー Hitler, Adolf　160, 237
ビーネルト-シュメアリング Bienerth-Schmerling, Richard Freiherr von　281, 282, 286, 287
ヒンデンブルク Hindenburg, Paul　179, 592

フィシュホーフ Fischhof, Adolf　308
フィリップ Philippe le Beau　9
フィリッポヴィッチ Philippović, Joseph　222
フェイェールヴァーリ Fejérváry, Géza　539
フェリペ二世 Felipe II　10, 15
フェルディナント一世 Ferdinand I　3, 9, 10, 11, 13, 15, 16, 22
フェルディナント二世 Ferdinand II　16, 17, 20, 23
フェルディナント一世 Ferdinand I (オーストリア皇帝)　136
フェルディナント一世 Ferdinand I (両シチリア国王)　77
フォーゲルザング Vogelsang, Karl　235
ブオル-シャウエンシュタイン Buol-Schauenstein, Ferdinand Karl　138
フッサール Husserl, Edmund　222
フーバー Hoover, Hervert　587
ブラホ Blaho　487
フランツ一世 Franz I　24
フランツ一世 Franz I (オーストリア皇帝)　→フランツ二世

フランツ二世 Franz II　2, 24, 43-45, 51, 81, 82, 94
フランツ・フェルディナント Franz Ferdinand　173, 176
フランツ・ヨーゼフ一世 Franz Joseph I　57, 136, 138, 139, 140, 142, 143, 144, 146, 147, 153, 161, 166, 173, 175, 182, 185, 281, 349, 415, 430, 526, 528, 533, 534, 538, 539
ブリアーン Burián, István　180, 186, 198, 199
フリートユング Friedjung, Heinrich　222
フリードリヒ一世 Friedrich I　6
フリードリヒ二世 Friedrich II　6
フリードリヒ二世 Friedrich II (バーベンベルク家)　4
フリードリヒ三世 Friedrich III　9
フリードリヒ五世 Friedrich V (ファルツ選帝侯)　16-17
フリードリヒ・ヴィルヘルム三世 Friedrich Wilhelm III　84
フリードリヒ・ヴィルヘルム四世 Friedrich Wilhelm IV　94
フリンカ Hlinka, Andrej　487
ブルシーロフ Brusilov, Aleksei Alekseevich (Брусилов, А. А.)　179, 181
プロイス Preuss, Hugo　572
フロイト Freud, Sigmund　222
ブロックドルフ-ランツァウ Brockdorff-Rantzau, Ulrich　572, 581, 582

ペタル一世 Petar I Karađorđević　167
ベック Beck, Max Wladimir　282
ベック-ルジコフスキー Beck-Rzikowsky, Friedrich　528
ベッシェニエイ Bessenyei, György　405
ベートマン-ホルヴェーク Bethmann-Hollweg　175, 186
ベトレン Bethlen Gábor　18
ベネシュ Beneš, Eduard　174, 192, 335, 347
ベーム-バウェルク Böhm-Bawerk　222
ベルクレディ Belcredi, Richard　144
ヘルダー Herder, Johann Gottfried　31, 51, 95
ペルナーシュトルファー Pernerstorfer, Engelbert　273, 304, 323
ペルネル Perner, Jan　231
ベルヒトールト Berchtold, Leopold　176, 180
ヘルプスト Herbst, Eduard　262
ヘンツィ Hentzi, H.　534, 535

ボイスト Beust, Friedrich Ferdinand von　146
ホーエンヴァルト Hohenwart, Karl Siegmund　157, 158
ポポヴィチ Popovici, Aurel von　309
ホルティ Horthy, Miklós　518, 557

マ 行

マクシミリアン一世 Maximilian I　9, 13, 22, 62
マクシミリアン二世 Maximilian II　16

マサリク Masaryk, Tomáš Garrigue　174, 191, 195, 196, 203, 236, 238, 346, 487
マックス Max von Baden　564
マッケンゼン Mackensen, August　179
マッツィーニ Mazzini, Giuseppe　93, 94, 326
マッハ Mach, Ernst　222
マデイスキ Madeyski, Stanislaus von　262
マラチェフスキ Maraczewski　121
マリア・テレジア Maria Theresia　23–29, 32, 33, 36, 38, 41, 54, 62, 80, 403, 405, 520
マリー・ルイズ Marie Louise　44
マルクス Marx, Karl　291, 308, 311, 326, 591

ミュラー Müller, Hermann　582
ミラン・オブレノヴィッチ Milan Obrenović　167

メッテルニヒ Metternich, Klemens Wenzel Lothal von　5, 44, 69–99, 107, 521
メンガー Menger, Karl　222

ヤ 行

ヨーゼフ一世 Joseph I　20
ヨーゼフ二世 Joseph II　24, 29–32, 34, 36, 38, 40, 41, 54, 60, 63, 80, 402, 405, 520
ヨハン大公 Johann, Erzherzog　520

ラ 行

ラーコーツィ・フェレンツ二世 Rákóczi Ferenc II　19, 403
ラースロー一世 László I　12
ラッサール Lassalle Ferdinand　296, 308
ラヨシュ二世 Lajos II　→ルードヴィク二世(ベーメン王)
ランシング Lansing, Robert　579, 580
ランマッシュ Lammasch, Heinrich　174, 202, 204

リーゲル Rieger, František Ladislav　145, 160, 231
リスト List, Friedrich　400

ルイ十四世 Louis XIV　19, 20
ルイ・ナポレオン Louis Napoléon　83　→ナポレオン三世
ルイ・フィリップ Louis Philippe　89, 91, 93, 95
ルエーガー Lueger, Karl　160, 161, 256, 257, 267, 271–273, 279, 434
ルクセンブルク Luxemburg, Rosa　343
ルター Luther, Martin　14–15, 16
ルードヴィク二世 Ludwik(ベーメン王)　13　→ラヨシュ二世
ルドルフ一世 Rudolf I　3–6, 11
ルドルフ二世 Rudolf II　16
ルドルフ四世 Rudolf IV(オーストリア侯)　5

ルルツ Lurtz　488
レオポルト一世 Leopold I　18, 20, 527
レオポルト二世 Leopold II　24, 40–45, 47
レートリヒ Redlich, Josef　191, 222, 278, 352
レーニン Lenin, Vladimir Illich (Ленин, В. И.)　340–344
レンナー Renner, Karl　163, 203, 255, 305, 311–317, 319–328, 337–339, 342, 345, 557, 562, 563, 565, 581–583, 587, 588, 590

ロイド・ジョージ Lloyd George, David　175, 194, 329, 336, 580